فراز و فرود نهضت ملی ایران

برگی از تاریخ مبارزات مردم ایران
برای رسیدن به استقلال، آزادی و حاکمیت ملی

جلد دوم از دوره‌ی دو جلدی

نوشته، ترجمه و تألیف

رضا قاسمیان

شرکت کتاب

فراز و فرود نهضت ملی ایران

جلد دوّم از دوره دو جلدی

نویسنده، مترجم و مؤلف: رضا قاسمیان

چاپ نخست: تابستان ۱۳۸۷ هجری خورشیدی- ۲۰۰۸ میلادی

طرح روی جلد: دکتر حسن یعقوبی

ناشر: شرکت کتاب

Rise and Fall of Iran's National Movement
Reza Ghassemian
Volume 2 / one set of 2 volumes
First Edition-Summer 2008

Published by: Ketab Corp. USA

I S B N: 1-59584-183-0

Ketab Corp.
1419 Westwood Blvd.
Los Angeles, CA 90024 U.S.A.
Tel: (310) 477-7477
Fax: (310) 444-7176

Website: www.Ketab.com
e-mail: Ketab1@Ketab.com

فهرست

استعفای دکتر مصدق ، قیام ملی ۳۰ تیر

۲۵ تیر ۱۳۳۱

دیروز آقای دکتر مصدق به کاخ سعد آباد رفتند. در این شرفیابی آقای دکتر مصدق به عرض ملوکانه رساندند که در نظر دارند پست وزارت جنگ را شخصاً عهده دار شوند ولی چون شاه با این پیشنهاد موافقت نفرمودند آقای نخست وزیر استعفای خود را به حضور شاهنشاه تقدیم داشتند.

نامه دکتر مصدق به شاه

پیشگاه مبارک اعلیحضرت همایون شاهنشاه

چون در تنیجه تجربیاتی که در دولت سابق بدست آمده پیشرفت کار دراین موقع حساس ایجاب میکند که پست وزارت جنگ را فدوی شخصاً عهده دار شود و این کار مورد تصویب شاهانه واقع نشد، البته بهتر آن است که دولت آینده را کسی تشکیل دهد که کاملا مورد اعتماد باشد و بتواند منویات شاهانه را اجرا کند. با وضع فعلی ممکن نیست مبارزه ای را که ملت ایران شروع کرده پیروزمندانه خاتمه دهد.   دکتر محمد مصدق

«داوطلبی من برای این پست نه برای کار بود نه حقوق، داوطلبی من فقط از این نظر بود که تصمیمات دولت درآن وزارت خانه اجرا شود. اعلیحضرت همایون شاهنشاهی که مسؤل نبودند چون ستاد ارتش زیر نظر ملوکانه قرار گرفته بود هر امری که می فرمودند اجرا میشد ولی دولت که مسؤل بود کاری نمیتوانست بکند و نمیکرد.

این بود که روز ۲۶ تیر ۳۱ قبل از ظهر که به پیشگاه ملوکانه شرفیاب شدم این پیشنهاد را نمودم که مورد موافقت قرار نگرفت و اعلیحضرت همایون شاهنشاهی فرمایشاتی به این مصمون نمودند: « پس بگوئید من چمدانم را بردارم و از این مملکت بروم» که چون هیچ وقت حاضر نمی شدم چنین کاری بشود فوراً استعفا دادم و از جای خود حرکت کردم. ولی اعلیحضرت پشت درب اطاق که بسته بود ایستادند و از خروج من ممانعت فرمودند. این کار مدتی طول کشید ، دچار جمله شدم و از حال رفتم و پس از بهبودی حال که اجازه مرخصی دادند فرمودند تا ساعت ۸ بعد از ظهر اگر از من به شما خبری نرسید آن وقت استعفای خود را کتبا بفرستید و چنانچه برای من پیش آمدی بکند از شما انتظار مساعدت و همراهی دارم، که عرض شد به اعلیحضرت قسم یاد کردم و به عهد خود وفا دارم.» [۱۸]

گزارش استعفای نخست وزیر توسط وزیر دربار به مجلس

ساعت ۹ بامداد امروزآقای علاء وزیر دربار درملاقات با رئیس و اعضای هیأت رئیسه مجلس اظهار داشتند در ساعت هشت و نیم بعد از ظهر دیروز آقای دکتر مصدق استعفا نمودند. درخصوص علت استعفا اظهار کردند ساعت۱۱ دیروزآقای نخست وزیر اعضای کابینه خود را

به عرض اعلیحضرت همایونی رسانیدند تا پس از کسب نظر ایشان کابینه خود را رسما معرفی نمایند اما چون ضمن معرفی اعضای کابینه پست وزارت جنگ را شخصاً خودشان عهده دار شده بودند این موضوع مورد موافقت ذات ملوکانه واقع نشد.

اعلیحضرت همایونی ضمن اشاره به قانون اساسی توصیه میفرمایند که چون ریاست کل قوا با ایشان است و از طرف دیگر علاقه زیاد به حفظ قوای تأمینیه کشور دارند شخص دیگری باید عهده داراموراین وزارتخانه باشد. آقای دکترمصدق درحالی که برعقیده خود پافشاری میمایند پس از سه و نیم ساعت مذاکره کاخ سعد آباد را ترک مینمایند. در ساعت هشت و نیم شب ایشان بوسیله تلفن به من اطلاع دادند که بسبب عدم موافقت با نظر ایشان استعفا میدهند. ذات ملوکانه ضمن تقدیر از خدمات ایشان با استعفای آقای دکتر مصدق موافقت میفرمایند.

انتخاب نخست وزیر

ساعت ۸ بعد از ظهر در جلسه خصوصی مجلس که با شرکت ۴۳ نفر تشکیل شده بود ۴۱ نفر به نخست وزیری آقای قوام ابراز تمایل نمودند. ۳۰ نفر از نمایندگان هنگام اخذ رأی در جلسه حضور نداشتند.

۲۷ تیر ۱۳۳۱

انتصاب احمد قوام به نخست وزیری

جناب اشرف احمد قوام نخست وزیر

نظربه اعتمادی که به مراتب شایستگی و کاردانی شما داریم به موجب این دستخط سمت نخست وزیری را به شما محول و مقرر میداریم که در تشکیل هیأت وزیران اقدام نموده و نتیجه را زود تر به اطلاع برسانید.

کاخ سفید ۲۷ تیر ۱۳۳۱- محمدرضا پهلوی

۲۸ تیر ۱۳۳۱

استقبال دولت انگلیس از نخست وزیری قوام

سخنگوی سفارت کبرای انگلیس در تهران امروز گفت دولت انگلیس از روی کار آمدن دولت جدید درایران خوشحال است. ضمناً دولت انگلیس هرآن برای تجدید مذاکرات نفت با دولت ایران حاضر و آماده است او همچمین از اظهارات آقای نخست وزیر مبنی بر اینکه باید وسایل استفاده ازمنابع نفت درکلیه نقاط کشور فراهم شود راه منطقی و مستدل خواند واظهارداشت ما نیز طرفدار راه حلی به نفع طرفین هستیم.

بنا به اطلاع خبرگداری رویتر آقای ایدن وزیر امور خارجه انگلیس به محض بازگشت به محل کار خود از روز دوشنبه موضوع روی کار آمدن آقای قوام السلطنه در ایران و همچنین امکان حل قضیه نفت را با دولت جدید ایران مورد مطالعه قرارخواهد داد.

منچستر گاردین روزنامه چاپ انگلیس مینویسد ممکن است نخست وزیر جدید ایران قانون ملی شدن صنعت نفت را طوری تعبیر و تفسیر نماید که راه برای حل مسأله نفت هموار شود.

آماده گی نیروهای امنیتی

بعد از اعلام تمایل نماینده‌گان مجلس شورا آقای قوام السلطنه بلافاصله آقای سرلشگر کوپال رئیس شهربانی ، آقای سرلشگرعلوی مقدم فرماندار نظامی و آقای سرلشگر وثوق فرمانده ژاندارمری را به حضور طلبیده و برای حفظ انتظامات کشور دستور های لازم را ابلاغ و تأکید کردند تظاهر کننده‌گان را شدیداً تحت تعقیب قرار داده و به مجازات برسانند.

شرفیابی نماینده‌گان جبهه ملی

درشرفیابی نماینده‌گان جبهه ملی به حضور شاهنشاه ، نماینده‌گان اظهار داشتند که اعلیحضرت فرمودند به وزیر دربار دستور داده شد که استعفای آقای دکتر مصدق را به اطلاع نماینده‌گان برساند. اعلیحضرت این مطلب را که دلیل استعفای دکتر مصدق اختلاف بر سر انتخاب وزیر جنگ بوده است تکذیب فرمودند.

نماینده‌گان همچنین به عرض رسانیدند که در جلسه سری دادن رأی تمایل فقط ۴۲ نفر حضور داشتند در حالی که طبق آئین نامه باید حداقل ۵۲ نفر حاضر باشند تا تصمیم متخذه قانونی باشد. خوب بود اعلیحضرت قبل از صدور فرمان نخست وزیری آقای قوام به این نکته توجه میفرمودند. اعلیحضرت میفرمایند که گزارشی از مجلس به اطلاع ایشان رسیده و این موضوع با ایشان ارتباطی ندارد. اعلیحضرت تأکید مینمایند که همیشه طرفدار قانون اساسی هستند و اکنون هم باید هر مبارزه ای درمورد زمامداری اشخاص در پارلمان و بین نماینده‌گان باشد و به کوچه و بازار نکشد.

اولین اطلاعیه قوام

ملت ایران، بدون اندک تردید و درنگ دعوت شاهنشاه متبوع و مفخم خود را به مقام ریاست دولت پذیرفته و با وجود کبرسن و نیاز به استراحت این بارسنگین را بردوش گرفتم. در مقابل سختی و آشفتگی اوضاع درمذهب یک وطنخواه صمیمی کفر بود که به ملاحظات شخصی شانه از خدمت گذاری خالی کند و با بی قیدی به پریشانی و سیه بختی مملکت نظاره نماید.

حس مسؤلیت و تکلیف مرا بر آن داشت که از فرصت مغتنم استفاده کرده و در مقام ترمیم ویرانی ها برآیم. ایران دچار دردی عمیق شده و با دارو های مخدر درمان پذیرنیست باید ملت همکاری بی دریغ خویش را از من مضایقه ننماید تا بتوانم به این بیماری علاج قطعی دهم مخصوصاً در یک سال اخیر موضوع نفت کشور را به آتش کشیده و بی نظمی عدم النظیری را که موجب عدم رضایت عمومی شده بوجود آورده است این همان موضوعی است که ابتدا من عنوان کردم و هنگامی که لایحه امتیاز شمال مطرح بود موقع را غنیمت شمرده و استیفای حق کامل ایران را از کمپانی جنوب در آن لایحه گنجانیدم.

بعضی ها در آن وقت تصور نمودند همین اشاره باعث سقوط حکومت من شد اگر هم فرضاً چنین باشد من از اقدام خود نادم نیستم زیرا جانشین آینده من جناب آقای مصدق السلطنه آن فکر را با سرسختی بی مانندی دنبال نمود و در مقابل هیچ فشاری از پای ننشست اما بدبختانه در ضمن مذاکرات نوعی بی تدبیری نشان داده شد که هدف را فدای وسیله کردند و مطالبه حق مشروع از یک کمپانی را مبدل به خصومت بین دو ملت ساختند و نتوانستند از زحمات خود کوچکترین نتیجه ای بدست آورند. حل این مسأله یکی از لازم ترین مساعی من خواهد بود به نحوی که منافع مادی و معنوی ایران کاملا تأمین شود بدون آنکه به حسن رابطه دو

مملکت خدشه ای وارد آید البته این امر مشکل است اما محال نیست و اقدامی که با عقل و درایت توأم باشد مطمئناً به ثمر خواهد رسید و هرگاه نرسد من نیز از کار برکنار خواهم رفت.

در اینجا تذکر این نکته اساسی را لازم میدانم که من به مناسبات حسنه با عموم ممالک خاصه با دول بزرگ دنیا اهمیت بسیار میدهم و رفتار خود را نسبت به آنها مطابق با مقررات بین المللی مینمایم ولکن باتباع ایران اجازه نخواهم داد که به اتکاء اجانب اغراض خود را بردولت من تحمیل کنند.

درامور داخلی نخستین کوشش من برقراری نظم و امنیت خواهد بود تا بتوانم در یک محیط سالم مبادرت به رفورمهای غریزی نمایم و شالوده نوین برای تأسیسات دولتی بریزم. اصلاح عدلیه در رأس کلیه ضروریات قرار دارد. هموطنان من به عدل و داد مثل نان و آب نیازمندند باید قوه قضائیه مستقل باشد و واقعا از دو قوه مجریه و مقننه تفکیک و از زیر نفوذ آنها آزاد شود. تمام افراد بدون استثنا باید دربرابر قانون سرتعظیم فرود آورند و احکام صادره از محاکم بی چون و چرا بموقع اجرا درآید من شبی با وجدان آرام سر بر بالین خواهم نهاد که در زندان های پایتخت و ولایات یکنفر بی گناه با ناله و آه بسر نبرد.

همین که ظلم و ستم رخت بربست مردم با آسایش خاطر اوضاع مالی و اقتصادی خود را سرو سامان خواهند داد و از نعمتی که خداوند تعالی در زیر و روی زمین ایران به آنها بخشیده برخوردار خواهند شد.

ابتکار برنامه ۷ ساله بهمین منظور به مخیله من خطور کرد و در آتیه نیز این فکر را با استقامت و اصرار دنبال خواهم کرد. من میخواهم که تمام اهالی این کشور اعم از مأمور دولت و صنعتگر و کارگر و برزگر و بازرگان غنی و ثروتمند باشند ، از چشم تنگی بعضی رجال که درصدد کسر حقوق کارمندان و مصادره اتوموبیل و فروش ادارات برآمده اند تنفر دارم. میزان عواید عموم طبقات را به درجه بالا خواهم برد که همگی بتوانند از کلیه مواهب تمدن این عصر مستفیض شوند.

بهمان اندازه که از عوام فریبی درامور سیاسی بیزارم در مسائل سیاسی نیز از ریا و سالوس منزجرم. کسانی که به بهانه مبارزه با افراطیون سرخ ارتجاع سیاه را تقویت نموده اند لطمه شدیدی به آزادی وارد ساخته زحمات بانیان مشروطیت را از نیم قرن به این طرف به هدر داده اند. من در عین احترام به تعالیم مقدسه اسلام دیانت را از سیاست دور نگاه خواهم داشت و از نشر خرافات و عقاید قهقرائی جلوگیری خواهم کرد. ملت ایران ، من به اتکاء حمایت شما و نمایندگان شما این مقام را قبول کرده ام و هدف نهائی ام رفاه و سعادت شما است.

سوگند یاد میکنم که شما را خوشبخت خواهم کرد. بگذارید من با فراغ بال شروع به کار کنم. وای به حال کسانی که در اقدامات مصلحانه من اخلال نمایند و در راهی که در پیش دارم مانع بتراشند یا نظم عمومی را برهم زنند این گونه آشوب گران با شدید ترین عکس العمل از طرف من روبرو خواهند شد و چنانکه درگذشته نشان داده ام بدون ملاحظه از احدی و بدون توجه به مقام و موقعیت مخالفین کیفر اعمالشان را در کنارشان میگذارم حتی ممکن است تا جائی بروم که با تصویب اکثریت پارلمان دست به تشکیل محاکم انقلابی زده روزی

صد ها تبه کار را ازهر طبقه به موجب حکم خشک و بی شفقت قانون قرین تیره روزی سازم.

به عموم اخطار میکنم که دوره عصیان سپری شده و روز اطاعت از اوامر و نواهی حکومت فرا رسیده است. **کشتی بان را سیاستی دگر آمد.**

تهران ۲۷ تیر ۱۳۳۰ - رئیس الوزرا قوام السلطنه

اعلامیه شماره یک ، ۲۸ نفر از نمایندگان مجلس

ما امضا کنندگان ذیل نمایندگان مجلس شورای ملی در تأیید سوگندی که برای حفظ مبانی مشروطیت در مجلس شورای ملی یاد کرده ایم و به علت اینکه معتقدیم در شرایط فعلی ادامه نهضت جز با زمامداری دکتر مصدق میسر نیست متعهد میشویم با تمام قوای خود و با کلیه وسایل از دکتر مصدق پشتیبانی نمائیم.

پارسا ، صفائی ، زیرک زاده ، دکتر معظمی ، دکتر شایگان ، دکتر بقائی ، شمس الدین قنات آبادی ، حسین مکی ، خلخالی، حاج سید جوادی ، نریمان، علی زهری ، محمدرضا اقبال، حایری زاده ، علی اصغر مدرس ، نادعلی کریمی ، شبستری ، احمد اخگر، محمد علی گنجی، میرفخر الدین فرزانه میلانی ، حسیبی ، خسرو قشقائی ، محمد حسین قشقائی ، باقر جلالی، شاپوری، رضوی ، یوسف مشار

اعلامیه شماره ۲

ملت ایران... از جریانات و علت استعفای جناب آقای دکتر مصدق پیشوای نهضت ملی ایران و حافظ منافع شما اطلاع حاصل کرده اید و ضمن اعلامیه جداگانه سابق گوشزد ملت ایران شد که دسایسی در کار است تا آتش مقدس ملی را در کانون سینه های ملت ایران خاموش کنند.

امروز بعد از ظهر پس از اعلام استعفای نخست وزیر به علتی که در استعفا نامه ایشان ذکر شده است برطبق قانون اساسی از رئیس مجلس تقاضای جلسه خصوصی شد که قبل از رأی تمایل اهمیت موقع و لزوم حفظ قانون اساسی را به سمع سایر نمایندگان برسانیم متأسفانه رئیس مجلس با وجودی که رسماً دعوت برای جلسه خصوصی نموده بود از تشکیل جلسه خصوصی خودداری کرد و برخلاف قانون اساسی و سنن پارلمانی در جلسه ای مرکب از ۴۲ نفر که کمتر از حد نصاب قانونی بود اخذ رأی تمایل نمود.

چون قانون اساسی و نهضت ملی ایران در خطر است با توکل به خدای متعال به مبارزه و ادامه وظیفه نمایندگی مشغول هستیم و امیدواریم شما هم در این موقع باریک بیدار و مراقب جریان باشید و یأس بخود راه ندهید.

دکتر شایگان ، دکتر معظمی ، اصغر پارسا ، نریمان ، اخگر ، علی اصغر مدرس ، سید باقر جلالی ، شاپوری ، صفائی ، سید محمد علی انگجی ، سید شمس الدین قنات آبادی ، خسرو قشقائی ، محمد حسین قشقائی ، مهندس احمد رضوی ، مهندس حسیبی ، میر فخرالدین فرزانه میلانی ، نادعلی کریمی ، شبستری ، محمدرضا اقبال ، علی اصغر مدرس ، حسین مکی ، حاج سید جوادی ، علی زهری ، سید جواد خلخالی ، دکتر بقائی ، میلانی ، دکتر ملکی ، فرزانه، زیرک زاده

اعلامیه آیت الله کاشانی

برادران عزیزم ... کوشش من و شما برادران مسلمان در قطع ریشه استعمار و برانداختن مظاهر و آثار استثمار با عنایت پروردگار میرفت که نتیجه قطعی خود را بخشیده و ایران را برای همیشه از شر اجانب رهایی بخشد ولی سیاستی که قرون متمادی دولت های مزدور را برسر کار میآورد بالاخره حکومت دکترمصدق را که بزرگترین سد راه خیانت خود میدانست برکنار و در صدد برآمده عنصری را که در دامان دیکتاتوری و استبداد پرورش یافته و تاریخ حیات سیاسی او پر از خیانت و ظلم و جور است و بارها امتحان خود را داده و دادگاه ملی حکم مرگ و قطع حیات سیاسی او را صادر کرده است برای چندمین بار بر مسند خدمت گذاران واقعی گمارده شد. من نمیخواهم که درباره عدم صلاحیت احمد قوام بیش از این سخنی گفته باشم اما اعلامیه ایشان در نخستین روز زمامداری بخوبی نشان میدهد که چگونه بیگانگان درصددند که به وسیله ایشان تیشه به ریشه دین و آزادی و استقلال مملکت زده و بار دیگر زنجیر اسارت را به گردن ملت مسلمان بیندازند. توطئه تفکیک دین از سیاست که قرون متمادی سرلوحه برنامه انگلیس ها بوده و از همین راه ملت مسلمان را از دخالت در سرنوشت و امور دینی و دنیوی باز میداشته امروز سرلوحه برنامه این مرد جاه طلب قرار گرفته است.

احند قوام باید بداند در سرزمینی که مردم رنجدیده آن پس ازسالها رتج و تعب شانه از زیر بار دیکتاتوری بیرون کشیده اند نباید رسما اختناق افکار و عقاید را اعلام و مردم را به اعدام دسته جمعی تهدید نماید.

من صریحاً میگویم که برعموم برادران مسلمان لازم است که در راه این جهاد اکبر کمر همت بربسته و برای آخرین مرتبه به صاحبان سیاست استعمار ثابت کنند که تلاش آنها در بدست آوردن قدرت و سیطره گذشته محال است و ملت مسلمان ایران به هیچ یک از بیگانگان اجازه نحواهند داد که بدست مزدوران آزمایش شده استقلال آنها را پایمال و نام با عظمت و پرافتخاری را که ملت ایران دراثر مبارزه مقدس خود بدست آورده است مبدل به ذلت و سر شکستگی شود.

درخاتمه از عموم هموطنان عزیز که در گوشه و کنار در مرکز و شهرستان ها برای اعتلای دین مبین حضرت خاتم النبین (ص) و استقلال و آزادی ملت ایران همت گماشته اند صمیمانه تشکر نموده موفقیت و پیروزی نهائی آنها را از خداوند متعال خواستارم.

۲۹ تیر ۱۳۳۱

بعد از انتخاب احمد قوام به نخست وزیری احزاب و گروه های هوادار نهضت ملی (جبهه ملی، حزب زحمتکشان ملت ایران ، حزب ملت ایران بر بنیاد پان ایرانیسم ، حزب ایران ، مجمع مسلمانان مجاهد ، اصناف و انجمن های محلی ، دانشجویان و دانش آموزان) به منظور هماهنگ نمودن فعالیت های خود در اجتماعی اقدام به تشکیل کمیته ای کردند تا بتوانند تظاهرات روزهای آینده را تا رسیدن مجدد دکتر مصدق به نخست وزیری هماهنگ سازند.

اعلامیه تعطیل عمومی

ملت رشید ایران، چون از تمام نقاط کشور به وسیله تلگراف و تلفن و فرستاده های مخصوص نسبت به جریانات نامطلوب و غیرقانونی چند روز اخیر سؤال شده امضاء کنندگان امروز صبح در مجلس تجمع و پس از بررسی اوضاع حاضر چنین اظهار نظر مینمائیم :

برای اعلام این نکته اساسی به جهانیان که نهضت ملی ایران به هیچ دسیسه و نیرنگ خاموش شدنی نیست و ملت قهرمان ایران هرگز مقهور دخالت های استقلال شکنانه بیگانگان نخواهد شد و تا حصول نتیجه قطعی و احقاق حق و رهائی کشور از سیاستهای استعماری استقامت خواهد کرد روز دوشنبه ۳۰ تیر ۱۳۳۰ در سراسر کشور تعطیل عمومی اعلام میشود. امیدواریم هموطنان عزیز که همگی طرفدار قیام حقیقی ملت و ادامه مبارزه درراه نجات کشور میباشند با نهایت آرامش و متانت در این جنبش ملی شرکت نمایند. بدیهی است نمایندگان شما در ازای وظیفه خطیر نمایندگی غفلت نخواهند داشت و جریان امر مرتب به استحضار ملت بیدار ایران خواهد رسید.

ناظرزاده کرمانی ، میلانی ، دکتر عبدالله معظمی ، دکتر شایگان ، مهندس زیرک زاده ، حسین مکی ، مهندس رضوی ، دکتر بقائی ، حاج سید جوادی ، دکتر ملکی ، اخگر ، قنات آبادی، شاهپوری ، حایری زاده ، اقبال ، فرزانه ، جلالی موسوی ، کریمی ، خلخالی ، خسرو قشقائی، محمد حسین قشقائی ، مدرس ، انگجی ، شبستری ، نریمان ، مشار ، زهری ، پارسا ، صفائی، راشد ، مهندس حسیبی

اعلامیه فرمانداری نظامی درمورد عبور و مرور

فرمانداری نظامی بدین وسیله به استحضارعموم ساکنین محترم تهران و حومه میرساند که از تاریخ ۲۹ تیرماه ۱۳۳۱ عبور و مرور شبانه از ساعت یازده شب الی ۵ صبح قدغن خواهد بود.

به مأمورین انتظامی دستور اکید داده شده است که عابرین بی موقع را با هر وسیله ای که باشند جلب و تحت تعقیب فانونی قرار دهند. ضمناً به استحضار میرساند که رانندگان وسائط نقلیه بایستی مستحضر باشند که در صورت تخلف از اخطار مأمورین برای توقف با عکس العمل شدید آنها مواجه و مسؤلیت عواقب وخیم حاصله ازآن و پیش آمد های ناگوار متوجه خود آنها خواهد بود.

۳۰ تیر ۱۳۳۱

هنوز سپیده سی ام تیر در فلق پدیدار نشده که تانک های ارتش همراه با هزاران سرباز و پاسبان به دستور فرمانداران نظامی و رؤسای شهربانی در مراکز مختلف و استراتژیک تهران و شهرستان ها مستقر گشته اند.

نفت گران خوزستان و کرمانشاه که شلاق زیستن در اسارت استعمار گران انگلیسی را هنوز بر روی شانه های خود حس میکنند نخستین گروهی میباشند که از شب پیش با به صدا درآوردن سوت های پالایشگاه ها و واحد های بهره برداری نفت به ندای نمایندگان خود پاسخ دادند.

از صبح امروز کارگران و عشایر خوزستان در مراکز عمده شهرهای آبادان ، اهواز و مسجد سلیمان و سایر مناطق نفت خیز اجتماع کرده درخواست بازگشت دکتر مصدق را دارند. آنچه اجتماعات آبادان را از سایر شهرهای کشور متمایز ساخته اجتماع زنان آبادان است که دوش بدوش همسران، برددران و پدران خود در تظاهرات شرکت کرده اند و با شعار های قاطع خود در مورد آزادی و استقلال مردان را تشجیع مینمایند.

نخستین پرتو پیروزی

بازار تهران از شامگاه پنجشنبه تماماً بسته هستنند. بازار توسط نیرو و گذرگاه های اطراف

های انتظامی در اشغال میباشد، بازاریان دسته جمعی بسوی مرکز شهر و میدان بهارستان به حرکت درآمده اند.

در طول خیابان ناصر خسرو و خیام در نتیجه تیراندازی سربازان چند کشته بر خاک غلطیده اند انبوه جمعیت جسد شهدای خود را بر دوش گرفته با صدای مصدق پیروز است به سوی میدان توپخانه در حرکت می باشند در میدان توپخانه یکی از تانکهایی که برای پراکنده شدن مردم آورده شده بسوی مردم پیش میآید اما مردم بدون ترس از غرش تانک بحرکت خود ادامه میدهند. ناگهان تانک از حرکت باز می ایستد و سرهنگی از برج آن بیرون آمده و خطاب به مردم میگوید « مردم به ما بدبین نباشید. ما ایرانی و هم میهن شما هستیم ما هم میهن خود را دوست داریم و هرگز به روی شما تیر اندازی نخواهیم کرد ».

انبوه مردم سرهنگ پژمان را درآغوش میگیرند و درحالی که روی تانک سوارمیشوند به طرف میدان بهارستان به راه میافتند. (سرهنگ پژمان پس از کودتای ۲۸ مرداد به جرم همکاری با اخلالگران محاکمه و از ارتش اخراج میگردد).

همزمان با تعطیل بازار خطوط اتوبوسرانی تهران نیز به اعتصاب کنندگان می پیوندند. مغازه های شمال تهران در خیابان های شاه رضا، نادری، سعدی، فردوسی، لاله زار، استانبول و شاه آباد کاملا بسته هستند. در این خیابان ها مخصوصا در حوالی میدان بهارستان مملو از جمعیت است و مدام شعار های زنده باد مصدق نخست وزیر میدهند. ولی مأمورین انتظامی در صدد هستند که از تظاهرات آنها جلوگیری کنند.

احزاب زحمتکشان و پان ایرانیست و حزب ایران توسط نیروی انتظامی بشدت محافظت میشود و مأمورین از ورود و خروج افراد ممانعت به عمل میآورند. متراکم ترین نقطه حضور مردم و مأمورین انتظامی در برابر حزب زحمتکشان است و بزرگ ترین نبرد امروزدر خیابان اکباتان رخ میدهد. در این محل نیروهای انتظامی شدید ترین یورشها را به اعضای حزب و کفن پوشانی که از شهرستان ها آمده اند میکنند. در نخستین یورش امیر بیجار دانش آموز دبیرستان نظام که در حوزه های حزبی شرکت میکرده در خون خود می غلطد، ولی پیش از اینکه چشم فرو بندد با خون خود به دیوار روبروی حزب زحمتکشان می نویسد «زنده باد دکتر مصدق این خون زحمتکشان مردم ایران است.

مأمورین انتظامی هرجا که مواجه با تظاهر کنندگان و افرادی که شعار میدهند میشوند فوراً آنها را دستگیر میکنند. علاوه برتظاهر کنندگان عابرین خیابان ها نیز از ضرب و شتم مأمورین در امان نیستند.

کشتار ، خون و آتش
میدان بهارستان صحنه واقعی جنگ ، خون و آتش است انسانهای آزاده و بی گناه به قتل میرسند و خون شهیدان سطح میدان را گلگون میسازد و بر سطح اسفالت خیابان جاری میشود. از کنار خیابان اکباتان شعله های آتش و دود از یک ماشین جیپ شهربانی که توسط مردم به آتش کشیده شده فضا را روشن ساخته ، دود غلیظی همه جا را پوشانیده است. درساعت ۹ بامداد نعش جوانی که لحظاتی پیش با رگبار گلوله سربازی به قتل رسیده است بر روی تخته ای وارد میدان بهارستان میشود بوی خون و چهره جوان مقتول ناگهان امواج تنفر از بیداد گری را در میدان می پراکند و مردم داغدیده به سوی در مجلس شورا هجوم میبرند تا با نمایندگان خود سخن گویند. صدای رعدآسای رگبارهای تیر هوائی از تفنگ و مسلسل

های سربازان بار دیگر هیولای مرگ را در میدان پدیدار میسازد. تظاهر کنندگان برای ممانعت از خونریزی هر کدام به سویی پناه میبرند. جنازه جوان مقتول از روی تخته پاره به زمین میافتد. با دیدن جنازه بر روی زمین مردم خشمناک و داغدیده به سوی سربازان هجوم میبرند. به نظر نمیرسد کسی از مرگ بیم داشته باشد. بار دیگر پاسبان ها شروع به تیراندازی هوائی میکنند. این بار بمب های گاز اشک آور هستنند که در هر گوشه از میدان به زمین اصابت میکنند. همزمان گروه بزرگی از مردم جان به لب رسیده از خیابان اکباتان به قصد یورش به تیراندازان بطرف میدان بهارستان سرازیر میشوند. در برابر امواج انسانی خشمناک و غرنده پاسبان ها و سربازان به ناچار از میدان عقب نشینی میکنند.

پاسبان هائی که میخواهند نعش جوان مقتول را از روی زمین برداشته با خود ببرند در زیر چوب دستی های مردم حشمناک نمیتوانند کاری انجام دهند ناچار جنازه را زمین گذاشته و از صحنه فرار میکنند.

آقای راشد واعظ و نماینده تهران در محلس شورا در صحنه نبرد

برادران محترم مصیبت های وارده را اول به شما و به خودم و سایر نمایندگان و به ملت عزیز ایران تسلیت و با همه شما شریک و همدردی میکنم. این پیش آمد اگر چه اسف انگیز و موجب تأثر همه است ولی اکنون یکی از مواقع مهمه ایست که در تاریخ حیات ملی شما پیش آمده و هرگاه با هوشیاری و متانت مراقب باشید میتوانید نتایج بزرگی برای تحکیم مبانی آزادی و استقلال و حکومت مردم بر مردم بدست آورید. شما نشان دادید که نهضت ملت ایران واقعیت دارد و با رعایت انتظامات که دیشب از خود بروز دادید رشد و بیداری خود را به ثبوت رسانیدید. شما درحالی که دل های پرخونی دارید با لبان خاموش شهدای خود را بسوی مدفنشان حرکت دهید و در مکانی که بنام خود آنها نامیده خواهد شد مدفون سازید. امیدوار هستم که ملت ایران به عنوان پیشوای آزادی سایر ملل اسلامی شناخته شود.

سخنرانی کریمپور شیرازی مدیر روزنامه شورش

خیابان اکباتان یکی از پرجنب و جوش ترین خیابان های تهران است. در ساعت ۴ بعد از ظهر جمعیت زیادی در جلوی اداره روزنامه شورش اجتماع کرده اند، کریمپور شیرازی که به جرم اهانت به خاندان سلطنتی زندانی شده بود و به تازگی آزاد شده است با حال نقاهت برای جمعیت سخنرانی میکند.

برادران و قهرمانان عزیز، این نهضت و جنبشی را که امروز شما برای آزادی و استقلال ایران شروع کرده اید در تاریخ مشروطیت ایران و کشورهای خاور میانه بی نظیر است و شما با این جنبش قهرمانانه و پرافتخار خود نشان دادید که ملت ایران ملت ۲۱ سال و ۲۴ سال پیش نیست که حاضر باشد عملیات خائنانه و مزورانه قوام را تحمل کند. شما دلاوران بی باک ثابت کردید که نسبت به خادم قهرمان خود دکتر مصدق محبوب تا پای جان وفادار خواهید بود و سیاست انگلستان اگر تصور میکند که میتواند مانند مصر با سرنیزه و گلوله ملت ما را به زنجیر کشد و نهضت ما را نابود سازد باید بداند که ما تا به اندازه آبهای سرد و سبز رودخانه نیل خون سرخ و گرم در جوی های ایران جاری نکنیم تسلیم اجانب نخواهیم شد و من اکنون در پیشاپیش صفوف مقدس و پولادین شما کفن پوشیده و همه با هم به

سوی آزادی و استقلال ملت محبوب و قهرمان ایران پیش میرویم. پیش بسوی سربلندی و عظمت ایران.

(بعد ازکودتای ۲۸ مرداد کریمپور شیرازی روزنامه نگار ملی گرا دستگیر ، زندانی و شکنجه شد و درآخرین شب چهارشنبه سال ۱۳۳۲ در جشن چهارشنبه سوری دربار در کاخ اشرف برای تفریح میهمانان شاهانه در حضور شاه به روی کریمپور بنزین ریختند و روزنامه نگار شجاع را زنده آتش زدند).

در تجریش نیز همانند چند شب گذشته تعداد افراد دستگیر شده زیاد هستند. بیشتر این افراد جوانان دانشجو و دانش آموز میباشند که بی باکانانه در برابر یورش سربازان و پاسبان ها مقاومت میکنند و با حملات ایذائی و جنگ و گریز در دسته های کوچک آنها را سرگردان، خسته و وامانده مینمایند.

طبق گزارش شهربانی تعداد افراد بازداشت شده که به شهربانی انتقال یافته اند بیش از ۵۰۰ نفر میباشند که بنا به اظهار مقامات همه آنها طبق ماده ۵ حکومت نظامی بازداشت شده اند. در گزارش فرماندهان انتظامی به نخست وزیر وضع شهر تهران و شهرستان ها از لحاظ تشنجات موجود خوب نیست ولی آنها اظهار میدارند که به وظیفه خود عمل خواهند کرد و واحد های سیار در تمام قسمت های شهر مرکب از سواره نظام و غیره وجود دارند تا امنیت را حفظ کنند. آقای نخست وزیر دستور دادند که قوای انتظامی شدیداً از تظاهرات و اغتشاشات جلو گیری کنند. در وزارت خانه ها و ادارات دولتی نیز عملا کار متوقف شده است.

شماره کشته شدگان در تهران تاکنون ۳۰ نفر گزارش شده است.

در تظاهرات اهواز مأمورین انتظامی با رگبار های پیاپی مسلسل ۲۰ نفر از تظاهر کنندگان را به قتل میرسانند.

سازمان های دسته چپی چه میکنند؟

جمعیت مبارزه با استعمار طی اعلامیه بسیار مفصل از کلیه احزاب و سازمانها و آقایان دکتر مصدق، آیت الله کاشانی، جبهه ملی و احزاب وابسته به آن برای تشکیل یک جبهه واحد ضد استعمار دعوت به عمل آورده است.

در این اعلامیه شدیداً سیاست آقای دکتر مصدق را در طول زمامداری مورد انتقاد قرار داده و از هر جهت پیدایش وضع فعلی و حکومت قوام را ناشی از سیاست و تقصیر ایشان دانسته و در خاتمه برای انجام مقاصد زیر از آنها دعوت به اتحاد کرده است.

سقوط دولت آقای قوام، تأمین آزادی های دموکراتیک یعنی لغو حکومت نظامی و آزادی احزاب و تأمین آزادی بقیه انتخابات و جلوگیری از دخالت های بی مورد.

شهدای سی تیر تهران [۹]

رحمت الله رضیان ، حسین نیکو ، محمد قاسمی ، سعدی اسکندری ، غلامحسین صادقی، عباس لؤلؤ ، مرتضی دستخوش نیکو ، ابوالقاسم بنکدار ، اسدالله مطمئن بروجردی ، اسمعیل عینکچی ، منوچهر قریبی ، اکبر خجسته بیان ، رضا ایوبی ازغندی ، جبار سفید گر رشیدی، پرویز رجائی ، نوروز علی کفائی ، عزیز خان زاده ، اصغر اسکندریان ، عزیز پیمانی فرد،

امیر محمد زاده بیجار (دانش آموز مدرسه نظام شهیدی که در خیابان اکباتان شهید شد و پیش از فرو بستن دیدگان با خون پاک خویش بر دیوار نوشت این خون زحمتکشان ایران است مصدق پیروز است) ، احمد گرنودی ، علی قنبری ، قدرت الله سلیمی

در قیام ملی سی تیر ۶۳ نفر در سراسر ایران به شهادت رسیدند. تهران ۲۹ نفر، اهواز ۲۷ نفر، کرمانشاه ۵ نفر اصفهان ۱ نفر ، همدان ۱ نفر. مفقودین ۱۵۶ نفر در سراسر کشور.

نمایندگانی که به نخست وزیری احمد قوام رأی دادند [۹]

دکتر طاهری ، ملک مدنی ، میر اشرافی ، بهادری ، ناصر ذوالفقاری ، محمد ذوالفقاری، نبوی، عامری ، تولیت ، صرافزاده ، خلیلی ، گنجه ای ، شهاب خسروانی ، دکتر فاخر ، فقیهی شیرازی ، موسوی ، دکتر فلسفی ، سید حسن امامی (امام جمعه تهران) ، شهیدی، عبدالرحمن فرامرزی ، احمد فرامرزی ، هدی ، امامی اهری ، مجتهدی ، افشار صادقی، حمیدیه ، افشار مراغه ای ، منصف ، شوکتی ، دادور ، شادلو ، نجفی ، وکیل پور ، غروی، معتمد دماوندی ، قائم مقام رفیع ، مصباح زاده ، پور سرتیپ ، ریگی ، مصدقی ، دکتر کیان

نظر روزنامه های انگلیس درمورد رخدادهای ایران

روزنامه آبزرور مینویسد که نخست وزیر جدید ایران خواهان آن است که مرافعه بین دو کشور حل شود ولی به شرطی که حیثیت دولت ایران لکه دار نگردد. بنظر میرسد که تا دو هفته دیگر ایران وضع بحرانی خواهد داشت. قوام السلطنه پس از جلوس به مقام نخست وزیری از مخاطراتی سخن رانده ولی وی قادر است که ایران را تدریجاً از گرداب بدبختی برهاند اگر در راه وی موانعی بوجود نیاید.

ساندی تایمز مینویسد به نظر نمیرسد دولت سابق ایران اصراری برای حل مسأله نفت با انگلستان میداشته زیرا دکتر مصدق سفیر ایران را از لندن فرا خواند و سفیری را که انگلستان بجای سر فرانسیس شپرد تعیین کرد نپذیرفت. این روزنامه همچنین در مورد رأی دیوان داوری لاهه مینویسد حتی اگر دادگاه برای رسیدگی بقضیه ایران خود را صالح بداند حل مرافعه باز چندین ماه بطول خواهد انجامید ولی با روی کار آمدن دولت جدید در ایران امکان موافقتی بین ایران و انگلستان حاصل گردیده است.

شامگاه ۳۰ تیر ۱۳۳۱

در شامگاه سی تیر و پس از اعلام نخست وزیری مجدد دکتر مصدق جمعیتی به تعداد تخمینی ۵۰۰۰ نفر به طرف خانه دکتر مصدق رهسپار میشوند. با ابراز احساسات مردم دکتر مصدق درحالی که دونفر بازوی او را گرفته اند در بالای بالکن عمارت ظاهر شده از ابراز احساسات مردم تشکر میکند. قریب پانزده دقیقه مردم برای دکتر مصدق هورا کشیده و دست میزنند.

پس از پیروزی مردم دکتر مظفر بقائی در کلوب حزب زحمتکشان طی یک سخنرانی اظهار میدارد « ما سوگند یاد کرده ایم به مقام سلطنت مشروطه ایران وفادار بمانیم و هستیم و از شعار هایی که همان اخلالگران بر علیه مقام سلطنت منتشر ساخته اند و میسازند متنفریم ولی سوگند نخورده ایم که اجازه بدهیم دربار یک لانه جاسوسی باشد» یک عده خارجی که فقط برای جاسوسی به دربار رخنه کرده اند باید طرد شوند.

در ساعت ده شب پیام دکتر مصدق از رادیو برای مردم ایران پخش میگردد.

هم وطنان عزیز... اکنون که برحسب تمایل مجلس شورای ملی و فرمان ملوکانه مأمور تشکیل دولت شده ام بعد از عرض تشکر و امتنان از هموطنان عزیز تمنا دارم که متانت و بردباری همیشگی خود را که در امور مشکل تر و مواقع حساس تر نشان داده اند حفظ کرده رعایت نظم و انضباط را بفرمایند و از وقوع هرحادثه و بی نظمی ممانعت و اجرای منویات ملی را بوسیله دولت جدیدی که در شرف تشکیل است تسهیل نمائید.   دکتر محمد مصدق

۳۱ تیر ۱۳۳۱

درحالی که مردم در شور و هیجان ناشی از پیروزی هستند جلسه سری مجلس در ساعت ۹ صبح تشکیل و از ۶۴ نماینده حاضر در جلسه ۶۱ نفر به دکتر مصدق رأی اعتماد میدهند.

تنیجه رأی گیری توسط دکتر سید حسن امامی به شاه اطلاع میرسد. دربار مقارن ساعت یک بعد ازظهر نتیجه رأی گیری را به دکترمصدق ابلاغ نموده و دکترمصدق در جواب استعلام قبولی خود را اعلام میدارد.

اعلامیه وزارت دربار درباره روز ۳۰ تیر

وزارت دربار شاهنشاهی با ابراز این عقیده که فداکاری شهدای ۳۰ تیر برای همیشه در تاریخ ایران جاویدان خواهد بود مراتب تألم و تأثرخاطر مبارک شاهانه را به بازماندگان شهدای این روز اعلام و از خداوند متعال خواهان است که وحدت و یگانگی ملت ایران را همواره حفظ نماید.   کفیل وزارت دربار شاهنشاهی - ابوالقاسم امینی

رأی دادگاه لاهه و اعلام پیروزی ملت ایران

دادگاه بین المللی لاهه در روز ۳۱ تیر ۱۳۳۱ در ساعت هفت و سی هشت دقیقه به وقت تهران با اکثریت ۹ رأی در برابر ۵ رأی عدم صلاحیت خود را در بررسی به اختلاف انگلیس و ایران اعلام نمود.

دادگاه لاهه که از نوزده خرداد تا دوم تیر ۱۳۳۱ ادامه داشت و هیأت نمایندگی ایران نظرات خود را درمورد عدم صلاحیت دیوان داوری لاهه و هیأت انگلیس در مورد صلاحیت دیوان داوری لاهه دلایل خود را ابراز داشتند. بعد از شنیدن دلایل طرفین دیوان داوری با اکثریت ۹ قاضی در برابر ۶ قاضی رأی خود را به این ترتیب اعلام داشتند:

« دیوان نمی تواند این نظر را قبول کند که قرارداد منعقده میان دولت ایران و شرکت نفت دارای خصوصیات دوگانه است. این قرارداد چیزی بیش ازیک قرارداد میان یک دولت و یک شرکت خارجی نیست. دولت انگلیس طرف این قرارداد نمی باشد و هیچ قرارداد ضمنی بین دولت ایران و دولت انگلستان وجود ندارد و به موجب این قرارداد دولت ایران حقوقی را که میتواند از شرکت مطالبه کند از دولت انگلستان نمی تواند بخواهد و همچنین از دولت ایران نمیتوان خواست که الزاماتی را که در قبال شرکت دارد در قبال دولت انگلیس انجام دهد. سندی که پای آن امضاهای نمایندگان دولت و شرکت موجود است یک فرض دارد، و آن فرض این است که روابط آن دولت و شرکت را راجع به امتیاز تنظیم کند و بهیچ وجه روابط میان دو دولت را تنظیم نمی کند. دولت ایران راجع به امتیاز جدید هیچ تعهد و هیچ قولی به انگلستان نداده و صرف این که امتیاز به اطلاع شورای سازمان ملل رسیده و در دستور کار شورا ثبت شده است ماهیت آن را عوض نمیکند و آن را تبدیل به عهد نامه ای که دولت ایران را در صورت توافق در مقابل دیوان نسبت به دولت انگلیس ملزم بدارد نمی کند».

قضاتی که در دیوان به نفع ایران رأی دادند عبارت هستند از:

عبدالحمید بداوی پاشا قاضی مصری - ژوزه گوستاو گوئرو قاضی سالوادری - دکتر سنجابی قاضی ایرانی - هوسومو قاضی چینی - میلوان زوریچ قاضی یوگوسلاوی - آرمان اوگون قاضی اروگوئی - هلژ گلا ستاد قاضی نروژی - آرندلد مک نایر قاضی انگلیسی - بوهدان وینیارسکی قاضی لهستانی.

قضاتی که علیه ایران رأی دادند عبارت هستند از:

ژول بدوان قاضی فرانسوی - گرین هاک ورث قاضی امریکائی - جان رید قاضی کانادائی - کارترد قاضی برزیلی - لراند رور آلوارز قاضی شیلیائی ، سر بنگال راوی قاضی هندی. کولونسکی قاضی روسی از شرکت در جلسه خودداری کرد.

دادگاه همچنین با اکثریت آرا اعلام داشت که ایران ملزم به قبول قضاوت اجباری نمیباشد. سخنگوی شرکت نفت انگلیس گفت شرکت به مراجع دیگر متشبث خواهد شد یا از دادگاه تقاضای تعیین یک حکم مستقل خواهد کرد. مشاور حقوقی وزارت امور خارجه انگلیس اظهار داشت انگلیس با صدور نفت از ایران مخالفت خواهد ورزید. جراید انگلیس می نویسند این حکم ادعاهای انگلیس را از بین نمیبرد.

اول مرداد ۱۳۳۱

انتشار پیروزی ایران در دادگاه لاهه

ساعت هفت و نیم دیروز خبر پیروزی ملت ایران بر روی نوار خبرگزاری های جهان پخش گردید. همزمان رادیو تهران و روزنامه کیهان این خبر را دریافت کرده به اطلاع مردم ایران رسانیدند. این خبر همچون تندری در فضای ایران پخش گردید. در خیابان و کوچه های شهرهای ایران هرجا که رادیوئی روشن بوده گروه کثیری جمع شده به رادیو گوش میدادند.

روزنامه کیهان که در چاپ دوم خود این خبر را با تیتر درشت چاپ کرده بود گاهی به دو سه برابر قیمت به فروش میرسید. حقانیت مردم ایران در « مبارزه مرگ و زندگی » با امید بارور شدن اکنون به « گل نشسته » و مورد تأیید انسان های آزاده جهان قرار گرفته است.

اظهار نظر روزنامه های انگلیس

روزنامه های انگلیسی دراین مورد با ادای کلمات موهن نسبت به دکتر مصدق و قضاتی که به نفع ایران رأی داده اند عصبانیت شکست را میخواهند جبران کنند.

روزنامه منچستر گاردین مینویسد بازگشت دکتر مصدق به زمامداری را باید یک اقدام انقلابی نام نهاد ولی ضمانتی برای بقای مصدق نیست چون ممکن است حوادث آینده او را به کنار گذارد و میدان را برای کمونیست ها باز کند.

دیلی تلکراف مینویسد این رأی به حیثیت دادگاه که یک مرجع قضائی بین المللی است لطمه شدید وارد آورده.

روزنامه تایمز در سرمقاله خود مینویسد بازگشت دکتر مصدق به زمامداری برای ملت ایران خیلی گران تمام خواهد شد ولی گویی ایرانیان به آن اهمیت نمیدهند.

روزنامه دیلی اکسپرس دولت انگلستان نخواهد گذاشت دکتر مصدق اموال شرکت را بباد غارت بگیرد. از حمل نفت ایران به خارج آن کشور تاکنون جلوگیری شده و بعدا نیز عین همین عمل تکرار خواهد شد و ما نخواهیم گذاشت نفت آبادان بطور قاچاق به کشور های دیگر صادر شود.

۲ مرداد ۱۳۳۱

یادبود شهدای ۳۰ تیر

امروز در تهران و شهرستان ها مجالس یادبود شهدای سی ام تیره ماه ۱۳۳۱ برگذار گردید. در تهران ازساعت ۸ بامداد بتدریج اقشار طبقات مختلف درمسجد سلطانی اجتماع نمودند وعده ای از بازماندگان شهدا نیز در مسجد حضور داشتند. بعد از تلاوت کلام الله مجید آقای راشد ضمن تسلیت به بازماندگان شهدا و ملت ایران اظهار داشت:

از اینکه عده ای از افراد شریف ایرانی مقتول شده اند تسلیت میگویم و از طرف دیگر مسرورم که شما با آن قیام مردانه ثابت کردید که نهضت ملت ایران واقعیت دارد و به

کسانی که معتقد به نیروی سوم یعنی نیروی ملت نبودند و برای حکومت کردن به شما همیشه درفکر اتکاء به بیگانگان بودند فهماندید که از این پس هرکس بخواهد برشما حکومت کند باید به نیروی شما متکی و همأهنگ با خواست های شما باشد.

سپس آقای راشد نامه ای را که آقای نخست وزیر فرستاده بودند قرائت کردند:

در روز سی ام تیر ماه ۱۳۳۱ مقتضی است که مورد تسلیت هموطنان عزیزم قرار گیرم و از طرفی هم ملاقات آقایان حضار این مجلس را فوزی عظیم میشمارم ، نقاهت و اشتغال به اموری که بیشتر مورد علاقه ملت است مانع شرفیابی و درک فیض گردیده لذا بدین وسیله از عموم آقایان تشکر نموده و تسلیت خود را به بازماندگان شهدای نهضت ملی ایران تقدیم و اجر و صبر برای آنها از خداوند مسئلت مینمایم و از جناب آقای راشد خطیب شهیر و نماینده محترم مجلس شورای ملی خواهش میکنم با بیان بلیغ خود عذر عدم حضور این جانب را از حضار محترم بخواهند. دکتر محمد مصدق

انتظار مردم ، وظیفه دولت

پس از قرائت پیام آقای نخست وزیر آقای راشد دنباله سخنان خود را ادامه دادند ، شما مردم وظیفه خود را در فداکاری انجام دادید و اکنون موقع نتیجه گرفتن از این فداکاری است، شما جناب آقای نخست وزیر امروز مسؤلیتی به گردن دارید که هیچ زمامداری این اندازه مسؤلیت نداشته زیرا این مردم خود را به کشتن دادند و شما را مظهر ملیت خود تشخیص داده اند فریاد میزدند « یا مرگ یا مصدق» ، حالا موقعی است که باید به خواست های اینها توجه شود و این جانب به حکم سمتی که از طرف مردم دارم برای تذکر بعضی از خواست های آنها را میگویم.

آنچه مردم میخواهند

خواست اول مردم این است که راجع به این حوادث ناگوار تصمیمات سریع و مؤثری گرفته شود. خواست دیگر آنها این است که در این اجتماع از لحاظ مادی و معنوی وضع عادلانه ای برقرار شود که این فاصله طبقاتی از بین برود.

دیگر از خواست های مردم این است که تشکیلات ادارات کوچک تر و بر سرعت جریان کارها افزوده شود. دیگر از خواست های مردم این است که عدلیه به راستی عدلیه شود تا مردم در اقضی نقاط کشور در پناه قانون مصونیت داشته باشند. دیگر از خواست های مردم این است که فرهنگ طوری شود که هم در دسترس همه باشد و هم از لحاظ تعلیم علم و هنرهای لازم و متناسب با احتیاجات این سرزمین شود.

دیگر از خواست های مردم این است که بقیه انتخابات طوری انجام شود که مردم بتوانند هر که را میخواهند و به او اعتماد دارند به مجلس بفرستند. دیگر از خواست های مردم جلوگیری از مفاسد اجتماعی مانند شراب و قمار و انواع فحشا و توجه به امور بهداری و توسعه فلاحت و بهره برداری از منابع روی زمین و زیر زمینی است به دست خود ایرانی ها.

در انتخاب همکاران دقت نمائید

آقای راشد پس از ذکر چند مثال تاریخی و مذهبی بار دیگر خطاب خود را متوجه نخست وزیر کرده گفتند پاره ای از آنچه ملت میخواهد از باب اداء وظیفه گفتم و برای آنکه موفق به انجام این امور بشوید باید کسانی را به همکاری خود دعوت کنید که مورد اعتماد مردم

باشند و در راه اسلام و اجرای حق و عدالت تحت تأثیر هیچ قوه ای واقع نشوند دو اصل ثابت را در نظر بگیرند « دیانت و ملیت » با حفظ این دو اصل اجتماع خود را مطابق مقتضیات عصر پیش ببرند و رفورم ها و اصلاحات لازمه را در امور سیاسی و اجتماعی و اقتصادی بکار بندند تا به خواست خدا یک ملت واقعی و به عنوان پیشوای نهضت و آزادی سایر ملل اسلامی شناخته شوند.

متن طرح مصوبه مجلس شورای ملی

ماده واحده - مجلس شورای ملی در جلسه فوق العاده روز ۵ شنبه دوم مرداد ماه ۱۳۳۱ قیام روز دوشنبه ۳۰ تیر ماه ۱۳۳۱ را که در سراسر کشور برای پشتیبانی از نهضت ملی انجام پذیرفت به نام قیام مقدس ملی می نامد و شهدای آن روز را به عنوان شهدای ملی می شناسد.
رئیس مجلس شورای ملی - دکتر امامی

۴ مرداد ۱۳۳۱
هیأت دولت جدید به حضور ملوکانه معرفی شدند
ساعت ده امروز آقای نخست وزیر به اتفاق آقایان وزیران جدید در کاخ سفید سعدآباد به پیشگاه شاهنشاه شرفیاب و وزیران جدید را به حضور ملوکانه معرفی نمودند.

آقایان مهندس طالقانی وزیر کشاورزی ، دکتر صدیقی وزیر کشور ، لطفی وزیر دادگستری، کاظمی وزیر دارائی ، عالمی وزیر کار مهندس رجبی و دکتر فرفانفرمائیان.

ملاقات دکتر مصدق با کاردار سفارت انگلیس
دیروز آقای میدلتن کاردار سفارت انگلیس بنا به درخواست آقای دکتر مصدق با ایشان ملاقات نمودند. در این ملاقات آقای دکتر مصدق اظهار داشتند اکنون که دادگاه لاهه رأی خود را مبنی بر عدم صلاحیت داده است و ایران هیچ نوع خصومتی نسبت به دولت انگلیس ندارد خوبست موضوع غراماتی که شرکت نفت سابق ایران و انگلیس از ایران تقاضا دارد مورد مذاکره قرار گیرد و چنانچه شکایتی نسبت به این مسأله باشد در دادگاه های ایرانی طرح گردد. و چنانچه دولت انگلیس مایل به خرید نفت ایران باشد با شرایطی که مغایر با قانون ملی شدن نفت نباشد از طرف دولت ایران مانعی ندارد. آقای نخست وزیر تأکید کرده اند که دولت وی حاضر است در مورد این دو موضوع با دولت انگلیس وارد مذاکره شود و بار دیگر حسن نیت ایران را برای حل مشکلات مربوط به نفت به منصه ظهور رساند. آقای میدلتون اظهار کردند که این نظرات را به اطلاع دولت متبوع خود خواهند رساند.

اعلامیه نخست وزیر
اینک که خوشبختانه مسأله غامض نفت رو به بهبودی است و این جانب مصمم به شروع و انجام عملیات اصلاحی و اقدامات سریع اساسی که در حال حاضر مملکت احتیاج مبرم و محسوس به آنها دارد همه این اقدامات باید با فراغت خاطر در محیطی آرام و دور از غوغا و تـشنج و خالی از اضطراب به تدریج جامه عمل بپوشد تا نتایج مطلوب انشا الله عاید عموم گـردد. شـما مـردم شرافتمند که برای زمامداری این خدمت گذار خودتان گام های بلندی برداشتـه ایـد مادام که امنیت در مملکت مختل و رشته انتظام عمومی گسیخته باشد فرصت هیچ گونه اصلاحی طبق منویات شما نخواهد بود. این جانب مایلم که برای استقرار آرامش و اتـنظامات از حـدود تذکر و اندرز به شما خارج نشوم و به منظور تحقق مقاصد اصلاحی کـه اشاره رفت مراجع صلاحیت دار انتظامی و قضائی ناچار به اجرای قانون متجاوزین

به مأمورین دولت در حین انجام وظیفه نگردند انتظارم این است که این تذکرات خیرخواهانه را مورد توجه کامل قرار دهید و با نهایت صمیمیت و یگانگی با مأمورین انتظامی رفتار کرده و در برقراری آرامش و قوام انتظام با ایشان همراهی و مساعدت نمائید تا به عملیات چند روزه اخیر که بعد از هر نهضت ملی اضطرارا ایجاد میگردد و بسط و دامنه آن موجب تضعیف ارکان مملکت خواهد شد خاتمه داده شود.

دکتر محمد مصدق

نهرو اظهار داشت ملی کردن نفت حق ایران بود

نهرو نخست وزیر هند طی یک مصاحبه مطبوعاتی در پاسخ یکی از خبرنگاران که عقیده او را راجع به اظهارات چرچیل نخست وزیر انگلیس در مجلس عوام مبنی بر اینکه بریتانیا هنوز نفت ایران را متعلق به شرکت نفت انگلیس و ایران میداند و اقدام لازم در این باره به عمل خواهد آورد سؤال کرد اظهارداشت من نه عضو دادگاه بین المللی هستم و نه عضو دادگاه عالی قضائی که نظریه ای در این باره بدهم. آنچه مسلم است این است که ملی کردن نفت حق ایران بود و من این موضوع را در مصاحبه های مطبوعاتی سابق خود نیز گفته بودم و باز تکرار میکنم که ملی کردن حق این کشور بود و هست و در عین حال با ما نیست که در باره اوضاع و یا شرایط ملی شدن و غیره اظهار نظری بکنیم زیرا اینها مسائلی بسیار مشکل و غالبا فنی است که اگر ایران خواسته چیزی را ملی کند باید بتواند چنین کاری بنماید.

چرچیل رأی دیوان لاهه را به نمایندگان مجلس عوام گزارش داد

نخست وزیر انگلستان امروز در مجلس عوام انگلیس اظهار داشت با نهایت تأسف باید به اطلاع نمایندگان برسانم که علیرغم مدارک و استدلال های نمایندگان انگلیس در دادگاه لاهه، اکثریت قضات دادگاه بدون توجه به حقایق موجود عدم صلاحیت خود را برای رسیدگی به مساله مصادره اموال اتباع یک شرکت انگلیسی در ایران توسط دولت ایران را اعلام داشت. اما در هر حال نفت جنوب ایران متعلق به کمپانی نفت ایران و انگلیس میباشد و بهمین جهت دولت انگلیس بنا به مقتضیات برای جلوگیری از فروش نفت ایران به دول و اشخاص ثالث اقداماتی به عمل میآورد

۵ مرداد ۱۳۳۱

برنامه دولت که امروز به مجلس شورای ملی اعلام گردید

یک - اصلاح قانون انتخابات مجلس شورای ملی و شهرداری ها

دو - اصلاح امور مالی و تعدیل بودجه، برقراری مالیات های مستقیم

سه - اصلاح امور اقتصادی به وسیله افزایش تولید و تجدید نظر در قوانین پولی و بانکی

چهار - بهره برداری از منابع نفت کشور

پنج - اصلاح سازمان های اداری و قوانین استخدامی کشوری و قضائی

شش - ایجاد شورا های محلی دردهات به منظور اصلاحات اجتماعی و تأمین مخارج این اصلاحات به وسیله وضع عوارض

هفت - اصلاح قوانین دادگستری

هشت - اصلاح قانون مطبوعات.

نه - اصلاحات امور فرهنگی و بهداشتی و وسایل ارتباطی.

دلایل قضات دیوان داوری لاهه در مورد رأی نهائی دیوان

اکثریت قضات دیوان رأی دادند که اعلامیه قبول قضاوت اجباری ایران فقط اختلافی را از طرف دیوان بین المللی قابل حل و فصل میداند که مربوط به طرز اجرای معاهده ای بین دو کشور یا قراردادی باشد که در آن دولت ایران قبول قضاوت اجباری دیوان را نموده است.
رای دیوان لاهه تصریح کرده که دولت انگلیس در قرارداد منعقده بین دولت ایران و شرکت سابق نفت محلی از اعراب ندارد و این قرارداد هیچگاه بین دو دولت بسته نشده است و همچنین امتیازنامه شرکت نفت که بنا به ادعای انگلستان با وساطت جامعه ملل سابق بسته شده است به هیچوجه جنبه یک قرار داد بین المللی نمیتواند پیدا کند زیرا دولت انگلیس اختلاف ایران با شرکت نفت را به وسیله مخبرجامعه ملل به جامعه مزبور ارجاع کرد و در آنجا دولت انگلیس فقط حق حمایت سیاسی به نفع یکی از اتباع خود را بکار برده و دیوان بین المللی لاهه این نظر ایران را تأیید کرده است که یک دولت نمیتواند به جای یک شرکت خصوصی در محاکم بین المللی طرح دعوی نماید، بنابر این دیوان بین المللی بطور ضمنی حق ملی کردن را برای یک دولت اجرای طبیعی و معمولی حق حاکمیت ملی دانسته است. دیوان بین المللی همچنین استدلال دولت انگلیس را درباره استفاده از قرارداد هائی که ایران قبل از اعلامیه قبول قضاوت اجباری از ۱۹۳۴ تا ۱۹۳۷ امضا نموده رد کرده است.
دیوان بین المللی لاهه درحالی عدم صلاحیت خود را اعلام کرده که در باره ماهیت اختلاف ایران و انگلیس اظهار نظری نکرده است. بنابراین شرکت انگلیسی نفت این حق را برای خود محفوظ میدارد که خریدران احتمالی نفت ایران را در محاکم ملی تعقیب نماید ولی با اعلام عدم صلاحیت دیوان لاهه دولت ایران برای عرضه کردن نفت خود در بازارهای بین المللی آزادی عمل یافته است و با توجه به آرائی که دردادگاه های ژاپن و ایتالیا درمورد نفت های خریداری شده از ایران داده اند به نظر نمیرسد شرکت نفت در این مورد بتواند موفقیت چندانی بدست آورد شرکت نفت با توجه به رأی عدم صلاحیت دادگاه اکنون درصدد است از دیوان داوری لاهه بخواهد به موجب امتیازنامه سال ۱۹۳۳ اختلاف ایران و شرکت به حکمیت ارجاع شود ولی دولت ایران این تقاضا را نپذیرفته است و بنابر این همانطور که روزنامه نیوزکرونیل نوشته است تنها راه باز مانده این است که از دولت ایران تقاضای خسارت نماید.

با توجه به اینکه سیاست حاکم بر امریکا درحال حاضر بر اساس همکاری انگلوساکسن ها بنا شده و تردید امریکا در کمک به ایران به علت فشار انگلیس به سیاست گذاران متعادل امریکا و عواملی که در دولت امریکا و یا احزاب امریکائی وجود دارند که بر قسمت اعظم اقتصاد و تراست های نفتی امریکا تسلط دارند بنظر نمیرسد که دولت امریکا دراین مورد بهرعلت کمکی به دولت ایران بنماید و تنها ملت و دولت ایران میباشند که با پشتکار و حمایت همه جانبه از دولت قادرهستند مسأله غامض نفت را حل و فصل نمایند.

۶ مرداد ۱۳۳۱

تشکیل فراکسیون نهضت ملی

به منظور هماهنگ نمودن فعا لیت های نمایندگان طرفدار دولت امروز فراکسیون نهضت ملی با شرکت نمایندگان زیر تشکیل گردید.

آقایان اخگر ، اقبال ، انگجی ، بقائی ، پارسا ، جلالی ، حاج سید جوادی ، حایری زاده، حسیبی، خلخالی ، رضوی ، زهری ، زیرک زاده ، شاپوری ، شایگان ، شبستری ، صفائی،

فرزانه، فلسفی ، خسرو قشقائی ، محمد حسین قشقائی ، قنات آبادی ، کریمی ، مدرس، مشار، معظمی، مکی ، ملکی ، میلانی ، ناظر زاده ، نریمان ، وکیل پور

۷ مرداد ۱۳۳۱

امروز برنامه دولت به اتفاق آرا به تصویب نمایندگان مجلس رسید.

۸ مرداد ۱۳۳۱

با رأی دیوان لاهه انگلستان باید از نفت ایران چشم بپوشد

مجله نیو استیتزمن چاپ لندن مینویسد: حوادثی که در ایران روی داد نشان میدهد که اعاده وضع سابق در آبادان دیگر امکان ندارد. پیروزی های دکتر مصدق که با اعلام عدم صلاحیت دادگاه بین المللی در رسیدگی به شکایت انگلیس از ایران رد شده حاکی از این است که دولت انگلیس برای همیشه باید از پالایشگاه نفت آبادان و منابع نفت ایران چشم بپوشد. قبل از اینکه ایرانیان از خواب بیدار شوند و برای گرفتن حق خود به تکاپو درآیند شرکت نفت چندین برابر سرمایه ای که در آبادان بکار انداخته بود منفعت برد. بهای هر اسکله، هر سیستم لوله کشی و هر قطعه کوچکی از قطعات پالایشگاه عظیم آبادان که شرکت نفت اکنون مدعی مالکیت آن میباشد تاکنون صد ها بار مستهلک شده است.

سر ویلیام فریزر رئیس شرکت نفت و همکارانش از منابع نفتی که در کویت و عربستان سعودی بدست آمده و قطع نفت ایران را تا حدی جبران کرده خوشحال هستند و جای خوشوقتی است که این منابع در صحاری غیر مسکونی کشف شده و احتمال نمیرود که به این زودی ها در این نواحی شخصی مانند مصدق علم آزادی را بلند کند و جلوی منافع سرشار خارجیان را بگیرد. درسی که ایران در خاور میانه به ما داد ثابت میکند که سربازان و دیپلمات های ما در خاور میانه از سال ۱۹۴۵ به بعد از مواجه شدن با حقایق امتناع داشته اند و سیاست خود را بر روی دو فرض استوار ساخته اند.

فرض اول این است که سیاسیون انگیس خیال میکردند که مصدق نیز مانند بعضی دیگر از سیاست مداران پیش پا افتاده و هرزه است که به زودی از پا در میافتد و نهضت ملی ایران نیز مانند بادکنکی است که محرکین آنقدر آن را باد میکنند تا در زیر فشار اقتصادیات بترکد و دوباره همان اوضاع سابق در ایران برقرار شود. دولت مستعجل قوام السلطنه که در سال ۱۹۴۶ با رندی سر روس ها کلاه گذاشته بود احمقانه بودن این فرض را بخوبی نشان میدهد. مصدق دوباره قدرت را در ایران بدست گرفته و خلائی که در سیاست ایران ایجاد شده بود توسط ملیون پر شده است.

فرض دوم که آقای ایدن آن را از آقای موریسون به ارث برده این است که هر وقت دعوائی بین کمپانی قابل احترام انگلیسی با سیاسیون احمق ایرانی در گیرد ، قراردادها و اسناد تنظیمی کارها را به نفع کمپانی انگلیسی پایان خواهد داد و به محض ارجاع قضیه به دادگاه بین المللی لاهه دماغ مصدق به خاک مالیده خواهد شد. روی همین فرض وزارت امور خارجه انگلیس به صورت مشکوک و مبهم با اصل ملی شدن صنایع نفت در ایران موافقت کرد ولی با هر پیشنهادی جهت اجرای این اصل بنای مخالفت گذاشت، شاید چندی پیش شناختن حق کنترل ایران برصنایع نفت در ازاء اداره مشترک آن صنایع بدست ایران و انگلیس امکان داشت ولی دیپلمات های انگلیسی این امر را برای خود موهن تصور میکردند و به همین

جهت همچنان در احقاق حقوق قانونی خود پافشاری کردند ولی همانطور که آقای چرچیل گفته بعدا معلوم شد که این سیاست صحیح نبوده و انگلیس از چاله به چاه افتاده است.

۹ مرداد ۱۳۳۱

لایحه اختیارات دولت

چنانچه بر هیچیک از آقایان نمایندگان محترم مجلس شورای ملی پوشیده نیست در سالهای اخیر قسمتی از امور مالی و اقتصادی کشور متکی به عواید نفت جنوب بود که پس از ملی شدن نفت به واسطه تضییقات و کارشکنی هایی که برای فروش نفت ایجاد نموده اند بودجه کشور با مشکلاتی مواجه شده که برای رفع این مشکلات فقط اینطور به نظر میرسد که در بودجه دولت و امور جاری اقتصادی کشور با قطع نظر از درآمد نفت تعادل برقرار گردد تا اثرات کارشکنی ها و تضییقاتی که از ناحیه شرکت سابق و عوامل آن بعمل میآید برطرف شود. با اینکه دولت اینجانب سعی دارد که تمام اقدامات خود را مبنی بر قوانین مصوب اجرا نماید معهذا رفع مشکلاتی که برای ملت ایران ایجاد شده ایجاب میکند که نسبت به اصلاحات مورد نظر سرعت ولی البته با مطالعه و دقت تصمیمات لازم اتخاذ شده و بموقع اجرا گذاشته شود چه اگر بنا باشد در این موقع حساس برای هریک از اصلاحات لازم و فوری لوایحی تهیه و پس از طی تشریفات پارلمانی به موقع اجرا درآید فرصت از دست میرود و هیچ اصلاحی به موقع ضروری خود انجام نخواهد گرفت زیرا اصلاح امور مالی و اقتصادی و یا اصلاحات دیگری در امور اجتماعی و سازمانی و اداری و استخدامی و قضائی ملازمه دارد و بسیاری از مسائل اقتصادی است که باید به فوریت در آن تصمیم گرفته شود و الا ممکن است براثر طول زمان مورد سوء استفاده قرار گرفته یا نتیجه مطلوب از آن گرفته نشود.

از این رو با استظهار و علاقه ای که آقایان نمایندگان محترم به فوریت اصلاحات دارند ماده واحده زیر را که ضامن اجرای مواد برنامه است پیشنهاد و تصویب آنرا با دو فوریت استدعا میکند.

ماده واحده - به آقای دکتر محمد مصدق نخست وزیر اختیار داده میشود که از تاریخ تصویب این قانون تا مدت ۶ ماه لوایحی که برای اجرای مواد نه گانه برنامه دولت ضروری است و در جلسه هفتم مرداد ماه ۱۳۳۱ مجلس شورای ملی تصویب شده است تهیه نموده و پس از آزمایش آن ها را تقدیم مجلسین نماید و تا موقعی که تکلیف آن ها در مجلسین معین نشده لازم الاجرا میباشد.

نخست وزیر دکتر مصدق

۱۴ مرداد ۱۳۳۱

متن لایحه تفویض اختیارات به دکتر مصدق

لایحه اختیارات اعطائی به دکتر مصدق نخست وزیر

اول - اصلاح قانون انتخابات مجلس شورای ملی و شهرداری ها.

دوم - اصلاح امور مالی و تعدیل بودجه به وسیله تقلیل در مخارج و برقراری مالیات های مستقیم و در صورت لزوم مالیات های غیر مستقیم.

سوم - اصلاح امور اقتصادی بوسیله افزایش تولید و ایجاد کار و اصلاح قوانین پولی و بانکی.

چهارم - بهره برداری از معادن نفت کشور، تهیه و تدوین اساسنامه شرکت ملی نفت ایران با رعایت قانون ۹ ماده ای اجرای قانون ملی شدن صنعت نفت.
پنجم - اصلاح سازمان های اداری ، قوانین استخدامی کشور و قضائی و لشگری.
ششم - ایجاد شورای محلی در دهات به منظور اصلاحات اجتماعی و تأمین مخارج به وسیله وضع عوارض.
هفتم - اصلاح قوانین دادگستری.
هشتم - اصلاح قانون مطبوعات.

اصلاح امور فرهنگی و بهداشتی و وسایل ارتباطی که تصویب شده است تهیه نموده و پس از آزمایش آنها را منتهی در ظرف ۶ ماه که مدت این اختیارات است تقدیم مجلسین نمایند و تا موقعی که تکلیف آنها در مجلسین معین نشده لازم الاجرا میباشد. این اختیارات در جلسه امروز مجلس شورای ملی بعد از تذکرات مخالف و موافق به تصویب رسید و برای اظهار نظر به مجلس سنا تقدیم گردید.

نخست وزیر خبر رادیو لندن را تکذیب میکند

رادیو لندن دیشب در برنامه فارسی خود اظهار داشت « امروز در لندن وزارت امور خارجه انگلستان ادعا نمود که در ملاقات روز جمعه آقای دکتر مصدق با آقای میدلتن آقای دکتر مصدق درباره موضوع غرامت ایران پیشنهاد حکمیت نمود و پیشنهاد خود را به آقای میدلتن کاردار سفارت انگلیس تسلیم داشته اند. ولی در ملاقاتی که مجددا روز یکشنبه صورت گرفت آقای دکترمصدق پیشنهاد خود را پس گرفته اند. بهمین جهت فعلا نمیتوان درباره آن بحث کرد» اما دیروز آقای میدلتن کاردار سفارت انگلیس در تهران طی مصاحبه ای که با خبرنگاران به عمل آورده است گفته که از طرف آقای دکتر مصدق نخست وزیر هیچ گونه پیشنهاد مثبتی در این مورد داده نشده و با وجودی که دیوان دادگستری لاهه صلاحیت خود را برای رسیدگی به دعوای انگلیس رد کرده ولی دولت متبوع من هنوز مدعی است که ماهیت دعوا مورد رسیدگی قرار نگرفته و اصل تقاضای انگلیس درباره نفت ایران رد نشده است.

امروز در اداره کل تبلیغات رسما از طرف آقای نخست وزیر شایعه مزبور و اظهارات دیشب رادیو لندن را طی گفتاری تکذیب و اظهار شد که جای بسی تأسف است که رادیو لندن به نشر اخبار جعلی همیشه علاقه داشته و هر زمان موضوع بی اساسی را منتشر میسازد. بطوری که دیروز صبح نماینده رسمی دولت انگلیس در تهران شایعه دادن پیشنهاد از طرف آقای نخست وزیر را رسما تکذیب کرده است.

۱۵ مرداد ۱۳۳۱

اطلاعیه شرکت سابق نفت در روزنامه ها

شرکت سابق نفت انگلیس و ایران اطلاعیه هائی در روزنامه های مختلف انگلیس و امریکا درج و ادعا کرده است که ملی شدن صنعت نفت ایران عملی غیر قانونی بوده و رأی دادگاه بین المللی لاهه مبنی بر عدم صلاحیت دادگاه در رسیدگی به اختلافات انگلیس و ایران بر سر نفت حقوق آن شرکت را از بین نمیبرد و بر این اساس هیچ دولت و شرکتی نباید نفت ایران را خریداری کند یا با کشتی های خود آن را به خارج از ایران حمل نماید. در این

اطلاعیه شرکت نفت مدعی شده است که علیرغم رأی دادگاه لاهه مواد نفتی ایران همچنان متعلق به شرکت سابق نفت انگلیس و ایران است.

۱۸ مرداد ۱۳۳۱
یادداشت دولت ایران به دولت انگلیس

۱ - از آنجا که ملی کردن صنایع و مؤسسات از حقوق مسلم هر ملتی است و به استناد همان اصل عده ای از دول از آن جمله انگلستان بعضی از صنایع و مؤسسات اقتصادی را در کشور خود ملی کردند دولت ایران هم به اتکاء همان اصل در نتیجه اقدامات خلاف قاعده و ظالمانه شرکت سابق نفت انگلیس و ایران و بنا براراده و پشتیبانی قاطبه ملت ایران صنایع نفت را در سراسر کشور ملی اعلام نمود.

۲ - شرکت سابق و همچنین دولت انگلستان بدون توجه به این حق مسلم دولت ایران به طرح دعوای بی اساسی در دیوان بین المللی دادگستری مبادرت ورزیده و دیوان مزبور در تاریخ ۲۲ ژوئیه ۱۹۵۲ رأی خود را مشعر بر عدم صلاحیت دررسیدگی به موضوع اعلام و قرار مورخ ۵ ژوئیه ۱۹۵۱ را راجع به اقدامات تأمینیه را باطل نمود.

شرکت سابق نفت علاوه بر اینکه هیچ وقت به تعهدات خود عمل ننموده و دولت انگلیس را وادار کرده که بر خلاف حق به طرح دعوای بی اساسی در دیوان دادگستری بین المللی مبادرت نماید و برای جلوگیری از فروش نفت ایران در سراسر جهان نیز اقداماتی به عمل آورده که توقیف کشتی روزماری یکی از شواهد بارز آن است. شرکت سابق و دولت انگلیس از جهات متعدد به دولت ایران خسارات کلی وارد آورده و موجبات مضیقه مالی و مشکلات اقتصادی کشور ایران را فراهم کرده اند که بعضی از آنها به قراری است که ذیلا شرح داده میشود:

الف - عدم تأدیه دیون شرکت سابق به دولت ایران بابت سالهای اخیر که به تصدیق خود شرکت سابق بر ده ها میلیون بالغ میشود.

ب - خساران ناشی از تأخیر تأدیه دیون مذکور.

ج - عدم تأدیه وجوه متعلق به دولت ایران که در بانک های انگلیس تودیع شده.

د - خسارات ناشی از تأخیر تأدیه وجوه مذکور.

ه - مطالبات دولت ایران از شرکت سابق و همچنین خسارات دولت ایران ناشی از اعمال آن شرکت و دولت انگلیس.

و - خسارات ناشی از جلوگیری از فروش نفت ایران که براثر تهدید و ارعاب و اسباب چینی شرکت سابق و کمک آن دولت به شرکت مزبور به عمل آمده و دولت ایران را در فروش نفت خود دچار مشکلات ساخته است.

۳ - با توجه به مراتب مذکور در فوق دولت شاهنشاهی ایران انتظار دارد لااقل وجوهی که تعلق آن به دولت ایران مورد تصدیق خود شرکت سابق است و تاکنون پرداخت نشده فوراً تأدیه گردد و همچنین وجوه دیگری که متعلق به دولت شاهنشاهی است و در بانک های انگلیس تودیع گردیده تحت اختیار دولت شاهنشاهی ایران قرار گیرد و مخصوصا برای حفظ مناسبات و روابط حسنه و رفع هر گونه سوء تفاهم بین دو ملت شرکت سابق از اقدامات ناروا در جلوگیری از فروش نفت ایران خودداری کند.

دولت شاهنشاهی با حسن نیتی که در موارد عدیده به ثبوت رسانیده ، اینک نیز اعلام میدارد که به منظور پیدا کردن راه حلی برای رسیدگی به مطالبات و دعاوی حقه شرکت سابق درحدود قانون ۹ اردیبهشت ۱۳۳۰ و همچنین مطالبات و دعاوی متقابل دولت ایران حاضر است با نمایندگان آن شرکت وارد مذاکره شود و در صورتیکه از طریق مذاکرات مستقیم بین نمایندگان شرکت سابق و دولت شاهنشاهی توافقی در این مورد حاصل نگردد شرکت میتواند دعاوی خود را در محاکم صالحه ایران اقامه نماید. دولت ایران انتظار دارد این حسن نیت دولت شاهنشاهی از طرف دولت انگلستان چنانچه باید استقبال شود و به شرکت سابق توصیه کند که نمایندگان خود را برای مذاکره در این امر با دولت ایران تعیین نماید. لزوماً متذکر میشود چنانچه در پرداخت وجوه متعلق به دولت ایران از طرف بانک های انگلیس و شرکت سابق تأخیر و مسامحه شود و یا شرکت سابق و دولت انگلستان اقدامات نامشروع خود را بهر صورت که باشد علیه ایران ادامه دهند مسؤلیت کلیه اقدامات مزبور و خسارات ناشیه از آن از جمیع جهات متوجه دولت انگلیس و شرکت سابق نفت خواهد بود.

موقع را برای تجدید احترامات فائقه مغتنم میشمارد. وزیرامورخارجه دولت شاهنشاهی

آیت الله کاشانی به ریاست مجلس انتخاب شدند

در جلسه امروز مجلس شورای ملی بعد از اینکه منشی مجلس استعفای آقای امام جمعه تهران را قرائت کرد مسأله انتخاب رئیس جدید مجلس مطرح شد بعضی از کمیسیون ها آیت الله کاشانی را برای ریاست مجلس کاندیدا کردند ولی به نظر میرسید که اکثریت نمایندکان عضو فراکسیون نهضت ملی با این انتخاب موافق نباشند. آیت الله کاشانی ریاست مجلس را به این شرط قبول کردند که ایشان در مجلس حضور نخواهند یافت و اداره جلسات با نواب رئیس خواهد بود و مجلس را کماکان طبق آئین نامه اداره خواهند کرد.

پیشنهاد دولت امریکا به دولت انگلیس

آسوشیتد پرس لندن - محافل مطلع سیاسی در لندن اظهار میدارند که دولت امریکا به انگلیس پیشنهاد کرده که برای نجات ایران از کمونیزم لازم است از دکتر مصدق نخست وزیر ایران پشتیبانی به عمل آید. به عقیده امریکا وخامت اوضاع ایران موجب شده که چرچیل نخست وزیر انگلیس کلیه اختلافات ایران و انگلیس را در جلسه کابینه مورد بحث قرار داده زیرا کنار آمدن انگلیس با ایران موجب خواهد شد که بن بست مذاکرات بین دولتین که مدت ۱۸ ماه است ادامه دارد و ایران را بیش از هر موقع دیگر به دامان شوروی نزدیک ساخته از بین برود. بطور کلی نظر امریکا این است که امریکا و انگلیس با هماهنگی یکدیگر باید مصدق را در ایران تقویت کنند و به نظر مطلعین اگر امریکا وانگلیس برنامه ای برای این منظور تهیه کنند این برنامه موجب خواهد شد که انگلیس از قسمتی از ادعا های خود نسبت به ملی شدن صنعت یک میلیارد و پانصد میلیون دلاری نفت برای حل قضیه منصرف شود تا صنعت مزبور دوباره بکار بیفتد و امریکا نیز برای کمک به ایران جهت رفع بحران مالی فعلی اقدام عاجلی به عمل آورد اما قبل از اینکه امریکا و انگلیس متفقا از دکتر مصدق پشتیبانی کنند دو شرط باید محقق شود.

اول - مصدق قول بدهد که از پرداخت غرامت به انگلیس و بکار افتادن مجدد صنعت نفت جلوگیری نخواهد کرد.

دوم - مصدق اجازه بدهد که افراد غیرایرانی که محتملا امریکائی خواهند بود از اینکه کمک امریکا صرفا به مصرف بهبود وضع اقتصادی ایران خواهد رسید مطمئن گردند تا

عقاید و نظریات امریکا در کابینه انگلیس مورد موافقت قرار گیرد و چرچیل و وزرا با توجه به این نظریات کلیه روابط انگلیس را با ایران مورد مطالعه کنند.

۱۹ مرداد ۱۳۳۱

نظرات دولت انگلیس درمورد پیشنهاد دولت ایران

سخنگوی سفارت انگلیس در ایران نظرات دولت مطبوع خود را درمورد یادداشت اخیر ایران چنین گفت:

یادداشت جدید شامل نظرات جدیدی نمیباشد بلکه بازگشتی است به همان موضوع قانون نه ماده ای مورخ مه ۱۹۵۱. دولت علیاحضرت ملکه انگلیس هیچوقت قانون مذکور را قبول نکرده است. در این یادداشت صحبت از مراجعه انگلستان درباره « دعوی بی اساس » خود به دادگاه بین المللی لاهه شده و بطور ضمنی روش و وضع انگلستان مورد سوء تعبیر قرار گرفته است. نظر انگلستان هنوز این است که اختلاف نفت که همچنان ادامه دارد مورد رسیدگی یک هیأت بی طرف بین المللی قرار گیرد. یادداشت مورد بحث به عدم پرداخت وجوهی نیز که « ازبابت حق الامتیاز سالهای اخیر طلب ایران است و به ده ها میلیون سر میزند» اشاره میکند. حقیقت مسأله این است که در ماههای فوریه و مارچ ۱۹۵۱ شرکت نفت انگلیس و ایران مبلغ ۷ میلیون لیره بابت حق الامتیازی که به موجب قرارداد ۱۹۳۳ به دولت ایران تعلق میگرفت پرداخت نمود. حق الامتیاز مزبور در سال ۱۹۵۱ جمعاً بالغ بر ۸۳۲۶۴۴۶ لیره میشد و تفاوت این دو مبلغ که ۱۳۲۶۴۴۶ لیره است فعلا در اختیار شرکت نفت انگلیس و ایران میباشد که در آینده در تصفیه حساب منظور گردد. لابد منظور از عبارت ده ها میلیون لیره اشاره به مبلغ ۴۹۹۸۷۴۴۰ لیره ای است که برای انجام پرداخت های مترتبه بر قرارداد الحاقی ۱۹۴۹ کنار گذاشته شده بود و این پرداخت ها موقعی صورت میگرفت که قرارداد مزبور به تصویب دولت ایران میرسید، اما نه تنها قرارداد الحاقی ۱۹۴۹ هرگز به مرحله تصویب نرسید بلکه دیروز مجلس ایران لایحه ای را تصویب کرد که بموجب آن به قاتل سپهبد رزم آرا نخست وزیر سابق که طرفدار تصویب قرارداد مذکور بود عنوان « یک فرد وطن پرست ایرانی داده شد» و موجبات استخلاصش فراهم گردیده است بنابراین چون دولت ایران قرارداد مورد بحث را تصویب نکرده لذا مبلغ فوق به حساب ویژه هزینه های احتمالی انتقال داده شده است.

اما راجع به عدم پرداخت وجوه متعلق به ایران که در بانک های انگلیس است باید دانست که خزانه داری دولت پادشاهی انگلیس مدت ها پیش یعنی در سپتامبر سال گذشته اعلام داشت که تسهیلات خاصی که برای استفاده ایران از وجوه مذکور وجود داشت پس از آن تاریخ مراعات نخواهد شد زیرا کشور ایران دیگر منبع صدور نفت نیست. در اعلامیه خزانه داری مورخ سپتامبر سال گذشته چنین گفته شده بود « دولت پادشاهی انگلیس صمیمانه امیدواراست احتیاجی که برای این اقدامات پیش آمده خیلی طول نکشد. منظور دولت انگلیس این است که صدمه حاصله از عملیات دولت ایران را بر اقتصادیات انگلیس محدود تر کند و هر وقت دولت ایران حل مسأله نفت را مقدور سازد این اقدامات احتیاطی را میتوان لغو کرد. درضمن باید دانست که وجوه مورد بحث مال ایران است و کشور ایران میتواند از آن در مواردی که باعث صدمه اقتصادیات انگلستان نیست استفاده کند».

سیاست انگلیس درمورد ایران

هفته نامه نیوزویک در شماره امروز خود نوشته است:

دولت انگلیس با مسأله بغرنجی در ایران مواجه شده است باین معنی که یا میبایستی به مصدق دشمن قسم خورده خود در موقع انقلاب کمونیستی کنار بیاید و یا باید کودتای نظامی در ایران برپا کند. ولی مشاورین امور نظامی انگلیس با کمال تأسف به دولت انگلیس اطلاع داده اند که درحال حاضر هیچ افسر یا گروه افسرانی وجود ندارند که بتوانند در ایران کودتائی بکنند.

درمورد نفت دولت انگلستان میگوید نظر کارشناسان نفتی انگلیس این است که راه اندازی مجدد پالایشگاه نفت آبادان به مبلغی برابر ۲۰ تا ۲۸ میلیون لیره و ۱۲ تا ۱۸ ماه وقت لازم دارد ولی شرکت نفت انگلیس و ایران با بدست آوردن منابع جدید نفت دیگر به نفت ایران نیازی ندارد!

این روزنامه در مورد سیاست امریکا در ایران مینویسد وزارت امورخارجه امریکا هنوز وضع صبر کن و ببین را به خود گرفته و مصمم است از همان دیپلماسی قدیم خود به انصمام اجرای برنامه اصل چهارم و کمک نظامی ادامه دهد و منتظر تحولات آینده ایران و دنیا بماند.

مخالفت قنات آبادی با تمدید حکومت نظامی

در جلسه امروز پس از درخواست دولت برای تمدید حکومت نظامی در تهران آقای قنات آبادی در مخالفت گفتند این مثال معروفی است که کوسه و ریش پهن نمیشود که آدم هم آزادیخواه باشد و هم چیزی که مخالف آزادی است درست کند. ما طرفدار نظم مطلق مملکت هستیم اما میخواهیم بگوئیم چیزی که در مملکت میتواند ایجاد عدالت کند زور نیست. ما هیچ احتیاجی به حکومت نظامی نداریم. میدانید در همین حکومت نظامی ها رفقای ما را توقیف کرده اند. رزم آرا و ساعد رفقای ما را گرفتند آن وقت همین سرلشگر علوی هم رفقای ما را گرفت و توقیف کرد. اگر حکومت نظامی برای اختناق است نمیتوانیم با آن موافق باشیم باید حکومت عدل برقرار شود.

۲۱ مرداد ۳۱

سخنرانی دکتر فاطمی

در این روزهای حساس از تاریخ میهن ما گاه به گاه نغمه های مخالفی علیه دولت ساز میگردد که خواه ناخواه به نفع سیاست جابرانه استعماری تمام میشود و مهمترین فرصت را به دشمنان میدهد که به تبلیغات زهرآگین خود بیفزایند. اما یک حقیقت روشن را دشمن نتوانسته است و نخواهد توانست مغلوب حیله گریهای خود کند و آن اراده و تصمیم خلل ناپذیر ملت ما به جهاد و مبارزه ای است که که با سرنوشت و مقدرات نسل امروز و تاریخ دیروز و فردای وطن پیوستگی پیدا کرده است. در این شرایط مبارزه با کسانی که زهر یأس و بدبینی به در و دیوار مملکت می پاشند و آتش نفاق و اختلاف را دامن میزنند باید در رأس برنامه های ملت و دولت قرار گیرد و از توسعه این خرابکاری ها با تمام قوا باید جلوگیری شود، تا زمانی که جنگ اقتصادی ادامه دارد دام هائی را که اجنبی بر سر راه موفقیت ما میگذارد باید ماهرانه از پیش پای خود برداریم تا بتوانیم با فراغت خاطر و آسودگی به کار خویش ادامه دهیم.

ما آرزوئی نداریم جز اینکه درکشور خویش بتوانیم این غارت زدگی و بلای عقب ماندگی سیاست استعماری را علاج و چاره جوئی نمائیم و دراصلاحات کلی و بالا بردن سطح زندگی عمومی توفیق حاصل نمائیم. دارو ندار و هستی ما را در جنگ جهانی دوم متفقین برای پیروزی خود بردند و بجای جبران این خسارت که دراعلامیه های صریح مکرر به ما وعده داده شد امروز نه تنها آیه یأس به گوش ما میخوانند بلکه عملا در محاصره اقتصادی انگلیس که به منظور تسلیم ملت ایران در برابر تجاوزات و تعدیات یک شرکت دزد و غارتگرآغاز شده شرکت میجویند.

از ریاست جمهور و وزیر امور خارجه امریکا که خود را علاقمند به امور ایران نشان میدهند باید پرسید که جواب به افکارعمومی امریکا برای برائت از شرکت در محاصره اقتصادی ایران که بدست انگلیس صورت گرفته آیا این است که اصالت نهضت خالصانه و صمیمانه ملت ما را مورد تردید قراردهند؟ مگر این امریکا وارث جنگ های افتخار آمیز استقلال خود نیست؟ مگر ملت ما حق ندارد در برابر تحریکات و تشبثات مدام سیاست استعماری انگلیس عکس العملی نشان دهد؟ سیاست خارجی حکومت دکتر مصدق از روز تشکیل نخستین کابینه او تا به امروز برروی اساس احترام و دوستی متقابل استوار بود و اگر گاه به گاه این سیاست به مذاق یکی از اقویا خوش نیامده این امر برای ما هرگز علت و سبب نمیشود که خط ثابت و انحراف ناپذیر خود را تغییر دهیم.

در روزهای آخر اقامت درلاهه در سفر اخیر کنفرانسی با شرکت نمایندگان ایران در اروپا با هدف همآهنگ کردن سیاست خارجی کشور با نهضت ملی ایران ترتیب دادم زیرا من معتقد هستم هریک از دستگاه ها و تشکیلات موجود که نتواند خود را با تمایلات مردم و نهضت مردم تطبیق نماید ناچار از میان خواهد رفت. نمیشود کتمان کرد که نواقص بی شمار در دستگاه های فعلی موجود است. اگرنترسیم که اسم آنرا ببریم تحول و انقلابی در تمام شئون کشور پدیدار شده که بسیاری از عناصر کهنه قادر نیستند فکر خود را با وضع جدید تطبیق دهند و ایمانشان نیز به جریان فعلی چندان قطعی نیست. افراد مجرب و ورزیده هنوز در مدت کوتاه اخیر به صورت کادر آماده نشده اند که در هر قسمت رفع احتیاج و مشکل کنند. از طرف دیگر باید گفت که تجهیزات و مقدورات این تشکیلات برای مبارزه و مقابله با تبلیغات دشمنان جهاد ملت هنوز آماده نشده بدین سبب وضع تبلیغات ایران در خارج با فعالیت و پول و اسباب کار که حریف دارد محتاج به تقویت اساسی است. یکی از مواردی که در کنفرانس لاهه مورد بحث قرارگرفت همین مطلب بود که امید میرود با مطالعه و دقت کامل پس از ایجاد یک سازمان مجهز تبلیغات خارجی تا حدی جبران بشود. باید باین نکته توجه داشته باشیم که وجود اختلافات در داخل کشور و انعکاس آن در مطبوعات خارج تأثیر ناگوار و نامطلوبی بجا میگذارد. این واقعیت را باید قبول کنیم که اول آزادی از اسارت اجنبی باید مد نظر باشد بعد اغراض و ابراز سلیقه های گوناگون. فراموش نکنیم که ملت ایران تا به امروز قدرت لایزال خود را نشان داده و یقین است با کارو نظم و ثبات خویش درآینده تحریکات و توطئه های بیگانگان را درهم خواهد شکست و عمال گستاخ و جسورش را به سزای اعمالشان خواهد رسانید.

درخواست خرید نفت

آقای دکتر پراگررئیس شرکت نفت اپیم ایتالیا به همراه چند تن ازرؤسای آن شرکت برای عقد قرارداد ۴۰۰۰۰۰ تن نفت خام و تصفیه شده از شرکت ملی نفت ایران امروز با آقای

نخست وزیر ملاقات نمودند. بنا به اظهارات آقای پراگر پس از اعلام رأی دیوان داوری لاهه نفتکش با ظرفیت ۷۸۰۰۰ تن از بنادر ایتالیا بسوی آبادان حرکت کرده اند.

۲۲ مرداد ۱۳۳۱

کارتل های نفتی و مسأله نفت ایران

نشریه پلاتز اویل گرام مینویسد که کارتل های نفتی بین المللی نفت با تمام امکانات خود برای سقوط دولت دکتر مصدق فعالیت میکنند. مدتی است که شرکت های نفت امریکائی که با کمک شرکت سابق نفت انگلیس و ایران برای محدود نمودن تجارت آزاد نفت و جلوگیری از کار کمپانی های مستقل نفتی تشکیل یک کارتل بین المللی داده اند که بر اساس قانون ضد تراست مورد تعقیب سه نفر از سناتور های امریکا میباشند و نتیجه اقدامات سناتورهای مزبور این شده که کمیسیون بازرگانی مجلس سنای امریکا گزارشی از عملیات این کارتل را به وزارت خارجه امریکا بدهند و وزارت خارجه نیز آن را به دفتر رئیس جمهوری فرستاده اند. ولی رئیس جمهور ترومن تاکنون از انتشار این گزارش جلوگیری کرده است.

امروزسناتور لانک در مصاحبه ای به خبرنگاران روزنامه های بین المللی اعلام داشت کمیسیون فرعی سنا که برای رسیدگی به امور انحصاری مؤسسات بازرگانی کوچک تشکیل شده است تحقیقات خود را راجع به عملیات بین المللی ۵ شرکت بزرگ و متحد را در امریکا ادامه خواهد داد. این کارتل از ۵ شرکت نفت امریکائی و دو شرکت بزرگ خارجی تشکیل شده اند. هدف ما از تعقیب این مسأله این است که بدانیم عملیات و قیمت گذاری این دستگاه تا چه اندازه دولت و ملت امریکا را استثمار میکند؟ و آیا قیمتهای بین المللی نفت به اقتصادیات ملل دوست که از کمک های امریکا استفاده نمیکنند تحمیل بی موردی وارد نمیآورند؟ و بالاخره به چه علت وزارت امور خارجه و یا بازرگانی از انتشار و افشای این گزارش کوتاهی میکنند؟ در پاسخ به سؤالات سناتور لانک ، نورب اظهار داشت عده ای از مقامات عالیرتبه وزارت خارجه عقیده دارند که انتشار گزارش در این موقع کمکی به انجام سیاست خارجی ما در خاور میانه نخواهد کرد بلکه احتمال دارد موجب اخلال در مقاصد سیاسی ما شود.

در یک کنفرانس مطبوعاتی آقای ترومن مسؤلیت کامل محرمانه نگهداشتن گزارش را به جهات بین المللی کاملا به عهده گرفت ولی اجازه داد دادستان کل و کمیسیون های کنگره در دفتر بایگانی فقط آنرا مطالعه کنند.

۲۵ مرداد ۱۳۳۱

نظر هفته نامه عصر جدید چاپ مسکو درمورد حوادث اخیر ایران

استعفای ناگهانی دکتر مصدق نخست وزیر ایران مقدمه این حوادث بود. بطوری که از نامه دکتر مصدق به شاه برمیآید استعفای او براثر عدم موافقت با تصدی مقام وزارت جنگ که مصدق خواهان آن بود صورت گرفت. عصر همان روز ۴۲ نفر از ۷۱ نفر نمایندگان مجلس به نخست وزیری قوام که یکی ازمالکین بزرگ و وابسته محافل امپریالیستی خارجی است رأی دادند ، نکته قابل تعجب این است که در رأی تمایلی که مجلس قبلا به نخست وزیری مصدق داد قوام فقط دو رأی داشت و این خود نشانه یک فشار قوی است که از خارج به نمایندگان وارد شده است. برای اینکه بدانیم این فشار از کجا وارد آمده نظری به روزنامه

های انگلیس و امریکا بیفکنیم. از مدتها قبل روزنامه های امریکا مشترکاً مینوشتند که نمایندگان سیاسی دولت های انگلوساکسون در تهران میکوشند مصدق برکنار شود و کسی جای او را بگیرد که به آسانی تسلیم نظریات امریکا و انگلیس درموضوع نفت گردد روی این جهات بود که پس از زمامداری قوام روزنامه تایمز نوشت «ایران دارای دولتی قوی تر و روشن بین تر شده است و واشنگتن پست عنوان «مرد سیاسی مشهور» به قوام داد. زمامداری قوام در امریکا تولید شعف و شادی کرده است.

قبل از تشکیل کابینه، قوام مدت یک ساعت و نیم با هندرسن مذاکره کرد و به گفته آسوشیتد پرس ملت ایران متعاقد شدند که قوام از پشتیبانی امریکا برخوردار است. روزنامه های انگلیسی در اظهار نظر کمی محافظه کارتر بودند ولی عقیده داشتند که زمام داری قوام راه را برای تجدید مذاکرات نفت در ایران باز میکند. قوام با ملی شدن نفت مخالف بود و میگفت این کار مملکت را به آتش کشیده و هرج و مرج بی سابقه ای در مملکت بوجود آورده است. او گفت دولت ایران دارای سیاست نوینی است و میکوشد مسأله نفت را طوری حل و فصل کند که در مناسبات ایران با انگلیس و امریکا اندک نقطه ابهامی باقی نماند و با این ترتیب معلوم بود که قوام به کمک امپریالیست ها میخواست موضوع نفت را بر وفق مراد آنها حل کند.

مطبوعات امریکا اظهار امیدواری میکردند که دولت قوام بر اساس توصیه های هریمن با دولت انگلیس یک قرارداد عملی خواهد گذاشت. واشنگتن پست دراین مورد نوشت اولین کار قوام باید مشمول پیشنهاد بانک بین المللی برای اداره صنعت نفت باشد.« این امر مترادف با لغو ملی شدن نفت میباشد». لغو ملی شدن نفت کاملا در راستای منافع شرکت نفت انگلیس و ایران میباشد ولی انگلیس ها با دخالت امریکائی ها در اداره صنعت نفت ایران موافق نیستند ولی انگلیس ها برحسب مقتضیات ناگزیرازقبول پیشنهاد امریکائی ها بودند. اما قوام و محافل خارجی که پشتیبان او بودند بخوبی میدانستند که لغو ملی شدن نفت با مخالفت شدید مردم ایران مواجه میشود پس باید دید روی چه حساب هائی از قوام پشتیبانی میکردند؟

آنها گمان میکردند محاصره اقتصادی ایران که بوسیله انگلیس و امریکا برای جلوگیری از صدور نفت این کشور به عمل میآید قدرت مقاومت را از دولت ایران سلب کرده است ولی حوادث بعدی نشان داد که امریکا و انگلیس اشتباه کرده اند. روز ۳۰ تیر مردم تهران به مخالفت با زمامداری قوام شروع به تظاهرات کردند. قوای پلیس و نظامی به مقابله با تظاهر کنندگان پرداختند ولی هردم برعده تظاهر کنندگان افزوده میشد. عده زیادی کشته شدند، روز ۳۰ تیر وخامت اوضاع بحد اعلی رسید بطوری که خبرگزاری رویتر اطلاع داد دولت به تمام قوای مسلح خود برای فرو نشاندن آتش خشم مردم متوسل شد ولی نتوانست مقاومت سرسختانه ملت ایران را درهم شکند. عصر آن روز درخیلی ازنقاط شهر پلیس و نظامیان به مردم پیوستند.

بدین ترتیب دولت آخرین نقطه اتکاء خود را از دست داد و قوام عصر همان روز استعفا داد، استعفای قوام خشم روزنامه های انگلیس و امریکا را برانگیخت نوشته های روزنامه ها و تأیید امریکا و انگلیس از قوام خشم مردم ایران را علیه این دولت ها بیشتر کرد. حوادث

ایران نشان داد که مردم ایران و خاور میانه حاضر نیستند به دوران اسارت خود ادامه دهند و منافع ملی خود را فدای نقشه های انگلیس و امریکا بکنند.

۲۷ مرداد ۱۳۳۱
درخواست شرکت سابق نفت از نایب رئیس دیوان لاهه و نظر دولت ایران

در تاریخ ۱۸ مرداد ماه دیوان داوری لاهه طی نامه ای به دولت ایران اطلاع داد که شرکت نفت انگلیس و ایران از نایب رئیس دیوان درخواست کرده برای حل و فصل اختلافات مربوط به نفت ایران دیوان داور واحدی تعیین کند. بطور مسلم دولت ایران با این درخواست موافقت نخواهد کرد زیرا قرارداد امتیاز نفت سال ۱۹۳۳ مقرر داشته که این موضوع باید از دیوان داوری دائمی که قبل از جنگ دوم جهانی وجود داشته تقاضا شود ولی چون دادگاه بین المللی لاهه که بعد از جنگ تشکیل شده است نمیتواند جانشین دیوان دائمی داوری بین المللی گردد علاوه بر آن در سال ۱۹۴۷ نیز دولت ایران با تجدید نظر در قرارداد ۱۹۳۳ و تبدیل دیوان داوری بین المللی بدادگاه بین المللی لاهه مخالفت کرده است. طبق اظهار امروز وزیر امور خارجه درمصاحبه مطبوعاتی رئیس دیوان لاهه اخیرا نامه ای به وزارت امور خارجه ارسال داشته که طی آن نظردولت ایران را درمورد درخواست مزبورجویا شده است بنا به گفته وزیر امور خارجه هرچند کمیسیونی مأمور رسیدگی و تهیه جواب به درخواست مزبورشده است ولی میتوانم بگویم با ملی شدن نفت و حتی قبل از آن هم موضوع حکمیت پیش بینی شده در قرارداد ملغی شده ۱۹۳۳ منتفی گردیده است.

در بند ۲ ماده ۲۲ قرارداد مخدوش ۱۹۳۳ پیش بینی شده بود که اختلافات ایران و شرکت سابق به حکمیت ارسال شود و اگر یکی ازطرفین با این ترتیب موافقت نکند طرف دیگرمیتواند به رئیس «دیوان دائمی داوری بین المللی» مراجعه کند. پس از تشکیل سازمان ملل متحد دیوان دائمی داوری بین المللی هم از بین رفت و « دیوان بین المللی دادگستری لاهه» کاملا از آن دیوان مستقل و سازمان جدیدی است که ارتباطی با دیوان مورد بحث درقرارداد باطل شده ۱۹۳۳ ندارد. انگلیس ها خود متوجه این نکته هستند و در موقعی که قرارداد الحاقی را تهیه کردند قید نمودند جانشین «دیوان دائمی داوری بین المللی» که در قرارداد پیش بینی شده «دیوان بین المللی دادگستری لاهه » باشد ولی مجلس قرارداد مزبور و این تقاضا را رد کرده است.

آیت الله کاشانی در جمع نمایندگان مجلس

امروز آیت الله کاشانی برای ملاقات با نمایندگان مجلس در مجلس حضور یافته و بعد از حاصل شدن اکثریت در جایگاه ریاست مجلس قرار گرفته ضمن سپاسگزاری از نمایندگانی که ایشان را به ریاست مجلس انتخاب نمودند اظهارداشتند لازم بود مطالبی را به عرض آقایان برسانم و امیدوارم مؤثر واقع شود و به برکت همت والای مشترک آقایان این مملکت ازگرداب فلاکت و بیچارگی خلاص شود. اولا باید عرض کنم شاید بعضی ها ما را رنگ ارتجاع میدهند ولی تمام مبارزات من برای حفظ دیانت مقدس اسلام است چون بشر بدون دین نمیشود و من که متخصص این کار هستم میدانم بهتر است که دین اسلام از بین نرود زیرا جامع سعادت در دین است و ازعزت و عظمت و شرف شرکت در این دین همان بس که وطن خواهی جزو برنامه آن است. تمام مفاسد اخلاقی و بیچاره گی ما از تسلط اجانب است و اینها وسایل بدبختی و اضمحلال این دیانت را با کمال مهارت فراهم کرده اند. درحال

حاضر از دین اثری بجز از اسم آن نمانده آنهم در میان طبقات پائین و الا در طبقه گردن کلفت ها کمتر این صحبت ها پیدا میشود.

بنده دیدم با تسلط اجانب محال است این ملت روی سعادت و نیک بختی را ببیند ، شما دیده و شنیده اید که من خیلی در این راه جان کندم. امروز به حمدالله قدری دست اجنبی پس از فداکاری های زیاد کوتاه شده ، امیدوارم خداوند عنایتی کند که بکلی ایادی اجنبی و مداخلاتشان ازبین برود. پرده اخیر این اجانب که انشاالله بعد از این پرده ای نخواهند داشت روی کار آوردن قوام بود که خدای نخواسته اگر دراین کار موفق شده بودند تمام زحمات ما به هدررفته بود و نام نیک ایرانیان در دنیا واژگون میگردید ولی این کار بیش از چهار روز طول نکشید و بزودی قوام از بین رفت. فعلا سعادت مملکت در دست آقایان نمایندگان است بارها گفته ام آقایان اگر بخواهند صلاح ملت و مملکت را رعایت کنند باید دست از خود خواهی بردارند زیرا با رعایت مصلحت منافات دارد ، یا خود خواهی یا خدمت به مملکت.

من فکر میکنم که آقایان انشاالله همگی عقیده مند به خدا هستید علاوه بر این وجدان حکم میکند که انسان درمقام خودخواهی نباشد و بر این ملت بیچاره این همه رنج روا ندارد.

واقعا انسانی که جزئی انصاف داشته باشد نمیتواند قبول کند که هموطنانش درگرفتاری و بیچاره گی بسر برند. ملل دنیا درمقام حفظ استقلال و شرف خود فداکاری ها کردند و میلیونها فدای این مقصود شدند فداکاری ما هم این است که دست ازخود خواهی بکشیم. علاوه براین میتوانم عرض کنم که ملت امروز غیر از ملت ده سال یا پنج یا یکسال پیش است اگر ملت احساس کند که بعضی در مقام خودخواهی هستند ساکت نمی مانند چون راه را از چاه تمیز داده و وسیله خوشبختی و بدبختی را تشخیص داده اند.

استدعای من از آقایان این است که در این بقیه مجلس برای انجام اصلاحات سر از پا نشناسید خودخواهی را کنار بگذارید و فداکاری کنید. نگذارید بیش از این مسامحه شود زیرا ملت و مملکت از دست میرود. بحق حق و ولی مطلق ما در این وضع چاره دیگری نداریم و البته اگر من اگر خودم خودخواهی کنم ملت هوشیار است و جزای مرا میدهد. مخلص فداکارم و سال ها جانم را کف دست گرفته ام ولی خدا نگذاشته است از بین بروم. بهترین خدمت نزد من خدمت به مردم است باید دست عنایت و عطوفت و خداپرستی و وطن دوستی را بدست مخلص بدهید. حالا که خواهی نخواهی کاری شده ولی من به ملاحظه رفع تسلط اجانب و ادامه اصلاحات نوکر ملت و کوچک نمایندگان هستم بی انصافی است که اشخاصی برای مطامع دنیا دنبال قوام ها و بعضی دزد ها و کذاب ها بروند به این طریق ملت را هدف بلایا و بیچارگی ها کنند و مملکت از دست برود. همه میدانید این امور موجبات بدبختی است.

استدعای من از آقایان این است که همه با کمال مجاهدت دست بدست هم بدهیم. دلم میخواهد همه نمایندگان کدورت های سابق را که بیشتر آنها مسلکی است کنار بگذارید و همه هم مسلک شوید. باید در اینجا اختلاف مسلک در بین نباشد و با یکدیگر متحد و صمیمی باشیم. مطالبی را که عرض میکنم از روی صمیمیت قلب است و غرضی ندارم. آرزویم اینست وسایل خوشبختی ملت کاملا فراهم شود و برای این کار بایستی مجلس که مرکز ثقل مملکت است متحد باشد. امیدوارم با اندک تأمل عرایضم را بپذیرید و دست رد بر آنها نگذارید زیرا نفع خود آقایان هم در آن است هرکس عرایض مخلص را حقیقتا می

پذیرد یک کار دیگر هم باید بکند و آن این است که آقایان نمایندگان سعی کنند مأمورینی را که از اینجا به حوزه های انتخابی خود میفرستید باعث زحمت و بدبختی مردم نباشند. طوری باشد مأموری که میرود نسبت بهمه یک جور معامله کند والا مأمورینی که برای هواخواهی و دفاع از منافع خود به اطراف میفرستید بیشتر باعث اسباب زحمت شما را فراهم میسازند. البته وضع این طور نمیماند بایستی عواطف مردم را بخود جلب نمود. خودخواهی را کنار بگذارید و صلاح و مصلحت ملت و مملکت را نصب العین قرار دهید این کار را فقط برای دوسال بخاطر خدا و وجدان بکنید.

نوشته تایم نیویورک

وینستون چرچیل نخست وزیر انگلیس برای رسیدگی به یادداشت اخیر ایران وزیران خود را به تشکیل یک جلسه فوق العاده دعوت کرد. اکنون وزیران انگلیس مانند امریکا به این نتیجه رسیده اند که سقوط دکتر مصدق درایران محتملا موجب روی کار آمدن حزب توده خواهد شد. اکنون که قوام السلطنه انگلوفیل با یک حمله برق آسا از نخست وزیری برکنار شده و نیروی نظامی ایران تحت اختیار دکترمصدق قرارگرفته و احتمال نمیرود که انگلیس جز نظرامریکا نظر دیگری بتواند داشته باشد و شق دیگری برای سقوط دکتر مصدق داشته باشد. ولی دولت انگلیس هنوز از مصدق که دست شرکت نفت را ازمنابع نفت ایران قطع کرده میترسد و سازش با او را برای خود بسیار موهن و ننگ آور میداند ازاینرو در مقابل ایران یک حالت «بی اعتنائی ماهرانه» درپیش گرفته است.

۲۹ مرداد ۱۳۳۱

مقاله تایمز لندن درمورد نفت

دولت انگلیس نباید حتی کوچکترین فرصت را برای حل مسأله نفت از دست بدهد و از نظراین که یک صنعت بزرگ ایران بیکار مانده و از میزان درآمد آن دولت مقدار زیادی کاسته شده دولت ایران را نیز باید مورد ملامت قرار داد و از کار افتادن تصفیه خانه نفت نتیجه اقدام خود دولت ایران میباشد و اگر اوضاع ایران به میزان بیشتر رو به وخامت بگذارد موضوع جنبه بین المللی پیدا خواهد کرد و دراین صورت نیز در آن بیشتر ذینفع خواهد شد زیرا منافع و مصالح سیاسی دولت انگلیس اقتضا میکند که ایران کشور مستقل باشد. اما هر اتفاقی بیفتد ممکن نیست که صنعت نفت ایران دوباره به حالت پیش از ملی شدن نفت برگردد. برای آغاز مذاکرات جدید لازم است که دولت ایران تعهدات خود درمقلبل شرکت نفت را برای پرداخت غرامت به آن شرکت عمل کند و صناعت نفت را طوری به کار اندازد که بتواند از پرداخت غرامت برآید و با صنایع بین المللی نفت روابط مناسب برقرار کند.

اعتصاب سراسری کارگران انگلیسی

رویتر امروز گزارش داد که ۸ میلیون نفر کارگران انگلیسی به علت افزایش تورم درخواست افزایش مزد کرده اند و با توجه به کاهش درآمد دولت انگلیس به علت ملی شدن صنایع نفت ایران دولت از رهبران سندیکاهای کارگری درخواست کرده به سبب وخامت اوضاع مالی دولت کارگران فعلا از درخواست خود مبنی بر اضافه حقوق صرفنظر کنند ولی رهبران اتحادیه ها از پذیرفتن درخواست دولت امتناع کرده اند.

تذکرات دین آچسن به ایدن

آسوشیتد پرس گزارش میدهد که محافل وابسته به وزارت خارجه امریکا در ۲۴ ساعت اخیر فشار امریکا به انگلیس برای تجدید نظر در سیاستی که نسبت به نفت ایران پیش گرفته افزایش یافته است. دین آچسن وزیر امورخارجه امریکا ده روز قبل تذکاریه ای به ایدن وزیر امور خارجه انگلیس ارسال و از دولت انگلیس درخواست کرده برای جلوگیری از افتادن منابع نفت ایران بدست شوروی با دولت امریکا برای اجرای یک برنامه مالی به ایران توسط امریکا موافقت نماید و سعی کند با دولت ایران کنار بیاید. اما هیأت وزیران انگلیس بعد از یک جلسه سه ساعته با پیشنهاد دولت امریکا مخالفت کرده اند.

۳۰ مرداد ۱۳۳۱

پیشنهاد آچسن درمورد کمک

وزیرامورخارجه امریکا به دولت انگلیس پیشنهاد کرده است که برای حل مسأله نفت از قسمتی از ادعاهای خود صرفنظر نماید و ضمناً تا حل نهائی مسآله نفت دولت امریکا مبلغ ۵ تا ۱۰ میلیون دلار به دولت ایران کمک مالی نماید. ولی نخست وزیر انگلیس به دولت امریکا اطلاع داده است با نظر امریکا درمورد پرداخت کمک مالی به دولت ایران درحال حاضر موافقت ندارد. ضمنا براساس نظر چرچیل دولت ایران علاوه بر پرداخت غرامت باید مبلغ یک میلیارد و پانصد هزار لیره که شرکت نفت در ایران سرمایه گذاری کرده است نیز تأدیه کند.

اول شهریور ۱۳۳۱

نطق چرچیل درباره نفت ایران

وینستون چرچیل نخست وزیر انگلیس ضمن نطقی به مشکلات اقتصادی انگلیس اشاره کرد و ادعا نمود صنایع نفت ایران که بدست انگلیس ها ایجاد شده بود و برای ایران منافع سرشاری داشت به زور و جبر غصب شده است. وی اضافه کرد که با کمال خوشوقتی با ترومن رئیس جمهوری امریکا به منظور حل مسائلی که متعاقب بیرون آمدن انگلیس ها از آبادان پیش آمده پیشنهاد جدیدی به دکترمصدق نخست وزیر ایران تسلیم کرده است. وی مدعی شد که این پیشنهاد عادلانه بوده و از طرف دولتین امریکا و انگلیس تهیه شده و امید میرود که پیشنهاد مزبور مورد توجه قرار گیرد زیرا که بسیارجدی و عملی است. برای تمام دنیا موجب نهایت خوشوقتی است که بین امریکا و انگلیس توافق نظر وجود دارد و این دو دولت با همکاری یکدیگر کار میکنند.

۲ شهریور ۱۳۳۱

پیشنهاد مشترک امریکا و انگلیس

رویتر - اختلاف نظر لندن و واشنگتن درباره سیاستی که باید نسبت به دکتر مصدق نخست وزیر ایران در رفع مشکلات این کشور در پیش بگیرند موجب تأخیر در ارسال یادداشت جوابیه انگلیس به ایران شده است. اما منابع مطلع وزارت امورخارجه انگلیس اظهار میدارند که به مجرد اینکه اختلاف نظرها بین امریکا و انگلیس مرتفع شود جواب یادداشت دولت ایران ارسال خواهد شد اما بطور کلی پیشنهاد این خواهد بود که دولت انگلیس براساس قبول اصل ملی شدن نفت ، نه قانون طرز اجرای ملی شدن نفت میتواند با دولت ایران مذاکره نماید.

براساس این پیشنهاد دولت انگلیس درخواست خواهد کرد که شرکت جدیدی تأسیس شود که اکثریت سهام آن به دولت انگلیس تعلق نداشته باشد بلکه ۴۹ سهم ایران ، ۴۹ سهم انگلیس و ۲ سهم دولت ثالثی از این شرکت داشته باشد. دیپلماتهای انگلیسی و امریکائی معتقد هستند که دراین مرحله نظریات دولت های انگلیس و امریکا کاملا به یکدیگر نزدیک هستند اما باید دولت انگلیس را قانع ساخت که دیگر نمیتواند سیاست استعماری گذشته را در ایران اتخاذ کند. ااما دیپلمات های غیر انگلیسی و امریکائی عقیده دارند که وصول به این مرحله برای حل مسأله نفت ایران کافی نیست و گذشته از توافق انگلیس و امریکا هر پیشنهادی که به ایران داده میشود این نکات باید در نظر گرفته شود:

اول - حفظ اعتبار و وجهه دکتر مصدق و پای بندی او به اجرای قانون ملی شدن نفت.
دوم - قرار ندادن موافقت نامه های نفتی که با دیگر کشورهای نفت خیز خاور میانه امضا شده در معرض خطرات بزرگ.
سوم - نومید ساختن ایران از این که بتواند راه دیگری برای حل مسأله نفت بدست آورد و مأیوس نمودن ایران از اینکه صنعت نفت خود را وسیله کارشناسان آلمانی و ایتالیائی و خلاصه غیر انگلیسی و امریکائی بکار اندازد.

۳ شهریور ۱۳۳۱

دستور دکتر مصدق به وزارت دارائی

دیشب از طرف آقای نخست وزیر نامه زیر به وزارت دارائی صادر شده است.

وزارت دارائی - صورت حدود ۶ قطعه زمین که ازطرف دولت تقاضای ثبت آن شده

پیوست است ، دستور فرمائید از قطعات مزبور نقشه برداری کامل نموده و هر قطعه را به ۵ قسمت منقسم نمایند. یک پنجم آنرا به قطعات پانصد متری و چهار پنجم آنرا به قطعات ۳۰۰ متری تقسیم و در هر قسمت خیابان بندی و کوچه بندی به نحو آبرومندانه بنمایند و برای هر قسمت آن محل هایی برای مسجد ، حمام ، گردشگاه و باغ ملی تعیین کنند و برای گاراژ ، محل کارخانه برق ، شهرداری ، شهربانی ، کلانتری ها برزن و ادارات لازمه و سایر احتیاجات شهری قطعاتی را معلوم نمایند و قبل از همه در هر قسمت به وسیله سازمان برنامه به حفر چاه های عمیق اقدام نمایند و هزینه حفر چاه ها از اعتبار دولت پرداخته شود و تأسیسات کامل بهره برداری آن ها را مجهز کنند که شروع بهر ساختمانی با بودن آب مؤثر باشد و به محض آنکه نقشه برداری و حفر چاه ها و قسمت بندی اراضی نامبرده تمام شد اطلاع دهند که دستور فروش آن به مردمی که احتیاج به خانه دارند به قیمت نازل داده شود. باید نهایت سرعت و جدیت تحت نظر اشخاص بصیر و درستکار در اجرای این دستور اقدام شود و هیچ عذری در تأخیر این امر پذیرفته نخواهد شد. نخست وزیر- محمد مصدق

۵ شهریور ۱۳۳۱

پیام مشترک ترومن ، چرچیل

جناب آقای دکتر محمد مصدق نخست وزیر

افتخار داریم طبق تعلیماتی که ازدولت های مربوطه خود دریافت داشته ایم پیام مشترکی را که رئیس جمهور کشورهای متحده امریکا و نخست وزیر بریتانیای کبیر به عنوان جنابعالی فرستاده اند بدین وسیله تقدیم داریم. لوئی هندرسن جرج میدلتن

اینجانبان تلگراف های واصله از سفارت های کبرای خود را درایران درباره مذاکرات اخیری که با جنابعالی به عمل آمده است و همچنین یادداشتی را که در هفتم اوت ۱۹۵۱ (۱۶ مرداد ۱۳۳۱) بعنوان دولت علیاحضرت ملکه انگلیس ارسال داشته بودید مورد مطالعه قرار دادیم به نظر اینجانبان این مطلب روشن است که حل رضایت بخش مسأله نفت مستلزم اقدام فوری از طرف هر سه دولت خواهد بود.

اینک پیشنهاد اقداماتی را که دولتین ما حاضر هستند به عمل آورند به ضمیمه ارسال میداریم و صمیمانه امیدواریم که مورد تصویب آن جناب واقع شود و منتج به حل رضایت بخش موضوع گردد. محرک ما احساسات دوستی صمیمانه و تاریخی است که نسبت به کشور و ملت ایران داریم و قلباً آرزومندیم هرچه زود تر موجبات حل سریع و منصفانه اختلاف کنونی را فراهم سازیم.

هری ترومن　　　　　وینستون چرچیل

متن پیشنهادهای سه گانه

اول - موضوع غرامتی که بابت ملی شدن مؤسسات شرکت نفت انگلیس و ایران واقع در ایران تعیین خواهند شد باید پرداخت شود با در نظر گرفتن وضع حقوقی طرفین که بلافاصاله قبل از ملی شدن موجود بوده است و با توجه به کلیه دعاوی و دعاوی متقابله طرفین به دیوان بین المللی دادگستری ارجاع خواهد شد. دوم - نمایندگان مناسبی ازطرف دولت ایران و شرکت نفت انگلیس و ایران تعیین خواهند شد که با یکدیگر مذاکره کنند و ترتیب جریان نفت را از ایران به بازارهای دنیا بدهند

سوم- چنانچه دولت ایران با پیشنهاد های مندرجه در دو بند بالا موافقت فرمایند :

الف - نمایندگان شرکت نفت انگلیس و ایران برای حمل نفتی که هم اکنون در ایران ذخیره است اقدام به تهیه وسایل لازم خواهند نمود و همین که موافقت هایی درباره قیمت حاصل شود و شرایط فنی برای بارگیری اجازه دهند بابت هرمقدار نفتی که بتوان هرچه زودتر حمل کرد پرداخت مقتضضی به عمل خواهد آمد.
ب - دولت علیاحضرت ملکه انگلستان پاره ای از تضییقات موجود را که نسبت به صادرات کالا به ایران و استفاده از وجوه استرلینگ به عمل آورده مرتفع خواهد ساخت.
ج -- دولت کشورهای متحد امریکا فورا مبلغ ۱۰ میلیون دلار بلاعوض به دولت ایران برای کمک در رفع مشکلات مالی آن دولت خواهد پرداخت.

قرارداد مخصوص برای ارجاع موضوع غرامت شرکت سابق به حکمیت دیوان لاهه

دولت کشور بریتانیای کبیر و ایرلند شمالی از یکطرف و دولت شاهنشاهی ایران ازطرف دیگر موافقت نموده اند که موضوع غرامتی را که باید بابت ملی شدن مؤسسات شرکت نفت انگلیس و ایران واقع در کشور ایران پرداخت شود با رعایت وضع حقوقی طرفین که بلافاسله قبل از ملی شدن موجود بوده و با توجه به کلیه دعاوی متقابله طرفین به حکمیت رجوع نمایند. این قرارداد به تصویب دو کشور حواهد رسید و سند تصویب هر چه زود تر در تهران مبادله خواهد شد. پس از مبادله اسناد تصویب این قرار داد ممکن است از طرف هریک از طرفین به دیوان دادگستری بین المللی اعلام گردد

در تصدیق مراتب فوق امضا کنندگان که از طرف دولت های مربوطه خود اجازه و اختیار

برگی از تاریخ مبارزات مردم ایران

دارند ذیل قرارداد حاضر را امضاء نموده اند.

دراین روزدردو نسخه به انگلیسی و فارسی تنظیم و متن هردو دارای اعتبار مساوی خواهند بود.

۷ شهریور ۱۳۳۱
اعلامیه آقای نخست وزیر
به اطلاع هموطنان عزیز میرسد که در تاریخ ۵ شهریور ماه جاری جنابان لوئی هندرسن سفیر کبیر امریکا و جرج میدلتن کاردار سفارت انگلیس این جانب را ملاقات و پیامی را از جانب رؤسای دولتین خویش تسلیم کردند.

این جانب با دلایل قویه اظهار نمودم که این پیام در بین مردم ایران حسن اثر نخواهد نمود و انتظار این بود که جواب یادداشت مورخ۱۶ مرداد۱۳۳۱ زودتر داده باشند آقایان تقاضا نمودند که موضوع پیام مطلقا محرمانه بماند تا یک هفته دیگر جواب یادداشت را بدهند. مجددا امروز ساعت سه و نیم بعد از ظهر متفقا از این جانب ملاقات و عین پیام چند روز قبل خود را تسلیم نمودند و معتقد بودند چون این پیام از روی حسن نیت تنظیم شده است حسن اثر خواهد داشت.

این جانب نظر سابق خود را تأیید نموده و شفاها اظهار داشتم که هرگز این دولت با این پیام نمیتواند موافقت کند و در مردم سوء اثر خواهد کرد. اکنون برای استحضار عامه اضافه میشود « نظر دولت این است که مجلس سنا و شورای ملی دعوت شوند و با مشورت آنها جوابی که مقتضی باشد به یادداشت دولتین داده شود ».

دعوت از مجلسین برای تشکیل جلسه فوق العاده
پس از صدوراعلامیه آقای نخست وزیر ایشان از نواب رئیس مجلس شورا و سنا تقاضا کردند که جلسات فوق العاده مجلسین برای مشورت درباره جواب پیام مشترک امریکا و انگلیس تشکیل و به آقایان نمایندگان و سناتور ها اطلاع داده شود هرچه زودتر در تهران حضور یابند تا دولت با تبادل نظر با ایشان تصمیم لازم اتخاذ نموده و جواب مقتضی به پیشنهاد مزبور بدهد.

اطلاعیه دفتر مجلس سنا
بنا به تقاضای آقای نخست وزیر جلسه فوق العاده مجلس سنا ساعت ۹ صبح روز ۲۹ شهریور ماه تشکیل خواهد شد. آقای دکتر سعید مالک نایب رئیس مجلس سنا به اطلاع آقایان سناتورها که در خارج پایتخت و یا خارج کشور هستند میرساند که در روز مزبور در جلسه فوق العاده حضور بهم رسانند.

اطلاعیه دفتر مجلس شورای ملی
بنا به تقاضای آقای دکتر مصدق آقای سید محمود نریمان ازطرف هیأت رئیسه مجلس شورای ملی از عموم آقایان نمایندگان مجلس که در خارج پایتخت یا خارج کشور میباشند دعوت میکند که برای شرکت درجلسه فوق العاده در روز۱۷ شهریور در مجلس شورایملی حضور بهمرسانند.
گفتار مسکو درمورد پیشنهاد مشترک
رادیو مسکو دیشب گفتاری با عنوان فشار جدید امریکا و انگلیس به ایران و بررسی روزنامه

های خارجی منتشر ساخت و گفت که امریکا و انگلیس برای آنکه ملی کردن نفت ایران را عقیم گذارند و همچنین نقشه های مختلفی به ایران تحمیل کنند روز ۳۰ اوت ترومن و چرچیل نامه مشترکی برای دولت ایران فرستادند و در آن نقشه جدید دعاوی انگلیس را به مناسبت ملی کردن صنعت نفت ایران شرح داده اند. آنها درخواست کردند اولا موضوع پرداخت غرامت به شرکت سابق نفت انگلیس و ایران به دادگاه بین المللی احاله شود. ثانیا بین شرکت نفت انگلیس و ایران و دولت ایران درباره ترتیب صدور نفت ایران به بازاهای بین المللی مذاکره آغاز گردد. ثالثا درصورت قبول این دو شرط دولت انگلیس حاضر است به ایران امکان دهد که ازذخایرلیره خود که در بانک های انگلیس ذخیره شده استفاده نماید ، امریکا نیز از جانب خود وعده داده که در مقابل این شرط ۱۰ میلیون دلار به ایران وام بدهد. روزنامه های دنیا در برابر این گذشت دولت های انگلیس و امریکا مینویسند:

روزنامه کمبا چاپ فرانسه نوشته کمتر اتفاق میافتد برای گذشت سیاسی با یک چنین لحن خشنی یادداشت مالی پیشنهاد نمود.

دیلی هرالد چاپ انگلیس درباره نامه مشترک ترومن و چرچیل خاطر نشان کرده که این پیشنهادات قطعا حکم دشنه ای را داشت که میخواستند به وسیله آن فعالیت شرکت نفت انگلیس و ایران را تجدید کنند.

روزنامه نیویورک هرالد تریبون مینویسد « تصور نمیرود که ملی کردن نفت از طرف ایران بدون انگلیس ها عادلانه و عاقلانه باشد».

روزنامه اومانیته چاپ فرانسه نوشت که وزارت امور خارجه امریکا که بنا به عادت دیرینه خود هر مسأله ای را با دلار حل میکند این نکته را در نظر نگرفته است که تمایلات و احساسات ملت ها را نمیتوان با دلار خرید و از این اقدامات چنین بر میآید که در حال حاضر سران دولت های امریکا و انگلیس در اطراف اقدامات جدی بعدی خود درمورد نفت ایران مشغول مذاکره میباشند آنها نمیخواهند که از وضع سابق خود در ایران صرفنظر کنند از این رو با بهانه های مختلف سعی دارند فعالیت شرکت نفت انگلیس و ایران را تجدید کنند منتهی میکوشند که نه فقط انحصار چپاول انگلیسی بلکه انحصار گران امریکا نیز در آن شریک و سهیم باشند. انگلیس و امریکا که میدانند با وارد کردن فشار به ایران شکست خورده اند اکنون راه های غیر مستقیمی را برای اجرای نقشه های خود جستجو میکنند.

نوشته ای از روزنامه دی هوستون کرونیل اند هرالد

در مقاله ای ، زیر « ایرانیان ، این ملت خارق العاده » مینویسد:

مردم امریکا و انگلیس از رفتار ایرانیان درحیرت هستند به دلیل آنکه درخواست ملیون ایران برای کسب آزادی و استقلال کامل برای مردم بسیار گران تمام شده است. معهذا ایرانیان حاضر به تحمل تمام مصائب و آماده هرگونه فداکاری درراه رسیدن به این هدف میباشند. این امر امروزه بسیار حیرت آور است که مردمانی پیدا شوند که منافع مادی را فدای عقاید خود نمایند! چرا ایرانیان حاضر به تحمل تمام مصائب و آماده هر نوع فدا کاری در راه رسیدن به این هدف میباشند؟

چرا ایرانیان مانند اعقاب ما صحبت میکنند؟ پاتریک هنری فریاد زد « به من یا آزادی بدهید یا مرگ» مصدق فریاد میزند به ما استقلال بدهید اگر چه از گرسنگی بمیریم. انگلستان و

وزارت خارجه ما معتقدند که بالاخره ایرانیان درخواهند یافت که ناچار به سازش با لندن میباشند به دلیل آنکه آنها احتیاج مبرمی به درآمدی دارند که بایستی از دستگاهی که فعلا تعطیل است عاید آنان گردد. دولت امریکا با روش و عملیات خود مردمی را که سال ها با ما روابط دوستانه داشته اند مبدل به دشمنان سرسختی نموده است.

۱۱ شهریور ۱۳۳۱
توجیه پیشنهاد مشترک

خبرنگار رویتر از لندن اطلاع میدهد محافل دیپلماتیک لندن اظهار میدارند که امریکا و انگلستان دربرابرعکس العمل ایران درمورد حل قضیه نفت جبهه واحدی تشکیل خواهند داد و مقدمه این کار از روز ۹ شهریور شروع شده است. مقامات وزارت خارجه انگلیس در لندن و مأمورین وزارت خارجه امریکا در واشنگتن گزارش های مأمورین خود در تهران راجع به رد فوری پیشنهاد مشترک امریکا و انگلیس از طرف آقای دکتر مصدق را مورد مطالعه قرار خواهند داد ولی مادام که پاسخ رسمی دولت ایران به پیشنهاد مشترک امریکا و انگلیس باین دودولت تسلیم نشده هیچ گونه اقدامی به عمل نخواهد آمد.

این محافل میگویند وقتی دولت انگلیس قبول کرده که موضوع نفت را فقط از جنبه قضائی و قانونی تعقیب نماید و امیدی به نظارت مجدد بر صنایع نفت نداشته باشد باید اطمینان داشت که اختلافات انگلیس و امریکا بر سر نحوه حل مسأله نفت از بین رفته دانست. قرار است کابینه انگلیس در روز ۱۳ شهریور به این مسأله رسیدگی کرده تصمیم نهائی را به مجلس عوام گزارش دهد.

یکی از مقامات وزارت امور خارجه امریکا اظهار کرده است که رد پیشنهاد های مشترک امریکا و انگلیس از طرف دولت ایران امید به حل این قضیه را تا حد زیادی از بین برده است. سخنگوی دولت امریکا اظهار داشته مواد مندرج پیشنهاد طوری تنظیم شده تا افکار عمومی بتوانند مفهوم آن را به سهولت درک نمایند مخصوصا این که نظریات ملی ایران کاملا در نظر گرفته شده مخصوصا که پرداخت ده میلیون دلار کمک امریکا و همچنین منافعی که ایران از فروش نفت موجود درانبارهای آبادان بدست خواهد آورد در حال حاضر برای رفع مشکلات مالی ایران کافی تشخیص داده شده. پیشنهاد مزبور ضمنا این مفهوم را دارد که انگلستان اصول ملی شدن صنایع نفت ایران را به رسمیت شناخته است.

۱۲ شهریور ۱۳۳۱
اعمال نفوذ انگلیس

روزنامه الاهرام در گزارشی که از پاریس ارسال داشته مینویسد آقای ویلیام تروپ یکی از تجار بزرگ نفت امریکا ضمن یک مصاحبه در پاریس اظهارداشته است که فشارو اعمال نفوذ انگلیس ها در واشنگتن موجب شد که طرح چند شرکت امریکائی در سال گذشته برای بکار انداختن صنایع نفت ایران و پالایشگاه آبادان با شکست مواجه گردد. بدین ترتیب که چهار شرکت امریکائی در دسامبر گذشته برای تشکیل کنفرانسی درمورد نفت بتهران دعوت شده بودند تا در این کنفرانس با نمایندگان دولت ایران برای بکار انداختن مؤسسات نفتی ایران تصمیمات لازم گرفته شود. اما شرکت نفت انگلیس و ایران و دولت انگلیس شدید ترین فشار را در واشنگتن اعمال نمودند تا از تشکیل این کنفرانس ممانعت به عمل آورند.

آقای تروپ اعلام داشت این قرار در زمانی که دکتر مصدق در امریکا بود گذارده شده بود زیرا دکتر مصدق ابراز تمایل کرده بود که شرکت های امریکائی ایران را در راه اندازی و فروش نفت ایران همراهی نمایند ولی با اعمال نفوذ انگلیسها در واشنگتن این طرح مواجه با شکست گردید.

گزارش سالیانه بانک بین المللی درمورد نفت ایران

بانک توسعه و ترمیم در هفتمین گزارش سالیانه خود اقدامات خود را درمورد نفت ایران چنین توضیح میدهد:

در نوامبر ۱۹۵۱ پس از اینکه دولتین ایران و انگلیس برای اقدام بانک در بکار انداختن مجدد صنایع نفت ایران ابراز تمایل کردند بانک ابتدا یکی از مأمورین رسمی و یک نفرکارشناس و سپس یک میسیون به ریاست نایب رئیس بانک به ایران اعزام داشت و این میسیون در تهران و لندن با مقامات دولت ایران و شرکت نفت تماس گرفت. میسیون اعزامی بانک امیدوار بود بنواند قضیه را به نحومرضی الطرفین فیصله دهد و بهمین جهت پیشنهاداتی شامل نکات زیرطرح کرد.

یک - بانک در مدت دو سال بدون آنکه به حقوق طرفین خللی وارد شود به وسیله هیأت مدیره مرکب از اعضاء بی طرف صنایع نفت ایران را اداره خواهد کرد.
دو - بانک بین المللی قسمت اعظم نفت خام و محصولات نفتی را به شرکت نفت انگلیس خواهد فروخت و بهای این نفت با رضایت دولت ایران و شرکت نفت تعیین خواهد شد.
سه - در آمد حاصله از فروش نفت در بانک به عنوان وثیقه خواهد ماند تا اختلافات طرفین بکلی حل و فصل شود و بانک که یک مؤسسه بی طرف میباشد و طرفین در آن عضویت دارند به نفع هر دوی آنها اقدام خواهد کرد.
چهار - بانک در این دوره دو ساله اختیار تام در اداره صنایع نفت خواهد داشت.
پنج - بانک سعی خواهد کرد که حداقل کارشناسان خارجی از جمله کارشناسان انگلیسی را برای راه انداختن صنایع نفت ایران استخدام کند.

البته اگر این پیشنهاد ها مورد قبول طرفین قرار میگرفت صنایع نفت ایران بدون آنکه به حقوق دولت ایران و شرکت نفت لطمه ای وارد شود مجددا بکار میافتاد.

۱۵ شهریور ۱۳۳۱

نظر ریچارد استاکس در مورد حل مسأله نفت

ریچارد استوکس مهردار سلطنتی و وزیر تدارکات در کابینه اتلی پیشنهاد کرد برای شکستن بن بست نفت ایران مؤسسات خصوصی و اقتصادی انگلستان باید اقدام کنند.

استاکس که در سال گذشته برای مذاکره درباره مسأله نفت به ایران مسافرت کرده بود خاطر نشان ساخت که گرچه مردم انگلیس نظر دولت خود را راجع به نفت آن طور که باید و شاید مورد تجزیه و تحلیل قرار داده اند ولی هنوز نظر دولت ایران برای مردم انگلیس کما هوحقه روشن نشده است مثلا باید فهمید که آیا مردم انگلیس میدانند که شرکت های نفت جدید در ساحل خلیج فارس مانند شرکت نفت عراق و شرکت نفت کویت به این دو کشوربیشتر ازشرکت نفت انگلیس و ایران به دولت ایران حق السهم می پرداخته اند. مردم ایران ازلحاظ اصول دموکراسی حق داشته اند که صنایع نفت خود را ملی کنند و ضمن این کار اصل پرداخت غرامات شرکت را نیز شناخته اند. پرداخت غرامت شرکت سابق فقط با

فروش نفت میسر خواهد بود و گرچه تأسیسات نفت آبادان دارای ارزش زیاد هستند ولی نقض قرارداد فروش نفت خود برای شرکت چندین برابر زیان از دست رفتن تأسیسات مزبور میباشد.

استاکس اظهارداشت مذاکرات سال گذشته اوبا مقامات دولت ایران از طرف این مقامات قطع نشده بود بلکه چون درمورد استخدام دسته جمعی کارشناسان انگلیسی توافقی بدست نیامد خود اومذاکرات را قطع کرده است و بهمین جهت اکنون هر پیشنهادی که از طرف دولت انگلیس به ایران تسلیم شود لااقل باید برای ایران دارای همان مزایائی باشد که در پیشنهاد های خود او برای ایران شناخته شده بود.

ایرانیان مردمی مهربان هستند و نسبت به دوستان خود در امور تجاری و داد و ستد از روی منطق رفتار میکنند و آنچه که انگلیس ها باید انجام دهند این است که باید فکر حل قضیه نفت به طریق سیاسی را از مخیله خود بیرون کنند چون درحال حاضر هر پیشنهادی که از طرف مقامات رسمی اعم از امریکائی یا انگلیسی طرح شود مورد قبول ایران قرار نخواهد گرفت و شرکت نفت نیز برای از بین بردن وضعی که علیه آن پیش آمده جزئی ترین امیدی ندارد و بهترین راه برای حل قضیه این است که مؤسسات خصوصی و اقتصادی و صنعتی انگلیس بطورغیر رسمی با ایران وارد مذاکره شوند.

اظهارات آچسن

دین آچسن در جلسه مطبوعاتی خود در پاسخ به سؤالات خبرنگاران در مورد پیشنهاد مشترک امریکا و انگلیس درمورد مسأله نفت ایران اظهار داشت که پیشنهاد مشترک امریکا و انگلیس به آقای دکتر مصدق نخست وزیر ایران اصل ملی شدن صنعت نفت ایران را یک امر واقعی و قبول شده دانسته و پیشنهاد کرده که تعیین غرامت به دادگاه ارجاع گردد. مسلم است که دعاوی متقابل طرفین که ناشی از ملی شدن صنعت نفت شده باید بطور منصفانه حل و تسویه گردد و ارجاع تعیین غرامت به دادگاه بین المللی که در پیشنهاد مشترک ذکر شده میبایستی مورد قبول دولت و ملت ایران باشد خاصه آنکه رأی اخیر دیوان دادگستری لاهه به نفع ایران بود.

بیانیه اورل هاریمن

هاریمن مشاور امور سیاسی رئیس جمهور امریکا طی بیانیه ای که به وسیله وزارت امور خارجه امریکا انتشار یافته مینویسد من معتقد هستم که پیشنهاد مشترک انگلیس و امریکا برای حل مسأله نفت ایران یک قدم واقعی برای حل این مسأله است و ملی شدن صنایع نفت در ایران یک امر واقعی و قبول شده میباشد و در پیشنهاد مشترک به آقای دکتر مصدق نخست وزیر ایران هیچ گونه شروطی برای اداره کردن صنعت نفت در ایران و یا شرط مراجعت کارشناسان انگلیسی به ایران قید نشده است. من همواره معتقد بوده ام که میتوان یک راه حل فوری و عادلانه برای این وضع تأسف آوری که پیش آمده پیدا کرد. پیشنهاد مشترک رئیس جمهور ترومن و چرچیل نخست وزیر انگلستان درباره مسأله نفت یک قدم واقعی برای حل این مسأله میباشد. من بی اندازه امیدوار هستم که مردم ایران به صمیمیت و روح انصافی که دراین پیشنهاد بکار رفته واقف شوند و از فرصت سودمندی که پیش آمده برای رفع اختلافات تأسف آور استفاده کنند.

لایحه قانونی انتخابات شهرها و قصبات و استقلال شهرداریها

لایحه قانونی انتخابات در ۸ فصل و ۷۰ ماده به منظور اظهار نظرامروز از طرف دولت در جراید در معرض قضاوت افکار عمومی قرار داده شد. در این لایحه علاوه بر تغییرات کلی در نحوه اخذ آراء در شرایط انتخاب کنندگان و انتخاب شوندگان تغییرات عمده ای داده شده است.

ماده ۴ انتخاب کننده باید واجد شرایط زیر باشد:

۱ - تابعیت ایران ۲ - داشتن لااقل ۱۸ سال تمام شمسی ۳ - داشتن سواد فارسی تا حدی که بتوانند بنویسند ۴ - توطن در محل انتخاب و یا لااقل ساکن در محل انتخاب و یا آنکه شخصا در آن محل به کسب یا حرفه معینی اشتغال داشته باشند و درصورتی که محل سکنی و محل کسب یا حرفه مختلف باشد فقط محل سکنی معتبر است ۵ - عدم محکومیت به جنایت یا جنحه ای که موجب محرومیت از حقوق اجتماعی است ۶ - محجور نبودن و عدم محکومیت به ورشکستگی به تقصیر. (نکته ای را که باید بدان توجه نمود این است که دراین لایحه برخلاف قانون انتخابات مورد اجرا که طبقه نسوان نیزدرزمره محجورین و ورشکستگان به تقصیر، از انتخاب کردن و انتخاب شدن محروم بوده اند. لایحه قانون انتخابات دکترمصدق این ننگ تاریخی را ازقانون انتخابات کشور زدود و برای زنان ایرانی همان حقی را در نظر گرفت که مردان از آن برخوردار بودند).

۱۶ شهریور ۱۳۳۱

اعلامیه نخست وزیر درباره رد پیشنهادات ترومن - چرچیل در کنفرانس مطبوعاتی

در ساعت ۱۲ ظهر امروز آقای نخست وزیر در یک مصاحبه مطبوعاتی با حضور خبرنگاران داخلی و جمعی از خبرنگاران خبرگذاری های خارجی نظر خود را درمورد پیشنهادات مشترک رئیس جمهور امریکا و نخست وزیر انگلستان توضیح دادند :

آقایان محترم ، چنانچه خاطر آقایان مسبوق است پس ازرأی دیوان دادگستری لاهه مبنی برعدم صلاحیت خود در رسیدگی بدعاوی غیر وارد انگلستان برای اینکه دولت ایران بار دیگرحسن نیت خود را به جهانیان ثابت کند در تاریخ ۱۶ مرداد ۱۳۳۱ ضمن یادداشتی که به دولت انگلیس فرستاد آمادگی خود را برای تجدید مذاکرات اعلام نمود. انتظار میرفت که پس از صدور حکم دیوان دادگستری بین المللی و وصول پیشنهاد دولت ایران دولت انگلستان به احترام و تبعیت از اصول و مقررات بین المللی و رعایت تأمین صلح جهانی در روش خود نسبت به ایران تجدید نظرنماید. متأسفانه پیام اخیر نشان میدهد که اولیای امور انگلستان درلفافه عبارات تازه عینا و بلکه شدید تر همان مقاصد سابق خود را دنبال میکنند و وقعی به احساسات ملل و تحولاتی که درایران و سایر نقاط جهان بوجود آمده نمیگذارند و مطلقا توجهی باوضاع و احوال بین المللی ندارند. علل عدم موافقت دولت این جانب با پیام اخیر دولتین امریکا و انگلیس متعدد است که اینک به ذکر پاره ای از آنها میپردازم:

بدواً لازم است به این نکته توجه بفرمائید که در پیام مزبورچنین اظهارشده که «محرک ما احساسات دوستی و صمیمانه و تاریخی است که دولت انگلیس و امریکا نسبت به کشور و مردم ایران داریم و قلبا آرزومندیم هرچه زودترموجبات حل سریع و منصفانه اختلافات کنونی فراهم سازیم». دولت و ملت ایران با وجود صدماتی که از حکومت های مختلف انگلستان در قرون اخیر متحمل شده همواره آرزوی تشدید روابط حسنه با ملت انگلستان را

داشته است. همچنین درباب حل سریع اختلافات کنونی با شرکت سابق گمان نمیکنم محتاج باشد گفته شود که دولت اینجانب پیوسته نهایت علاقه را به تسریع حل اختلاف داشته و دارد ولی متأسفانه با مساعی زیادی که در این راه بکار رفته چنانکه میدانید تاکنون توفیقی حاصل نشده است.

اما راجع به حل منصفانه اختلاف به نظر این جانب تمام اختلاف در همین نکته راه حل منصفانه است زیرا راه حلی که دراین پیام پیشنهاد شده نه تنها به هیچوجه منصفانه نیست بلکه به مراتب از راه حل های سابق شدید تر و غیر عملی تر است.

پیش از آنکه دلایل غیر منصفانه بودن پیام را با تجزیه و تحلیل و تجربه اجمالی شرایط منضمه به پیام توضیح دهم از ذکر این نکته اساسی ناگزیرم که بطور کلی از پیام و شرایط منضمه به آن، چنین مستفاد میشود که بدین وسیله میخواهند یک مسأله کاملا داخلی را به صورت یک اختلاف بین دول درآورند یعنی نتیجه تمام زحمات و مبارزاتی را که دولت ایران در راه دفاع از حق حاکمیت خود متحمل شده و توفیقی که در شورای امنیت ملل متحد و دیوان دادگستری بین المللی بدست آورده با تحمیل این شرایط از میان ببرند.

توضیح آنکه دولت انگلیس چون با وجود تشبثات عدیده از طرفی نتوانست به قرارداد تحمیلی ۱۹۳۳ عنوان قرارداد بین دو دولت بدهد و از طرف دیگر چون محاکم ایران بر طبق اصول حقوقی حاضر به قبول دعوای شرکت سابق هستند بهانه استنکاف از احقاق حق هم از دست آن دولت گرفته شده و دیگر به این عنوان نمیتواند اذهان ملل دنیا را مشوب کرده به عنوان حمایت ازشرکت وارد اختلاف شود میخواهد از این راه اسباب مداخله خود را فراهم سازد و حال آنکه مداخله آن دولت در روابط بین دولت ایران و شرکت سابق به هیچوجه مورد ندارد زیرا دولت ایران همانطور که مکرراظهار داشته و در یادداشت ۱۶ مرداد ۱۳۳۱ هم مجددا تذکر داده شده پیوسته حاضر است به دعاوی شرکت سابق خواه به وسیله مذاکرات مستقیم و خواه بوسیله محاکم صالحه رسیدگی نموده و با رعایت حقوق طرفین رفع اختلاف کند.

تجزیه و تحلیل مواد پیشنهادی

ماده اول - در ماده اول علاوه برنکته اساس مذکوره درفوق یعنی سعی در تبدیل اختلاف داخلی به اختلاف بین دول که به هیچوجه قابل قبول نیست موضوعات دیگری را به میان آورده اند از جمله یکی موضوع ارجاع تشخیص و تعیین «غرامت» است به دیوان دادگستری بین المللی. بر آقایان محترم پوشیده نیست که پس از قرارعدم صلاحیت دیوان دادگستری بین المللی دیگر درسراسر جهان مرجع قضائی که صالح برای رسیدگی به اختلاف دولت ایران و شرکت سابق نفت جز محاکم ایران وجود ندارد.

حال اگر شرکت نفت برطبق اصول کلی دیوان دادگستری بخواهد به محکمه صالحه یعنی محاکم ایران رجوع کند میتواند هر نوع ادعائی را تحت عنوان غرامت در عرض حال خود بگنجاند زیرا هر مدعی وقتی به محکمه ای که بالاصاله واجد رسیدگی است رجوع کند حق دارد دعوی خود را هرقدر بخواهد توسعه دهد ولی همین مدعی اگر خواست به محکمه دیگر یعنی به محکمه ای که بخودی خود واجد صلاحیت نیست مراجعه کند موافقت مدعی علیه هم لازم میباشد و اولین شرط توافق این است که طرفین در ماهیت و حدود اختلاف فیمابین با هم کنار بیایند یعنی معلوم کنند چه مطالبی را میخواهند به محکمه مورد توافق ارجاع کنند

به عبارت واضح تر شرکت سابق و دولت ایران باید معلوم نمایند که چه موضوعاتی را میخواهند در دعوی خود مورد رسیدگی قرار دهند. من باب مثال بعضی ازدعاوی متقابله ایران که باید مورد رسیدگی قرارگیرند از این قرار هستند.

الف - تأدیه دیون شرکت سابق به دولت ایران بابت سالهای اخیروخسارت تأخیروتأدیه آن.
ب - خسارت ناشیه از جلوگیری از فروش نفت ایران که براثر تهدید و ارعاب و اسباب چینی شرکت سابق و کمک دولت انکلیس به شرکت مزبور به عمل آمده و دولت ایران را در فروش نفت خود دچار اشکالات ساخته است.
ج - حقوق گمرکی و انحصاری دولت ایران که در عهده شرکت سابق است.
د - مالیات مواد نفتی مصرفی نیروی متفقین در ایران.

شرکت سابق هم باید به همین نحومعلوم و معین نماید که چه دعاوی را میخواهد به عنوان غرامت مورد رسیدگی قرار دهد. پس از توافق در این امر البته ممکن است موضوع اختلاف را به محکمه مورد توافق ارجاع نمود و بعکس تا در موضوع غرامت موافقت حاصل نشود توافق در ارجاع امر به محکمه ای بجز محکمه ایران میسر نیست.

مطلب دیگر این ماده راجع است به عبارت « وضع حقوقی طرفین که بلافاصله قبل از ملی شدن موجود بوده است». خاطر آقایان مستحضر است که ملت ایران قرارداد تحمیلی ۱۹۳۳ را باطل و کان لم یکن میداند و حتی باید بگویم که بدون شک محرک اساسی مبارزات ملت ایران تحمیل ظالمانه همین قرارداد و آثار مترتبه برآن بوده است بنابراین واضح است که به هیچوجه من الوجوه ملت ایران حاضر نیست که به آن قرارداد کمترین ترتیب اثری بدهد و حال آنکه با قید عبارت « وضع حقوقی طرفین » میخواهند آن قرار داد منحوس را زنده کنند. گمان می کنم بیش از این لازم نیست درباب ماده اول صحبت شود.

ماده دوم - اگر منظورازآن ماده ترتیب قرارداد خرید نفت ایران باشد ایران حاضر بودن خود را برای فروش نفت به تمام خریداران مکرر اعلام داشته است و خریداران میتوانند نفت را پس از موافقت درقیمت هرقدر که بخواهند خریداری کنند ولی اگرمنظور دیگری در میان باشد مثلا بخواهند بدین وسیله درامورداداری و فنی نفت مداخله کنند واضح است که این امرقابل قبول نیست.

ماده سوم - غیرمنصفانه و حتی موهن بودن پیام در ماده سوم بیش از همه جا هویدا است زیرا مفاد ماده سوم این است که دولت انگلیس همه قسم فشارغیر قانونی به دولت و ملت ایران وارد آورده و هرمضیقه ای که ممکن بوده برای ما فراهم کرده است ولی اینک میگوید اگر به شرایط پیشنهادی من عمل کنید از این به بعد از سخت گیری و فشار خود می کاهم خوب توجه فرمائید که صرف این پیشنهاد قطع نظر از موضوعات آن چقدر منصفانه و دوستانه است! اما موضوعات این ماده در سه بند بیان شده.

موضوع بند الف این است که دولت انگلیس میگوید شرایط ناروائی را که در این پیام ذکر شده بپذیرید تا مشتری یعنی شرکت سابق نفت موجودی شما را خریداری کند. آیا به زعم آقایان نفت موجود را خریدن و قیمت آنرا پرداختن معامله است یا چنان مساعدت و کمک بی مانندی است که در ازاء آن دولت ایران باید تن به قبول چنین شرایط سنگینی بدهد؟ آیا انصافا معامله نفت هیچ ارتباط و ملازمه ای با تحمیل این شرایط دارد؟

حال به فرض محال دولت ایران این شرایط را هم پذیرفت آیا تصور میفرمائید پس از قبول آن شرایط نفت موجود ایران به قیمت عادلانه به فروش خواهد رسید؟ متأسفانه باید عرض کنم خیر زیرا بر فرض هم دولت ایران این شرایط را قبول کرد چون شرط اساسی معامله یعنی تعیین قیمت نفت برطبق همین بند الف به بعد موکول شده خریدار باز مجال خواهد داشت که قیمت خود را به فروشنده تحمیل کند؟ چه پس از قبول شرایط دولت ایران یا باید قیمتی را که شرکت سابق میگوید بپذیرد و یا با وجود اینکه سایر شرایط را پذیرفته از فروش نفت صرفنظر کند یعنی در هر دو حال با دست خود اسباب ضرر و زیان خود را فراهم سازد.

موضوع بند (ب) ماده سوم این است که دولت انگلیس پس ازتحمیل تمام این شرایط فقط پاره یی از تضییقاتی را که تاکنون روا میداشته برطرف مینماید و دررفع تضییقات دیگر از جمله عدم پرداخت وجوه نقد متعلق به ایران که صریحا درترازنانه های شرکت سابق مذکور است و سایر مطالبات دولت ایران که در یادداشت ۱۶ مرداد دولت ایران اجمالا ذکر شده سخنی در میان نیست.

پیش از ختم کلام از این نکته نمیتوانم صرفنظر کنم که از سر تا پای این پیام اینطور استنباط میشود که برای دولت انگلستان چنین تصور باطلی حاصل شده که در نتیجه تضییقات آن دولت اکنون دولت و ملت ایران به آن درجه از استیصال رسیده اند که به قبول هر شرایطی حاضر شده و به معامله اضطراری گردن گذارند ، درحالی که با وجود مشکلات اقتصادی و مالی ملت ایران به هیچ قیمتی حاضر به قبول شرایط ناروائی که به استقلال سیاسی یا اقتصادی یا خدای ناخواسته به حیثیت و شرافت ملی ایران لطمه وارد سازد تن در نخواهد داد.

۲۰ شهریور ۱۳۳۱

اشتباه وزارت امور خارجه امریکا

مجله « جورنال آف امریکا » درمورد پیام اخیر و همکاری وزارت امور خارجه امریکا با دولت انگلستان درزیر فشار قرار دادن دولت ایران مینویسد : مدتی است جونس رئیس شرکت سیتیز سرویس به ایران رفته تا بررسی نماید آیا راه اندازی صنایع نفت ایران با کمک شرکت های خصوصی نفت امریکا امکان پذیر میباشد یا نه؟ این کار بایستی قبلا انجام میشد ولی متأسفانه به علت اشتباهات وزارت امور خارجه امریکا که از سیاست مستعمراتی انگلیس در سراسر جهان پشتیبانی کرده و تنفر کشور هائی را که به اندازه انگلیس برای امریکا اهمیت دارند نسبت به امریکا بر انگیخته است. ایران یکی از این کشورها است که مانند همیشه کلید خاور میانه محسوب میشود. اگر کشور ایران به تصرف شوروی درآید دولت شوروی به آسانی خواهد توانست به عراق و کلیه کشور های خاور میانه دسترسی یابد. ایرانیان به هیچوحه نمیخواهند تحت تسلط شوروی قرار گیرند و در عین حال مایل نیستند که به صورت یک مستعمره اقتصادی انگلیس باقی بمانند.

دولت ایران از شرکت های امریکائی دعوت کرده است که قراردادهائی در مورد کمک های فنی و خرید نفت با دولت ایران منعقد سازند ولی وزارت امور خارجه امریکا که مطابق با سیاست استعماری انگلیس عمل میکند با این امر مخالفت ورزیده است. اکنون دادگاه لاهه ادعای انگلیس را درمورد نفت ایران رد کرده ولی روزنامه تایمز لندن هنوز مینویسد

«ایرانیان ممکن است ادعا کنند که با صدور رأی دیوان لاهه تضییقاتی که جلوی آزادی آنها را در اداره صنایع نفت گرفته بود کاملا برطرف شده است ولی شرکت نفت ممکن است ادعا کند که بر طبق امتیاز نامه مورخ ۱۹۳۳ موضوع باید به دادرسی ارجاع شود».

اگر دین آچسن وزیر امور خارجه امریکا و وزارت امور خارجه انگلیس معتقد هستند که ایرانیان براثر فقرو پریشانی و قوت گرفتن حزب توده به زانو در خواهند آمد این نکته را مورد توجه قرار نداده اند که با ملتی سر و کار دارند که در صحنه تاریخ جهان در مقابل اسکندر کبیر مقاومت کرده است ، ملل باستانی باید مورد ستایش قرار گیرند اگر چه این ملل بر اثر گذشت قرون قدرت خود را از دست داده اند ولی آداب و سنن باستانی خود را که مبنی بر شرافت بشری میباشد همچنان حفظ کرده اند.

شیوه مستعمراتی در حال حاضر یک شیوه مردود و بی اثر بشمار میرود. سیاست های مستعمراتی دیگر در آسیا و افریقا حنایش بی رنگ شده که حتی در بین عقب افتاده ترین کشورها دیگر نمیتوان به سیاست استعماری توسل جست. در سرتا سر تاریخ ما از موقع جنگ های استقلال تا زمان جرج مارشال و دین آچسن مردم آمریکا و دولت امریکا همواره با استعمار مخالف بوده اند ولی پس از اینکه سیاست استعماری در کتب تاریخ مدفون شد سیاست امریکا عوض شد و دولت و وزارت امور خارجه امریکا از سیاست غلط استعماری انگلیس پیروی کرد.

۲۵ شهریور ۱۳۳۱

گزارش آقای دکتر مصدق به مجلس شورای ملی

لازم به عرض نیست که پس ازملی شدن صنعت نفت دولت اینجانب به پیروی ازافکار عمومی کمال حسن نیت را برای حل منصفانه این مشکل بکار برد ، اما متأسفانه ازهمان آغاز دولت انگلیس که بدون حق خود را در این اختلاف وارد کرده بود نگذاشت این کار به موقع با حسن تفاهم و بر طبق موازین قانونی تصفیه و تمام شود و کوشش بسیار نمود تا موضوع را به عنوان اختلاف دو دولت به شورای امنیت برده بعنوان اینکه ملی شدن صنایع نفت در ایران صلح جهانی را تهدید می کند از شورای امنیت داوری و حکمیت طلب کند درصورتی که جریان امر کاملا بر خلاف آن بود ، چه دولت به پیروی از تمایلات ملی درحدود اختیاراتی که هر ملت درامور داخلی خود دارد و منشور ملل متفق نیز آن را تأیید کرده است دست به این کار زد و در این باره مجال حرف و چون و چرا نبود و حقاً اگر میبایست به شورای امنیت شکایتی شود این شکایت از طرف دولت ایران میبایست بشود زیرا دولت انگلیس با فرستادن قوای زمینی و هوائی و دریائی خود به سرحدات مجاور ایران مملکت ما را به اشغال نظامی تهدید میکرد و تمام قدرت خود را بکار میبرد تا به تهدید و ارعاب مقاومت دلیرانه ملت ایران را درهم شکسته و بار دیگر تسلط شرکت سابق را بر نواحی نفت خیز مستقر کند و باز سالیان دراز ملت ایران درفقر و مشکلات بسوزد و بسازد و عواید نفت خود را به کیسه سرمایه داران طمع ورز بریزد. خوشبختانه این اقدام به جائی نرسید و حقانیت ملت ایران و طمع کاری شرکت سابق و دخالت های ناروای عمال انگلیس در امور داخلی ایران همه از پرده بیرون افتاد و به سمع جهانیان رسید و موجب شد که شورای امنیت نتواند تصمیمی بر ضرر ایران اتخاذ کند و چنین اظهار نظر کند که چون موضوع در دیوان بین المللی دادگستری لاهه مطرح است تا اتخاذ تصمیم از آن دیوان موضوع در دستور بماند.

در نتیجه این تصمیم شکایت دولت انگلیس در دیوان لاهه که قانوناً مرجع رسیدگی به اختلاف بین دو دولت است تعقیب شد و دولت ایران در مقابل تمام تحریکات عوامل داخلی و خارجی سخت مقاومت نمود و دیوان مزبورعدم صلاحیت خود را اعلام داشت. برای جلوگیری از تبلیغات سوء دولت انگلیس که میکوشد تا برخلاف حق ایران را به موازین و اصول بین المللی بی اعتنا نشان دهد و به اصطلاح برای ما پرونده بسازد اینجانب تصمیم گرفتم شخصاً دردیوان حاضرشوم و دلایل خود را مبنی برعدم صلاحیت دیوان عرضه بدارم، دراین وحله نیز حق و عدالت پیروز شد و نظریه دولت ایران مورد تصویب دیوان لاهه قرار گرفت و با این رأی منصفانه مساعی دولت انگلستان در وانمود کردن عدم حقانیت ملت ایران نقش برآب شد و دنیا ادامه مظالم یک دولت استعماری را که برای بسط نفوذ و تسلط دیرینه خود در یک کشور ضعیف به انواع حیل و دسایس توسل می جست بیش ازاین نپسندید و باید عرض کنم ما این پیروزی را از همان ابتدای نهضت ملی در افکارعمومی جهان بدست آورده بودیم و دولت انگلیس بیهوده میکوشید که حق را باطل جلوه دهد و باطل را برکرسی حق بنشاند.

پس ازصدور رأی دیوان چنین به نظر میرسید که دولت انگلستان از مطالبه دیرین خود دست بکشد و دوستی ملت ایران را بر منافع مادی خود که جبران آن از طریق دیگر برای آن دولت آسان بود ترجیح دهد. متأسفانه بازهم این لجاج و عناد ادامه یافت و قریب ۱۵ روزاز رأی دیوان گذشت ولی آثاری که دال بر ابراز حسن نیت باشد مشهود نگردید تا اینکه در تاریخ ۲۶ مرداد دولت اینجانب یادداشتی را بوسیله سفارت کبرای انگلیس برای آن دولت فرستاد. دولت ایران انتظار داشت که با توجه به وضع وخیم اقتصادی ایران دولت انگلیس از محاصره اقتصادی که برخلاف موازین بین المللی ایجاد کرده بود دست بکشد و به شرکت سابق توصیه نماید با پرداخت فوری ده میلیون لیره مطالبات دولت ایران برای تأمین میزان غرامت عادلانه مایملک خود با توجه به دعاوی متقابل ما با دولت وارد مذاکره شود.

ولی دولت انگلیس که از سیاست دفع الوقت زیان ندیده مردم ایران را گرفتار بحران اقتصادی ساخته بود به این امید که ادامه بحران مقدمه گشایشی درکار او بشود ازارسال پاسخ آنقدرتأخیر و تعلل روا داشت که اینجانب موضوع را به نماینده آن دولت تذکر داده و علت این تأخیر را جویا شدم تا سرانجام روز نهم شهریور ساعت ۱۰ صبح سفیر کبیر امریکا و کاردار سفارت انگلیس بدیدن اینجانب آمده و متن پیامی که به امضای رئیس جمهور ترومن و آقای چرچیل رسیده بود تسلیم نمودند. مذاکرات طرفین بیش از سه ساعت بطول انجامید درآن جلسه به اطلاع نمایندگان دولتین رسانیدم که پیام مزبوربرای ملت ایران قابل قبول نیست و تقاضا کردم که پس ازمذاکره با دولتین آن را مسترد کنند. این تقاضا را پذیرفتند و قبل ازاینکه با دول خود داخل مذاکره شوند پیام را پس گرفتند و چنین قرار شد که مذاکرات طرفین مکتوب بماند تا بتوانند در ظرف یک هفته جواب یادداشت ۱۶ مرداد دولت ایران را بدهند. ولی قبل از انقضای مدت ازاینجانب مجددا ملاقات واظهار نمودند جواب یادداشت همان پیام است که بزعم آنها از روی کمال حسن نیت تنظیم شده و هیچگونه تغییری در آن میسر نیست.

پیام مزبور و ضمائم آن در(روزنمای ۷ شهریور) درج شده است.

چون لازم بود که علت عدم قبول را به اطلاع عموم برسانم در ۱۶ شهریور ماه ۱۳۳۱ در جلسه ای مرکب از نمایندگان جراید داخلی و خارجی نظر خود را به صورت اعلامیه به اطلاع رسانیدم. (روزنمای ۱۶ شهریور ۱۳۳۱) با اینکه یقین داشتم پیام دولتین مورد قبول ملت و مجلسین نیست نخواستم بدون مشورت مجلسین جوابی به آن داده باشم به این جهت از نمایندگان محترم تقاضا شد که با تشکیل جلسات فوق العاده و شور و مذاکره در پیام تکلیف دولت را صریحا تعیین فرمائید.

چنانچه به عرض رسید پیام مزبور مانند پیشنهاد های سابق با قوانین ملی شدن نفت سازگار نیست و دولت انگلستان که خوب از این نکته آگاه است ازارسال این پیام نظری جز تأخیر و طفره ندارد. البته آنچه در ابتدای پیام نسبت بایجاد روابط دوستانه برای حل سریع اختلافات دو کشور ذکر شده مطابق آمال و آرزوی ملت ایران است چه ملت ایران با وجود خسارات فراوان و صدمات بی پایانی که در قرون اخیراز سیاست استعماری انگلیس متحمل شده همواره در تشدید روابط حسنه با ملت انگلیس کوشا بوده و هست.

ولی لازم است به عرض برسانم که دولت اینجانب ازآغاز کار چنانکه مدارک و اسناد و شواهد حاکی است هیچ گونه غفلتی در این قسمت روا نداشته و همه وقت درحدود موازین قانونی برای تصفیه و حل این موضوع حاضر به مذاکره بوده است و اینکه تاکنون کاربه جائی نرسیده چنان که همه میدانند باین علت است که دولت انگلیس می خواهد برخلاف قوانین مصوبه و برخلاف حقوق و تمایلات ملت ایران نفوذ و منافع شرکت سابق را تحت عناوین دیگری به همان صورت و کیفیت قدیم حفظ کند و این کار برای ملت ایران قابل قبول نبوده است.

نکته مهم دیگری که در این پیام جالب توجه است کلمه « منصفانه » است که در پیام گنجانیده شده و سپس در دنبال همین کلمه راه حلی پیشنهاد کرده اند که نه تنها منصفانه نیست بلکه به مراتب از راه حل ها و پیشنهاد های سابق غیر منصفانه تر است. در پیام اخیر دولت انگلیس خواسته با یک اقدام ماهرانه سیاسی موضوع نفت را که امرداخلی است و دیوان لاهه نیز با رأی خود آن را تأیید کرده است با امضای مقاوله نامه ای به صورت اختلاف بین دو دولت درآورد.

در ماده اول ضمیمه پیام سخن از غرامتی است که درمقابل ملی شدن صنعت نفت باید به شرکت سابق پرداخته شود و این ماده چنان تنظیم شده که درموقع لزوم میتوانند بوسیله آن قرارداد باطل ۱۹۳۳ را که هیچگاه مورد قبول ایران نبوده است قانونی کند و از آن استفاده نماید و به همین جهت هم سخن از دعاوی طرفین بلافاصله قبل از ملی شدن صنعت نفت پیش آورده اند در صورتی که اگر مقصود تأدیه غرامت مایملک شرکت سابق در ایران است دولت اینجانب همواره حاضر بوده است با رعایت دعاوی طرفین وارد مذاکره شود و راه حل عادلانه و منصفانه ای پیدا کند و اگر مقصود آن بوده که درصورت عدم توافق موضوع به دیوان دادگستری لاهه واگذار شود آن هم باید بین دولت ایران و شرکت سابق نفت در ارجاع امر به دیوان توافق شود و احتیاجی به قرارداد بین دو دولت نیست.

همچنین در ماده دوم ضمیمه اگر مقصود خریدار نفت است که دولت ایران همواره حاضر به فروش بوده و آن را به دنیا اعلام کرده است و چنانچه مقصود واگذاری حق انحصار خرید به یک شرکت معین و دخالت مجدد دراداره امور نفت است این امر هرگز مورد

تصویب ملت ایران نخواهد بود زیرا در دنباله این انحصار و دخالت ممکن است ایجاد بحرانهای اقتصادی و کارشکنی هائی باشد که وضع را بهمان صورت قبل از ملی شدن صنعت نفت بکشاند.

اما در خصوص ماده سوم ، در این ماده صریحا اعتراف کرده اند که مقصود دولت انگلیس از اقدامات گذشته فشار اقتصادی به ملت ایران بوده تا به شرایط غیر منصفانه آن دولت تن در دهد زیرا در بند الف از این ماده مینویسد «اگر سایر شرایط پذیرفته شد حاضر هستند نفت موجود در آبادان را حمل کنند ولی دربابت قیمت هیچ سخنی نگفته و آنرا موکول به موافقت بعدی نموده اند. درصورتیکه اگر مقصود مساعدت و کمک بود میبایست نظر صریح خود را درباره قیمت هم اظهار کنند تا دولت ایران بتواند تصمیم قطعی اتخاذ کند.

در بند ب از همین ماده موضوعی که مکرر مورد اعتراض دولت ایران بوده یعنی تضییقات موجوده نسبت به صادرات کالا و نسبت به استفاده ایران از وجوه استرلینگ عنوان شده و تصریحاً وجود چنین تضییقاتی را که تاکنون به عمل آورده اند اقرار نموده و قول داده اند درصورت پذیرفته شدن سایر شرایط این تضییقات را مرتفع کنند و حال آنکه اولا رفع تضییقات غیر قانونی را موکول به قبول شرایطی نمودن دوستانه و منصفانه نیست و ثانیا تضییقات دولت انگلیس نسبت به دولت و ملت ایران همچنان که آقایان میدانند منحصر باین دو موضوع نمیباشد.

با توضیحاتی که عرض شد ملاحظه میفرمائید که پیام اخیرهیچ راهی برای قبول ندارد و دولت اینجانب حاضر نیست که بیش از این درمقابل فشاراقتصادی و کارشکنی هایی که میشود سکوت کند. دولت انگلیس خود بهتر میداند که بعد از رأی دیوان لاهه هیچگونه راهی برای آن دولت جز احترام به حق حاکمیت ملی ایران وجود ندارد و اگر دولت انگلیس دولتی عدالتخواه و پای بند به اصول و مقررات بین المللی است باید بدون درنگ از تعدی و فشار نسبت به یک ملت محروم و زجر دیده دست بردارد و بگذارد که در این جهان پر آشوب ملت ایران برای نجات و احیای اقتصادیات خود ازمنابع طبیعی و خدا داده خویش بهرطریق که میخواهد استفاده کند چه دلیل دارد که مردم تنگدست و تهی کیسه ایران رنج بکشند و باز هم ثمر کوشش و مجاهدت خود را به سرمایه دارانی که قرنها است عادت به غارت و چپاول ملل ضعیف دارند تسلیم کند؟ رعایت احترام به موازین قانون و حقوق ملل ضعیف نه تنها از قدر و منزلت دول بزرگ نمی کاهد بلکه بر رتبه و مقام آنها خواهد افزود.

اینجانب بار دیگر به صراحت اعلام میکنم اولا دولت اینجانب بی نهایت مشتاق است که اختلافات موجود هرچه زودتر مرتفع شود تا هردو ملت در سایه حسن تفاهم بتوانند از نتایج همکاری و مساعدت با یکدیگر برخوردار گردند و در این راه آرزومندم که هرچه زودتر غبار این کدورت ها زدوده شود و با صرفنظر کردن از گذشته هر دو ملت سهم خود را در حفظ صلح جهانی به بهترین وجه ادا کنند.

ثانیاً - محاکم ایران که بعد از رأی دیوان لاهه یگانه مرجع رسیدگی دعاوی شرکت سابق میباشد برای رسیدگی به شکایت شرکت سابق و احقاق حق آماده و مهیا است.

ثالثاً - درصورتی که شرکت مزبور نخواهد دعاوی خود را به مرجع قانونی ارجاع کند دولت اینجانب حاضر است پس از حصول توافق در مسائل ذیل قضاوت دیوان لاهه را قبول نماید.

۱) تعیین میزان و تقسیط پرداخت غرامت اموالی که شرکت سابق در موقع ملی شدن نفت در ایران داشته براساس هر قانونی که در یکی ازممالک برای ملی شدن صنایع بکاررفته و شرکت سابق آنرا قبول کند این تنها غرامتی است که دولت ایران به شرکت سابق خواهد پرداخت و غیر از این شرکت ادعای هیچگونه غرامت دیگری نخواهد داشت.
۲) رسیدگی به دعاوی و حل اختلافات طرفین از۱۹۳۳ تا آخر ۱۹۴۷ بر اساس قرار داد تحمیلی ۱۹۳۳ و از اول ۱۹۴۷ تا ۳۰ آوریل ۱۹۵۱ مطابق نهم اردیبهشت ۱۳۳۰ (تاریخ تصویب قانون ملی شدن صنعت نفت) براساس قرارداد تحمیلی ۱۹۳۳ و قرارداد گلشائیان-گس که شرکت سابق آنرا قبول و امضا کرده و دولت و مجلس ایران آن را برای استیفای حقوق ملت ایران کافی ندانسته اند. استناد به قراردادهای ۱۹۳۳ و گلشائیان - گس فقط ازنظرحق اختلافات طرفین آنهم در ظرف مدتهای تعیین شده دربالا میباشد و از تاریخ تصویب قانون ملی شدن صنعت نفت هیچ کدام ازآن قراردادها نمیتوانند به نحوی از انحاء مورد استفاده و استناد هیچیک از طرفین واقع شود و ید شرکت هم پس از آن ید امانی است.
۳) رسیدگی و تعیین میزان خسارت دولت ایران ناشی از مشکلات و موانعی که دولت انگلیس و شرکت سابق در راه فروش نفت ایران ایجاد کرده اند و همچنین خسارات ناشی از تضییقات نسبت به صادرات کالا و استفاده از وجوه استرلینگ که دولت انگلیس دربند ب ماده ۳ ضمیمه پیام آن را تصدیق کرده است.
۴) تأدیه قبلی و علی الحساب ۴۹ میلیون لیره ئی که شرکت سابق ضمن بیلان ۱۹۵۰ بابت افزایش حق الامتیاز و مالیات و حق السهم ایران از ذخایر بحساب آورده است. از این مبلغ هرمقداری که مربوط به حق الامتیاز و مالیات است چون براساس طلا تضمین شده است بایستی به صورت قابل تبدیل به دلار پرداخت گردد.

گرچه مبالغ بالا از قروض مسلم شرکت به دولت ایران میباشد ولی از نظر ابراز نهایت حسن نیت دولت ایران قبول میکند که اگر دیوان بین المللی دادگستری تمام یا قسمتی از آن وجوه را حق ایران ندانست آن مبلغ به صورتی که دریافت شده دین دولت ایران به شرکت نفت تلقی گردد. با این پیشنهاد صریح و با حسن نیت طرفین امیدوارم هرچه زودترموضوع نفت خاتمه داده شود و چنانچه سیاست انگلیس بخواهد بیش از این با اضرار وقت و ارسال یادداشت های بی حاصل فشار اقتصادی خود را ادامه دهد و مانع فروش نفت بشود مورد تردید نخواهد بود که سیاست آن دولت نسبت به ایران دوستانه نیست و حال آنکه فرض از ادامه مناسبات سیاسی بین دو کشور حفظ منافع طرفین و ایجاد روابط حسنه و حسن نیت متقابل است و با وضع فعلی ادامه مناسبات سیاسی برای طرفین حاصلی نخواهد داشت لذا دولت ایران بخود حق میدهد که برای حفظ منافع خویش از هرگونه اقدامی هر چند منجر به قطع روابط سیاسی بشود فرو گذار نکند. مسؤلیت عواقب چنین پیش آمدی البته به عهده دولت انگلیس خواهد بود.

اکنون اگرمجلس شورایملی رویه دولت را نسبت به موضوع نفت تأیید میکند درخواست میشود که این رویه به وسیله دادن رأی اعتماد به دولت تأیید و تصویب شود.

اظهارات مهندس رضوی نماینده کرمان

همه میدانیم رضا شاه بدست انگلیسی ها در ایران کودتا کرد. همه میدانیم که قرارداد ۱۹۳۳ یعنی تسلیم شدن یک ملت ضعیف در برابر یک دولت قوی ، من وظیفه خود میدانم که صد درصد سوء نیت رضا شاه را تأیید نکنم زیرا احتمالا رضا شاه با اینکه دربرابر سیاست های

خارجی ضعف عجیبی از خود نشان میداد به علت عدم بصیرت آنچنان اشتباه بزرگی نشان داد که بنده هرگز نمیگذرم از کسانی که با وجود اطلاعات عمیق بعد ها خود را به عنوان آلت فعل معرفی کردند. میلیون ها ایرانی که درصحاری ایران جان دادند و اموال آنها را درممالک خارج لردهای انگلیسی خرج کردند هرگز از تقصیر این افراد نخواهند گذشت پس اگر درسوء نیت رضا شاه کمی تردید کردم نخواستم اورا تبرئه کنم من هشتاد درصد اورا مقصر میدانم ولی یک شخص نظامی نمیتواند اداره کننده خوبی باشد بهمین جهت است که ملت باید هیچوقت زیر بار این چنین اشخاصی نرود.

این گزارش امروزآقای نخست وزیرخبر تازه ای نیست جز اینکه این دولت در این اطاق های مذاکره کمی ضعف نشان داده است. جنگی شد دنیا در دو قسمت قرار گرفتند که همه دارند بنیان اقتصادی خود را بالا میبرند آنچه موضوع عمیق دولت ها است سطح زندگی ملت های آن ها است. این دولت انگلستان که برای ما پیام میفرستد تاکنون چند میلیون دلار از ملت امریکا گرفته و تناول کرده ما که از امریکا توقعی نداشتیم. درموقع جنگ ده میلیون دلار از ما گرفت و آهن پاره بما تحویل داد یک ایرانی خائن آنرا تصویب کرد و ایرانی جاهل دیگری هنگام تصویب آن عکس خود را روی چک کشید و به روزنامه ها داد. آقا ده میلیون دلار مبلغ یک چک بود که بشما دادیم بعد در نتیجه مشکلاتی که در دنیا پیش آمد مجددا حکومت انگلستان بدست چرچیل رسید ایشان هم حالا میخواهند تمام کینه خود را بملت ایران بفهمانند مگر کرسی های خطابه دنیا را بروی ما بسته اند؟ مگر ما نماینده سیاسی نداریم؟ آقای وزیر امور خارجه مگر دنیا روزنامه ندارد؟ ما نفت داریم نفت هم میفروشیم عجله هم نداریم ما اقلا دو هزار سال تاریخ مضبوط داریم۱۹۵۰ سال آنرا بدون نفت گذرانده ایم. ملت ایران هیچ وقت جز موقع قشون کشی چنگیزیان باین سختی نگذرانده است.

پا برهنه هانفت را استخراج کرده و به دولت انگلیس مالیات داده ما که احساسات نشان ندادیم ما ارقام نشان دادیم ما عملیات شرکتی را نشان دادیم که هیچ شرکت غاصبی در هیچ کشوری اینطور عمل نکرده، وزرای دارائی اصلا به حساب شرکت سابق نرسیده اند بلکه بعضی ها از طرف شرکت مورد تقدیر قرار گرفتند اینها گماشته انگلستان بوده اند این ها خائنین بملت و گماشته دولت انگلستان بوده اند.

در دنیا مذاکره و معامله در مطالب مهم البته مراحلی دارد نباید این مدت تأخیر را مهم گرفت چون ملت ایران بکار مهمی دست زده است ، چون ما میخواهیم با تساوی شرایط در معامله رفتارکنیم. رشدی که ملت ایران در سی ام تیر نشان داد برای ما غیر مترقب بود زیرا ما شرمنده شدیم و فهمیدیم ملت از آنچه که ما می فهمیم جلوتر است. افرادی بودند که وقتی کشته شدند قدری نان خالی در جیب آنها بود اینها آمدند که آزادی سیاسی این مملکت را تأمین کنند. این ملت اکنون زنده است باید ملت انگلستان بداند که میلیونها ایرانی پای برهنه فقط حق خود را میخواهد و تخفیف هم قائل نمیشوند زور و تعدی هم نداریم هرگز نگفته ایم انگلستان از نفت ما استفاده نکند اما اجازه نمیدهیم نفت ما را به زور ببرد.

دریادداشت ترومن چرچیل یکی دونکته قابل تأسف داشت اول اینکه نمیدانیم چرا رئیس جمهور امریکا که با ما روابط حسنه دارد این را امضا کرده است. اصلا وارد شدن امریکا در مسأله نفت ایران بهیچوجه مورد ندارد. آقای ترومن برای چه خود را باین صورت داخل

کرده اند؟ برای اینکه اگر میانجی هستند باید حرف ما را هم گوش کنند این موضوع که واقعا آدم را مبهوت میکند ملتی که در برابر چند لکوموتیو ده میلیون دلار داد ، برای گشایش مسائل بغرنج اقتصادی ما ده میلیون دلار اعطا فرموده اند این مبلغ فقط برای سه هفته ما هست و ایشان خاطر جمع باشد که ما میتوانیم این سه هفته هم خودمان را اداره کنیم.

اما آقای چرچیل خوب بود ایشان پیامی میداد که حاضرند به حمایت ازشرکت سابق به حساب ها رسیدگی شود. بنده میخواهم از این آقا بپرسم چرا ما را به لاهه کشاندند و رأی قضات محترم لاهه برای ما چه بود برای اینکه منصفانه نظر دادند امر نفت ایران مربوط به خودش است و شرکت سابق باید به محاکم ایران مراجعه کند. خیلی تعجب است که دومرتبه ما به لاهه برویم پس اگر لاهه به صلاحیت رأی داده بود چه معنائی داشت؟ پس فقط رأی لاهه برای ثبت در تاریخ بوده؟ ما از این رأی تا حداکثر استفاده خواهیم کرد. بنده به عنوان یک وکیل صلاح نمیدانم که موضوع به یک دیوان صالحی ارجاع شود که آقای نخست وزیرآنرا برای ابراز حسن نیت ما ذکر کرده اند. آقای وزیر دادگستری کسی است که میتواند موضوع را تضمین کند که محاکم ایران بخوبی انجام وظیفه کنند.

آقای دکتر مصدق از نظر خودشان این کار را کرده اند البته اگر با توافق طرفین باشد به مورد است بنابراین در این ماده اول پیشنهادی خوب بود دراین مورد توضیح خواسته میشد. من ضمنا میخواستم به ملت اطلاع بدهم که آنقدر انتظار سریع حل مسأله را نداشته باشند. آن ها بازی میکنند ولی ما میخواهیم مسأله حل شود. بعد نوشته شده وضع حقوقی قبل ازملی شدن، مثل اینکه انگلستان خواب بود که این مملکت کن فیکن شد تا نفت را ملی کردیم ما قرارداد ۱۹۳۳ را رسمی نمیدانیم. آقای چرچیل شما که در نیس استراحت میفرمائید بدانید که شرکت دراین چند سال تقلب کرده، شما همان هستی که دربرابر هیتلر با روسها سازش کردی حالا برای یک ملت پا برهنه یادداشت میدهی؟

اما ماده دوم که پیشنهاد کرده اند بنده باید عرض کنم از نظر آقای چرچیل یک قدم جلوتر به نظر ملت تعبیر میشود. ما که از روز اول گفتیم آقا بیائید نفت را بخرید و ببرید. ما گفتیم فقط رسید بدهید و کشتی را پرکنید و ببرید این هم فقط برای این بود که شرکت متقلب بود خوب است چرچیل دستور مطالعه بدهد ببیند متقلب بوده است یا نه؟ ملت ایران به هیچ وجه نمیخواهد نفتش در تسلیحات غربی برود و علیه ملت دیگری که با ما دوست است مصرف شود. اگر دولت شوروی یا طرفداران آنها کشتی بیاورند ما به آنها نفت خواهیم داد. ما سیاست بی طرفانه و دوستانه خود را با هر طرف حفظ خواهیم کرد و جار و جنجال هائی هم که بعضی جراید گاهی به راه میاندازند صحیح نیست ما درب فروش نفت را به روی شرق نبسته ایم.

اگرآقای ترومن خواستند که ایران هم مثل ترکیه بشود به هیچوجه اجازه نمیدهیم ایران به سنگری علیه شوروی تبدیل شود. ما هر دولتی زودتر بیاید به اونفت میفروشیم و نمی پرسیم که این نفت بچه مصرف میرسد. انگلستان میگوید من میخواهم شما را درگروه استرلینگ آزاد بگذارم. من که مدتی به تصادف بازرس دولت دربانک ملی بودم می فهمم یعنی اگر ما لیره از انگلستان طلب داریم و حالا بخواهیم طلب خود را بگیریم اشتباه مکنیم آنها به راحتی پول ما را نخواهند داد! ما برای کاغذ می خواستیم لیره بپردازیم آنها میپرسیدند لیره برای چه میخواهید؟ مگر شما فضول هستید برای گرفتن پول خودمان امضا های ریز و

درشت میخواستند. آقای ابتهاج که دو وجه مختلف در کار ها داشت یعنی سخت گیری به ضعفا و تسلیم محض به انگلستان گفته است باید اگربخواهیم همین معامله کنیم باید موافقت انگلستان جلب شود اینها گماشته بودند ولی باید از گماشتگان منازل آقایان معذرت بخواهیم.

آنها هردعاوی داشته باشند میتوانند در محاکم ایران اقامه نمایند. هیچ شکی دراین نیست فقط میخواهم از دولت گله کنم که اگرجمله ای از این یادداشت حذف نشود خود من رأی اعتماد نمیدهم. خود آنها اقرار کرده اند که ۴۹ میلیون به ایران بدهکارند و حال آنکه من معتقدم ۲۰۰۰ میلیون لیره طلب کار هستیم برای اینکه تمام حقوق ملت ایران را برده اند اگر دولت انگلستان میخواهد ما نماینده اش را درایران بپذیریم باید این مبلغ را بپردازد که خودش اقرار کرده است. شرکت حالا مرحوم شده ولی رحمت ایزدی شامل حال او نیست وراث باید این پول را بپردازند.

من نمی خواستم قسمت رفتن به دیوان لاهه را به مصلحت بدانم ولی چون ملت به دکتر مصدق اعتماد دارد و او را با حسن نیت میداند هیچ مانعی نیست که دولت ایران یک محکمه ای را قبول کند اما این امر نباید به هیچوجه دنباله پیشنهاد آنها باشد. ملت ایران بدون هیچ تردیدی پشتیبان دائم حکومت خود و استیفای حقوق خود هست.

اظهارات مهندس حسیبی

ملت ایران باید بداند که عایدات ایران براساس قرارداد دارسی دو برابر قرارداد ۱۹۳۳ میباشد حالا بدانید اگر قرارداد ۱۹۳۳ مانده بود درسال ۱۹۹۳ ملت ایران هیچ نداشت و میبایست هرچیزخود را ازشرکت بخرد یعنی اگر قرارداد می ماند باید بر سرموعد زمین های خودمان را هم بخریم. باید توجه داشت که درظاهر عواید ایران افزایش داده شده بود. ملت ایران آن مرغ طلائی را نکشت بلکه جوجه آنرا زیر بالهای خودش نگاه خواهد داشت تا تخم کند. قانون ملی کردن نفت مرغ انگلستان را کشت. در ماده اول پیشنهادی که قبول قانون ملی شدن برای مأخذ تصفیه حساب از طرف ما قبول شده منتهای حسن نیت ما است.

در تهیه این طرح منتهای دقت شده من به شما اطمینان میدهم که هیچ حقی از ملت ایران طبق این پیشنهاد از بین نمیرود اما دولت ایران گذشت های فوق العاده زیاد کرده بنده مجبورم عرض کنم که در این طرح پیشنهادی ایران خیلی بلند نظری بخرج داده. من می خواهم تذکر بدهم که در موقع رأی اعتماد متوجه باشند که اساس و شالوده همین پیشنهاد دولت است و مسلما دکتر مصدق تمام دقت ها را کرده اما عبارات این طرح میتواند قطعی نباشد و کلماتی بدلایل قضائی و حقوقی تغییر کند یعنی اگر فردا دولت دید نقصی درآن وجود دارد اصلاح شود. شرکت سابق هم نباید فردا به این پیشنهاد استناد کند زیرا ممکن است تغییر داده شود. دولت ایران میگوید اول قرارداد دارسی و سپس قرارداد ۱۹۳۳ و بعد قرارداد الحاقی بوده است. ما با تمام فقرمان این قدر گذشت کرده ایم در قرارداد ۱۹۳۳ عواید ما را نصف کردند ما برای این آنرا باطل کردیم که گفتیم کافی نیست پس ملت ایران بزرگی میکند و دوستی ملل را با فداکاری خودش میخرد. بهرحال دومین مرحله این شده که ما قرارداد دارسی را برای تصفیه حساب تا سال ۱۹۳۳ اساس قرار داده و آنرا پذیرفته ایم. ما اشتباه نکردیم باز هم تکرار میکنم این عبارات ثابت نیست و ممکن است بعضی قسمت های آن تغییر کند.

یک نکته دیگر را هم میگویم که ملت ایران می میرد ولی گدائی نمیکند. من در سفارت امریکا گفتم شما موضوع ده میلیون دلار را با نظر نوکران انگلیس گذاشته اید و الا کارمندان شما نوکر انگلستان هستند. حکمیت هم امری است که وجود خارجی نمیتواند داشته باشد. باید موارد و طرز رسیدگی به دعاوی اساسش قبلا روشن شود بعد ما توافق کنیم. میتواند با ما مذاکره کند یا به محاکم ایران مراجعه کند.

اظهارات آقای حائری زاده

دولت های ایران همیشه برای غافل گیر کردن نمایندگان ملت تقاضای دو فوریت میکرده ولی دکترمصدق محتاج به این حرف ها نیست. سیاستی که دکتر مصدق پیش گرفته پشتیبان او ملت است و تعجیل اثری ندارد. پیشنهاد من برای مخالفت یا کفایت مذاکرات برای این است که قبلا هم اطلاعی از اتخاذ نظر دولت نداشتم حالا این صفحه را که قرائت کردم بعضی جملات آن را نفهمیدم به خصوص که یکی دو جمله آن میلیون ها ضرر دارد و به آن توجه نشده است.

اگر این را آقای دکتر مصدق به مجلس نیاورده بود ما به او رأی اعتماد میدادیم اما حالا که میخواهند پیشنهاد متقابلی بدهند من موافق نیستم ازاینرو پیشنهاد داده ام طبع و توزیع و مطالعه شود. دکترمصدق آدمی نیست که با هایهوی برای او رأی گرفته شود او گفته است که در مجلس مشورت شود بهمین جهت من پیشنهاد کردم طبع و توزیع و مطالعه شود.
از ۶۱ نفر نماینده حاضر درجلسه ۶۰ نفر موافق به دولت رأی اعتماد دادند.

۲۶ شهریور ۱۳۳۱

گزارش دولت و اظهارات سناتورها

آقای کاظمی وزیر دارائی و نایب نخست وزیر اظهار داشت چون آقای نخست وزیر به واسطه کسالت نتوانستند ازمحضرآقایان محترم استفاده کنند به این جهت به بنده مأموریت فرمودند که گزارشی که در مورد نفت تهیه فرموده اند به عرض آقایان برسانم (این گزارشی که به مجلس شورای ملی داده شده بود توسط آقای کاظمی برای سناتور ها خوانده شد). پس از قرائت گزارش آقای لسانی اظهار داشتند:

آقای سناتور لسانی ، تعدیات نیم قرن شرکت نفت سابق ایران و انگلیس درتحت حمایت دولتی که خود را علمدار صلح و حامی دموکراسی دنیا معرفی میکرد، فقر و ناتوانی ملتی که در این مدت شاهد غارتگری ها و دخالت های ناروای سیاسی نمایندگان دیپلماسی انگلیس بنام حمایت از کمپانی نفت بود موجب انزجار و نفرت عمومی از رفتار شرکت سابق نفت و عملیات دولت انگلیس گردید و این وضع ادامه داشت تا جنگ دوم پیش آمد. اوضاع سیاسی دنیا دچارتحولات و تغییرات شد. سرزمین کشورما پل پیروزی متفقین گردید. سران سه کشور متفق در کنفرانس تهران اجتماع نموده و هزاران گونه وعده های فریبنده به ما دادند ، جنگ خاتمه یافت ملت ایران از آن وعده ها هیچ اثری ندید ناچار مجلس شورای ملی و دولت های وقت فشار آوردند که در مقام استیفای حق ملت ایران از معادن نفت خیز جنوب برآیند و در اثر تقاضا ها و فشار مردم در مهر ماه سال ۱۳۲۷ تبصره ای که همه آقایان از آن مستحضرند ضمن ماده واحده به تصویب رسید. گذشته از این سیر مذاکرات و تصویب قانون ملی شدن نفت و جریانات بین المللی که پیش آمده و آقایان بدان واقف هستند احتیاجی به بحث ندارد ناچار حداکثر استفاده را از مدتی که اجازه صحبت دادند

مینمایم با گزارشی که جناب آقای دکتر مصدق به مجلس شورا دادند و امروز در سنا مطرح است قهراً باید درباب پیشنهاد متقابل بحث و گفتگو کرد. ولی نباید فراموش کنیم که دستگاه های تبلیغاتی دولت انگلیس بسیار قوی و دامنه دار است و به وسیله تبلیغات خود دولت و ملت ایران را مردمی غیر مقید به اصول و موازین بین المللی معرفی کرده اند و بنده ناچارم در این مقام صلاحیت دار فقط چند مورد از تعدیات و تجاوزات شرکت سابق نفت را که تحت حمایت دولت انگلیس براین ملت کهنسال و نجیب وارد میشود ذکر نمایم تا عالمیان بدانند شانه ضعیف ملت ایران تا چه حد در زیر بار طاقت فرسای شرکت سابق نفت فرسوده و ناتوان شده است و در دنیای امروز که سازمان های بین المللی خود را منادی صلح و حامی ملل ضعیف و جلوگیری کننده از تعدیات و تجاوزات قوی بر ضعیف معرفی میکنند متوجه گردند که تا چه اندازه تبلیغات انگلیس و شرکت غارتگر نفت بی اساس و بی معنی است.

۱ - درقرارداد منحوس و تحمیلی و از بین رفته ۱۹۳۳ حقوقی که برای ملت ایران مقرر شده است عبارت است از: الف - حق الامتیاز به میزان شانزده درصد هر تنی که از کشور صادر میشد. ب - بیست درصد از عایدات خالص. ج - مقدار ناچیزی به عنوان مالیات.

در سال های اخیر که میزان استخراج از معادن زرخیز این کشور بیشتر از ۳۰ میلیون تن شد عواید دولت از مجموع سه قلم ذکر شده بالا چه مبلغ بود؟ ملت ایران هرسال زائد بر سی میلیون ازحیث معادن زرخیز نفت فقیر میشد ولی بجای این که همین ملت در مقابل ثروت بی پایانی را که از دست میداد حداقل استفاده مشروع را ببرد دولت انگلستان کسر بودجه خود را ازعواید نفت جنوب تأمین مینمود. این جانب بیلان مختصری ازسال ۱۹۴۷ را به عرض میرسانم.

درسال ۱۹۴۷ یک میلیون هفتاد چهار هزار لیره به عنوان بیست درصد از سود ویژه به دولت ایران پرداخت گردید در حالی که مبلغ ۲۰ درصد پنج میلیون سیصد و هفتاد هزار لیره میشود. آیا طبق همان بیلانی که هیچ وقت مورد قبول ملت ایران نبوده و نیست عواید نفت درسال مزبور معادل ۵ میلیون کسری لیره بوده است. درحالی که طبق بیلان خود شرکت سود حاصل برابر ۴۰ میلیون لیره بوده است و از این مبلغ هنگفت ۱۶ میلیون لیره به عنوان مالیات بدولت انگلیس داده شده و زائد بر۱۲ میلیون لیره به حساب ذخیره ارزی برده اند و بالانتیجه این قدر خرج تراشی کرده اند تا به ما مبلغ ناچیز۱۰۷۴۰۰۰ لیره به عنوان ۲۰ درصد و درحدود شش میلیون لیره بابت سایر اقلام مندرج در قرارداد که جمع آن به نصف مالیاتی که دولت انگلیس گرفته است نمیرسد. بدبختانه دولت انگلیس در سال ۱۹۴۸ به ۱۹ میلیون لیره قناعت نکرده و ۲۵ میلیون به عنوان مالیات از شرکت سابق دریافت داشته ، یعنی معادل ۵ میلیون لیره از ۲۵ میلیون لیره که جزء بیست درصد سهم دولت ایران بود دولت انگلیس دریافت داشته و متأسفانه خرج جهانگردی و استعمار دول ضعیف نموده است.

دولت انگلیس نه تنها به گرفتن سهم ملت ایران به عنوان مالیات قناعت نکرده بلکه مبلغ معتنابهی همه ساله از تخفیف ناروای بهای سوخت بحریه انگلیس استفاده کرده است. طبق اسنادی که نماینده ایران در جامعه ملل ارائه نموده دولت انگلیس تصدیق داشت که تا تاریخ ۱۹۲۶ چهل میلیون لیره از شرکت سابق نفت استفاه کرده و به علاوه معادل هفت میلیون لیره تخفیف در بهای بحریه خود گرفته است ، درصورتی که تا سال ۱۹۳۲ ملت ایران فقط ۱۱

میلیون لیره بابت حقوق خود گرفته بود و درمقابل علاوه از آنکه از حیث ثروت ملی فقیر و ناتوان گردیده بود و طلای مذاب خود را مثل سیل دراختیار کمپانی غارتگرنفت گذارده نزدیک بیست میلیون لیره حقوق گمرکی که حق مشروع و قانونی دولت ایران بود ازدست داده و کمپانی سابق نفت تا آن تاریخ تنها از وارد کردن اجناس و اشیاء و مصرف کردن آنها درایران ۲۰ میلیون لیره به دولت ایران ضرر زده بود. این معادله تا موقع ملی شدن صنعت نفت همیشه برقرار بودکه علاوه ازغارت و چپاول، صاحبان سهام دولت انگلیس چندین برابر از پرداختی ناچیز به دولت ایران به عنوان مالیات و تخفیف قیمت بحریه نفت استفاده میکردندوفقط حقوق گمرکی سالیانه که کمپانی به استناد ماده ۶ قرارداد منحوس نمی پرداخت یا ازحقوق واقعی کمترمیپرداخت مساوی با کلیه وجوه پرداختی به ایران بوده است.

۲ - دولت ایران مالیاتی بر نفت و بنزین داخله ایران وضع نمود که مأمور وصول و ایصال آن شعبه پخش و توزیع شرکت سابق نفت بوده و در سنوات اشغال کشور مالیات یک میلیارد و هشتصد و هفتاد سه میلیون لیتر را که بالغ بر پانصد و هفتاد سه میلیون ریال بود به عنوان اینکه متفقین در کشور ایران به مصرف رسانیده اند نپرداخته و در موقع مطالبه وزارت دارائی جواب داده است به سفارت کبری انگلستان مراجعه نمائید.

آقایان ، دقت کنید آیا در مقابل دین مسلم ۵۷۳ میلیون ریال این حرف قابل استماع است که به سفارت انگلستان مراجعه نمائید. و اگر راستی قوای متفقین علاوه از تعدیات و تجاوزات مادی و معنوی دیگر زائد بر ۵۷ میلیون تومان مالیات مسلم دولت ایران را نپرداخته اند چگونه اینک سران آن دولت بخود اجازه میدهند که برای ایران دلسوزی کرده و بنا به زعم خود راه حل منصفانه ای پیشنهاد نمایند؟

۳ - عمال شرکت سابق نفت از وجوه ذخیره غیر قانونی که همه ساله از عواید شرکت نفت پرداخت میگردید شرکت ها و مؤسسات عدیده که درحدود ۷۰ شرکت میشود برای بهره برداری ازمعادن نفت جنوب تشکیل داده و در موقع تنظیم بیلان منافع و عواید شرکت آن عواید را به حساب نیاورده و قهراً ۲۰ درصد منافع را به دولت ایران نمی پرداخته اند.

اگر بخواهیم تخلفات عمال کمپانی سابق را از حیث امور مالی و تجاوزاتی که به حقوق ملت ایران شده به عرض برسانم سخن به درازا میکشد و فقط یک نکته عرض میکنم که علاوه از تعدیاتی که شرکت سابق تحت حمایت دولت انگلستان در منابع و عواید دولت ایران مینمود دولت انگلستان برای ادامه آن وضع از هیچگونه بازی های سیاسی و ایجاد ناامنی و اختلال در دستگاه های اداری ، حتی شئون و مظاهر اجتماعی ما خودداری نمی کرد. اسناد زنده و مسلم برای اثبات این موضوع موجود است که درموقع خود تشریح و توضیح میشود.

پیامی را که رئیس جمهور امریکا و نخست وزیر انگلستان توسط سفرای خود به دولت ایران داده اند بقدری عجیب و غیر منتظره بود که هر فرد عادی غیر آشنا به این موازین با یک نظر سطحی به این پیام و ضمائم آن خود بخود میگفت که راستی رؤسای دولتین تا این حد ملت ایران را جاهل و نادان تصور میکنند که کلیه منویات دولت انگلیس را بنام دلسوزی و حفظ مصلحت به ملت ایران عرضه میکنند و برای اینکه مواد عجیب و غریب را که هر یک طوق رقیت جدیدی برای ملت ایران میباشد تحمیل نمایند. در پایان آن بدادن ده میلیون دلار تطمیع نموده و خیال کرده اند میتوانند بدین وسیله یک بار دیگر سیاست کهنه و مبتذل خود را در این کشور ستم دیده اجراء کنند.

پاسخ لازم نسبت به پیام مشترک از طرف جناب دکتر مصدق نخست وزیر داده شده ولی موضوعی که در مصاحبه مطبوعاتی و در گزارش اخیر اسمی از آن بمیان نیامد موضوع ده میلیون دلار است. درجنگ دوم جهانی سراسرکشورما شاهد مناظر شوم و تأثرآور بود. قشون دول جنگجو ناجوانمردانه کشور ما را اشغال کردند و بعداً با ما قرار داد منعقد نمودند که ازراه آهن و شوسه و بنادر و فرودگاههای کشور ما استفاده کنند و حقوق قانونی ما را بپردازند. درتمام مدت جنگ سرزمین ایران میدان تاخت و تاز بود و وسایل موجود در ایران و امکان عبور و مرور از این کشور و رسانیدن مواد جنگی از غرب به شرق سبب فتح و پیروزی متفقین گردید و بدین جهت نام این کشور را پل پیروزی گذاردند.

جنگ به نفع متفقین خاتمه یافت نه تنها هیچیک از خسارات ما را جبران نکردند حداقل کرایه راه آهن را نپرداخته اند و اقامت قشون های اجنبی در کشور و عملیات زشت قشون انگلیس در غرب که آتش زدن مواد غذائی و حیوانات اهلی بود کشور ما را به قحطی کشانید و قبرستان ها از اجساد مردمی که با مرگ سیاه جان دادند بوجود آمد و در قبال تمام این ها دولت ایران فقط مالک بیست میلیون دلار شد و تمام آن ۲۰ میلیون دلار را هم با فروش یک مشت آهن پاره و کامیون شکسته از ما گرفتند.

موضوع کمک امریکا به ایران یک موضوع بسیار مهمی است و بحث تفصیلی لازم دارد و در موقع خود بنده حساب دقیق آنرا به عرض همکاران محترم میرسانم تا معلوم شود که نه تنها داعیه داران حمایت از ملل ضعیف به ملت ایران کمکی نکرده اند بلکه به عناوین مختلف از این ملت استفاده نمودند و همین قدر کافی است که تنها بذکر این موضوع قناعت شود که در سال ۱۳۲۹ واردات کشورما ازدولتین انگلیس و امریکا سه میلیارد و نیم ریال بود و صادرات ما بآن دوکشور کمتر از یک میلیارد ریال و لازم به ذکر نیست اجناسی که در قبال این دو میلیارد و نیم ریال بما داده اند چه بوده ، همه آقایان مستحضر میباشند.

جای بسی تأسف است که رؤسای دولتین درپیام مشترک خود نسبت به ملتی که این همه تعدیات مالی باو نموده اند و تنها ۵۷ میلیون و سیصد هزار تومان مالیات نفت و بنزین مصرفی را باو نپرداخته اند به وعده دادن ده میلیون دلار تطمیع کرده و بدینوسیله میخواهند مواد ننگین دیگری را بنام دوستی و حفظ مصالح بر ایران تحمیل کنند.

گله من از رئیس جمهور امریکا تنها آن نیست که چرا نسبت به یک ملتی که مشعل دار مدنیت جهان بوده و علمدار فرهنگ و دانش ورزی یگانه امپراطوری روی زمین را تشکیل میداد چنین توهینی روا داشته است بلکه گله دیگرمن ازایشان این است که چرا حل اختلاف بین یک دولت و یک شرکت متجاوز حارجی را مستلزم مداخله و شرکت دولت دیگر دانسته و به آن هم قناعت نکرده مداخله دولت امریکا را نیز در این امر ضروری و لازم معرفی کرده است.

دیوان دادگستری بین المللی لاهه موضوع را یک امر داخلی و حق حاکمیت ملت ایران تشخیص داده است. دولت انگلستان بچه حق ملت ایران را در مضیقه اقتصادی قرار داده و چرا مانع فروش نفت میشود و رئیس جمهور امریکا چرا با مداخله در امر و امضای پیام در یک موضوع داخلی دولت ایران مداخله کرده است و تکلیف شاق تنظیم قرارداد بین دولت ایران و دولت انگلیس را راه حل منصفانه معرفی نموده است؟

اظهارات آقای تقوی - گزارشی را که امروز آقای نخست وزیر به مجلس تقدیم داشتند دراثرپیامی است که از طرف رئیس جمهور امریکا و نخست وزیر انگلستان به ایشان رسیده است و در این گزارش آقای نخست وزیر خلاصه ای از عملیات خودشان را در خلع ید که منجر به این پیام شده است به اطلاع میرساند. در این پیام اشاره شده راه حل منصفانه و دوستانه ای در نظر گرفته اند که قضیه نفت بر طبق آن راه حل خاتمه یابد. میخواهم عرض کنم همان طور که از طرف دولت جواب داده شد راه حل منصفانه ای دراین پیام درنظر گرفته نشده است. از بعد از تصویب قانون خلع ید سه تماس رسما بین دولت ایران و نمایندگان کمپانی گرفته شده است دفعه اول هیأتی به ریاست جاکسن و دفعه دوم هیأتی به ریاست استاکس مأموریت پیدا کردند و دفعه دیگر پس از اجرای قانون ۹ ماده ای خلع ید بوده است و این دفعه پیامی است از طرف رئیس جمهور امریکا و نخست وزیر انگلیس داده شده با در نظر گرفتن وضع ما در تاریخ بایستی عرض کنم این راه حل از دفعات گذشته عقب تر رفته و شدید تر شده است.

در تاریخی که میسیون استاکس به ایران آمد ما مواجه با رأی دیوان لاهه بودیم و قراری که طبق آن قرار موقت برعلیه ما صادر کرده بودند. درحالی که ایران از روز اول گفته بود دیوان صالح برای رسیدگی به این کار که یک امر داخلی است نیست و قرار نیز قابل اجرا نیست ولی خوشبختانه ما دیدیم امروز دیوان خودش را غیر صالح تشخیص داد و موضوع ملی کردن نفت هما ن طوری که از روز اول گفته بودیم برای ما قطعی شد. بنابراین پیشنهاداتی که از طرف کمپانی به این پشنهادهای اصلاحی ارجاع شود رد خواهند شد و در این پیام از قرارداد بین دولت هم تجاوز کرده است و دولت ثانی هم در آن دخیل شده است. بنابراین این پیشنهاد نمیتواند با اصول بین المللی و عدالت تطبیق کند. ما از روز اول گفتیم این قضیه مربوط به امور داخلی ما است و به دیوان لاهه و شورای امنیت هم رفتیم و قضیه حل شد و بعد از آن دیگر خواستن اینکه این کار را رنگ بین المللی دادن نزدیک به عدل و انصاف نیست.

موضوع دیگر این است که ازروزی که مجلس ایران قانون ۹ ماده ای را تصویب کردند دولت ایران گفت بهای این اموال با درنظر گرفتن دعاوی ایران حاضریم رسیدگی شود اکنون هم به آن حرف باقی هستیم ولی ما در این اموال ذی حق هستیم و حاضریم به دعاوی رسیدگی شود و قضیه حل گردد و دیگر قراردادی لازم نیست و احتیاج ندارد قرارداد جدیدی با دولتی بسته شود و آقای نخست وزیرهم همان طورکه درپیام هایشان اظهار نموده اند حاضرند که باین کار خاتمه دهند اگر این کار تا بحال طول کشیده براثر عدم علاقه طرف مقابل بوده است.

۲۷ شهریور ۱۳۳۱

نامه دانشجوی ایرانی از لندن

گمان میکنم تصورعظمت کار دکتر مصدق و نقش مهمی که او در سیاست ایران و خاور میانه ایفا کرده برای کسی که در بین رقبای او زندگی میکنند آسان تر باشد. شاید کسانی که در ایران زندگی میکنند مجاهدت دکتر مصدق را درراه آزادی و استقلال این کشورامری عادی بدانند ولی این مجاهدت برای یکنفر ایرانی که در لندن یعنی در قلب امپراتوری انگلیس بسر میبرد و عکس العمل حریفان پر زور و درعین حال شکست خورده دکترمصدق را ازنزدیک می بیند رنگ و معنای دیگری دارد. وضع انگلیس ها درمقابل دکتر مصدق و

قیام مردانه او درست به وضع پهلوان نیرومند و مغروری می ماند که بطور غیر منتظره و به نحوی که حتی تصور آن را هم نمی کرد از یک حریف مفتضحانه شکست خورده باشد. انگلیس ها روی ایران حساب فراوان کرده و برای پی بردن به اسرار ملت ایران زحمت فراوان کشیده بودند. ایران شناسان انگلیسی ظاهراً برای کشف اسرار این ملت کهن تاریخ و ادبیات و مذهب آداب و اخلاق ایرانیان موشکافی بسیار کرده بودند ولی جریانات اخیر نشان میدهد که هنوز دولت انگلیس ایرانیان را آنطور که هستند نمی شناسد.

برای دولت انگلیس که قرن ها بردورترین نقاط جهان از لحاظ سیاسی تسلط داشته و نقشه هایش مو بمو به مورد اجرا گذاشته میشد وجود دکتر مصدق سالخورده از میان ملتی که به زعم انگلیسی های مغرور عقب مانده ترین ملل عالم بودند قد علم کرده و بر نقشه های شوم انگلیس خط بطلان کشیده یک معمای گیج کننده و لاینحل بشمار میرود.

سرمقاله روزنامه تایمز درمورد پیشنهاد متقابل دکتر مصدق

روزنامه تایمز در سر مقاله امروز خود پیشنهاد های دکتر مصدق را که در پاسخ به ترومن و چرچیل در مجلس شورا و سنای ایران به عنوان پایه ای برای تجدید مذاکرات طرح شده مورد بحث قرار داده و مینویسد پیشنهادهای مزبور هزگز مورد قبول دولت انگلیس نمی تواند واقع شود و چون پیشنهاد مشترک ترومن - چرچیل نیز از طرف نخست وزیر ایران رد شد بنابراین چنین به نظر میرسد که دوباره بن بستی بر سر راه حل مسأله نفت ایران بوجود آمده و در عین حال که ایران و انگلیس را نمیتوان مسؤل این امر دانست زیرا هر دو دولت تمایل خود را به استقرار روابط عادی دیپلماتیک و جریان یافتن مجدد نفت ایران بسوی بازارهای جهان ابراز داشته اند. ایرانیان میخواهند شرکت نفت قبل ازحل مسأله پرداخت غرامات گذشت های دیگری بکند و حال آنکه دولت انگلیس به عکس معتقد است قبل از اینکه شرکت نفت از ادعا های دیگر خود صرفنظر کند لازم است که برای تعیین غرامات شرکت موضوع به داوری ارجاع شود. به همین جهت اگر قرار باشد که بعدا مذاکراتی بین دولتین راجع به مسأله نفت انجام گیرد بهتر است این مذاکرات بطور غیر رسمی صورت گیرد و فقط از این راه است که منافع طرفین حفظ خواهد شد.

امریکا اظهار تأسف میکند

سخنگوی وزارت امور خارجه امریکا اظهارات آقای دکتر مصدق نخست وزیر ایران را درباره پیشنهاد مشترک انگلیس و امریکا به منزله رد کامل پیشنهاد مزبور تلقی میکنند و خیلی متأسف هستند که دولت ایران راه را برای مذاکرات عملا مسدود کرده است. امریکا امیدوار بود که دولت ایران در پاسخ خود روزنه امیدی باقی گذارد ولی نخست وزیر ایران آنچه را که سابقا گفته بود تکرار کرد. با تمام این احوال اگردولت ایران پیشنهاد هائی بدهد که کمک بحل بن بست فعلی نماید امریکا با کمال میل برای حل مسأله وساطت خود را دنبال خواهد کرد.

۲ مهر ۱۳۳۱

پیام دکتر مصدق به چرچیل و ترومن

جناب آقای وینستون چرچیل نخست وزیر کشورهای متحده انگلستان

پیام آن جناب که به صورت پیشنهاد برای حل موضوع نفت و رفع اختلاف شرکت سابق نفت انگلیس و ایران با دولت ایران واصل گردید و مورد دقت و امعان نظر قرار گرفت ، با

آنکه تصورمیرفت پس از یکسال و نیم صرف وقت دولت انگلیس پی به معنای واقعی نهضت ملی ایران برده و از حمایت ناروای خود از شرکت سابق صرفنظر کرده باشد ولی متأسفانه بر خلاف انتظار ضمن پیام اخیر نیزکوششی که از ابتدای تصویب ملی شدن صنعت نفت در ایران از طرف شرکت سابق به منظور احیای قرارداد باطل ۱۹۳۳ بکار میرفت با تغییر عباراتی بطور وضوح مشهود و نمودار است و چون یقین بود که چنین پیشنهادی هرگز مورد قبول و تصویب ملت ایران قرار نخواهد گرفت بلافاصله به آقای کاردار آن دولت تذکر دادم اگر مایل به حل موضوع نفت باشند بهتر آن است که پیشنهاد مزبور مسترد شده طوری تنظیم گردد که بتوان آن را به افکار عمومی ملت ایران عرضه داشته و برای مذاکرات آینده مبنی قرار داد. این تقاضا به نتیجه نرسید و پس از چند روز یعنی درتاریخ ۸ شهریور ۱۳۳۱ پیام مزبور را بدون هیچگونه تغییر تسلیم اینجانب نمودند.

تجزیه و تحلیل پیام مشترک

پیش از آنکه به ارسال پیشنهاد متقابل مبادرت شود لازم میدانم در اینجا نظر دولت ایران را در مورد پیام مجملا توضیح دهم.

پیام مزبور مانند پیشنهاد های سابق با قوانین ملی شدن صنعت نفت مغایرت دارد البته آنچه در ابتدای پیام نسبت به ایجاد روابط دوستانه برای حل سریع اختلاف دوکشور ذکر شده مطابق آمال و آرزوی ملت ایران است ، چه ملت ایران با وجود خسارات فراوان و صدمات بی پایانی که در قرون اخیر از سیاست استعماری دولت انگلیس متحمل شده همواره درتشیید روابط حسنه با ملت انگلیس کوشا بوده و هست و دولت اینجانب هم از آغاز کار چنانکه مدارک و اسناد و شواهد حاکی است هیچگونه غفلتی دراین قسمت روا نداشته و همه وقت درحدود موازین قانونی برای تصفیه و حل موضوع نفت حاضر به مذاکره بوده است و این که تاکنون کار به جائی نرسیده باین علت است که دولت انگلیس میخواسته است برخلاف قوانین مصوبه و برخلاف حقوق و تمایلات ملت ایران نفوذ شرکت سابق را زیر عناوین دیگر به همان صورت و کیفیت قدیم حفظ کند و این کار برای ملت ایران قابل تحمل نبوده و نیست. نکته دیگری که در این پیام جالب توجه است کلمه «منصفانه» است که درآن گنجانیده شده و سپس در دنبال همین کلمه راه حلی پیشنهاد کرده اند که نه تنها منصفانه نیست بلکه بمراتب از راه حل ها و پیشنهادهای سابق غیر منصفانه تر است. در پیام اخیر دولت انگلستان خواسته با یک اقدام موضوع نفت را که امری داخلی است و دیوان لاهه نیز با رأی خود آنرا تأیید کرده است با امضای مقاوله نامه ای به صورت اختلاف دو دولت درآورد.

در ماده اول ضمیمه پیام سخن ازغرامتی است که در مقابل ملی شدن صنعت نفت باید به شرکت سابق پرداخته شود. این ماده چنان تنظیم شده که بیم آن میرود به وسیله آن بخواهند قرار داد باطل شده ۱۹۳۳ را که هیچ گاه مورد قبول ملت ایران نبوده است قانونی کنند چنانکه در ضمن آن سخن ازوضعیت حقوقی طرفین بلافاصله قبل ازملی شدن صنعت نفت بمیان آورده اند درصورتی که اگر مقصود تأدیه غرامت مایملک شرکت سابق نفت درایران است دولت این جانب همواره حاضر بوده است با رعایت دعاوی طرفین مذاکره شود و راه حل عادلانه و منصفانه ای پیدا کنند و اگر مقصود آن بوده که درصورت عدم توافق موضوع به دیوان دادگستری بین المللی واگذار شود آن هم باید بین دولت ایران و شرکت سابق نفت درارجاع امربدان دیوان توافق شود و احتیاجی به قرارداد بین دو دولت نیست.

در ماده دوم ضمیمه اگر مقصود خریداری نفت است که دولت ایران همواره حاضر به فروش بوده و آنرا مکرربه دنیا اعلام کرده است و چنانچه مقصود واگذاری حق انحصار خرید بیک شرکت معین و دخالت مجدد در اداره امور نفت است این امر هرگز مورد تصویب ملت ایران نخواهد بود زیرا در دنبال این انحصار و دخالت ممکن است بحران های اقتصادی و کارشکنی هائی ایجاد شود که وضع را بهمان صورت قبل از ملی شدن نفت بکشاند.

در ماده سوم درحقیقت اعتراف شده است که منظور دولت انگلستان از اقدامات گذشته فشار اقتصادی به ملت ایران بوده تا به شرایط غیر منصفانه آن دولت تن دردهد. در بند الف ازاین ماده اظهار شده است که اگر سایرشرایط پذیرفته شد حاضرهستند نفت موجود در آبادان را حمل کنند ولی درباب قیمت هیچگونه سخنی نگفته و آن را موکول بموافقت بعدی نموده اند درصورتی که اگر مقصود مساعدت و کمک بود میبایست نظر صریح خود را درباره قیمت هم اظهار کرده باشند تا دولت ایران بتواند تصمیم قطعی اتخاذ کند.

در بند ب از همین ماده تضییقات موجود به صادرات کالا و نسبت به استفاده ایران از وجوه استرلینگ که مکررمورد اعتراض دولت ایران بوده عنوان شده و تصریحاً وجود چنین تضییقاتی را که تاکنون به عمل آورده اند اقرار نموده و قول داده اند در صورت پذیرفته شدن سایر شرایط این تضییقات را مرتفع کنند و حال آنکه رفع تضییقات غیر قانونی را موکول به قبول شرایطی نمودن بر خلاف آنچه در پیام ادعا شده دوستانه و منصفانه نیست و تضییقات دولت انگلیس هم نسبت به دولت و ملت ایران منحصر به این دو موضوع نمیباشد.

چرا ایران صنعت نفت خود را ملی کرد؟

پس ازاظهار نامه ای ازایرادات دولت ایران خاطرآن جناب را مستحضر میدارد که ملت ایران پس از تحمل رنج ها و شدائد بی پایان به اتفاق کلمه درحدود صلاحیتی که هر ملت نسبت به حق حاکمیت خود دارد صنعت نفت را درداخله کشور ملی کرده و از این کار دو نظرداشته است:

اول – نظراول اینکه ریشه نفوذ اجانب و ایادی آنها را از مملکت براندازد و بدین وسیله سرنوشت خود را به دست گرفته و استقلال سیاسی مملکت را تأمین کند و با سایر ملل آزادیخواه دوش بدوش درراه حفظ صلح جهانی همکاری و اشتراک مساعی نماید زیرا در مدت نیم قرن سلطه شرکت سابق هرگز امکان اینکه دولت های ایران بتوانند آزادانه درامور داخلی و سیاست های خارجی ایران تصمیم بگیرند نداشته است. این نکته بر آن جناب که مدت های مدید در رأس دولت انگلیس قرار داشته اید البته پوشیده نیست چنانکه یکبارهم جناب آقای ایدن وزیر امورخارجه کابینه شما پس از اشغال ظالمانه ایران در جنگ جهانگیر اخیر صریحا اعتراف کرده است که رفتاردولت انگلیس نسبت به ایران عادلانه نبوده و باید تغییر کند و انگلستان با جلب افکارعمومی ایران برای جبران مافات قدم های مفید و مؤثری بردارد. ولی متأسفانه این وعده نه تنها هیچ وقت عملی نشد و نشانه ای از تغییر سیاست انگلیس پدیدار نگشت بلکه به مجرد اینکه علائم بیداری در ملت ایران نمودار شد سرمایه داران انگلیسی آن دولت را وادار کردند هرگونه فشار بکار برد تا ملت ایران نتواند روزی سد راه مطامع آنها شود ، در نتیجه پس از تصمیم ملت ایران دائر بر ملی کردن صنعت نفت دولت انگلیس بجای اینکه به منویات حقیقی ملت ایران پی ببرد و برخلاف

اصول خود را وارد این دعوا نکند به حمایت از شرکت سابق برخاست و هر چه توانست در راه اجرای خواسته های ملت ایران ایجاد موانع و مشکلات نمود و بدون حق کار را به شورای امنیت و از آنجا به دیوان دادگستری بین المللی لاهه کشانید و اکنون هم که در هر دو مرجع حقانیت ملت ایران ثابت شده حاضر نیست دست ازروش دیرین خود بردارد تا موجبات توافق بین شرکت سابق و دولت ایران در حل اختلاف فراهم شود.

دوم - نظر دیگر ملت ایران از این اقدام بهبود اوضاع اقتصادی خود بود زیرا در طی مدتی که شرکت سابق به امور بهره برداری از منابع ایران اشتغال داشت هیچگاه حاضر نشد حقوق ملت ایران را حتی مطابق همان قرارداد دارسی و قرارداد باطل شده ۱۹۳۳ مرعی و محفوظ بدارد و در این مدت مالیاتی که آن شرکت به دولت انگلستان میپرداخت و من غیر حق شامل حق السهم دولت ایران کرده بود چندین برابر عایدی بود که به صاحبان اصلی نفت یعنی ملت ایران میرسید و تعجب اینکه با وجود مشارکت در منافع ، ملت ایران هیچوقت نتوانست معلوم کند نفتی را که بحریه انگلیس از آن شرکت گرفته چه مقدار و وجهی را که پرداخته چه مبلغ بوده است.

مردم ایران با ملی کردن صنایع نفت خواستند حداکثر منافعی را که یک شرکت خارجی درطی سال های متمادی از منابع آنها میبرد بخود اختصاص دهند و با جبران بی عدالتی های گذشته و ترمیم خسارات خود درترفیه حال مردمی که نود درصد آنها از کلیه مزایای زندگی اجتماعی بشری محروم هستند کوشش نمایند. دروضع کنونی ملت ایران دوراه در پیش دارد که باید یکی را انتخاب کند. یا باید کوشش و سعی در اصلاح اوضاع اجتماعی و بهبود حال طبقات محروم کند که غیر از راه تحصیل عواید نفت به طریق دیگری میسر نیست یا اگراین راه همچنان مسدود بماند باید بحوادث آینده که به زیان صلح جهان تمام خواهد شد تسلیم گردد. این جانب مکرراً اظهار داشته و بار دیگر به صراحت اعلام میکنم که دولت ایران بی نهات مشتاق است که اختلافات موجود هرچه زودتر مرتفع شود تا هر دو ملت در سایه حسن تفاهم بتوانند از نتایج همکاری و مساعدت با یکدیگر برخوردار گردند و وظیفه خود را در حفظ صلح جهانی به بهترین وجه انجام دهند.

پیشنهاد های متقابل ایران

با تذکر مراتب فوق به استحضار آن جناب میرسانم محاکم ایران که یگانه مرجع صلاحیت دار است برای رسیدگی به شکایت شرکت سابق و احقاق حق آماده و مهیا است ولی با این حال درصورتی که شرکت سابق نخواهد دعاوی خود را به مرجع صلاحیت دار مذکورارجاع کند و دیوان دادگستری لاهه بتواند بر اساس توافق طرفین به اختلاف بین دولت ایران و شرکت سابق نفت رسیدگی نماید و توهم نشود که این رسیدگی دلیل بر وجود دعوا بین دو دولت است ، دولت اینجانب برای اثبات کمال حسن نیت حاضر است پس از توافق در موارد چهار گانه زیر قضاوت دیوان مزبور را قبول کند و در این صورت از دیوان تقاضا خواهد شد که هرچه زودتر و حدالامکان در ظرف شش ماه رأی نهائی خود را صادر نماید.

۱ - موضوع غرامت - تعیین میزان و تقسیط پرداخت غرامت اموالی که شرکت سابق درموقع ملی شدن صنعت نفت درایران داشته بر اساس هر قانونی که در یکی از ممالک برای ملی شدن صنایع درموارد مشابه اجرا شده و شرکت سابق آن را قبول کند. این تنها غرامتی

است که دولت ایران به شرکت سابق خواهد پرداخت و غیر از این شرکت حق ادعای هیچ گونه غرامت دیگری نخواهد داشت.

۲ - اساس رسیدگی به دعاوی طرفین تا تاریخ ملی شدن نفت بر اساس هریک از طریق سه گانه ذیل که دیوان بین المللی برای قطع و فصل دعاوی طرفین منصفانه و عادلانه تشخیص داده آن را مبنای قضاوت قرار دهد.

الف - رسیدگی به دعاوی طرفین تا تاریخ ملی شدن صنعت نفت بر اساس قرار داد دارسی با رعایت احتساب مالیات بر درآمدی که دولت ایران بر طبق قوانین موضوعه مملکتی باید دریافت کرده باشد. قرارداد مزبور فقط برای قطع و فصل اختلافات مالی تا تاریخ ملی شدن صنعت نفت نهم اردیبهشت ۱۳۳۰ (۳۰ آوریل ۱۹۵۱) ملاک عمل قرار میگیرد و کلیه آثار آن در آن تاریخ منقطع و منتفی میشود و نمیتواند دیگر به نحوی از انحاء مورد استفاده و استناد هیچیک از طرفین واقع شود و از آن تاریخ تا به بعد ید شرکت ید امانی است.

ب - رسیدگی به دعاوی طرفین از ۱۹۳۳ تا آخر ۱۹۴۷ براساس قرارداد باطل شده ۱۹۳۳ و از اول ۱۹۴۸ تا ۳۰ آوریل ۱۹۵۱ بر اساس قرارداد باطل مزبور به انضمام طرح قرارداد الحاقی گس - گلشائیان که شرکت سابق آنرا قبول و امضا کرده و مجلسین ایران آنرا برای استیفای حقوق ملت ایران کافی ندانسته است. قرارداد ۱۹۳۳ منحصرا و مستقلا برای حل و تصفیه اختلافات مالی طرفین تا آخر سال ۱۹۴۷ و قرارداد مزبور به انضمام طرح قرارداد گس - گلشائیان منحصرا و مستقلا برای حل و تصفیه اختلافات مالی طرفین از اول ۱۹۴۸ تا ۳۰ آوریل ۱۹۵۱ ملاک عمل قرار میگیرد و کلیه آثار آن قرارداد ها در تاریخ ملی شدن صنعت نفت منقطع و منتفی میشود و نمیتواند دیگر به نحوی از انحاء مورد استفاده و استناد هیچیک از طرفین واقع شود و از آن به بعد ید شرکت ید امانی است.

ج - رسیدگی به دعاوی طرفین بر اساس عادلانه ترین قرار داد های امتیاز سایر کشور های نفت خیز جهان که قیمت تولید نفت مربوط به آن امتیاز ارزانتر از قیمت تولید نفت ایران در مدت مربوطه نباشد بدیهی است از تاریخ ملی شدن صنعت نفت ید شرکت ید امانی است.

محتاج به ذکر نیست که اساس قراردادن هر یک از مقررات سه گانه فوق الذکر صرفا از نظر احتساب دعاوی مالی طرفین تا تاریخ ملی شدن صنعت نفت است و به هیچوجه با موادی که درقراردادهای مزبوربرای طرز رسیدگی به اختلافات قید شده است ارتباط نداشته و ندارد و همانطوری که تصریح شد رسیدگی به دعاوی طرفین با قضاوت مستقیم دیوان بین المللی دادگستری به عمل خواهد آمد.

۳ - تعیین خسارت رسیدگی و تعیین میزان خسارت دولت ایران ناشی از مشکلات و موانعی که در نتیجه فعالیت های مستقیم و غیر مستقیم شرکت نفت سابق در راه فروش نفت ایران ایجاد شده است و همچنین خسارات ناشی از تأخیر پرداخت وجوهی که دین مسلم شرکت سابق باشد.

۴- پرداخت قبلی و علی الحساب تأدیه قبلی و علی الحساب ۴۹ میلیون لیره ای که شرکت سابق درضمن بیلان ۱۹۵۰ بابت افزایش حق الامتیاز و مالیات و حق السهم ایران از ذخایر به حساب آورده است. از این مبلغ هر مقدار مربوط به حق الامتیاز و مالیات است چون بر اساس طلا تضمین شده باید به لیره قابل تبدیل به دلار پرداخت گردد. گرچه مبلغ مزبور از قروض مسلم شرکت به دولت ایران میباشد ولی ازنظرابراز نهایت حسن نیت دولت ایران قبول میکند اگر دیوان بین المللی دادگستری تمام یا قسمتی از آن وجوه را حق ایران

ندانست آن مبلغ به صورت دریافت شده دین دولت ایران به شرکت سابق تلقی گردد و بدون تأخیر با تحویل نفت تسویه شود.

مراجعه به قضاوت دیوان دادگستری براساس مواد حهار گانه مذکور در فوق که متضمن گذشت های فوق العاده از طرف دولت ایران است وقتی برای دولت ایران تعهد آور است که تماماً و مجتمعا مورد قبول واقع شود و از هیچ یک از مواد آن نمیتوان جداگانه اتخاذ سند نمود.

ایران علیه انگلیس به دیوان لاهه شکایت میکند

البته دولت ایران خسارات ناشی از کار شکنی هائی که به منظور جانبداری از شرکت سابق و به طریق مختلف توسط دولت انگلیس به عمل آمده است و همچنین خسارات ناشی از تضییقات نسبت به صادرات کالا به ایران و استفاده از وجوه استرلینگ را که دولت انگلیس در بند (ب) ماده سوم ضمیمه پیام مشترک آن را تصدیق کرده است به عنوان دعوای بین دو دولت توسط دیوان بین المللی تعقیب خواهد کرد.
مدت اعتبار این پیشنهاد از تاریخ تسلیم ۱۰ روز است. در خاتمه به استحضارآن جناب میرساند که شرکت ملی نفت ایران برای فروش محصولات نفتی خود همیشه حاضرو مهیا است.
نخست وزیر دکتر محمد مصدق

برای اطلاع آقای ترومن

حضرت آقای هاری ترومن رئیس جمهور کشورهای متحده امریکا ، اجازه میخواهم در قبال وصول پیام آن جناب مورخ ۱۰ آگست ۱۹۵۲ نسخه دوم جوابی را که به عنوان دولت انگلستان ارسال میشود جهت اطلاع تقدیم دارم.

موقع را محترم شمرده احترامات فائقه را تقدیم میدارد. نخست وزیر دکتر محمد مصدق

پیام ایدن به دکتر مصدق

آقای نخست وزیر - طبق دستور واصله از دولت متبوع خود محترما پیام شخصی وزیرامور خارجه دولت علیاحضرت ملکه انگستان را تفدیم میدارد.
کاردار سفارت علیاحضرت ملکه انگلستان - میدلتن

آقای چرچیل و اینجانب و همکاران ما در دولت علیاحضرت ملکه انگلستان از این که طبق پیام واصله از آن جناب پیشنهادات اخیر ما برای حل قضیه نفت از چندین جهت مورد سوء تفاهم واقع شده است متأسف میباشیم. بیم ونگرانی که آن جناب دراین مورد ابرازفرموده اید بی اساس است. پیشنهادات ارسالی به هیچ وجه حاکی از عدم شناسائی دولت ایران در ملی کردن صنایع نفت نبوده و منظور آن احیای امتیاز ۱۹۳۳ نمیباشد. در پیشنهادات مزبور اشاره به اینکه صنایع نفت ایران بدست اتباع خارجی اداره شود نبوده چه رسد باینکه این موضوع یکی ازشرایط قرارداد شود و از طرفی نیز در نظر نداشته ایم که خرید نفت در انحصار ما باشد. پیشنهادات مزبور برای تصفیه دعاوی و دعاوی متقابله طرفین بوسیله قضاوت بی طرفانه حاوی یک روش عادلانه بود و حال آنکه نمیگوئیم روش مزبور یک راه منحصر به فرد بوده است. اگر در خصوص قیمت نفت ذکری نکردیم به علت آن بود که این موضوعی است که باید بین فروشنده و خریدار مورد بحث قرار گیرد نه بین دو دولت.

منظور اینجانب از ارسال این پیام آن است که اعم از این که پیشنهادات فوق الذکر را آن جناب بپذیرید یا نپذیرید جنابعالی و هموطنان آن جناب از مقصود ما عیناً مستحضر بوده باشید. آنتونی ایدن

پیام آچسن به دکتر مصدق

جناب آقای دکتر مصدق نحست وزیر ایران - افتخار دارد طبق دستوری که وزیر امور خارجه کشورهای ایالات متحده به اینجانب داده است پیام پیوست را جهت اطلاع آن جناب تقدیم میدارد. سفیر کبیر ایالات متحده امریکا - لوئی هندرسن

آقای دکتر مصدق نخست وزیر ایران ، از روزی که پیام جنابعالی به تاریخ ۲۴ سپتامبر ۱۹۵۲ (دوم مهر ۱۳۳۱) به آقای رئیس جمهور امریکا رسیده است با ایشان در تماس بوده ام و چون ایشان در این هنگام در پایتخت نیستند به دوستدار اجازه دادند وصول نامه جنابعالی را اشعار دارم. اینکه جنابعالی پیشنهاداتی را که در تاریخ ۳۰ ماه اوت (هشتم شهریور۱۳۳۱) فرستاده شد قابل قبول ندانسته اید مایه تأسف ایشان است. ما چنین استنباط کرده ایم که روش دولت ایران این بوده است که مذاکرات مربوط به حل اختلاف نفت باید با در نظر گرفتن این نکات باشد (الف) واقعیت ملی شدن (ب) استقلال کامل ایران برای اداره صنعت نفت خود (ج) آزادی ایران برای فروش نفت خود بر مبنای غیر انحصاری.

عقیده حقیقی ما چنین بوده و هست که پیشنهادهای ارسالی در تاریخ ۳۰ اوت حاوی این نکات بوده است این پیشنهادها واقعیت ملی شدن نفت را بطوروضوح شناخته و درصدد احیای امتیاز ۱۹۳۳ یا هر امتیاز دیگری هم نبوده است. موصوع اداره کردن صنایع نفت بدست خارجی ها شرط نشده و حتی پیشنهاد هم نشده بود. به هیچوجه چنین قصدی نبوده است که پیشنهاد انحصار خرید نفت ایران داده شود.

درباره ادعای غرامت از طرف شرکت و دعاوی متقابل ایران ما روشی برای تسویه کلیه دعاوی پیشنهاد کردیم که به وسیله بی طرفانه ای احقاق حق طرفین بشود. بدون شبهه روش منصفانه دیگری نیز وجود دارد و درباره موضوع قیمتی که باید برای نفت ایران پرداخت شود ما پیشنهاد کردیم که این امر باید بین خریدارو فروشنده حل شود نه بین دولت ها. قطع نظر از قابل قبول بودن پیشنهاد های ۳۰ اوت مایه تأسف ما است که در معنی آن سوء تفاهم شده است به علت اهمیتی که مسأله مورد نظر دارد برای اینکه اعلام داریم پیشنهادهای ما باآنچه که جنابعالی استنباط فرموده اید مغایرت داردبدین وسیله سعی کرده ایم سوء تفاهمات مزبور را تصحیح نمائیم دین آچسن

نظریات آقای مهندس حسیبی درمورد نامه های آچسن و ایدن

آقای مهندس حسیبی یکی از مشاورین دولت در تنظیم پیشنهادهای متقابل دولت ایران به دولت انگلیس درباره مسأله نفت امروزدرجمع خبرنگاران داخلی و خارجی اظهارداشت:

در پیام های وزرای امور خارجه انگلیس و امریکا چنین به نظر میرسد که در هیچ یک از دو پیام به طرح متقابل پیشنهاد های ایران توجه نشده است و به نکات اساسی آن توجهی نشده است مهمترین موضوع مندرج درپیام مشترک سابق که معنی و مقصود از عبارت «غرامت بر اساس وضعیت حقوقی موجود بلافاصله قبل از ملی شدن » بوده است با مهارت خاصی در ابهام سابق خود باقی مانده و بهیچ وجه سعی در رفع ابهام و اقدام نسبت به توضیح

مقصودی که از این عبارت داشته اند بعمل نیامده است درحالی که گره اساسی و ابهام اصلی موجود درپیام مشترک همین نکته بوده است.

همان طور که در پیام متقابل جناب آقای نخست وزیر ملاحظه میشود طرح متقابل شامل اغماض ها و گذشت های زیادی از طرف دولت ایران به منظور اثبات حسن نیت دولت ایران در حل سریع مسأله نفت بوده است که هیچ یک از امضا کنندگان طرح مشترک نمیتوانسته اند نسبت به شرایط مندرج درآن خرده گیری نموده و آنرا رد نمایند و در عین حال با معنائی که انگلیس ها نسبت به غرامت در ذهن خود دارند یا مجبور بودند به این طرح خرده گیری نموده ایراد بگیرند که در این صورت چون طرح ایران کاملا منطقی بود خرده گیری برآن زیان تبلیغاتی بزرگی برای انگلیس ها میشد. و از طرفی سکوت هم در حکم قبول کردن و منطقی دانستن طرح ایران بود و این موضوع از نظر تعریفی که درماده یک آن نسبت به غرامت شده است با منظور واقعی آنها که درخواست غرامت منافع از دست رفته نیز میباشد مباینت پیدا میکرد. به همین لحاظ هم اصلا از موضوع غرامت انگلیس ها در پیام نامی برده نشده و در پیام وزیر امور خارجه امریکا نیز که اشاره به غرامت شده است معنی و منظور از آن مسکوت گذاشته شده است.

علاوه بر این چنانچه در طرح متقابل ایران اشاره شد دولت ایران فقط در صورتی قضاوت دیوان بین المللی دادگستری را که دراین دعوی خود را ذی صلاحیت نشناخته است قبول میکند که حدود دعاوی که بایستی به قضاوت دیوان واگذار شود قبلا بطور وضوح معلوم و تعیین شده باشد و این موضوع خود یکی از مطالبی است که انگلیس ها از آن گریزانند و به امید شرایط مساعد تری مایل به تجدید و تعریف صحیح آن حدود نبوده و خواهانند که دیوان از طریق حکمیت دعاوی موجود را رسیدگی و حل و فصل نماید.

امتیازات این پیام به پیام های گذشته

در پیام های اخیر نسبت به سه نکته اساسی که همواره مورد علاقه دوات ایران بوده است اظهار نظر صریح و قطعی شده است:

قبول قطعی ملی شدن نفت ، آزادی کامل ایران در اداره و استخراج نفت خود از نظر استخدام و اداره کارشناس، آزادی دولت ایران در فروش نفت خود بر مبنای غیر انحصاری و البته قبول این نکات موجب خوشنودی است ولی درعین حال اگر حسن نیتی که مدعی آن هستند در بین بود و منظور آنها اتلاف وقت دولت ایران و مشغول نگهداشتن مقامات مؤثر دولتی به منظور انصراف آنها از اقدام به اصلاحات داخلی نبود بجای آنکه پس از قریب یک ماه و نیم این توضیحات را داده باشند حق این بود که به محض مصاحبه مطبوعاتی جناب آقای دکتر مصدق که نگرانی های ایران را نسبت به ابهام های موجود در طرح متقابل ابراز داشته بودند این توضیحات داده میشد با این ترتیب پس ازیکماه و نیم تأخیر در توضیحات ساده بالا اولا منظور آنها از اتلاف وقت دولت ایران عملی شد و از طرفی برای پیام های جداگانه اخیر حفظ ظاهر خوبی تهیه کرده اند که ازنظر تبلیغاتی به نفع آنها است و حال آنکه مشکل اصلی و ایراد اساسی دولت ایران را که تعیین معنی غرامت است بازهم بلاتکلیف و معلق گذارده اند و این نکته ای است که خوانندگان خارجی پیام های جدید بکلی از اهمیت آن بی خبر هستند و فقط به ظاهر پیام توجه کرده و پیام به نظرشان پسندیده و معقول میرسد

درحالی که اساسی ترین عیوب پیشنهاد مشترک که موضوع غرامت است همینطور در ابهام باقی مانده است.

علاوه بر آن در طرح پیشنهادی ایران شرط اساسی قبول تمام مواد چهارگانه مندرج در آن طرح بوده که مهمترین آن ازنظراقتصادی و مشکلات فعلی کشور پرداخت فوری ۴۹ میلیون لیره ای بوده که طلب مسلم ایران حتی بر اساس بیلان های منتشره خود شرکت سابق میباشد. چون سیاست دولت انگلیس در مرحله اول فشار اقتصادی به منظور بزانو درآوردن و تسلیم دولت ایران میباشد تا اهداف ناروای خود را به ایران بقبولاند. باز هم به پیروی از آن سیاست دیرین به هیچوجه نخواسته است گفتگوئی از پرداخت طلب ایران به میان بیاورد و در واقع با سکوت خود و ادامه فشار اقتصادی خواسته است راه مذاکرات را مسدود نموده و همچنان دولت را در مضیقه اقتصادی نگهدارد تا با تحریکات اخیر و آشفتگی اجتماعی بتواند دولت را وادار به تسلیم نماید.

۱۴ مهر ۱۳۳۱
عکس العمل روزنامه های انگلیس در برابر پیشنهادات ایران

روزنامه تایمز ، گذشت های دولت انگلیس که به منظور تحقق تمایلات ملی مردم ایران صورت گرفته بیش از حد تصور بوده است. دولتین انگلیس و امریکا هر دو معتقدند که بیش از اندازه با ایران سازش کرده اند ولی متأسفانه دکتر مصدق نخست وزیر ایران پیشنهاد های مشترک انگلیس و امریکا را مورد قبول قرار نداده است. مسأله اقتصاد ایران که دکتر مصدق در پیشنهاد متقابل خود به آن اشاره کرده با بکار افتادن صنایع نفت ایران حل مشکلات موجود آسان خواهد بود و البته حل قضیه نفت باید برپایه پیشنهاد های مشترک امریکا و انگلیس صورت گیرد. اکنون میزان تمایل نخست وزیر ایران نسبت به حل قضیه نفت به مرحله آزمایش گذارده شده، درگذشته گمان میرفت که دولت انگلیس از سازش با دولت ایران احتراز خواهد کرد ولی پیشنهادهائی که ازطرف این دولت به عمل آمده به خوبی نشان می دهد که دولت انگلیس واقعا مایل به حل قضیه نفت میباشد و اینکه پیشنهادهای انگلیس مورد قبول قرار نگرفته مخاطراتی دربر دارد.

دکتر مصدق اکنون ممکن است تهدید خود را راجع به قطع روابط بین ایران و انگلیس به موقع اجرا گذارد و یا اگر صلاح بداند مندرجات پاسخ انگلیس را مستمسکی برای تیره ترساختن روابط بین دو دولت قرار دهد و البته این عمل جز وخیم ترشدن اوضاع نتیجه دیگری ندارد. چنین به نظر میرسد که برای حل مسأله نفت و رفع اختلافات راه حل عملی این است که به طریق خصوصی و غیر رسمی مذاکراتی بین طرفین صورت گیرد و از مبادله یادداشت های پیاپی احتراز شود.

۱۶ مهر ۱۳۳۱
پاسخ دکتر مصدق به ایدن
جناب آقای ایدن وزیر امور خارجه دولت علیاحضرت ملکه انگلیس

پیام مورخ ۵ اکتبر ۱۹۵۲ جنابعالی مبنی بر شناسائی کامل عمل دولت ایران در ملی کردن صنعت نفت و اعلام عدم قصد احیاء امتیاز نامه باطل ۱۹۳۳ و عدم مداخله در نحوه اداره صنعت نفت ایران و شناسائی آزادی دولت ایران در فروش محصولات نفتی خود به وسیله کاردار سفارت کبرای انگلستان در تهران واصل گردید.

با در نظر گرفتن اینکه مفاد پیام مزبور در قسمت های فوق الذکر منطبق با حقوق مسلم ملت ایران میباشد نسبت به مراتب بالا اتخاذ سند مینمایم و ضمنا متأسف است است در این پیام که در پاسخ پیام مورخ دوم مهر ۱۳۳۱ (۲۴ سپتامبر ۱۹۵۲) اینجانب رسیده است اشاره ای به پیشنهاد متقابل اینجانب نفرموده اید اینجانب لازم میداند باردیگر به استحضار برساند که مقصود از پیشنهاد متقابل جلوگیری از اتلاف وقت و ارائه طریق منصفانه برای رسیدگی به دعاوی شرکت سابق نفت و دعاوی متقابل دولت ایران بوده است و اکنون نیز به همین منظور بار دیگر آمادگی خود را برای مذاکره و تسویه این موضوع اعلام میدارد و برای آن که هرچه زودتر تکلیف قطعی اختلاف فوق الذکر روشن شود بدین وسیله ازنمایندگان تام الاختیارشرکت سابق نفت ایران و انگلیس جهت مذاکرات لازم درحدود پیشنهاد متقابل دولت ایران دعوت مینماید که از این تاریخ تا یک هفته به تهران عزیمت نمایند و با در نظر گرفتن تأخیر پرداخت چندین ساله دیون شرکت سابق به دولت ایران و همچنین از نظر احتیاجی که دولت ایران به کارگشائی فوری دارد قبل ازاعزام نمایندگان خود شرکت سابق نفت مبلغ ۲۰ میلیون لیره قابل تبدیل به دلاراز چهل و نه میلیون لیره موضوع ماده ۴ پیشنهاد متقابل مورخ دوم مهر ۱۳۳۱ اینجانب را در اختیاروزارت دارائی ایران بگذارد و باقیمانده مبلغ مزبور را در پایان مذاکرات که مدت آن حداکثر سه هفته پیش بینی شود به حساب دولت ایران بگذارند.

درخاتمه انتظار دارد کمال حسن نیت دولت ایران در حل منصفانه اختلافات که اینک به وسیله این پیام بار دیگر تأیید میشود مورد حسن تلقی و استفاده قرار گیرد و مخصوصا توجه آن جناب را به این نکته جلب مینماید که دولت ایران همواره سوء ناشی از مماطله و تأخیر در حل سریع و قطعی اختلافات را متذکر گردیده است و اکنون هم عدم امکان ادامه این وضع را مجددا یاد آوری و مسؤلیت هرگونه پیش آمدی را که در نتیجه تعقیب این روش بوجود آید متوجه خود نمیداند. نخست وزیر - دکتر محمد مصدق

پاسخ دکتر مصدق به آچسن

جناب آقای آچسن وزیر امور خارجه امریکا

جواب پیام متقابل این جانب را که از طرف حضرت رئیس جمهور کشورهای متحده امریکا به وسیله جناب آقای سفیر کبیر آن دولت در تهران ارسال فرموده بودید واصل گردید.

توضیحاتی که برای رفع ابهام پیام مشترک هشتم شهریور۱۳۳۱ داده شده مورد توجه و تشکر این جانب قرار گرفت و از این که مساعی اولیای محترم دولت متبوع جنابعالی در جهت حل موضوع اختلاف جاری بکار افتده است کمال امتنان را دارد. اما در قسمتی که نوشته شده : «... اینکه جناب عالی پیشنهاداتی را که درتاریخ ۳۰ ماه اوت (۸ شهریور ۱۳۳۱) فرستاده شده قابل قبول ندانسته اید مایه یأس ایشان شده است » گمان میکنم در پیشنهادات متقابل اینجانب (۲۴ سپتامبر ۱۹۵۲) به حد کافی علل عدم قبول پیام مشترک توضیح داده شده باشد.

ممکن است حضرت رئیس جمهور بخاطر نداشته باشند که اکنون ۱۹ ماه از تاریخ ملی شدن نفت در سراسر کشور ایران میگذرد و حال آنکه کار مفیدی برای حل اختلاف صورت نگرفته و موضوع تعیین غرامت تمام به مکاتبه و مسامحه برگذار شده است. دولت و ملت ایران هرروز با مشکلات اجتماعی و اقتصادی تازه ای که ناشی از محاصره اقتصادی دولت

علیاحضرت ملکه انگلستان میباشد مواجه می شود. کمال حسن نیت و حداکثر گذشتی را که ممکن بوده است در راه حل این قضیه به کار رود در پیشنهادات متقابل اینجانب به عمل آمده است و برای اینکه یکبار دیگر این حسن نیت و علاقمندی به انجام کارکاملا مشهود گردد درجواب پیام آقای ایدن وزیرامورخارجه دولت علیاحضرت ملکه انگلیس که یک نسخه از آن به پیوست از نظر جنابعالی میگذرد پیشنهاد کرده ام که نمایندگان تام الاختیار شرکت سابق نفت ایران و انگلیس برای مذاکره درباره مواد پیشنهاد متقابل اینجانب مورخ ۲۴ سپتامبر ۱۹۵۲ به تهران اعزام دارند.

و از نظر اینکه کارگشائی در کار اقتصادی و مالی ایران شده باشد و نشانه ای نیز از انجام تعهدات گذشته شرکت سابق به ظهوررسد به پیشنهاد مزبوراضافه شده است که قبل از عزیمت نمایندگان شرکت که از این تاریخ تا یک هفته دیگر خواهد بود ۲۰ میلیون لیره قابل تبدیل به دلار از ۴۹ میلیون لیره علی الاحساب از مطالبات ایران در اختیار وزارت دارائی دولت شاهنشاهی بگذارند و ترتیب پرداخت بقیه آنرا نیزدر پایان مذاکرات که پیش بینی میشود تا سه هفته بطول انجامد بپردازند.

محتاج به توضیح نیست که در این یکسال و نیم اخیر دولت و ملت ایران براثر مماطله و مبادله یادداشت ها و مکاتبات خسارات هنگفت متحمل شده اند بطوری که هرعاقبت وخیم و هرجریان سوئی که در نتیجه ادامه این روش پیش آید مسؤلیت آنرا هیچ فرد منصف و بی غرضی متوجه دولت و ملت ایران نخواهد دانست. نظر دقیق شخص جنابعالی را به مفهوم جدی و اساسی جمله اخیر و اوضاع موجود جلب نموده و اطمینان دارم که تصدیق می فرمائید حل سریع و فوری این کار کمک بزرگ و مهمی به تأمین صلح و امنیت عمومی یکی از مناطق حساس جها ن خواهد بود.

ازآن جناب خواهشمند است احترامات فائقه دوستدارrا به حضرت رئیس جمهوری ابلاغ و تشکرات صمیمانه مرا برای مساعی که در جستجوی راه حل اختلافات موجود به کار برده و میبرند قبول فرمایند. نخست وزیر - دکتر محمد مصدق

۲۰ مهر ۱۳۳۱

دولت انگلیس بار دیگر نغمه تازه ای ساز میکند

رادیو لندن دیشب درتفسیر سیاسی خود در مورد نظرات دولت انگلیس در عکس العمل به پیام دولت ایران به وزرای خارجه امریکا و انگلیس اظهار داشت درست است که لحن یادداشت اخیر دکتر مصدق تغییر کرده ولی مفاد آن تغییر نکرده است بلکه همان بود که در پیشنهادات متقابله آمده است.

برای دولت ایران این سوء تفاهم پیش آمده که در یادداشت آقای ایدن امرملی شدن صنایع نفت درایران بطورکامل قبول شده است ولی این فکردرست نیست ملی شدن نفت ازلحاظ وقوع امر انجام شده و کسی قادربه جلوگیری ازآن نیست ولی اعتراف به این قسمت دلیل نمی شود که ملی شدن از هر جهت مورد قبول است. در مورد عدم کوشش برای احیای قرارداد سال ۱۹۳۳ اشتباهی نکرده اند ولی متذکر شده که حاضر است از این قرار داد صرفنظر کند منتهی برای این امر غراماتی وصول کند. ادعای غرامات دولت ایران و همچنین ادعا های انگلیس در مورد غرامات پیشنهاد شده بود که به عهده حکمیت واگذار شود درازاء

این امر پاره ای مزایا برای ایران تعیین شده که یکی خرید نفت تصفیه شده درآبادان و پیشنهاد کمک ۱۰ میلیون دلاری امریکا میباشد.

دکتر مصدق در پیشنهادات متقابله خود گفته بود که دولت انگلستان باید مبلغ ۴۹ میلیون لیره بپردازد تا موضوع حکمیت قبول شود و لحن این خواهش بیشتر شبیه به اولتیماتوم بود و در یادداشت اخیر خود باز هم همان ۴۹ میلیون لیره را خواسته است منتها در دو قسط. کسانی که با نظر مساعدی میخواستند مسأله نفت حل و فصل شود معتقد هستند که در پیشنهادات دکتر مصدق هیچ گونه مبنائی برای شروع مذاکرات نمیباشد.

توطئه ای با هدف انشقاق در نهضت ملی

۲۱ مهر ۱۳۳۱
استعفای دکتر بقائی از حزب زحمتکشان

بدنبال اختلافات متعدد دردرون کادر رهبری حزب زحمتکشان ملت ایران که از مرداد ماه امسال درمورد سیاست های کلی حزب درمسائل روزمره کشور بوجود آمده بود اقای دکتر بقائی بعد از یک هفته بستری شدن در بیمارستان رضا نور امروز اعلام داشت که از رهبری حزب استعفا داده است.

اقای دکتر بقائی درپاسخ سؤال خبرنگار کیهان اظهار داشت : « آشنائی من با یکی دونفر از افراد شریف حزب توده که بوسیله انشعاب از حزب جدا شده بودند باعث شد که عده ای از منشعبین حزب توده را داخل حزب زحمتکشان بپذیرم و از وجود آنها که افرادی تشکیلاتی بودند برای پیشرفت و توسعه امور حزبی در ایران استفاده نمایم. به همین دلیل اداره کلیه امور تشکیلاتی را به آنها واگذار کردم و در عمل آنها را آزاد گذاشتم و همین امر موجب شد که بعضی ازرفقای حزبی به من اعتراض نمایند و از وجود این عده درداخل حزب ناراضی باشند. البته علت راه دادن آنها به داخل حزب از طرف من این بود که آنها افرادی بودند که از حزب توده جدا شده و در اجتماع جائی برای خود نداشتند و من وظیفه داشتم که با راهنمائی و داخل کردن این عده جوان در حزب از وجودشان برای مملکت استفاده کنم. در ابتدای امر کار این افراد و رهبر آنها آقای خلیل ملکی طبق مرامنامه و منویات حزب رفتار میکردند و با عموم اعضای حزب همکاری مینمودند و انحرافی هم در طرز تفکر و نحوه عمل آنها مشاهده نمیشد ولی به مرور ایام ماهیت تفرقه انداز آنها در داخل حزب آشکار شد و فراکسیون بازی و دسته بندی آغاز گردید.

مرامنامه موقتی که برای حزب زحمتکشان تدوین شده بود یک مرامنامه سوسیالیستی است که با انطباق آن با شرایط موجود مملکت میبایست به وسیله حزب زحمتکشان در ایران اجرا شود و همه اعضای حزب هم از این مرامنامه پیروی مینمایند ولی از نظر ایدئولوژیکی این دسته بخصوص در داخل حزب ایجاد دو دستگی کردند و ظاهرا شروع به پیروی از مکتب تیتوئیسم نمودند و تحریکاتی را در بین اعضا برای تغییر دادن اصول تشکیلات حزب آغاز کردند تا اینکه از بستری بودن من در بیمارستان و عدم حضورم در حزب استفاده نموده و میخواستند آنطور که میلشان است تغییراتی در حزب بدهند.

چون پیروی ازافکار آنها موافق با هدف و آرمان من نبود و بعلاوه نمیخواستم ازاختیارات و قدرت خود در حزب استفاده نمایم و آنها را اخراج کنم زیرا ممکن بود موجب یک شوک روحی برای افرادی که افکارشان بوسیله تبلیغات سوء آنها مسموم شده است بشود لذا

خود ازرهبری حزب استعفا کردم و قضاوت صحیح جریان و روشی را که باید اتخاذ شود به عهده افراد شرافتمند حزب واگذارنمودم. البته این دودسته گی که درحزب موجود است بصورت انشعاب حزب را به دو قسمت نخواهد کرد چون عده طرفداران آقای خلیل ملکی بسیار کم و نیروی آنها در داخل حزب بی اندازه بی تاثیر است.

ملاقات سپهبد یزدان پناه با نمایندگان امریکا در لندن

بنا به اظهار اولیور فرانکس سفیر انگلیس در امریکا سپهبد یزدان پناه وزیر جنگ سابق ایران با چند نفر از سیاستمداران امریکا مذاکراتی نموده است. پس از رد پیشنهاد های اخیر امریکا و انگلیس از طرف دکتر مصدق با توجه به تمرکز نیروهای امریکائی در نواحی مرزی ایران و ترکیه و پاکستان این طور به نظر میرسد که امریکا در نظر دارد به وسیله تغییر وضعیت سیاسی ایران حفظ منافع خود در ایران را تأمین نماید. سفیر انگلیس در امریکا اظهار عقیده میکند از قرارمعلوم امریکائی ها در نظر دارند در ایران از روش سرهنگ شیشکلی در سوریه و سرتیپ نجیب در مصر استفاده نمایند.

احتمال توطئه علیه دولت

صبح امروز آقایان سرلشگر حجازی و قدرت الله رشیدیان ، سیف الله رشیدیان و حبیب الله رشیدیان توسط مأمورین فرمانداری نظامی بازداشت و به زندان شهربانی انتقل یافتند. هنگام بازرسی از منازل توقیف شدگان مقادیری اوراق و نامه کشف گردید که ارتباط آنها را با بعضی مقامات خارجی تأیید میکند. علاوه بر آن منزل آقای سرلشگر زاهدی و بعضی از نمایندگان مجلس و سنا نیز مورد سوء ظن میباشند. امروز دولت اعلامیه ای در این مورد انتشار داده است.

اعلامیه دولت

چون گزارش هائی ازعملیات سرلشگر بازنشسته عبدالحسین حجازی و برادران رشیدیان رسیده بود که به معیت آقای سرلشگرزاهدی و بعضی افراد دیگری که دارای مصونیت پارلمانی هستند به نفع یک سفارت خانه بیگانه مشغول توطئه و تحریک میباشند. نامبردگان که مصونیت پارلمانی نداشتند امروز از طرف فرمانداری نظامی بازداشت و به زندان شهربانی تحویل گردیدند. لازم است تذکر داده شود که از این پس کلیه عناصر و افرادی که بهرصورت موجب تحریک و تشنج کشور یا آلت دست سیاست های خارجی قرار گیرند طبق مقررات تعقیب و برای تعیین مجازات قانونی تسلیم دادگاه خواهند شد.

۲۲ مهر ۱۳۳۱

توطئه علیه دولت

یک مقام مسؤل دولتی امروز اظهار داشت تقریبا ازیک ماه پیش گزارشاتی به شهربانی میرسید که همه شب در خانه آقای سر لشگر زاهدی جلساتی تشکیل میشود و گزارش مزبور توسط مأمورین شهربانی برای آقای نخست وزیر ارسال میگردید. مأمورین رکن دوم ستاد ارتش نیز با مأمورین شهربانی در تعقیب این ماجرا بودند و اطلاعات جامعی بدست میآوردند. براثر این تحقیقات معلوم شد که دو نفر سرهنگ و سرگرد ستاد ارتش با کسانی که در منزل سرلشگر زاهدی اجتماع میکنند ارتباط دارند و بعضی مدارک سری و مهم ارتش را دراختیار آنان میگذارند.

متعاقب این جریانات دیروز رسما از طرف شهربانی کل کشور دستور داده شد با هم کاری فرمانداری نظامی برادران رشیدیان ، سرلشگر حجازی و دونفر افسرستاد ارتش توقیف شوند به دنبال این دستور دو شب پیش برادران حبیب الله ، سیف الله و قدرت الله رشیدیان توقیف و اوراق و نامه های موجود در منازل انها به شهربانی برده شدند. تعداد متهمین تا امروز ۱۹ نفر اعلام شدند که عبارتند از ۷ سناتور ۴ نماینده مجلس ۵ افسر ارشد ارتش ، سرلشگر حجازی فرمانده سابق دانشکده افسری ، سرتیپ آریانا فرمانده سابق لشگر گارد ساهنشاهی ، آقای سرتیپ حاجی انصاری معاون سابق لشگر گارد شاهنشاهی و یکنفر سرهنگ و یکنفر سرگرد و پدر و برادران رشیدیان.

بازگشت دکتر بقائی به حزب زحمتکشان و تشکیل حزب نیروی سوم

در شامگاه ۲۱ مهر بعد از اعلام خبر استعفای دکتر بقائی از حزب زحمتکشان عده ای از اعضای حزب به سرکردگی احمد عشقی جمعی از فعالین حزب را که با سیاست های دکتر بقائی موافق نبودند و بعد از شنیدن خبر استعفای دکتر بقائی در حیاط حزب اجتماع کرده بودند از حزب بیرون کرده و با پاره کردن اوراق و نوشته های مجله علم و زندگی و هفته نامه نیروی سوم که بعد از واقعه ۳۰ تیر بجای روزنامه جنب و جوش که صاحب امتیاز آن آقای دکتر سپهبدی از نزدیکان دکتر بقائی است و در چند روزه حکومت قوام بدیدن او رفته بود ، منتشر میشد ، دیروز عده ای ازاعضای حزب زحمت کشان آقای دکتر بقائی را ازمنزل ایشان به حزب آوردند و آقای دکتر بقائی رهبری حزب را مجددا به عهده گرفتند. طبق تصمم حزب آقای خیلل ملکی و چند نفر ازیاران ایشان از حزب اخراج شدند. آقای دکتر سپهبدی نیز از اخراج شده ها میباشند. ضمنا ازامروز صبح اولین شماره روزنامه نیروی سوم به عنوان ارگان حزب زحمتکشان ایران ملت ایران (نیروی سوم) منتشر گردید.

۲۳ مهر ماه ۱۳۳۱

درخواست برگذاری جلسه علنی مجلس

امروزبعد ازوصول پاسخ غیر رسمی دولت انگلیس آقای دکترمصدق با مشاورین خود به تبادل نظر و مشورت پرداختند و چون دولت انگلیس نظریات دولت ایران را درمورد حل و فصل مسأله نفت کاملا رد نموده است و با اتلاف وقت و نامه پرانی میخواهد دولت ایران را از پا درآورده تسلیم نظریات خود کند دولت دیگر تأخیر را جایز ندانسته و تصمیم گرفت گزارشی از جریان مذاکرات نفت به مجلس بدهد و طی آن تصمیم نهائی خود را اعلام دارد. به دنبال این تصمیم آقای نخست وزیر نامه ای به آقای رئیس مجلس شورای ملی برای تشکیل جلسه علنی مجلس مرقوم داشته است.

ریاست محترم مجلس شورای ملی ، چون ضرورت دارد گزارشی از آخرین جریانات مربوط به مبادله یادداشت هائی که بین دولتین ایران و انگلیس راجع به موضوع نفت صورت گرفته به استحضار مجلس شورای ملی برسد خواهشمند است آقایان نمایندگان محترم را برای شرکت در جلسه علنی روز پنجشنبه ۲۴ مهر ماه جاری دعوت فرمائید.

نخست وزیر - دکتر محمد مصدق

بیانیه سرلشگر زاهدی

هموطنان عزیز ، دیروز سخنگوی دولت برای اعلام دستگیری سرلشگر حجازی اظهار داشت که نامبرده به معیت سرلشگر زاهدی و بعضی افراد دیگرکه دارای مصونیت پارلمانی هستند

به نفع یک سفارت اجنبی مشغول توطئه و تحریک میباشند.

این جانب چنین نسبت و ادعائی را قویا تکذیب و صریحا اعلام میکنم که دروغ است و برای

استخضار خاطر ملت شریف ایران توضیح میدهم که اعضای جبهه ملی بعد از رویه ای که در اواخر دوره **۱۵** مجلس روی نفت و دعوی مبارزه با بیگانگان از خود نشان دادند مورد احترام اینجانب قرار گرفتند و در موقعی ار آنها حمایت کردم که نه از تاک نشان بود نه از تاک نشان. افرادی که روی اغراض شخصی و تبلیغات سیاسی بخود اجازه میدهند که با حربه فرسوده و زنگ زده تهمت و افترا ناجوانمردانه سرلشگر زاهدی را مورد حمله قرار دهند باید بدانند که این دستاویز ها و تهمت ها برعلیه کسی که بارها در پیشگاه ملت ایران امتحان وطن پرستی داده و عملا در راه تأمین استقلال ایران قدم برداشته و جان خود را به خطر انداخته است و از طرف انگلیسی ها بجرم وطن پرستی سه سال در تبعید بسر برده مؤثر نیست و در افکار عمومی محکوم به شکست میباشد. چقدر جای تأسف است که ملت ایران با آن همه امید و آرزو و قبول انواع محرومیت ها امروز از دولت مصدق بغیراز فقر و بیکاری و هرج و مرج و تجاوز به نوامیس و جان و مال خود حاصلی ندارد و باید بجای امنیت و آسایش هر روز هوچی گری و تبلیغات تو خالی تحویل گیرد.

کمال آرزوی من آنست که در پیشگاه ملت حقیقی ایران من و مصدق محاکمه شویم تا پرده از روی ریاکاری ها بردارم و مردم ستمدیده و محروم ایران را بر حقایق امور آگاه کنم تا عواقب وخیمی که مقدمات آنرا جاهلانه یا مغرضانه فراهم کرده اند آگاه سازم. ملت ایران باید آگاه باشد که دولت مصدق با همه دعوی آزادی خواهی کاری کرده که تصور آن هم به خیال کسی نمی گذشت. این دولت مصدق است که برخلاف نص صریح قانون اساسی اصل تفکیک قوا را که تنها مظهر و مفهوم حکومت ملی و آزادی است زیر پا گذاشته و مجلسین را عملا تعطیل ساخت و صریحا گفت که میدانم این اختیارات مخالف قانون اساسی است اما آن را میخواهم. حالیه سخنگوی او راه زندان را نشان آزادیخواهان میدهد و نمایندگان ملت را به سلب مصونیت تهدید میکند ، مگر نمایندگان ملت فعلا مصونیتی دارند که از آنها سلب شود؟ این مصدق است که قضیه اختلاف ایران را با یک شرکت خارجی صورت بین المللی داده و با دول بزرگ رسما مبادله یادداشت روی یک موضوع داخلی و برخلاف استقلال سیاسی کشور مینماید و با همه رجز خوانی ها به داوری دادگاه لاهه که درعدم صلاحیت آن هزاران نطق کرد و پرداخت غرامات به استناد قرارداد مخدوش و لغو شده **۱۹۳۳** و پیشنهاد مردود گس - گلشائیان تن در داد. در این صورت بیگانه چه حاجب به دسته بندی جدید دارد؟

ای ملت ایران انحلال ارتش و فقر مادی و معنوی و ترویج هرج و مرج و اختلال امنیت میهن عزیز ما را به اضمحلال و تجزیه تهدید و افتخارات چندین هزار ساله ما را معدوم میسازد. من با نوشتن این بیانیه به ملت ایران اعلام خطر میکنم و با کمال جرئت به شما اطمینان میدهم که هیچ گونه نقشه ای برای کودتا و عملی که برخلاف حفظ مصالح ایران باشد از طرف افسران با شرف ارتش اعم از بازنشسته و حاضر به خدمت طرح نشده و نخواهد شد. من صراحتا می نویسم تهمت کودتا و غیره کذب محض و این افترا کار کارگردانان ناشی دولت است که روی اغراض خود میسازند و میگویند.

نظریات دکتر بقائی و خلیل ملکی درمورد انشقاق در حزب زحمتکشان

امروز خبرنگار روزنامه اطلاعات با آقایان دکتر بقائی و خلیل ملکی درمورد انشعاب در حزب زحمتکشان مصاحبه نموده است تا از دیدگاه ها و علل انشعاب را در حزب با دو دید مختلف به اطلاع علاقمندان برساند.

دکتر بقائی ، در دو سه ماه اخیر خصوصا مدتی که من بیمار و در مریضخانه بستری بودم یک سلسله انحرافاتی در جریان امور حزبی پیش آمده بود که نمیشد آن را ناشی از اشتباه یا عدم اطلاع ازمرامنامه و هدف اصلی حزب دانست بلکه این عملیات نشان میداد که نقشه و هدف خاصی برای تضعیف نمودن حزب در پس پرده طرح ریزی میشود و برای انجام این نقشه ها آقای خلیل ملکی شروع به یک رشته دسته بندی و فراکسیون سازی نموده بودند و با این کیفیت ادامه همکاری میسر نبود. البته برای من که سمت رهبری حزب را داشتم طبق مرامنامه حزب ممکن بود از اختیارات خود استفاده و اقدام به اخراج او و دو سه نفر از همدستانش بنمایم ولی خودم نخواستم این کار را انجام بدهم زیرا ممکن بود این عمل من برای یک عده از جوانان عضو حزب که آشنا به اعمال ایشان نبودند این اقدام بر یک نوع دیکتاتوری و اعمال زور و قدرت تلقی بشود که این اخلاق هم با روح من سازگار نیست. بنابراین مصلحت را در این دیدم که خودم از حزب کناره گیری کنم تا افراد حزب برای سرپرست حزب هر طوری که خودشان صلاح میدانند تصمیم بگیرند.

البته میدانید امور اداره روزنامه شاهد که ارگان حزب ما است تقریبا به عهده آقای ملکی بوده و در این اواخر روزنامه شاهد به انتشار یک سلسله مطالب دست زده بود و همین وضع یک وسیله تبلیغاتی بدست مخالفین داده بود. گذشته از این موضوع انتشاراتی بود که از طرف آقای ملکی درمدت غیبت من درمیان افراد حزب داده میشد. اول گفتند فلانی خسته شده و دیگر قادر به کار نیست ، بعد شایع نمودند که دکتر بقائی قصد دارد با همکاری سرلشگر زاهدی اقدام به کودتا بنماید و بعد گفتند لیدر حزب زحمتکشان برای نخست وزیری خود فعالیت میکند.

همین شایعات سبب شد که یک تردید و دو دلی و شک که بزرگترین دشمن تشکیلات حزبی است در میان افراد حزب زحمتکشان بوجود آید ، خاصه اینکه این شایعات در یک ماه گذشته از محوطه داخلی حزب خارج شده و در بین افراد مؤثر و مقامات عالیه کشور هم سوء اثر بخشیده بود که برای اداره سازمان یک حزب این گونه تبلیغات اثر بسیار نامطلوبی خواهد داشت. از حق نباید گذشت که آقای ملکی مرد با سواد و قابل استفاده است و من هم روز اول میدانستم که او یک کمونیست منهای مسکواست ولی تصور میکردم که با سختی هائی که کشیده و تجربیاتی که بدست آورده در افکار و عقاید خود تغییر داده است و از چپ روی شدید و عقاید افراطی خود دست برداشته است زیرا او با مطالعه کامل مرامنامه حزب ما که یک حزب سوسیالیست منطبق با تمدن و فکر ایرانی است تقاضای عضویت حزب را کرد و من امیدوار بودم که در نتیجه گذشت روزگار افکار تندش را تعدیل نموده است ولی متأسفانه او نتوانست خود را تصفیه کند.

من روز پنجشنبه گذشته (۱۹ مهر) استعفای خود را داده بودم ولی افراد حزب تا ظهر دیروز مانع انتشار آن شدند اما دیروز آنها را قانع کردم که دیگر همکاری من با حزب زحمتکشان به این کیفیت مقدور نیست. درحال حاضر بیش از چهار یا پنج نفر در حزب نیستند که با

آقای ملکی و اعمال و رفتار او موافقت داشته باشند. من از هدف و عقیده سیاسی خود دست بر نداشته ام و همان رویه سابق خود را در مجلس و خارج از مجلس تعقیب خواهم کرد. دیشب شنیده ام عده ای از افراد حزب در کمیته مرکزی اجتماع نموده و قطعنامه ای مبنی بر پشتیبانی از من صادر کرده اند. اگر عموم افراد حزب مایل به همکاری با من باشند مسلم است بار دیگر حاضرم سرپرستی حزب را عهده دار شوم چون به مرامنامه حزب زحمتکشان معتقد و وفادار هستم.

آقای خلیل ملکی ، مفهومی که آقای دکتر بقائی از حزب دارند این است که حزب آلت و ابزار مطیع و منقادی برای پیشرفت منظورهای سیاسی ایشان باشد. این سعی و کوشش ایشان همواره با مقاومت حزب متشکل زحمتکشان ملت ایران مواجه میشد و آقای دکتر بقائی کاملا حس کرده بودند که از داخل حزب نمیتوانند حزب را منفجر کرده و تحت انقیاد خود درآورند. اظهاراتی که آقای زهری از قول ایشان نمود و استعفای رسمی آقای دکتر بقائی مقدمه ای بود که نتیجه آن درحدود ساعت ۷ بعد از ظهر روز یکشنبه ۲۳ مهر مسلم و معلوم شد که کلوب حزب و روزنامه های حزبی و دفتر مجله علم و زندگی اشغال و اعضای حزبی نیز مورد تهدید و ارعاب قرار گرفته و پراکنده شدند.

حزب زحمتکشان از دیشب به منزل من منتقل شده است و کمیته ایالتی سازمان جوانان بدون استثناء حاضر و مشغول فعالیت هستند و در اطاق دیگری شورای فعالین حزبی تشکیل جلسه داده اند. هیأت تحریریه نیروی سوم که ارگان سازمان جوانان است هم بدور خود جمع شدند و شاید به عنوان ارگان حزب زحمتکشان ملت ایران روزنامه خود را منتشر نمایند.

یکی از موارد اختلاف با آقای دکتر بقائی مسأله انتخابات در حزب بود که ایشان به هیچ وجه به این مسأله تن در نمیدادند و حتی پیشنهاد فعالین حزب در چند روز اخیر که پیشنهاد کردند خلیل ملکی از حزب کناره گیری میکند مشروط بر اینکه انتخابات در حزب به عمل آید وقعی نگذاشت. آقای دکتر بقائی این پیشنهاد را غیر عملی دانسته و کار کردن با دار و دسته ملکی را غیر ممکن میدانستند. در تفسیری که آقای زهری از وضع دار و دسته ملکی کرده است هیأت های تحریریه شاهد و نیروی سوم و شورای فعالین حزبی و جلسه گویندگان و کمیته ایالتی سازمان و حوزه های دانشجویان و دانش آموزان را تماماً دار و دسته ملکی دانسته و حفظ آنها را به شکل فعلی غیر ممکن اعلام کرده اند.

به نظر این جانب این اقدام آقای دکتر بقائی در این موقع عملا بزرگترین خدمت به حزب توده و در عین حال انگلیس ها میباشد زیرا تمام سعی و کوشش این احزاب مخصوصا حزب توده در این مدت متوجه این بود که در حزب زحمتکشان اختلافی بوجود بیاورند و تشکیلات حزب زحمتکشان را که بزرگترین خطر برای بیگانه پرستان و مفید ترین راه برای پیشرفت کار دهقانان و کارگران ایران است از بین ببرند. در این موقع که مسأله نفت در شرف حل شدن است ما به سهم خود تمام سعی خود را بکار بردیم که از این اختلاف و نفاق جلوگیری کنیم ولی آقای دکتر بقائی تصمیم خود را گرفته بودند. علت اینکه این مرض مزمن در این موقع به شکل حاد ظاهر شده این است که در دو هفته پیش آقای دکتر بقائی مرا به مریضخانه طلبیدند و از من خواستند که یک اولتیماتومی برای آقای دکتر مصدق از قول آقای دکتر بقائی تهیه کنم و در این خصوص با من مشورت کردند. من گفتم با اولتیماتوم موافق نیستم ، ایشان گفتند روی کاغذ نمینویسیم اولتیماتوم است ، گفتم

به نظر من در شرایط حاضر علیرغم نقاط ضعف زیادی که دولت از لحاظ اصلاحات داخلی دارد هر نوع مخالفت با دولت به ضرر کشور و حزب و شخص شما است.

در آن روزها این جانب مطلع شدم که توطئه هائی بر علیه دولت ملی دکتر مصدق در کار است و برای حل شدن مسأله نفت منفی بافی هائی میشود که بلکه دولت را با عدم موفقیت و سقوط مواجه سازند. این جانب با مشورت هیأت تحریریه شاهد و نیروی سوم پشتیبانی بی دریغ خود را از دولت آقای دکتر مصدق اعلام کرده و تا حدودی پرده از روی بند و بست هائی که علیه مصدق میشد برداشتم.

نقشه ما برای آینده حزب ، همان است که بود و روحیه من با سابق هیچ فرقی نکرده. متأسفانه با تمام مساعی که بکار بردیم نتوانستیم از وقوع این عمل آقای دکتر بقائی جلوگیری کنیم زیرا آن را ضربه ای به نهضت ملی میدانیم. معذالک ما سعی و کوشش خود را بکار خواهیم برد که این ضرر را به نحو دیگری جبران کنیم یعنی برای آینده این کار به نفع ما تمام خواهد شد زیرا آقای دکتر بقائی بزرگترین سد و مانع تشکیلاتی بودند و انرژی ما در اصطکاک داخلی دائما از بین میرفت. احتیاجی که حزب به ایشان داشت از لحاظ شخصیت سیاسی ایشان بود که هنوز هم به اینگونه شخصیت های سیاسی حزب احتیاج مبرم دارد. و ما برای پیدا کردن این پشتیبانی سیاسی خواهیم توانست حزب را کماً و کیفاً خیلی بهتر از سابق بسازیم.

آقای دکتر بقائی و یکی دو نفر از دوستانش به هیچ قیمت حاضر نمیشدند شخصیت های سیاسی دیگر در حزب زحمتکشان شرکت کنند ، حالا حزب زحمتکشان با آغوش باز از تمام عناصر ملی استقبال میکند. درمورد سرنوشت روزنامه شاهد باید بگویيم ، چون صاحب امتیاز روزنامه شاهد آقای زهری میباشند که از دوستان آقای دکتر بقائی هستند و همچنین باشگاه حزب در اجاره آقای دکتر بقائی است فعلا از طرف ایشان اشغال شده و چون ما هرگونه مبارزه در داخل نهضت ملی را به ضرر کشور میدانیم ، سعی و کوشش برای اشغال مجدد آن محل نکرده ایم. فعلا شورای فعالین حزب و کمیته سازمان جوانان و هیأت های تحریریه روزنامه های حزبی در منزل اینجانب مشغول فعالیت هستند که میتوان با آنها تماس گرفت و چند نفرمأمور پیدا کردن محلی شده اند و تصمیم گرفته شده که هزار نفر هرکدام ۵۰ تومان تهیه کنند که از لحاظ مالی در مضیقه نباشیم.

۲۴ مهر ۱۳۳۱

گزارش نخست وزیر درمورد مسأله نفت

علیرغم درخواست آقای نخست وزیر برای تشکیل جلسه علنی مجلس چون عده کافی برای تشکیل جلسه در مجلس حاضر نبودند آقای نخست وزیر گزارش خود را مستقیما به اطلاع مردم رسانیدند در این لحظات و دقایقی که افتخارات و آبروی مملکت در میان است تأییدات و پشتیبانی کامل عموم مردم وطنخواه را مسألت مینمایم و متن گزارش امروز را بسمع هموطنان عزیز میرسانم.

آقایان نمایندگان محترم مستحضر میباشند که جنبش ملی ایران از روز اول با کارشکنی ها و تحریکات عوامل شرکت سابق و دولت انگلیس در داخل و خارج کشور روبرو گردید. این تلاش ها و تشبثات که زحمات فوق العاده برای ما فراهم نمود ضمنا به آبروی خود آن ها نیز لطمه زد زیرا هر یک از این تشبثات پرده تازه ای از روی رفتار ظالمانه

زورمندان برداشت و چهره سیاست استعماری آنان را بیشتر نمایان ساخت. با مختصرتأملی آقایان به خاطر خواهند آورد که از روز ۲۹ اسفند ۱۳۲۹ تا امروز که قریب ۱۹ ماه از اولین تصمیم مجلسین ایران میگذرد چه مشکلاتی در راه موفقیت ما به وجود آورده و تا چه حد دامنه تحریک وآشوب و اغتشاش را فقط به خاطرمنفعت طلبی واستفاده جوئی توسعه داده اند. پس از آنکه صنعت نفت به تصویب مجلسین ملی شد و ملت ایران باین آرزوی خود رسید.

دولت انگلیس برای جلوگیری از اجرای آن نخست دست به حربه ارعاب و اخافه زد و برخلاف شرایط دوستی که پیوسته از آن دم میزد ملت صلح دوست ما را برای آنکه از یکی ازحقوق اولیه خود استفاده کرده بود بکشتی های موریشس و فلامنکو و قوای زمینی و دریائی و هوائی متمرکز در دور و نزدیک مرزهای ایران تهدید نمود. ملت ایران که در راه رسیدن به آمال ملی خویش برای تحمل هرگونه سختی و مشقت خود را آماده کرده و در این راه تا پای جان ایستاده بود از این تحریکات باکی نداشت خاصه آن که میدانست با وجود بیداری ملت هائی که قرن ها طعم تلخ حرمان از آزادی و عدالت را چشیده اند و با وجود منشور ملل متفق و سایر مقررات و عهود بین المللی از این پس دیگر امکان تجاوز و تعدی دولت های زورمند به خاک ملت های ضعیف وجود ندارد مگر آنکه بخواهند به دستاویز و عنوانی آتش جنگ بین المللی سوم را روشن کنند و این کار هم چنان جنایت عظیمی است که هیچ یک از ملل جهان گمان نمیرود حاضر به قبول مسؤلیت آن باشند.

چون حربه ارعاب حریف براثرثبات و مقاومت ملت ایران ازکارافتاد دولت انگلیس تدبیر دیگری اندیشید و هنگامی که از قدرت نمائی طرفی نبست قیافه مظلومانه بخود گرفت و آنچه توانست کوشید تا ملت ایران را در انظارجهانیان مردمی غاصب و متجاوز به حقوق دیگران معرفی کند. دولت انگلیس در این راه از کلیه وسایلی که در اختیار داشت استفاده کرد از جمله ازسرمایه باد آورده ای که محصول دسترنج کارگران پا برهنه و گرسنه و مظلوم ایران بود سهمی برای مطبوعات و تبلیغات درپاره ای از کشورها اختصاص داد.

شرکت سابق نیز با قدرت و اعتبار مالی کافی که از بقایای ثروت ملت ایران اندوخته بود سعی کرد از هرگونه اقدام و عملی که نهضت ملی ایران را در داخله درهم بشکند و از انعکاس آن در خارج جلوگیری کند فروگذار ننماید. دولت انگلیس که به هیچ عنوان حق دخالت در این امر را نداشت با تمام قوا از نقشه ها و نیرنگ های شرکت سابق پشتیبانی میکرد تا آنجا که کار اختلاف بین دولت ایران و یک شرکت طمع کار خارجی را به صورت اختلاف بین دو دولت به شورای امنیت کشانید. بیداری ملت ایران در طول این مبارزه حیرت بخش تاریخی که هرگونه تشبثات خارجی برای ایجاد شکاف در داخله مملکت را خنثی میکرد بدولتی که نماینده مردم بود نیرو و قدرت داد که با تمام ناتوانی مادی بتواند مظالم شرکت سابق و آثار شوم آنرا که در تمام شئون اجتماعی ما ریشه و نفوذ داشت به سمع جهانیان برساند.

نتیجه مذاکرات شورای امنیت این شد که تا صدوررأی نهائی دیوان بین المللی دادگستری درباره صلاحیت خود مذاکرات در آن شورا متوقف و موضوع مسکوت بماند و دولت انگلیس نه تنها از اقدام خود طرفی نبست بلکه بدین وسیله مظالم شرکت سابق و دخالت های ناروای دولت انگلیس بر جهانیان روشن شد و حقانیت ایران هم در آن شوری مسلم گردید چنانجه از میان اعضاء شورای امنیت که از مردمی بصیر و مطلع و محیط بر اصول حقوق

بین المللی تشکیل شده بود حتی یک نفر هم نبود که اذعان نکند اقدام مردم ایران به ملی کردن صنعت نفت خود عملی است که هر ملت آزاد و مستقل در حدود حاکمیت خویش میتواند انجام دهد. نباید فراموش کرد که درحین اجرای قانون خلع ید انگلستان توانسته بود به اشتباه کاری قراری به عنوان قرارموقت ازدیوان بدست آورد. دولت انگلیس از این راه افکار عمومی جهان را مشوب میکرد که ایران به مقررات و عهود بین المللی بی اعتنا است ولی ما که به وضوح و بداهت حقانیت خود مطمئن و بانصاف و بصیرت قضات دیوان دادگستری بین المللی دادگستری آگاه بودیم برای جلوگیری از این تبلیغات به عنوان اعتراض به صلاحیت در دیوان شرکت کردیم و نتیجه این شد که دیوان عدم صلاحیت خود را اعلام کرد و دولت انگلیس دراین راه نیز شکست خورد و برای شرکت سابق دیگر چاره ای نماند جز اینکه برای اقامه هرگونه دعوائی به محاکم ایران مراجعه کند.

اکنون از حربه دیگری که استفاده می کند همان فشار اقتصادی و مالی است که با قوتی هر چه تمام تر آنرا بکاربرده و میبرند و با کمال وضوح بدون اعتنا به حقوق بین المللی و منشور ملل متفق خود دولت انگلیس هم ضمن پیام رسمی ۸ شهریور ماه ۱۳۳۱ باین تجاوزعلنی اعتراف و اذعان نموده است. منظور از فشار اقتصادی و تضییقات مالی از قبیل توقیف وجوه و اموال دولت ایران که با هیچ قانونی وفق نمیدهد این است که دولت انگلیس بدین وسیله مردم این مملکت را مستأصل و پریشان کند و زمینه را برای قبول تحریکات ایادی خود در ایران فراهم نماید شاید بتواند به موقع مقتضی به وسایلی که دنیا و ملت ایران بدان آشنا است دوباره اوضاع را به حال سابق درآورد و حال آنکه درمقابل ملت هوشیار و بیدار دل ایران این آرزو ها جز خواب و خیال و این تشبثات جز حرکات مذبوحانه چیزی نیست و اعاده اوضاع سابق از محالات است زیرا ملت قهرمان ما میدانند که حیات بدون استقلال و آزادی معنی و مفهومی ندارد.

این نخستین بار نیست که ملت ایران گرفتار این قبیل سختی ها و مشقات شده است. ملت کهن سال ما در طول تاریخ پر افتخار خود از این حوادث بسیار دیده و از این رنج ها فراوان کشیده است. خدای توانا برای صبر و استقامت در برابر مصائب و مشکلات نیروئی شکست ناپذیر به ما اعطا فرموده است و ما این طوفان زندگی را که می دانیم مقدمه فرجی عظیم خواهد بود به عادت ملی دیرینه خود با آرامش خاطر پذیرفته ایم و از توکل به خداوند متعال راه دراز و دشواری را که در پیش گرفته ایم برای وصول به هدف عالی که داریم ادامه میدهیم و تردید نداریم اکنون که قسمت مهمی از این راه طی شده افق روشن بزودی پدیدار خواهد شد.

ملت ایران تربیت یافته تعالیم مقدس اسلامی است و صبر در مقابل شداید را از فرایض دینی خود میداند علی الخصوص آنجا که پای حفظ ناموس ملت و دفاع از شرافت مملکت در میان باشد. اگر دولت انگلیس به مقررات بین المللی و اصول منشور ملل متفق معتقد میبود پس از رأی دیوان لاهه پیشنهاد دولت ایران را استقبال میکرد و آن را با نهایت خوشوقتی می پذیرفت و این آتشی را که مدت ها است بدست یک شرکت منفعت پرست افروخته شده خاموش میکرد خاصه آنکه دولت ایران در پیشنهاد خود حاضر شده است غرامت مایملک شرکت را در ایران برطبق قانون خود انگلیس و یا هر قانون دیگری که در هر یک از کشورهای جهان برای حل این موضوع وضع شده و شرکت آنرا به سود خود میداند قبول کند و قضاوت این امر را به عهده دیوانی که قضات آن از ممالک دیگر هستند و در بی

طرفی آنان تردید نیست محول نماید ولی دولت انگلیس به این حسن نیت توجه نکرده و برای درهم شکستن نهضت ملی تمام هم خود را مصروف بر این کرده که به طفره و تعلل دفع الوقت کند تا وضعی برای ملت ما پیش آید که آخرین رمق اقتصادی خود را هم از دست داده تسلیم مطامع آن دولت شود. اکنون دولت ایران بدون اینکه از استفاده از منابع نفت خود صرفنظر کرده باشد میخواهد اصلاحات اقتصادی و مالی خود را قطع نظرازعایدات نفت شروع کند و توازن بودجه مملکت را بر اساس عواید جاری و قطعی خود تأمین نماید و اطمینان دارد که ملت و نمایندگان مجلسین برای اجرای این برنامه نهایت تقویت و پشتیبانی را نسبت به دولت مبذول خواهند داشت.

پس از بیان این مقدمات اینک به عرض اقداماتی که بعد از آخرین گزارش خود به مجلس در تاریخ ۲۵ شهریور ماه انجام شده است میپردازد. اینجانب در ضمن گزارش اخیر مورخ ۲۵ شهریور ماه ۱۳۳۱ صریحا به عرض رسانیدم که روابط سیاسی بین دولت ها فقط وسیله ای است برای حفظ دوستی و همکاری متقابل و چنانچه این نتیجه حاصل نشود و این روابط سیاسی فقط وسیله حفظ منافع و مطامع یک طرف قرار گیرد مصلحت ایجاب میکند که با قطع روابط به تحریکات و تشنجات روز افزون خاتمه داده شود. در همان موقع که گزارش اخیر به عرض مجلسین رسید به استحضار نمایندگان محترم رسانیدم که اگر دولت انگلیس روش فعلی خود را ادامه دهد معلوم خواهد شد که مناسبات آن دولت با ما دوستانه نیست و در این صورت ملت ایران جز قطع رابطه سیاسی با دولت انگلستان چاره ای ندارد.

پیشنهاد متقابل دولت که با کمال حسن نیت تنظیم شده بود راه را برای حل اختلاف باز میگذاشت و گذشت ایران در این پیشنهاد به آنجارسیده بود که قضاوت دیوان لاهه را که خود نیز اظهار عدم صلاحیت نموده است با شرایطی بپذیرد ولی این آخرین پیشنهاد ایران نیز چنانچه ملاحظه خواهند فرمود از طرف اولیای دولت انگلستان مانند همیشه مورد توجه قرار نگرفت و به نتیجه نرسیده است. دولت ایران برای نشان دادن حداکثر حسن نیت و گذشت درجواب پیام مشترک حضرت ترومن و جناب آقای چرچیل پاسخی به شرح ذیل فرستاد با این حال دولت انگلستان بدون توجه به مفاد این پیشنهاد که از روی نهایت حسن نیت تنظیم شده و راه عملی موضوع را روشن میساخت در تاریخ ۱۳ مهر ماه ۱۳۳۱ به ارسال این نامه مبادرت نمود (متن پیام ها و پاسخ ها قبلا درج شده است).

چون روزنه امیدی درپیام جناب آقای ایدن وزیر امور خارجه دیده میشد ولی مصرح و روشن نبود برای این که باردیگر دولت ایران حسن نیت خود را اظهار و ازقطع روابط سیاسی احتراز کند ازنمایندگان شرکت سابق دعوت نمود که به تهران بیایند شاید بین دولت و آنان توافق حاصل شود. پس از انقضاء یک هفته از ارسال نامه های فوق ساعت شش و نیم بعد از ظهر روز سه شنبه ۲۲ مهر ماه کاردار سفارت انگلیس در تهران یادداشت وزیر امور خارجه انگلیس را به اینجانب تسلیم نمود. گزارش اول بعد از ۲۵ شهریور به عرض رسید و آقایان نمایندگان محترم کاملا از آن مستخضر شدند ولی قبل از اطلاع نظر دولت لازم است توضیحاتی چند راجع به آخرین جواب دولت انگلیس داده شود.

۱) در پیام های دولت انگلیس مکرر از سوء تفاهماتی که بدون جهت برای دولت ایران حاصل شده بحث نموده و به دنیا مخصوصا به ملت ایران خواسته اند ثابت کنند که احتیاطات دولت ایران مبنی برسوء تفاهم است و اساس ندارد. یادداشت اخیردولت انگلیس

بخوبی روشن میکند که نگرانی های دولت ایران مبنی بر سوء تفاهم نیست بلکه ناشی از دقت و توجه کامل به منویات آنها است زیرا در این یادداشت صریحا ذکر شده است که «دولت علیاحضرت ملکه انگلستان در موقع اقامه دعاوی شرکت از دیوان تقاضا خواهد نمود که رسیدگی به این موضوع نماید که چه مبلغ غرامت نه تنها از بابت از دست رفتن تأسیسات شرکت درایران بلکه بابت عدم لغویکطرفه امتیاز نامه سال ۱۹۳۳ که برخلاف تعهد صریحی است که درامتیازنامه مبنی برنهی ازاین طریق به عمل آمده باید تأدیه شود».

در هیچ یک از ممالک دنیا که صنایع خود را ملی کرده اند برای از میان رفتن قرارداد های خصوصی نافذ و صحیح هم غرامتی نپرداخته اند ولی دولت انگلیس می خواهد از ملت ستم دیده ایران به عنوان لغو قرار داد غرامت بگیرد. یعنی مدعی است که دولت ایران نه فقط قیمت دارائی شرکت سابق در ایران را باید بحساب بیاورد بلکه به عنوان غیرمعقول عدم النفع عدم النفع از ایران مطالبه غرامت مینماید و حال آنکه قرارداد ۱۹۳۳ نه تنها باطل است و به هیچ عنوان قدرت قانونی ندارد بلکه اگر هم صحیح می بود اکنون با ملی شدن صنعت نفت کان لم یکن شده و هیچ گونه اثر قانونی ندارد. بی مورد نیست در اینجا یاد آوری شود قرار داد ۱۹۳۳ زاده کودتای ۱۲۹۹ میباشد و دولت انگلستان با تقویت دیکتاتوری در ایران اهم منظورهای خود را که صورت سازی برای تجدید و تمدید قرار داد دارسی بود تحت عنوان امتیاز ۱۹۳۳ بر این کشور تحمیل نمود و همین قرارداد باطل را که هرگزملت ایران آن را نپذیرفته است اکنون وسیله مطالبه غرامت قرار میدهد و نمی خواهد به این نکته مهم توجه کند که امروزدیگر وضع جهان اجازه نمیدهد که دولتهای استعماری ازاین گونه امتیازات که به اجبار و اکراه تحصیل کرده اند استفاده کنند.

۲) دولت انگلیس چنین وانمود می کند که دولت ایران حاضر نیست قضاوت امر را بطور کلی به محاکم دادگستری واگذار نماید. این ادعا نیز برخلاف حقیقت است زیرا چنانکه سابقا به عرض رسانیدم پس از صدور قرار عدم صلاحیت دیوان بین المللی دادگستری در سراسر جهان مرجع قضائی دیگری که صالح برای رسیدگی به اختلافات ایران و شرکت سابق باشد جز محاکم ایران وجود ندارد. اگر شرکت نفت بر طبق اصول کلی آئین دادرسی بخواهد به محکمه صالحه یعنی محاکم ایران رجوع کند البته میتواند هر نوع ادعائی را تحت عنوان غرامت درعرضحال خود بگنجاند زیرا هرمدعی وقتی به محکمه ای که بالاصاله واجد شرایط رسیدگی است رجوع کند حق دارد موضوع دعوای خود را هر قدر می خواهد توسعه دهد ولی همین مدعی اگر خواست به محکمه دیگری یعنی به محکمه ای که به خودی خود واجد صلاحیت نیست مراجعه کند موافقت مدعی علیه هم لازم میآید و اولین شرط توافق این است که طرفین در ماهیت و حدود اختلافات فیمابین با هم کنار بیایند یعنی معلوم کنند چه مطالبی را می خواهند به محکمه مورد توافق ارجاع کنند به عبارت واضح تر شرکت سابق و دولت ایران باید معلوم نمایند که چه موضوعاتی را میخواهند در دعوای خود مورد رسیدگی قرار دهند و دولت ایران در پیامهای خود این موضوع را معلوم و تصریح نموده است.

اکنون با این توضیحات آقایان نمایندگان محترم تصدیق میفرمایند که دولت اینجانب تا آنجا که ممکن بوده سعی و مجاهدت خود را برای حل اختلاف بکار برده ولی با کمال تأسف دولت انگلیس تاکنون مانع حصول توافق شده و ملت ایران را برخلاف موازین بین المللی همچنان در فشار اقتصادی قرار داده است و اکنون نیز با ادامه مکاتبات بی حاصل میخواهد از

مرورزمان به نفع خود استفاده کند و ما را از تعقیب رویه اقتصادی دیگر که باعث نجاح و فلاح مردم ایران باشد باز دارد.

هر چند در باره روش دولت نسبت به حل موضوع نفت در گزارش سابق به عرض مجلسین رسید و در آن تصریح شده است هرگاه نتیجه آخرین پیشنهاد و گذشت های دولت اینجانب اثر مطلوب و مترتب را نداشته باشد ناچار باید رویه دولت انگلستان را مخالف با شرایط دوستی که همیشه از طرف دولت ایران رعایت میشده بدانیم و روابط سیاسی موجود را بی اثر بشناسیم و آقایان نمایندگان محترم نیز با آن موافقت فرموده اند. معذالک اکنون که متأسفانه دولت مجبور به اتخاذ تصمیم مبنی بر قطع روابط سیاسی شده است لازم میداند مجددا مراتب را به استحضار آقایان نمایندگان برساند.

در پایان باید اضافه کنم که قطع روابط دولت با دولت انگلیس مستلزم قطع علایق دوستی بین دو ملت نمی باشد زیرا ملت ایران همیشه به ملت انگلیس به دیده احترام نگریسته و امیدوار است که زمامداران آن دولت نیز اندکی بیشتر به حقایق اوضاع فعلی جهان و بیداری ملل توجه کنند و از روشی که تا امروزمعمول داشته اند منصرف شوند و سیاست خود را با وضع دنیای امروزمنطبق سازند تا ملتین انگلیس و ایران بتوانند به وسیله تجدید مناسبات سیاسی از روابط دوستی و وداد برخوردار شوند.

اکنون برعموم افراد ملت ایران فرض و لازم است که بیش از پیش مراقب اوضاع باشند و با بیداری و استقامت راهی را که در پیش گرفته اند ادامه دهند و تردید ندارم که چون این مجاهدت درراه حق انجام میشود خداوند متعال مدد خواهد فرمود که به نتیجه مطلوبه برسد.

نخست وزیر - دکتر محمد مصدق

متن یادداشت انگلیس به یادداشت ایران

لندن - آسوشیتد پرس - دولت انگلیس پیشنهاد های دکتر مصدق نخست وزیر ایران را درباره حل مسأله نفت رد کرد و اعلام نمود که فقط با پیشنهاد مشترک ترومن- چرچیل برای حل مسئله نفت موافقت خواهد کرد. بر این اساس امروز متن یادداشت دولت انگلیس به یادداشت ایران توسط کاردار سفارت انگلیس به وزارت امور خارجه ایران تسلیم گردید.

جناب آقای نخست وزیر ، دولت علیاحضرت ملکه انگلستان متأسف است از اینکه با وجود پیام های اخیری که آقای آچسن ازطرف رئیس جمهور ایالات متحده امریکا و آقای ایدن ازطرف دولت علیاحضرت ملکه انگلیس ارسال داشته اند و بعضی سوء تفاهمات را که ظاهرا در ذهن دولت ایران نسبت به مفهوم پیشنهادات مشترک مورخه ۲۶ اوت ۱۹۵۲ (۴ شهریور ۱۳۳۱) وجود داشته مرتفع نموده اند هنوز دولت ایران مایل نیستند پیشنهادات مزبور را به منزله پایه منصفانه ای برای حل قضیه نفت دانسته و پیشنهادهای متقابل مندرج در یادداشت ایران مورخه ۲۴ سپتامبر (۲ مهر ۱۳۳۱) رجعت نموده اند.

علت عدم اشاره به پیشنهاد متقابل دولت ایران در پیام ارسالی آقای ایدن این بود که پیام مزبور فقط به این منظور تهیه شده بود که دولت ایران بطور صحیح از مفهوم پیشنهادات مشترک آگاه گردند و امید می رفت که پیشنهادات مزبور را با در نظرگرفتن روح و مقصود واقعی آن مورد مطالعه مجدد قراردهند لیکن چون دولت ایران حال اصراردارند که

پیشنهاد متقابل خود را به منزله یگانه پایه حل قضیه قرار دهند دولت علیاحضرت ملکه انگلیس خود را مجبور می بیند که علت غیر معقول و غیر قابل قبول پیشنهادات متقابل را تا حدی به تفصیل بیان نماید به علاوه عباراتی که دولت ایران در تعریف پیشنهادات مشترک بکار برده اند نشان میدهد که مفاد پیشنهاد متقابل هنوز مفهوم نگردیده لازم است دولت علیاحضرت ملکه انگلیس بار دیگر نظریات و منویات خود را در این خصوص بیان نماید.

دولت ایران درپیشنهاد متقابل خود اشعارمیدارد که موضوع دعاوی شرکت نفت انگلیس و ایران و دعاوی متقابل دولت ایران به دیوان بین المللی دادگستری ارجاع گردد مشروط بر این که نسبت به چهارشرط قبلا توافق حاصل شود. اکنون از شرکت دعوت می نماید که در ظرف مدت هفت روز برای بحث و مذاکره در اطراف شرایط مزبور نمایندگانی به تهران بفرستند و در عین حال هم تقاضا دارد که حتی قبل از حرکت نمایندگان یک قسمت از یکی از شرایط نامبرده انجام شود. به موجب شرط اول و دوم دولت ایران قصد دارد که موضوع دعاوی شرکت نفت ایران و انگلیس را محدود به ارزش اموال شرکت در ایران نموده و صراحتا امکان هر گونه دعاوی را ازطرف شرکت نفت ایران و انگلیس نسبت به مدت بعد از تاریخ ملی شدن از میان ببرند. ضمن پیشنهادات مشترک دولت علیاحضرت ملکه انگلستان ملی شدن صنایع نفت ایران را به منزله یک امر واقع شده پذیرفته است ولی درعوض از طرف شرکت نفت انگلیس و ایران ادعای پرداخت غرامت عادلانه دارد و موضوع غرامت عادلانه بایستی کلا به قضاوت بی طرفانه عالیترین دادگاه قضائی عالم واگذار شود و از دادگاه بین المللی تقاضا گردد که به کلیه دعاوی و دعاوی متقابل طرفین بدون هیچ گونه محدودیت رسیدگی نموده و به وضع حقوقی که بلافاصله قبل از ملی شدن موجود بوده توجه داشته باشد.

دولت علیاحضرت ملکه انگلستان در موقع اقامه دعاوی شرکت از دادگاه تقاضا خواهد نمود که رسیدگی به این موضوع نماید که چه مبلغ غرامت نه تنها بابت از دست رفتن تأسیسات شرکت در ایران بلکه نیز بابت لغو یک طرفه قرارداد امتیاز سال ۱۹۳۳ که برخلاف تعهد صریحی است که در قرارداد مبنی بر نهی از این طریق به عمل آمده باید تأدیه شود. بطوری که در پیام ۴ اکتبر (۱۲ مهر) آقای ایدن تصریح گردیده دولت علیاحضرت ملکه انگلیس قصد ندارد قرارداد امتیازی مزبور را از جهات دیگر احیا نماید. بدیهی است تعیین اینکه آیا ادعای غرامت براساس مذکور در فوق مورد دارد و تا چه حد مورد دارد بسته به نظر دادگاه بوده و دولت علیاحضرت ملکه انگلستان در هیچ مورد حاضر نیست قبل از اینکه جریاناتی دردادگاه آغاز گردد ازطرح ادعای مزبورخودداری نموده و طرح آنرا به طوری که دولت ایران تقاضا کردند شرط ارجاع به دادگاه قرار دهد.

راجع به شرط سوم دولت علیاحضرت ملکه انگلستان نمیتواند این مسأله را بپذیرد که ایران از بابت عدم موفقیت خود در فروش نفت به خارجه ادعائی از انگلیس داشته باشد. شرکت نفت انگلیس و ایران تاکنون نسبت به نفتی که متعلق به خود میداند فقط ازحق قانونی خویش استفاده نموده و در این رویه از پشتیبانی کامل دولت علیاحضرت ملکه انگلستان برخوردارو قصد خود را مبنی بر اینکه ار حق مزبور درسراسر جهان دفاع خواهد نمود اعلام کرده است. شرط چهارم اشاره به پرداخت قبلی و علی الحساب ۴۹ میلیون لیره می نماید که سهوا اشعار داشته اند در بیلان سال ۱۹۵۰ شرکت نفت انگلیس و ایران به عنوان طلب ایران قید گردیده

است. دولت ایران اکنون اصراردارند مبلغ ۲۰ میلیون لیره باید در ظرف مدت هفت روز پرداخت شود. مقصود از قرارداد الحاقی نفت بطوری که همه بخوبی می دانند این بود که قرار داد امتیازی سال ۱۹۳۳ طوری اصلاح شود که دولت ایران ذیحق به دریافت مبلغ معتنابه اضافی ازشرکت نفت گردد زیرا در پرداخت حق الامتیاز نسبت به هر یک تن نفت و در پرداخت های سالیانه از بابت مالیات ایران افزایشی حاصل می شد علاوه بر این اجرای قرار داد الحاقی با رعایت این که تاریخ پرداخت را خیلی جلو میآورد و با اصلاح طرز احتساب مبلغ پرداختی از بابت وجوهی که به ذخیره عمومی گذاشته میشد عواید بیشتر و قطعی تر و فوری تر را از محل وجوه مزبور برای دولت ایران تأمین می نمود و عواید مالی اضافی دولت ایران تا آخر سال۱۹۵۱ نه به موجب مواد قرارداد سال ۱۹۳۳ بلکه فقط به موجب مواد قرار داد الحاقی تقریبا بالغ بر ۴۹ میلیون لیره میگردید.

یکی از شرایط قرارداد الحاقی این بود که قرارداد ۱۹۳۳ که به این ترتیب مورد تجدید نظرقرارمیگرفت به قوت و اثر خود باقی بماند. دولت ایران قرارداد الحاقی را رد نموده و من غیرحق به قرارداد ۱۹۳۳ خاتمه داده بنابراین واضح است که این وجوه به هیچوجه به دولت ایران تعلق نمیگیرد. با این ترتیب از دولت علیاحضرت ملکه انگلستان تقاضا شده است که قبل از یک تاریخ معین در آتیه خیلی نزدیکی موافقت نماید که شرکت نفت انگلیس و ایران یک بدهی مرقوم ۴۹ میلیون لیره را که تقریبا نصف آن قابل تبدیل به دلار باشد درعوض صرفنظر کردن شرکت ازحق ادعای غرامت عادلانه بپردازد دولت علیاحضرت ملکه انگلستان حاضر به قبول این تقاضا نمیباشد.

بطوری که فوقا اشاره گردید دولت ایران ضمن جمله اول یادداشت خود پیشنهادات مشترک را به نحوی تحریف نموده اند که میرساند هنوز سوء تفاهماتی موجود است بنابر این دولت انگلستان مایل است موضوع را کاملا روشن سازد.

اول) دولت انگلستان و شرکت نفت انگلیس و ایران ملی شدن صنایع نفت را به منزله یک امر واقع شده می پذیرند و لیکن دولت انگلستان از طرف شرکت مزبور ادعای پرداخت غرامت عادلانه را دارد.
دوم) دولت انگلستان عقیده دارد که موضوع غرامت باید به قضاوت بی طرفانه دیوان دادگستری بین المللی واگذار شود.
سوم) دولت انگلستان ازطرف شرکت نفت انگلیس و ایران لغو یک طرفه قرارداد امتیازی ۱۹۳۳ که برخلاف تعهد صریحی است که در آن به عمل آمده مبنی بر این که قرارداد مزبور لغو نخواهد شد ادعای پرداخت غرامت مینماید.
چهارم) نه دولت انگلستان و نه شرکت نفت انگلیس و ایران هیچ کدام درصدد احیای قرار داد امتیازی ۱۹۳۳ از جهات دیگر نمیباشند.
پنجم) به محض این که نسبت به شرایطی که به موجب آن موضوع غرامت مورد داوری قرار گیرد توافق حاصل شود شرکت نفت انگلیس و ایران حاضر خواهد بود بطوری که در پیشنهادات مشترک قید شده است مذاکرات را آغاز نماید. بطوری که قبلا اشعار گردیده نه دولت انگلیس و نه شرکت نفت انگلیس و ایران هیچ یک اصرار ندارند که حق انحصار خرید نفت ایران را بدست آورند.
ششم) تا هنگام موافقت در شرایطی که طبق آن موضوع غرامت باید به قضاوت واگذار شود دولت انگلستان حقوق قانونی کامل خود و شرکت نفت انگلیس و ایران را محفوظ میدارد.

مجلس شورای ملی

علیرغم درخواستی که آقای نخست وزیر از نمایندگان مجلس شورای ملی برای شنیدن گزارش مربوط به نفت در مجلس نمودند صبح امروز چون تعداد نمایندگان برای تشکیل جلسه علنی به حد نصاب نرسیده بود ناچار با حضور نمایندگان حاضر جلسه علنی غیر رسمی تشکیل گردید. در این جلسه آقای شمس قنات آبادی اظهار داشت همان طور که بار ها گفته ام اصلاحات داخلی باید مقدم بر هرکار باشد زیرا مردم از ما انتظار دارند. برای اصلاحات باید دستگاه ها تصفیه و آماده اصلاحات گردند و اکنون قطع رابطه با دولت انگلیس باید توأم با اصلاحات داخلی باشد.

اختیارات باید پس داده شود

آقای مشار اظهار داشت من با قطع رابطه موافقم ولی این موافقت من موکول به انجام چند شرط میباشد و یا به عبارت ساده تر موافقت من با قطع رابطه مشروط است. شرط اول من این است که آقای دکتر مصدق اصلاحات مورد نظر خود را با اختیاراتی که مجلسین به ایشان تفویض نموده شروع نکنند بلکه من عقیده دارم آقای دکتر مصدق این اختیارات را قبل از انقضای مدت قانونی اعاده دهند و سپس با مشورت و تبادل نظر مجلسین اصلاحات را شروع کنند و لوایح مورد نظر خود را پس از تصویب مجلسین به مورد اجرا بگذارند زیرا من اطرافیان آقای دکتر مصدق را اشخاص بی نظری نمیدانم و معتقدم که آقای دکتر مصدق با این وزرا نمی توانند در انجام اصلاحاتی که همه تشته و آرزومند آن هستند موفق گردند. درمورد قطع رابطه نیز عقیده دارم که این عمل از نظر مانور سیاسی بد نیست ولی فایده ای برای ما نخواهد داشت.

قطع رابطه صلاح نیست

آقای حائری زاده اظهار داشتند انگلستان نه تنها مدت ها است با ما قطع رابطه کرده است بلکه از انجام هیچ عمل خصمانه ای درباره ما کوتاهی نکرده است و هر عملی را که خواسته است درباره ما نموده و حالا میخواهد عمل قطع رابطه به دست دولت ایران انجام شود تا از عکس العمل آن در دنیا از نظر تبلیغاتی به نفع خود استفاده کند و من با توجه به این حقایق قطع رابطه را صلاح نمیدانم ، حالا اگر دولت فوائدی را برای این کار در نظر دارد بیاید و بگوید و ما را روشن و متوجه سازد. درهر حال من معتقدم که این عمل با احتیاط و مشورت و مطالعه و تحقیقات کافی انجام شود و با این عجله من صلاح مملکت را در قطع رابطه نمیدانم. دولت باید قبل ازهر کار دست نوکران اجنبی را که دیگر احتیاج به سفارت هم ندارند کوتاه سازد تا بتواند درانجام کارهای خود موفق گردد.

اعلامیه وزارت امور خارجه انگلیس

وزارت امور خارجه انگلیس درمورد روابط خود با ایران اعلام داشته است ایران نسبت به این موارد باید از انگلیس سپاس گذار باشد. اتحاد ایران و انگلیس درطول جنگ سبب شد که مردم انگلیس از لحاظ مواد غذائی در مضیقه باشند و انگلیس غذا به ایران بفرستد! و همچنین پس از پایان جنگ نیز دولت انگلیس برنامه ای برای کمک اجتماعی و اقتصادی به ایران طرح کند! نخست وزیر ایران انگلیس را متهم میکند که نسبت به ایران روابط امپریالیستی داشته است درحالی که دولت ایران به خوبی میداند حفظ استقلال و تمامیت ارضی ایران همواره جزء سیاست دولت علیا حضرت ملکه انگلستان بوده و سرنوشت ایران در قرون ۱۹ و ۲۰ با اعمال قدرت و نفوذ انگلیس که مصدق آنرا امپریالیستی میداند به نفع ایران بستگی

زیاد داشته و اگر قدرت و نفوذ انگلیس به نفع ایران به کار نمی افتاد ایران اکنون سرنوشت دیگری داشت.

اعتصاب کارگران تعمیرات راه آهن هنوز ادامه دارد

اعتصاب کارگران قسمت تعمیرات راه آهن که ازساعت ۱۰ صبح دیروز شروع شده بود هنوزادامه دارد. اعتصاب با اعلامیه ای مبنی بر اینکه چون بنگاه راه آهن با خواسته های کارگران موافقت نمیکند لذا برای ۲۴ ساعت کارگران دست به اعتصاب میزنند و با به صدا درآوردن سوت لکوموتیو هائی که در محوطه بودند اعتصاب آغاز گردید و در حدود ۲۰۰ نفر کارگران تعمیرات نیز دیشب در سالن تعمیرات اجتماع کرده به خانه های خود نرفتند. امروز درحدود ۱۱ صبح کارگرانی که در سالن تعمیرات متحصن شده بودند از آنجا خارج شده و در خیابان های اطراف راه آهن به دمونستراسیون پرداختند. برای پایان دادن به اعتصاب مسؤلین راه آهن با نمایندگان کارگران مشغول مذاکره و تبادل نظر هستند.

۲۶ مهر ۱۳۳۱

وزیران خارجه و دفاع دولت کارگری موافق با حمله به ایران

آسوشیتد پرس ، به نقل از روزنامه تایمز گزارش میدهد « از سال ۱۹۵۱ نام ایران در محافل سیاسی جلب توجه کرد تا اینکه ژنرال رزم آرا که شخص محافظه کاری بود به قتل رسید. در این جریان موریسن به جانشینی ارنست بوان به سمت وزارت امور خارجه انگلیس در کابینه کارگری انتخاب شد. دو ماه بعد از مرگ رزم آرا قانونی در مجلس ایران گذشت و طی آن صنایع نفت ایران ملی شد و مردی با اراده آهنین به طور غیر منتظره زمام امور را بدست گرفت. دولت انگلیس بعد از این واقعه در نظر داشت که برای حفظ منافع خود متوسل به نیروی نظامی شود و کشتی های جنگی به خلیج فارس اعزام داشت و نیروی هوائی خود را در عراق تقویت کرد. موریسون وزیرامور خارجه و امانوئل شینول وزیر دفاع با توسل به نیروی نظامی موافق بودند و چرچیل نیز وعده داد درصورت حمله به ایران ازدولت کارگری پشتیبانی خواهد کرد و معتقد بود که برای تصرف منطقه نفت خیز خوزستان ۳ لشگر کافی خواهد بود.

ولی اتلی نخست وزیروقت و بوان رهبر چناح چپ حزب کارگر و عده ای از سوسیالیست ها با این عقیده مخالفت داشتند و معتقد بودند که پیاده کردن نیروی انگلیس در ایران با ورود نیروهای شوروی طبق قرارداد دوستی ۱۹۲۱ و مداخله آنها همراه خواهد بود و دولت انگلیس که از لحاظ مالی و عده کافی سرباز در مضیقه بود نمیتوانست با شوروی ها مقابله کند. ازطرف دیگرکابینه انگلیس مدعی بود که اگردر مقابل ایران عکس العملی نشان داده نشود انگلیس ها در آسیا که سایر ملل آسیا نیز مانند ایران قیام میکنند نمیتوانند منافع و حیثیت خود را حفظ کنند و شاید اگر امریکا با توسل به نیروی نظامی مخالفت نمیکرد دولت انگلیس نظر خود را به موقع اجرا میگذاشت. بعد ازاین جریان دولت انگلیس با توجه به گزارش هائی که سر فرانسیس شپرد از تهران میفرستاد در انتظار سقوط کابینه دکتر مصدق نشست ولی طولی نکشید که شپرد به لندن احضار شد. متعاقبا کارشناسان انگلیسی از آبادان اخراج شدند و باین ترتیب پایگاه مهم انگلیس در ایران از دست داده شد ، با اینکه دکتر مصدق تا اندازه ای توانسته بود در روابط انگلیس و امریکا شکافی ایجاد کند ولی هنوز هیچ یک از مقامات انگلیسی سیاست امریکا را در ایران مورد انتقاد قرار نداده است و این دو دولت پیوسته با یکدیگر در ایران اقدام کرده اند.

۲۷ مهر ۱۳۳۱

نامه های متبادله بین ایران و دیوان لاهه

دیوان بین المللی دادگستری شماره ۱۶۸۲۹ هشتم اوت ۱۹۵۲

آقای وزیر ، طبق دستور نایب رئیس دیوان رونوشت برابر اصل دو نامه ای را که با یک برگ ضمیمه که در ۲۵ و ۳۱ ژوئیه ۱۹۵۲ ازطرف رئیس شرکت نفت انگلیس و ایران جهت ایشان ارسال گردیده است به پیوست ارسال میدارد. به طوری که ملاحظه خواهند فرمود این نامه ها تجدید تقاضای تعیین حکم واحد طبق مفاد ماده ۲۲ امتیاز نامه مورخ ۲۹ آوریل ۱۹۳۳ به عمل آمده و در ۲۹ مه ۱۹۵۲ به وزارت امور خارجه ایران و در ۹ ژوئن ۱۹۵۲ برای جنابعالی به عنوان وزیر مختار ایران در لاهه ارسال داشتم.

نایب رئیس دیوان اینجانب را مأمور نمودند از جنابعالی درخواست نمایم چنانچه ملاحظاتی در این خصوص داشته باشید به استحضار ایشان برسانید.

نامه رئیس هیأت مدیره شرکت نفت ایران و انگلیس به نایب رئیس دیوان

عالیجناب، اجازه میخواهم به نامه مورخ ۲۵ مه ۱۹۵۱ خود به جناب آقای بادوان رئیس وقت دیوان دادگستری بین المللی و به پاسخ مورخ ۲۸ مه ۱۹۵۱ آن جناب به نامه خود عطف نمایم که درنامه اخیرمشارالیه اظهارداشته بود بدون آنکه به هراقدامی که دیوان در مورد عرضحال تقدیمی دولت انگلستان و در مورد هر گونه ایراداتی که دولت شاهنشاهی ایران ممکن است علیه آن عرضحال اظهار نماید به عمل آورد لطمه ای وارد آید مایل هستم توجه شما را به این نکته جلب نمایم که در هر یک از این تقاضا ها نکات مشترکی موجود است و باالنتیجه این جانب نمیتوانم اکنون به تقاضای شما رسیدگی نمایم.

با توجه به اینکه دیوان در۲۲ ژوئیه ۱۹۵۲ صلاحیت خود را دررسیدگی به اختلاف بین دولت علیاحضرت ملکه انگلستان و دولت شاهنشاهی ایران رد نموده است اینک تقاضا دارم اجازه فرمائید عرضحال خود را جهت تعیین حکم که قبلا تقدیم ریاست دیوان نموده بودم تجدید نمایم. همان طور که در ضمیمه «ب» نامه مورخ ۲۵ مه ۱۹۵۱ این جانب که فوق مذکور مندرج شده است شرکت طبق مفاد قرارداد امتیاز جهت موارد ذیل تقاضای حکمیت دارد :

الف - به منظور تعیین اینکه دولت شاهنشاهی بایستی در ابطال و تعیین وضع آن قرارداد به وسیله اقدامات تقنینیه ماده ۲۱ و ۲۲ آن قرار داد را نقض نموده است و « ب » اثبات مسؤلیت و نتایج مراتب بر نقض آن قرارداد.

این تجدید تمدید عرضحال به جنابعالی مطابق ماده ۲۲ قرارداد امتیاز که درنامه مورخ ۲۵ مه ۱۹۵۱ این جانب نقل شده است و همچنین طبق نامه این جانب خطاب به رئیس دیوان دراول اوت ۱۹۵۱ که درآن موقع وسیله کفیل ریاست دیوان جهت مشارالیه ارسال گردید به عمل میآید.

تصدیق میشود که مراجعه مربوطه در ماده ۲۲ قرارداد امتیاز به دیوان دادگستری بین الملل است و حال آنکه سمت جنابعالی نیابت ریاست دیوان دادگستری بین المللی میباشد. اینجانب اطلاع دارد که این امر نباید موجب شود که جنابعالی قبول عرضحال اینجانب را دائر بر تعیین حکم رد بفرمائید. مع الوصف محترما به عرض جنابعالی میرساند که نتایج وخیم اقتصادی و سیاسی در خاور میانه که مترتب بر نامعلومی وضع فعلی است موضوع ضروریت و فوریت

دارد. بنابر این اگر برای جنابعالی میسر باشد که قبل از تعطیل به این عرضحال رسیدگی فرمائید به نظر میرسد که به نفع کلیه طرف ها و کشورهای ذینفع باشد. تذکاریه ای که وکیل دعاوی شرکت دراثبات اختیار جناب عالی برای تعیین حکم تهیه نموده است در طول هفته آینده تقدیم خواهد شد.

موقع را مغتنم شمرده احترامات فائقه را تقدیم میدارد.

فریزر - شرکت نفت انگلیس و ایران

نامه دوم

عالیجناب ، محترماً تذکاریه ای را که در نامه مورخ ۲۵ ژوئیه ۱۹۵۲ این جانب بدان اشاره شده بود به پیوست جهت جنابعالی تقدیم میگردد.

۱ - به نظر ما رئیس دیوان دادگستری بین المللی حق دارد موضوعی را که در ماده ۲۱ قرارداد امتیاز درنظر گرفته شده است به عمل آورد. هرچند آن ماده به رئیس دیوان دیگری یعنی رئیس دیوان دائمی دادگستری بین المللی (دیوان دادگستری بعد از جنگ دوم جهانی توسط جامعه ملل ایجاد شده بود) مربوط میباشد.

۲ - ماده ۳۶ و ۳۷ اساسنامه دیوان دادگستری بین المللی چنین مقرر میدارد: «اعلامیه هائی که طبق ماده ۳۶ اساسنامه دیوان دائمی دادگستری بین المللی صادر شده و هنوز به قوت خود باقی است بین اصحاب اساسنامه فعلی در مدتی که از اعتبار آنها باقی است و طبق مفاد آن اعلامیه ها در حکم قبول قضاوت اجباری دیوان دادگستری بین المللی خواهد بود».

ماده ۳۷ - هرگاه عهد نامه قرارداد معتبری مقرر کند که موضوعی به دادگاهی که وسیله جامعه ملل ایجاد شده است به دیوان دائمی دادگستری بین الملل ارجاع شود آن موضوع درصورتیکه بین اصحاب اساسنامه فعلی باشد بدیوان دادگستری بین المللی ارجاع خواهد شد.

۳ - در ضمن اینکه ماده ۳۶ مهمترین قسمت صلاحیت دیوان، یعنی صلاحیتی حاصل ازماده اختیاری را به دیوان جدید انتقال میدهد منظور صریح ماده ۳۷ آن است که هر چیز دیگری را نیز به دیوان جدید منتقل نماید. ممکن است مفاد ماده ۳۷ فقط مواردی باشد که بخود دیوان صلاحیت داده شده است و نه مواردی که از دیوان تقاضا شده است کسی را برای رسیدگی موضوع تعیین نماید. اما جزء کبری شامل جزء صغری بشود.

۴ - هنگامی که درسال ۱۹۴۸ رئیس دیوان دادگستری بین لملل در اختلافی بین رومانی و سوئیس در تعقیب عهد نامه ۱۹۲۶ که تعیین اعضای کمیسیون آشتی را به وسیله رئیس دیوان دائمی دادگستری بین المللی مقرر میداشت اعضاء مذکور را تعیین نمود نظر مشارالیه و دولت مشارالیه باید همین بوده باشد.

۵ - امتداد واقعی دو دیوان در دنبال یک دیگر را مخبر کمیسیون شماره ۱ کنفرانس سانفرانسیکو صریحا بیان کرده است. مشارالیه اظهار داشت « ایجاد دیوان جدید رشته امتداد گذشته را پاره نخواهد کرد دیوان جدید نه فقط بر پایه اساسنامه دیوان قدیم بنا خواهد شد بلکه این نکته صریحا در منشور درج خواهد گردید. بطور کلی چون دیوان جدید همان تشکیلات دیوان قدیم را خواهد داشت و مقررات مربوط به صلاحیت آن از مقررات مندرج دراساسنامه قدیم تبعیت خواهد نمود. بنابراین از یک لحاظ دیوان جدید را میتوان وارث دیوان قدیم دانست که خود جانشین آن میشود و این وراثت صریحا در بعضی مقررات اساسنامه جدید مخصوصا ماده ۳۶ بند ۴ و ماده ۳۷ در نظر گرفته خواهد شد».

۶- همچنین دراین مورد میتوان به رأی سرآرتور مک نایر قاضی دیوان دادگستری بین المللی در دعوای راجع به وضع افریقای جنوب غربی مراجعه نمود. در آن رأی آقای ماک نایر به ماده۳۷ اساسنامه بعنوان دلیل عمده ادامه قضاوت اجباری دیوان دائمی مورد بحث استناد نمود.

۷ - اکنون که وضع مربوط به دیوان به نحوی است که فوقا اظهار شد باید اهمیت بسیار بـه آنچـه در حکـم نیت و قصد طرفین فرض میشود داده شود. آنچه طرفین در نظر داشتند عـبارت از اختیار رئیس بلند مرتبه ترین سازمان های قضائی بین المللی در تعیین حکم یا سرحکم بوده است. منظور طرفین بر طرف ساختن امکان ایجاد بن بست و وقفه در اجرای صـحیح قرارداد امتیاز بوده است. ماده ۲۱ قرار داد امتیازی چنین مقرر میدارد که طرفین اعـلام میدارند که اجرای قرارداد را بر اساس و اصول متقابله حسن نیت و صداقت و همچنـین تفسیر معقول این قرارداد قرار میدهند. ما اطمینان داریم که در نظر گرفتن تغییر شکل دیوان به عنوان دلیل محروم کردن شرکت از تنها مرجع قانونی که در اختیار دارد یعنی حکمیت نه موافق حسن نیت و صداقتی است که باید از طرفین قرارداد امتیاز انتظار داشت و نه با تفسیر معقول ماده ۲۲ قرارداد امتیاز وفق میدهد.

هارتلی شاکراس، ایدلس ، میلزهالند وکلای شرکت نفت انگلیس و ایران

پاسخ وزیر دارائی ایران به نامه رئیس دیوان داوری دادگستری بین المللی

آقای رئیس در پاسخ سؤال آن جناب راجع به این که آیا دولت شاهنشاهی نسبت به تعیین حکمی که از طرف رئیس شرکت سابق نفت از جناب عالی شده است ملاحظاتی دارد محترماً یقین کامل دولت ایران را مشعر بر اینکه ممکن نیست به تقاضای شرکت سابق ترتیب اثری داده شود به استحضار عالی میرساند که مخالفت ما بر اساس ملاحظات زیر میباشد:

۱ - درصورت عدم موافقت طرفین رئیس دیوان دادگستری بین المللی نمیتواند خودرا حقاً و حکما دارای صلاحیت هائی بداند که به رئیس دیوان دائمی دادگستری بین المللی در قرارداد های خصوصی از طرف دول به اشخاص حقوقی در حقوق شخصی داده شود. بطور وضوح چنین صلاحیت هائی بکلی از وظایف قضائی دیوان خارج میباشد. نه منشور و نه اساسنامه دیوان و نه آئین نامه حقی به عنوان احتمالی آنها پیش بینی ننموده است. بنابراین نه اجرای ماده ۳۷ اساسنامه دیوان و نه اصولی که موجب رأی دیوان در باره افریقای جنوبی و آلمان شده در اینجا میتواند موضوع داشته باشد. اما اینکه در۱۹۴۸ رئیس دیوان کنونی قبول کرده است طبق ماده یک قرارداد مصالحه و حکمیت مقررات قضائی منعقده بین سوئیس و رومانی در تاریخ ۳ فوریه ۱۹۳۶ اعضاء یک کمیسیون دائمی مصالحه را تعیین نماید شرکت درخواست کننده بیهوده ادعا دارد آن را سابقه محسوب دارد چه در سال ۱۹۴۸ ازرئیس دیوان تقاضای توأمی از جانب طرفین ذیعلاقه شده و این خود کافی بود که به وسیله توافقی صلاحیتی که سابقا سلف او بموجب موافقتنامه ۳ فوریه ۱۹۳۶ داده شده بود به نفع او تمدید گردید.

۲ - به فرض اینکه امتیازنامه ۱۹۳۳ هم معتبر باشد دولت ایران نمیتواند بپذیرد که ماده ۲۲ آن مورد اجرا قرار گیرد. البته ماده مزبور تصفیه هرگونه اختلاف را بین طرفین از هرنوع که باشد از راه حکمت پیش بینی نموده است ولی آن امتیاز نامه با قوانین ملی کردن ۱۹۵۱ باطل گردیده و دیگر نمیتوان به هیچیک از مقررات آن به خصوص بشرط حکمیت مزبور ترتیب اثر داد. راست است که شرکت می گوید این قانون خود عدم مراجعات تعهدات ایران مذکوره در ماده ۲۶ امتیاز نامه ۱۹۳۳ میباشد که طبق آن « امتیازنامه از طرف دولت

ملغی نشده و مقررات به وسیله قوانین عمومی یا خصوصی یا اقدامات اداری یا هرگونه اقدامی از طرف مقامات مجریه تغییر نخواهد یافت ولی البته توسل به این متن این خواهد بود که عدم الغا که منحصر به مقامات مقننه است شامل مقامات مجریه نیز بشود.
در حقیقت هیچ نشانه ای نیست که قصد مقننین این بوده که به وسیله قرارداد از هرگونه ملی کردن که اثرات آن شامل شرکت صاحب امتیاز نیز باشد خودداری نمایند ولی اگر مقررات مذکوره این اثررا را هم میداشت فاقد ارزش می بود و نمیتوانست مورد نظر مقننین ایرانی سال ۱۹۵۱ واقع گردد و این اثر را داشته باشد که لغو امتیازنامه را پس از الغاء آن از طریق قانونی و به خصوص شرط حکمیت ۱۹۳۳ را احیا نماید. در این خصوص با استدلالاتی که در بند ۱۰ ملاحظات مقدماتی که در تاریخ ۴ فوریه ۱۹۵۲ به نام دولت ایران تسلیم گردیده مصحف مینمایم که مشاوره با آقای پروفسور رولن آن را در مقابل دیوان در جلسه ۱۱ ژوئن تشریح نموده است.
۳ - توسل به امتیازنامه ازطرف شرکت سابق ایران و انگلیس غیرقابل قبول است زیرا همان طور که به دیوان تذکر داده شد دولت انگلستان صریحا و بدون قید ، چه از طرف شرکت و چه بنام خود اصل ملی شدن نفت را در ایران شناخته است. مرجع حکمیت که بر اساس آن رأی از دیوان تقاضا شده است در واقع موضوع ملی کردن مؤسسه ای را که متعلق به تقاضا کننده بوده است مورد بحث قرار میدهد.
۴ - ازآنچه گفته شد جنابعالی درخاطر خواهید داشت که دولت ایران درباره وجود کنونی امتیاز نامه ۱۹۳۳ که طبق آن تقاضای تعیین حکم شده است نیز اعتراضات جدی دارد.

دیوان بین المللی دادگستری در حکم مورخ ۲۲ ژوئیه ۱۹۵۲ خود هرگونه صلاحیت رسیدگی به اختلاف مربوط به امتیازنامه مزبور را که از طرف دولت انگلیس که از شرکت « انگلیسی دفاع می نموده » به آن مراجعه شده است رد کرده است. طبق عرضحال تقاضای محاکمه از دیوان درخواست شده بود در ردیف اول « اعلام نماید که دولت ایران موظف بود اختلافی را که بین آن دولت و شرکت سابق نفت بوجود آمده است به حکمیت واگذار نماید» بدین طریق دیوان بطور قطع رأی داده است که طبق عرضحال انگلستان صلاحیت ندارد اظهار نماید که شرط حکمیت امتیاز نامه ۱۹۳۳ باید مورد اجرا قرار بگیرد. این تصمیم رئیس دیوان یا جانشین او را ملزم میسازد، زیرا نمیشود تصور نمود که رئیس در شرطی که در بعضی موارد ممکنه تعیین حکم را به او واگذار مینماید میتواند اساس صلاحیتی را که دیوان اظهار داشته است به آن داده نشده بیابد. به نظر میرسد سلف جنابعالی آقای بادوان رئیس دیوان اثری را که حکم دیوان دراثر عرضحال انگلستان در رفتار ایشان ایجاد می نموده و حس کرده بوده هنگامی که در تاریخ ۲۵ مه ۱۹۵۱ در دفعه اول عرضحال شرکت سابق نفت انگلیس و ایران تسلیم گردید تصمیم خود را با توجه به وجود نکات مشترک در عرضحال به تأخیر انداخت. دولت ایران اعتماد کامل دارد که به علت دلایل بکاررفته درفوق جنابعالی تقاضای شرکت را رد خواهند نمود.

خواهشمند است احترامات فائقه اینجانب را بپذیرید. وزیر دارائی باقر کاظمی

تاریخ ۱۱ اکتبر ۱۹۵۲

آقای وزیر ، به وسیله نامه ۲۴ سپتامبر ۱۹۵۲ که در تاریخ ۹ اکتبر به دبیرخانه دیوان واصل گردیده است پاسخ اینجانب را که آن نیز تاریخ ۲۴ سپتامبر را دارد و وزیر دارائی ایران امضا

نموده ارسال داشته اید. این جواب سؤالی است که به دستور این جانب رئیس دبیرخانه دیوان در هشتم اوت ۱۹۵۲ نموده و راجع به تعیین یک حکم برای رسیدگی به اختلافی که ممکن است بین دولت شاهنشاهی ایران و شرکت نفت ایران و انگلیس وجود داشته باشد اظهار نماید. با اعلام وصول این نامه محترماً به استحضار عالی میرساند که امروز به اطلاع آقای رئیس شرکت نفت انگلیس و ایران رساندم که به علت پاسخی که از طرف دولت ایران به من رسیده است من خود را مجاز نمیدانم اقدام به تعیین حکمی که شرکت نفت انگلیس و ایران تقاضا دارد بنمایم. رونوشت این نامه برای آن جناب و آقای کاظمی به پیوست ارسال میگردد.

۲۸ مهر ۱۳۳۱

عکس العمل منابع انگلیسی در برابر نطق نخست وزیر

یکی از مقامات وزارت امور خارجه انگلیس درمورد گزارش اخیر آقای دکترمصدق به مجلسین ایران دائر به قطع روابط سیاسی با انگلیس اظهار داشت که هنوز قطع رابطه به صورت رسمی درنیامده و اگر چنانچه این فکر جامه عمل بپوشد بسیار مایع تأسف است زیرا ایران به تنهائی نخواهد توانست نفت خود را به بازارهای جهان عرضه کند و بالاخره یک منبع درآمد عظیم عاطل و باطل خواهد ماند.

آقای دکتر مصدق مسبب بحران اقتصادی ایران را انگلستان میداند و ادعا دارد که ازحق ملت ایران دفاع میکند ، انگلستان نیزازحقوق افراد خود حمایت مینماید بحران اقتصادی ایران دو علت دارد اول اینکه عواید ایران از نفت قطع شده که مبلغ آن ۲۵ میلیون لیره بوده و اگر دولت ایران هر قطره نفت خود را به شرکتی بدهد منافع حاصله از آن از۲۰ میلیون لیره زیادتر نخواهد شد. حقیقت این است که ایرانی ها از نظر احساسی و غرور ملی و انگلستان برروی حساب اقتصادی فکرمیکند و چنانچه آقای دکتر مصدق ازغرور ملی و احساسات دست بردارد مسدله نفت که در تمام موارد بر روی آن توافق شده است حل خواهد شد.

اول آبان ۱۳۳۱

متن یادداشت دولت ایران به انگلیس درمورد قطع رابطه

آقای کاردار ، توقیراً تصمیم دولت شاهنشاهی ایران مبنی بر قطع رابطه سیاسی با دولت علیاحضرت ملکه انگلستان را به اطلاع شما میرساند: دولت ایران بسیار متأسف است که مجبور به اتخاذ این تصمیم شده است. در جریان اختلاف با شرکت سابق نفت دولت دوستدار همواره سعی و کوشش لازم را بکار برده که این اختلاف لطمه به روابط دوستانه بین دو دولت وارد نیاورد و عقیده دارد که هرگاه دولت انگلستان به منظور ملت و دولت ایران که منحصراً در صدد استیفای حقوق تضییع شده خود بوده و هست توجه عادلانه و منطبق با انصاف و دوستی مبذول داشته بود هرگز روابط بین دو دولت به این مرحله نمیرسید ولی متأسفانه دولت مطبوع شما در این امر که برای ملت ما حیاتی است نه تنها کمک به حل اختلاف نکرد بلکه با حمایت غیر قانونی از شرکت سابق مانع از حصول توافق هم گردید. به علاوه بعضی از مأمورین رسمی آن دولت نیز به واسطه تحریکات و مداخلات ناروای خود مشکلاتی به قصد اخلال در نظم و آرامش کشور فراهم ساختند.

دولت شاهنشاهی ایران امیدوار است که دولت علیاحضرت ملکه انگلستان به کیفیت و حقیقت نهضت و آرزوهای ملت ایران پی برده و در روش سیاسی خود تجدید نظر خواهد

کرد. درصورتی که چنین محیط مساعد و حسن تفاهمی ایجاد شود دولت ایران که همواره علاقمند به روابط حسنه بین دو دولت بوده با کمال میل در تجدید روابط سیاسی اقدام خواهد کرد. در خاتمه به استحضار میرساند که به اعضای سفارت کبری دولت شاهنشاهی درلندن دستور داده شده است که درظرف یک هفته ازتاریخ ۳۰ مهرماه ۱۳۳۱ به تهران حرکت نمایند. با احساسات صمیمانه - دکتر حسین فاطمی

بسته شدن سفارت انگلیس

امروز ساعت ۳ بعد از ظهر به دستور کاردار سفارت انگلیس پرچم و آرم امپراتوری انگلیس بعد از ۱۵۰ سال از فراز ساختمان سفارت انگلیس به پائین کشیده شد. عابرین خیابان های نادری و اسلامبول که متوجه این جریان شده بودند در برابر در ورودی ساختمان اجتماع کردند و تعداد آنها هردم افزایش میبافت. از طرف کلانتری ۳ چند نفر پاسبان برای حفظ نظم در محل مستقر شده بودند ولی تماشاچیان هیچ گونه تظاهری علیه انگلیس نکردند و فقط با ابراز احساسات نسبت به دکتر مصدق شاهد تشریفات بسته شدن در سفارت شدند.

۲ آبان ۱۳۳۱

پیام آقای دکتر مصدق به مناسبت روز ملل متحد

امروز که مصادف با آغاز هشتمین سال تأسیس سازمان ملل متحد است فرصت مناسبی برای ملت ایران است که از زبان این جانب بار دیگر آرزوهای خود را از این سازمان جهانی اظهاردارد. البته سازمان در راه اهداف خود تاکنون قدم های بزرگی برداشته است ولی مللی که دوستدار آزادی و تشنه سعادت و رفاه به معنای حقیقی آن هستند خصوصا مللی که مانند ایران روزگاری دراز در فشار مطامع دول بزرگ و قوی پنجه بوده اند ازاین سازمان توقعاتی به مراتب بزرگتر دارند و معتقد هستند که تأسیس این سازمان بیشتر از آن نظر بوده است که بین ملل جهان کوچک بودن و ناتوان بودن دلیل محرومیت و تجاوز شدن و محنت کشیدن نباشد.

آرزوی ملت ایران این است که سازمان ملل متحد در سایه ایجاد وحدت و همفکری و همکاری بین کلیه ملل جهان بتواند زندگی اجتماعی و سیاسی بشر را بر پایه برابری و انصاف و مراعات حقوق و حدود یکدیگر قرار دهد و مقررات آن نزد همه ملل عالم اعم از بزرگ و کوچک محترم و واجب الاجرا شمرده شود.

ملت ایران در سال های اخیر مجاهدات بسیار کرده است تا خود را از فشار مطامع دیگران برهاند و چون مساعی او حقا میتواند شمه ای از برنامه سازمان ملل شمرده شود انتظار دارد که در دوره آینده نیز از حمایت و مساعدت این سازمان و ملل آزادی پرست جهان برخوردار باشد. ما وظیفه خود و همه ملل جهان میدانیم که درراه همکاری بین المللی و در کلیه اموری که موجب تقویت سازمان ملل متحد می یشود از هیچ گونه فعالیت و فداکاری دریغ نورزیم. ما که در کشور خود در نتیجه بی عدالتی های گذشته بین المللی نمونه های آشکار از فقر و محرومیت داریم بیش از هر ملت دیگر ارزش اقدامات و مجاهداتی را که بایستی منتهی به تأمین زندگی بهتری برای جماعات بشری شود میدانیم. ملت ایران آرزو دارد که در آینده ای نزدیک سازمان ملل بتواند با ایجاد و تقویت یک نیروی بزرگ معنوی اختلافات

موجود بین ملل را براندازد و گریبان ملل ضعیف را ازمصائب سیاسی و فقر اقتصادی نجات دهد.

۶ آبان ۱۳۳۱

نطق وزیر امور خارجه انگلیس

ایدن وزیر امور خارجه محافظه کار در نطقی در پارلمان اظهار داشت دولت انگلیس برای کنار آمدن با دولت ایران به نحو منطقی همچنان به کوشش خود ادامه خواهد داد ولی هرگز به ادعا های غیر قانونی ایران تسلیم نخواهد شد. قطع رابطه دولت ایران با دولت انکلیس تنها نتیجه آن این است که از ایجاد حسن تفاهم بین دوملت ایران و انگلیس و حل مسالمت آمیز نفت جلوگیری خواهد کرد زیرا اهمیت حل اختلافات مربوط به نفت برای ایران بیش از انگلیس میباشد. ما کوشش می کنیم تا راه حلی برای مرتفع ساختن اختلافات خود با ایران پیدا کنیم. ایدن همچنین اظهار داشت که سیاست انگلیس بر اصل تقویت احساسات ملی است ولی البته با ناسیونالیزم غیر منطقی و افراطی که در راه دموکراسی حقیقی سدی تشکیل میدهد مخالف هستیم زیرا آنهائی که ازعقاید افراطی ملی پیروی میکنند در واقع خود را از کمک و همکاری ملل آزاد محروم میسازند.

۱۰ آبان ۱۳۳۱

پیام نخست وزیر ایران به ملت انگلیس

آقای میدلتن ، اکنون که آخرین لحظات اقامت شما و همکاران شما در ایران به پایان میرسد و به جانب وطن خود رهسپار هستید لازم میدانم مختصری از حقایق ۱۹ ماه اخیر تحولات ایران را که قطعا براثر اقدامات شرکت سابق از نظر ملت انگلستان پنهان مانده است به صورت پیام به وسیله شما برای هموطنان شما بفرستم تا ملت انگلیس واقف و آگاه شود که در طول مبارزه یکسال و نیم گذشته آنچه را مردم ایران درقدرت و اختیار داشتند به کار بردند که به روابط دوستانه دیرینه دو ملت خللی وارد نیاید و دولت اینجانب نیز کمال سعی و کوشش را کرد که از طریق مذاکرات دوستانه و جستجوی راه حل منصفانه مسأله نفت را فیصله دهد و این غبارکدورت و ملالتی را که سالیان متمادی طمع ورزی و منفعت پرستی یک شرکت استفاده جو در آسمان روابط دو کشور پدید آورده برطرف سازد تا محیط بدبینی و سوء ظن و عدم اعتماد جای خود را به صمیمیت متقابل بسپارد و مرحله تازه ای در روابط ایران و انگلیس پدید آید.

ادامه مذاکراتی که ۱۹ ماه به طول انجامید و فرصت حساس مملکت ما را که قهراً می بایستی صرف اصلاحات عمیق و اساسی بشود در راه بحث و گفتگو با میسیون ها و به مبادله یادداشت ها تلف نمود این نتیجه را داد که امروز وقتی با کمال تأسف روابط بین دودولت باین مرحله میرسد دولت و ملت ایران بتواند ثابت و مدلل کند که از روز نخست با کمال حسن نیت خواهان حل مشکل نفت بوده و از هیچ سعی و مجاهدتی در این راه خودداری نکرده است و به عکس کمپانی طمع ورزی که میدانست تمام توقعات و تشبثات نامشروع او مورد حمایت دولت انگلستان است جز راه تهدید و رجز خوانی و توسل بی مورد به محاکم بین المللی که صلاحیت رسیدگی به این قصیه را نداشتند فکر دیگری را دنبال نکرده و در انتظار مرور زمان و استفاده از گذشتن وقت به منظور به زانو درآوردن ملت ایران موجبات شکست و عدم موفقیت میسیون های اعزامی را فراهم ساخت و در اقصی نقاط جهان با صرف پول های سرشاری که از ایرانی محروم و بینوا به یغما برده جنجال کرد که دولت و

ملت ایران حاضر به فیصله دادن قضیه نیست و این رویه نامطلوب را آنقدر ادامه داد و دولت انگیستان نیز بقدری درحمایت از شرکت افراط کرد که تمام قوای خود را در اختیار حفظ منافع موهوم و نامشروع کمپانی سابق نهاد و تمام اصول دوستی و مودت را که با ایران داشت بکلی ازیاد برد و با توسل به تحریکات داخلی و فشار مالی و تضییقات بی منطق اقتصادی هیچ گونه جای ابهام و تردیدی برای کسی باقی نگذاشت که آن اصول دوستی و ودادی که معمولا بین ملت های عضو سازمان ملل باید برقرار باشد پایمال « مجازات های اقتصادی اختراعی » دولت بریتانیا شده و دولت ایران ماه ها این تجاوز به حقوق خود را دربرابرانظارجهانیان تماشا کرد و عکس العمل نشان نداد.

آنها که شرح این ماجرا را از روز نخست میدانند کاملا واقف هستند که دولت انگلیس برای تحکیم بنیان مطامع خود در ایران یک حکومت دیکتاتوری در کشور ما بر قرار ساخت. سپس به وسیله همان دولت دست نشانده خود و با استناد به امتیازنامه دارسی که مورد تأیید و تصویب پارلمان ایران قرار نگرفته بود در سال ۱۹۳۳ قرارداد دیگری را در ایران تحصیل کرد. قرارداد تحمیلی گذشته از زیان های اقتصادی که برای ما داشت به علت اینکه سبب دخالت های ناروای شرکت سابق در امور اجتماعی و سیاسی کشور ما شده بود همواره آزادی و استقلال ایران را متزلزل میداشت.

شرکت سابق در طول ۵۰ سال بهره برداری از ذخایر ایران که صد ها میلیون استفاده برده است حتی یک روز وظیفه یک شرکت تجارتی دور از سیاست را انجام نداده و به عکس درهر فساد و خرابی که طی نیم قرن اخیر برای وطن ما پیش آمده انگشت او دیده شده است. چون رفتار شرکت سابق نفت با تحولاتی که در اوضاع جهان و آزادی ملل پدید آمده دیگر برای ملت ایران قابل تحمل نبود و مصلحت ملت ایران تغییراین وضع راایجاب میکرد ناگزیر صنعت نفت را درسراسر کشورملی نمود یعنی دست بکاری زد که حق هر ملت آزاد و مستقل است، چنانکه بسیاری از دولت های جهان و ازجمله خود دولت انگلیس بدان اقدام کرده اند. با اینکه دولت ایران در این باره ازحق مسلم خود استفاده کرده بود دولت انگلیس از آغاز کاربه حمایت ازمطامع شرکت درداخل و خارج ایران دست به اقداماتی زد که به هیچوجه مناسب دوستی بین دو دولت نبود بالاخره چون چاره ای نداشت جز اینکه این حق مسلم ملت ایران را به رسمیت شناخته و ملی شدن صنعت نفت را بپذیرد. از آن پس ملت ایران انتظار داشت دولت انگلیس که ملی شدن صنعت نفت را شناخته بود به نتایج حاصل از این شناسائی نیزعمل کند. دولت ایران هم کوشید که منافع انگلستان را تا آنجا که با رعایت قانون ملی شدن نفت مباینت نداشت رعایت نماید و در این راه آنچه لازمه حسن نیت بود بکاربرد تا آنجا که حاضر شد شرکت سابق هرقدر نفت بخواهد ببرد و درمقابل رسید بدهد که در موقع تصفیه غرامات حساب شود.

شرکت سابق برای این کار حاضرنشد. پس ازآن دولت ایران پیشنهاد کرد که کارشناسان شرکت سابق بر طبق قراردادی که با آن شرکت داشتند بکار خود ادامه دهند باز شرکت موافقت نکرد. چون کارشناسان انگلیسی حاضر نشدند برای شرکت ملی نفت کار کنند و دولت ایران نیز نمی توانست حقوق به آنها بپردازد به ناچار عذر آنها را خواست. دولت انگلستان دعوایی را که شرکت سابق با ایران داشت به صورت اختلاف بین دو دولت در آورد و موضوعی را که میبایست در محاکم ایران فیصله پذیرد به شورای امنیت کشانید و چون از آنجا مأیوس شد به دیوان بین المللی دادگستری لاهه مراجعه کرد. باز نتیجه نگرفت

چنانکه حتی قاضی انگلیسی آقای مک نایر نیز به حقانیت ایران رأی داد که در اینجا لازم میدانم از انصاف و بی طرفی ایشان تشکر کنم. شرکت سابق نفت هم نخواست به جواب دیوان بین المللی دادگستری لاهه متقاعد شود و باز برای تعیین حکم به رئیس آن دیوان مراجعه کرد و جواب منفی شنید.

پس از این همه مزاحمت های ناروا انتظار میرفت دولت انگلیس از رفتار غیر دوستانه خود با دولت ایران دست بکشد ولی متأسفانه باز همچنان به رفتار خود ادامه داد. دولت ایران برای رفع اختلاف حاضر شد که پرداخت غرامات را بر طبق قانون ملی شدن صنایع در خود انگلستان یا قوانین هرکشور دیگری که شرکت سابق آنرا بسود خود بداند قبول کند و حتی دولت ایران برای نشان دادن نهایت حسن نیت حاضر شد که در این باره ازقضاوت محاکم ایران که یگانه مرجع صالح برای رسیدگی به این امر هستند صرفنظر کند و قضاوت را به دیوان دادگستری لاهه محول نماید این پیشنهاد هم قبول نشد. بالاخره دولت ایران تقاضا کرد که از ۴۹ میلیون لیره که بر طبق بیلان شرکت سابق حق مسلم ایران است ۲۰ میلیون لیره قابل تبدیل به دلار را پیش از شروع مذاکرات بپردازند تا اندک گشایشی در امور اقتصادی کشور حاصل شود. این نیز پذیرفته نشد.

توضیح آنکه مبلغ ۲۰ میلیون لیره که تقاضای پرداخت فوری آن شده است مربوط به سهم دولت ایران از ذخایر عمومی شرکت سابق طبق ترازنامه ۱۹۵۱ و امتیازنامه تحمیلی ۱۹۳۳ میباشد و ارتباطی به طرح الحاقی گس - گلشائیان دارد. ذخیره عمومی شرکت سابق طبق تراز نامه ۱۹۵۱ بالغ بر یک صد و ده میلیون و پانصد هزار لیره میباشد که هشتاد و یک میلیون لیره آن تحت عنوان ذخیره عمومی و بقیه که بیست و نه میلیون و پانصد هزار لیره است جزء رقم چهل و نه میلیون و نهصد هزار لیره به حساب آمده است. بنابراین ۲۰ درصد سهم ایران بر اساس قرار داد تحمیلی ۱۹۳۳ میباشد که چون صنعت نفت ملی شده بایستی فوری پرداخت شود و از این بابت بطور علی الحساب ۲۰ میلیون لیره مطالبه شده است. درخلال این مدت همان طور که گفته شد دولت انگلستان علاوه بر مزاحمت های دیگر به حمایت از مطامع نامشروع شرکت سابق نفت از هیچ گونه فشار مالی و اقتصادی بر ملت ایران خود داری ننمود چنانکه از فروش نفت ایران در بازار های دنیا جلو گیری کرد و حتی از پرداخت موجودی های ایران در بانک های انگلیس خودداری نمود. سر انجام در یادداشت های اخیر جناب آقای ایدن وزیر امور خارجه انگلستان که در تاریخ ۲۲ مهر ۱۳۳۱ در پاسخ پیشنهاد دولت ایران به این جانب رسیده پرده از روی کار برداشته شد و نیت آن دولت آشکار گشت. بدین معنی که وزیر خارجه بریتانیا بابت منافعی که اگر شرکت سابق نفت بکارخود در ایران ادامه میداد و غارت گذشته همچنان دوام داشت از این مملکت ممکن بود استفاده نماید ازما غرامت مطالبه میکند و حال آنکه صنایع از این جهت ملی میشوند که استفاده های خصوصی را از میان ببرند و عایدات حاصل از ملی شدن منحصراً به خزانه عمومی تحویل شود.

دولت انگلستان در آخرین یادداشت خود بطور وضوح میخواهد قرارداد ۱۹۳۳ را به صورتی دیگر زنده کند. چه بجای آنکه به دریافت غرامت مؤسسات شرکت سابق در ایران اکتفا نماید منافع نامشروعی را که به وسیله آن قرارداد برای خود تصور میکرد اکنون میخواهد به عنوان غرامت دریافت کند. وصول این یادداشت برای هیچ فرد بی غرض تردیدی باقی نگذاشت که دولت بریتانیا گذشته از اقدامات خلاف دوستی که تا امروزکرده نمی خواهد

ذره ای درروش خود تجدید نظر نماید و راه خصمانه ای را که برخلاف تمایلات دوملت در پیش گرفته میخواهد ادامه دهد. این مقدمات سبب شد که دولت ایران به ناچار روابط سیاسی خود را با دولت انگلیس منقطع ساخته و برقراری مجدد روابط خود را با آن دولت موکول به وقتی کند که دولت انگلیس با توجه به تحولات جهانی و بیداری ملت ایران و با ملاحظه اصول معدلت و انصاف در رفتار خود تجدید نظر نماید.

دولت ایران صریحا اعلام میکند که بین ملت ایران و ملت انگلیس نهایت صمیمیت باقی و برقرار و روابط دوستانه بین دوملت همچنان استواراست به همین جهت اکنون که آخرین مأمورین سیاسی امپراطوری پایتخت ایران را ترک میگویند برای افراد انگلیسی اعم از بازرگان یا مسافرکمترین مشکلی ایجاد نشده است. این جانب یقین دارم که اگر روزی دفاتر شرکت سابق نفت دربرابر چشم های ملت حق پرست ملت انگلیس گذارده شود و مداخلات و حق کشی ها و سیاست بازی ها و تحریکات و یغمای او را یکایک نظاره کنند بدون شک به صبروبردباری و طاقت ملت ما آفرین خواهند گفت ولی پرده سیاه تبلیغات ناروای شرکت درخارج و داخل انگلستان جلو نشرحقایق را گرفته و یکبار دیگر این جریان ثابت کرد که هنوز قدرت پول حق و خواه عدالت قرن بیستم را مسخره میکند ولی ملت ما آن قدر مبارزه شرافتمندانه خود را ادامه داد که اکثریت افراد و ملت انگلیس به قضاوت بی طرفانه آقای « مک نایر » برسند و سطوری چند از آنچه را که ایشان خوانده و شنیده اند بخوانند و بشنوند. (این پیام را میدلتن کاردار سفارت انگلیس به دستور دولت انگلیس نپذیرفت).

۱۱ آبان **۱۳۳۱**

مشاجره و تشنج در مجلس

آقای مشار با استفاده از ماده ۹۰ گفتند: گفته ای را که من چند روز قبل عرض کردم که عده ای از آقایان مرعوب و عده ای مجذوب هستند حالا زبانزد همه شده و همه روی آن صحبت میکنند. حالا معلوم میشود که حرف من درست بوده است برای اینکه آقایان شجاعت اخلاقی ندارند و الا اگر مرعوب نیستند باید این شجاعت را داشته باشند که عقیده خود را بگویند.

آقای دکترشایگان فریاد کرد آقا این توهین به مجلس است، آقای رئیس چرا اجازه میدهید به مجلس توهین شود؟ این چه حرفی است که نمایندگان مرعوب شده اند؟ یک حرفی زده اید گذشته و رفته چه معنی دارد که آنرا تکرار میکنید؟ این ملت در مقابل خارجی ایستاده و مبارزه کرده، مشار در پاسخ گفت همین دلیل برارعاب شما است که به من اعتراض میکنید و الا اجازه میدادید من صحبت کنم شما مرعوب نیستید ، مجذوب هستید.

آقای شایگان گفت آقا این کار شما به نفع اجنبی است ، شما صلاح نیست که این حرف را بزنید و تکرار کنید. آقای شایگان روی میز زد و فریاد کرد آقای رئیس ماده ۹۰ ، ماده ۹۰ در این موقع مجلس متشنج شد و آقایان مهندس رضوی و معظمی ازجلسه خارج شدند.

پس از خارج شدن آقای دکتر شایگان از جلسه مدتی تنفس داده شد و درشروع جلسه بعد آقای مشار اظهار داشت نسبت به شخص آقای دکتر شایگان همه اعتماد و ارادت کامل داریم مردم همه از فضائل اخلاقی ایشان آگاه هستند. بعید است در اینجا حرف هائی زده شود که ملت ایران با آن موافق نباشد و من از آنچه رخ داده متأسف میباشم.

آقای دکتر بقائی ، من چه در روزنامه ، چه در مجلس و چه در گفتگوهای خصوصی از آقای دکتر مصدق تمنی میکردم از این رویه آزادی خواهی که نسبت به وابستگان سیاست های خارجی اعمال میشود جلوگیری بشود و به کار آنها رسیدگی بشود. بعد از مدت ها یک قانونی تهیه شده و به امضا رسیده که درست برخلاف نظر ملت است و کوچکترین اثری برای میلیون ندارد و حربه ای بدست مخالفین داده است. اگر این قانون امنیت اجتماعی است اگر میخواستید جلوگیری از اخلال بشود با همان قانون هائی که داشتیم ممکن بود. به ماده دوم این قانون توجه کنید. با این ماده یعنی کسانی که کارمند دولت هستند کار ضباط دادگستری را میکنند و نوشته آنها سندیت دارد. در کدام دولت چنین قانونی اجرا شده؟ در کدام زبان شما چنین قانونی دیده اید؟ هرکس را بخواهند میتوانند طبق این قانون بگیرند، حقیقتا من تعجب میکنم کی این قانون را تهیه کرده است. آقایان با کدام یک از شما مشورت شده؟ مثل این که هیچکس جواب نمیدهد ، در هیچ زمان از تاریخ چنین قانونی نبوده ، یاسای چنگیز را بیاورید امضا کنید اجرا کنید بهتر از این قانون است. تمام ملیون با این قانون توقیف میشوند بجای اینکه طبق ماده ۵ حکومت نظامی قوام را توقیف کنند این قانون را تهیه کرده اند.

۱۳ آبان ۱۳۳۱

آقای زهری ، ما میدانیم که که انجام کار و اصلاحات وقت و زمان لازم دارد و آقایان وزرا هیچ کاری را شروع نکرده اند و چنین به نظر میرسد که دستگاه معطله دولتی یعنی دستگاهی که تخصص درامورمعوقه باید نام گذاشت آقایان وزرا تازه نفس را هم مشغول خود کرده اند. آقای دکتر مصدق حسابش با سایر وزرا جدا است و مردم میدانند که یک دکتر مصدق تنها هرچه هم از او پشتیبانی شود به تنهائی نمیتواند تمام اصلاحات مورد نظر مردم را انجام دهد.

چون اینجا چند مرتبه از طرف اعضای دولت تصریح شده که خواهان اظهار نظر هستند بنده موضوعی را که مهم و لازم دانسته گفته شود مطرح میکنیم و بعد با تمام قوا با کمک مجلس اجرای آن را از دولت مطالبه خواهیم کرد ولی لازم است عرض کنم که وکلا و وزرا یک مرض فکری را که مبتلا هستند هرچه زور تر معالجه کنند یعنی اگر کاری را میخواهند بکنند برای آن که لازم است و باید بشود نه برای جلوگیری از مرض و درد دیگری ، قبلا بعضی ها برای انجام کارهای خود میگویند باید این کار را بکنیم که جلوگیری از کمونیزم شود. این طرز تفکر غلط است باید حق کارگر و دهقان داده شود که حق آنها است و ما را در اینجا برای همین مطلب فرستاده اند. برای برقراری عدالت اجتماعی که همه بدان معتقد هستیم ، در درجه اول نقشه لازم دارد. همه میدانیم عده ای حق دیگری را با زور و ظلم گرفته و غصب کرده اند و دولت ها در این عصروزمان موظفند که حق مظلوم ها و دزد زده ها را بگیرند. دروهله اول دولت باید مالیات های سنگین بر اموال منقول ببندد ، از املاک بایر که مسلوب المنفعه افتاده است مالیات سنگین بگیرد.

آقای دکتر شایگان ، بنده به خاطر اشخاص پا روی حق نمیگذارم پیش خودم فرض میکنم که مشغول خدمت به مملکت هستم لذا داعی ندارد که اگر کسی بخواهد خیانت کند ساکت بنشینم. عرض میکنم که آقایان حاضر اگر قبول دارند به دلیل اینکه این نهضت را تقویت کرده اند بنابراین گفتن اینکه مرعوب یا مجذوبند صحیح نیست. کسی که خودش دولتی را آورده چرا مرعوب باشد ، ما خودمان دولت را آورده ایم علاوه بر این فراکسیون نهضت

ملی اکثریت دارد. اگر اشخاصی در اقلیت بودند وکسی میگفت که اکثریت اقلیت را مرعوب کرده یک حرفی بود.

مصلحت اندیشی و پیشرفت کار دولت و نقشه های اصلاحی دادن همه مطلوب است. اگر مشکلاتی در پیش داریم عبارت از این که جبهه مجتمعی که شبانه روز وقت خود را صرف اصلاحات کنند وجود ندارد همه سعی ما این است که این فراکسیون یک دسته تشکیل بدهند و همه به کمک یکدیگر فکری بحال مملکت بکنند اگر کسی هست که مخالف این دسته است یا بیاید مطالب خود را به فراکسیون بگوید و حرف خود را پیش ببرد یا این که بگوید شما به حرف حق تن در نمی دهید به همین جهت من از بین شما میروم و خودش دسته ای تشکیل بدهد ولی این شکل متزلزل و مذبذ ب قابل تحمل نیست. خارجی ها مترصدند که بگویند ملت ایران در تحت تسلط یک دسته ای است ، ملت ایران روز ۳۰ تیر امتحان خود را داد. تمام مبارزات و فعالیت ها این نتیجه را داد که این نهضت مال ملت ایران است. از آقایان میخواهم بنشینند با یکدیگر مذاکره کنند ، نقشه های اصلاحی بکشند و بدهند دست آقای دکتر مصدق که جز خیر ملت چیزی نمیخواهد.

آقای قنات آبادی ، من میخواهم بگویم ما برای مملکت هستیم و مملکت برای ما نیست. اول باید مملکتی باشد بعد ما از مزایای آن استفاده کنیم مطالبی که در چند روز اخیر مطرح شده و گاهی به مشاجره هم کشیده شده همین کلمه مرعوب و مجذوب است. روزی که بنده به نام نماینده ملت از قطع رابطه با انگلستان اظهار مسرت کردم جناب آقای مشار همان روز به یک مناسبتی پشت تریبون این کلمه تاریخی را به زبان آوردند. البته نمیتوانم بگویم ایشان در بیان این کلمه سوء نیت داشته اند مسلما اشتباهی کرده اند.

روزی که ما برای ابطال قرارداد ۱۹۳۳ و اخراج شرکت نفت میکوشیدیم عده ای از داخل و خارج پارلمان میکوشیدند که بگویند اعضای جبهه ملی نمایندگان را مرعوب میکنند و حال آنکه همه میدانند نیروی نهضت ملی تمام اقدامات را کرد. من تصدیق میکنم عده ای مرعوب هستند. سر سپردگان استعمارهستند که مرعوب نهضت مردم شده اند این لغت را دشمنان همان نهضتی که شما را به عنوان نماینده به مجلس فرستاد اختراع کرده اند. روزنامه درست کردند و به دکتر مصدق ، آیت الله کاشانی و نهضت ملت فحش دادند ، آنها معدوم شدند.

اکنون که کار به اینجا رسیده باید با تمام مظاهر استعمار مبارزه شود ما با هر دولت خارجی که بخواهد در ایران دسته بتراشد مخالفیم. ما با استعمار انگلستان مبارزه نکردیم که استعمار نوین امریکا و کمونیزم جایگزین آن بشود. ما با هر دولتی که قصد استعمار داشته باشد مبارزه میکنیم.

۲۳ آبان ۱۳۳۱
سخنان آقای نصرالله انتظام در سازمان ملل متحد
آقایان ، دوره اجلاسیه سالیانه مجمع عمومی که مهمترین و برجسته ترین ارگان سازمان ملل میباشد و به همه اعضای این سازمان اعم از بزرگ و کوچک فرصت میدهد که کارهای انجام شده در سال گذشته را از مد نظر بگذرانند، بدین وسیله هر یک از اعضا سعی میکنند که امید ها و همچنین انتقاد ها را در این مجمع بیان دارند. در وضعیت فعلی چند موضوع بخصوص توجه ما را جلب میکند.

مهمترین موضوعی که به عقیده دولت این جانب علت اغتشاشات فعلی میباشد آن است که دولت های مستعمراتی نخواستند تمایلات ملی ملل را درک کنند. دولت ایران مصمم است از دعاوی این ملل با تمام قوا پشتیبانی نماید و ما از اکثریت دول عضو که برای ثبت مسائل تونس و مراکش در دستور جلسه مجمع عمومی رأی داده اند سپاسگزاری میکنیم.

ما معتقدیم که ایجاد یک شرکت مالی بطوری که شورای اقتصادی و اجتماعی سازمان در نظر گرفته است این مزیت را دارد که با ایجاد اعتماد سرمایه داران خارجی را برای بکار بردن ثروت های خود در کشورهائی که از حیث اقتصادی توسعه نیافته اند تشویق و ترغیب مینماید. وظیفه اصلی بانک بین المللی این است که سرمایه کافی در اختیار کشورهائی که از حیث اقتصادی توسعه کافی نیافته اند بگذارد تا آن کشورها بتوانند با استفاده از کمک های فنی سطح زندگی خود را بالا ببرند. متأسفانه بانک بین المللی جنبه بی طرفی را رعایت ننموده و توجه کافی به کشورهای خاور میانه مخصوصا ایران ننموده است. تا بحال ایران موفق نشده کمترین قرضه ای ازبانک بین المللی دریافت نماید بنابراین این سؤال پیش میآید آیا رویه این سازمان بین المللی راجع به کشور من براساس ملاحظات سیاسی نبوده است؟

تضییقاتی که علیه ایران اجرا شده

سال گذشته من فرصتی پیدا کردم که دلایلی که ما را وادار به ملی کردن صنایع نفت در ایران نمود بیان کنم. من برای شما نمایندگان محترم همچنین اشکالاتی را که شرکت سابق نفت تحت حمایت انگلستان در این زمینه برای ما ایجاد مینمود تشریح نمودم. یکسال تمام سپری شد بدون اینکه ما وضع بهتری پیدا کنیم و رنجی که ملت ایران گرفتار آن است روز بروز افزایش یافته است. باید به خاطر داشت که دولت انگلستان برای اینکه فشارهائی به دولت متبوعه اینجانب وارد آورد و شرایط غیر قابل قبولی را تحمیل نماید با اینکه دیوان دادگستری بین المللی صلاحیت نداشت ابتدا به این دیوان و پس از آن به شورای امنیت مراجعه نمود. به موازات این اقدامات دولت انگلستان به وسائل ارعاب منجمله اعمال قوه قهریه در مرزهای ایران و محاصره اقتصادی متوسل شده و میشود تا اینکه نیروی مقاومت ملت ما را که از استقلال اقتصادی خود دفاع مینماید ضعیف کند و این حقیقتی است که ضمن پیام مشترک ۳۰ آگست ۱۹۵۲ دولت انگلیس آن را اعتراف میکند. « دولت علیاحضرت ملکه انگلستان پاره ای تضییقات موجوده نسبت به صادرات کالا را به ایران و نسبت به استفاده ایران ار وجوه استرلینگ مرتفع خواهد ساخت ». تمام این تضییقات برعلیه کشوری اتخاذ شده که از لحاظ اقتصادی توسعه کافی نیافته و سطح زندگی ساکنین آن خیلی پائین میباشد و آنهم به این منظور که منافع شرکتی که از سرمایه ای که بکار انداخته چندین برابر استفاده نموده است و فعالیت آن منحصر به بهره برداری صنعتی و تجارتی نبوده تأمین شود. بدین ترتیب یکی از دول معظمه عضو سازمان ملل متحد که قطعنامه های مصوبه این مجمع را دائر به انجام توسعه اقتصادی کشورهائی که از حیث اقتصادی توسعه نیافته اند پذیرفته سدی برای کوششهای مشروع کشور من شده است تا بتواند کنترل سیاسی و اقتصادی خود را بر صنعت نفت ایران ادامه دهد و به این طریق صنایع نفت را برای استفاده از آن و بالا بردن سطح زندگی ملت خود در دست بگیرد.

آقایان ، دولت انگلستان یکی از سه دولت معظمی است که اعلامیه اول سپتامبر ۱۹۴۳ تهران را امضا نموده و ضمن آن صراحتاً کمک های ذیقیمت ایران را برای پیروزی در جنگ تصدیق و اعتراف کرده است که جنگ اخیر مشکلات اقتصادی خاصی برای ایران بوجود

آورده و وعده صریح داده است که بعد از خاتمه جنگ برای حل این مشکلات اقتصادی به دولت ایران کمک نماید.

اینک به ذکر اعلامیه سه دولت راجع به ایران میپردازم.« رئیس جمهور کشورهای متحده امریکا ، نخست وزیر اتحاد جماهیر شوروی و نخست وزیر ممالک متحده انگلستان پس از مشورت بین خود و با نخست وزیر ایران مایلند موافقت سه دولت را راجع به مناسبات خود با ایران اعلام دارند. دولت های کشورهای متحده امریکا و اتحاد جماهیر سوسیالیستی شوروی و ممالک متحده انگلستان کمک هائی را که ایران در جنگ علیه دشمن مشترک و مخصوصا در قسمت تسهیلات وسایل حمل و نقل مهمات از کشورهای ماورای بحار به اتحاد جماهیر شوروی به عمل آورده تصدیق دارند.»

« سه دولت نامبرده تصدیق میکنند که این جنگ مشکلات اقتصادی خاصی برای ایران فراهم آورده و موافقت دارند که با در نظر گرفتن احتیاجات سنگینی که عملیات جنگ جهانی برآن ها تحمیل میکند و کمی وسایل حمل و نقل در دنیا و همچنین کمی مواد خام و سایر حوائج کشوری کمک های اقتصادی خود را تا حد امکان به دولت ایران ادامه دهند. راجع به دوره بعد از جنگ دول کشورهای متحده امریکا و اتحاد جماهیر شوروی و کشورهای متحده انگلستان با دولت ایران موافقت دارند که هر نوع مسائل اقتصادی که در پایان مخاصمات ایران با آن مواجه باشد از طرف کنفرانس ها یا مجامع بین المللی که برای مطالعه مسائل اقتصادی بین المللی تشکیل یا ایجاد شود با مسائل اقتصادی سایر ملل متحده مورد توجه کامل قرار گیرد.»

«دولت های کشورهای متحده امریکا و اتحاد جماهیر شوروی و ممالک متحده انگلستان در حفظ استقلال و حاکمیت و تمامیت ارضی ایران با دولت ایران اتفاق نظر دارند و به مشارکت ایران با سایر ملل صلح دوست در برقراری صلح بین المللی و امنیت و سعادت بعد از جنگ برطبق اصول منشور آتلانتیک که مورد قبول هر چهار دولت است اطمینان دارند».

امضاء وینستون چرچیل - ژوزف استالین - فرانکلین روزولت

آقایان کشور من که به استناد این اعلامیه در انتظار کمک های اقتصادی دولت انگلیس بود اینک مواجه با تضییقات اقتصادی از طرف آن دولت شده است. بی مناسبت نیست که در اینجا به ذکر چند قسمت از عقاید آقای ایدن وزیر امور خارجه فعلی انگلستان درباره خدمات ایران درجنگ اخیر بپردازم و البته از ذکر عقاید مشابهی که از طرف سایر اولیاء دولت انگلستان و اولیاء دول معظم دیگر شده خودداری مینمایم.

قسمتی از نطق آقای ایدن در کاخ وزارت امور خارجه ایران در ۲۵ مهر ۱۳۲۲

« در انگلستان تمام مردم خود را ممنون مساعدت های گرانبهای ایران درحصول به مقصود مشترک و مرهون خدمات آن در طول قرون متمادیه به پیشرفت صنایع مستظرفه و قوه فکریه و ادبیات میدانند کمترین آرزوی خود را برای حصول سعادت ، شادکامی ، اقتدار و نیک بختی ایرانیان که انگلستان حتی القوه درحدود استعداد خود به آن کمک خواهد کرد اشعار میدارم. »

بازهم قسمتی از نطق آقای ایدن درمجلس عوام انگلستان در ۳۱ مرداد ۱۳۲۴ « کشور ایران تعهدات خود را نسبت به ما و حکومت شوروی با کمال وفاداری انجام داده است. ما در ایران

فقط یک علاقه داریم و آن این است که کشور مزبور را سعادتمند و متحد و قوی ببینیم و چیزی که اصلا ما در آن کشور نمیخواهیم بازگشت اصل ایجاد مناطق نفوذ و مسائلی از آن قبیل است که تا مدت مدیدی پیش از این درایران وجود داشته و برای یک نسل باعث عدم محبوبیت ما در میان ایرانیان گردیده است.»

قسمتی از نطق آقای ایدن در مجلس عوام انگلستان ۲۲ نوامبر ۱۹۴۵

«ما ضمن پیمانی که با ایران امضاء نموده ایم صریحا تعهد کرده ایم که درکار حکومت و امنیت و انتظامات ایران دخالت نکنیم. ما قول داده ایم که در زندگانی عادی افراد و اقتصاد کشور و اجرای قوانین و آزادی عمل مردم و قوای تأمینیه و استقلال ایران اخلال بوجود نیاوریم. قضا و قدراین جملات را در پیمان ننگاشت ما این جملات را با صراحت و فصاحت کامل نوشته و از نگاشتن آن هم مقصود ورض خاصی داشتیم ما میخواستیم و میخواهیم حقاً استقلال ایران را حفظ نموده و برای یک بار دیگر خاطرات هول انگیزو منفور منطقه نفوذ ایران را تجدید نکرده و بگذاریم این ملت باستانی به آسایش در خانه خود زندگی کند. »

آقایان ما آنچه از انگلستان انتظار داریم این است که آقای ایدن وزیر امور خارجه فعلی دولت انگلستان همان طور که خودشان فرموده اند اجازه ندهند در اقتصاد کشور و استقلال ایران و آزادی مردم ایران اخلال بوجود آید و بالاخره بگذارند که این ملت باستانی به آسایش در خانه خود زندگی کند. این جانب اقداماتی را که در مقابل مجامع بین المللی انجام شده شرح میدهم. دولت انگلستان وقتی نتوانست ایران را در شورای امنیت محکوم کند قضیه را به دیوان دادگستری بین المللی ارجاع نمود. دیوان مزبور با رأی مورخ ۲۲ ژوئیه ۱۹۵۲ نه فقط عدم صلاحیت خود را تأیید کرد بلکه ضمنا به نحو قاطعی یک مسأله حقوقی را که مورد اعتراض دولت انگلستان بود حل و فصل نمود. دولت اخیر ادعا میکرد که امتیاز نامه ادعائی سال ۱۹۳۳ جنبه یک عهد نامه بین المللی را دارد و دولت ایران با ملی کردن صنعت نفت خود یک تعهد بین المللی را نقض نموده است. دیوان دادگستری بین المللی در رأی فوق الذکر بطورصریحی اعلام داشته « که نمیتواند نظریه ای را که بموجب آن قرارداد امضاء شده بین دولت ایران و شرکت نفت انگلیس و ایران جنبه یک عهد نامه بین المللی دارد قبول نماید».

اجازه میخواهم که بنام ملت ایران قدردانی صمیمانه خود را از شورای امنیت بیان نمایم و به دیوان دادگستری بین المللی که حقانیت ادعای ما را تصدیق نموده و با کمال شهامت ازحق جانبداری کرد نه ازقدرت ، درود فراوان فرستم. پس از رأی دیوان دادگستری دولت ایران خود را ذیحق دانست که قضیه را تمام شده تلقی نماید و برای اینکه حسن نیت خود را ثابت نمائیم در تاریخ ۱۷ اکتبر ۱۹۵۲ یادداشتی به دولت انگلیس فرستادیم و طی آن قصد خود را دائر به شروع مجدد مذاکرات با شرکت سابق بیان نمودیم. ما امیدواربودیم که دولت انگلستان حاضر خواهد شد سیاست عدم تفاهم خود را تغییر دهد و به شرکت سابق توصیه نماید که برای تصفیه ادعا های خود به دولت ایران مراجعه کند.

در تاریخ ۳۰ اوت ۱۹۵۲ دولت متبوع اینجانب پیامی از رئیس جمهور امریکا و نخست وزیر انگلستان دریافت داشت. این پیام متضمن پاره ای پیشنهادات بود که به آن صورت برای دولت ایران قابل قبول نبود. و در قسمتی که مربوط به غرامت است بسیار مبهم و مشروط

براین بود که وضع حقوقی طرفین برای ارجاع بقضاوت دیوان بین المللی وضع قبل ازملی شدن نفت باشد.

ماده ۱ ضمیمه پیشنهاد مشترک را که راجع به غرامات است برای مزید استحضار عرض میکنم. « موضوع غرامتی که بابت ملی شدن مؤسسات شرکت نفت انگلیس و ایران واقع در ایران باید پرداخته شود با در نظر گرفتن وضع حقوقی طرفین که بلافاصله قبل از ملی شدن موجود بوده است و با توجه به دعاوی و دعاوی متقابل طرفین به دیوان دادگستری بین المللی ارجاع خواهد شد ».

البته تصدیق میفرمائید که با قید عبارت « وضع حقوقی طرفین که بلافاصله قبل از ملی شدن موجود بوده است » میخواستند قرارداد تحمیلی ۱۹۳۳ را زنده کنند که این مطلب از آخرین یادداشت آقای ایدن وزیر امور خارجه انگلستان به نخست وزیر ایران کاملا مستفاد میگردد. دولت ایران که با حسن نیت آمادگی خود را برای تجدید مذاکرات اعلام نموده بود انتظار داشت که پس از صدور حکم دیوان دادگستری بین المللی دولت انگلستان به احترام و تبعیت از اصول و مقررات بین المللی و رعایت تأمین صلح جهانی درروش خود نسبت به ایران تجدید نظر نماید ولی متأسفانه پیام اخیر نشان داد که اولیای امورانگلستان درلفافه عبارات تازه عیناً و بلکه شدید تر همان مقاصد سابق خود را دنبال میکنند و وقعی به احساسات ملل و تحولاتی که در ایران و سایر نقاط جهان بوجود آمده نمیگذارند و مطلقا توجهی به اوضاع و احوال بین المللی ندارند معهذا دولت ایران برای نشان دادن حداکثر حسن نیت و گذشت در تاریخ ۲ مهر ۱۳۳۱ (۲۴ سپتامبر ۱۹۵۲) در جواب پیام مشترک ترومن و چرچیل پاسخی فرستاد و طی آن پیشنهادات متقابلی نمود که از هر حیث عادلانه ترین و عملی ترین راه حل محسوب میشدند و مثلا درباب غرامت اموالی که شرکت سابق در موقع ملی شدن صنعت نفت درایران داشته دولت ایران پیشنهاد نموده بود که ارزیابی و تقسیط پرداخت براساس هر قانونی که در یکی از کشورها برای ملی شدن صنایع درموارد مشابه اجرا شده و شرکت سابق آنرا قبول کند تعیین گردد.

با اینکه موضوع درصلاحیت محاکم ایران قرار دارد برای رسیدن به توافق نهائی و نشان دادن کمال حسن نیت دولت ایران حاضرشد که راجع به غرامت مایملک شرکت و مطالبات و دعاوی خود قضاوت دیوان بین المللی دادگستری لاهه را قبول کند. متأسفانه ضمن پاسخی که دولت انگلستان درتاریخ ۱۵ اکتبر۱۹۵۲ به نامه دولت ایران حاوی پیشنهادات متقابل داد ابداً اشاره ای به پیشنهادات مزبور ننموده و پیشنهادات متقابل دولت ایران را که راه عملی موضوع را روشن میساخت نادیده گرفت. چون روزنه امیدی در پیام جناب آقای ایدن وزیر امور خارجه انگلستان دیده میشد ولی مصرح روشن نبود برای اینکه بار دیگر دولت ایران حسن نیت خود را اظهار داشته باشد و از قطع رابطه سیاسی احتراز کند در تاریخ ۷ اکتبر ۱۹۵۲ نامه مجددی به جناب آقای ایدن نگاشته و ضمن آن خاطر نشان نمود که چون مقصود از پیشنهاد متقابل جلو گیری از اتلاف وقت و ارائه راه منصفانه برای رسیدگی به دعاوی شرکت سابق نفت و دعاوی متقابل دولت ایران بوده است باین منظور بار دیگر آمادگی خود را برای مذاکره و تسویه این موضوع اعلام میدارد و برای آنکه هرچه زودتر تکلیف قطعی اختلاف فوق الذکرروشن شود از نمایندگان تام الاختیار شرکت سابق نفت ایران و انگلیس جهت مذاکرات لازم درحدود پیشنهادات متقابل دولت ایران دعوت مینماید که به تهران عزیمت نمایند و از نظر احتیاجی که دولت ایران به کارگشائی فوری دارد شرکت

سابق نفت قبل از اعزام نمایندگان خود مبلغ ۲۰ میلیون لیره قابل تبدیل به دلار از ۴۹ میلیون لیره علی الحساب بدهی شرکت سابق نفت به دولت ایران را دراختیار وزارت دارائی ایران بگذارد.

مبلغ ۲۰ میلیون لیره که تقاضای پرداخت فوری آن شده است مربوط به سهم ایران از ذخایر عمومی شرکت سابق طبق ترازنامه ۱۹۵۱ و امتیاز نامه تحمیلی ۱۹۳۳ میباشد و ارتباطی به طرح الحاقی معروف به موافقت نامه گس - گلشائیان ندارد. توضیح آنکه ذخیره عمومی شرکت سابق طبق ترازنامه ۱۹۵۱ بالغ بر یکصد و ده میلیون و پانصد هزار لیره میباشد که هشتاد و یک میلیون لیره آن تحت عنوان ذخیره عمومی و بقیه که بیست و نه میلیون و پانصد هزار لیره به حساب آمده است بنابراین ۲۰ درصد سهم ایران براساس قراردا تحمیلی ۱۹۳۳ از مبلغ یکصد و ده میلیون و پانصد هزار لیره ذخیره عمومی بالغ بر۲۲ میلیون و یکصد هزار لیره میگردد و چون صنعت نفت ملی شده بایستی فوری پرداخت شود و از این بابت بطور علی الحساب ۲۰ میلیون لیره مطالبه شده است.

در پاسخ نامه اخیر دولت ایران دولت انگلیس در تاریخ ۱۴ اکتبر ۱۹۵۲ نامه ای ارسال داشت که طی آن یکباره تمام مقاصد و منویات خود را که تابحال در لفافه عبارات مبهم گنجانده بود آشکار ساخت و در این نامه دولت انگلستان بخوبی روشن میکند آنطور که نامه های قبلی آن دولت نگرانی های دولت ایران را حمل بر سوء تفاهم میکرد نبوده بلکه ناشی از دقت و توجه کامل دولت ایران به منویات دولت انگلیس بوده است زیرا در نامه مزبور صریحاً ذکر شده که دولت علیاحضرت ملکه انگلستان درصدد تسلیم دعاوی ازطرف شرکت نفت انگلیس و ایران به دیوان میباشد و از دیوان بین المللی درخواست خواهد نمود که نه فقط برای از دست رفتن تأسیسات شرکت در ایران بلکه برای ختم یکجانبه قرارداد امتیاز ۱۹۳۳ چه غرامتی باید پرداخت شود.

آقایان آیا شنیده اید که در هیچ یک از کشورهای دنیا که صنایع خود را ملی کرده اند حتی برای از میان رفتن قراردادهای خصوصی و نافذ و صحیح نیز غرامتی پرداخته باشند؟

دولت انگلیس میخواست از ملت ستمدیده ایران به عنوان لغو قراردادی که چگونگی تنظیم آنرا با دلایل متقن آقای دکتر مصدق نخست وزیر ایران سال گذشته در شورای امنیت بیان نموده اند غرامت بگیرد؟ یعنی مدعی است که دولت ایران نه فقط برای دارائی شرکت سابق در ایران بلکه به عنوان غیر معقول عدم النفع هم باید غرامت بپردازد و حال آنکه قرارداد ۱۹۳۳ باطل است و به هیچ عنوان قدرت قانونی نداشته است بلکه اگر صحیح هم بود اکنون با ملی شدن نفت کان لم یکن شده و هیچگونه اثر قانونی نمیتواند داشته باشد زیرا با فلسفه ملی شدن صنایع که قطع منفعت خصوصی است کاملا مغایرت دارد.

دولت انگلستان بعد از ملی شدن صنعت نفت انواع و اقسام فشارهای اقتصادی را برما وارد نمود و ترجیح میداد رویه خود را با ادامه تحریم کالاهای انگلیسی به مقصد ایران و تعقیب کشتی های حامل نفت ایران که توقیف کشتی روزماری فقط یک نمونه آن است تعقیب کند. لجاجت آن دولت در ادامه این رویه غیر دوستانه سبب شد که دولت ایران با نهایت تأسف روابط سیاسی خود را با دولت انگلیس قطع کند زیرا روابط سیاسی بین دول برای حفظ مناسبات دوستی و تسهیل تفاهم و همکاری بین المللی است و درصورتی که نتیجه آن معکوس باشد ادامه آن روابط بی مورد است.

آقای رئیس بی مناسبت نیست دراینجا قسمتی از پیام نخست وزیر ایران را به مجلس شورای ملی عرض کنم و آن این است که قطع رابطه سیاسی با دولت انگلیس مستلزم قطع علائق بین دوستی دو ملت نمیباشد و صد ها هزار افراد انگلیسی حقانیت ادعای ما را تصدیق میکنند و مانند ملت ایران علاقمند به حفظ روابط دوستانه میباشند.

« ما کاملا آگاه هستیم که دولت انگلستان با تمام وسائل کوشش خواهد نمود که حقیقت را طور دیگر جلوه دهد ولی اطمینان داریم که دنیا فریب این تبلیغات را نخواهد خورد و به خاطر خواهند داشت که دولت ایران تصمیم قطع روابط سیاسی را اتخاذ نکرد مگر وقتی که دولت انگلستان به طریق غیر قابل قبولی از قبیل ارعاب و تحریم کالا و محاصره اقتصادی و توقیف مطالبات ایران در بانک های انگلیس متشبث گردید. آیا میتوان انکار کرد که یک دولت بزرگ با این وسایل میکوشد ملتی را که شیفته صلح است و هدفی جز بهبود وضع اقتصادی خود ندارد از پا درآورد؟ آن هائی که رفاه ملتی را فدای منافع مادی یک شرکت حریص میکنند باید بدانند که برای اعمالشان در مقابل نسل های آینده باید پاسخ گو باشند».

۲۴ آبان ۱۳۳۱

نظر دولت انگلیس درمورد اظهارات نماینده ایران در کمیته اقتصادی سازمان ملل

سخنگوی وزارت امور خارجه انگلستان امروز درمورد بیانات اخیر دکتر علیقلی اردلان که دولت ایران حاضر است درمورد پرداخت غرامت ملی شدن صنایع نفت بر طبق موازینی که در خود انگلستان برای پرداخت غرامت در مورد صنایع ملی شده معمول است بپردازد اظهار داشت که دولت انگلیس مایل است این پیشنهاد جدید ایران برای مطالعه در یک دادگاه بی طرف مطرح شود. این سخنگو اضافه کرد که هنوز نماینده دولت انگلیس در کمیته اقتصادی و مالی سازمان ملل متحد گزارشی درمورد اظهارات دکتر اردلان به وزارت خارجه انگلستان ارسال نکرده است ولی اگر پیشنهادات ایران از روی حسن نیت صورت گرفته باشد به نظر دولت انگلیس راه عملی برای اجرای آن این است که دولت ایران با انتخاب یک دادگاه بی طرف برای رسیدگی به آن و تعیین میزان غراملت موافقت کند.

۴ آذر ۱۳۳۱

مجلس شورای ملی

آقای دکتر بقائی رئیس کمیته تحقیق مجلس شورای ملی از وزارت دادگستری سؤال کرد که چرا دولت هنوز برای مجازات مسببین واقعه ۳۰ تیر اقدامی بعمل نیاورده است.

درپاسخ به سؤال دکتربقائی معاون وزارت دادگستری به اطلاع مجلس رسانید که به علت احاله پرونده ۳۰ تیر به دیوان کشوربرای اظهار نظر درباره صلاحیت محاکم عمومی یا نظامی برای رسیدگی به این موضوع تحت رسیدگی است و هنوز مراجع قضائی نتوانسته اند به نتیجه قطعی برسند.

آقای دکتر بقائی با اعتراض اظهار داشت این حرف ها چیست که میگوئید درعصرروزسی ام تیر ساعت ۸ بعد از ظهر که از پیش آقای دکتر مصدق به حزب رفتم عده ای آنجا جمع بودند، هیجان زیادی داشتند با این حال با آنها صحبت کردم و تعهد کردم که چهارماه برای دولت مهلت قائل بشوید که به این کار رسیدگی کند و اکر نکرد صلاح است که خودتان مسببین را به مجازات برسانید. بنده آن موقع هر پیش بینی را میکردم جز یک پیش بینی و آن این است که دولتی که ما روی کار آوردیم و دولتی که در اثر نهضت ملی روی کار

آمده است در تعقیب مسببین و مسؤلین کوتاهی کند و هیچ وقت فکر نمیکردم که این دولت برای ما همه اش « در جریان است» درست بکند ولی حالا می بینم که این پیش بینی به وقوع پیوست. مردم روز ۳۰ تیر کشته داده اند و باید تا حالا به این جریان شدیدا و دقیقا رسیدگی شده و مسببین به مجازات رسیده شده باشند. این دولت را شهدا آورده اند و همین دولت شهدا را فراموش کرده است. این مسخره بازی چیست درآورده اید؟ این مزخرفات را دور بریزید. بروید به دکتر مصدق بگوئید برای این ملتی که خون خودش را ریخت و شما را سرکارآورد فکری بکنید. من همیشه اول اتمام حجت میکنم و بعد اقدام می نمایم همین حالا برای آخرین مرتبه میگویم که دولت تاکنون قصور کرده و حالا باید اقدامات جدی به عمل آورد ، اگر این کار نشود من مسؤلین امر را شریک جرم مسببین واقعه ۳۰ تیر میدانم.

آقای وکیل پور نماینده جهرم نیز آقای کاظمی وزیردارائی را مورد حمله قرارداده اظهار داشت آقای کاظمی در زمان تصدی وزارت خارجه کارهای بی رویه ای کرده و به نفع فرزند و بستگان خود اعمال نفوذ کرده اند.

آقای شمس قنات آبادی نیز طی سؤالی درباره امتحانات داوطلبان دبیرستان دارائی گفتند اگر آقای دکتر آذر نمیتوانند به وضع فرهنگ سر و صورتی بدهند چرا کنار نمیروند و تکلیف مردم را روشن نمیکنند.

۱۰ آذر ۱۳۳۱

من بر عقیده خود پا برجا هستم

آقای دکتر بقائی ، همانطور که در جلسه روزسه شنبه گفتم و بارها نیز تکرار کرده ام به مردم یعنی به کسانی که داغ دیده بودند و انتقام خون شهیدان خود را میخواستند قول دادم که چهار ماه صبر کنند تا محیط آرامی بوجود آمده و دولت مسببین را تعقیب و مجازات کند و اگر در ظرف این مدت دولت به وظیفه خود عمل نکرد آن وقت من با شما هم صدا شده برای گرفتن انتقام اقدام حواهیم کرد. این چهار ماه سر آمد و دولت هم اقدام نکرد و من مجبور شدم به قولی که به مردم تهران یعنی موکلین خود داده بودم رفتار نمایم و اکنون نیز صراحتا اعلام میدارم که من به هیچ قیمتی از میدان در نمیروم و تا نتیجه نهائی از اقدامات خود نگیرم دست بردار نیستم حالا دیگر دولت خود داند و آقایان هم هر تصمیمی دارند اتخاذ فرمایند.

آقای دکتر سنجابی گفتند پس از اشاره به واقعه تیر ماه و موقعیت حساس جهان و مردم ادامه مبارزه تا حصول نتیجه نهائی همه ما معتقدیم باید مسببین و مباشرین واقعه سی ام تیر که در آن روز عده ای از هموطنان عزیز ما شربت شهادت نوشیدند مجازات شوند تا سرمشقی برای آینده گردد ولی باید این را تصدیق کرد که این واقعه نباید « دکان شود » و به وسیله آن به دولت حمله کرد و موجبات تضعیف دولت که در حال حاضر برای رفع مشکلات احتیاج به آرامش دارد فراهم گردد.

۱۲ آذر ۱۳۳۱

آئین نامه داخلی مجلس اهانت به وزرا

جریانات جلسه علنی روز ۹ آذر و سخنان توهین آمیز چند نفر از نمایندگان مجلس شورای ملی سبب شده است که اعضاء هیأت دولت از حضور در جلسات مجلس خودداری نمایند. آقای نخست وزیر طی نامه ای به هیأت رئیسه مجلس شورای ملی اعلام داشته است نظربه این

که به وزرا توهین شده است چنانچه بر طبق آئین نامه نمایندگانی که بدون دلیل و داشتن مدارک سخنان توهین آمیز نسبت به هیأت دولت ادا نموده اند توبیخ نشوند از حضور در مجلس خودداری خواهند نمود.« بند ۲ ماده ۱۰۰ آئین نامه - اگر نماینده ای به یک یا چند نفر از وزرا و معاونین توهین و یا آنها را تهدید نمایند باید توبیخ مؤکد بشود».

« ماده ۶ آئین نامه - نماینده ای که درباره او توبیخ یا منع حضور تقاضا شده است حق دارد قبل از رأی مجلس برای دفاع خود به اختصار بیاناتی ایراد نماید». به نظر دولت اجرای آئین نامه دراین مورد با موقعیت او ارتباط زیاد دارد تا آنجا که اجرای ماده ۱۰۰ آئین نامه را شرط ادامه خدمتگذاری خود دانسته است.

نظر به اینکه آقای دکتر بقائی حاضر نیست در مورد او توبیخ اجرا گردد و فقط حاضر شده که درجلسه علنی از دولت معذرت بخواهد و چون آیت الله کاشانی به درستی نمیداند که آیا آقای دکتر مصدق با معذرت رسمی آقای دکتر بقائی رفع تکدر خواهد شد یا خیر از اینرو تصمیم گرفته اند این موضوع را تلفنی از آقای دکتر مصدق جویا شوند.

آقای دکتر مصدق معتقد هستند « من یک موقعی هرگونه ظلم و اجحاف و حتی فحش و ناسزا را تحمل میکردم و آن موقعی بود که پای اجانب در میان بود و دولت من در بحبوحه مبارزه با اجانب بود ولی اکنون که دولت دست به یک رشته اصلاحات اساسی زده و یک عده دشمن سر سخت برای خود فراهم کرده است احتیاج به کمک و مساعدت و همفکری نمایندگان دارد و دیگر حاضر نیست که آقایان نمایندگان به جای کمک و مساعدت برای اصلاحات از حدود سؤالات خارج شده و به دولت اهانت نمایند و اکنون نیز از مجلس چیزی اضافه بر اجرای آئین نامه نمی خواهد.

۱۳ آذر ۱۳۳۱

مصاحبه سفیر کبیر ایران در امریکا

آقای الهیار صالح سفیر کبیر ایران در واشنگتن در مصاحبه ای با خبرنگاران رادیو و تلویزیون و روزنامه ها به سؤالات آنها پاسخ میدهد:

س - مردم امریکا با وجود اطلاعاتی که براثر اختلاف ایران و انگلیس از اوضاع کشور شما بدست آورده اند باز هم اطلاعات کافی از اوضاع ایران جدید ندارند ، ممکن است بفرمائید چه تغییرات مهمی در کشور شما روی داده است؟
ج - در طی ۲۰ سال اخیر در روحیه و طرز تفکر مردم ایران تغییرات بزرگی بوجود آمده است. تا سال ۱۹۲۰ که ۱۴ ماده ویلسن از طرف رئیس جمهور کشور شما تنظیم گردید و حتی تا چند سال اخیر ایران براثر دخالت های کشورهای خارجی در امور خود دچار اشکالات فراوان شده بود. این کشورها نمی گذاشتند که ایران به طرف ترقی قدم بردارد و از اصول فئودالیسم در ایران پشتیبانی میکردند. چهارده ماده ویلسون در طرز تفکر طبقه روشنفکر ایران مؤثر واقع شد و سپس اصل چهارگانه آزادی های اجتماعی و سیاسی از طرف روزولت رئیس جمهور فقید شما اعلام گردید روشن کرد که اصول قدیمی و کهنه نمیتوانند برای همیشه پایدار بمانند و باید تغییر یابند.

در طی جنگ گذشته بسیاری از امریکائی ها به ایران آمدند و متوجه شدند که ایران یک صحرای بی آب و علف نیست بلکه سرزمین وسیعی است که دو برابر و نیم تکزاس وسعت دارد و دارای ۲۰ میلیون جمعیت و منابع طبیعی فراوان میباشد. من با نظر شما که معتقد

هستید امریکائی ها هنوز از ایران اطلاعات کافی ندارند موافقم ولی باید بگویم که ایرانی ها امریکا را بخوبی میشناسند. ما از سیستم دموکراسی کشور شما بخوبی آگاه هستیم و کوشش داریم این رویه را در کشور خود برقرار سازیم و قدم های سریعی در راه تشکیل آرزو های خود که ایجاد یک کشور کاملا آزاد و مستقل است برداشته ایم. به این ترتیب من میتوانم به شما بگویم که بزرگترین تغییری که در کشور من روی داده اعتقاد به دموکراسی و آزادی نظیر کشور شما که قابل دوام و پایدار است. مردم کشور ما اینک معتقد شده اند که باید «حکومت مردم بدست مردم برای مردم» در ایران برقرار گردد.

س - آیا در کشور شما دهقانان و کارگران در روی کار آوردن دولت ها و انتخاب آنها تأثیر واقعی دارند؟

ج - بله ... ما در ایران قدمهای بلندی برای تأمین این منظور برداشته ایم و خود من در این باره کوشش های زیادی نموده ام زیرا لابد میدانید که من کارمند وزارت خارجه نیستم و هم دردولت فعلی و هم در دولت های سابق در سازمان های مختلف دولت ایران کار میکرده ام. اما باید بگویم که که کوشش های ما در این مورد فقط به سطح ، خراشی وارد آورده است و اصلاحات مورد لزوم هنوز انجام نشده است. البته علت این امر هم آن است که کشور ما دارای عادات و رسومی است که ۲۰۰۰ سال از عمر آن میگذرد. ولی با وجود این ما اینک کوشش داریم که این عادات و رسوم را که با عصر حاضر و احتیاجات فعلی مغایرت دارند تغییر دهیم و اصلاح کنیم. دولت ما درحال حاضر به اصول دموکراسی اعتقاد دارد. ما قدمهای برجسته ای برای اعطای حق دخالت در امور به کارگران و کشاورزان برداشته ایم. در کشور ما همه مردم میتوانند در رأی دادن شرکت کنند. مثلا در انتخابات اخیر از یک میلیون جمعیت تهران ۱۴۰هزار نفر در انتخابات شرکت کردند.

س - آیا دولت ایران نقشه هائی برای اصلاحات اجتماعی و اقتصادی طرح کرده است؟
ج - ما در سال ۱۹۴۹ یک نقشه وسیع عمرانی و اصلاحی بنام برنامه ۷ ساله طرح کردیم و در همان موقع نیز دولت ایران مصمم شد که بر درآمد خود از منابع نفت بیفزاید و از شرکت سابق نفت درآمدی به میزان درآمدی که شرکت نفت ونزوئلا دریافت میداشت دریافت دارد. درسال ۱۹۵۰ درآمد ایران از نفت سالیانه فقط ۴۵ میلیون دلار بود و البته این مقدار کفاف احتیاجات ما را نمیداد. ما کوشش هائی برای بهبود اوضاع کشاورزان نموده ایم و دکتر مصدق در تابستان گذشته سهم کشاورزان را ۲۰٪ افزایش داده است.

س - اغلب گفته میشود که اصلاحات ارضی یکی از مسائل خاور میانه محسوب میشود ، آیا در کشور شما هم این مسأله وجود دارد؟
ج - در ایران مخصوصا این مسأله وجود دارد زیرا در کشور ما عده کمی از فئودال ها اراضی را در تصرف خود نگاه داشته اند و میلیون ها نفر از مردم به عنوان کارگر در اراضی مشغول کار هستند و فقط سهمی از محصول دریافت میدارند. اما دولت ایران از این وضع راضی نیست و ما کوشش میکنیم که زارع مالک زمینی شود که روی آن کشت میکند. البته حل این مسأله مشکل است زیرا در طی قرون متمادی فئودال ها صاحب اراضی بوده اند و اینک به راحتی راضی نیستند که اراضی را به دهقانان واگذار کنند.

س - آیا شما موافق هستید که سرمایه داران خارجی در کشور شما مشغول فعالیت شوند. دولت مصر به ما اطلاع داده است که سرمایه داران خارجی میتوانند در شرکت هائی که در

مصر تشکیل میدهند ٪۵۱ سهم داشته باشند آیا دولت شما در نظر ندارد که چنین قانونی وضع کند؟

ج - مشکل ما در ایران کمبود سرمایه است و ما به سرمایه و هم به متخصص احتیاج داریم. من به شما اطمینان میدهم که ایران از سرمایه های خارجی استقبال میکند اما درمورد قانون، قوانین ایران بسیار کامل است و احتیاجی به وضع قوانین تازه نیست.

س - حالا که اطلاعاتی درباره اوضاع عمومی بدست آورده ایم ممکن است اطلاعاتی درباره موضوع بین المللی نفت ایران که دنیا برای آن اهمیت زیاد قائل است بشنوندگان و خوانندگان ما بدهید؟

ج - در سال ۱۹۰۱ که ایران زیر سلطه رژیم دیکتاتوری بود شاه ایران امتیازی به یکی از اتباع انگلیس برای استخراج نفت داد ، حوزه امتیاز ۴۰۰ هزار میل مربع یعنی تقریبا برابر ایالت تکزاس بود. در سال ۱۹۰۹ نفت بدست آمد و یک عده از سرمایه داران انگلیسی امتیاز نامه را خریدند و شرکت نفت انگلیس و ایران را تشکیل دادند و در طی ۱۰ سال ۱۰۰ میلیون دلار خرج کردند و این تنها سرمایه ای بود که صاحبان شرکت سرمایه گذاری کردند. شرکت در ۴۰ سال گذشته یعنی از سال ۱۹۱۰ تا ۱۹۵۰ فعالیت های خود را چنان توسعه داد که محصولات شرکت در سراسر جهان بفروش میرسد. این توسعه کاملا از درآمد نفت ایران که بیشتر از ۵ میلیارد دلار میباشد صورت گرفته و شرکت سرمایه تازه اضافه نکرده است. با وجود این درهمین مدت ، یعنی در مدت ۴۰ سال درآمد ایران از محل نفت فقط ۴۵۰ میلیون دلار یا در واقع ٪۱۰ کلیه درآمد بوده است.

بد نیست بدانید که دولت انگلیس تنها در سال ۱۹۵۰ بیش از یک سوم کلیه درآمد ایران درطی ۴۰ سال یعنی ۱۴۲ میلیون دلار از شرکت سابق نفت مالیات دریافت داشته است و به این ترتیب شاید شما درک میکنید که چرا مردم ایران معتقد بوده اند که سهم ایران از درآمد نفت کم بوده است بخصوص وقتی که درآمد ایران با درآمد ونزوئلا و حتی عربستان سعودی مقایسه شود. اما به عقیده من شرکت نفت دچار اشتباه فاحشی شده بود و معتقد بود که میتواند رویه سابق خود را که با آن همه موفقیت روبرو شده بود باز هم عملی نماید و از آن نتیجه بگیرد. بالاخره دولت ایران که مشاهده کرد انگلیسی ها به هیچ وجه حاضر نیستند در نظریات خود تعدیل کنند تصمیم به ملی کردن صنعت نفت خود گرفت.

س - هنگام ملی شدن نفت دولت ایران چه پیشنهاد هائی به شرکت نفت داده است؟

ج - شاید بدانید که خود من یکی از اعضای کمیسیون مختلط نفت بودم. در قانون ملی شدن نفت موضوع پرداخت غرامت صریحا ذکر شده است و به موجب این قانون ما ۲۵ در صد از درآمد فروش نفت را به شرکت خواهیم پرداخت ولی تاکنون اشکالات دیگری جلو حل مسأله نفت را گرفته است.

س - مخالفت اصولی شما با پیشنهاد هائی که تا حالا از طرف انگلیس ها شده چیست؟

ج - مخالفت های اصولی ما این ها هستند.

یک - ما نمیتوانیم قبول کنیم که شرکت سابق نفت دوباره کار استخراج و تولید را در دست داشته باشد.

دو - ما نمیخواهیم که به شرکت نفت حق انحصار خرید بدهیم و میخواهیم آزادی در فروش داشته باشیم البته انگلیس ها پس از چند ماه چانه زدن موافقت کردند.

سه - ما موافقت کردیم که موضوع غرامت به دادگاه بین المللی لاهه واگذار شود ولی انگلیس ها اصرار داشتند که دادگاه درباره خساراتی که براثر ملی شدن نفت و فسخ پیش از موعد امتیاز نامه به آنها وارد آمده است و بابت منافعی که بعد میبایست بدست آورند به آنها غرامت پرداخته شود. در هر حال ما حاضر هستیم که فقط بابت تأسیسات شرکت در ایران غرامت بپردازیم.

چهار - ایران به بلوکه کردن دارائی های خود در بانک های انگلیس نیز اعتراض دارد. این مسأله شامل ۴۹ میلیون لیره ئی که ایران از شرکت نفت طلب دارد نیز میباشد.

س - راه حل شما چیست؟

ج - البته راه حلی برای این موضوع وجود دارد. دنیا به نفت ایران محتاج است. ما حاضرهستیم نفت خود را به قیمت عادلانه که برای هر شرکت نافع خواهد بود بفروشیم. ما همچنین حاضر هستیم که با شرکت نفت برطبق اصل تجاری و نه درباره باز گرداندن شرکت به ایران وارد مذاکره شویم. اما اگر انگلیس ها حاضر به خرید نفت نباشند تنها راه حل آن است که شرکت های امریکائی و شرکت های دیگر نفت ما را خریداری نمایند و ما از بابت منافع آن غرامت شرکت نفت را بپردازیم و البته تا هنگامی که دولت انگلیس که جلوی فروش نفت ایران را میگیرد و لیره های ما را بلوکه میکند راه حلی برای مسأله نفت وجود نخواهد اداشت.

س - پورسانتاژ ایران از درآمد شرکت نفت چه مقدار بود؟

ج - دولت ایران در سال ۱۹۵۰، ٪۱۵ درآمد داشت. البته این میزان خیلی کم است ولی وقتی هیچ راهی برای جبران آن وجود ندارد اهمیت زیادی پیدا میکند. علاوه بر آنکه دولت ایران این درآمد را از دست داده است ما ناچار هستیم که ماهیانه حقوق ۷۵۰۰۰ کارگر و کارمند بیکار آبادان و مناطق نفت خیز را بپردازیم و این حقوق معادل ۶ میلیون دلار در ماه میباشد.

۱۶ آذر ۱۳۳۱

نامه نخست وزیر به مجلس

نایب رئیس ، خاطر آقایان نمایندگان مستحضر است نامه ای جناب آقای نخست وزیر راجع به درخواست اجرای بعضی مواد آئین نامه داخلی مجلس شورای ملی به هیأت رئیسه مجلس شورای ملی فرستاده بودند البته آقایان میدانند که اختیار اجرای آئین نامه برطبق قانون با هیأت رئیسه مجلس میباشد ولی چون آقای نخست وزیر اظهار علاقه کرده بودند که نامه ایشان برای اطلاع آقایان خوانده شود اکنون قرائت خواهد شد. در عین حال همانطور که عرض کردم موضوع نامه ایشان مطرح نخواهد بود.

متن نامه آقای نخست وزیر به مجلس شورای ملی

ریاست محترم مجلس شورای ملی

بطوری که استحضار دارند در موقع طرح سؤالات آقایان نمایندگان از آقایان وزرا در جلسه ۴ آذر ماه جاری در مجلس شورای ملی از طرف سؤال کنندگان محترم مطالب و مذاکراتی عنوان شد که به هیچوجه با موضوع سؤال و توضیح درباره آن وفق نمیدهد. صورت جلسه ۴ آذر ماه حاکی است که اظهارات چند تن از آقایان نمایندگان محترم نه تنها در اطراف مطلبی نبوده که از دولت توضیح آن را خواسته اند بلکه گفته های آنان اهانت آمیز و جنبه تهدید داشته است و مشمول قسمت دوم از ماده ۱۰۰ آئین نامه داخلی مجلس شورای ملی میباشد،

ذکر این حقیقت بی مورد است که شخص این جانب و عده ای از وزرائی که سابقا در دولت این جانب شرکت داشته اند مکرر در مجلس دوره ۱۶ از طرف بعضی از نمایندگان مورد تعرض و بی احترامی و حتی هدف دشنام و ناسزا قرار گرفته اند. آن روز چون تمام یک مملکت برضد مداخلات اجنبی بپا خاسته بود و سیاست بیگانه میخواست با ضربه فحش و هتاکی ایادی خود ملت رشید ایران را از ادامه راهی که برای رهائی خود از سلطه آنان برداشته بود بازدارد بدون کمترین توجه به آن جریان شرم آور مأموریت و مسؤلیتی که ملت انجام آن را خواسته بود دنبال کردم و حتی در یک جلسه علنی پشت تریبون مجلس شورای ملی اظهار داشتم که «ما برای کشته شدن حاضر و آماده ایم فحش و کلمات رکیک و الفاظ زشت کمترین انتظاری است که دراین مبارزه بزرگ ملی داریم» در موقعی هم که یکی از وزیران کابینه وقت مورد تعرض و حمله یک نماینده در سرسرای مجلس قرار گرفت و بعضی از وکلا در جلسات بعد میخواستند فرمول عذرخواهی تهیه کنند اینجانب با چنین عملی شخصا مخالفت کردم و نگذاشتم آن نظریه را به مرحله عمل درآورند ولی امروز که حریف منتظر به زانو درآوردن ملت است اگر اصلاحاتی در داخل کشور صورت نگیرد و سازمان های اداری به نفع سعادت مملکت جرح و تعدیل نشوند و افرادی از هر طبقه به نفع محرومین گذشت هائی نکنند و مجال کار مثبت برای دولت باقی نگذارند چگونه میتوان با چشم امیدوار به آینده نگاه کرد؟

آقایان محترم میدانند که اصلاحات عمیق و ریشه دار همین که از مرحله حرف خارج و به عمل نزدیک شد چون به ضرر مستقیم افرادی تمام میشود مخالفین سرسخت پیدا خواهد کرد که جز با یک دولت متکی به قدرت کامل قانون و مستظهر به عواطف ملت و پشتیبانی مجلس شورای ملی ادامه راه برای او غیر ممکن و محال است. منظور از این مقدمات این نیست که ازعملیات دولت کسی انتقاد نکند و از راهنمائی های مفید و مؤثرخود آقایان نمایندگان محترم دولت را محروم گذارند ولی تصدیق خواهند فرمود که انتقاد و راهنمائی با توهین و تهدید تفاوت بسیار دارد و چون نظامنامه داخلی مجلس شورای ملی نیز این قسمت را همانطوری که فوقا اشاره شد ضمن بند دوم از ماده ۱۰۰ آئین نامه پیش بینی کرده است اینجانب هیچ گونه توقع و انتظاری جز اجرای ماده مزبور درباره آقایان نمایندگانی که در جلسه سه شنبه چهارم آذر به وزرا و معاونین اهانت و تهدید کرده اند ندارد.
نخست وزیر - دکتر محمد مصدق

آقای دکتر شایگان پس از قرائت نامه آقای نخست وزیر اظهار داشتند: طرحی از طرف عده ای از آقایان تهیه شده با قید سه فوریت که تقدیم مجلس میکنم. انشاالله با این طرح رفع این اشکال خواهد شد.

متن طرح نمایندگان که به تصویب رسید
ریاست محترم مجلس شورای ملی مجلس شورای ملی از جریان مذاکرات جلسه روز سه شنبه چهارم آذر ماه در موقع طرح سؤالات که برخلاف آئین نامه داخلی مجلس پیش آمد نموده است اظهار تأسف می نماید و کمافی السابق اعتماد و پشتیبانی کامل خود را به دولت جناب آقای دکتر مصدق اعلام میدارد.

۱۷ آذر ۱۳۳۱

اعلامیه وزارت امور خارجه امریکا

بدنبال شایعاتی منتشره درمورد آزاد بودن شرکت های مستقل نفتی امریکا در خرید نفت از ایران وزارت امور خارجه امریکا امروز طی اعلامیه ای اعلام داشته است که این مسأله باید روشن گردد.

« قبل از تصویب قانون ملی شدن صنعت نفت در ایران سالیانه بین ۳۰ تا ۳۲ میلیون تن نفت یا تقریبا ۲۴۰ میلیون بشکه نفت خام و مواد نفتی تصفیه شده در این کشور تهیه و عرضه میشد. عواید ایران از محل حق الامتیاز ، مالیات و دستمزد بالغ بر ۱۰۰ میلیون دلار در سال میگردید و بنابراین واضح است که صنعت نفت ایران متضمن یک فعالیت وسیع تجاری بود که در آن بزرگترین ناوگان کشتی های نفتکش شرکت داشتند و نیز یک سازمان بزرگ توزیع و فروش در اختیار داشت. از روزی که جریان نفت قطع و پالایشگاه آبادان تعطیل گردید ، امریکا از هرگونه کوششی برای کمک به حل اختلاف بین طرفین ذینفع دریغ نداشته و آرزوی امریکا این بود که ایران هرچه زودتر از عواید نفت استفاده نماید و از لحاظ تأمین منافع دنیای آزاد نیز امریکا آرزو داشته است که از تعطیل یک صنعت بزرگ جلوگیری کند.

از زمان تصویب قانون ملی شدن صنعت نفت در ایران شرکت نفت انگلیس و ایران برای تأمین مواد نفتی خود به منابع دیگر روی آورده ، از طرف دیگر نظر به بن بست مذاکرات حل نفت، تسهیلات و وسایل شرکت سابق نفت نیز برای حمل و فروش نفت ایران دراختیار ایران نبوده است. به نظر وزارت امور خارجه امریکا مسأله حمل مقدار جزئی نفت خام یا تصفیه شده ایران در مقابل لزوم پیدا کردن راهی که منجر به حل قضیه نفت و صدور مجدد مقادیر زیادی از نفت ایران به خارج گردد چندان حائز اهمیت نمیباشد بهمین جهت ما معتقد هستیم که صدور و توزیع و فروش مقدار جزئی مواد نفتی ایران بدون استفاده از کشتی های نفتکش و وسایل پخش، قضیه نفت ایران را حل نخواهد کرد و منافع قابل ملاحظه ای از این صنعت عظیم عاید ایران نخواهد شد.

در واقع به نظر میرسد که این گونه صدور نفت ایران که اشکالات پیچیده قانونی دربر خواهد داشت به حل مسأله نفت لطمه وارد خواهد آورد. نظر به اوضاع و احوال فعلی دولت امریکا معتقد است که اتخاذ تصمیم مبنی براینکه آیا نفت ایران باید خریداری شود یا نه بایستی به اشخاص و شرکت های دینفع واگذار شود و خود آنها در این مورد قضاوت نمایند و اشکالات و مخاطرات قانونی باید به وسیله همین اشخاص و شرکت ها حل و فصل شود. و اما وزارت امور خارجه همچنان مساعی لازم برای حل دعوای نفت مبذول خواهد داشت تا اصول اساسی بین المللی در مورد پرداخت غرامت کافی و مؤثر مجری و ایران نیز از تجدید فعالیت دامنه دار صنعت نفت منتفع گردد.

نظر آقای دکتر سنجابی درمورد اعلامیه وزارت امور خارجه امریکا

برای صدور چنین اعلامیه ای هیچ تقاضائی از طرف دولت ایران نشده و انتشار این اعلامیه میرساند که دولت امریکا زیر فشار خریداران امریکائی نفت ایران قرار گرفته و برای این که خریداران را راضی کند وضمنا دولت انگلیس را هم نرنجاند مبادرت بانتشارچنین اعلامیه ای

کرده است در واقع یک فرمولی است که وزارت خارجه امریکا برای ساکت کردن کمپانی های نفت و راضی نگهداشتن انگلیس ها پیدا کرده است.

وزارت خارجه امریکا تا بحال در موضوع نفت ایران پا بپای انگلیس رفته ، بایکوت معامله نفت ایران را که انگلیس ها اعلام داشته اند تأیید کرده و حتی با کمپانی های بزرگ نفت وارد مذاکره شده و آنها را از تماس با دولت ایران برای خرید نفت برحذر داشته است. با این اعلامیه دولت امریکا خواسته است بگوید آن توصیه هائی که قبلا برای منع معامله با ایران به کمپانی های نفت شده دیگر موضوع ندارد و با صدور نفت ایران مخالف نیست ولی در عین حال با عباراتی که مخصوص زبان دیپلماتی است خواسته است انگلیس ها را هم از خود نرنجاند. اما چرا دولتی که درحال رفتن است و تا یکی دو ماه دیگر باید جای خود را به دولت دیگری بدهد مبادرت به صدور چنین اعلامیه ای کرده باید گفت که از لحن اعلامیه برمیآید که زمامداران امریکا سخت تحت فشار افکار داخلی خودشان هستند و برای نجات از این فشار و رفع محظور دربرابر انگلیس چاره را در تنظیم چنین فرمولی تشخیص داده اند.

از نظر منافع ملت ایران باید گفت چیز عمده ای در این اعلامیه دیده نمیشود و هنوز هم نمیتوان از خلال الفاظ دیپلماتیک که در تدوین و انشاء این اعلامیه بکار رفته مقصود واقعی دولت امریکا را درک کرد و باید در انتظار وصول گزارش نماینده سیاسی ایران در امریکا بود تا معلوم شود که اعلامیه مزبور با چه روح و مقصودی نوشته شده است و البته وقتی کلمات دیپلماتیک را که برای تلطیف مقصود و نرنجانیدن انگلیس ها در متن اعلامیه بکار برده شده به یک سو گذارند حقیقت را میشود بدست آورد. به هر حال اگر همان طور که از ظاهر اعلامیه وزارت امور خارجه استنباط میشود مقصود امریکا این باشد که در رویه خود تجدید نظر کرده و صدور نفت ایران را آزاد گذارد ، باید انتظار داشت که پیشنهاد های خرید نفت از طرف کمپانی های امریکا بزودی به ما برسد.

۱۸ آذر ۱۳۳۱

اظهارات ایدن درمورد اعلامیه وزارت امور خارجه امریکا در مجلس عوام

رویتر ، ایدن طی نطقی در مجلس عوام انگلیس در مورد اعلامیه وزارت امور خارجه امریکا درباره خرید نفت ایران اظهار داشت شایعات مبنی بر اینکه بین شرکت های نفت انگلیس و امریکائی و وزارت خارجه امریکا مذاکراتی راجع به واگذاری حقوق شرکت نفت انگلیس و ایران در ایران به شرکت های نفت امریکائی در جریان است بی اساس است و هیچ گونه مذاکراتی در این باب صورت نگرفته است. انگلیس هرگز حقوق خود را به امریکا واگذار نکرده و نخواهد کرد و همواره دولت انگلیس از شرکت نفت دراحقاق حقوقش ازاموال صنایع نفت جنوب ایران پشتیبانی میکند.

درمورد این که شرکت های نفتی امریکائی میتوانند نفت از ایران خریداری کنند ، از بیانات سخنگوی وزارت امور خارجه امریکا این طور استنباط میشود که در روش آنها نسبت به مسأله نفت ایران تغییری حاصل نشده است. در هر حال دولت های دیگر هر تصمیمی در حدود حق حاکمیت خود راجع به این موضوع اتخاذ کنند مانع از آن نخواهد شد که دولت انگلیس به تعهدات خود در مقابل یک شرکت انگلیسی عمل کند. به نظر من وزارت امور خارجه امریکا از طرف شرکت های کوچک نفت امریکا تحت فشار قرار گرفته و اجبارا

مبادرت به صدور این اعلامیه کرده است. ولی صدور این اعلامیه نمیتواند دلیل این باشد که در روش امریکا نسبت به انگلستان تغییر کرده باشد.

مصاحبه مطبوعاتی ایدن با خبرنگاران درمورد نفت ایران

آنتونی ایدن وزیر امور خارجه انگلیس در پاسخ به خبرنگاران مبنی بر اینکه پالایشگاه نفت آبادان به شرکت های امریکائی واگذار خواهد شد. اظهار داشت نه مذاکراتی در این مورد صورت گرفته یا میگیرد و نه اموالی به کسی انتقال داده میشود دولت امریکا نیز در رویه خود تغییری نداده است دولت انگلستان معتقد است نفتی که در جنوب ایران بدست میآید متعلق به شرکت نفت انگلیس و ایران است و تا قضیه پرداخت غرامت حل و فصل نشده است اولیای امور انگلستان از جانب دولت و شرکت مزبور حق دارند برای حفظ حقوق خود درصورت لزوم اقدامات قانونی به عمل آورند.

۱۹ آذر ۱۳۳۱

نظر دولت ایران درباره اعلامیه وزارت امور خارجه امریکا

آقای دکتر فاطمی سخنگوی دولت ایران درمورد اعلامیه وزارت امور خارجه امریکا به خبر نگاران داخلی و خارجی اظهار داشت گرچه مشکلاتی که در راه فروش نفت توسط دولت انگلیس ایجاد شده ضمن اینکه صنایع کشورهای غربی را از نظر احتیاج مبرم به این ماده حیاتی در مضیقه گذاشته و از طرف دیگر کسر عواید آن برای دولت ایران ایجاد مشکلات مادی نموده است معهذا چون وضع حاضر در ازاء عدم مداخله خارجیان در امور داخلی ایران حاصل گردیده به هیچوجه مایه تأسف نیست و ملت ما این تضییقات را با گشاده روئی تحمل میکند و ضمنا از هیچ گونه تلاش برای یافتن راه حلی که منطبق با قوانین موضوعه باشد کوتاهی نخواهد نمود.

صدور ۳۳ میلیون تن نفت از کشور و پرداخت وجه ناقابلی به عنوان حق الامتیاز و دخالت و اعمال نفوذ شدید در صرف این مبلغ به نحوی که حتی المقدور ثمره و نفعی عاید مردم و مملکت نگردد از نظر ملت ایران حقیقت مسلمی است که هیچ فرد ایرانی دیگر تن به تجدید آن نخواهد داد. دولت ایران با توجه به وضع و موقعیت خاص دولت کشورهای متحده امریکا به هیچوجه از این جریان گله مند نیست که چرا امریکا متحد خود را از ادامه روش جابرانه علیه ایران باز نداشته بلکه انتظار معقول و موجه ما این است که دولت مزبور اگر ما را در مشکلاتی روبرو هستیم یاری نکرده و در این مورد از حق و عدالت طرفداری نمیکنند لااقل با کمک مستقیم مادی خود روشی اتخاذ نکند که عملا قرینه خاصی برای تشجیع و تشویق زورمندان باشد تا در نتیجه صلح و امنیت بین المللی که منظور نظر کلیه ملل آزادیخواه جهان است مختل گردد. در آن قسمت از اعلامیه وزارت خارجه دولت امریکا که نسبت به « بیم زیان حقوقی » شرکت های صادر کننده نفت ایران اشاره شده محتاج به توضیح نیست که از نظر حقوق بین المللی و سوابقی که درمورد ملی شدن صنایع و به خصوص رویه قضائی که در مورد ملی شدن صنعت نفت موجود است به هیچوجه بیم زیان حقوقی برای هیچ فرد و شرکت خریدار نفت ایران در میان نخواهد بود زیرا محصولات نفتی ایران مالک دیگری جز ملت ایران ندارد چنانکه جریان شورای امنیت ، رأی دیوان دادگستری لاهه جهانیان را متوجه حقانیت دولت ایران و اثبات این حقیقت نموده است. برای جبران خسارت عادلانه و تصفیه محاسبات طرفین نیز گذشته از اینکه در قانون ملی

شدن صنعت نفت این مورد تصریح گردیده دولت ایران نیز همه وقت آمادگی خود را برای حل منصفانه موضوع پرداخت غرامت پس از رسیدگی به دعاوی متقابل اعلام داشته است.

۲۱ آذر ۱۳۳۱
اطلاعیه آقای الهیار صالح سفیر کبیر ایران در امریکا

آقای الهیارصالح در تاریخ ۲۱ آذرماه اطلاعیه ای به شرح زیر خطاب به جراید امریکا صادر کردند : از تاریخ انتشار اعلامیه ۶ دسامبر ۱۹۵۲ (۱۵ آذر) وزارت خارجه امریکا درجراید راجع به حمل نفت ایران سؤالاتی از سفیر کبیر ایران به عمل آمده است. این سؤالات از اشاره اعلامیه به عواقب « با مخاطرات قانونی » که ممکن است دامنگیر خریداران نفت ایران گردد ناشی شده است. منظور وزارت امور خارجه از ذکر این مطلب ظاهرا احتمال تعقیب قانونی بر علیه خریداران نفت ایران از طرف شرکت سابق ایران و انگلیس بوده است. سفیر کبیر ایران مایل است مشخص کند که تعقیب قانونی با رأی صادره از یک دادگاه صلاحیت دار فرق دارد زیرا که میتواند در هر موقع و بهرعلتی اقامه دعوا کند ولی رأی نهائی دادگاه است که واقعا مهم و معتبر میباشد.

دولت انگلیس و همچنین شرکت سابق نفت انگلیس و ایران در دادگاه بین المللی لاهه علیه ایران اقامه دعوی کردند ، ما در دادگاه حضور یافتیم و دادگاه بین المللی به نفع ما رأی صادر کرد حتی سر آرنولد مک نایر قاضی انگلیسی به حقانیت ایران رأی داد. در جریان محاکمه که منتهی به صدور رأی مذکور شد مقامات عالی قضائی انگلستان و سرلایونل هیلد دادستان کل علیاحضرت ملکه انگلستان و همچنین سر اریک بکت از دعوی انگلستان با منتهی فراست و مهارت که خاص قضات عالیمقام انگلیس میباشد دفاع کردند معهذا دادگاه به نفع ایران رأی صادر نمود. بنابراین صاحبان مؤسسات کشتی رانی امریکا توجه دارند درصورتی هم که تعقیب قانونی به عمل بیاید عواقب و یا مخاطرات قانونی واقعی وجود نخواهد داشت.

لازم است به حوادث و پاره ای سوابق گذشته توجه نمائید، دولت مکزیک در سال ۱۹۳۸ صنعت نفت خود را ملی کرده و محصولات نفتی خود را به بازارهای جهان فروخت. شرکت نفت ال اگویلا در محاکم هلند و مکزیک و فرانسه به منظور ضبط نفت های فروخته شده از طرف مکزیک اقامه دعوی نمود و شرکت ال آگویلا مدعی بود که محصولات نفتی مکزیک متعلق به شرکت مزبور میباشد. سه دادگاه اروپائی رأی به نفع مکزیک صادر نمودند. محاکم مزبور استدلال کردند که صدور رأی به نفع شرکت به منزله اظهار نظر در یک دادگاه خارجی درباره اعمال ناشی ازقوانین عمومی دولت مکزیک که یک دولت مستقل است میباشد. محاکم اروپائی همچنین اعلام داشتند که اعمال و اقداماتی مانند اقدامی که دولت مکزیک نموده مبنی بر اعمال حاکمیت دول میباشد و نمیتواند در محاکم خارجی مورد بحث و رسیدگی قرار گیرد.

بنابراین من معتقد هستم که خریداران احتمالی نفت ایران نباید برای کلمه « مخاطرات » که در اعلامیه وزارت خارجه امریکا ذکر شده بیش از منظوری که واقعا از آن کلمه در نظر بوده است اهمیت قائل شوند شرکت سابق نفت ایران و انگلیس ممکن است کوشش برای اقامه دعوی کند ولی شک نیست هر دادگاه با حیثت و محترم به نفع ایران رأی خواهد داد. آنچه در اعلامیه وزارت امورخارجه امریکا مشخص میباشد این است که « با اوضاع و احوال کنونی دولت امریکا معتقد است که اخذ تصمیم خرید یا عدم خرید نفت از ایران باید به

عهده خود افراد و مؤسساتی که ممکن است داوطلب خرید باشد محول گردد ، هیچ کس بعد از این نمیتواند مدعی شود که امریکا از حمل نفت از ایران جلوگیری میکند ».

نظر یکی از مقامات شرکت ملی نفت ایران درمورد اعلامیه امریکا

یکی از متخصصین عالیرتبه نفت در مورد اعلامیه امریکا اظهار داشت به نظر من در این یک سال و نیم که از جریان ملی شدن صنایع نفت ایران میگذرد ، امریکائی ها هیچ وقت حاضر نشدند دامن انگلیس ها را رها و به ما توجهی مبذول دارند.

با روی کار آمدن جمهوری خواهان هم فکر نمیکنم در قسمت نفت مساعدتی به ما بکنند و به ظن قوی آیزنهاور جانب کارتل های نفتی را به خاطر ایران از دست نخواهد داد. دلایل محکم و قوی در دست است که امریکا میتوانست به ما کمک کند ولی نکرد. این دلایل و قرائن هنوز هم موجود است. همه میدانیم مصرف مواد نفتی در دنیا در مدتی که ایران صنایع نفت خود را ملی کرده کمتر نشده بلکه افزایش یافته است. پس در این حالت آن ۳۲ میلیون تن نفتی که از آبادان به خارج میرفت تاکنون چه کسی و کدام مملکت آن را تأمین میکرده؟ ممکن است ۴ تا ۵ تن نفت خام را که احتیاج به تصفیه ندارد از کویت و عربستان سعودی تأمین کرده باشند ولی بقیه این مقادیر ، یعنی بالغ بر ۲۶ میلیون تن تصفیه شده را غیر از کارتل های بزرگ و شرکت های نفت امریکا کس دیگری تأمین نکرده است.

بطور مسلم پس از تعطیل پالایشگاه آبادان همین ۷ یا ۸ کارتل بزرگ نفتی امریکا سود برده اند که با حساب ساده در این ۱۸ ماه بالغ بر یک میلیارد دلار بر میزان فروش آنها افزوده شده و درحدود ۴۰۰ میلیون دلار سود برده اند زیرا اگر نفت خام را تنی ۱/۵ دلار در خلیج فارس حساب کنیم و مواد دیگر تصفیه شده نفتی از قبیل بنزین ، بنزین هواپیما و فرآورده های دیگر را حد وسط ۲۵ دلار بگیریم در این ۱۸ ماه کارتل های نفتی توانسته اند ۴۰ میلیون تن مواد نفتی به ارزش یک میلیارد دلار اضافه بر آنچه قبلا صادر میکردند صادر کنند و مقدار قابل توجهی سود عایدشان شد. در این صورت آیا می توان باور کرد امریکا بگذارد کارتل های بزرگ نفتی این ضرر هنگفت را به خاطر ایران تحمل کنند؟ به نظرمن امریکا ، انگلستان را به خاطر ایران کنار نخواهد گذارد و صدور این اعلامیه برای این است که هر روز به طریقی ما را امیدوار کنند و از طرفی ممکن است براثر فشار و تقاضا های شرکت های کوچک این اعلامیه صادر شده باشد.

۲۲ آذر ۱۳۳۱
گزارش نخست وزیر به مجلس

آقایان نمایندگان محترم فراموش نفرموده اند موقعی که این جانب مأمورخدمت شدم وضع اقتصادی و مالی کشور گرفتار مراحل بحرانی و آشفتگی بسیار بود ، خزانه مملکت تهی و تمام موجودی های دولت به مصرف رسیده و حتی قسمت هایی از ودایع افراد را نیز که به مؤسسات دولتی سپرده شده بود درپرداخت ها مورد استفاده قرار داده بودند و مبلغ معتنابهی مؤسسات و سازمانهای دولتی به مقاطعه کاران بدهکاربودند که دیناری از آن مطالبات محل پرداخت نداشت، حداکثر صادرات مملکت یک پنجم واردات بود ، چک های دولتی در بانک ها بی محل اعلام میشد و ورشکستگی خزانه دولت پیش بینی می گردید حتی این نگرانی حاصل شده بود که دولت نتواند حقوق ماهیانه کارمندان ادارات را هم بپردازد. این وضعیت در زمانی بود که ماهیانه چند میلیون لیره از عواید نفت دریافت میشد و هیچیک از

اضافه خرج های امروزی نیز وجود نداشت با این حال دولت وقت سه ماه پیش از قبول مسؤلیت این جانب پیشنهاد نشر سه میلیارد و نیم اسکناس اضافی را به مجلس تقدیم کرد.

بنا برارادہ قابل تعظیم ملت ایران و در راه انجام قوانینی که برای ملی کردن صنعت نفت تصویب شده بود دولت اینجانب از ماه اردیبهشت ۱۳۳۰ شروع به اقدام نمود و مراحل عملی این آرزوی ملی را به فضل خداوندی و تأییدات عمومی یکی بعد از دیگری طی کرد و کاری را که شاید سالیان درازمبارزه وصرف قوه لازم داشت اعجازهماهنگی ملی درفاصله ای کوتاه به انجام رسانید. امروز که طومار یکصد و پنجاه ساله اعمال نفوذ خارجی بهم پیچیده شده و مقدرات سرنوشت ایران بحق در دست ملت قهرمانی است که در نتیجه مساعیو همت والای خویش باین موهبت عظیم نائل گردید مسلما ملال آور است اگردورنمای آن کابوس خفقان آور مداخلات علنی بیگانگان را در امور و شئون حاکمیت ملی خود از جلو چشم یکبار دیگر بگذرانیم.

آن ها که برای کوچک کردن جهاد ملی ما میخواهند این نهضت مقدس را از نظر ارزش اقتصادی بسنجند و از روی خبث طینت استقلال و شرافت یک قوم را با چند میلیون لیره ای که کمپانی سابق برای هزینه های مخصوص و بدست ایادی ناپاک خارجی و داخلی خود میپرداخت برابر نمایند بخوبی میدانند که فتح این مبارزه تاریخی در میان ملت های ستمدیده قرن بیستم دو سه مورد نظائر بیشتر ندارد و همین پیروزی است که روزنه امید برای اصلاحات آینده و شالوده سعادت اجتماع فردای ما را تشکیل میدهد. با اینکه به مناسبت عدم صدور نفت در درآمد کشور کاهشی حاصل گردیده و مخارج هنگفت نگه داری تأسیسات و تشکیلات شرکت ملی نفت نیز بر خزانه عمومی تحمیل شده با اتخاذ تدابیر مؤثر دولت تا امروز توانسته است اعتبار خود را همچنان برقرار نگهدارد و با کمال اطمینان میتوان گفت که اوضاع اقتصادی کشور نه تنها وخامت افزونتر نیافته بلکه هر ماه که در آینده جلو برویم علائم و اثر مفید اقداماتی که محتاج به طول زمان بوده و اصلاحاتی که در جریان است نمودارتر میگردد. محتاج به توصیح نیست که تمام موفقیتی که در این زمینه ها بدست آمده گذشته از عنایت باریتعالی مربوط به فداکاری افراد حساس مملکت و پشتیبانی قاطبه ملت بوده است. با این وصف دولت اینجانب بقدر لزوم به تدریج مشکلات موجود را نیز از میان خواهد برداشت.

عملیات و اقدامات دوره سه ماهه اختیارات که اساس این گزارش را تشکیل میدهند میتوان دوران تهیه نقشه و ایجاد برنامه برای شالوده ریزی بنای فردای مملکت محسوب داشت و گمان نمیکنم هیچ کس منتظر بوده باشد که در یک دوره کوتاه تمام آثار زیان بخش سیاست های یک قرن و نیم گذشته را بتوان زائل کرد بلکه این قوانین و نظاماتی که تهیه و به امضا رسیده و اقدامات بزرگ و کوچکی که در اغلب تشکیلات دولتی آغاز گردیده باید مراحل تکاملی خود را طی سالیان درازآینده با سعی و کوشش مدام و پشتکار وطن پرستانه مردان خیرخواه و میهن دوست بپیماید.

در سه ماهه اول اختیارات اعطائی دولت این جانب سعی کرده است به مسائل و نظریاتی توجه کند که اساس و شالوده زندگی یک قوم و ملت مستقل و با شخصیت را تشکیل میدهد و نواقصی را رفع کند که مردم را از نیل به هدف ها و آرزوهای شان باز داشته است و ۹ ماده برنامه تقدیمی به مجلس را با جدیت و وظیفه شناسی به موقع اجرا بگذارد. بدیهی

است حتی یک روز از اختیاری را که ملت و مجلس ایران به اینجانب سپرده بدون تلاش و کار به پایان نبرده و هر روز از این ۹۰ روز در بحث ها و کمیسیون های تهیه طرح و لایحه سپری گردیده است. نباید پرده پوشی کرد که مشکلات کار یکی دو تا نبوده و نیست. به ثمر رسانیدن مبارزه بزرگ ملی که مراحل نهائیش را طی میکند ، سر و صورت دادن به اقتصاد و مالیه درهم ریخته مملکت ، تأمین رفاه طبقات زارع و کارگر که از حداقل مایحتاج زندگی مدت ها است که محروم مانده اند ، حفظ امنیت و آرامش کشور که اساس موفقیت دولت در اصلاحات است. تأمین عدالت و ایجاد آن دستگاه دادگستری که بتواند ملجاء و پناهگاه مظلومان قرار گیرد و بالاخره فراهم نمودن موجبات استفاده از این همه نعمتی که میلیون ها هموطن محروم و فقیر ما تا به امروز نتوانسته اند ذره ای از آن بهره بگیرند و ده ها مشکل و معضل دیگر هر روز فکر و کار دولت را به خود مشغول داشته است که خلاصه ای از آن اقدامات را بصورت گزارش سه ماهه به استحضار میرساند.

۲۳ آذر ۱۳۳۱
نطق مکی در مجلس

در سفری که به اتفاق آقای پارسا به اروپا و امریکا کردیم متوجه شدیم که همه جا زیر نظر هستیم. اصولا تبلیغات ما درکشورهای خارجی بسیارکم است ولی برعکس حریف ما همه گونه وسایل تبلیغاتی وخبرچینی دراختیاردارد. درامریکا یک روز از بانک بین المللی نامه ای به من رسید که شما میخواهید مطالبی در امریکا علیه دولت انگلیس عنوان کنید و چون انگلیس عضو بانک است شما از این اظهارات خودداری کنید! من در پاسخ نوشتم من از تهران حرکت کردم برای همین موضوع که مظالم دولت انگلیس را به اطلاع جهانیان برسانم. من وکیل مجلس هستم ، عضو کمیسیون مختلط نفت و دبیر جبهه ملی و بایستی اطلاعات خودم را برای اطلاع جهانیان بیان دارم. بالاخره بانک ترتیب مصاحبه ای برای من داد و همزمان آقای نخست وزیر نیز نامه ای به بانک فرستاد که آقای حسین مکی که به آمریکا آمده پیشنهاد هائی با خود دارد که مورد بحث قرار خواهد داد.

بـنده وقتی که با حضور آقای پارسا با بانک شروع به مذاکره کردم آنها گفتند اگر بخواهیم مذاکره کنیم باید موافقت انگلستان هم جلب شود. من ناچار مذاکرات را قطع کرده نامه ای به آقای نخست وزیر نوشتم که آنها قصد مذاکره ندارند بلکه میخواهند زمان را به دفع الوقت بگذرانند.

در یک مهمانی که با حضور آقای صالح برگذار شد مذاکراتی انجام شد که آنها قبل از هر چیز مسأله غرامت را مطرح کردند من هم قانون اجرای ملی کردن نفت را که طی آن موضوع غرامت نیز در نظر گرفته شده است برای آن ها توضیح دادم. در مورد نامه امضای مشترک آقای ترومن و چرچیل در زیر اعلامیه ای که دولت انگلیس به ایران داده بود گله کردم که چرا دولت امریکا باید خودش را وارد این کشمکش نماید.

در تکزاس که به دعوت وزارت امور خارجه امریکا بدان جا مسافرت کرده بودیم از صنایع نفت آنجا بازدید بعمل آوردیم افرادی از متخصصین با ما مذاکره کردند و اظهار داشتند که وزارت امور خارجه وقتی کابینه قوام روی کار آمد به ما دستور دادند برای راه اندازی پالایشگاه آبادان آماده رفتن باشید ولی هنگامی که قوام سقوط کرد این عده ناچار از مسافرت صرف نظر کردند. آقای الهیار صالح شرافتمندانه از حقوق ایران دفاع میکند. ایشان

موقع تقدیم اعتبار نامه با ترومن صحبت کردند و گفتند من ناچار هستم از طرف ملت ایران به شما بگویم با امضای خود در کنار امضاء چرچیل به ملت ایران توهین کرده اید.

۲۵ آذر ۱۳۳۱
اظهارات سخنگوی وزارت امور خارجه امریکا در مورد سخنان مکی

لینکلن وایت سخنگوی وزارت امور خارجه امریکا امروز ضمن مصاحبه با خبرنگاران به بیانیه اخیر سفارت کبرای امریکا در تهران که در پاسخ سؤالات روزنامه ها راجع به اظهارات آقای حسین مکی مبنی بر اینکه آقای دین آچسن مسؤل مشکلات فعلی ایران میباشد تذکر داد که اگر کسی با کمال دقت و بی طرفی تاریخچه اقدامات دولت امریکا را در این خصوص مورد مطالعه قرار دهد کاملا به این نکته پی خواهد برد که این دولت منتهی کوشش خود را به عمل میآورد تا راه حل منصفانه ودوستانه ای برای مسأله نفت بدست آید، اما راجع به اینکه دولت امریکا در در این امر از انگلستان جانبداری نموده است بایستی گفت که این اتهام کاملا بی اساس است زیرا ایران و انگلستان هر دو از دوستان خوب ما هستند.

تجدید سازمان ارتش

به دستور آقای دکتر مصدق نخست وزیر و وزیر دفاع ملی هیأتی مرکب از چند افسر ارشد و مطلع مأمور شده است در باره سازمان ارتش تجدید نظر کرده و سازمان ارتش را به صورتی درآورد که با وضع و مقتضیات کنونی مملکت وفق دهد. این هیأت ازچندی پیش شروع به کار کرده و طی جلسات خود طرح جدیدی برای سازمان ارتش تهیه نموده است که قراراست پس ازتصویب آقای دکتر مصدق نخست وزیر و وزیر دفاع ملی مورد اجرا گذارده شود.

به موجب این طرح عده ای از افسران دفتری و غیر دفتری که زائد تشخیص داده شدند از کار برکنار میشوند. برای برکناری و بازنشسته کردن این افسران قبلا کمیسیونی مرکب از رؤسای کارگزینی قسمت های مختلف ارتش تشکیل و به پرونده و سوابق کلیه افسران ارشد رسیدگی کرده و گزارش آن را به هیأت مأمور طرح سازمان جدید ارتش گزارش خواهند داد. به موجب این طرح در سازمان ارتش ازلحاظ محل پادگان ها و لشگر ها و همچنین عده سربازان و افسرانی که باید در هر لشگر و تیپ خدمت نمایند تغییراتی داده شده است. هیأت مزبور ضمنا در ترفیعات افسران و امرای ارتش نیزتجدید نظر کرده و اکنون مشغول تهیه و تکمیل لایجه قانونی برای ترفیع افسران ارتش میباشند.

اعتراض شرکت نفت سابق به دادگاه امریکا

رویتر - یکی ازدادگاه های امریکا دیروز اعتراض شرکت نفت انگلیس و ایران در مورد اسناد مربوط به تشکیل کارتل نفتی را وارد ندانست. اکنون یک هیأت منصفه به قضیه تشکیل کارتل بین المللی نفت و سوء استفاده این کارتل در فروش نفت خاور میانه به اداره امنیت متقابل رسیدگی میکند. این هیأت از شرکت هائی که کارتل بین المللی نفت را تشکیل داده بودند درخواست کرده بود که مدارک و اسناد لازم را در این مورد ارائه دهند. وزیر سوخت انگلیس با ارائه اسناد شرکت نفت انگلیس و ایران به دادگاه مخالفت نمود و ایدن وزیر خارجه نیز طی نامه ای به دادگاه اعتراض انگلیس را وارد دانست. دولت انگلیس

متذکر شده که ارائه اسناد شرکت نفت انگلیس و ایران به دادگاه امریکا به منافع و موقعیت دول غرب در خاور میانه لطمه وارد خواهد آمد.

پس از صدور حکم دادگاه دادستان اظهار داشت که تقاضای تجدید نظر محاکمه شرکت نفت انگلیس و ایران را نموده زیرا دلایل جدیدی در خصوص کارتل جهانی نفت بدست آمده است.

۱ دی ۱۳۳۱

مصوبه مجمع عمومی سازمان ملل متحد

یکی از کمیته های مخصوص مجمع عمومی سازمان ملل متحد امروز حق ملی کردن صنایع و منابع زیر زمینی کشور ها را برای صاحبان اصلی آن که ملت ها می باشند علیرغم مخالفت دولت های امریکا و انگلیس با اکثریت **۲۶** رأی موافق و **۴** رأی مخالف به تصویب رسانید.

۸ دی ۱۳۳۱

مذاکرات آقای دکتر مصدق با هندرسن

امروز آقای هندرسن سفیر امریکا مدت تقریبا **۳** ساعت با آقای نخست وزیر مذاکره نمودند. خبرنگار سیاسی روزنامه تایمز با نقل قول از مراجع وزارت امور خارجه در این مورد اظهار داشت که دولت انگلیس با همکاری دولت امریکا پیشنهاداتی به وسیله سفیر امریکا برای آقای دکتر مصدق ارسال داشته است ، به نظر این محافل این پیشنهادات عبارتند از:

یک - ارجاع مسأله غرامت ناشی از ملی شدن نفت به حکمیت بین المللی ، همچنان که دعاوی ایران از انگلستان نیز به حکمیت بین المللی مراجعه خواهد شد.

دو - تجدید فعالیت مؤسسات نفت جنوب به وسیله کارگران و کارمندان ایرانی با استفاده از کارشناسان خارجی. دولت ایران به عنوان مالک منابع میتواند نسبت به تعداد این کار شناسان اظهار عقیده نماید البته کارشناسان انگلیسی به هیچ عنوان به ایران مراجعت نخواهند کرد.
سه - شرکت های نفت امریکائی و انگلیس سالیانه **۲۰** میلیون تن از محصول نفت ایران خریداری مینمایند و دولت ایران در مورد توزیع مازاد نفت تصمیم خواهد گرفت.
چهار - بلافاصله پس از امضای قرارداد دولتین امریکا و انگلیس به ایران کمک مالی عمل خواهند کرد. دولت انگلیس ضمن این کمک به دولت ایران اجازه میدهد که لیره های بلوکه شده خود را در لندن تبدیل به دلار نماید. دولت امریکا نیز کمک خود را به صورت ارز اعتباری خواهد پرداخت.

۱۱ دیماه ۱۳۳۱

مذاکرات هنری بایرود رئیس اداره خاورمیانه

هنری بایرود رئیس اداره خاورمیانه در وزارت امور خارجه امریکا راجع به مسأله نفت ایران با مقامات وزارت امور خارجه انگلیس در لندن مذاکره کرد. مسافرت مشارالیه به انگلیس مقارن با مذاکرات جدیدی است که بین ایران و امریکا برای حل این قضیه نفت آغاز شده است. مهمترین موضوع مذاکره بایرود و مقامات وزارت امورخارجه انگلیس مذاکرات اخیر سفیر کبیر امریکا با آقای دکتر مصدق نخست وزیر ایران بوده از قرار معلوم هندرسن در ملاقات خود با دکتر مصدق پیشنهاد های جدیدی برای حل مسأله نفت به وی داده و دولت

انگلیس نیز اعلام کرده که مایل است از نتیجه این مذاکرات مطلع باشد که گفته میشود دکتر مصدق نخست وزیر نیز متقابلا پیشنهادی به هندرسن داده است.

سخنگوی وزارت خارجه انگلیس گفته است مهمترین مطالبی که در هفته گذشته در تهران هندرسن به نخست وزیر ایران گفته عبارتند از:

یک - غرامتی که باید به علت ملی شدن صنایع نفت ایران از طرف دولت ایران به شرکت سابق پرداخت گردد. و همچنین ادعا های متقابل ایران که بر طبق پیشنهاد جدید تمامی آنها باید به حکمیت دیوان دادگستری بین المللی لاهه ارجاع شود.
دو- همکاری شرکت های نفت امریکا و انگلیس برای حمل و فروش نفت ایران در بازار های جهانی.
سه - کمک فوری امریکا به ایران برای تثبیت اوضاع اقتصادی آن کشور در صورتی که دولتین ایران و انگلیس با اصول پیشنهادات امریکا موافقت کنند..

۱۴ دی ۱۳۳۱

مذاکرات مجلس شورای ملی

آقای ناظر زاده متن لایحه ای را که دولت برای تشکیل یک شرکت واحد اتوبوسرانی تقدیم کرده بود قرائت کردند.

آقای قنات آبادی به عنوان مخالف اظهار داشتند دلیلی که من با این لایحه و بعضی از لوایح دیگر مخالفت کردم یا بعضی از آقایان نمایندگان مخالفت دارند علت خاص دارد و در این مورد دو علت پیدا کرده است. اصولا مقصود مقنن از وضع قانون ایجاد رفاه اجتماع است اگر قانونی نتواند این نتیجه را داشته باشد نمیتواند مقصود قانون گزار را بدهد. جهت دیگر مخالفت من این است که در این دوره بخصوص یعنی دوره ای که پس از این همه فداکاری مردم موفق شده اند زمام امور را بدست شخصی که مورد اعتماد است بسپارند مبادا در اثر عدم توجه یا اعتماد بی نهایت یک لایحه ای تصویب شود که از نظر مصلحت مملکت صلاح نبوده و عده ای همانطور رأی داده باشند و برای آینده سنت باشد.

بعضی لوایح مصلحت اجتماعی را در بر ندارد من با هر لایحه حکومت نظامی مخالفم برای اینکه جامعه را باید با عدالت اداره کرد. من با فوریت اول این لایحه اتوبوسرانی مخالف بودم. در مورد خرابی کار اتوبوسرانی بیشتر این خرابی را متوجه اداره راهنمائی میدانم. کاش آقای کاظمی تشریف داشتند تا من دوستانه سؤال میکردم از وقتی که دستگاه مجهز شده از گردن کلفت ها چقدر مالیات گرفته شده؟ اگراداره راهنمائی درست شده بود این وضع پیش نمیآمد. من عقیده ام این است که دولت باید توجه خاصی برای وضع اتوبوس رانی بنماید اما این تز راه صحیحی نیست.

از این موقع استفاده میکنم چند طرح است که از آقایان بازرگانان که برای منع شرکت زنان در انتخابات است تقدیم میکنم. دیگر یک طرح سه فوریتی آقایان نمایندگان است که تقدیم مقام ریاست میکنم.

طرح سه فوریتی

نظر باینکه نمایندگان مجلس شورای ملی بقید سوگند به حفظ قانون اساسی و مشروطیت و حفظ حقوق مجلس و مجلسیان موظف میباشند امضا کنندگان این ورقه تصمیم قانونی ذیل را با قید سه فوریت و طرح فی المجلس تقدیم مجلس شورای ملی میداریم.

تصمیم قانونی - هیچ طرح و یا لایحه ای نمیتواند به موجب امضا رئیس دولت باعث تعطیل مجلس یا فلج شدن مجلس فعلی گردد.

سید باقر جلالی ، هدی ، حاج سید جوادی ، دکتر بقائی ، انگجی ، بهادری ، ناصر ذوالفقاری، وکیل پور ، حائری زاده ، صفائی ، افشار صادقی ، قنات آبادی ، دکتر فاخر ، احمد فرامرزی، کریمی ، حمیدیه ، زهری.

وزیر کشور اظهار داشت هیچ وقت فکر و تصمیم جناب آقای نخست وزیر و هیأت دولت این نبوده و نیست که دستوری برای تعطیل مجلس صادر بشود. یک توهمی برای چند تن از آقایان حاصل شده است و یکی دو تن به عنوان استعلام و استفسار از مفاد این لایحه قانونی از بنده سؤال کردند بنده به حکم سابقه و قانون عرض کردم که حد نصاب به هیچوجه در طرح لایحه قانونی انتخابات ارتباطی با وضع فعلی ندارد. خاطرآقایان باید ازاین حیث آسوده و مطمئن باشد.

آقای دکتر بقائی ، اینجا گفتند دولت چنین نظری نداشته ولی دو هفته است که در افواه پیچیده که آقای وزیر کشور هم به عرض مجلس رساندند که با ایشان صحبت شده و در فراکسیون هم قرارشد در این مورد صحبت شود. اکنون منع قانونی برای این طرح وجود ندارد. آقایان هم توجه بفرمایند با وضعی که فعلا هست بخصوص لوایحی را که تنظیم کرده اغلب معلوم میشود نواقصی دارد مثلا سهم کشاورزان. البته اصلاحات در مورد این لوایح عیبی ندارد اما در مورد این کاربرای اینکه رفع این نگرانی ها بشود استدعا میکنم آقایان به فوریت های آن رأی بدهند. به سب خروج عده ای از نمایندگان بدون اینکه تصمیمی در این مورد گرفته شود جلسه خاتمه میابد.

شورش در قم

آیت الله برقعی که به نمایندگی جمعیت هواداران صلح به کنگره وین رفته بود پس از پایان کنگره به شهر قم بازگشت نمود. عده ای از جمعیت های وابسته به گروه های چپ تا چند کیلو متری شهر از ایشان استقبال کردند و طی تظاهراتی در حالی که شعارهائی میدادند مشارالیه را به شهروارد کردند. هنگامی که اتومبیل حامل آقای برقعی به نزدیک صحن حضرت معصومه رسید عده ای از مخالفین حزب توده و عده ای از طرفداران فدائیان اسلام علیه آقای برقعی شروع به تظاهرات کردند.

این تظاهرات له و علیه موجب شد که بین دو دسته زد و خورد شدیدی اتفاق افتاد و طرفین با سنگ و چوب به یکدیگر حمله کردند. در این جریان شیشه های اتومبیل آقای برقعی شکست و اطرافیان ایشان مجروح شدند ، عده ای از طلاب نیز مجروح و عبا و عمامه بعضی از آن ها پاره شد. در این شرایط دستجات چپ علیه حضرت آیت الله بروجردی و سایر روحانیون شعار هایی دادند. براثر این عمل روحانیون مذهبی و بازاریان در جلو صحن اجتماع نموده به طرف توده ای ها و مراکز آنها حمله ور شدند در نتیجه نظم و آرامش شهر بکلی از بین رفت و مردم دسته دسته بجان یکدیگر افتاده هرکس با هرکس خرده حساب

داشت آن را تصفیه کرد. عده ای از متعصبین مذهبی با چوب و میله های آهنی به مغازه هائی که احتمال میدادند متعلق به توده ای ها باشد هجوم برده پس از شکستن در و پنجره ها به غارت آن ها پرداختند و مغازه را به آتش کشیدند. کسانی که به طرفداری از توده ای ها مشکوک بودند مغازه های خود را بسته به خانه های خود پناه بردند. مردم که بر اثر شعار های طلاب به هیجان آمده بودند با فریاد های وادینا و وامذهبا در حالی که به سرو صورت خود میزدند به طرف بازار رهسپار شدند تا خود را به خانه برقعی برسانند. ولی مأمورین نظامی و پلیس که در این موقع تقویت شده بودند در جلو بازار از عبور جمعیت جلوگیری نمودند و چون فشار جمعیت زیاد بود مأمورین مبادرت به تیراندازی هوائی کردند و عده ای را نیز دستگیر نمودند.

جمعیت ازآنجا به طرف فرمانداری حرکت کردند و تا دیشب تظاهرات و سخنرانی در شهر متشنج قم ادامه داشت. مردم ازفرماندار خواستند که هرچه زودتر آقای برقعی و سران احزاب و دسته های چپ را از شهر خارج کنند. عده ای از روحانیون در خیابان ها برای مردم سخنرانی کرده و آن ها را به حفظ نظم و آرامش دعوت میکردند. فرماندار شهر قم نیز چندین بار برای مردم سخنرانی کرده و از آن ها تقاضا نموده است که برای اجرای خواسته هایشان ۴۸ ساعت وقت بدهند تا با مرکز تماس گرفته کسب دستور کند. اما هنوز مردم قانع نشده اند. شهر قم هنوز متشنج و همه دکان های شهر بسته است و مردم از لحاظ مواد غذائی کاملا در مضیقه میباشند.

۱۵ دی ۱۳۳۱

نظر آیت الله کاشانی در مورد طرح سه فوریتی

صبح امروز چند نفر از امضا کنندگان طرح از آن جمله آقای حائری زاده که مبتکر این طرح بودند و آقای قنات آبادی بدیدن رئیس مجلس در بیمارستان رفتند. آنها توانستند با تذکراتی که به آیت الله دادند موافقت ایشان را با طرح بدست آورند. بعد از خروج نمایندگان آیت الله به خبر نگارانی که نظر آیت الله را در مورد طرح جویا شدند آیت الله گفتند که بسیار طرح خوبی است و کاملا مورد تأیید من قرار دارد. عده ای از نمایندگان از آن جمله آقایان انگجی ، حاج سید جوادی و دکتر فاخر بعد از تذکرات وزیر کشور امضای خود را پس گرفتند.

پیام دکتر مصدق در مورد طرح سه فوریتی

(این پیام در ساعت ۸ شب از ردایو پخش گردید)

هموطنان عزیز ، یک اصل ثابت و تغییر ناپذیر برای حکومتی که به افکار عمومی تکیه دارد این است که هر وقت با مشکلی روبرو میشود به منبع قدرت و سرچشمه لایزال نیروی ملت متوجه میگردد و موجد نهضت بزرگ و عظیم ملی را در جریان حوادث و تحولات اوضاع میگذارد. محتاج به گفتن من نیست بلکه دنیا نیز آگاه است که رستاخیز بی سابقه و جنبش پر افتخار اخیر ایران را هیچ کس جز ملت شالوده گذاری نکرده و این دست توانای ملت است که با تمام بی اسبابی و اقدامات تخریبی یکصد و پنجاه ساله اجنبی و شبیخونی که حریف کهنه کار بر خزائن مادی و معنوی کشور ما زده است ، قوای اهریمنی استعمار را در هم شکسته و طومار غارت گریهای نیم قرنی او را برای ابد برهم پیچیده است. این ملتی را که با همه سوابق تاریخی انکار ناپذیر تا دیروز اجانب نمیخواستند به حساب بگذارند،

اکنون در دنیا زبانزد شهامت و مردانگی و افتخارات عظیم شده و در سراسر گیتی از او به عنوان مشعل دار مبارزات ملی و پیشاهنگ جهاد ضد مداخلات خارجی یاد میکنند.

این ملتی که اقتصاد و سیاست و اجتماع او ملعبه اغراض و امیال نوکران اجنبی بوده و هر روز جیره خواران کمپانی سابق او را به درد و رنج تازه ای میانداختند ، اینک آن قدرت و نفوذ را تحصیل کرده که سرنوشت و اختیار خود را به قیمت جان هم از کف نمیدهد و هنوز چند ماه بیشتر از آن تاریخ نگذشته است که با یک قیام مردانه و شرافت مندانه به کارخانه حکومت تراشی سفارت انگلیس داغ باطله زده و مزارابدی شهدای سی ام تیر یک نمونه جاوید و بارزاحساسات مقدس و میزان فداکاری رادمردان این سرزمین برای همیشه محسوب خواهند شد.

اگر امروز با ملت قهرمان ایران حرف میزنم و حقایق تلخ و تأسف آوری از جریان روز را در معرض قضاوت او میگذارم برای این است که غیر از او کسی مالک و صاحب این خانه نیست و آن روزگارانی که بیگانگان مردم را ازحق اظهار نظردر تعیین مقدرات خود ممنوع میداشتند خدا را شکر سپری شد و پس از ده ها سال حق مغضوبه خود را تحصیل و مقدرات مملکت را در اختیار گرفته است.

از گذشته تلخ و دردناک هنوز دو سه سالی سپری نشده و آحاد و افراد این مملکت هنوز خیلی زود است که دسایس و تحریکات و شعبدههای حریف حیله باز را فراموش کنند و بدانند که هر موفقیتی تا امروز تحصیل شده فقط در پناه اتحاد و اتفاق و وحدت ملی ما بوده است. مگر ممکن است افراد یک ملت هوشمند و توانا به این زودیها از یاد ببرند که چه جنایاتی را کمپانی سابق در خانه شان انجام میداد و چگونه دولت و مجلس را با میل و اراده خود میساخت و میپرداخت. اگر افراد کوته نظری نتوانند یا نخواهند اثرات این توفیق الهی را در نظر بیاورند محال و ممتنع است که زجرکشیدگان و مصیبت دیدگان این جنایات که میلیون ها هموطن محروم وبلا دیده ما هستند جزئیات آن اوضاع را ازیاد ببرند و متوجه نباشند که این ممالک ویران و خراب شده شرق را انگلیس ها همه جا به زور سرنیزه و قشون تسخیر نکرد بلکه با افشاندن تخم نفاق و اختلاف و استفاده از خود خواهی ها و بهانه جوئی ها و غرور بی جای افراد تحت سیطره و نفوذ خود در آورد. امروزاگراز بعضی مناطق شرق عمال مستقیم اجنبی رانده شده اند تا زمانی که اصول رفتار و اخلاقی را که باعث تسلط بیگانه شده است از دل های خود نرانیم به این خلع ید نخواهیم توانست جنبه قطعیت بدهیم و مغرورانه حوادث نزدیک و دور را نادیده بگیریم.

هموطنان عزیز ، در تمام این مدت بیست ماه این جانب بهتر از هرکس میدانم که اوضاع اداری کشور نیازمند به تغییرات کلی و اساسی است و دستگاه های موجود توانائی انجام تعلیمات و توقعات یک ملت زنده را ندارد و نمیتواند مطابق آمال و افکار عمومی کار کند ولی همیشه فکر میکردم و تجربه طولانی گذشته نیز مؤید این فکر بود که عوامل اجنبی از کوچکترین جدائی و نفاق بمنظور تشنج و تحریک حد اعلای استفاده تبلیغاتی را میبرند و چون قهراً هر اصلاحی با منافع خصوصی عده ای که سالیان دراز به هرج و مرج و عنان گسیختگی و سوء استفاده از خزانه مملکت خوی گرفته و احیانا با رشوه خواری و ناپاکی سر و کار داشته اند تماس پیدا میکند. دشمن نیز مترصد است که از عدم رضایت ها حداکثر بهره برداری را بنماید و حربه نفاق را برای ایجاد شکاف در وحدت جامعه ما برای حصول

مقاصد مخرب و زیان بخش خویش بکار اندازد و آنچه با خون جگر و تحمل مصائب بی شمار ملت ما تحصیل کرده است به بدترین و زشت ترین تشبثات استعمازی از چنگ ما برباید. ولی دو امر مرا وادار کرد که در این تصمیم خود تجدید نظر کنم یکی اینکه توطئه های انگلستان و اسباب چینی و تشبثات بی حد و حصر آن دولت مانع بود از اینکه بزودی کار نفت یکسره شود و به این ترتیب شروع به اصلاحات مدت مدیدی به تأخیر افتاد دیگر اینکه مکرر به دولت اظهار میشد که مردم چشم براه و تشنه اصلاحات هستند و اقدامات اساسی برای بهبود اوضاع مملکت را نباید بیش از این به عهده تعویق گذاشت و هرچه زودتر باید به تصفیه دستگاه دولت و تنظیم بودجه مملکت و اصلاح حال مردم زحمتکش از کارگر و دهقان و سایر افراد طبقه سوم که در وضع ناگواری زندگی میکنند پرداخت و در تمام شئون مملکت دست به اصلاحات زد بخصوص که همین اصلاحات ممکن است موجب شود که حریف سرسخت خارجی ازپیشرفت نقشه های خود مأیوس شده و بیش از این درامر نفت کارشکنی ننماید. بالاخره به این منطق تسلیم شدم و چون اقدامات به اصلاحات مستلزم سرعت عمل و داشتن قدرت و اختیار بود ازمجلس کسب اختیار نمودم.

از ابتدای دوره شش ماهه اختیارات دولت این جانب تا آنجا که مقتضیات و استعداد محیط اجازه میداد برای اینکه بتواند به موازی مبارزه خارجی اصلاحات داخلی را نیز شروع کند قوانین و مقرراتی را به موقع اجرا گذاشته که هرگز در ایران سابقه نداشت و با اقداماتی در رشته های تولیدی دست زده که در آینده نزدیک از اثرات آن مملکت متمتع و برخوردار خواهد شد. یک دقیقه ازاین ۵ ماه اختیارات در راه عبث و بیهوده صرف نگردید و طرح ها و لوایح و قوانینی که به مرحله آزمایش گذارده شد هر یک محصول رنج و زحمت شبانه روزی عده ای است که جز خیر و صلاح و نجات مملکت آرزوئی نمیتوانند داشته باشند. چون اقدامات دولت درگزارش مفصل به عرض مجلس و ملت ایران رسید از توضیح بیشتر در این باب خودداری میکنم. جز شوق خدمتگزاری و عشق به عظمت و آزادی و سربلندی کشور و اطاعت محض دربرابر خواسته های ملتی که منبع این مجاهدات و افتخارات و فداکاری ها است چه چیز میتواند در این حالت نقاهت و ناخوشی و خستگی و تأثر مرا به ادامه این راه پر مسؤلیت و پر مشقت ترغیب و تحریص کند؟ دربرابر این همه کارشکنی ها و بهانه جوئی ها در مقابل سیل مشکلات و معضلاتی که بیشتر از یک قرن و نیم است به وطن ما هجوم آورده و در ایامی که حتی ملت های قوی و بزرگ نیز بر سراستقلال و موجودیت خود میلرزند غیر از اجرای فرمان ملت چه هدف دیگر ممکن است مشوق این دولت در طی طریق نجات مملکت باشد؟

آیا سزاوار است در روزهائی که چرچیل رهسپار امریکا است و دولت ایران نیز به مبارزه مهمی مشغول است جماعتی از پشت به حکومت خود خنجر بزنند و دانسته یا ندانسته مجاهدات ملتی را قربانی غرضرانی یا کوته نظری یا بی اطلاعی خود سازند؟

تعبیر این طرحی که چند تن از نمایندگان به مجلس داده اند ممکن است این باشد به دولتی که با اجنبی سرگرم زد و خورد است و بیست ماه است لحظه ای از تحریکات و شر تبلیغات مسموم کننده آنها ایمن نبوده است بد گمان شده اند و بیم آنرا دارند که مجلس بسته شود. در میان ملت ایران کیست که نداند پیش از عزیمت به لاهه این جانب با عجله و شتاب موجبات افتتاح همین مجلس را فراهم آورده و در روزهائی که اجنبی نمی خواست مرکز ثقل مشروطیت کار خود را از سرگیرد دولت نهایت اهتمام را بکار برد که وکلا را از

دورونزدیک جمع کند تا آنجا که برخی ازپرونده های انتخاباتی را که مورد ایراد هم بود برای قضاوت و تکلیف نهائی به مجلس فرستاد و چنانچه میدانید به تصویب رسید.

دو سه تن از امضا کنندگان طرح دیروز کسانی هستند که دستشان آلوده بخون بیگناهان سی تیر است حال باید دانست چه علل و جهاتی باعث شده تا آن هائی که مجازات فجایع مسببین سی ام تیر را به عجله از دولت مطالبه میکنند با آن عده امضای خود را در ذیل یک ورقه گذاشته اند.

هموطنان عزیز ، غروب همان روزی که طرح جدید لایحه انتخابات درمعرض قضاوت افکار عمومی گذاشته شد یکی از آقایان نواب رئیس با تلفن تذکرداد روزی که این لایحه به امضا برسد حد نصاب تشکیل جلسه تغییرخواهد کرد. جواب دادم که هیچ قانونی عطف به ماسبق نمیشود ولی برای اینکه سوء تفاهمی باقی نماند در موقع امضا و اجرای لایحه تبصره ای اضافه خواهد شد که حد نصاب تشکیل مجلس و جلسات علنی مندرج در لایحه دوره هیجدهم معتبر خواهد بود. علاوه براین در جلسه دیروز آقای دکتر شایگان رئیس کمیسیون انتخابات و آقای دکتر صدیقی وزیر کشوربه تفصیل در این سوء تعبیر و این که دولت چنین منظوری ندارد توضیح کافی داده اند بنابراین اگر حقیقتا این عمل ناشی از توهم بوده با این توضیحات میبایستی زائل شده باشد ولی تهیه کنندگان طرح همچنان برای به تصویب رسانیدن طرحی که موجب تضعیف دولت است پافشاری کرده اند. با این وصف اگرتصور نرود که طرح دیروز صرفا به منظور تحریک و ایجاد تشنج تقدیم شده تردید نیست که بعضی از افراد عدم توجه دیگران را وسیله پیشرفت مقاصد خویش قرار داده و خواسته اند در این روزهای حساس و حیاتی بدنیا بگویند که ایرانی لیاقت هضم موفقیت های بزرگ سیاسی و اجتماعی را ندارند.

دولت از دو سه هفته به این طرف شاهد فعالیت بی حساب عناصر خطرناک عامل بیگانه بود و از نو میدید که دشمنان شناخته شده و امتحان داده مردم سر بلند کرده و به آنها که سنگ در راه موفقیت نهائی جامعه میاندازند کمک میکنند تا در پناه هرج و مرج و آشوب تازه ای بتوانند باردیگر جامعه را به خون بکشند و مو به مو حساب مجاهدات و مبارزات چند سال اخیر ملت ایران را رسیدگی کنند و انتقام از مردم بیگناه بگیرند و یک باره آنها را در تحت استیلا و اسارت بیگانه درآورند. این ها اگر ملت ما را می شناختند و اگر می دانستند که او هرکس را که در راه پیروزیش سد ایجاد کند از میان برمیدارد و موانع جدید را نیز به موانع قدیم ملحق میکند هرگزبه این طور بازی های خطرناک که استقلال و آبروی میلیون ها هموطنانشان را به خطر میاندازند نمی پرداختند.

من بطور صریح و آشکار اعلام میکنم که تبلیغات لندن بلافاصله به دنیا اینطور وانمود کرده که طرح دیروز جبهه متحد داخلی ما را درهم شکسته است و اکنون قسمتی از مجلس با این دولت همکاری و همراهی ندارد و طالب محدودیت اختیارات است. شما مردم رشید ایران خوب میدانید که این صدای ملت ایران نیست و مردم این مملکت هرگز اجازه نخواهند داد که به بهانه جوئیهای بی اساس صف متحد ما درهم بشکند دشمنان ما شیرین کام گردند و آن پرچم آزادگی را که ملت ایران بردوش گرفته و ازروی استحقاق علمدار نهضت ملل آسیا و شرق شده است در راه هوسبازی بی موقع معدودی از دست بدهد. یک مرتبه دیگر فرصت آن رسیده است که ایرانی در این موقع خطیر و حساس اتحاد و استعداد و نبوغ خود

را که درمبارزات اخیر مکرربه جهانیان نشان داده است تجدید کند و کاملا هوشیارو بیدار باشد. برای جبران حادثه دیروز و تعیین تکلیف نهائی دولت ناگزیر است که فردا از مجلس شورای ملی رأی اعتماد بخواهد تا مسؤلین حوادث آینده را ملت بشناسد.

ملت ایران فرزندان من ، امروز یک بار دیگر دنیا چشم به درایت و کاردانی و موقع شناسی و انضباط شما دوخته است. فرد فرد شما نباید مسؤلیتی را که در پیشگاه خدای بزرگ و وجدان پاک خود و دینی را که به پرچم و تاریخ پر افتخار خویش دارید لحظه ای ازیاد ببرید. حساسیت زمان و عظمت مبارزه و آشفتگی جهان و خرابی اوضاع هوشیاری شما را درهمه حال ایجاب میکند. فرزندان عزیز وطن با چشمان باز و بیدار مراقب سرنوشت خانه کهن سال خود باشید تا مبادا تاریخ فردا از نسل امروز به زشتی یاد کند و ما را مستحق نفرین و لعنت بشناسد.

۱۶ دی ۱۳۳۱

مذاکرات مجلس و نامه نخست وزیر به مجلس شورایملی

مجلس شورایملی ، چنانکه خاطر آقایان نمایندگان محترم مستحضر است ملت ایران پس از فضل الهی براثر شجاعت و شهامت و فداکاری خود موفق شده دست اجانب را از خاک پاک وطن خویش قطع کند و استقلال وآزادی را که شرط اساسی حیات هرملت شرافتمند است با سربلندی بدست آورد. پس از این اقدام مردانه و اعاده شرف و حیثیت و عظمت دیرین خود ملت ایران خواست دست به اصلاحات داخلی زده به ترمیم خرابیهای گذشته بپردازد و اوضاع اقتصادی و اجتماعی خود را سر و صورتی بدهد.

این جانب که به اراده ملت ایران مأمور این امر خطیر شدم چون تجربه به این جانب ثابت کرده بود پیوسته با خود میاندیشیدم و حتی مکرر به همکاران خود میگفتم که تا نفوذ بیگانگان را از مملکت برنیندازیم و ایادی داخلی اجانب را قطع نکنیم و مخصوصاً تا امر نفت را به سامان نرسانیم مصلحت نیست به هیچ اصلاح دیگری دست بزنیم زیرا هر اصلاحی چون با منافع مستقیم عده ای تماس پیدا میکند ناچار جمعی ناراضی میشوند و از این عدم رضایت اجانب که پیوسته منتظر فرصت و منتظر زمینه مساعدی برای تحریک و ایجاد اغتشاش و اختلاف هستند استفاده میکنند و آنها را آلت پیشرفت مقاصد سوء خود قرار میدهند.

ولی دو امر مرا وادار کرد که در این تصمیم خود تجدید نظر کنم. یکی اینکه توطئه های انگلستان و اسباب چینی و تشبثات بی حد و حصر آن دولت مانع بود ازاینکه بزودی کار نفت یکسره شود و به این ترتیب شروع به اصلاحات مدت مدیدی به تأخیر میافتاد. دیگر اینکه مکرر به دولت اظهار میشد که مردم چشم براه و تشنه اصلاحات هستند و اقدامات اساسی برای بهبود اوضاع مملکت را نباید بیش ازاین به عهده تعویق گذاشت و هرچه زودتر باید به تصفیه دستگاه دولت و تنظیم بودجه مملکت و اصلاح حال مردم زحمتکش ازکارگرو دهقان و سایر افراد طبقه سوم که در وضع ناگواری زندگی میکنند برداشت و در تمام شئون مملکت دست به اصلاحات زد بخصوص که همین اصلاحات ممکن است موجب شود که حریف سرسخت خارجی از پیشرفت نقشه های خود مأیوس گردد و بیش از این در امر نفت کارشکنی نکند. بالاخره به این منطق تسلیم شدم و چون اقدام به اصلاحات مستلزم سرعت عمل و داشتن قدرت قانونی و اختیار بود از این مجلس محترم کسب اختیار کردم و به حول

و قوه الهی شروع به اصلاحات شد. چون اقدامات دولت درگزارش مفصل سه ماهه به عرض رسیده است از تکرار آن دراینجا خودداری میکنم.

نتیجه این اصلاحات همان طورکه پیش بینی میکردم ایجاد جمعی ناراضی شد و زمینه مساعدی برای اقدامات بیگانگان فراهم آمد چنانکه از چندی پیش دوباره ایادی شناخته شده اجانب بکار افتاده و کسانی که میدانند پنجه قهار عدالت عنقریب به سراغ آنها خواهد رفت دوباره از کنج عزلت و انزوا درآمده دست به کار تخریب و تفتین و ایجاد تفرقه و تشنج شده اند و به بهانه های بی جا دائما در تضعیف دولت میکوشند و مقاصد خود را زیر لفافه اصلاح پنهان نموده اسباب فلج کردن کار و از همه مهمتر تشویق دشمنان خارجی درسخت گیری بملت ایران را فراهم میکنند.

برای اینکه هیچ نکته ای از آقایان نمایندگان پوشیده نماند باید عرض کنم که در مقابل بیگانگان وحدت و یگانگی و حس استقلال طلبی و آزادی خواهی ملت ایران است که پشت سر دولت خود ایستاده و او را در اصلاحات داخلی و همچنین در احقاق حقوق از دست رفته خود تقویت و پشتیبانی مینماید. در برابر ملتی که شیفته آزادی و استقلال است و همه چیز خود را در مقابل این دو موهبت الهی به چیزی نمی شمارد و دولتی که به نیروی اراده و پایداری چنین ملتی متکی است هیچ گاه دشمنان نمیتوانند مقاومت و ایستادگی کنند و مسلما دیر یا زود از پیشرفت مقاصد خود مأیوس شده و صلاح و صرفه خود را در ترک خصومت و سخت گیری خواهند دانست و به عکس اگردشمنان خارجی به وسیله ایادی خود توفیق یافتند که ملت را از دولت جدا و در مجلس اختلاف ایجاد کنند و بدین وسیله دولتی ضعیف در برابر خود به بینند بر فشار و سخت گیری خود می افزایند و آن دولت ضعیف ناچار است یا به خواسته آنها تسلیم شود یا کناررود و میدان را برای روی کارآوردن دولت های دست نشانده آنها خالی کند.

از بعضی از جریانات اخیر برای دشمنان خارجی این توهم پیدا شده که فرصت مناسبی برای تجدید اعمال نفوذ آنها بدست آمده و مخصوصا از یکی دو هفته پیش بعضی از رادیوهای بیگانه این زمزمه ها را که مدتی بود فراموش کرده بودند تجدید نمودند و مخصوصا از جریان روز یک شنبه گذشته حداکثراستفاده را برده اند. آقایان نمایندگان میدانند که اصلاح قانون انتخابات یکی از خواسته های اولیه ملت ایران است. دولت وظیفه خود میدانست که هر چه زودتر به این اقدام اساسی دست بزند. لایحه قانون انتخابات بعد از زحمات فراوان تهیه شد. البته این لایحه ممکن است نقائصی داشته باشد و بهمین دلیل است که آنرا به قضاوت افکار عمومی گذاشته منتظر خاتمه مهلت اظهار نظر عامه شدم که با رعایت افکار آنها اصلاحات لازمه را به عمل آورده انشاالله آنرا به موقع اجرا بگذارم.

در هفته اخیر یک مرتبه این فکر بی اساس منتشرشد که منظور دولت از زیاد کردن عده نمایندگان این است که حد نصاب برای تشکیل مجلس را بالا ببرد و چون عده فعلی نمایندگان به آن حد نمیرسد مجلس را تعطیل کند. این فکر واهی مثل غالب افکار بی اساس دیگر ساخته و پرداخته دستگاه دروغ سازی به کار افتاده و از تحریک و تفتین چیزی فروگذار نکرد تا آنجا که بتدریج این خیال موهوم عده ئی از آقایان نمایندگان را به فکر تهیه طرحی انداخت. بسیار جای تأسف و تعجب است که بعضی از آقایان نمایندگان تحت تأثیر چنین افکاری واقع شوند و تصور نمایند دولت درصدد تعطیل مجلس شورای ملی است.

مگر نمایندگان محترم فراموش کرده اند که تمام سعی دولت این جانب این بود که هرچه زودتر دوره هفدهم مجلس شورای ملی افتتاح شود؟ مگر کشمکش دولت با مخالفین تشکیل مجلس از خاطره ها محو شده است؟ مگر چند روز قبل که نایب رئیس محترم مجلس درباب همین مسأله از بنده سؤال کردند صراحتاً به ایشان نگفتم که دولت هرگز چنین نظری ندارد و برای رفع نگرانی ماده ای به لایحه قانونی خواهد افزود که جای هیچ گونه شبهه ای هم دراین خصوص باقی نماند؟ مگر آقای دکترشایگان رئیس محترم کمیسیون تهیه لایحه قانونی انتخابات هنگام طرح این موضوع توضیح کافی ندادند؟ مگر آقای وزیر کشور به تفصیل در رد این توهم و اینکه دولت هرگز چنین منظوری ندا رند بیاناتی ایراد نکردند؟

با وجود تمام این مطالب چطور میتوان تصور کرد که رفع شبهه از تهیه کنندگان طرح نشده باشد و برای به تصویب رساندن طرحی که قسمی بدگمانی ازآن استنباط شده همچنان پافشاری کنند و اصل چهلم قانون اساسی را مورد توجه قرار ندهند؟ آیا نمایندگان محترم شورای ملی تردید دارند که نتیجه این پیش آمد تقویت دشمنان است؟ آیا در طول مدت این مبارزه جائی مشاهده نفرموده اند به محض اینکه کوچکترین حمله ای بدولت میشود بعضی از رادیو ها و جراید خارجی خبر آنرا بزرگ کرده با آب و تاب مکرر در دنیا انتشار میدهند؟

آیا احتیاجی هست که به نمایندگان مجلس شورای ملی عرض کنم هروقت مختصراقدامی در تضعیف دولت بعمل میآید روزنه امیدی برای دشمنان بیگانه باز میشود چنانکه فوراً لحن خود را درمذاکرات عوض میکنند و چند قدم به عقب برمیگردند؟ این اوقات هم خیال برهمین منوال است با این خصوصیت که چون بیم دارند ممکن است ملت ایران در پیش رفت امورخود درآتیه نزدیک موفق شود تمام قوای خودرا صرف تضعیف دولت و تفرقه انداختن دربین ملت می نمایند و اوضاع و احوال را هم نشان میدهد که اگرتوفیق کلی در میان مردم بدست نیاورده اند زحمات آنها در پاره ای محافل بهدر نرفته است.

اینک چون دولت میخواهد تکلیف خود را بداند و میل ندارد حتی یک آن برخلاف اراده ملت برسرکار بماند نظر نمایندگان محترم را درباره خود استعلام میکند و تقاضای رأی اعتماد مینماید البته اگردولت طرف اعتماد نباشد فوراً کناره گیری خواهد کرد و مسؤلیت امور مملکت را به عهده مجلس خواهد گذاشت والا انتظار دارد از پشنیبانی کامل و تقویت صمیمانه نمایندگان محترم برخوردار باشد. نخست وزیر - دکتر محمد مصدق

مهندس رضوی ، بعد از قرائت نامه نخست وزیر توسط وزیر دارائی نایب رئیس آقای مهندس رضوی اظهارداشت راجع به نامه آقای نخست وزیر و تقاضای رأی اعتمادی که از مجلس کردند باید عرض کنم شخص دکترمحمد مصدق رأی اعتماد خود را ازمردم ایران گرفته است. حوادث این مملکت به خصوص آنچه در چند سال اخیر دیده ایم در نظر همه ما هست اما آنچه در تیرماه دیده ایم یعنی در سی ام و سی یکم از نزدیک مشاهده کردیم به اندازه ای زنده است که هنوز من رنگ خون شهدای آن روز را نمی توانم از مقابل چشم دور کنم بنابراین تصور میکنم از چند سال اسارت در برابر بیگانگان بالاخره مردم ایران تمام امید خودشان را به این سیاستمدار مجرب واگذار کرده اند و همه از او رفع مشکلات می خواهند، قدرتی که دکترمصدق ازآن برخورداراست درتاریخ ایران سابقه ندارد، هیچ رئیس الوزرائی از صدر مشروطیت تاکنون آنقدر مورد اعتماد مردم نبوده ، درمورد سلاطین عادل هم در حین حیاط به واسطه اقدامات بی رویه خاص بعضی مواقع آن قدر مورد اعتماد مردم نبوده اند

بنابراین بیهوده نیست اگر بگویم دکتر مصدق در تاریخ ایران نظیر ندارد در اقصی نقاط این کشور تمام مردم چشمشان به سوی او است تا درد ها را علاج کند.

با اینکه این مطالب تازگی ندارد برای کسانی که در خارج کشور حکومت میکنند بدانند که ۲۰ میلیون جمعیت ایران پشت سر دکتر مصدق ایستاده است. ما پشت سیاست مدار معمر خود هستیم و انتظار اقدامات او را داریم. ما مراقب امور خارج از کشور و منافع کارتل های بزرگ نفت هم هستیم. ما ازمنافع دولت های انگلیس و امریکا بی اطلاع نیستیم که چگونه دولت های بزرگ برای بنای خوان گسترده ملل مشرق زمین با یکدیگر رقابت میکنند ، ما اگر میخواهیم از این رقابت استفاده کنیم این معنی را ندارد که ما با یکی بسته و از دیگری گسسته ایم اعم از اینکه درامریکا یا در اروپا یا روسیه شوروی باشند ما با نهایت علاقمندی متقابل دوستی جواب خواهیم داد. ما اهل معامله هستیم و با هر کشوری که از راه متقابل دوستانه وارد شود حاضریم احترام آنها را جلب کنیم.

آقایان حقوق حقه ای که دیگران ادعای آن را دارند غیر از الفاظ واهی چیز دیگری نیست یعنی در مورد نفت بپرسید تمام این سرمایه های فراوان که در تمام دنیا تأسسات دارند و شرکت ها درست کرده اند با کدام سرمایه مشغول کار شده اند آیا ملت انگلستان از سرمایه خود این کار را کرده است؟ فقط و فقط از ثروت طبیعی ما بود. نهضت ملی ایران ثابت کرد که ما میتوانیم حقوق خود را حفظ کنیم. مگر ما از استخراج نفت چه استفاده ای میبردیم؟ البته ما اکنون در زحمت هستیم که ماهیانه مبالغی برای تأسیسات آبادان میپردازیم ولی البته باید فداکاری کنیم ولی در عین حال استقلال خود را حفظ کنیم.

ما از قالی باف های کرمان می گیریم و به کارگران آبادان می رسانیم برای این که آنرا به مصلحت خود میدانیم این دستگاه این طور حفظ شود ولی بازارنفت رواج گرفت ما ترتیب دیگری در نظر خواهیم گرفت و دولت موظف است از هزینه های هنگفت بکاهد. اما در مقابل بیگانگان سیاست نفت ما منفک و جدا از سایر امور ما نیست. ما در مملکت خود پرونده ای برای نفت و پرونده دیگری برای سایر کار ها داریم. ما سیاست ضد استعماری را در هر مرحله ای بکار خواهیم برد. این سیاستی است که یک ملت ضعیف در برابر یک دولت قوی دارد. زنجیر ها پاره میشوند و آثار استعمار را برخواهیم انداخت.

اما اعضای دولت دکتر محمد مصدق یعنی آقایان وزرا نباید به آنچه مربوط به دکتر مصدق است غره بشوند. بنده نمیخواهم نسبت به هیچ یک از آقایان استثنائی قائل باشم. همه شخصیت هائی دارند. بعضی اقداماتی کرده اند و مورد اعتماد ملت هستند ولی به هر حال هرقدر که طرف اعتماد باشند مانع از این نیست که مجلس شورای ملی انتقادات بجا و مطالب لازمی را در سیاست داخلی تذکر بدهد. سیاست های مختلفی که در کشور ما برقراراست از نظرامور مختلف به چند قسمت تقسیم میشود اول سیاست اجتماعی.

شما باید ملت ایران را از سیاست چپ و راست خارج کنید آقای وزیر کشور دراین زمینه کاری نکرده اید و جوان های مملکت بجان هم افتاده اند. عده ای با لباس اونیفورم درخیابان ها جنجال بر پا میکنند. کی به اینها لباس و جیپ میدهد تا حکومت نظامی درست بشود؟ شما که حکومت نظامی دارید چرا ازآنها جلوگیری نمیکنید تا منجر به خونریزی شود؟ این عده شاید در دستگاه های اجرائی شما دست داشته باشند باید به تمام تبلیغاتی که علیه مقدسات ملی ما میشود جواب داده شود. غالب این جوان ها ، جوان ها را گمراه تر میکنند.

آقای دکترآذرهیچ فکرکردید که برای جوان ها فکری بکنید تا جوان ها ازبلاتکلیفی نجات پیدا کنند. چندین خانواده وسایل تحصیل یک جوان را فراهم میکنند آنوقت این ها سرگردان میمانند.

سیاست اقتصادی دولت قوی ترین قانون دنیا را در اختیار شما آقای دکتر اخوی گذاشته، هیچ کشوری این قدرت را به هیچ وزیری نداده شما اختیار تمام اجناس ورودی و صدوری را دارید شما یا صدور یک کالائی را در اختیار خود درآورید یا مردم را آزاد بگذارید. چرا تبعیض قائل میشوید؟ کی به شما گفته است تاجررشتی میتواند برنج صادر کند ولی تاجر کرمان نمیتواند؟ یا خودتان کار کنید یا بدهید بدست مردم ، من به شما آقای وزیر اقتصاد اخطار میکنم خطائی که قوام السلطنه کرد جواز فروشی بود شما هم میخواهید این کار را بکنید؟ طوری کنید که مردم هم تکلیف خودشان را بفهمند. باید از تشکیل سرمایه های عمده جلو گیری کرد تا امور معاش مردم بدبخت درست اداره شود.

اما لازم میدانم تذکردهم آنچه دیشب در رادیو تهران از قول آقای نخست وزیر شنیدم باعث تأسف شد. من دکترمصدق را بالاتر ازاین جریانات که بطور خانوادگی اتفاق میافتد میدانم از ایشان انتظار داریم با یک چشم بالاتر و عمیق بنگرند و طوری نکنند که موجبات تشنج و اختلافاتی در مملکت تشدید بشود. عمال خارجی در مملکت بوده اند. آن ها همان ها بودند که ۵۰ سال با خارجی ها تماس داشته اند که گاهی خود ایشان به اشتباه از آنها هم تقویت کرده اند و اکنون هم وظیفه ایشان است که باید صراحتاً مطالب خود را به پارلمان بگویند و اینکه بطور کلی مطالبی راجع به مجلس شورای ملی گفته شود صحیح نیست. ما دراقدامات باید همراه ایشان باشیم و حق انتقاد مجلس را نه کسی میتواند سلب کند و نه ما چنان نمایندگانی هستیم که از آن صرفنظر کنیم.

آقای حسین مکی ، یک مأموریت خطیری را همکاران محترم بنده یعنی نمایندگان فراکسیون طرفداران ادامه نهضت ملی به عهده این جانب واگذار نموده اند که راجع به وقایع چند روزه اخیر و سوء تفاهماتی که موجب تشنج واقع گردید مطالبی را به استحضار ملت ایران برسانم. ازخداوند متعال میخواهم آنچه را درخیروصلاح مجلسیان و تقویت دولتی که مورد اعتماد ملت است از زبان این جانب جاری نماید. در جلسه گذشته طرحی از طرف عده ای ازنمایندگان تقدیم شد و این طرح متأسفانه موجب سوء تفاهم شده است بطوری که وادارکرد جناب آقای دکترمصدق دیشب دررادیو مطالبی را به استحضار ملت ایران برسانند.

دیروز از ساعت ۴ تا ۱۰ بعد از ظهر فراکسیون داشتیم در فراکسیون یک دسته خیلی حاد فکر میکردند و دسته دیگر معتدل و دسته دیگر بینابین فکر میکردند ولی همه آقایان در این مطلب یک صدا و هم آهنگ بودند ما هیچ گونه اختلافی نداریم و همه تا آخرین قطره خون برای به ثمر رسانیدن مبارزات ملت ایران دربدست آوردن حقوق حقه خود اقدام خواهیم کرد. آقای دکتر معظمی پیشنهادی دادند که قرار شد که چهار ماده در آن گنجانیده بشود یکی آن که نامه ای جناب آقای نخست وزیر مرقوم دارند که ایشان منظوری از قانون انتخابات مجلس شورای ملی برای مجلس فعلی نیست. یکی آنکه در نطق خودشان که از رادیو ایراد میکنند مطالبی که موجب تضعیف مجلس و مشروطیت ایران میشود ایراد نفرمایند. سومی این بود که یک نفر از طرف فراکسیون صحبت کند و ملت ایران را به آینده امیدوار بسازد و بگوید که مبارزه خاتمه نیافته و هنوز ملت ایران اتحاد و یگانگی و

وحدت را باید حفظ کند و یکی دیگر آنکه به دولت رأی اعتماد بدهند و روی این چهار ماده به اتفاق رأی داده شد. آقایان دکتر شایگان ، دکتر معظمی، حاجی سید جوادی و شبستری انتخاب شدند تا با آقای نخست وزیر ملاقات نموده و جریان را به اطلاع ایشان برسانند. ظاهراً موقعی که آقایان وارد شدند بیش از نیم ساعت به نطق نمانده بود و ایشان نطق خود را تهیه و به رادیو فرستاده بودند.

آقای نخست وزیر اظهارداشتند که در نطق رادیوئی ایشان مطالب زننده و تندی نسبت به مجلس و نمایندگان نیست مخصوصا نطقی را که آقای کاظمی دیروز ایراد نمودند به اطلاع آقایان رسانیدند ولی پس از اینکه آقای نخست وزیر نطق خود را ایراد کردند چند نفر از دوستان ما خیلی متأثر شدند و حق هم داشتند متأثر شوند زیرا در این مبارزه سهم بزرگی داشتند ، شانه های آنها زیر مبارزاتی که با بیگانگان نموده اند خرد شده است. آقای دکتر مصدق پدر بزرگی برای ما هستند و من اطمینان دارم که این بی مهری را به وجه بسیار نیکوئی جبران خواهند کرد. من هیچ وقت یادم نمیرود که از تبعیدگاه احمد آباد ایشان نامه ای برای دکتر بقائی فرستادندکه اکنون درنزد من ضبط است. دراین نامه ایشان نوشته اند « ترک مال و ترک جان و ترک سر- در ره معشوق اول منزل است » و این را نیز بنده باید به عرض برسانم ایشان تجربیات و توانائی فکری ایشان بیش از بنده است و باید با فرزندان خود با مدارا تر رفتار نمایند باید طوری کرد که خادمین به مملکت تشویق شوند تا همه خود را آماده فداکاری و خدمت به مملکت سازند و من اطمینان دارم که این مطلب را به نحواحسن جبران خواهند نمود زیرا آقای دکترمصدق شخص منصفی هستند و میخواهند خدمت خود را روی عدالت استوار سازند.

اینکه در خارج شایعه است که اختلافاتی بین جبهه ملی است از پشت این تریبون به سمع آقایان میرسانم که این آرزو را به گور خواهند برد زیرا اعضای جبهه ملی و نملیندگان مجلس شورای ملی تا آخرین مرحله نهائی پیروزی ملت ایران دست ازمبارزه برنمیدارند ولی درپاره ای از مسائل ممکن است اختلاف سلیقه پیدا کنند ولی آن چیزی که مورد نظر کلیه آقایان است که ما برای پیروزی نهائی ملت ایران و برای این پیروزی هر گونه خواری را تحمل میکنیم ما باید برای پیروزی نهائی ایران و برای اینکه مبارزه چند ساله ملت ایران به نتیجه برسد همه گونه خفت را تحمل کنیم زیرا ما طالب سعادت ملت ایران هستیم، باید ملت ایران سعادتمند زندگی کند.

انتقاد از اساس حکومت مشروطیت و دموکراسی است زیرا اگر مجلس اقلیت نداشت آن مجلس نیست ، ما خود اقلیت بودیم و آقای دکتر مصدق لیدر ما بودند، البته حکومت دکترمصدق با حکومت های گذشته قابل مقایسه نیست و تمام ملت ایران دوش بدوش ایشان به این کار کمک خواهند کرد. ولی باید عرض کنم تضعیف دولت آقای دکتر مصدق به هیچ کیفیت درحال حاضر صلاح نیست و همچنین تضعیف مشروطیت هم به صلاح ملت ایران نیست و این دو بهم بستگی دارد. من از آقایان نمایندگان استدعا میکنم انتقاد آقایان آمیخته به مصلحت و آینده فردای ملت باشد و ما باید در انتقادی که می نمائیم سعادت ملت ایران را در نظر بگیریم و من از خداوند متعال مسئلت دارم که هیچ وقت چنین موردی پیش نیاید که چنین نطقی ایراد شود و آقایان نیزپاسخ این بیانات را بدهند زیرا ما میدانیم خارجی با چه دسایسی میخواهد این اتحاد و اتفاق را بهم زنند و با نامه ای که آقای دکتر مصدق به

مجلس فرستادند دیگر طرح موردی ندارد. بعد از سخنان مکی اخذ رأی بعمل آمد در نتیجه از ۶۵ نفر عده حاضر۶۴ رأی موافق دادند و آقای حائری زاده در رأی گیری شرکت ننمود.

۱۸ دی ۱۳۳۱

تقاضای تمدید یک سال اختیارات

مجلس شورای ملی ، بر خاطر آقایان نمایندگان محترم پوشیده نیست که دولت این جانب درحالی زمام اموررا بدست گرفت که وضع مملکت صورت بسیارآشفته و در همی داشت. اجانب در تمام شئون کشوررخنه کرده و برای پیشرفت مقاصد و حصول مطامع خود به هر وسیله ای که ممکن بود متشبث میگردیدند و ترتیب کار را طوری فراهم ساخته بودند که درمقابل مقاصد و مطامع آنان هیچ گونه مانع و رادعی نباشد تا بتوانند با روشن کردن آتش اختلاف و نفاق در بین افراد ملت همه را نسبت به هم بی اعتباروظنین ساخته و پیوسته آنان را به عواقب ناشی از اختلافات جزئی و بی ارزش سرگرم و مشغول کنند و فرصتی نماند که بتوانند در سرنوشت خویش دخالتی بکنند و برای اوضاع از هم گسیخته مملکت چاره ای بیندیشند.

تاریخ پرافتخار وطن ما این طور نشان میدهد که هر وقت آشفتگی و یأس به سرحد کمال رسید پرتوی از نبوغ ذاتی و استعداد خداداد ایرانی تجلی کرده و در میان طوفان نومیدی و محرومیت ها برای پیدا کردن راه نجات و چاره جوئی با یک اقدام مردانه و متهورانه صفحه تقدیر و سرنوشت شوم را عوض کرده راه سعادت و کامیابی را در پیش گرفته است. این دفعه نیز چون فشار و ظلم اجنبی و عوامل داخلی او ازحد گذشت ملت ایران از خواب گران بیدار شد و با نهایت جدیت و صمیمیت که دنیائی را به اعجاب و تحسین واداشت مقدرات خود را بدست گرفت و پس ازسالیان دراز حکومت افکار عمومی در این مملکت صورت حقیقت پیدا کرد و مبارزات پردامنه ملت ایران برای قطع ایادی اجانب و احقاق حق خود با شدت هرچه تمام ترعملی شد و در نتیجه کاری به آن عظمت که حتی تصورانجام آن نمیرفت در مدتی بسیار کوتاه به خواست خدا و اراده ملت ایران انجام گرفته و خاک وطن ما را اجنبی بعد از همه تشبثات و تلاش ها ترک کرد و در اندک زمانی دست تجاوز اجانب از این سرزمین قطع گشت و ریشه حقیقی تمام مفاسد کنده شد. پس ازآن نیزملت ایران هماهنگی و اتحاد کلمه خود را که براثرآن این موفقیت ها حاصل شده بود همچنان حفظ کرد و با از خود گذشتگی و فداکاری بی مانندی راه سعادت و پیروزی را ادامه داد.

در چنین وضعی یقین بود که اجانب با قوای شگرفی که در داخل کشور از سالیان دراز تدارک دیده بودند و در خارج نیز براثر نفوذ مادی و معنوی در اختیار داشتند در مقابل اراده ملت ایران ایستادگی میکردند و دولت این جانب ناچار بود به هروسیله که ممکن است با این قوای عظیم مقاومت و برابری کند بدیهی است در یک چنین مبارزه بزرگ و بی سابقه کشورایران وضع عادی نداشت و می بایست از نتیجه مبارزات ملی چشم بپوشد و بازهم دست بسته تسلیم اجانب شود و یا اینکه مردم دولت را تقویت کنند تا بهر وسیله که ممکن است راهی را که مراحل مهم آن با موفقیت طی شده به پایان برسد و جای تردید نبود که ملت و مجلس شورای ملی راه دوم را اختیار می نمودند و در این وضع غیرعادی به دولت این جانب اختیارات کافی میدادند تا اصلاحاتی را که لازم است با سرعت و فوریت انجام دهد، بخصوص که قوانین موضوعه درادوار سابق هریک مولود علل و جهاتی بود که با اوضاع اجتماعی امروز تطبیق نمیکرد و اصلاح تمام آن قوانین نیز فرصت بسیار زیادی میخواست

که درحال حاضر برای مجلس فراهم نبود و لازم بود از این نهضت ملی و موقعیت استثنائی که پیش آمده است برای ریختن شالوده یک اساس صحیح جهت حصول آمال ملی نهایت استفاده بشود و اصلاحاتی که لازم است با سرعت و فوریت انجام پذیرد و در عین حال تصمیم نهائی و قطعی نیز با مجلس شورای ملی است.

در دنیا همواره رسم بر این است که در اوضاع غیر عادی تصمیمات غیر عادی اتخاذ میشود زیرا در موقعی که خطری در پیش نیست اگر سرعتی در اتخاذ تصمیمات نباشد عواقبی در پی نخواهد داشت ولی در زمان خطر حتی یک لحظه را هم نباید نادیده گرفت زیرا ممکن است همان لحظه و فرصت کم در سرنوشت ملت تأثیر فراوان پیدا کند.

آقایان نمایندگان محترم چون چنین وضعی را در مملکت حس کردند بدون اینکه اندک تردیدی بخود راه دهند با کمال حسن نیت و به اتفاق کلمه برای شش ماه به اینجانب اختیار دادند تا لوایحی را که برای بهبوداوضاع اجتماعی و ادامه مبارزه ملی ضروری تشخیص میدهد به موقع اجرا بگذارد و چنانچه ملاحظه فرمودند دولت اینجانب نیز بدون این که لحظه ای از این اوقات گرانبها را بیهوده بگذارد و هدر دهد تا آنجا که ممکن میشد با وضع لوایح مفید و توجه به اوضاع کنونی کشور کوشش کرد تا اوضاع را به صورت عادی برگرداند و چنانکه ملاحظه میشود براثر همین علل و عوامل تمام آنچه اجانب پیش بینی میکردند و تصوراتی که داشتند نقش بر آب شد و با کمال وضوح دیدند که نه تنها ملت ایران بیش از حد تصور آنها مقاومت کرد بلکه اکنون نزدیک به دو سال است که هرگونه مضیقه ای را با گشاده روئی و استقامت و ثبات تحمل نموده و اگر ضرورت ایجاب کند و گردانندگان سیاست های جهانی باز هم نخواهند به حقایق مبارزه ملی ما پی ببرند و دراین راه موانعی بتراشند خواهند توانست سالیان دیگر و تا هنگام حصول نتیجه نهائی این ایستادگی و مقاومت را ادامه دهند. لوایحی که در طی این مدت به تصویب رسیده پس از پایان دوره آزمایش قانونی یعنی شش ماه اختیارات برای تصویب نهائی تقدیم مجلس شورای ملی خواهد شد. نکته ای که در این جا میخواهم به عرض آقایان نمایندگان محترم برسانم این است اوضاعی که ۵ ماه قبل ایجاب میکرد تا به این جانب اختیاراتی برای اصلاح اموداده شود نه تنها هنوز وجود دارد بلکه آزمایش این مدت نشان داد مادامی که فرصت کافی برای دنبال کردن این رویه در پیش نباشد و نتوان در حین اجرای لوایح نقائص و مشکلات کار را رفع کرد و شالوده ای اساسی و دنیا پسند برای مملکتی که همه چیزآن را مورد چپاول و تاراج قرار داده اند ریخت ممکن است زحمات و فداکاری های مردم خدای ناکرده با ناکامی روبرو شود و حریف حیله گر بتواند از تحریکات مدام و سم پاشی شبانه روزی خویش نتیجه بگیرد و از مرور زمان به نفع خود استفاده کند.

برای اینکه ملت ایران بتواند در تمام مراحل این جهاد پیروزمند شده و رفع بدبختی ها و مصائب موجود را بکند و درمیان ملل راقیه جهان موقعیت و مقام متناسبی تحصیل کند چاره ای نیست جز اینکه مجلس شورای ملی شرایط استثنائی روز را کاملا درک کند و دولت برگزیده او نیز ناگزیر است به حساسیت و اهمیت وظیفه سنگین خود آشنا باشد و تمام ابزار و وسایل قانونی و مشروع را در اختیار بگیرد تا مجال کمترین سوء استفاده برای هیچ کس باقی نماند.

با اعتمادی که عموم آقایان نمایندگان محترم مجددا نسبت به این دولت ابراز فرموده اند و رفع بحران را در این موقعیت خطیر از این جانب خواسته اند باید عرض کنم که برای تأمین این منظور مقدس و سر و صورت دادن به اوضاع مملکت و رفع بحران اقتصادی و اجتماعی و ایستادگی در مقابل بیگانگان جز تمدید مدت اختیارات راه دیگری به نظر دولت نمیرسد. از این جهت با اتکاء به حسن نیت و علاقمندی و وطن پرستی و موقع شناسی آقایان نمایندگان محترم ماده واحده ذیل به قید دو فوریت به مجلس مقدس شورای ملی پیشنهاد میشود و امیدوار است با تصویب آن امکان هر گونه اقدامات قانونی که برای ادامه اصلاحات مورد علاقه مردم ضروری است و برای طی مراحل نهائی این مبارزه لازم به نظر میرسد به دولت این جانب داده شود تا بتوان برای بهبود مؤثر اوضاع قدم های اساسی تر برداشت و به خواست خداوندی و اراده توانای ملت این مجاهده مقدس را با نیروی تازه ای به ثمر برسانیم.   نخست وزیر

ماده واحده – اختیارات موضوع قانون مصوب بیستم مرداد ماه ۱۳۳۱ از تاریخ انقضای مدت برای یک سال دیگر تمدید میشود.

تبصره – درصورتی که به موجب اختیارات در جدول قانون انتخابات تغییراتی داده شود وعده نمایندگان از میزانی که قانون سابق برای احراز حد نصاب تشکیل جلسه پیش بینی کرده است تجاوز نماید مادام که نمایندگان جدید به مجلس نیامده اند تأثیری در حد نصاب اکثریت دوره فعلی نخواهد داشت.

بعد ازقرائت نامه نخست وزیر ناگهان آقای مکی با عصبانیت از جای برخاست و درحالی که مرتب به درخواست اختیارات اعتراض میکرد استعفا نامه خود را ازنمایندگی مجلس به نایب رئیس آقای مهندس رضوی تقدیم کرد و وقتی نایب رئیس شروع به قرائت آئین نامه مربوط به استعفای نمایندگان را کرد آقای میراشرافی شروع به اعتراض و پرخاش نسبت به نایب رئیس نمود و چون نمایندگان دیگر نسبت به میراشرافی شروع به اعتراض کردند و او با پرخاش کردن به آنان به نایب رئیس اعتراض می نمود با زنگ رئیس جلسه تنفس اعلام گردید.

جلسه خصوصی مجلس
دولت کاری نکرده است

آقای حائری زاده اظهار داشتند دولت کاری انجام نداده و کارنفت هم هنوز به هیچ مرحله ای نرسیده است. اکنون با اقداماتی که شده است یک محیط خفقان آوری را که بی شباهت با محیط پس از ۱۹۳۳ و انعقاد قرارداد نفت بوجود آورده اند که من هرگز اعتماد ندارم که مصالح و منافع مملکت به این طور محفوظ بماند. من یقین دارم و از روی قرائن و آمار به چشم خود مشاهده میکنم که ادامه این وضع و محیطی را که بوجود آورده اند به سود ملت ایران و آزادی او که دو سال است این همه برای بدست آوردن آن تلاش نموده و تحمل محرومیت کرده است نیست.

به دکتر مصدق اعتماد ندارم

دکتر مصدق مملکت را به یک کوچه های بن بستی برده است که هیچ گونه راه علاجی باقی نگذارده و معلوم نیست که ایشان راه خبط و خطا نروند و مملکت را به یک سقوط نکشانند که دیگر جبران پذیر باشد و کسانی آمدند مانند وثوق الدوله به مردم گفتند ما حسن

نیت داریم و به مردم خدمت میکنیم اما قرارداد ۱۹۱۹ را بستند و به زیان مردم تمام شد و مملکت را بطرف فنا و نیستی بردند و من بنام یک نماینده میگویم که دیگر به دکتر مصدق اطمینان و اعتماد ندارم و خلاصه صلاح مملکت هم نیست که سرنوشت آن را بدون مشاوره بدست یکنفر مرد مستبد و دیکتاتور بسپارند.

دولت را نباید تضعیف کرد

آقای دکتر فلسفی اظهار داشت مجلس ایران و ملت ایران تا سرحد امکان از دولت فعلی و رئیس دولت که باو به نظر احترام و اعتماد نگاه مینماید پشتیبانی کرده است ولی رئیس محترم دولت باید در پیام هائی که میدهند از مجلس و تمام ملت ایران تقاضا کنند که از اختلاف و تشنج بپرهیزند. من تصدیق میکنم پیام آقای نخست وزیر در این موقع حساس بجای خویش مهیج بود و باید به این پیام ترتیب اثر بدهیم به خصوص که آقای نخست وزیر میگوید آقایان در این موقع که کار به جای باریکی کشیده شده نباید تشنج و اختلاف ایجاد نمایند و یا نباید دولت را با ایجاد اختلاف و تشتت تضعیف کنیم.

دولت نباید ایجاد تشنج کند

آقای کریمی اظهار داشت من به آقای دکتر مصدق کمال اعتماد را داشته و مانند رفقایم هر وقت رأی اعتماد بخواهد به او میدهیم ولی من فکر میکنم که این آقای دکتر مصدق که خودشان وارد سیاست هستند و به حساسیت موقع آگاهند چرا خود موجب تشنج میشوند، اولا چرا در قانون انتخابات آن نقطه مبهم را میگذارند که مجلس را متشنج و متزلزل سازد. بعد از ۱۵ روز که تذکراتی به ایشان داده می شود و به انتظار رفع این نقطه ابهام یک عده از نمایندگان که اغلب هوا خواه واقعی و از همکاران ایشان هستند طرحی تهیه کردیم و پس از آن همه ما را به باد تهمت و ناسزا بستند و بعد که حسن نیت ما با دادن رأی اعتماد ثابت شد آن وقت معلوم شد که ایشان نظر ایجاد تشنج دارند. اکنون هم قبل از اینکه استمالتی از نمایندگان بشود انتظار دارم از نمایندگان رفع اهانت بشود و معتقدم ایشان از هر فردی از افراد مملکت روشن تر و دلسور تر هستند چرا رفع اهانت از مجلس نمیکنند؟

نطق آقای دکتر مصدق برای نهضت ملی ایران ضررش از نطق قوام در روز اول زمام داری بیشتر بود برای این که قوام ما را فشرده تر و به هم نزدیک ترکرد ولی مصدق ما را ازهم جدا کرده و اتفاق و اتحادمان را از دست داد و چرا ایشان بجای اتحاد درصدد ایجاد نفاق برمیآیند؟ مجلس شورای ملی مظهر قدرت ملت ایران و نمایندگانش از طرف مردم انتخاب شده اند و همین نمایندگان هستند که اعتبار نامه آنها بدست آقای دکتر مصدق امضاء شده است.

از مجلس باید رفع اهانت شود

آقای مکی پیشنهاد کردند آقای مهندس رضوی از طرف مجلس به آقای دکتر مصدق در پاسخ این پیام بگویند هر چه زودتر دولت باید از مجلس و نمایندگان رفع اهانت بنمایند.

آقای مکی استعفای خود را توجیه میکند

آقای مکی درپاسخ خبرنگار اطلاعات درباره علت استعفا از نمایندگی اظهار داشت من به آقای دکتر مصدق اعتماد دارم ، این اعتماد چیزی نیست که قابل تردید باشد و البته ممکن است اختیاراتی که مجلس به آقای دکتر مصئق داد و نحوه استفاده ای که از این اختیارات

میشود متضمن منافع ملت باشد ولی حسن نیت و اعتماد به این حسن نیت بطور کلی به تنهائی نمیتواند تضمین کند که قدمی به اشتباه برداشته نخواهد شد.
هیتلر با کمال دلبستگی و اشتیاق سوزانی که به خدمت به ملت آلمان داشت و با آنکه خدمات بسیار بزرگی هم به ملت آلمان انجام داد معذالک یک اشتباه او منجر به سقوط آلمان و آن همه مصائب برای ملت آلمان گردید. اگر هیتلر اختیارات قانون گزاری و قضائی و اختیارات دیگر را در دست خود نداشت که بتواند هر طور که تشخیص میدهد و صلاح میداند آلمان را اداره کند آن سرنوشت وحشت انگیز نصیب ملت آلمان و دنیا نمیشد و اقدامی که هیتلر با منتهای حسن نیت شروع کرد آن طور کشورآلمان را متلاسی نمی ساخت از این لحاظ و با توجه به این گونه سوابق تاریخی است که ممکن است آقای دکتر مصدق نیز اشتباهی مرتکب شوند که زیان های فاحش و جبران ناپذیری برای ایران و ملت ایران دربر داشته باشد. این جانب برای آنکه در چنین صورتی در مسؤلیت چنان پیش آمدی شریک و سهیم نباشم مبادرت به استعفا از نمایندگی کردم.

آقای مکی درباره اینکه آیا قبل از جلسه اخیر مجلس هم به فکر استعفا بوده اند یا نه؟ گفت به هیچوجه در چنین فکری نبودم ، بلافاصله پس از آنکه آقای وزیر دارائی نامه نخست وزیر را قرائت کرد این فکر در من پیدا شد زیرا اولا ممکن بود که مجلس عملا دچار انحلال شود و ثانیا من خود را ازهمه جهت مدیون ملت ایران میدانم و معتقدم وجود من باید وقف ملت و فدای مصالح ایران باشد دراین صورت اگر دولت اشتباهی کرد من چگونه میتوانم به ملت ایران جواب بدهم؟ من سربازی هستم که از سنگر مشروطیت ایران دفاع میکنم و چطور میتوانم که در این موقع حساس از وضعیت خود تخطی کنم؟

۲۰ دی ۱۳۳۱

انگلیس ها منتظر سقوط دکتر مصدق هستند

درتعقیب وقایع روز ۱۸ دیماه مجلس بعد ازدرخواست اختیارات یک ساله آقای دکترشایگان در مصاحبه ای با خبرنگاران اظهار داشتند ، همه ما متأسف هستیم که آقای مکی از نمایندگی مجلس مستعفی شده اند و همه هم و مساعی خود را صرف میکنیم که ایشان از استعفا منصرف شوند. با این حال مطلبی را که ایشان در مصاحبه با خبرنگار روزنامه اطلاعات فرموده اند قابل بحث و اظهار نظر است و با انتشار آن شاید مردم خیال کنند که دکتر مصدق واقعا میخواهند هیتلر ایران باشند. در حالی که این امر قیاس مع الفارغ است و دولت دکترمصدق را به دلایلی که عرض میکنم نمیتوان با هیتلر مقایسه کرد. اولا هیتلر خود را مبعوث ملت آلمان میدانست که جنگ کند و با قهر و غلبه جهانگیری نماید ولی همه میدانند آقای دکتر مصدق چنین خیالی ندارد. ایشان میخواهند با صلح و مدارا اصلاحاتی برای کشور خود بکنند و ضمنا قضیه خارجی مملکت یعنی نفت را حل کنند. و بازمخصوصا باید بگویم که از هیچ جهتی شباهتی بین دکترمصدق و هیتلر نیست برای اینکه ایشان رئیس الوزرای قانونی پارلمانی هستند و هر وقت پارلمان قصد داشته باشد با یک رأی اعتماد ایشان را به خانه میفرستد. درحالی که هیچ کس حق نداشت که اختیارات هیتلر را از او بگیرد.

منظورآقای دکترمصدق ازاختیارات این نیست که دیکتاتوری کند زیرا دیکتاتور میخواهد مطلق العنان باشد و همیشه بر سرکار بماند و حال آنکه دکتر مصدق کرارا قصد استعفا داشته و ابراز تمایل به کناره گیری کرده است و نزدیکانشان مانع از کناره گیری ایشان شدند و اگر هدف معینی که عبارت از فداکاری درراه مصالح مملکت و تأمین منافع ایران است در

کار نبود شاید ایشان این تذکرات و وساطت ها را هم قبول نمیکردند. فقط شوق به خدمت و لزوم غلبه بر حریف خارجی ایشان را تا بحال بر سر کار نگهداشته و مسلم است که اختیارات را هم فقط برای غلبه بر حریف میخواهد. آقایان مسبوق هستند اساس سیاست انگلستان در باب نفت ایران براین استوار شده که عنقریب دولت مصدق سقوط میکند و پس از دکتر مصدق با هرکسی میتوان کنار آمد و مسأله نفت را به نفع کمپانی سابق حل کرد و الان دکتر مصدق میخواهد با تحصیل اختیارات جواب دندان شکنی به آنها داده و بگوید ملت ایران تا فیصله دادن به قضیه نفت پشت سر من ایستاده است. آقایان من اطلاعات موثقی دارم که اکنون نمیتوانم آنها را جز به جزء افشا کنم ولی همین قدر بطور کلی عرض میکنم که دولت انگلیس اخیرا در مذاکرات براین عقیده بوده است که دولت دکترمصدق تا یک ماه دیگریعنی پس از خاتمه اختیارات شش ماهه سقوط خواهد کرد و به این ترتیب فعلا میتوان از دادن هرگونه پیشنهادی که مطابق با قوانین ملی شدن نفت باشد خودداری نمود.

این مطالبی بود که ازنظر سیاست خارجی عرض کردم. اما درباب لزوم اختیارات برای اصلاحات داخلی عرض می کنم که اصلاحات باید فوری و سریع باشد در حالی که این سرعت با تشریفات معمولی قانون گزاری غیر ممکن است و دلایل غیر ممکن بودن آن به شرح زیراست: یک - قوانینی که برای اصلاحات داخلی تنظیم میشود بایستی به سرعت بگذرد و درحالی که با وضع فعلی مجلس هیچ قانونی ولو اینکه بسیار ساده و مختصر هم باشد به سرعت ازتصویب نخواهد گذشت. مثل قانون تعلیق مجازات زندانیان که اخیرا در مجلس مورد بحث بود و با آنکه همه میدانیم یک قانون ساده و مختصر بود ولی ۹۰ تبصره به آن دادند و از این ۹۰ تبصره دو یا سه تبصره بیشتر قبول نشد. حال فکر بفرمائید مثلا قانون آنین دادرسی مدنی که ۷۸۹ ماده است اگر قرار بود از طریق مجلس اصلاح شود و ۱۳۶ ماده آن بطوری که اکنون اصلاح شده اصلاح گردد چقدر این کار طول میکشد و مجلس تا چه مدتی سرگرم اصلاح آن خواهد بود؟ بنابراین از لحاظ سرعت وضع قوانین اصلاحی با جریان کنونی و عادی میسر نیست.

دو - قوانینی که در این قبیل موارد یعنی در مواقع بحرانی میگذرد نمیتواند قوانین قطعیه باشد یعنی بر فرض که با کندی و تشریفات فعلی بگذرد چه بسا اتفاق میلفتد که آن قانون باید اصلاح شده و عیوبش در عمل مرتفع گردد و این اصلاحات لازم نیز باید با همان تشریفات انجام گیرد و بسیار اتفاق می افتد که اصلاح بر اصلاح لازم آید و با توجه به اینکه پاره ای از اصلاحات در مواقعی ضروری و فوتی است هیچ گاه مسأله سرعت ملحوظ نخواهد شد و بدین ترتیب من سؤال میکنم آیا در مواقع غیر عادی با این کندی میتوان قوانین را از طریق عادی گذراند و آیا شأن مجلس این است که امروز قانونی بگذراند و ظرف چند هفته یا چند روز بعد آنرا اصلاح کند و حال اینکه این امر به وسیله یک شخص که مورداعتماد مجلس است ممکن است انجام گیرد و به حیثیت قانون گزاری مجلس لطمه وارد نیاید و قوانین نیز به سرعت بگذرد.

سه - اگر تشکیلات مجلس ما مثل سایرملل بود با همه این تفاصیل این قدر ها لازم نمی شد که اختیارات به شخص واحدی بدهند ولی بدبختانه نمایندگان ما در احزاب نیستند و مجلس ما مجلس حزبی نیست و بنابراین هر نفری مطابق سلیقه خود مایل است اصلاحی درامور و لوایح بکند و در مواقع عادی با وجودی که این نحو عمل کردن هدف و ایده آل نیست ولی مع الوصف قابل گذشت است. اما در مواقعی مثل امروز که ملت ایران با خارجیان در مبارزه

است ممکن نیست با تشتت آرا بتوان اصلاحی در مملکت به عمل آورد. در ممالکی که پارلمان ازاحزاب تشکیل میشود غالبا در موقع بحث پیرانون لوایح دو یا سه عقیده بهم برخورد میکند و اگر کسی مثلا تبصره یا عقیده مخالفی داشته باشد آن مربوط به عقیده ربع یا ثلث نمایندگان است و حال آنکه در ممالک بدون حزب مثل کشور ما هرکسی به ذوق و سلیقه خود می خواهد اصلاح کند یعنی پیشنهادات و عقیده ها عقاید فردی است و این امر باعث تعویق کار میشود. با تمام این دلایل به نظرمن تصویب اختیارات ازنظر سیاست داخلی و خارجی دولت لازم و ضروری است.

۲۵ دی ۱۳۳۱

دکتر بقائی مخالفت با اختیارات

آن روزکه ما این مبارزه را در همین مجلس شروع کردیم آن روزهای تاریک و خطرناک اسفند ۱۳۲۷ یعنی در همان موقعی که به دستور انگلستان مجلس مؤسسان تشکیل بود و میخواستند قانون اساسی را پایمال کنند ، آن روز هیچ این خبر ها نبود ما برای یک مبارزه خود را آماده میکردیم سه نفر بودیم حائری زاده ، مکی و بنده فقیر ، در آن روز تمام نفس ها درسینه حبس شده بود چند روزقبل ازاینکه ازکرمان بتهران بیایم آن قانون مطبوعات که در آن موقع می گفتم قانون ننگین ولی حالا باید بگویم قانون خوب حکمفرما بود و نمی گذاشتند چیزی نوشته و چاپ شود و آقایان نمایندگان به خاطر داشته باشند که عریضه سرگشاده ای که به عرض اعلیحضرت نوشتم در هیچ چاپخانه ای حتی در چاپخانه مجلس نگذاشتند چاپ شود درحالیکه حروف چینی و غلط گیری سوم هم تمام شده بود ولی دستور دادند چاپ نشود و به همین جهت عریضه را در موقع استیضاح به عرض رسانیدم.

آن روزها شروع به مبارزه کردیم ، برای حفظ آزادی و قانون اساسی و اصولی که برای نگهداری آن سوگند یاد کرده ایم و من اکنون شرمنده هستم از تمام بیاناتی که خود من و سایرین علیه قانون مطبوعات اقبال - زنگنه پشت این تریبون کردم. ما مبارزه را شروع کردیم و ملت ایران بیدار و امیدوار شد و با یک رشادت و قدرتی که کمتر میتوان در ملتی پیدا کرد قیام کرد و بزرگ ترین شکست را بر بزرگترین امپراتوری دنیا وارد ساخت و در نتیجه دکتر مصدق روی کار آمد والحق در زمینه سیاست خارجی بسیار خوب عمل کرد و به همین جهت با وجود ناروائی هایی که درسیاست داخلی وجود داشت همه را تحمل کردیم برای اینکه سیاست خارجی پیشرفت کند.

اکنون برای من بسیار دردناک است که در اینجا وظیفه ای را باید انجام بدهم که مورد پسند اکثریت نخواهد بود ولی یک نکته را هم باید عرض کنم آن روزی که تصمیم به مبارزه گرفتم ، در کرمان دستوراتی از مرکز میرسید که مردم را تجهیز کنند برای مجلس مؤسسان ، تظاهرات و تلگرافات بکنند ، در آن روز انتظار کشیدم که یکنفر در تهران شروع به مبارزه کند و منهم از کرمان برایش دست بزنم چون تا آن وقت وارد مبارزه نشده بودم و رویهم رفته رفقا میدانند آدم تنبلی هستم ، خودم هم میدانم ولی در آن روزها شاید یک هفته تمام خواب به چشم من نرفت خیلی فکر کردم تمام عواقب را سنجیدم ولی بالاخره به این نتیجه رسیدم که هر وقت اراده انگلستان تصمیم گرفته دفتر مشروطیت بسته شود یک نفر پیدا شود و بگوید نه! مدتها انتظار کشیدم که یک نفر این نه را بگوید ولی آنرا نشنیدم بعد یک شب با خود فکر کردم که باید همین جا بمانی و از تمام ادعا ها و افتخارات خودت چشم بپوشی نگوئی من پسر میرزا شهاب کرمانی هستم و نگوئی هرچه در مدارس راجع به حق آزادی

درس دادم تزویر کردم و یا بروی تهران خود را بیازمائی. گرفتن این تصمیم برای من خیلی سخت بود آقایان به خاطردارند آن روز ها خیلی خطرناک بود ولی من تصمیم گرفتم و دست به عملی زدم که اسمش انتحار بود.

انتحار سیاسی و اجتماعی در تهران دو نفر با من همفکری کردند یکی حائری زاده یکی حسین مکی ، ما سه نفر وارد مبارزه شدیم ولی در تمام طول این مبارزه هدف و شعار من و دوستان خارج از مجلس که به هم فکری من شتافتند یکی همین آقای زهری بود که ما برای آزادی و راستی قیام کردیم و تصمیم گرفتیم از اصول خارج نشویم. یک مرتبه با یک استدلالی که به نظر صحیح میآمد ازاصول خارج شدیم ولی تجربه نشان داد آن استدلال ها صحیح نبود بهمین جهت به پیروی از شعار اول دیگرامیدواریم تا آخر عمر دچار اشتباه نشویم. ما یک هدف هائی معین کردیم که در روزنامه شاهد نوشته شد و بر روی آن مقالاتی نوشته شد ، همان هدف ما به عنوان هدف جبهه ملی درمملکت ایران منتشر شد وتا این ساعت هم در هیچ مجلسی این مطلب را نگفته بودم که هدف جبهه ملی ابتکار نویسندگان شاهد و دوستان من و این روزنامه ها است و باعث افتخار من است.

این ها چند چیز بود ، یکی الغاء قانون مطبوعات اقبال - زنگنه ، یکی اصلاح قانون حکومت نظامی ، یکی اصلاح قانون انتخابات و بالاخره موضوع نفت. اگر من از لطف و مرحمت آقایان نماینده گان قدری زیاد استفاده میکنم برای این است که عملی را که اینجا انجام میدهیم حزب زحمتکشان ملت ایران با این عمل موافقت دارند. دیشب در شورای فعالین حزب تصمیم گرفته شد با لایحه اختیارات مخالفت کنم ولی تمام این تفاصیل مانع این نیست که درشرایط امروز به این عمل انتحار سیاسی میگویند برای این که همه ما در موقعیتی قرار داریم که همان ایرادی که به کابینه ساعد میگرفتیم حالا باید به کابینه دکتر مصدق بگیریم ، همان ایرادی که به کابینه ساعد میگرفتیم که نمیگذارد صدای ما بگوش ملت برسد حالا هم رادیو را به خود اختصاص داده اند. حالا مجبوریم خلاف جریان شنا کنیم اگر کسی خواست برخلاف جریان شنا کند باید اول لباسهایش را بیرون بیاورد. اینکه این خاطرات گذشته را عرض کردم درحکم درآوردن لباس است تا مخالف جریان شنا کنیم، عکس العمل آنرا هم بخوبی میدانم تلگرافات تنفر، مقالات روزنامه ها ، کشف این که انگلستان یا روسیه یا امریکا به من پول داده ولی این ها را من کهنه کرده ام این ها را پیش از اینهم دیده ام ، یک دفعه دیگر پشت همین تریبون گفتم من شتر نقاره خانه هستم از اینکه در رادیو مرا مزدور اجنبی بخوانند بیم و هراسی ندارم برای من یک چیز حساب میشود که پیش وجدانم و خدا سرافکنده نباشم همین برای من کافی است.

آن موقعی که در کرمان تصمیم به مبارزه گرفتم با اینکه چند سالی بود و کیل مجلس بودم ولی در سیاست وارد نبودم حالا هم اطلاع زیادی ندارم ولی یک چیز راهنمای من بود و آن الهام قلبی بود. او گفت باید بروی و این وظیفه خود را انجام بدهی هرچه می خواهد بشود آقایانی که آن روز بودند میدانند و یادشان هست که در همین اطاق بازرسی مرا ازاین کار منع میکردند ولی روی الهام باطنی تمام تقاضا های دوستان را رد کردم. حالا هم آن الهام باطنی به من میگوید که این اختیارات صلاح مملکت نیست و در این مدت خدا میداند چقدر دوستان صمیمی به من گفته اند این خود کشی است مثل عبدالقدیر آزاد میشوی ولی وقتی من تشخیص دادم وظیفه من این است وظیفه خود را انجام میدهم و بخوبی میدانم که کوچکترین تأثیری نخواهد داشت و مجلس به این اختیارات رأی خواهد داد. فقط عرض میکنم که موقعی

رأی میدهند یک فکر بکنند ، فکر بکنند که اگر با رأی مخفی می دادند همان رأی را میدادند یا نه؟ ما برای راستی وآزادی قیام کرده ایم وتمام تلاش خود را در این راه کرده ایم یکی از هدف های ما از بین بردن قانون اقبال - زنگنه بود. آمدیم سعی کردیم اختیارات برای دولت تحصیل کردیم به این امید که آن هدف هائی که داشتیم و شاید انجامش برای مجلس مقدور نبود به وسیله این اختیارات انجام بگیرد. یکی از دلایلی که برای اختیارات ذکر میشد این بود که در این موقع که سیاست خارجی ما را درمضیقه اقتصادی قرار داده ما باید فکری برای رفع بحران کنیم ازجمله مالیات بر ثروت و چون ممکن است به سهولت نگذرد و در کمیسیون ها بماند این اختیارات را بدهیم تا فقط برای یکبار این مالیات گرفته شود آن روزها طرحی هم تهیه شد بعد تمام شد.

دیگراز وضع سختی معیشت تقلیل کرایه خانه ها از آنهم خبری نشد تا بعد از مدتها شنیدم اخیرا لایحه ای برای تقلیل ده درصد امضا شد درصورتی که وقتی میخواهند چنین لایحه ای را به امضا برسانند که کرایه خانه تناسبی دارد با درآمد اشخاص ولی کارگر بیچاره ای که روزی ۴۰ ریال حقوق میگیرد و ماهی چهل تومان کرایه خانه می دهد این لایحه بحال او چه تأثیری دارد. یک روزدرلاهه بودم ازاختیارات صحبت شد آقای دکترمصدق فرمودند فکری برای مطبوعات باید بشود من گفتم امیدوارم مجلس این اختیارات را بدهد ولی دیگر فکر قانون مطبوعات نکبت دارد. یک روز بعد از ظهر با هم صحبت کردیم در نتیجه دعوتی کردند برای قانون مطبوعات ، دعوت را رد کردم بالاخره قانونی نوشته شد و آن را در معرض افکار عمومی گذاردند.

این اوراقی که به اسم روزنامه ها هر روز منتشر میشود اگر درآمد نداشته باشد بیرون نمیآید. مردم هم بین روزنامه های واقعی و این ها تفاوت می گذارند. اما قانون امنیت اجتماعی به مراتب خجالت آورتر است. آقایان میدانند دولت روزهای آخر تعطیل مجلس لایحه ای برای حکومت نظامی به مجلس آورد چون فراکسیون نهضت ملی با آن مخالفت کرد دولت آن را پس گرفت بعد مواجه شد با زد و خورد هائی که توده ای ها با بعضی دستجات دیگر در خیابان های تهران میکردند. یک روزآقای دکترمصدق مرا احضارکردند رفتم خدمت ایشان بنا بود جلسه ای تشکیل شود از آقایان دکتر شایگان ، مهندس زیرک زاده ، دکتر سنجابی و قنات آبادی و بنده، من برخلاف همیشه زودتر رفتم ایشان لایحه ای را به من داد که خواندم اسمش لایحه امنیت اجتماعی بود ولی خیلی بهتر و ملایم تر از این بود وقتی آن را خواندم نمیخواهم بگویم چه حالی به من دست داد زیرا دیدم تمام این جان کندن ها منجر به چنین قانونی شد خلاصه سکوت کردم. ایشان فرمودند نظر شما چیست؟ گفتم اطلاعات حقوقی ندارم باید از اساتید حقوق پرسید ولی به نظر من بسیار قانون بدی است و ابدا زیبنده جناب عالی نیست فرمودند آقای دکتر شایگان با آن موافقت کردند.

آقایان که آمدند آقای دکتر شایگان لایحه را خواندند گفتند این لایحه اسلحه دو دمی است. ایشان گفتند الان یک موقعیت بسیار باریکی است و دارند تحریکات میکنند محبور هستیم این را بیاوریم و چون با حکومت نظامی مخالفت شد مجبوریم این را بیاوریم. گفتم بروید یزید را بیاروید فرماندار نظامی بکنید ولی این قانون را نیاورید. وقتی لایحه امضا شد و من آن را خواندم دیدم به مراتب بد تر شده است. رفتم خدمت آقای دکتر مصدق و مفصلا صحبت کردیم به بنده فرمودند اگر این طور که میگوئی هست فردا در مجلس مخالفت کن و من آن را لغو میکنم. به همین جهت یک روز اینجا مصدع شدم و راجع به آن صحبت

کردم و از آقایان سؤال کردم که کی موافق است هیچ کس جواب نداد بعد عرض کردم از طرف تمام نمایندگان تقاضای لغو آن را دارم، بعد گفتند برای من مقدور نیست.

من ناچارم که باید برای مخالفت با لایحه اختیاراتی صحبت کنم که مرد اول سال و مظهر حیثیت و غیرت و ملیت ما شناخته شده و همین طور هم هست، اگر او را آزاد بگذارند. به همین جهت سعی میکنم مطالب را در لفافه بگویم یک مرتبه اشتباه کردم اما دیگر اشتباه نمیکنم. زننده نیست کسانی که استاد دانشکده حقوق هستند با سکوت خود از جرم شناختن قصد دفاع میکنند. کسانی که ساکت نشسته اند ملت میداند که جرم را قصد میدانسته اند و من میخواهم این آزادی خواهان اساتید دانشکده حقوق بگویند چگونه قصد جرم است ، این محصول اختیارات است.

ما یک روز علیه قانون حکومت نظامی قیام کردیم حالا به جای یک حکومت نظامی با این قانون صد ها حکومت نظامی درست شده کسانی هستند که در کریدور بهارستان میگویند ما هم میدانیم قانون بدی است. ولی کسی که صراحتا مخالفت میکند منافق نیست کسی که ده جور نوشته داده منافق است. گفتند سه نفر از کسانی که طرح سه فوریتی را امضا کردند دستشان به خون شهدای سی ام تیر آلوده است ما از هیأت محترم سی ام تیر هم این سؤال را کردیم انتظار داریم هرچه زودتر این توهم را رفع کنند کدام سه نفر دستشان به خون شهدای سی تیر آلوده است؟

نظرات جدید درمورد نفت

رویتر به نقل از جراید لندن گزارش میدهد که مذاکرات مربوط به قضیه نفت و اختلافات ایران و انگلس برسرنفت اکنون به مرحله حساس خود نزدیک شده و احتمال میرود تا چند روز دیگر اعلامیه رسمی دراین مورد صادر شود. ولی هنوزتهران و لندن راجع به مذاکرات محرمانه ای که درباره این موضوع صورت گرفته سکوت کامل اختیار کرده اند. ناظرین سیاسی میگویند که انگلیس برای حل این قضیه با چند موضوع و از جمله مسائل زیر موافقت کرده است.

۱ - پرداخت غرامت اموال شرکت نفت انگلیس و ایران که ملی شده و ارجاع موضوع تعیین غرامت به یک هیأت داوری بی طرف ارجاع گردد و همچنین ادعا های متقابل دولت ایران نیز بایستی به حکمیت هیأت مزبور ارجاع گردد.

۲- دولت های امریکا و انگلیس برای حمل نفت به کشورهای غربی به دولت ایران کمک خواهند کرد. گفته میشود که نظریات دولت انگلیس توسط سفیر امریکا در ایران به دکترمصدق نخست وزیر ایران اطلاع داده شده است.

۲۷ دی ۱۳۳۱

پیشنهاد جدیدی درمورد نفت

یونایتد پرس ، محافل دیپلماسی صاحب نفوذ در واشنگتن اظهار داشته اند طرح جدیدی درمورد حل مسأله نفت تدوین شده که به زودی تسلیم دولت ایران خواهد شد. این طرح شامل چگونگی خرید نفت ایران و مسأله پرداخت غرامت به شرکت نفت انگلیس و ایران میباشد. این محافل همچنین معتقد هستند که اگر دکتر مصدق در وضع کنونی خود تغییری بدهد و یا مخالفت رقبا و مخالفین دکتر مصدق در مجلس شورای ملی ایران به مخالفت خود شدت بخشند ممکن است حل مسأله نفت را با اشکال مواجه سازد و دراین موقع که پس

از ماه ها مذاکرات خسته کننده احتمال حل مسأله نفت زیادتر شده و امید میرود که یکی از مهمترین مشکلات خاور میانه با حل این مسأله مرتفع گردد گمان نمیرود که در مجلس ایران برای لاینحل گذاردن مسأله نفت فعالیتی بشود.

۲۸ دی ۱۳۳۱

نامه آیت الله کاشانی درمورد اختیارات

به حکم قرآن مجید که بهترین راهنمای خلق جهان است و نعمت اسلام که راه مرحمت حضرت باریتعالی بر جامعه بشریت ارزانی گردیده و دستور متقن حضرت خیرالانام امر و مقرر است بر ودایع و سپرده های مردم طریق امانت محفوظ گردد و در جمیع احوال همگی خدای را حاضر و ناظر دانسته و اجتناب از مناهی و خیانت نموده و طریق رستگاری بپیمائیم. برحسب وظیفه دیانتی خود و سمت ریاست مجلس شورا ملی که بنا به اصرار آقایان نمایندگان عهده دار میباشم باید به اطلاع مجلس برسانم ملت ایران دراثر کوشش های فراوان و فداکاری های بسیار و دادن تلفات بی شمار برطبق قانون اساسی مورخ ۱۴ اردیبهشت ۱۳۲۴ دارای حقوقی است که حفظ صیانت آن به عهده نمایندگان مجلس و زعمای قوم و عامه ملت شناخته شده و آقایان نمایندگان هم به نگهداری آن با خدای خود طبق قسم نامه ای که در اصل ۱۱ قانون اساسی مندرج است عهد و پیمان بسته اند.

چون دراصل ۲۷ متمم قانون اساسی حق قانون گذاری به عهده مجلس شورای ملی محول گردیده است و قوه قضائیه به محاکم شرعیه در شرعیات و به محاکم عدلیه در عرفیات و اجرای قوانین درعهده هیأت دولت و قوه اجرائیه واگذار شده و در اصل ۲۸ قوانین ثلاثه مزبور را برای همیشه از یکدیگر ممتاز و منفصل نموده است و تخلف از مواد مزبور که روح قانون اساسی و حکومت مشروطه میباشد تمکین در برابر حکومت خودسری و تسلیم به مطلق العنانی است و مخالف صریح قانون اساسی میباشد که نگهداری آن را نمایندگان مجلس در برابر خدای بزرگ و ملت ایران قسم یاد نموده اند. بنا بر وظیفه محوله از طرف خلق فداکار ایران به نمایندگی مجلس و تفویض سمت ریاست مجلس به این جانب از طرف نمایندگان لزوما بالصراحه اعلام مینمایم که لایحه اختیارات تقدیمی آقای دکترمصدق نخست وزیر به مجلس شورای ملی مخالف و مباین اصول قانون اساسی و صلاح مملکت و دولت است و با این وصف مجلس شورای ملی نمیتواند چنین لایحه ای را که مخالفت صریح با قانون اساسی دارد و موجب تعطیل مشروطیت و ناقض مواد ۱۱ و ۴۳ و ۲۴و ۲۵ و۲۷ از قانون اساسی و اصول ۷ و ۲۷ و ۲۸ متمم آن میباشد و درحقیقت با عدم رعایت قوای مرقومه مملکت به حالت دیکتاتوری بر میگردد و از طرفی حدود اختیار نمایندگان مجلس شورای ملی درحدود وکالتی است که به موجب قانون به آنها واگذار شده و حق واگذاری آنرا به غیر ندارند و روشن است چنین عملی فاقد ارزش قانونی است. علیهذا به دستور صریح قانون قدغن مینمایم که ازطرح آن درجلسات علنی مجلس خودداری شود و نمیتواند چنین لایحه ای جزو دستور قرار گیرد.

در گذشته نیز اشتباهی را که نمایندگان نموده اند دلیل و مجوز تکرار آن نیست. از راه علاقه و صلاح اندیشی به آقای نخست وزیر هم توصیه میکنم راهی را که برای ریشه کن نمودن آثار استعمار و موفقیت در امر حیاتی نفت در پیش داریم فقط با تمسک به حبل المتین خداوندی و حفظ سنن مشروطیت و قانون و رعایت حقوق عامه ملت ایران میسر است به اقدامات لازمه برای انجام و تسویه موضوع نفت که مورد پشتیبانی کامل این جانب و مجلس

شورای ملی و ملت شرافتمند ایران است به هیچوجه ارتباطی با اختیارات غیر قانونی ندارد و بالعکس تخلف از قانون اساسی و تجاوز به حقوق مردم به مقاومت ملت ایران منتهی میگردد و ما را از راه جهاد بزرگی که علیه دول استعماری در پیش داریم باز میدارد. بزرگی دولت ها و قدرت آنها در احترام به قوانین است و همه باید در برابر عظمت آن زانو زده و فکر قانون شکنی را از خود بدور دارند و همواره در ادوار گذشته خود ایشان هم مزید این نظریه و معترف به این رویه بوده اند. باید با مردم بود تا در آغوش قدرت و توانائی و پشتیبانی آن ها به نتیجه اصلی مبارزه علیه استعمار و نجات مملکت توفیق حاصل آید و مجبورم به استحضارجناب ایشان برسانم تا موقعی که اینجانب وظیفه دار مجلس شورای ملی هستم اجازه طرح نظیر این لوایح را که مخالفت صریح با قانون اساسی مملکت را دارد در مجلس جایز نمیدانم.

رئیس مجلس شورای ملی - سید ابوالقاسم کاشانی

دربار شاهنشاهی تکذیب میکند

اداره محترم روزنامه کیهان

خبری تحریک آمیز که امروز صبح در یکی از جراید هفتگی منتشر شده مشعر بر اینکه در هفته گذشته بطور محرمانه شرفیابی هائی صورت گرفت و با جریان مخالفت بعضی از نمایندگان با دولت ارتباط داشته بکلی بی اساس بوده و بدین وسیله تکذیب میشود. این نکته را هم اضافه می نماید که ملاقات وزیر دربار با حضرت آیت الله کاشانی موقع مراجعت موکب همایونی از رامسر صرفا برای احوال پرسی بوده است.

خواهشمند است دستور فرمائید مراتب از لحاظ روشن شدن افکار عامه در اولین شماره آن روزنامه درج گردد.

وابسته مطبوعاتی دربار

انعکاس نامه رئیس مجلس

امروز پس ازقرائت نامه رئیس مجلس و بهم خوردن جلسه خبرآن در کلیه محافل سیاسی تهران منعکس گردید. خبرنگاران خارجی این خبررا به عنوان وجود یک شکاف بزرگ در نهضت ملی ایران به دنیا مخابره کردند. سفارت خانه های خارجی در تهران بلافاصله موضوع مخالفت علنی رئیس مجلس را با نخست وزیر طی تلگراف های فوری به دولت های متبوع خود گزارش دادند. برای ارسال این خبر با آژانس های جهان چنان فعالیتی صورت گرفت که نظیرآن تاکنون دیده نشده بود.

۲۹ دی ۱۳۳۱

متن نامه هیأت رئیسه مجلس به آیت الله کاشانی

مرقومه عالی خطاب به مجلس شورا ملی امروز هنگام تشکیل جلسه علنی واصل و به استناد ماده ۲۹ آئین نامه داخلی به استحضار آقایان نمایندگان محترم رسید البته مقام شامخ ریاست عالیه مجلس شورای ملی و بالاخص شخصیت حضرت آیت الله مورد احترام و تکریم مجلس شورای ملی و قاطبه ملت ایران میباشد وعموم آقایان از تذکرات و راهنمائی های مفید آن قائم معظم که پیوسته مبتنی برمصالح مملکت و حفظ قانون اساسی بوده است کمال سپاسگزاری و تشکر را دارند. پس از قرائت مرقومه عالی درجلسه علنی مجلس بلافاصله هیأت رئیسه تشکیل و مفاد آن مورد مذاکره قرارگرفت و این طور اظهار نظر شد که روش مجلس شورای ملی همانطور که اشاره شد همواره بایستی مبتنی بر حفظ اصول قانون اساسی و مشروطیت و حق حاکمیت ملی بوده و هیچ گاه از این اصل انحرافی حاصل نشود.

راجع به امر اختیارات هم مسلم است اختیار قانون گذاری از طرف مجلس شورای ملی تاکنون بطور اعم و دائم به هیچ مقامی واگذار نشده و به طوری که سوابق امر در ادوار مختلفه قانون گذاری از دوره دوم به بعد نشان میدهد اغلب این گونه اختیارات به کمیسیون های پارلمانی و چه به اشخاص بطور موقت داده شده تا لوایحی تنظیم و موقتاً به مورد آزمایش بگذارند ولی قطعیت آنها موکول به شور و مداقه و تصویب نهائی مجلس شورای ملی بوده است و به این ترتیب صدمه و لطمه به اصل تفکیک قوا به عمل نیامده و حق حاکمیت مجلس شورای ملی ثابت و برقرار بوده است بخصوص که همواره و هر لحظه حق سلب اختیار و یا اعتماد با مجلس مقدس مجلس شورای ملی بوده و خواهد بود و این ترتیب نیزدرجلسه خصوصی امروز مجلس شورای ملی مورد تأیید واقع گردید. بنابراین طرح موضوع اختیارات و بودن آن در دستور مجلس شورای ملی که دو فوریت آن هم به تصویب رسیده منافی با اصول قانون اساسی و حق حاکمیت مجلس شورای ملی نمیباشد.

بدیهی است لایحه تقدیمی دولت وقتی به صورت قانونی در خواهد آمد که پس از بحث و اظهار نظر های مخالف و موافق بر طبق موازین آئین نامه قانونی مجلس شورای ملی و خاتمه شورو مذاکرات به رأی علنی آقایان نمایندگان واگذار میگردد و بر طبق همان اصول نتیجه نهائی اعم از مثبت و منفی منوط به رأی قطعی مجلس شورای ملی خواهد بود و بنابر همان موازین هم تغییردستورمجلس شورای ملی یا مسکوت گذاردن موضوع منوط به رأی مجلس شورای ملی میباشد و در این زمینه مسلم است هریک از آقایان نمایندگان میتوانند در هر لحظه ازحقوق قانونی خود استفاده فرمایند تا تقاضای نظریه مجلس بشود.

درخاتمه چون به نظر میرسد که منظورمقام منیع ریاست طرح نامه ارسالی و اظهار نظر مجلس شورای ملی نسبت به آن باشد موافقت خواهند فرمود که جریان کار مجلس طبق موازین قانونی ادامه یافته و تعیین تکلیف نهائی بشود.

هیأت رئیسه مجلس شورای ملی

ادامه مخالفت دکتر بقائی با لایحه اختیارات

حکومت فردی همیشه در تاریخ این طور شروع شده یک نفر آمده یک خدماتی کرده تمام ملت متوجه کار او شدند و در موقعی که میدانند اگراو برود کار ها خراب میشود آنچه که بدست ملت آمده از دستش میرود میگوید حالا دیگر بنده مرخص میشوم والا اختیارات بدهید. یکی از کسانی که بزرگترین خدمات را به مملکت کرد نادر بود اما جریان کار او را در تاریخ خوانده اید. کسانی که درخط اول مبارزه بودند ، کسانی که تمام افتخاراتی که دیگران به خودشان می بندند مال آنها است ، موضوع نفت در این مجلس اول کسی که صحبتش را کرد دوست عزیز من آقای مهندس رضوی بود بعد از ایشان آقای مکی ، حائری زاده و بنده بودیم. در مجلس ۱۵ که آقای مکی آن نطق تاریخی را ایراد کردند حالا وقتی لایحه اختیارات به مجلس میآید مکی نماینده اول تهران آنقدر متأثر میشود که استعفا بدهد بعد هم مصاحبه ای که کرد صحبت از هیتلر کرد چون هیتلرهم به ملت آلمان خیلی خدمت کرد. ولی همان هیتلر که در وطن پرستی او و نسبت به آلمان هیچ کس تردی نداشت وقتی اختیارات را گرفت روی همان جریاناتی که همیشه واقع میشود بزرگترین بدبختی ها را برای دنیا فراهم کرد.

من هنوز صلاح نمیدانم که پرده از روی تمام حوادث بردارم ولی نکته ای را باید به عرض برسانم. البته گمان میکنم برای کسانی که اهل نظر باشند جای تأمل نباشد که این

جریان چه جور پیدا شده و چه دست هائی به این جریان کمک میکردند فقط روزنامه ای که بر خلاف موازین قانونی اسم ما را غصب کرده و دادگستری هم آن را تعقیب نکرده خودش را پشتیبان دولت قلمداد میکند و بعضی از وظایف نمایندگان را اودر خارج انجام میدهد. در این روزنامه ای که به اسم ارگان حزب ما برخلاف قانون منتشر میشود و پشتیبان جدی آقای دکتر مصدق است فقط یک جمله آنرا میخوانم « شما میخواهید دکتر مصدق با مشروطیتی که مولود سفارت عظمی است قوانینی که در سلطه شرکت سابق وضع شده و با سیستم پارلمانی که جز در مستعمرات انگلیس وجود ندارد عمل انقلابی کند و مسئله نفت را حل کند؟ »

این زمزمه ای است که تازه شروع شده است از روی این صحبت ها است که من اختیارات را به صلاح مملکت نمیدانم چون نمیخواهم منفی بافی بکنیم و بهانه ای بدست بدهیم ازاطاله کلام خودداری میکنم و عرض میکنم برای این اختیارات یک پیشنهاد مثبت هم داریم. طبق سیره سابق که چند مورد هم استفاده شده این اختیار قانون گذاری به کمیسیون های مجلس داده شود این کمیسیون هائی که منزل آقای دکتر مصدق تشکیل میشود در مجلس تشکیل شود چون ممکن است بخواهند وانمود کنند که قصد ما از صحبت اطاله کلام است بنده بیش از این عرضی نمیکنم. با وجود آن که مطالب گفتنی زیاد است نمی خواهم وانمود شود که مجلس میخواهد کار شکنی کند تا باعث یک نطق رادیوئی و آشوب مملکت شود به عرض خود خاتمه میدهم.

دکتر شایگان موافق با لایحه اختیارات

بنده از خدا میخواهم که نگذارد در این موقع حرفی برخلاف حقیقت بزنم. بیاناتی که امروز رفیق محترم سابق بنده جناب آقای دکتر بقائی فرمودند از آنجائی که فرمودند در دنباله بیانات روز پیش بود چنین به نظر میرسید که چمچه به ته دیگ خورده است و اگر مجلس رأی نمیداد گمان میکنم ایشان مطلبی نداشتند. این بنده ضعیف آنچه در قوه داشت خدا میداند به فعل آورد که اختلافی پیدا نشود و مخصوصا وضعی پیش نیاید که مجبور شوم پنجه بروی رفقای خود بزنم ولی تقدیر غیر از این بود و نشد و اکنون با کمال تأسف و تأثر بایستی عرایضی که میکنم غالبش متوجه رفیق قدیم خودم باشد. بنده بسیار مایل بودم که همان روز اینجا به بنده فرصت رسیده بود چند کلمه ای میگفتم و مطلب تمام میشد اما اینطور نشد قسمتی از مطالب راجع به سوابق خودشان بود. البته منکری ندارد و ایشان سوابقی دارند و به همین جهت دوستان ایشان میل نداشتند که حرفی بزنند. اگر این سوابق را نداشتند که مهم نبود اما در همین قسمت هم قدری اغراق فرمودند هرچه راجع به خودشان بود صحیح است اما ضمنا می خواستند بگویند دیگران خراب بوده اند این حقیقت ندارد به دلیل اینکه از اول همه این عده بوده اند، همه همت کرده اند، همه آقایان نمایندگان بوده اند اما قبل از نهضت نه بنده و نه آقای دکتر سنجابی بقال نبودیم ، ببخشید بقال که بسیار محترم است منظور این است که بیکار نبوده ایم. بنده هم در سنگر خودم بودم. ما در مجلس نبودیم ، در شغل کوچک خود در دانشگاه و در عدلیه از آزادی دفاع می کردیم و در بحبوحه قدرت اشخاص منفور حرفها زدیم ، انتقاد کردیم. بنده ابتدا درباره بعضی اشتباهات صحبت میکنم بعد درباره اختیارات. اینجا غالبا برای این که توفیق پیدا کنند در پیشرفت نظر خود صریحا دکتر مصدق را به امثال رزم آرا یا هیتلرتشبیه میکنند. گفتن آسان است

ولی همراه آن باید دلیل باشد والا حرف باطل زدن بسیار آسان است. دیکتاتور ها اعتنائی برای اینکه راه قانونی برای اقدامات خود پیدا کنند نیستند ، به صورت قانون توجه ندارند.

ملت این را تشخیص میدهد ، این تشبیهات و این طور صحبت کردن ها فقط برای مجادله خوب است نه برای اقناع کردن. درباب این اقدامات دیکتاتورها غالبا متوسل نمیشوند به آن طور غیر قانونی قدرت را در دست میگیرند و کاری به این قضایا ندارند. بعضی ها هستند که حتی مجالسی درست میکنند ولی حقیقت امر و باطن مطلب غیر از این است. اینجا مکرر در مکرر اظهار کردند من اعتماد به دولت دارم ولی بیانات مشعر این معنی نیست. فکر بفرمائید که اگر بنده از یکی از آقایان قرض بخواهم ولی طرف از من سند میخواهد حالا این شخص به من اعتماد دارد؟ این گفتن باید همراه عمل باشد آن طرح سه فوریتی از همین قبیل بود. ما اینجا گفتیم که منظور شما عملی میشود. اما قبول نکردند برای من تردید پیدا شد. ایشان گله کردند که دولت یا بنده در مصاحبه نسبت آلت دست خارجی به ایشان نسبت دادیم ، معاذالله که من چنین اسنادی نداده ام. من هیچ وقت عرض نکرده ام که دکتر بقائی میخواهد به خارجی خدمت کند. اما گفتم این اقدام به نفع اجانب تمام میشود. مکرر صحبت از بادمجان دور قاب چینی کردند ، بنده اگر عیب بزرگی داشته باشم عیب بزرگ ترم این است که مردم را از خود میرنجانم.

اما چطور میتوانم بادمجان دور قاب کسی بچینم ، صحبت از مالیات بر ثروت کردند لابد مقصودشان مالیات بر سرمایه بوده ، از افتخارات خود دانستند که برخلاف جریان شنا میکنند. ابدا لازم نیست که کسی برخلاف جریان شنا کند ، البته نه مذموم است و نه ممدوح. فقط باید دید چه هدفی دارند که این شنا را می کنند. از دهن دوست من دکترسنجابی جمله ای پرید گمان من این بود که تحت تأثیر حرف های ناروا قرار گرفت و حرفی زدند که بعد اظهار لطف کردند و معذرت خواستند. امروز گفتند دکتر شایگان خود را وکیل تر میداند. البته این شوخی بی مزه ای است. اما وطن پرست تر ، معاذالله بنده خود را وطن پرست تر نمیدانم. اما اگر آن حرف را افشا نکردم ازاین جهت است که من در جریان نفت وارد هستم و تا وقتی به جائی نرسد سری است. وقتی دولت آن را قبول کرد به همه آقایان باید اطلاع داده شود و در همین جا با اطلاع آقایان تصویب شود.

دکتر مصدق بدون رأی آقایان نه یک کلمه قول خواهد داد و نه سندی خواهد داد ولی در مقدمات امر برای این همه دشمن مصلحت نمیداند که هر حرفی را بازکند. از طرف دیگر حالا این دلیل را خارج کنید و ببینید آیا ممکن است که سیاست خارجی از اختلاف ما استفاده کند؟ این را قبول کنید.

۳۰ دی ۱۳۳۱

نامه آیت الله کاشانی به دکتر مصدق

جناب آقای دکتر مصدق نخست وزیر
البته نامه ای که این جانب به مجلس شورای ملی فرستادم ودرجلسه علی قرائت گردید از نظر شخص جنابعالی گذشته است. بنا به وظیفه دیانتی و ملی خود و برای حفظ وحدت عموم مردم درنهضت بزرگی که بر ضد استعمار در پیش داریم از شما تقاضا دارم قطعاً ار مطالبات غیر قانونی خود دائر به گرفتن اختیارات خودداری نمائید تا در صف ملیون مبارز شکافی ایجاد نشود واگر واقعا لایحه اختیارات خود را منطبق با موازین قانون اساسی می دانید لزوما توضیح

دهید مطالبی را که در ادوار مختلف مجلس شورای ملی بنام قانون و آزادی و رعایت حقوق عامه (دوره پنجم ، چهاردهم و شانزدهم) درطی نطق های خود به مخالفت با تقاضاهای دولت های وقت که فقط در قسمتی از شئون مملکتی اختیار میخواستند و شما پافشاری و رد مینمودید و عین مذاکرات شما عموما مضبوط است و محل انکار ندارد مبنی بر چه اصل و منظوری بوده است.

خود شما گفته اید تفکیک قوا پایه و اساس مشروطیت است. اختلاط قوای مقننه و قضائیه و اجرائیه بازگشت حکومت دیکتاتوری است. روزی که نماینده مجلس بودید با صدای بلند فریاد میزدید کسانی که میخواهند از قدرت غیر قانونی استفاده کنند یا نمایندگانی که کمک در تسلیم اختیارات قانون گذاری به یک فرد و یا دولتی مینمایند به حقوق عامه خیانت کرده اند. اگر فراموش نموده اید عین آن ها را دستورداده ام که از ضبط مجلس خارج نموده و برای اطلاع خود جنابعالی و عامه ملت ایران منتشر نمایند.

جناب آقای دکتر مصدق من و جنابعالی در راه موفقیت ملت ایران و نیل به آزادی طبقات محروم کشور و مبارزه برعلیه استعمار قدم های بلندی برداشته ایم و از کمک ملت ایران دراین راه پرافتخار برخوردارگردیده ایم ، انصاف اجازه نمیدهد که در این جهاد بزرگ با آن همه فداکاری که مردم ایران نموده اند بجای پاداش آنان دست در حقوق و آزادی های آن ها نموده و قانون اساسی را که ضامن حیات و بقای استقلال و ملیت آنها است از اعتبار بیندازیم.

شما مدعی هستید که از اختیارات سوء استفاده نمیکنید ولی هستند کسانی که بعد از من و شما میآیند و از این قدرت های غیر قانونی به ضرر جامعه ملت ایران و برعلیه مردم سوء استفاده خواهند نمود و آه و نفرین مردم ایران تا دامنه قیامت بر دامن شما خواهد بود. از امثال من و شما در چنین مرحله ای از عمر زیبنده نیست برخلاف عهدی که با خدای خود و خلق خدا داریم رفتار کنیم که موجب طعن آیندگان شویم. من طبقات مختلف مردم را از کارگر و کشاورز ، تاجر و پیشه ور، دانشجو و استاد و هنرپرور و رجال و زعما و روحانیون را به این حقیقت مذکور شاهد و گواه میگیرم که در انجام وظیفه خود دقیقه ای مسامحه نکردم و امیدوارم که همگی برای سعادت ملت ایران به وظیفه وجدانی خود عمل کنند. تکیه گاه من خداوند بزرگ و حقیقت روح اسلام و تعالیم رسول اکرم صلوٰة الله علیه و آله که مشروطیت ایران نیز بر آن استوار میباشد و امرهم شورا بینهم از آن سرچشمه میگیرد.

یقین دارم که شما نصایح بی آلایش مرا خواهید پذیرفت و اگر بازگشت ننمائید و قصد تجاوز به حقوق عامه را به کنار ننهید روزی برآن تأسف خواهید خورد که پشیمانی سودی نخواهد داشت.

سید ابوالقاسم کاشانی

تظاهرات مردم در پشتیبانی از لایحه اختیارات

دیروز از ساعت ۵ تا ۹ بعد از ظهر جمع کثیری از طبقات مختلف مردم و احزاب و دستجات در میدان بهارستان اجتماع کرده با فریاد یا مرگ یا مصدق فضای میدان بهارستان را به لرزه درآورده بودند. در طول این مدت افراد منتسب به حزب ایران ، نیروی سوم و پان ایرانیسم و بازاریان برای مردم سخنرانی نمودند و آنان را به ادامه پشتیبانی از نهضت ملی و دکتر مصدق و ادامه مبارزه برای رسیدن به آزادی و استقلال دعوت میکردند.

دراین فضای ملتهب عده ای ازنمایندگان بدون نگرانی از در بزرگ بهارستان وارد مجلس میشدند. نمایندگان مخالف دولت نیز از در چاپخانه مجلس یا در کوچه مسجد سپهسالار وارد مجلس میشدند. ساعت شش و نیم بعد از ظهر که جلسه علنی مجلس تشکیل شد درهای ورودی مجلس بسته شد و از ورود خبرنگاران و تماشاچیانی که تا آن زمان موفق به ورود به مجلس نشده بودند جلوگیری شد. بالاخره درساعت ۹ رادیو تهران قبل از پخش اخبار کشور اطلاع دادکه چند دقیقه پیش مجلس شورای ملی با اکثریت ۵۹ رأی از ۶۷ نفر عده حاضر در مجلس به دکتر مصدق رأی اعتماد داده و لایحه اختیارات یکساله را تصویب نمودند.

تظاهرات در شهرستانها

آبادان، خبرنگاران روزنامه های کیهان و اطلاعات از آبادان گزارش دادند که دیشب عده ای از اهالی آبادان کفن در برکرده و در تلگراف خانه مانده بودند تا از مرکز اطلاع حاصل کنند. تظاهرات مردم با نطق و ابرازاحساساتی که مینمودند تا ساعت ۱۰ شب که خبر تصویب اختیارات یکساله به تصویب رسید ادامه داشت.

در قم با اینکه مردم به علت درگذشت حضرت آیت الله حجت عزادار بودند معهذا نسبت به تصویب لایحه تمدید اختیارات یکساله ابراز علاقه میکردند و از خود شورو هیجان زیادی نشان میدادند.

در مشهد عده ای که در تلگرافخانه و خیابان های اطراف حرم متحصن شده بودند بعد از شنیدن خبرتصویب اختیارات از تلگراف خانه خارج و در خیابان ها به تظاهرات پرداختند.

در کرمانشاه عده عظیمی که در تلگراف خانه متحصن شده بودند علیرغم شنیدن خبر تصویب لایحه اختیارات عده ای را به شهرهای اطراف فرستادند تا ازصحت و سقم خبررادیو اطلاع حاصل نمایند و چون یقین پیدا کردند که خبر صحیح میباشد به تحصن خاتمه دادند.

گزارش های تلگرافی ازشهرهای تبریز، خرمشهر، بهبهان، شادگان، آمل، شیراز، اصفهان، چالوس، رشت، اهواز، همدان، مسجد سلیمان و مناطق نفتخیز، گناوه، سنقر، مهاباد، زنجان، بروجرد، شوشتر و سایر شهرستان ها تظاهرات مشابهی ادامه داشت. امروز نیز دراکثر شهر ها و شهرستان ها بازار ها تعطیل و پرچمهای ملی دراکثر نقاط کشور بر روی ساختمان ها در اهتزاز و مردم درخیابان ها شادمانی و نسبت به دکتر مصدق و نهضت ملی اظهار وفاداری مینمودند.

گزارش دکتر سنجابی

در ساعت سه و نیم بعد از ظهر آقای دکتر سنجابی گزارش ملاقات با آیت الله کاشانی و آقای دکتر مصدق را به اطلاع نمایندگان رسانید در ملاقات با آیت الله بعد ازمذاکره در مورد وضع حساس کشور ایشان موافقت فرمودند که فرمولی که جمع بین دو نظرباشد و منطبق با حیثیت و شؤن ایران و نخست وزیرو رعایت اصول قانون اساسی نیز باشد تهیه شود. درملاقات با آقای نخست وزیر نیز ایشان اظهارداشتند که من فقط و فقط برای حل مشکل نفت باین اختیارات احتیاج دارم و اگر کار نفت حل شود حتی برای یک ساعت هم از اختیارات استفاده نمیکنم.

بعد از مشورت آقایان دکتر شایگان و مکی گفتند چون آقای نخست وزیر اعطای این اختیارات را برای حل مشکل نفت لازم میدانند اگر لایحه اختیارات به صورتی باشد که مادام که قضیه نفت حل نشده اختیارات لازم به آقای نخست وزیر داده شود. نمایندگان اعزامی این پیشنهاد را به آقای نخست وزیر نمودند اما مورد موافقت آقای نخست وزیر قرار نگرفت. بعد از گزارش آقای دکتر سنجابی جلسه خصوصی تشکیل گردید در این جلسه دکتر معظمی گفتند باید قبل از این که این اختلاف در کوچه و بازار مطرح گردد کاری انجام داد. از این رو در جلسه خصوصی مذاکراتی انجام و قرار شد برای این که هم رعایت احترام رئیس مجلس شده باشد و هم حیثیت دولت بشود با موافقت دو طرف جرح و تعدیلی در لایحه اختیارات داده شود. بعد از ملاقات با آیت الله و با توجه به گفته ایشان که مخالف با لایحه اختیارات دلیل مخالفت با آقای دکتر مصدق نخست وزیر نمیباشد پیامی به شرح زیر صادر نمودند.

بسم الله الرحمن و رحیم ، بطوری که مستحضر می باشید از نظر وظیفه ریاست مجلس و حفظ قانون اساسی و از لحاظ تفکیک قوای سه گانه به مجلس شورای ملی تذکر دادم که بعضی اشخاص بی اطلاع هم در اختلاف شخصی بین این جانب و جناب آقای دکتر مصدق نخست وزیر نبوده و مغرضین انتشارات خلاف واقع داده و خواسته اند از این موضوع سوء استفاده نمایند، باید به عموم برادران ایرانی عرض کنم که آنچه به مجلس عرض شد یک تذکر قانونی بود و صرفا به منظور حفظ قانون اساسی بود که البته در این باره مذاکره و راه حلی شاید در نظر گرفته شود. بنابراین به عموم برادران اعلام میدارد که هرگونه مخالفت یا ابراز احساسات مخالف از هر طرف و هر دسته و نسبت به هرکس که باشد به نفع اجانب و استعمارچیان بود و به ضرر مملکت خواهد بود و نصایح مشفقانه این جانب را بپذیرید و از هرگونه تشتت و اختلاف بپرهیزید. این جانب کماکان در خدمت گذاری مملکت و ملت حاضر و ازهرگونه فداکاری مضایقه ننموده و درصورت لزوم از جدیت در پیشرفت مقاصد معظم له خود داری نخواهم نمود. سید ابوالقاسم کاشانی

اول بهمن ۱۳۳۱

ملاقات نمایندگان مجلس با دکتر مصدق درمورد قانون انتخابات

عصردیروز عده ای از نمایندگان مجلس برای ملاقات و مذاکره در مورد قانون انتخابات پیشنهادی با نخست وزیر به خانه ایشان رفتند. آقای قائم مقام رفیع که از سایر نمایندگان حاضر مسن تر بودند عهده دار جلسه شدند. جلسه از ساعت ۵ تا ۱۰ شب ادامه داشت.

آقایان نمایندگان حاضرهرکدام نظریات خود را درمورد ماده ای از قانون که نیاز به توضیح و یا تصحیحی داشت اظهار میداشتند و آقای نخست وزیر و مشاورین ایشان نظریات خود را گفته و نکات مثبتی را که در پیشنهادات نمایندگان بود مینوشتند تا تجدید نظرشود. در خاتمه جلسه وزیر کشور که میبایست مجری قانون انتخابات باشد تذکر دادند که این قانون بدون آئین نامه اجرائی ممکن نیست عملی گردد بدین جهت تذکرات همه آقایان باید در نظرگرفته شود و برای اظهار نظر نهائی تقدیم کمیسیون مجلس شورای ملی خواهد شد.

نفت - دکتر مصدق - کاشانی

مجله نیوزویک ضمن تشریح اوضاع ایران مینویسد در هفته گذشته بحران ایران به حد اعلای خود رسید و این بحران بطور مداوم ادامه پیدا خواهد کرد و در جلسات پرشور و هیجان

مجلس شورای ملی طرفداران کاشانی صریحا به دکتر مصدق حمله کردند ولی کسی نمیتوانست بگوید که آیا آیت الله آماده به دعوت هواداران خود علیه مصدق هست یا نه؟ وقایع داخلی ممکن است همه چیز را واژگون و منقلب کند ولی پیشرفتی که به وسیله لوئی هندرسن در تسلیم پیشنهادات جدید به نخست وزیر ایران که هم امریکا و هم انگلیس موافقت کرده اند که اختلافات ایران و انگلیس باید حل شود و فرصت بهره برداری کامل نفت فراهم بشود فوق العاده زیاد میباشد.

بنابراین در لندن مذاکرات نهائی و سری که بین ایدن وزیر امور خارجه و والتر گیلفورد سفیر امریکا و هنری بایرود معاون وزارت امور خارجه امریکا به عمل آمد مکتوم نگاه داشته شده. مخبر اروپائی نیوزویک درباره موافقت هائی که به عمل آمده گزارش میدهد که مذاکره کنندگان بنا به درخواست لوئی هندرسن موافقت کرده اند که مذاکرات آنها کاملا سری بماند. سکوت آقای دکتر مصدق علامت امیدوار کننده ای برای مأمورین سیاسی گردیده و آن ها نمیخواهند جنجالی دراین مورد بوجود آید به علاوه انتشار جزئیات پیشنهادات ممکن است موجب انعکاساتی در امریکا بشود.

مذاکره کنندگان قبلا موافت کرده بودند که از آقای دکتر مصدق تقاضای اجازه انتخاب یک مرجع بی طرف به وسیله رئیس دادگاه بین المللی یا به وسیله یک شخصیت برجسته همردیف او برای حکمیت درباره غرامت بشود. امریکائی ها نیز طرحی برای عرضه نفت ایران به بازار بین المللی به کنفرانس ارائه دادند. بر اساس این پیشنهاد یک شرکت بین المللی مرکب از شرکت های نفت امریکا ، شرکت سابق ، هلند و احتمالا فرانسه برای فروش نفت ایران تأسیس میشود. این شرکت در یک کشور بی طرف مثل سویس یا هرجای دیگر که شرایط مالیاتی خوبی داشته باشد به ثبت می رسد. این شرکت که از لحاظ سیاسی نمیتواند در ایران یا انگلیس به ثبت برسد و به جهت مقررات ضد تراست در امریکا نیز قابل ثبت نخواهد بود. مشکلی که مذاکره کنندگان امریکائی با آن مواجه هستند این است که چگونه رؤسای شرکت های نفت امریکا را تشویق به همکاری دراین طرح بکنند، بدون اینکه درآن قانون شرمن «ضد تراست» را نقض شود.

ضمن صحبت با هندرسن ، دکتر مصدق تأکید کرد که قسمتی ازمحصول نفت باید برای شرکت ملی نفت ایران باقی بماند و شرکتی که تأسیس میشود فوق مونوپل نباشد. اشکال دیگر این است که به ایران نباید اجازه داد که بیشتر از ۵۰ درصد عایدات فروش نفت را منظور دارد زیرا دراین صورت سایر کشورهائی که قرارداد ۵۰/۵۰ دارند تقاضای سهم بیشتری خواهند کرد.

نیوزویک ادامه میدهد که انگلیس ها میل دارند که مذاکرات به نتیجه ای منتج نشود ، ولی وزارت امور خارجه امریکا از کوشش در این راه خودداری نخواهد کرد. بر طبق این پیشنهاد قسمت متنابهی از هر پرداخت به دولت ایران باید برای پرداخت غرامت منظور گردد.

۳ بهمن ۱۳۳۱
پیام دکتر مصدق به ملت ایران

اگرعظمت مبارزات ملی ما تنها دراین بود که پس از ۵۰ سال فشار و ظلم مستقیم بیگانگان و یک قرن و نیم مداخلات قاره ای آنان سرنوشت خانه خویش را بدست بگیریم و در میان ملل زنده جهان ثابت کنیم که نسل امروز ایران لیاقت حفظ استقلال و نگهداری مواریث و تاریخ

نیاکان خود را دارد و شاید نظایر آن را در شمار حوادث ملت های کوچک و بزرگ دیگر نیز بتوانند نشان دهند زیرا هیچ جامعه و ملتی بدون سعی و تلاش موفق نشده است زنجیر اسارت اجانب را از دست و پای خود بردارد و تاریخ دور و نزدیک اقوام گیتی کم و بیش شاهد این جنبش ها و انقلابات و تحولاتی است که در زمینه استقلال طلبی و آزادیخواهی ملل بوجود آمده است. ولی فکرنهضت ملی ایران که تا چند سال پیش در سینه پاک و ضمیر بی آلایش هموطنان ما محبوس بود به تدریج از تهران به ولایات سرایت کرد و سپس انعکاس رستاخیز ملی ما از مرز های کشور گذشت و جهانیان را متوجه خود ساخت و الهام دهنده قیام های ملی در ملل دیگر نیز شد و اکنون حتی مردم جنوب و شمال افریقا نیز چشم امیدشان به پیروزی ملت ما دوخته شده و همه آن مردمی که طعم تلخ استعمار را چشیده و سالیان دراز با ما هم زنجیر بوده اند آرزوی قلبی شان در توفیق نهائی ما است.

نهضت ملی ایران یک نسیم ملایم و زود گذر نیست که درحیات ملتی وزیدن کند و لحظه ای بعد فقط دریک موج بی اهمیت از خود اثر باقی گذارد. این جنبش تاریخی زائیده تصادفات کوچک و مولود اغراض سیاسی نبوده و نیست بلکه ریشه عمیق و نفوذی غیر قابل تصور در جامعه ایرانی دارد که تاریخ اخیر ایران آن را پی ریزی و شالوده گذاری کرده است. اصالت و عمق نهصت ملی ایران را آزمایش های مکرر به ثبوت رسانیده است چنانچه هر وقت مردم احساس کرده اند که رخوتی در کارها پیدا شده با نظم و انضباطی در خور تعظیم و ستایش خود آنها مستقیما مقام فرمان روائی و فرمانبرداری را به عهده گرفته اند و همین نوید ها و امیدواری ها است که برای همیشه تجدید قدرت بیگانه را درخاک مقدس وطن ما غیر ممکن میسازد. یک دسته هرقدر فداکار و مبارز باشد اگر از همراهی و پشتیبانی قاطبه ملت برخوردار نشود از مبارزات خویش چه حاصلی میتواند ببرد؟ تا ملتی بیدار وجود نداشته باشد نه از عوامل سیاسی روزنه ای از مقتضیات و جریانات بین المللی و نه از رقابت ها و تضاد های سیاسی ممالک بزرگ میتوان استفاده کرد. اینطورفرصت ها برای هریک از کشور های کوچک و بزرگ در طول تاریخ زندگانی آنها کم و بیش پیدا شده است.

ملل خفته و ناتوان و گرفتار کشمکش های داخلی و اغراض خصوصی هرگز نتوانسته اند از این فرصت ها استفاده نمایند. این عوامل در آنجا که مردم بیدار و مواظب کار خود بوده و به مسؤلیت و وظیفه تاریخی خود آشنائی داشته اند ثمر بخش شده و مسیر زندگی و سرنوشت میلیونها بشر محروم و فلک زده و گرسنه را به صورتی معجزه آسا عوض کرده است. ملت ایران که در نتیجه تسلط بیگا نگان یک قرن و نیم در آتش نفاق و فقر و جهل میسوخت یا باید چندی دیگر این ذلت و ادبار را تحمل کند و به تدریج تمام خصوصیات ملی و اجتماعی و نژادی و مفاخر سی و چهل قرن تاریخ سربلند خود را از دست بدهد و بنده وار تسلیم آخرین ضربات اجنبی و عوامل او بشود یا اینکه از افتخارات دینی و ملی خود استعانت جسته صفحه تقدیر شوم را عوض کند و راه جهاد و مبارزه افتخار آمیزی را انتخاب نماید.

ملت شرافتمند و قهرمان ایران طریق دوم را برگزید و اکنون قسمت مهمی از آن راه را پیموده و با هوشمندی بی نظیرمراقب کلیه جریان هائی است که ممکن است مفید یا مضر به مقصد نهائی او وارد شود. مراقبت و بیداری گران قیمتی را که مردم و نمایندگان آنها طی دو هفته اخیر بحرانی بکار بردند از نظر آنهائی که از دور و نزدیک اوضاع سیاسی وطن ما را مطالعه میکنند ارزش بسیار داشت. یک مرتبه دیگر ایرانی ثابت کرد که نهضت او عمیق تر و ریشه دارتر از آن است که به سادگی بتوان آن را دستخوش طوفان اختلاف و تشنج

قرار داد. این مبارزه با روح و جان ملت پیوند دارد و مردم ایران به خوبی درک کرده اند که این جهاد عظیم ملی بر سر هست و نیست و مرگ و بقای یک مملکت شروع شده و با وحدت و اتفاق و فداکاری باین مرحله از پیروزی رسیده است.

آنها که غیراز این فکر میکنند و به عظمت مبارزه نمی اندیشند چقدر شایسته و بجا است که مجالی باقی بگذارند تا از این ورطه هولناک بگذریم. کار حریف حیله گرو کهنه کار را به پایان برسانیم آن وقت ممکن است برای جدال ها و مبارزه های کوچک فرصت پیدا شود. امروز مجادله با حکومتی که در تمام جبهه ها با اجنبی سرگرم زدوخورد است اگر دور از انصاف نباشد شایسته وطن پرستان و علاقمندان به استقلال و آزادی مملکت نیست. در هرصورت بیگانگان باید بدانند که اگردرمسائل فرعی اختلافاتی پیش آمد نماید مربوط به حساب مبارزه خارجی نیست چنانکه هروقت پای اجنبی در میان آمد منافع و مصالح و حیثیت ملی ما به خطرافتاده است شرافت و عرق ملی ایرانی این طور حکم کرده که چون فرد واحد در برابر زور و تحمیل اجنبی ایستادگی و مقاومت نشان دهند. اینک نیز یقین دارم که در این مرحله جز این نخواهد بود.

من از انتقادات بجا و اصولی یاران موافق و دوستان مخالف نه تنها هرگز نمی رنجم و درحساب مملکت احساسات شخصی را مداخله نمیدهم بلکه نصایح و انتقادات ایشان را به منزله چراغ راهنمای خود می دانم زیرا برخلاف آنچه که گفته اند پنجاه سال در راه آزادی مبارزه کرده و زندان و تبعید سالیان دراز را دراین راه متحمل شده هیچ لذتی را نمیتواند با حفظ آزادی عقیده و بیان برابر کند. تا آنجا که مبارزه ملی ما را این گفتگوها مختل نسازد و مجال خرابکاری و سوء استفاده برای حریف ایجاد نکند نه تنها مردم وظیفه دارهستند که به آزادیهای فردی واجتماعی احترام بگذارند بلکه دستگاه حکومت باید مروج این اساسی ترین شعار دمکراسی و مشروطیت باشد ولی ایرانی درهرحال که بسر میبرد نباید فراموش کند که قبل ازهر چیز فرزند این آب و خاک است و مصلحت وقت و حساسیت زمان و جهاد تاریخی ملت ایران به او حکم میکند که چون سربازی فرمانبردار آنجا که پای احترام و آبروی وطن درمیان است براغراض و هوای خویش تسلط پیدا کند.

این جانب از قبول مسؤلیت اختیارات تجربه ای تلخ و خاطره ای ملال انگیز داشتم و به همین مناسبت هرگز فکر نمیکردم یک روز دیگر با چنین مشکلی روبرو بشوم. بعد از اینکه قرارداد نهم اوت ۱۹۱۹ با مخالفت ملت ایران مواجه گردید و مستشار مالی انگلیس هم طبق آن قرارداد در امور مالی ایران نظارت و دخالت میکرد ازکار برکنار شد مجلس چهارهم بر حسب تمایلات عمومی اختیاراتی برای موازنه بودجه و تشکیلات وزارت مالیه و تصفیه اساسی آن وزارت خانه برای مدت ۳ ماه به این جانب داد. با وسایلی که در آن روز در اختیار داشتم شروع به کار کردم. دو ماه و پنج روز که از تاریخ آن اختیارات گذشت بر اثر تحریکات سیاست خارجی مجلس با دولت بنای مخالفت را گذاشت و آن کابینه ناگزیر از استعفا شد و اصلاحاتی که با خون جگر صورت گرفته بود بکلی از میان رفت.

همین آزمایش کافی بود که این جانب دیگر هرگز در صدد انجام اصلاحات و کسب اختیارات نباشم و پس از تشکیل این دولت فقط در این نیت بودم که مبارزه نفت را به مرحله نهائی برسانم و کار های آینده را به دیگران واگذار کنم. سر سختی حریف که نمیخواست حقوق حقه ملت را بشناسد و برای این همه تلاش و فداکاری میلیون ها مردم

ارزش و اعتباری قائل بشود قهراً کار را به عهده تأخیر انداخت بخصوص که اختلافات و تشنجات داخلی هر روز روزنه امید تازه ای برای او باز میکرد و در عین حال نمیتوان انکار کرد که تشکیلات موجود برای تأمین حوائج حیاتی یک ملت فداکار و رشید بوجود نیامده و اساس ایجاد آن برای منظور و مقصود دیگری بوده است و مردم از این حکومت توقع داشتند که قدم هائی در راه اصلاحات اداری و رفع ظلم و تعدی بردارد و هر جا نظامات و مقررات موجود مانع از پیشرفت این منظور است قوانین را اصلاح کند. این جانب نیز که پیروی از افکارعمومی و خواسته های مردم را برنامه کارخویش میداند ناگزیر شد دربرابر اراده ملت سرتسلیم و تعظیم فرود آورد. اینک بی مورد نیست که چند کلمه ای راجع به کیفیت اختیارات به عرض هموطنان عزیز برسانم.

همان طور که در موقع شرح اختیارات ۶ ماهه و یکساله گفته اند من در دوره ۵ و ۱۴ و ۱۶ که افتخار نمایندگی مردم تهران را داشته ام با دادن اختیار قانون گذاری به یک نفر مخالفت نموده و آنرا به ترتیبی که مرسوم بوده است دور از روح قانون اساسی دانسته ام زیرا مثلا در دوره سیزدهم که اختیار امور مالی و اقتصادی مملکت را در دست دکتر میلسپو گذاشته بودند هرچه را اوامضا میکرد صورت قانون داشت و هرگز نه به مجلس داده میشد و نه تأیید آنرا از مجلس می خواست و همچنین اختیاراتی را که به کمیسیون های پارلمانی در ادوار گذشته میدادند از همین قبیل بود یعنی مجلس از خود سلب اختیار میکرد و حق قانون گذاری را به یک یا چند کمیسیون بدون اینکه آن قوانین بعدا به تصویب مجلس برسد واگذار میشد و حال آنکه اختیاراتی که مجلس شورای ملی در موارد معینه به این جانب تفویض کرده است فقط برای این است که لوایحی تهیه و به عنوان آزمایش به موقع اجرا گذارده شود ولی تعیین تکلیف قطعی و تصویب نهائی آنها با خود مجلس شورای ملی است. به عبارت دیگر به دولت که قانوناً حق تهیه و پیشنهاد لوایح را به مجلس دارد اینک مجلس اجازه داده است در فاصله ای که لایحه به امضاء اینجانب میرسد تا تصویب نهائی برای اینکه در عمل معایب آن رفع شود قوت اجرائی داشته باشد. آیا این طرز عمل با اختیارات میلسپو و قانون گذاری کمیسیون ها که هرگز به مجلس برنمیگشت و اختیار مطلق به یک شخص معین یا یک کمیسیون مشخص داده میشد یکی است؟

نه تنها جداً آنچه را درگذشته گفته ام امروز بدان معتقد هستم بلکه سلب اختیار قانون گذاری از مجلس را بطور مطلق هرگز سودمند به حال کشور نمیدانم مخصوصا در آن وقت که این مخالفت ها می شد همه میدانند که دولت و مجلس بچه صورت بود و چقدر خطر داشت که اختیار قانون گذاری را از پارلمان بگیرند و بدست کسانی بدهند که یا خود اجنبی بودند یا آلت سیاست اجنبی بشمار میآمدند. برای حفظ قانون اساسی من آنقدر که تاب و توانائی تحمل رنج و مشقت و تبعید و زندان را داشته ام تا سرحد مرگ به ملت حقشناس ایران آزمایش وفاداری داده ام اینک چگونه ممکن است به حقوق ملتی که همیشه شرمنده احسان او بوده ام تخطی نمایم؟ من از سنین جوانی تا امروز که سنین کهولت و نقاهت و رنج پیری را طی میکنم خدمتگذار ملت بوده و به سهم ناچیز خویش برای حفظ اصول قانون اساسی رنج سخت ترین حوادث را بخود خریده ام. امروز نه داعیه تجاوز به حقوق خلق را دارم و نه شایسته است که از طرف دوستان همقدم آماج یک چنین تیر تهمتی واقع شوم.

در ممالک دیگر احزاب بزرگی هستند که نمایندگان آن ها ناگزیرند مقررات حزبی را رعایت کنند و آن احزاب برنامه و روش معین دارند و نمایندگان خود را درروش پارلمانی

حمایت میکنند و یک نفر کافی است که از طرف تمام نمایندگان نظر مخالف یا موافق ابراز نماید و در مملکت ما که احزاب بزرگ و اجد اکثریت پارلمانی نیستند هر وکیلی عقیده خاصی دارد و در نتیجه ساده ترین قوانین ممکن نیست به سادگی و بسرعت بگذرد. امیدوارم که نه تنها استفاده از این اختیارات به ضرر ملت نباشد بلکه در تحکیم بنیان مشروطیت و ترویج و تعمیم آزادی مؤثر افتد تا همه طبقات بتوانند ازمزایای آزادی و دموکراسی و عدالت اجتماعی استفاده نمایند. شک نیست که شرط اساسی توفیق ملت این است که تمام مجاهدین راه آزادی متحدا همکاری نمایند تا بنیان نهضت ملی مستحکم شود و مساعی مردم به نتیجه مطلوبی منتهی گردد.

فداکاری ها و ابراز احساساتی که از تمام مردم مملکت در موارد ضروری و حساس بروز میکند ازاین جهت است که هنوز نگران هستند مبادا سیاست های بیگانه با ایجاد اختلاف به اساس کار ما خللی وارد آورند. با توجه به همین نکته است که این جانب ناگزیرم از فرصت استفاده کرده یکبار دیگر از همه مردم فداکار کشور به خصوص آنها که در این مبارزه عظیم پیشقدم بوده اند درخواست و تمنا کنم که همکاری و وحدت نظرشان را ادامه دهند و بگذارند بخواست خدا این بارسنگین را که ملت بردبارو توانای ایران بما سپرده است به سرمنزل مقصود برسانیم. درخاتمه لازم میدانم یکبار دیگر با سپاسگزاری از احساسات عالیه هموطنان عزیز عرض کنم فراموش نفرمائید که پایداری و انضباط و نظم و موقع شناسی شما عامل همه پیروزی ها بوده و خواهد بود.

۷ بهمن ۱۳۳۱

اظهار نظر نیوزویک

در همان حال که مردم در سراسر ایران فریاد میزدند « یا مرگ یا مصدق » این مسأله نیز پیش آمد که آیا دکتر مصدق قضیه نفت را پیروز مندانه حل و فصل خواهد کرد یا این که وارد جنگ داخلی با بزرگترین پشتیبان و حامی خود آیت الله کاشانی خواهد گردید در موقعی که مجلس شورای ملی میخواست به لایحه اختیارات یکساله دکتر مصدق رأی بدهد آیت الله کاشانی که ریاست مجلس را به عهده دارد سعی نمود از تصویب این لایحه جلوگیری کند ولی مجلس به مذاکرات خود ادامه داد با این وصف احتمال وقوع اتفاقات دیگری در تهران میرود.

ملاقات آیت الله کاشانی و دکتر مصدق

امروزبا فعالیت عده ای از نمایندگان مجلس از آن جمله آقایان دکتر معظمی ، نریمان ، مکی، مهندس رضوی ، میلانی و جلالی در خانه ییلاقی آقای گلبرگی ، آقای دکتر مصدق و آیت الله کاشانی با یکدیگر ملاقات و تفاهم نامه ای امضا کردند.

متن اعلامیه مشترک

چون اخیرا درپاره ای از جراید راجع به وجود اختلاف بین این جانبان شایعاتی منعکس شده است ، بخصوص پس از نامه ای که درباره اعتراض به لایحه اختیارات نوشته شده بود تعبیرات ناروائی به عمل آمد امروز عصر که حضوراً مدتی دراین موضوع و مسائل جاری مذاکره نمودیم لازم دانستیم به اطلاع عموم هموطنان عزیز برسانیم که ما همان طور که از اوان نهضت ملی ایران در تحصیل نتایج قطعی همقدم بوده ایم اکنون هم درراه خدمت گذاری به ملت و تعقیب هدف مشترک که تأمین استقلال کشور و سعادت مردم و مملکت بر آن استوار میباشد همواره ساعی بوده و هریک در انجام وظایف خود درحصول به مقصود

از هیچ گونه همکاری کوتاهی نخواهیم داشت و بر عموم هموطنان است که در این موقع تاریخی کشور بیدارو هوشیار باشند و به این قبیل شایعات توجه ننمایند تا به خواست خداوند با حفظ اتحاد و اتفاق در انجام منظور مقدسی که داریم سریعاً پیشرفت کامل حاصل گردد.

دزآشیب - هفتم بهمن ۱۳۳۱ سید ابوالقاسم کاشانی - دکتر محمد مصدق

۸ بهمن ۱۳۳۱

هنوز اختلاف باقی است

امروز عده ای از نزدیکان آیت الله از آن جمله آقای قنات آبادی اظهار میداشتند همان طور که حضرت آیت الله بارها اعلام کرده اند هنوز هم با اختیارات مخالفت دارند و ملاقات دیشب ایشان بنا به مقتضیاتی صورت گرفته است. زیرا موقعیت کنونی کشور طوری است که باید از تشتت جلوگیری کرد و مصالح کنونی مملکت موجبی است که آیت الله فعلا سکوت اختیار کنند و چون دیروز نیز سادچیکف یادداشتی به دولت تسلیم نموده است عاملی برای انجام این ملاقات بوده است. ملاقات چهار ساعته دیروز در اطراف سه موضوع بوده است اختیارات قانونی ، لوایح قانونی اخیر و انتصاباتی که اخیراً صورت گرفته است.

نامه دولت شوروی درمورد شیلات

درنامه تقدیمی دولت شوروی به دولت ایران از دولت ایران خواسته شده است که شرکت شیلات با شرایط بهتری به کار خود ادامه دهد و از آقای نخست وزیر خواسته شده بود که قبل از پایان مدت قراداد دولت ایران با تمدید آن موافقت نماید. در مقابل دولت شوروی نیز متقابلا تعهد خواهد نمود که طلاها و ذخیره دلاری ایران را که از مدتی قبل در بانک مسکو بلوکه شده است به ایران مسترد خواهد گردید.

پس ازقرائت نامه سفیر کبیر روسیه توسط وزیر امورخارجه در کمیسیون خارجه مجلس شورا اعضاء کمیسیون اظهار داشتند دولت باید هرچه زودتر از شرکت شیلات خلع ید نماید و حال که ملت و دولت ایران موفق شده اند ازاستعمار گران انگلیسی و شرکت سابق نفت خلع ید نماید باید بی درنگ از استعمار گران سرخ نیز خلع ید شود. اعضای کمیسیون خارجه متفقا تصمیم گرفتند نظریات خود را مستقیما به آقای دکتر مصدق اظهار نمایند ودرخواست فوری خلع ید را از شرکت شیلات بنمایند. این نظر مورد موافقت اکثریت اعضای کمیسیون خارجه قرار میگیرد و قرار میشود ساعت ۹ صبح امروز کمیسیون خارجه جلسه خود را در منزل نخست وزیر تشکیل دهد.

آقای حائری زاده رئیس کمیسیون خارجه از رفتن به منزل آقای نخست وزیر خودداری نمودند و به خبرنگاران اظهار داشتند من معتقدم جلسه کمیسیون خارجه باید در مجلس شورای ملی تشکیل شود. چنانچه آقای نخست وزیر مطالب مهم و لازمی دارند که باید به اطلاع کمیسیون برسانند باید به مجلس آمده نظریات خود را با کمیسیون خارجه در میان بگذارد و چون آقای دکتر مصدق نیامد من هم از رفتن به منزل ایشان خودداری نمودم.

۱۴ بهمن ۱۳۳۱

اجتماع عده ای از نمایندگان در منزل آیت الله کاشانی

بنا به قرار قبلی عده ای از نمایندگان در منزل آیت الله کاشانی اجتماع نمودند در آغاز جلسه آقای قنات آبادی اظهار داشتند هنور طرفداران تصویب لایحه اختیارات که عده ای از آنها اینجا تشریف دارند دلیل قانونی برای تصویب اختیارات اقامه ننموده اند و من همان طورکه

درجواب پیام آقای دکترمصدق نوشتم و دلایل مفصلی از جمله این که روی حیثیت اشخاص نمی شود آزمایش نمود کسانی را که با استناد قانون امنیت اجتماعی حبس نموده اند ازآنها سلب آزادی و حیثیت شده است و این یک عمل قطعی مانند توافق هائی است که در کمیسیون های وزارت دارائی به استناد قانون اختیارات بوجود آمده است و آن توافق ها هم قطعی است اگر دولت میگوید این کارها به استناد قانون شده است، این همان انتقال قوه قانون گزاری از قوه مقننه به قوه مجریه است. بنابر این ما نتوانسته ایم از تصویب کنندگان لایحه اختیارات در برابر این منطق های قانونی دلیل قانونی بشنویم.

آقای شاهپوری گفت ما را موکلانمان برای تقویت آقای دکترمصدق به مجلس فرستاده اند و باید از ایشان پشتیبانی کنیم.

قنات آبادی گفت شما وکیل موکلینتان در مورد قانون اساسی هستید مثلا اگر امروز لایحه ای به مجلس برای تغییر رژیم آورده شود آیا شما میتوانید و حق دارید اجازه بدهید چنین لایحه ای مطرح گردد؟ مسلما خیر، به چه دلیل؟ برای اینکه مخالف قانون اساسی است. چون قانون اساسی رژیم مملکت ما را مشروطه سلطنتی معین کرده است و چون فرقی از نظر ارزش بین اصول قانون اساسی نیست بنا براین هرلایحه ای که با هر اصول از اصول قانون اساسی مخالفت داشته باشد نمیتواند به عنوان یک لایحه قانونی در مجلس مطرح و تصویب گردد.

آقای ناظر زاده خطاب به آقای قنات آبادی اظهار داشت چطور شد که در دوره شانزدهم موقعی که آقای دکتر مصدق نتوانست به علت عدم حصول اکثریت در مجلس گزارش جریان امور مملکت را بدهد و به بیرون مجلس آمد و در میان مردم صحبت کرد و شما درپهلوی ایشان ایستاده و بیانات ایشان را که میگفتند «مجلس آنجا نیست بلکه اینجا است» تصدیق و به مجلس حمله کردید اما امروز که ایشان قانون اختیارات می خواهند شما مخالفت میکنید؟

قنات آبادی در پاسخ گفتند آن روزی که ما به مجلس حمله میکردیم از مجلس کار غیر قانونی نمیخواستیم و امروز که با لایحه اختیارات مخالفت می کنیم آن هم متکی به قانون است. پس از این مذاکرات به تدریج نمایندگان جلسه را ترک نمودند. در بیرون از اطاق آقای قنات آبادی نامه ای که خطاب به آقای مهندس رضوی نایب رئیس مجلس شورای ملی به فراکسیون نهضت ملی نوشته بودند به آقای ناظر زاده تسلیم داشتند:

فراکسیون نهضت ملی ، در صورتی افتخار پیدا خواهم کرد که آئین نامه داخلی آن فراکسیون را امضا نمایم که پیشنهاد ذیل که در فراکسیون هم شفاها مطرح نموده ام در اولین جلسه مطرح و تصمیم مقتضی درباره آن گرفته شود « پیشنهاد میکنم کمیسیونی مرکب از اعضای فراکسیون برای رسیدگی به سوابق سیاسی اعضاء تعیین و مشغول گردد و در صورتی که همکاری عضوی با عناصر و دستجات ضد ملی ثابت گردید به فوریت او را اخراج و اعلام نمایند» سید شمس الدین قنات آبادی

متن نامه های متبادل میان آقای نخست وزیر و سفیر کبیر شوروی
آقای دکتر فاطمی وزیرامور خارجه سخنگوی دولت در کنفرانس مطبوعاتی امروز نامه های متبادله بین سفیرکبیر شوروی و آقای نخست وزیر را در اختیار خبرنگاران روزنامه ها گذارد.

تاریخ دوم فوریه ۱۹۵۳
جناب آقای نخست وزیر، نظر به اینکه به مناسبت انقضای مدت عملیات شرکت ماهی ایران با شوروی که درتاریخ ۳۱ ژانویه سال جاری خاتمه یافته است تصمیم گرفته این که فعالیت شرکت مزبور را تمدید ننمائید به اینجانب دستور داده شده است مراتب زیر را به استحضار برساند. دولت شوروی ضمن پیشنهاد خود دایر بر تمدید عملیات شرکت ماهی ایران برای مدت بعد در نظر داشت که عملیات شرکت مزبورکه برای هردو طرف سودمند بوده و موجبات بسط و توسعه همکاری اقتصادی و تحکیم مبانی دوستانه بین اتحاد جماهیرشوروی و ایران را فراهم مینماید و دولت ایران و دولت شوروی که هریک دارای سهام مساوی در شرکت ماهی میباشند از جهت حقوق و سرمایه و همچنین حق مدیریت در کارها دارای حقوق برابر میباشند.

دولت ایران از عملیات شرکت ماهی ایران سود فراوانی برده است و۶۴ در صد کل در آمد شرکت ماهی به عنوان حق استهصال و اجاره بهای پاسگاه های ماهی گیری و مالیات که از طرف شرکت پرداخت میشده است استفاده میکرده و ضمنا فعالیت های شرکت نامبرده برای بسط اقتصادیات قسمت های شمالی مفید و برای ساکنین این نواحی سودمند بوده است. دولت ایران با اتخاذ تصمیم دایر به تمدید نکردن عملیات شرکت ماهی مبنی بر خاتمه عملیات آن شرکت از حقوق قانونی خود که در موافقت نامه سال ۱۹۲۷ راجع به شرکت ماهی ذکر شده استفاده نموده و با توجه به تساوی حقوق طرفین و اقدام به تمامیت ارضی ایران و منافع ملی مردم ایران آن را ملاک عمل قرار داده است.

دولت شوروی تصمیمات فوق الذکر دولت ایران درباره شرکت ماهی را مورد توجه قرار میدهد. دولت شوروی لازم میداند متذکر گردد که تعهدات تحکیم مبانی مناسبات همجواری بین ایران و شوروی که در ماده ۴ موافقت نامه فوق الذکر مندرج است برای دولت ایران حتمی الاجرا است بطوری که مشهود است درماده مزبور پیش بینی گردیده است که « دولت ایران متعهد میشود که امتیازشیلات مزبوردرصورت عدم تجدید امتیاز کمپانی درظرف ۲۵ سال بعد به ممالک ثالث و اتباع آنها ندهد ، دولت ایران متقبل میشود که فقط به وسیله ادارات مربوطه خود از شیلات بهره برداری نماید و از طرف خود متخصصین دیگری را جز اتباع ایران برای اداره کردن شیلات دعوت ننماید». دولت شوروی اظهارات جناب عالی را نیز دایر بر آنکه دولت ایران تعهدات مندرج در ماده ۴ موافقت نامه ایران و شوروی مورخ ۱۹۲۷ را اجرا خواهد نمود مورد توجه قرار میدهد.

اینک نظر به تصمیم دولت ایران دایر بر خاتمه دادن عملیات شرکت مختلط ماهی ایران و شوروی و با درنظر گرفتن آنکه تدابیر لازم برای تقسیم بالسویه اموال شرکت مزبور بین طرفین اتخاذ گردیده و مراتب در ماده ۴ موافقت نامه ایران و شوروی راجع به استمهال تأسیسات ماهی گیری کرانه های جنوبی بحر خزر به تاریخ اول اکتبر ۱۹۲۷ بین اتحاد جماهیر شوروی سوسیالیستی و ایران تنظیم گردیده است لازم میداند که هم اکنون کمیسیون تصفیه شوروی و ایران تشکیل گردد. دولت شوروی انتظار دارد که دولت ایران در تعیین نمایندگان خود در کمیسیون مزبور تأخیر ننماید.

خواهشمند است مراتب احترامات فائقه مرا قبول فرمائید. ا . ی . سادچیکف

جناب آقای سفیر کبیر
در پاسخ به نامه تاریخ دوم فوریه ۱۹۵۳ جنابعالی ضمن تشکر دولت ایران از سرعتی که در اتخاذ تصمیم دایر به معرفی اعضای هیأت نمایندگی شوروی در کمیسیون مختلط تصفیه ماهی ایران (شیلات) مبذول فرموده اند رئیس و اعضای هیأت نمایندگی ایران در کمیسیون مختلط تصفیه شرکت سابق شیلات را به ضمیمه جهت همکاری معرفی مینماید.
نخست وزیر - دکتر محمد مصدق

ملاقات هندرسن با دکتر مصدق

درملاقات امروز دکتر مصدق با لوئی هندرسن که بعد از ۱۲ روز راکد بودن مجددا آغاز شده است آقای دکترمصدق موافقت کرد که مذاکرات درمورد نفت همچنان ادامه داشته باشد. آقای دکترمصدق چندی قبل نظریات اصلاحی خود را درمورد پیشنهادات انگلیس و امریکا توسط سفیر کبیر امریکا به واشنگتن ارسال داشته است ولی تا امروز پاسخی دریافت نشده است. برحسب گفته سفیرامریکا جان فاستر دالس وزیرامور خارجه هنوز مطالعات خود را که در روی پرونده نفت آغاز کرده به پایان نرسانده است و به همین جهت با وجود آنکه اکثر مقامات عالیرتبه امریکا بعد از روی کار آمدن دولت جدید تغییر یافته اند هنوز هنری بایرود معاون وزارت خارجه به علت اطلاعات زیادی که درمورد نفت ایران دارد در مقام خود باقی مانده است.

۲۵ بهمن ۱۳۳۱

نبرد سربازان لشگر خوزستان با عشایر بختیاری

بین نیروهای ارتش که برای خلع سلاح عشایر بختیاری رفته بودند در ناحیه ایذه بعد از تیر اندازی عشایر به نیروهای دولتی جنگ سختی به وقوع پیوست که طی آن قریب ۳۰ نفر از نیروهای ارتشی و عشایر به قتل رسیدند.

۲۹ بهمن ۱۳۳۱

اعلامیه وزارت دفاع درمورد غائله بختیاری

به آقای ابوالقاسم بختیاراعلام میشود عریضه ای که درخصوص بی تقصیری خود در جریانات اخیر بوسیله لشگر خوزستان نوشته بودید و همچنین تلگراف شهری آقای غلام علی بختیار برادر شما به استحضار آقای نخست وزیر رسید. چون مفاد نامه شما با گزارشاتی که به وسیله مقامات انتظامی رسیده بود مغایرت دارد درصورت صحت این اظهارات از آنجا که دولت نظری جز حفظ انتظامات و کشف حقیقت ندارد مقتضی است بی درنگ خود را به یکی از پادگان های نظامی نزدیک معرفی نمائید تا درباره مطالبی که اظهار نموده اید رسیدگی شود.

اختلافات اساسی با انگلستان درمورد نفت چیست؟

آقای دکتر علیرضا صاحب مشاور حقوقی شرکت بیمه در نامه ای به روزنامه کیهان درمورد اختلاف با انگلستان درمورد نفت مینویسد:

آن طوری که از لحن جراید انگلیس و اظهارات سخنگویان آن دولت برمیآید شاید آنها به این مطلب پی برده اند که دیگر اعم از اینکه دکتر مصدق روی کار باشد یا نباشد برگشت عقربه ساعت و تجدید بساط شرکت سابق در ایران امری غیر ممکن است. ولی به نظر

میرسد تسلیم آنها به خواسته های ملت ایران درشرایط فعلی نیزممکن است منشاء و موجب ضربات محکم تری قرارگیرد که تحمل آن از عهده آن دولت خارج است.

آنها دردرجه اول سعی میکنند دولت سرسخت و عاقل دکتر مصدق را که از نظر آنها وجودش در مشرق مشکل زا میباشد ساقط کنند تا بلکه بتوانند آسان تر و با شرایط بهتری تن به سازش دهند. از اینرو چاره ای ندارند که در مقابل خواسته های ملت ایران تا میتوانند مقاومت کنند. مکزیک نفت خود را ملی کرد خسارتی هم که پرداخت از ۳۳ درصد بهای مایملک شرکت های انگلیسی و امریکائی تجاوز نکرد. ولی ملت شجاع و میهن پرست مکزیک به مدت ۱۰ سال یعنی ازسال ۱۹۳۶ که قانون ملی کردن گذشت تا سال ۱۹۴۶ که دولت انگلیس تسلیم خواسته های آنها گردید شدید ترین سختی ها را تحمل کردند. دولت های امریکا و انگلیس آنها را عملا درمضیقه اقتصادی قرار دادند، انگلستان روابط سیاسی و اقتصادی خود را با آن دولت قطع کرد ولی آن ملت سرفراز تمام این سختی ها را تحمل کرد و بالاخره درسال ۱۹۴۶ ازمبلغ ۲۰۰ میلیون دلار خسارت ادعائی انگلستان به ۸۰ میلیون دلار تنزل کرد آنهم به اقساط طویل المدت که هنوز پرداخت آن تمام نشده است.

حدود و میزان غرامت نسبت به مایملک

به موجب قسمت ۲ از بند ب ماده ۲۰ امتیاز نامه ۱۹۳۳ « درموقع ختم امتیاز مزبور خواه این ختم به واسطه انقضای عادی مدت و یا بهرنحو دیگری پیش آمد کرده باشد تمام دارائی کمپانی درایران بطور سالم و قابل استفاده بدون هیچ مخارج و قیدی متعلق به دولت ایران میگردد. ماده ۲۶ امتیازنامه ۱۹۳۳ مرجع صلاحیت دار برای اعلام ابطال آن بدلیل ارتکاب تخطی از مقررات کمپانی نسبت به اجرای مقررات محکمه حکمیت تشخیص داده و یکی از موارد تخلف را تصمیم برانحلال اختیاری یا اجباری شرکت ازطرف آن محکمه قرار داده است. بنابراین اگر ثابت کنیم که شرکت سابق از اجرای مقررات امتیاز نامه عدول کرده مثلا با دخالت در امور سیاسی امنیت و هستی میهن ما را تهدید نموده است. با سوابق و آراء بین المللی موجود بسیار سهل و ساده خواهد بود که دولت ایران درصورت ارضاء و اختلافات به حکمیت یکی ازدعاوی خود را تأیید لغو و ابطال امتیاز نامه سال ۱۹۳۳ قرار داده و بعداً طبق مفاد قسمت دوم بند ب ماده ۲۰ همان امتیاز نامه بدون هیچ مخارج و قیدی مالک تأسیسات و سرمایه های آن شرکت گردد.

مشاورین و همکاران سیاسی آقای نخست وزیر در طی دوسال زمامداری جناب ایشان مکرر اشاره به دخالت های نامشروع شرکت سابق در امور سیاسی ایران نموده و تذکر دادند که مدارک مستدلی در آرشیو های محرمانه دولت وجود دارند. اگر این سوابق روزی به یک دادگاه صالح ارائه گردد دولت موفق خواهد گردید تحت عنوان « حفاظت شخصی» که از اصول مهمه و شناخته شده بین النمللی است تقاضای ابطال امتیازنامه نفت را نموده و بدون هیچ مخارج و قیدی مالک تأسیسات شرکت در ایران بشود.

یکی از سوابقی که میتواند در این خصوص مورد استفاده قرارگیرد دعوی کمپانی «اورنوک» میباشد که در سال ۱۹۰۵ از طرف دولتین ونزوئلا و فرانسه به حکمیت ارجاع گردید. محکمه حکمیت صریحاً اعلام کرد که « چون وظیفه دولت ونزوئلا در قبال ملتش طبق اصل حفاظت شخصی مقدم بر هر نوع تعهدی که از قرارداد ها یا امتیازات خصوصی ناشی شده باشد میباشد علیهذا دولت نامبرده مجاز است قرار داد امتیاز واگذار شده را جزءاً یا

کلا هر طور که صلاح خود بداند لغو و باطل نماید » بنابراین با شرح و توضیح فوق اگر روزی درمورد ارجاع امر به قضات یا حکمیت بین المللی آنطوری که آقای مهندس حسیبی اظهار فرموده اند «دولت برای اینکه کمال حسن نیت را داشته و مقاصد صاقانه خود را برای حل مشکل نفت در عرصه پر شمکش فعلی جهان ابراز دارد حاضر به گذشت شده و تن به اجرای این مطلب طبق(شرع و حدودی) میدهد » توافق حاصل گردید و کسانی که افتخار نمایندگی ملت ایران را در محاکمه فوق بدست آوردند باید طبق حکم و وظیفه ملی و خدمت به مملکت در وحله اول از موافقت درپرداخت حتی یک شاهی خسارت بابت غرامت خودداری کنند. یعنی قسمت اول لایحه تقدیمی ایران باید « معافیت قطعی از تعهد به پرداخت هرگونه مخارج یا قیدی » باشد. زیرا کمپانی علی الاصول شرکتی بوده است که منحصراً میبایست مباشر یک رشته عملیات تجارتی اقتصادی طبق مفاد قرار داد باشد نه اینکه با دخالت در امور سیاسی ایران صرفنظر از حساب سازی های نامشروعش موجبات تزلزل حاکمیت ملی ما را فراهم سازد و این خود بهترین دلیل محکمه پسند تأیید ابطال امتیاز نامه ای است که خود تحت اجبار تحمیل گردیده است. نتیجتاً اینکه موضوع غرامت به هیچ وجه نباید یک اصل مسلم و محقق تلقی گردیده و به نظر اینجانب با اینکه اظهارات آقای مهندس حسیبی ممکن است این شبهه را ایجاد نماید شخص ایشان نیز این منظور را نداشته و کاملا با عقیده اینجانب موافق میباشند.

پرداخت خسارت به نحو عادلانه و نه بطور کامل

منظور از خسارت عادله خسارتی است که کمتر از میزان بهای تأسیسات مؤسسه ای که از او سلب مالکیت بهرنحوی از انحاء بعمل آمده است باشد. مثلا اگر بهای کلیه تأسیسات نفت جنوب درحدود یکصد میلیون لیره باشد دولت ایران فقط محکوم به پرداخت نصف یا کمتراز آن گردد. این نوع پرداخت غرامت که در بین آراء و احکام بین المللی سوابق زیادی برای آن میتوان یافت فقط به یک دلیل و محظور میتواند متکی باشد و آنهم « منافع ملی » دولت پرداخت کننده غرامت است. طبق سوابق موجود و عرف و مقررات بین المللی چنانچه «منافع ملی » دول در مخاطره باشد جایز و مشروع است و بنا به اصلی که توسط دیوان بین المللی دادگستری لاهه تأیید گردید موظف به پرداخت خسارت عادله میباشد. امروزه این اصل که دول حق خلع ید از خارجیان نسبت به دارائی متعلق به ایشان را در کشور خودشان دارا میباشند مسلم و قطعی میباشد. منتهی اگر نتوان ثابت کرد که درصورت خودداری از خلع ید به مصالح عمومی که از نظر حقوق بین الملل دارای اهمیت حیاتی است لطمه وارد خواهد آمد آن عمل ممکن است غیر قانونی تلقی و مستلزم پرداخت خسارت کامل باشد.

خوشبختانه امروز اصل مشروعیت میزان خسارات پرداخت شده در مقابل ملی کردن سرمایه های خارجی در ممالک مختلف میباشد بهترین دلیل و سابقه برای مرافعه مبتلابه ما است. فقط درصورتی دولت ایران موظف به پرداخت خسارت کامل است که مدافعین حقوق ایران از اثبات حقانیت ملت ایران در ملی کردن صنایع نفت خود باز بمانند.

مرجع تعیین غرامت

یکی از مسلم ترین اصول حقوق بین المللی این است که هیچ دولتی را نمی توان بدون رضایت خودش مجبور کرد اصلاح مرافعاتش را با سایر دول به وساطت یا حکمیت بین المللی و یا هرگونه حل مسالمت آمیز دیگری مجبور کرد. بنابراین جز اینکه دولت ایران

حاضر به گذشت شده باشد تنها مرجع صالح برای رسیدگی به اختلاف ناشیه از ملی کردن صنعت نفت دادگاه های داخلی ایران میباشند. چون از اظهارات آقای مهندس حسیبی چنین بر میآید که دولت ایران طبق شروط و حدودی در نظر دارد برای رسیدگی به غرامات شرکت سابق نفت یک مرجع بین الملل را حکم یا قاضی قراردهد لازم است طرق مختلفه ای برای آن متصور است مورد بحث و مطالعه قرار داد. به نظر آقای مهندس حسیبی اگر شرکت سابق به محاکم صالحه ایران رجوع ننمود دو راه حل وجود دارد.

اول - قضاوت یک مرجع قضائی بین المللی دوم - حکمیت

از لحاظ این که هیچ محکمه قضائی بین المللی به صورت دادگاه های داخلی جز دیوان بین المللی دادگستری لاهه که آن هم نواقصی دارد وجود ندارد اشاره به قضاوت یک مرجع قضائی بین المللی قدری مبهم به نظر میرسد.

صحیح است که بعضی دول به ارجاع اختلافات خود به یک نوع دادگاه های بین المللی که از چند نفر قاضی کشورهای خود یا بعضی دولت بی طرف دیگر متشکل میشوند تن در میدهند ولی چون این گونه محاکم از داشتن تشریفات لازم که مستلزم بر دادگاه های اعم داخلی یا بین المللی که کاملا جنبه قضائی داشته باشد میباشند بیشتر مشورت محاکم حکمیت را دارا بوده و جنبه قضائی آنها بسیار ضعیف میباشد. بطورکلی محاکمی که ممکن است مرجع رسیدگی قرار گیرند سه دسته اند که دلایل له و علیه هریک عبارتند:

الف - دیوان دادرسی بین المللی لاهه
ب - دیوان داوری بین المللی لاهه
ج - هر محکمه رسیدگی یا داوری دیگری که طرفین درمورد آن توافق نمایند.

با اینکه درمورد قسمت اول یعنی دیوان دادرسی بین المللی قضات آن در ایام عصویت دادگاه دارای تابعیت بین المللی بوده و بستگی به کشور های خود ندارند و همچنین در قضاوت خود پای بند به اصول و مقرراتی هستند که ماده ۳۸ اساسنامه دادگاه برای آنها تعیین نموده است. معذالک آن طور که سوابق دادگاه فعلی لاهه که بعد از جنگ جهانی دوم تأسیس گردیده است نشان میدهد که این دادگاه دادگاهی نیست که هیچ دولتی بتواند در مورد آراء و احکام او کوچک ترین پیش بینی بنماید زیرا در دادگاه مزبور آن طور که عملا نشان داده است نه تنها تابع رویه های قضائی موجود که قانونا مستلزم به رعایت آن ها هسنتند نمیباشد بلکه در خیلی موارد از قبول عرف و مقرراتی که از اصول مسلم حقوق بین المللی فعلی تصور میشده است تجاوز کرده است.

بهترین مثالی که در این مورد میتوان متذکر شد رأی اخیر دیوان لاهه در مورد دعوی مربوط به ماهی گیری درآب های کشور نروژ بین دولت انگلیس و آن دولت میباشد. با این که این طور تصور میشد که آب های ساحلی هر کشور طبق مقررات حقوق بین المللی فقط محدود به ۴ میل دریائی است دادگاه لاهه درمورد فوق الذکراز قبول قطعی آن خودداری و به عنوان اینکه سواحل نروژ دارای وضع خاصی میباشد از قبول اصل ۴ میل دریائی خودداری کرد و سفاین ماهیگیری دولت انگلیس را موظف ساخت که از دخول در آب های ساحلی نروژ که محاط بین جزایری که سواحل آن کشور را احاطه کرده اند میباشد خود داری کنند حتی اگر طبق قاعده چهار میل دریائی استحقاق آن را داشته باشند.

به این جهت دادگاه فعلی دادگاه لاهه دادگاهی نیست که بتوان به آن صد درصد اعتماد کرد. این نیست که این دادگاه به طرفداری از اقویا برعلیه ضعفا تصمیم می گیرد زیرا حکم فوق الذکروخیلی آرا دیگر مؤید عکس آن است. از این رو هرموقع هردولتی مسئله ای را به این دادگاه ارجاع نمود نباید انتظار این را داشته باشد که رأی صادره منطبق با سوابق و عرف شناخته شده بین المللی باشد زیرا استقلال زیاد دست این قضات را که اکثراً مردمان شرافتمندی هستند چنان بازگذاشته است که کوچکترین پیش بینی ازتصمیم نهائی آن ها مشکل میباشد. بنابراین خطر ارجاع مرافعه فعلی به دیوان لاهه درحال حاضر که فقط در صلاحیت دادگاه های داخلی کشور است کاملا روشن و توجهی که دراین باره امنای ملت باید ابراز دارند مبرهن میگردد.

دیوان داوری بین المللی لاهه ، قضات این دادگاه را حقوق دانان و دانشمندانی تشکیل میدهند که از طرف دول عضو هرچند سال یکبار معرفی میگردند. صورت این قضات در دفتر دادگاه در لاهه میباشد و هر وقت دو یا چند دولت خواستند اختلافاتی را به این دیوان مراجعه نمایند به میل خود چند نفررا از بین لیست موجود انتخاب و تعیین مینمایند بدیهی است چون این گونه قضات محدودیت هائی را که قضات دیوان دادگستری لاهه دارند دارا نمیباشند و همچنین در هنگام رسیدگی بستگی دائمی خود را با کشورشان دارا میباشند آزادی عمل خیلی زیادتری درمسائل مورد رسیدگی دارا هستند. ارجاع اختلافات نفت ایران به این گونه محاکم یا هر نوع محکمه حکمیت دیگری که طرفین در مورد آن توافق نموده باشند ابداً به صلاح و صرفه کشور ما نخواهد بود زیرا همیشه احتمال بسیار قوی موجود است که جریانات سیاسی بین المللی رل مؤثری در صدور رأی این گونه محاکم که قضات آن تقریبا پای بند هیچ نوع مقررات نیستند داشته اند.

نحوه پرداخت

بین این که شرکت سابق مدعی گرفتن غرامات به نحو « فوری و نقدی» آنطور که از مفاد اظهارات آقای مهندس حسیبی بر میآید یا آن طوری که از مضمون اولین لایحه ای که دولت متبوع آن شرکت در دهم اکتبر ۱۹۵۱ تقدیم دادگاه لاهه نموده منظور از غرامت غرامتی است که بطرز مکفی و مؤثر پرداخت گردد فرق ماضی موجود است. آنچه از اظهارات آقای اورل هاریمن پس ازمراجعت از ایران استنباط میشود این است که اگر ترتیبی برای موضوع غرامت داده شود باید بصورتی باشد که این غرامت « مکفی و بموقع و مؤثر» باشد. ولی با توجه به نظرات امروز همان طور که در بالا شرح داده شده چون دولت انگلیس از نظرسیاسی حل اختلافات با دولت ایران را مفید به حال کشور خود نمیداند به انواع و اقسام حیل هرروز بهانه و ادعائی را عنوان میکند که از حل نهائی مسئله ممانعت به عمل آورده باشد.

صرفنظر از اینکه ادعای دولت انگلیس دائر بر اینکه « در مواقعی که ملی کردن اموال خارجیان منجمله امتیازاتی که به ایشان اعطا شده است به هیچ دلیل دیگری غیر قانونی نیست اگر ترتیبی برای پرداخت غرامت که « مکفی و مؤثر » باشد داده نشود گرفتن اموال تصرف غیر قانونی میگردد» (از لایحه تقدیمی دولت انگلیس به دادگاه لاهه در دهم اکتبر ۱۹۵۱) در کلیه مواردی که عامل مؤثر ملی کردن منافع ملی دولت خلع ید کننده باشد ادعای فوق منطبق با موازین و مقررات بین المللی نباشد این جانب نمیداند چطور در مذاکرتی که از ابتدا بین دولتین در جریان بوده شرکت سابق تقاضای پرداخت غرامت به

صورت فوری و کافی با این توضیح که مقصود از کلمه فوری این است که دولت ایران در ازای غرامات لیره بپردازد نبوده است و بنا به گفته آقای مهندس حسیبی دولت انگلیس بهتر از هر کس میداند که هیچ کشوری به هیچ کشور دیگر تاکنون قرض یا بدهی اش را نقداً و یکجا پرداخت ننموده است چه رسد به این که دولی که در بیست سال اخیر سیاست ملی کردن سرمایه های خارجی را به دلیل حفظ منافع ملی خود تعقیب کرده اند. دولت انگلیس خود با اکثر این دول طرفیت داشته از کدام یک از آنها توانسته است خسارت «فوری و نقدی» دریافت کند که امروز آن را در مذاکراتی که تاکنون در جریان بوده عنوان کرده است. مطلب آنقدر ساده و روشن است که خود دولت انگلیس جرأت این که در لایحه تقدیمی ادعای غرامت نقدی را بنماید نکرده است و فقط در مذاکرات با دولت ایران بوده است که مرتبا به این نکته برخورد شده است.

در بین اساسی ترین اصول حقوق بین المللی که بشریت و انسان دوستی نیز آن را تأیید کرده این است که کلیه دول هر اندازه قوی یا ضعیف باشند کاملا از تساوی با یکدیگر برخوردار بوده و دارای حقوق مشترک زیادی می باشند. بدیهی است کلیه دول دنیا قروض خود را قبول نموده و باید درصدد پرداخت آن برآیند ولی پرداخت اجباری و فوری هرنوع بدهی دریک زمان به قیمت استقلال دولت ضعیف تر تمام شده و این معنی را میدهد که دولت ضعیف باید منکوب و مقهور دولت قوی تر با تمام عواقب ناشیه آن باشد. دولت ایران در هیچ مبارزه ای پیروز نخواهد شد مگر اینکه با چشم باز و افکار روشن آنچه میخواهند به بینند و بدانند و آنچه عمل میکنند معتقد باشند. امروزه که مبارزه حیاتی و ملی ما تا این مرحله ازموقعیت رسیده است وظیفه خرد و کلان ، عامی و عالم این است که صمیمانه و شجاعانه آن طوری که تاکنون به منصه ظهور و ثبوت رسانیده ازخواسته های ملت ایران حمایت و تقویت کنند و ذره ای ازحقوق حقه خود عدول ننمایند.

۳۰ بهمن ۱۳۳۱
جنگ در ناحیه گدار لندر

در ناحیه گدار لندن نزدیک مسجد سلیمان هنوز عده ای از نیروهای ارتشی در محاصره قوای ابوالقاسم بختیار میباشند و هنوز زد و خورد ادامه دارد. دولت طی اعلامیه ای مواد قانون دادرسی و کیفری ارتش را به ابوالقاسم بختیار رسانیده و او را ازعواقب نافرمانی و بقتل رسانیدن نیروهای دولتی مستحضر ساخته است ، اما ابوالقاسم بختیار هنوز حاضر به تسلیم شدن نمیباشد.

۲ اسفند ۱۳۳۱
پیشنهادات جدید

براساس خبرهائی که هنوز منتشر نشده دیروز آقای هندرسن پیشنهادات مشترک و تازه ای به آقای نخست وزیر داده است ولی چنین به نظر میرسد که دولت انگلیس هنوز بر مطالبات خود درمورد عدم النفع فسخ قرارداد نفت پافشاری میکند که این امر دلیل عمده حل نشدن مسأله نفت میباشد. بنا براظهار خبرنگار رویتر دیشب سخنگوی وزارت امور خارجه انگلیس اظهار داشت کلیه سه پیشنهادی که برای حل اختلاف ایران و انگلیس بر سر نفت دیروز توسط سفیر امریکا به نخست وزیر ایران تسلیم گردید مورد موافقت انگلیس و امریکا قرار گرفته است. این پیشنهادات که بر اساس پیشنهادات اتلی - ترومن تنظیم شده شامل سه قسمت میباشد:

یک - مسأله تأمین غرامت باید به دیوان دادگستری بین المللی لاهه ارجاع گردد.
دو - طرحی برای حمل نفت ایران به بازارهای جهانی تنظیم شود.
سه - طریقی برای انجام کمک های مالی فوری به دولت ایران.

این سخنگو اظهار داشت که پیشنهاد های جدید همان پیشنهاد هائی است که در آگست به ایران تسلیم شده بود که اخیرا تغییراتی درآن داده شده است. سخنگو همچنین اظهار داشت به دنبال مذاکرات چند ماه اخیر بین نخست وزیر ایران و لوئی هندرسن درقضیه غرامت و نحوه پرداخت آن اصلاحاتی انجام شده است. علاوه بر آن با مذاکرات دالس -ایدن در مورد حل مسأله باید درنظرداشت که امریکا نیز نسبت باین پیشنهادات نظر موافق دارد.

به موجب پیشنهاد جدید تعیین میزان غرامت بابت ضبط تأسیسات جنوب به وسیله دادگاه صالحه انجام میگیرد و دادگاه مزبور میزان خسارت وارده به انگلیس را تعیین خواهد کرد. آقای هندرسن به آقای نخست وزیراطمینان داده است که نباید به هیچوجه نسبت به رأی احتمالی دادگاه بیم و هراس بخود راه بدهد. بر اساس گفته مشاورین دکتر مصدق آقای نخست وزیر قبل از دادن پاسخ به هندرسن با مجلس مشورت خواهد کرد.

۳ اسفند ۱۳۳۱

ملاقات نمایندگان مجلس با وزیر دربار

ساعت هشت و نیم بامدار امروز به دعوت آقای علاء عده ای از نمایندگان در دربار با ایشان ملاقات کردند. آقای علاء در این ملاقات اظهار داشت گمان میکنم سوء تفاهماتی پیش آمده که آقای نخست وزیر تصور میکنند تحریکاتی علیه دولت صورت گرفته است حال آنکه همیشه شخص اعلیحضرت همایونی از دولت جناب آقای دکتر مصدق پشتیبانی نموده و ایشان را تأیید کرده اند. دربار نیز با کمال حسن نیت از دولت ایشان پشتیبانی نموده است.

آقای علاء سپس اظهار نمودند در تمام این مدت شخص اعلیحضرت با کمال علاقمندی از آقای دکترمصدق پشتیبانی کردند و کوچکترین عملی نشده است که دال برعدم همکاری با دولت باشد. بنابراین نباید سوء تفاهمی در بین باشد بخصوص در شرایط حاضر که دولت با اجانب مشغول مبارزه است و از طرف دیگر اکنون که مذاکرات نفت با پیشنهاد های اخیر دول خارجی وارد مرحله تازه ای شده است شخص اعلیحضرت همایونی و دربار در این شرایط کمال آرزو را دارند که دولت در این مبارزه و در این مذاکرات پیروز شود زیرا پیروزی دولت در مسأله نفت موجب خوشوقتی همه خواهد بود.

در خانه نخست وزیر تحریکاتی علیه دولت وجود دارد

در ساعت ۹ شب نمایندگانی که در دربار بودند به خانه آقای نخست وزیر رفتند آقای نخست وزیر بلافاصله بدیدن نمایندگان آمده اظهار داشتند که از چندی به این طرف دولت استنباط کرده است که تحریکاتی علیه او صورت میگیرد که به هیچوجه با شؤن دولت مناسبت ندارد. در شرایط حاضر دولت کمال پشتیبانی و قدرت و قوت را لازم دارد ما اکنون با خارجی ها وارد مبارزه هستیم و باید دولت نهایت قدرت را داشته باشد اگر کوچکترین ضعفی در دولت مشاهده شود تأثیر فراوان در سرنوشت مملکت دارد.

آقای محمد ذوالفقاری درپاسخ آقای نخست وزیر شمه ای از بیانات اقای علاء را به استحضار آقای نخست وزیررساندند. آقای نخست وزیر اظهار داشتند برخلاف آنچه در دو روز اخیر انتشاریافته است دولت به هیچوجه درفکر استعفا یا کناره گیری نمیباشد ولی دولت میخواهد

طی بیانیه ای نظرات خود درمورد جریانات اخیر شرح داده و سپس گله نمایند که چرا در برابر اقدامات دولتی که به نفع مردم با بیگانگان مشغول مبارزه و سرگرم زد و خورد است چنین تحریکاتی صورت میگیرد؟ متعاقباً به آراء عمومی مراجعه کرده و ازتمام ملت ایران خواهم خواست که پاسخ دهند آیا با آنچه دولت تاکنون انجام داده موافقت دارند یا نه؟ و آیا ملت صلاح میداند وی بکار خود ادامه دهد یا نه؟

نخست وزیر اعلام داشت که فردا ساعت ۹ شب این بیانیه انتشار خواهد یافت و از ملت سؤال خواهد شد.

آقای ذوالفقاری اظهار داشتند نمایندگان درخواست دارند این اعلامیه ۱۲ ساعت دیرتر انتشار یابد. این تأخیر از این نظر است که رئیس دولت در تصمیم خود بیشتر مطالعه و مداقه بفرمایند زیرا ما خواستار آرامش و نظم هستیم و بیم داریم که در تعقیب این تصمیم صحنه های تازه ای به بینیم. به درخواست آقای امامی اهری و سایر نمایندگان آقای دکتر مصدق قبول میکنند که این تأخیر تا صبح روز۵ شنبه باشد و بیانیه صبح روز۵ شنبه انتشار یابد.

ملاقات نمایندگان فراکسیون نهضت ملی با وزیر دربار

آقای علاء وزیر دربار با آقای دکتر معظمی مذاکره و درخواست کرد عده ای از نمایندگان فراکسیون نهضت ملی با ایشان ملاقات نمایند. نمایندگان درساعت ۵ بعد از ظهر در دربار حضور یافته و آقای علاء درمورد سخنانی که صبح امروزبه عده ای ازنمایندگان گفته بودند توضیحاتی دادند و نمایندگان فراکسیون نیز مفصل درباره جریان تحریکات اخیر و سوء تفاهماتی که پیدا شده است توضیحاتی دادند و مقرر گردید نظرات شاهنشاه درمورد پشتیباتی از دولت به اطلاع آقای نخست وزیر رسانیده شود.

ملاقات با آقای نخست وزیر

بعد از ملاقات با وزیر دربار نمایندگان منتخب فراکسیون به منزل آقای نخست وزیر رفته و نظرات آقای علاء را به اطلاع ایشان رساندند و توضیحاتی در مورد اظهارات وزیر دربار و جریانات اخیر اظهار کردند و از آقای دکتر مصدق خواستند که در نظریات خود تعدیلی بدهند و اگر احیانا تصمیمی اتخاذ نموده اند با توجه به موقعیتی که دولت در قبال خارجی ها دارد از اجرای تصمیمات متخذه انصراف حاصل نمایند.

آقای نخست وزیر گفتند با تحریکاتی که علیه دولت شروع شده ادامه زمامداری غیر ممکن است و با وجودی که من احترام فوق العاده ای به نمایندگان و افکار عمومی میگذارم وقتی که علیه دولت تحریکاتی در بین باشد چگونه میتوان کار کرد؟

جلسه فراکسیون نهضت ملی

ساعت ۷ بعد از ظهر فراکسیون نهضت ملی تشکیل تا خط مشی فراکسیون با توجه به جریانات مجلس و اظهارات آقای نخست وزیر مشخص گردد. بعد از پایان جلسه آقای دکتر شایگان به خبرنگارا اظهار داشت موضوعی که درفراکسیون مورد بحث قرار گرفت تصمیمی است که آقای دکتر مصدق اظهار کرده اند و میگویند به نحوی باید این اختلافات و توهمات رفع بشود، اصلاحی بشود که دولت بتواند بکار خود ادامه دهد ما مصمم هستیم از آقای دکتر مصدق تقاضا نمائیم اگر تصمیماتی میخواستند اتخاذ کنند از تصمیم خود منصرف شوند.

۴ اسفند ۱۳۳۱

در چند جبهه نمیتوان جنگید

یکی از نمایندگان عضو کمیسیون ۸ نفری حل اختلاف امروز به خبرنگاران گفت دکتر مصدق چه دیروز و چه امروز به نمایندگانی که از وی دیدن کردند اظهار داشت دولت من نمیتواند در چند جبهه بجنگد مردم مرا انتخاب کرده اند تا با انگلیس ها مبارزه کنم و حق غصب شده آنها را بگیرم ولی تحریکات عده معدودی در داخل کشور نمیگذارد که در این راه توفیق حاصل کنم. اگر دولت مرا راحت بگذارند و هر روز نقشه تازه ای برای تزلزل آن ترسیم نکنند و انگلیس ها را امیدوار به آینده ننمایند و این فکر را که ممکن است با دولتی غیر از دولت این جانب قضیه نفت را حل کرد در مغز خارجی ها تأیید نکرده و راسخ نگه ندارند مسلما من موفق خواهم شد که نفت را مطابق مصالح این مردم و مملکت به نحو احسن حل کنم ولی وقتی ایادی انگل داخلی که استفاده های نامشروع آنها را قطع کرده ایم و مجال رشوه خواری و ترکتازی را از آنها سلب نموده ایم مرتبا برای استفاده مجدد از بیت المال مردم مشغول توطئه میشوند دیگر این دولت قادر به کار و انجام وظیفه خود نیست و بهتر است حقایق را به مردم بگوید و کنار برود.

اعتصاب کارکنان دولت

به دنبال چند روز اخطار امروز اعلامیه هائی در تهران منتشر گردید مبنی بر اینکه اگر بذل توجه سریع و اقدامات مثبتی درمورد تقاضا های کارکنان دولت نشود کارمندان و خدمت گذاران دولت از فردا ۵ اسفند در پشت میز نشسته و کاری انجام نخواهند داد و هرگاه باز به خواسته های آن ها توجه نشود روزهفتم اسفند از خانه خارج نشده و اعتصاب عمومی خواهند کرد و چنانچه بازهم تقاضای حقه این طبقه از طرف مقامات مسؤل به نتیجه نرسید روز دهم اسفند کارمندان شهرستان ها در تلگرافخانه اجتماع کرده و ۳۰ تن به نمایندگی آنها متحصن خواهند شد و برای کارمندان مرکز مجددا شورای کارمندان و خدمتگزاران تصمیم لازم اتخاذ و نتیجه را به کارمندان و خدمتگذاران مرکز اعلام خواهند داشت. درخواست های کارمندان که در اعلامیه های مختلف بیان شده عبارتند از:

یک - حقوق احکام ترفیعاتی را که کارمندان در دست دارند از اول فروردین ماه سال آینده پرداخت شود.

دو - لایحه سازمانی که ضمیمه بودجه تسلیم مجلس شده مسترد گردد.

سه - لایحه قانونی سازمان جدید وزارت خانه ها و بنگاه های دولتی ملغی شود و یا اینکه تحت شرایطی از قبیل برکناری کارمندان متمکن به اجرا درآید. برای رسیدگی به وضع کارکنان صبح امروز آقای نخست وزیر آقای انواری مدیر کل بودجه را احضار و درباره موافقت با درخواست کارکنان دستوراتی صادر کردند.

اظهارات آقای دکتر شایگان

بعد ازپایان جلسه فراکسیون نهضت ملی آقای دکترشایگان به خبرنگار کیهان اظهارداشت ما تصمیم داریم نگذاریم دیگر آن وضع ناهنجار پیش بیاید ، زیرا ما ضعیف نیستیم ما یک عده متشکل هستیم که هر کاری را بخواهیم می توانیم از پیش ببریم ، باالفرض اگر سکوت میکنیم برای رعایت مصلحت مملکت است. ما معتقد هستیم که در این ایام نباید کاری نمود که تشنجی ایجاد کند، ما اعتقاد داریم که که باید همچنان وحدت و یگانگی خود را حفظ نمائیم تا پیروزی قطعی و نهائی بدست آید. ما میگوئیم وکیل نباید به وکیل فحش بدهد

و ناسزا بگوید. بالاترین قدرت ما این است که با مردم هستیم و آنها مقابل مردم هستند این بزرگترین رجحان و برتری ما است. دکتر مصدق مظهر ملیت ما است ، ملت ایران با او است و هرکسی که بخواهد مخالفت کند طبعا ازمردم جدا است، این چیزی نیست که من بگویم مردم آن را میگویند و مصدق را از خود میدانند و مصدق هم خود را متعلق به مردم ایران میداند و هر زخمی که به دکتر مصدق وارد شود به ملت ایران وارد خواهد شد.

مسئله امروز مجلس باعث تأسف عموم نمایندگان عضوفراکسیون بود تا آنجا که به نظرشان رسید اصولا عنوان نمایندگی داشتن و به مجلس آمدن باعث سرشکستگی است. در مجلس از دو جهت کار های خلاف قاعده می شود یکی از طرف نمایندگان و یکی از طرف تماشاچیان. آقای دکتر شایگان گفتند قراراست فردا با آقای علا و آقای نخست وزیر مجددا ملاقات کنیم.

اظهارات آقای دکتر سنجابی

آقای دکتر سنجابی گفتند آقای علاء پشتیبانی دربار را از آقای نخست وزیر اظهار داشتند گفتند این صحبت هائی که شده تصورات و توهماتی بیش نیست. نمایندگان هم در همین مورد با ایشان صحبت کردند و نگرانی های موجود را گفتند و اظهار کردند به هر ترتیبی است باید این سوء تفاهمات برطرف گردد. وضعی که اکنون پیش آمده باعث نگرانی است زیرا وکلائی که وضع آن ها را مردم میدانند بدست و پا افتاده اند و تظاهراتی میکنند. در بختیاری تحریکاتی شده که همه جریان آن را میدانند، ضمنا بعضی دسته ها با بعضی مراکز آمد و رفت هائی میکنند که موجبات این سوء تفاهم را فراهم آورده است. تمام این موضوعات در جلسه دیشب فراکسیون مطرح شد و فراکسیون نظر دارد که تمام اقدامات لازم را برای تقویت دکتر مصدق و حفظ نهضت ملی ایران بشود و نگذارد که در چنین وضع خطیری گامی بضرر نهضت ملی ایران برداشته شود.

۵ اسفند ۱۳۳۱

ملاقات نمایندگان منتخب فراکسیون نهضت ملی با شاهنشاه

نمایندگان منتخب فراکسیون نهضت ملی بعد از ملاقات با آقای علاء بحضور شاهنشاه شرفیاب شدند. اعلیحضرت طی بیاناتی اظهارداشتند بطوری که آقایان اطلاع دارند من همیشه و در مواقع مختلف اعتماد خود را به دولت ابراز داشته ام و برای اینکه دولت بتواند در انجام وظایف خود موفق گردد دقیقه ای از تقویت آقای دکتر مصدق فرو گذار نشده است. البته ممکن است مخالفین ایشان که در حقیقت مخالفین مملکت هستند اینطور نشان داده و وانمود کنند که از طرف من تقویت میشوند درصورتی که این اظهارات به هیچوجه من الوجوه حقیقت ندارد و اکنون برای من تقویت دولت به منظور نیل به هدف و موفق شدن درانجام اصلاحات ضروری و لازم از هیچ اقدامی مضایقه ندارم.

در پاسخ یکی ازآقایان نمایندگان معروض داشتند با احترامی که آقای دکتر مصدق همیشه به مقام شامخ سلطنت دارند امیدوار هستیم هر چه زود تر موجبات رفع سوء تفاهم فراهم گردد و مطلب بیک صورت خیلی خوبی که رفع نگرانی عمومی را بنماید خاتمه یابد.

ملاقات با دکتر مصدق

بعد از گزارش جریان شرفیابی به وسیله منتخبین فراکسیون نهضت ملی آقای دکتر مصدق اظهار داشتند که مدت هشت روز یا بیشتر در بختیاری مابین قوای انتظامی و ابوالقاسم

بختیاری زد و خورد بود و در این مدت از طرف ارتش به ایشان گزارش نشده است در صورتی که ایشان علاوه بر نخست وزیری وزیر دفاع نیز هستند.

دولت من در این مدت همیشه سرگرم مبارزه با اجنبی بوده است و توانسته است مقام ایران را نزد ملل دنیا بلند ساخته و طوری نماید که مردم دنیا نام ایران را با احترام بر زبان آورند. موقعی که دولت من تصمیم به بستن کنسول گری ها گرفت سفیر انگلیس درتهران ساعت ۱۱ شب به من تلفن نمود و طوری صحبت میکرد که خیال مینمود با رئیس الوزرای یک کشور مستعمراتی صحبت میکند و من هم آن چنان جوابی را که رئیس الوزرای یک کشور زنده و مستقل به یک مأمور خارجی می دهد باو دادم. من طوری رفتار کرده ام که تمام دول دنیا دیگر به چشم سابق بما نگاه نمیکنند. مملکت ما را یک کشور مستقل و زنده و آزاد که دارای رشد اجتماعی و سیاسی میباشد میدانند. در برابر این خدمات دیگر نباید علیه چنین دولتی که جز قصد خدمت به مملکت و ملت و تحقق دادن به آمال ملی ندارد تحریکاتی به عمل آید. اینجانب هیچ قصد و نظری ندارم و معتقد بوده و هستم که مقام اعلیحضرت باید محترم و محبوب باشد و غیر از خدمت به مملکت که خدمت به شاه نیز هست نظر دیگری ندارم.

نمایندگان پیشنهاد می نمایند خوبست جناب عالی حضور اعلیحضرت شرفیاب شوند و مذاکراتی را که لازم میدانند با یکدیگر بنمایند تا موجبات سوء تفاهم بر طرف گردد.

نظرات فراکسیون نهضت ملی

امروز بعد از پایان جلسه فراکسیون آقای دکتر سنجابی به خبرنگاران اظهار داشت سعی ما بر این است اول آقای دکتر مصدق کاملا تقویت بشوند زیرا ایشان آن طوری که به حق مورد اعتماد همه هستند و صالح تر از هر کسی برای اداره نهضت ملی میباشند بتوانند ملت ایران را به هدف ملی برسانند. دوم حفظ احترام مقام شامخ سلطنت و بالاخره جلوگیری از پیش آمد فاجعه دیگر ی که منجر به واقعه سی تیر دیگری شود. البته آقای نخست وزیر کارشکنی های فوق العاده درانجام وظایفشان می بینند و این کارشکنی ها هم در دستگاه دولتی است هم در مامورین نظامی و هم در مجلس ازطرف مخالفین همیشگی و ازطرف منافقین و یاران دیروزی هست و تبلیغات و دست سیاست خارجی در همه جا نمایان است و میخواهد در مملکت تشنج و بلوا و یأس و نا امیدی ایجاد بکند و دولت آقای دکتر مصدق را روزبروز ضعیف ترسازد تا اینکه سیاست بیگانه در ایران به هدف خود برسد و ملت ایران از نتیجه مبارزات خود ثمره ای را بدست نیاورد و این همه تحریکاتی که درآن واحد بین کارمندان ادارات و کارگران کارخانجات و ایلات و عشایر و همآهنگی درمطبوعات مخلوق سیاست بیگانه و نمایندگان مخالف دیده میشود اینها بی علت و سبب نیست و با این کیفیت آقای دکتر مصدق برای خودشان غیرممکن میدانند که بتوانند وظایف خود را تا نیل به هدف ملی ایران ادامه دهند و از این جهت قصد کناره گیری و یا دعوت مردم به یک نوع رفراندوم داشتند ، چون به هرحال کناره گیری ایشان مسلما منتهی به وقایعی شاید شدید تر از واقعه سی تیر میشد و کنار رفتن ایشان ازانجام وظایف خطیری که بر دوششان گذاشته شده برای ملت ایران جبران ناپذر است و منتهی به شکست تمام آمال و آرزو های ملت ایران میشد از این جهت در فراکسیون نهضت ملی به اتفاق آراء تصمیم گرفته شد که تمام کوشش لازم بعمل آید که از چنین پیش آمدی که برای ملت و دولت و سلطنت زیان بخش

بود جلوگیری به عمل آید و از جریان مذاکرات دربار و شرفیابی بحضوراعلیحضرت و ملاقات مکرر با آقای نخست وزیرامیدوارم که همه بکلی رفع شود.

۶ اسفند ۱۳۳۱

حل اختلاف دربار و دولت

پس از شرفیابی چهار ساعته دیروز آقای نخست وزیر در محافل سیاسی شایع شد که مذاکرات چهار ساعته دیروز نتوانسته است گره از مشکلات بگشاید و تیرگی مورد بحث محافل پارلمانی و مطبوعاتی را از روابط دولت و دربار بزداید. گرچه پاره ای ازمقامات مطلع گفتند که قرائن و امارات حکایت از این دارد که در اثر مذاکرات نمایندگان واسطه و تماس هائی که با اعلیحضرت همایونی و نخست وزیرو وزیر دربار در ۴۸ ساعت گذشته گرفته شد تقریبا موجبات رفع اختلاف به عمل آمده و سوء تفاهمات مرتفع گردیده است ولی خبرنگارانی که قیافه گرفته و خسته نخست وزیر را پس از مراجعت وی از کاخ اختصاصی دیده بودند آخر وقت دیروز اظهار عقیده میکردند که ممکن است مذاکرات شاه و مصدق به نتیجه مطلوب نرسیده و اشکالات کماکان موجود و پا برجا باشند. آقای نخست وزیر پس ازشرفیابی که تقریبا ساعت یک و ربع بعد از ظهر بود در منزل مشغول استراحت شده و با کسی تماس نگرفتند. در ساعت چهار و ربع اولین کسی که وارد خانه دکتر مصدق شد آقای دکتر شایگان بود. بعد از خروج ایشان وقتی خبرنگاران سؤال کردند نتیجه مذاکرات چهار ساعته دکتر مصدق با شاه چگونه بود؟ مشاور نخست وزیرضمن اینکه میل نداشت بطورواضح سخنی بگوید اظهارداشت « حق این است که خود آقای نخست وزیر به این سؤال پاسخ بدهند ».

نظر دولت ایران درمورد پیشنهاد اخیر دولت انگلیس

عصر امروز آقایان دکتر شایگان و دکتر سنجابی در منزل آقای نخست وزیر مطالعات خود را درباب پیشنهادات جدید دولت انگلیس آغاز کردند ، قسمتی از جواب دولت ایران تهیه شده و قسمت دیگر تا ابتدای هفته آینده تهیه خواهد شد. بطورکلی نظر این است که باید اصلاحاتی در پیشنهاد داده شود تا بتواند مورد قبول دولت ایران قرار گیرد. با توجه به اینکه در شورای امنیت و دیوان داوری لاهه به شکایت دولت انگلیس از دولت ایران توجهی نشده و ازخود سلب صلاحیت نموده اند ، دولت ایران مایل نیست در این قضیه خود را با دولت انگلیس طرف مذاکره قرار دهد تا در آینده اگر اختلافی بوجود آید مسأله به عنوان طرفین اختلاف که دو دولت میباشند به مجامع بین المللی کشانیده شوند. در هر صورت چنانچه قراردادی تهیه شود به شرطی دولت ایران زیرقرارداد را امضاء خواهد کرد که طرف مقابل شرکت سابق نفت باشد زیرا در پیشنهاد اخیر انگلستان اشاراتی شده که جملگی حاکی ازآن دارد که دولت انگلیس بی میل نیست که درآینده یکی ازطرفین قرار داد باشد.

گزارش خبرنگار کیهان از عملیات یاغی های بختیاری

ایذه محل زد و خورد افراد ابوالقاسم با افسران و سربازان اعزامی در بین لالی و مسجد سلیمان قرار دارد. قوای ابوالقاسم بختیار در کوه های مرتفعی که تا مسجد سلیمان بیش از۵ کیلومتر فاصله ندارد سنگربندی نموده بودند. در یک طرف این سلسله کوه ها رود خانه عمیق گدارلندن واقع است و۹۰ در صد تلفاتی که ستون اعزامی داده بواسطه وجود همین کوه ها بود. سواران بختیاری در میان این کوه ها مخفی و مترصد می شدند و به محض اینکه یک یا چند سرباز را میدیدند که از دامنه کوه بالا میآیند با شلیک گلوله آنرا به عقب برمیگرداندند

و چنانچه گلوله هم به سربازی اصابت نمی نمود به محض اینکه تعادل خود را از دست میداد و به زمین میافتاد براثر شیب دامنه کوه غلط خورده به میان رود خانه گدار لندر پرتاب میشد و بهمین جهت طبق اظهار سربازان بیشتر نعش ها و اجسادی که از سربازان بدست آمده در همین رودخانه افتاده بود. محلی که در آن زد و خورد واقع شد ناحیه ای است به مساحت تقریبی ۱۰ کیلومتر که در حال حاضر بوسیله سربازان ارتش در محاصره است هیچ کس حتی مردم آن نواحی حق عبور و یا رفتن به این ناحیه را ندارند و حتی کسانی هم که در اطراف این رودخاته سکونت داشتند به وسیله ارتش به نقاط دیگر منتقل شدند.

سواران ابوالقاسم بختیار در میان این کوه ها متواری هستند و به همین جهت نه تانک و نه توپ و نه هواپیما های اکتشافی نمیتوانند دسته های آنها را پیدا کنند.

بازداشت سرلشگر زاهدی

صبح امروز سرلشگر زاهدی بنا به دستور دولت توسط مأمورین شهربانی و فرمانداری نظامی بازداشت گردید. امروز قبل از ظهر بعضی از مقامات روحانی و سیاسی به وسیله تلفن درباره بازداشت آقای سرلشگر زاهدی با آقای نخست وزیر مذاکره کرده علت را جویا شدند. آقای نخست وزیر در پاسخ به سؤالات اظهار داشتند من بهیچ وجه از این جریانات اطلاع ندارم و شحصا دستور بازداشت کسی را صادر نکردم اگر مقامات انتظامی عملی انجام داده اند فقط به استناد گزارش و مدارکی بوده که دردست داشته اند وبه وظیفه فانونی خود عمل کرده اند.

امروز در کریدورهای مجلس گفته میشد که احتمال دارد چند تن از نمایندگان در جلسات آینده مجلس درباره بازداشت سرلشگر زاهدی سؤالاتی ازدولت بنمایند. یک مقام دولتی امروز اظهار داشت موضوع بازداشت سرلشگر زاهدی علاوه بر اتهامی که متوجه برادران رشیدیان نیز هست با غائله بختیاری نیز ممکن است ارتباط داشته باشد.

در ساعت یک بعد ازظهرآقایان سرتیپ افشارطوس و سرتیپ وفا فرماندار نظامی تهران پس از بازجوئی از سرلشگر زاهدی به منزل نخست وزیر رفتند.

۹ اسفند ۱۳۳۱

مسافرت شاه و ملکه

از مـدت ها قبل علیاحضرت ملکه ثریا تصمیم داشتند برای معالجه به اروپا مسافرت نمایند و پزشکان نیز کرارا به ایشان تذکر داده بودند که این سفر برای مداوای ایشان ضروری میباشد و به سبب حساسیت موقع مشاورین اعلیحضرت توصیه مینمودند که ملکه ثریا باید به تنهائی بـه ایـن سـفر بروند و وجود اعلیحضرت درتهران ضروری میباشد اما در اواخر هفته گذشته اعلیحـضرت همایونـی در یکـی از شـرفیابی ها به وزیر دربار گفتند که تصمیم به مسافرت گرفته اند. اخد این تصمیم غیر منتظره بدون هیچ گونه مقدمه ، ساده به نظر نمیآمد و انعکاس آن در در محافل بااعجاب توأم بود و آنرا به وقایع سیاسی روزمرتبط میدادند. اما ناگهان در صبح دیروز در تهران شایع شد که اعلیحضرت همراه ملکه ثریا به سفر خواهند رفت

تلفن به آیت الله کاشانی

یکی از نزدیکان آیت الله کاشانی صبح امروز به خبرنگاران اظهار داشت نیمه شب دیشب شخص ناشناسی به حضرت آیت الله کاشانی تلفن مینماید و به ایشان عرض میکند که اعلیحضرت همایونی قصد مسافرت به اروپا را دارند و خوب است که آیت الله از نظر مقام ریاست مجلس از مسافرت معظم له جلوگیری بعمل آورد این شخص اضافه مینماید آیت الله

پس ازآنکه خبر مسافرت اعلیحضرت را میشنوند از نظر مقام ریاست مجلس و همچنین از نقطه نظر این که در این موقع حساس مسافرت اعلیحضرت همایونی ولو برای معالجه هم باشد به صلاح کشور نیست و علاوه برآن این موضوع بدون مشاوره با مجلس انجام نگرفته تصمیم میگیرند که آقایان نمایندگان را برای مشورت درباره این موضوع دعوت کنند. بلافاصله از طرف بازرسی مجلس به آقایان نمایندگان اطلاع داده شد که به منزل ایشان بیایند.

در منزل رئیس مجلس

صبح امروزعده ای از نمایندگان مجلس درمنزل آیت الله گرد آمدند آقای ذوالفقاری نایب رئیس مجلس قریب نیم ساعت بطور خصوصی و سری با آیت الله مذاکره نمودند و بلافاصله برای تشکیل جلسه خصوصی به مجلس رفتند.

در ساعت ۱۰ آقای حائری زاده با آیت الله قریب پنجاه دقیقه به طور خصوصی مذاکره کردند. آقای حائری زاده در پاسخ خبرنگاران اظهار داشتند من تصور میکنم مسافرت شاه به خارج ضرر و زیانی ندارد و از نظر قانون اساسی مجلس صلاحیت رسیدگی درکارهای خصوصی شاه را ندارد فقط چون مردم نگران هستند و به علاوه با داشتن اختیارات در دست یک نفر و تمرکز قوه مجریه و مقننه در شخص واحد و از طرفی آشفتگی اوضاع سیاست داخلی و بین المللی ایران و وضع فعلی کشور مسافرت شاه برای مردم ایجاد وحشت و نگرانی فوق العاده ای خواهد کرد و خلاصه در این موقع حساس مقتضی نیست. آقای دکتر بقائی نیز به مدت نیم ساعت بطور خصوصی با آیت الله مذاکره کردند و در پایان ملاقات به خبرنگاران گفتند هیچ موضوع خوبی نیست.

در مجلس

در ساعت ۱۱ صبح ۴۷ نفر از نمایندگان در جلسه خصوصی حاضر شدند و آقای ذوالفقاری زنگ جلسه را به صدا درآورند و متن نامه ای را که رئیس مجلس به اعلیحضرت همایونی نوشته اند قرائت نمود.

نامه رئیس مجلس به اعلیحضرت همایونی

خبر مسافرت غیر مترقبه اعلیحضرت همایون شاهنشاهی موجب شگفتی و نگرانی فوق العاده قاطبه اهالی مملکت و مردم پایتخت شده و هیئت رئیسه مجلس شورای ملی با استحضار آقایان نمایندگان به عرض میرساند که در وضع آشفته کنونی به هیچ وجه مصلحت و صواب نمیداند که اعلیحضرت همایونی مبادرت به مسافرت فرمایند و ممکن است در تمام کشور تأثیرات عمیق و نامطلوب حاصل نماید. به این لحاظ از پیشگاه همایونی استدعا میشود که قطعا در این مورد تجدید نظرفرموده و تصمیم به مسافرت را به موقع دیگری در سال آینده تبدیل فرمایند. رئیس مجلس شورایملی

تلفن به دربار

به درخواست جمعی ازنمایندگان مقرر گردید آقای ذوالفقاری نایب رئیس مجلس نظر نمایندگان را در مورد مسافرت شاهنشاه به وسیله تلفن از طریق وزیر دربار به استحضار اعلیحضرت برسانند و درصورت امکان اجازه شرفیابی داده شود.

نخست وزیر و وزیران در حضور شاه

ساعت ده و نیم آقای دکتر مصدق پیاده مسافت بین خانه خود و دربار را طی کرد و چند دقیقه بعد همه آقایان وزیران در کاخ سلطنتی حاضر شدند ابتدا آقای نخست وزیر به

عنوان خدا حافظی شرفیاب شدند. اعلیحضرت درپاسخ نخست وزیر و وزیران فرمودند چون کسالت دارم باید به این مسافرت اقدام کنم. بعد ذات شاهانه لزوم تأیید دولت و جلب اعتماد عمومی را به اقدامات آقای نخست وزیر تأیید کردند. وزرا پس ازشرفیابی ازدرهای فرعی دربار خارج شدند.

شورای سلطنت

شورای سلطنت مرکب ازآقایان دکترمصدق نخست وزیروالاحضرت شاهپور غلامرضا پهلوی و وزیر دربار در غیاب شاهنشاه وظایف مقام سلطنت را انجام خواهند داد.

ملاقات هندرسن با علاء در دربار

هنور نیم ساعت از رفتن آقای دکتر مصدق از دربار نگذشته بودکه آقای هندرسن سفیر کبیر امریکا پس از مذاکره با آقای علاء وزیر دربار از کاخ سلطنتی خارج شد. به قرار اطلاع مشارالیه از ساعت ۱۱ صبح به دربا رفته بود و درباره مسافرت شاهنشاه با ایشان مذاکره کرده بود. آقای هندرسن همچنین در ساعت یک بعد از ظهر به ملاقات نخست وزیر رفت تا راجع به مسافرت شاهنشاه با ایشان نیز مذاکره نماید.

بعد از ظهر روز بعد آقای هندرسن با من صحبت نمود و بیانات ایشان را که آقای علی پاشا ترجمه نمود قریب به این مضمون بود «دیروز که از خانه شما رفتم ، به دربار تلفن کردم که متعرض خانه شما نشوند» من در جواب گفتم شما چرا درکار ما دخالت میکنید که گفت ما دخالت نمی کنیم. گفتم همین تلفنی که کرده اید دخالت در امور کشور است.

«بعد ار ۲۸ مرداد که در باشگاه افسران بازداشت شده بودم آقای سرتیپ دکتر مقدم همه روزه میآمد و مرا با حضور یکی از افسران نگهبان تزریق مینمود. یکی از روزها همین که افسر نگهبان آقای دکتر را به اطاق من هدایت نمود از اطاق رفت و من فکر میکردم چه شد و این مرتبه ما را تنها گذاشت؟ پس از آن آقای دکتر اظهار نمود اگر می خواهید از این وضعیت خلاص شوید نامه ای به سفارت امریکا بنویسید که من گفتم هیچ وقت با بیگانگان این قبیل ارتباطات نداشته ام و از آنها کمکی نخواسته ام که از من معذرت خواست و رفت» [۱۸].

خدا حافظی ها انجام شد

سه ربع بعد از ظهر تمام مراسم خدا حافظی انجام پذیرفت ، گذرنامه ها حاضر گردید و ویزا شد و تسلیم وزیر دربار گردید. شاه و ملکه لباس مسافرت خود را پوشیده و در آستانه در آماده حرکت بودند ، اطراف ایشان را رؤسای دربار و چند نفراز وزیران احاطه کرده بودند، اتومبیل سلطنتی جلوی پله های عمارت حاضر بود و اتومبیل سفید رنگ دیگری پشت سر این اتومبیل لوازم و ما یحتاج مسافرت را داشت و شاه میخواست آخرین مراسم تودیع را بجا آورده و حرکت نماید که ناگهان فریاد مردم از جلو کاخ به گوش رسید.

اجتماع زنان در برابر دربار

عده ای از بانوان دربرابر دربار اجتماع کرده و طی نطق هائی مردم را دعوت میکردند که از مسافرت شاه جلوگیری کنند. آنها خطاب به مردمی که جلو دربار جمع شده و یا عبور میکردند. فریاد میکردند مردم نگذارید شاه برود غیرت و حمیت ملی شما کجا رفته است؟

در مقابل کاخ سلطنتی

ازساعت نیم بعد ازظهر که خبر مسافرت اعلیحضرت در شهر شایع گردید تظاهراتی صورت گرفت و عده ای نیز به تدریج به خیابان کاخ رفته و در جلوی کاخ اختصاصی اجتماع کردند. در همین موقع که شمار اجتماع کنندگان زیاد میشد آیت الله بهبهانی برای شرفیابی به کاخ اختصاصی رفتند چون احتمال وقوع حوادثی میرفت مأمورین انتظامی عبور ازخیابان کاخ را از سمت خیابان شاه و از شمال خیابان سپه تحت کنترل قرارداده و مانع ورود اتوموبیل ها می شدند. مقارن سه ربع بعد از ظهر اعضای هیأت رئیسه مجلس شورای ملی که قبلا شرفیاب شده بودمد کاخ مرمر را ترک کردند. آقای میراشرافی رو به جمعیت کرد و اظهار داشت اعلیحضرت یک ساعت دیگر ایران را ترک میکنند.

اجتماع جمعیت به تدریج در مقابل کاخ سلطنتی بیشترمیشد و عده ای فریاد میزدند ما پشتیبان شما هستیم ، مردم جلو بیائید و همه فریاد کنید شاه نباید برود و این گروه دیگران را که از کاخ دور تر اجتماع کرده بودند دعوت میکردند به جلوی کاخ آمده نگذارند شاه از دربار خارج شود. عده ای به طرف کاخ اختصاصی هجوم برده قصد داشتند داخل کاخ شوند اما مأمورین انتظامی مانع شدند. یکی از افراد در جمعیت با صدای بلند فریاد زد این ها از پشتیبانان شاه هستند ، این ها شاه را دوست دارند سرنیزه بر روی آنها نکشید. در میان این تظاهر کنندگان یک سرگرد پیاده و یک افسر نیروی هوائی همراه جمعیت شعار میدادند.

یورش به خانه دکتر مصدق

در ساعت ۳ و ربع بعد از ظهر عده ای به طرف منزل دکتر مصدق حمله ور شدند و چون با تذکر سربازان به هجوم خود ادامه دادند و سربازان نیز دستور تیراندازی نداشتند لذا سربازان به کناری رفتند و مردم به درب منزل نخست وزیر روی آوردند. جمعیت به در منزل نخست وزیر رسیدند ولی در آهنی بسته بود. در این میان چند نفر ورزشکار (شعبان جعفری و ...) که در جلو بودند با فشار و ضربه سر کوشیدند که در را باز کنند و چون موفق نشدند با یک جیپ ارتشی که بر روی آن « سرویس خون» نوشته شده بود به جلوی منزل آقای دکتر مصدق رفتند و جیپ را بدر تکیه دادند و با فشار ماشین و تظاهر کنندگان درب منزل نخست وزیر باز شد و در همان حین عده ای به طرف در و پنجره منزل حمله ور شده و شیشه ها را شکستند. پس از بازشدن در جمعیت به داخل خانه هجوم آوردند ولی در همین هنگام دستور داده شد که به شدت از هجوم تظاهر کنندگان ممانعت نمایند. پس از این دستور سربازان به طرف مردم رفتند.

در بازگشت سربازان به میان جمعیت سرنیزه ای به کف دست سرهنگ رحیمی که رانندگی جیپی را که با آن در منزل نخست وزیر شکسته شده بود خورد و متعاقب آن صدای تیری شنیده شد که به بازوی سرهنگ رحیمی اصابت کرد و وی بی حال افتاد.

عده ای از تظاهر کنندگان مشارالیه را روی دست تا جلوی کاخ آوردند و با جیپی از آن معرکه خارج کردند. پس از شلیک تیر اول چند تیر دیگر شلیک شد و تظاهر کندگان به سرعت فرار کردند. ساعت ۷ نیز عده ای مجددا قصد حمله به خانه نخست وزیر را داشتند که با مقاومت سربازان مواجه شدند ولی چون مهاجمین از معرکه خارج نمی شدند و در هر حال می خواستند به خانه حمله کنند سربازان ناچار به شلیک گاز اشک آور شدند که مهاجمین را به عقب برانند.

یورش به مجلس و بی سیم پهلوی

در ساعت ۱۰ صبح جمعی در حدود ۱۰۰ نفر در مقابل مجلس شورا ی ملی اجتماع و شروع به دادن شعارهائی بر له شاه میکنند. نمایندگان مجلس به وضع اضطراب انگیزی ناظر این حوادث هستند. آقای ذوالفقاری نایب رئیس مجلس پشت دربزرگ آهنی مجلس میرود تا مردم را دعوت به سکوت و آرامش کند ولی تلاش اوبی اثراست و مردم خواستار آمدن به مجلس میباشند. بالاخره عده ازآنها از روی نرده های آهنی خود را به داخل مجلس میرسانند و تقاضای ملاقات با نمایندگان مجلس میکنند. به آنها اطلاع داده میشود که از بین خود ۵ نفر را انتخاب کنند که با نمایندگان صحبت کنند.

در همین زمان در شهر و در مجلس شایع میگردد که بی سیم پهلوی به اشغال مهاجمین درآمده است. درحوالی بی سیم جماعتی درحدود ۳۰۰ نفر که غالبا منتسب به احزاب آریا و سومکا بودند به وسیله کامیون و وسایل نقلیه جلوی بی سیم جمع شده اند و قصد دارند داخل اداره بی سیم شده آن جا را اشغال کنند لیکن چون اداره بی سیم توسط یک گروهان سرباز مسلح محافظت میشد مهاجمین پس از مدتی توقف و شعار دادن سوار وسایل نقلیه شده از محوطه دور شدند.

بعد از ظهر در میدان بهارستان

مقارن یک و نیم بعد ازظهر محوطه بهارستان و خیابان های اطراف آن تقریبا خلوت شده است. عده ای حدود ۲۰۰ تا ۲۵۰ نفردر برابرنرده های مجلس اجتماع کرده مرتب شعار جاوید شاه سر میدهند. رهبری این گروه نیز با احزاب آریا و سومکا است. عده ای از تظاهر کنندگان به در بزرگ مجلس حمله ور شده میخواهند آنرا بشکنند و وارد مجلس شوند. جمعیت سرتیپ کیانوری رئیس رکن سوم ستاد ارتش را روی دست بلند کرده ایشان بر له شاه و دربار سخنرانی میکنند. و همزمان در طرف دیگر جمعیت آقای سرهنگ دوم دولو سخنرانی مینمایند. درهمین احوال یکی از کامیون های ارتشی به آتش کشیده میشود ولی سربازان به فوریت آنرا خاموش میکنند.

دمونستراسیون

همزمان با اجتماعات جلو کاخ سلطنتی و هجوم به خانه نخست وزیر عده ای ازاعضای حزب نیروی سوم و حزب ملت ایران بر بنیاد پان ایرانیسم در حالی که شعارها و پرچم هائی در دست داشتند و درجلوآنها تصویر بزرگی ازآقای دکتر مصدق قرار داشت قصد داشتند از خیابان شاه به طرف منزل دکتر مصدق در خیابان کاخ بروند ولی به علت استقرار نیروی بزرگی از مأمورین انتظامی و فرمانداری و مسدود بودن ورودی خیابان توسط کامیون های ارتشی موفق به ورود به خیابان کاخ نشدند ناچار از خیابان لاله زار گذشته ازمسیرخیابان ناصرخسرو وارد سبزه میدان شدند. در بین راه دانشَجویان دانشگاه تهران نیز به آنها ملحق شدند. بدین ترتیب دمونستراسیون بزرگی تشکیل شد. در بین راه مرتبا شرکت کنندگان شعارهائی از قبیل مصدق پیروز است یا « یا مرگ یا مصدق» دانشگاهیان پشتیبان مصدق هستند» میدادند که مورد تأیید مردم قرارمیگرفت. دنباله دمونستراسیون به جلو مجلس کشیده شد و تا ده و نیم شب ادامه داشت.

اعلامیه آیت الله کاشانی

مردم ایران ، برادران دینی ، هموطنان من اوضاع آشفته و درهم امروز تهران حکایت میکند تا چه اندازه ملت ایران علاقمند به بقا و وحدت کشور ایرانند و به همین نظر خبر مسافرت اعلیحضرت همایونی نگرانی شدیدی در تمام طبقات مختلف اعم از نمایندگان مجلس شورا و بازرگانان و طبقات روحانی و وعاظ و دانشجویان و روشن فکران این شهر بزرگ که سواد اعظم ایران است نموده و با تقدیر از احساسات میهن دوستی مردم ازهمه خواهانم که با نمایندگان مجلس و علما و روحانیون و سایر طبقات همکاری نموده و متفقا در درخواست تجدید نظر در تصمیم مسافرت اعلیحضرت با سایر طبقات هم فکری و هم کاری نموده و ازاین مسافرت که منتهی به آشفتگی این کشور و باعث ندامت میشود بالاتفاق جلوگیری نمائید. سید ابوالقاسم کاشانی

آیت الله بهبهانی در میان جمع

آیت الله بهبهانی ازکاخ اختصاصی بیرون آمدند و به جمعیت اعلام داشتند که ذات ملوکانه نظری جز معالجه از مسافرت به خارج ندارند. مردم خواستند شاه شخصا باید این حرف را بزند. در این موقع آقای علاء پشت بلندگو قرار گرفته گفتند : هموطنان عزیز، ولی به علت فریاد جمعیت حرف های آقای علاء شنیده نمیشد. سرانجام مقارن ساعت سه و ربع بلند گوی کاخ اعلام داشت اعلیحضرت همایونی شخصا میخواهند صحبت کنند.

صحبت های شاهنشاه

لازم است که شخصا چند کلمه ای با شما صحبت کنم. با وجود این که کسالت مزاج از مدت ها پیش مرا وادار به معالجه مینمود و قصد عزیمت برای این منظور داشتم و امروز نیز بنا بر تجویز اطبا اول عازم زیارت و بعد معالجه بودم. حال که می بینم که از رفتن من ممانعت میکنید چاره ای نیست که فعلا مسافرت خود را به تأخیر اندازم.

سخنان مجدد شاهنشاه به مردم

ساعت چهار و نیم بعد از ظهر بلند گواعلام کرد که مجددا بنا به تقاضای مردم اعلیحضرت همایونی شخصا نطق میفرمایند.

شاهنشاه از جلوی کاخ اختصاصی به اتفاق تیمسار سپهبد شاه بختی ، تیمسار سپهبد احمدی، تیمساز سرلشگر گرزن ، آقای مظفر بقائی ، ظهیرالاسلام و قائم مقام رفیع به طرف میکروفن که پشت در کاخ اختصاصی قرار داشت تشریف فرما شدند و چنین فرمودند:

همان طور که قبلا به شما اطلاع دادم من هم مثل تمام مردم مجبورم خواسته شما مردم ایران را قبول کنم. اگر شما نمیگذارید و مایل نیستید که من برای معالجه حرکت کنم ما هم بنا به میل شما از این مسافرت انصراف پیدا کردیم.

حضور و بیانات دکتر مصق در مجلس

در بعد از ظهر دیروز در همان هنگامی که عده زیادی از مردم پایتخت در مقابل کاخ سلطنتی اجتماع نموده و در شهر شایع گردید که یک جیپ ارتشی در منزل آقای نخست وزیر را شکسته و خواسته است وارد منزل آقای دکتر مصدق شود و با تیراندازی که شده یک نفر به قتل رسیده و چند نفر نیز زخمی شده اند آقای مهندس رضوی نایب رئیس مجلس شورای ملی که چند ساعت قبل ازمسافرت خوزستان بازگشته بود، ازمنزل آقای نخست وزیر به ایشان تلفن میشود که عده ای به منزل آقای دکتر مصدق حمله نموده و پس از شکستن

در آهنی تصمیم داشته اند به منزل وارد شوند. به قراراطلاع آقای مهندس رضوی با شهربانی و فرمانداری تماس گرفتند و اظهار میدارند چطور شده که مأمورین فرمانداری نظامی وپلیس نتوانسته اند از وقوع چنین حوادثی جلوگیری کنند. پس از این کار از آقایان اعضای فراکسیون نهضت ملی دعوت میکنند که برای شور در امر مهمی ساعت ۶ بعد از ظهر در مجلس حاضر باشند. پس از ختم جلسه فراکسیون وضع مجلس کاملا عادی و ساکت بود. ولی در ساعت ۶ ونیم اتوموبیل بیوک سیاه رنگی در جلو مجلس آمد و رئیس شهربانی از آن پیاده شد و به سرهنگی که با چند نفر پاسبان در جلو مجلس بود دستوراتی میدهند. عقربه ساعت روی هشت و نیم قرار گرفت که سه ماشین سواری و دو جیپ در برابر مجلس توقف کردند و از یکی ازماشین ها دکتر مصدق نخست وزیر پیاده شد و به سرعت در معیت رئیس کل شهربانی به طرف ساکنی که جلسه نمایندگان در آن تشکل شده بود میروند.

آقای کریمی ، خوشبختانه آقای دکتر مصدق امروز در جلسه تشریف دارند و مطلبی که میخواستم عرض کنم این است که چرا دولت مجلس و نمایندگان را از اوضاع سیاسی خارجی و داخلی بی خبر گذاشته است؟ مثلا ۲۰ روز از تاریخ انتشار مذاکرات اخیر در باره نفت میگذرد و هنوز دولت کوچکترین اطلاعی به مجلس نداده و مردم را در این جریانات وارد نکرده؟ آیا دولت مجلس را محترم نمی شمارد چرا نمایندگان را شرکت نمیدهد؟ ایراد دوم من راجع به جریانات اخیر بود که از این موضوع رفراندم و مسافرت اعلیحضرت دولت که مسلما خبرداشته است. زیرا انتشاراتی در روزنامه ها ازقول دکتر مصدق و مشاورینش انتشار یافته ولی متأسفانه دولت اطلاعی به مجلس نداده است و حال آنکه این امر فوق العاده حساس است و همین دیروز با این ازدحام منزل شاه و تعطیل عمومی تهران ممکن بود یک بلوائی در سراسر مملکت ایجاد شود که نشود از آن جلو گیری کرد. خوب بود با مجلس مشورت میشد تا مجلس دولت را راهنمائی و با او هم کاری میکرد کما اینکه درتمام امور مجلس دولت را همراهی و کمک کرده است.

مطلب سوم راجع به اداره تبلیغات و رادیو است اولا در بحث سیاسی در رادیو حملات شدیدی بطور سربسته و با ابهام به مجلس و بعضی مقامات میشود ، شایسته دولت جناب آقای دکتر مصدق نیست و از طرفی اخبار را مطابق حق و حقیقت منتشر نمیکنند. دیروز جلسه فوق العاده مجلس تشکیل شده ، رادیو از این موضوع خبری منتشر نکرد. نامه ای از طرف مجلس رسما نوشته شد راجع به جلوگیری از مسافرت شاه و رادیو آن را منتشر نکرد و ملت ایران را از سرنوشتی که در انتظار او بود بی خبر گذاشت. ولی به جای این حرفهای حسابی که باید به عرض ملت ایران میرسید یک عده تبلیغات بی اساس و اخبار خلاف واقع و بی ارزش منتشر کرد. من توجه آقای دکتر مصدق را به اصلاح اداره تبلیغات و رادیو تهران و احترام نمایندگان و مجلس جلب میکنم.

آقای مهندس رضوی

ما همیشه پیرو قانون و حامی قانون بوده ایم و خواهیم بود و تنها قانون میتواند مملکت را اداره کند و یک عده سرمایه دار که در بانک های خارج پول دارند صلاحیت ندارند. در مجلس هم بعضی اشخاص خائن وجود دارند این ها بدانند که ما با آنها مبارزه خواهیم کرد و مبارزه هم ادامه خواهد داشت و جداً هم دفاع خواهیم کرد.

آقای مکی ، درحال حاضرمن با هیچ یک از دسته ها همکاری ندارم نه به آقای دکتر مصدق نزدیک هستم نه با آن دسته مقابل و نه با مقاماتی همکاری دارم. من به آقای دکتر مصدق هم شخصا گفته ام که طرفدار شخص شما نیستم ، من طرفدار مصلحت مملکت هستم اکنون هم راه حل به نظر من میرسد. من پیشنهاد میکنم مجلس عده ای از نمایندگان را انتخاب کند که اول فکر کنند و بروند برای اصلاح و رفع اختلافات کوشش کنند. اگر هر یک از این اشخاص بروند نهضت از بین میرود. اگر دکتر مصدق برود نهضت از بین میرود. اگر کاشانی برود نهضت شکست میخورد. بنابراین بهترین راه اصلاح است و من امیدوارم این اقدام آقایان به نتیجه برسد.

آقای دکتر شایگان ، راجع به نفت ما منتظر بودیم که کار به یک جای مثبت یا منفی برسد آن وقت به مجلس خبر بدهیم. این مذاکرات اخیر یک مقدار حرف های پوچ و بی معنی چیر دیگری نبود.

آقای جواد عامری ، اظهارات آقای مکی کاملا صحیح و به جا است و باید هرطور است اختلاف ها حل شود. من شما آقایان را به سید الشهدا قسم میدهم اختلافات را کنار بگذارید مملکت و استقلال و شاه و آزادی را حفظ کنید. در شرایط باریک و موقعیت حساس فعلی صلاح نیست که این اختلافات دربین باشد. بهرحال ما باید منتهای کوشش را برای رفع این اختلافات بنمائیم.

آقای دکتر معظمی ، ما در فراکسیون نهضت ملی اعلامیه ای تنظیم و منتشر کردیم و از دولت آقای دکتر مصدق دفاع هم خواهیم کرد. من وجود دکتر مصدق را برای مملکت کاملا ضروری و لازم میدانم ، من شخصاً حاضرم خونم را در راه دکتر مصدق فدا کنم.

آقای شمس قنات آبادی ، مفسرسیاسی رادیوتهران چند روزاست به تمام ملیون و مقامات و کسانی که در رأس نهضت ملی بودند بطور تلویحی حمله میکنند. آقای مهندس رضوی به مجلس میگوید چند نفر خائن در این مجلس وجود دارند ، این عمل خوب نیست ، باید صریحا اسم آنها را برد آنها را محاکمه و مجازات کرد و الا به یک جمعی حمله کنند و بگویند عده ای خائن در بین شما است و عده ای هم در دربار خائن هستند صحیح نیست. من به فاطمه زهرا قسم میخورم اگر دکتر مصدق بگوید من خائن هستم خودم استعفا میدهم و میروم و الا معنی ندارد مجلس را به باد تهمت ببندند.

آقای دکتر معظمی اسم مبارزات را آوردند ، اما آقای دکتر معظمی « مادر را دل سوزد ، دایه را دامن» آقای دکتر مصدق شخصا کسانی را که مانع پیشرفت نهضت ملی میدانند با ادله و بدون غرض بیان کنند ما به وجدان خود سوگند میخوریم آن مانع و رادع را از پیش پای نهضت برداریم. ما بیش از کسانی که امروز خود را به نهضت نزدیک نمودند علاقمند و وفادار هستیم.

آقای خلخالی ، اگر من غالبا شدید و خیلی متاثر صحبت میکنم و درجریانات سیاسی صریحا اظهار نظر میکنم برای گمشده ای است که من دارم و آن تأمین سعادت ملت ایران و به نتیجه رسیدن مبارزات قهرمانانه ملت برای تحقق دادن به آمال ملی خود میباشد. ما به جای اینکه برای تأمین زندگی میلیون ها انسان محروم و همچنین به فقر و فاقه عمومی و شدت محرومیت آن ها بیندیشیم و چاره جوئی کنیم گره ای از کار« فرو بسته » ملت ایران بگشائیم وقت خود را برای رفع اختلافات و حوادثی که عمال مخرب و مغرض بوجود

میآورند صرف مینمائیم. اگر امروز روی ناچاری و با شرایط روزاز دولت آقای دکترمصدق پشتیبانی میکنیم و اورا تأیید مینمائیم ، فردا از انتقادات اصولی و بجا خود داری نخواهم نمود. آقایان اگر ما اعتراضی به آقای دکتر مصدق داریم برای این است که سرعت و شدت عمل در اصلاحات اساسی نشان نمیدهند. ولی معنی این حرف این نیست که توطئه هائی به وجود بیاید که اساس نهضت ما را که با خون جگر و با دو سال صرف وقت به وجود آمده برهم ریخته شود و ملت ایران را از طریقی که برای تامین سعادت خود گام برمیدارد عقب براند.

اینکه من به آقای مکی گفته ام نباید مطالب را در کلیات محصور نمود و مردم را در تاریکی نگاه داشت برای این بود که امروز ما مسؤلیت بزرگی را در برابر ملت ایران داریم و باید در جریاناتی که در مملکت میگذرد بطور صراحت اظهار نظر کنیم و ملت ایران را در جریان واقعی بگذاریم. من هیجوقت نگفته ام دولت بی عیب و نقص نیست ولی گفته ام امور در دنیا نسبی است.

اینکه آقای شمس آبادی اعتراض مینمود و به جناب آقای دکتر مصدق میگویند خائنین و کسانی که دستشان به خون آلوده است با نام و نشان معرفی کنند بی جهت تهمت میزنند و اضافه کردند من اگرجای ایشان بودم در هنگام مبارزات ملت ایران خائنین را معرفی میکردم اکنون من از ایشان سؤال میکنم پس ایشان چرا دولت صالح را معرفی نمیکنند

اگر قیام قهرمانانه مردم ایران درروز تاریخی سی ام تیر که دولت دکترمصدق را مجددا روی کارآورد و موقعیت اورا تحکیم کرد نتواند چند ماه ایشان را حفظ کند باید صراحتا بگویم کسانی که با تظاهرات آلوده به غرض میخواهند موفقیتی برای خود بدست آورند و به این تظاهرات تکیه زنند مسلم چند صباحی بیشتردوام نمیکنند پس بنابراین فقط میتوان به حق و عدالت و تقوی اجتماعی تکیه زد و بس. مگر نهضت ملی ایران به نتیجه قطعی خود رسیده است؟ مگر خائنین تارو مار شده اند و ازبین رفته اند؟ مگر مسئله نفت به نفع ملت ایران خاتمه یافته است؟ بنابراین همان خائنینی که در اول کار کارشکنی میکردند به طریق اولی درموقع اخذ نتیجه نیز هستند و حالا هم به شدت به تکاپو افتاده اند اگر شما این دولت را صالح نمیدانستید و انتقادات شما به منظور شکست قطعی دولت است پس چرا صریحاً نمیگوئید؟ و من اکنون ملت ایران را ار توطئه ای که علیه منافع او انجام میگیرد برحذر میدارم.

بیانات آقای دکتر مصدق

به من سه بار پیشنهاد نخست وزیری شد ، یکبار در زمان احمد شاه بود یکمرتبه هم در دوره چهاردهم مرتبه دیگر هم همین مرتبه به وسیله آقای جمال امامی بود. در دوره اخیر آقای جمال امامی پیشنهاد کرد من قبول کردم. در موقع بستن کنسول گری های انگلیس من به آقای کاظمی گفتم هرچه زودتر یادداشتی در این خصوص تهیه کن و برای انگلیسها بفرست. ولی ایشان بیم داشتند و مدتی معطل کردند ، من ایشان را خواستم و با تغیر گفتم اگر نمی توانید مطلب تهیه کنید من خودم مینویسم. او رفت و پس از یک ساعت درحالی که یادداشت را تهیه کرده بود برای من آورد و همان دیر وقت برای شیپرد سفیر انگلیس در ایران فرستادم. همان وقت شب شیپرد به من تلفن کرد و مثل این که با یک رئیس الوزرای دولت استعماری صحبت میکند حرفهای عجیب و غریبی میزد.

وقتی من مجددا مأمور تشکیل کابینه شدم رفتم و به شاه گفتم من وزارت جنگ را میخواهم شاه کمی تردید کرد و قبول ننمود گفتم استعفا می دهم و خواستم از اطاق بیرون بیایم اعلیحضرت مانع شدند و نگذاشتند من بیرون بروم و گفتند تو استعفا نده و وزارت جنگ را هم با یکدیگر مماشات میکنیم و کار میکنیم بعد شاه گفتند تا ساعت ۸ استعفا نده من تکلیف را روشن میکنم آن وقت ساعت ۸ شب گذشت و خبری نشد من استعفا دادم و وقایع ۳۰ تیر بوجود آمد.

بعد که من مجددا نخست وزیر شدم رفتم خدمت شاه رفتم اعلیحضرت فرمودند حالا که ملت خواسته است وزارت جنگ را میدهم. مدتی گذشت تا اینکه جریانات اخیرپیش آمد من به شاه پیغام دادم که خیال دارم یک رفراندومی بکنم بعد شاه آقای علا و حشمت الدوله والا تبار را فرستادند. من هم سه نفراز نمایندگان دوست خودم را خواستم که آمدند و من از آنها خواهش کردم که به عنوان شاهد حضور داشته باشند. من به شاه پیغام دادم و گفتم تصمیم دارم رفراندوم را عملی کنم و مردم را از جریانات کشور مستحضر نمایم. به مردم بگویم که والاحضرت اشرف پهلوی وقتی اینجا بودند چه کارهائی در حق من کرده اند و علیاحضرت ملکه مادر چه موانعی سر راه من تراشیده اند همچنین قضایای بختیاری را هم میگویم.

عده ای به من گفتند که ابوالقاسم خان پسر مرحوم صمصام السلطنه ممکن است یاغی شود، اسلحه تهیه کند عده ای جمع کند و با قوای دولتی بجنگد. ولی من گفتم که من وزیر دفاع ملی هستم، اگر همچه چیزی باشد لشگر اصفهان به من خبر میدهد ، فرمانده لشگر خوزستان خبر میدهد، ولی اینها مرا بی خبر گذاشتند و هیچ کس به من اطلاع نداد تا یک مرتبه گفتند جنگ شروع شده است من گفتم اگر قشون ایران شکست بخورد من نمیتوانم حکومت کنم. باید ابوالقاسم شکست بخورد تا همه متجاسرین تکلیف خود را در مقابل حکومت مرکزی بدانند.

این ها مطالبی بود که من در آن جلسه بیان کردم چون بعداً اعلیحضرت همایونی اظهار تمایل به مسافرت کردند من حضور شاهنشاه شرفیاب شدم و قرار شد که صبح روز پنج شنبه حرکت کنند بعد پیغام دادند که حرکت ایشان به صبح روز شنبه موکول شده است. اول بنا بود صبح زود بروند بعد مبدل شد ساعت ۱۰ صبح ضمنا برای انجام این مسافرت فوراً ۱۰ هزار دلار تهیه کردم ۹ هزار دلار حواله بانکهای خارج و هزار دلار نقد که به آقای علاء دادم. صبح زود این پول به آقای علاء داده شد و دستور صادر کردم پاسپورت های مسافرتی را بیاورند پیش خودم من با دست خودم عکس ها را به پاسپورت ها چسباندم و مهر کردم و به دربار فرستادم. بعد هم وزرا را خبر کردم که ایشان را بدرقه کنند به حکومت نظامی و ستاد ارتش هم خبر دادم که نیروهای انتظامی مسیر ایشان را که میخواهند تشریف ببرند تقویت کنند به شهربانی و رئیس کلانتری محل هم امر کردم اطراف خانه شاه یکنفر را راه ندهند خیابان منزل خودم را هم همینطور. بعد کمی پس از ساعت ۹ آیت الله بهبهانی به من تلفن کرد که اعلیحضرت میخواهند بروند، بروید نگذارید. گفتم به من مربوط نیست گفتند چطور راضی شدید اگر شما نمیروید خودم بروم گفتم بفرمائید و من مانع نیستم.

ساعت ۱۱ با وزرا رفتیم دربار و شرفیاب شدیم یک وقت دیدم جمعیتی جمع شده اند و ازدحام میکنند و شعارهائی میدهند. در این هنگام یکی از درباریان با من صحبت کرد و اتوموبیل مرا از در دیگری بیرون برد از آنجا خارج شدم و بازگشتم به منزلم. وقتی به منزلم

رسیدم دیدم اطراف منزل را محاصره کردند. بعد یک جیپ ارتشی و یک عده به منزل من حمله کردند دیدم الان در را می شکنند و مرا می کشند. وقتی دیدم وضع از این قرار است دستور دادم نردبان آوردند و به پشت بام رفتم و با دکتر فاطمی پریدیم توی ساختمان اصل چهار دیدم آنجا هم نمی شود بمانیم پسرم گفت برویم به شمیران گفتم ما حکومت هستیم خوب نیست برویم، رفتیم به ستاد ارتش حالا هم آمدیم این جا ما این جا متحصن هستیم و ۴۸ ساعت صبر میکنیم تا شاه و مجلس تکلیف مملکت را روشن کنند اگر تا صبح دوشنبه وضع روشن نشد من پیامی به همان ملتی میدهم که مرا نخست وزیر کرده است و جریان را میگویم زیرا من نخست وزیر ملت هستم نه نخست وزیر شاه و مجلس.

تا تاریخ قضاوت کند

آقای حائری زاده ، شما آقای دکتر مصدق شکایت از مجلس و شاه میکنید پس اصلا برای چه به اینجا تشریف آورده اید و خیال تحصن دارید؟ شما که برای تماس با ملت قدرت ندارید و از منزل خودتان با نردبان به منزل دیگری فرار میکنید و مردم را به گلوله می بندید پس چه ادعائی دارید؟ دیکتاتوری شما آقای دکتر مصدق اگر خطرناک تر از دیکتاتوری رضا خان نباشد کمتر نیست. در همین اطاق و همین مجلس همین کشمکش ها را در زمان دیکتاتوری رضاخان داشتم ولی اگر رضا خان دیکتاتور بود درعوض مردم درشهر و ده و بیابان از شر غارتگران مصون بودند و طبقه پائین در رفاه و آسایش بودند. دیکتاتوری شما امروز مضار دیکتاتوری رضا خان را دارد ولی منافع آنرا ندارد. شما که معتقد به رفراندوم هستید و مطیع قانون و مجلس نیستید من چنین رئیس الوزرائی را یاغی میشناسم و این مذاکرات جلسه خصوصی هیچ نتیجه ندارد.

فردا جلسه علنی را تشکیل میدهیم شما هم حاضر شوید و مطالب خود را بگوئید و جواب بشنوید تا تاریخ قضاوت کند که خادم کیست و خائن کدام. در موضوع نفت باید بگویم که مشیت خداوندی و سعادت ملت ایران این منابع را از چنگال بیگانگان نجات داد ولی شما آن طرحی را که من تهیه کرده بودم و خود شما و آقایان دکتر شایگان و صالح و چند نفر دیگر آن را امضا کرده بودید پس از کشته شدن رزم آرا آن را فراموش کردید و وارد کشمکشی شدید که مملکت را به طرف بن بست سیاسی برد. ما رئیس الوزرائی میخواهیم که تابع قانون باشد و مأمور اجرای اوامر مجلس و قوای موضوعه. رئیس الوزرائی که تابع اراده مجلس نباشد خود را مافوق دیگران بشناسد ما اورا یاغی خواهیم شناخت.

مذاکرات شاه و آقای مکی

پس از آنکه آقای دکتر مصدق به اتفاق آقای دکتر غلامحسین مصدق ، آقای مکی ، سرتیپ افشارطوس رئیس شهربانی وآقای سرلشگر بهارمست رئیس ستاد مجلس را ترک می نمایند چون هنوز بیم حمله عده ای به خانه نخست وزیر میرفت آقای مکی مدت یک ربع بوسیله تلفن مطالبی به عرض اعلیحضرت می رسانند و چون مذاکرات در این مدت خاتمه نیافت اعلیحضرت همایون آقای مکی را دعوت می فرمایند تا به کاخ سلطنتی رفته و مذاکرات را حضوراً ادامه دهند. آقای حسین مکی ساعت یک و نیم بعد از نیمه شب به حضور اعلیحضرت شرفیاب میشود و تا ساعت سه بعد ازنیمه شب با اعلیحضرت مذاکره مینمایند و قرار میشود که آقای مکی به منزل آقای نخست وزیر مراجعه نموده و پس از مذاکره مجدد با آقای نخست وزیر نتیجه را به عرض اعلیحضرت همایونی برسانند و به موجب توافقی که

حاصل شد فرمانداری نظامی از اجتماع مردم درجلوی کاخ سلطنتی و منزل آقای نخست وزیر جلوگیری خواهد نمود!

۱۰ اسفند ۱۳۳۱

اظهارات سخنگوی دولت

بعد از ظهر امروز آقای دکتر فاطمی وزیر امور خارجه و سخنگوی دولت در جلسه مصاحبه خود اظهار داشت ساعت ۹ صبح امروز به دستور آقای نخست وزیر و وزیر دفاع ملی آقای سرلشگر بهارمست از ریاست ستاد ارتش برکنار و آقای سرتیپ ریاحی به ریاست ستاد ارتش منصوب گردیدند.

درباره علت برکناری آقای سرلشگر بهارمست میتوانم عرض کنم که دیروز ایشان را احضار و متذکر شدند که مراقبت کامل در انتظامات شهرتهران بنمایند و هراقدام احتیاطی ضروری است بکنند که مبادا حوادث نامطلوب پیش بیاید اما موقعی که چند تن افسر آماده به خدمت در لباس و بدون لباس و جمعی افسر بازنشسته که چند تن شرور و چاقوکش بنام ، به منزل آقای نخست وزیر آمده و بنای تجاوز و حمله را گذاشتند و بخوبی معلوم بودکه ملت ایران را غافل گیر کرده میخواهند با ازبین بردن رئیس دولت توطئه خود را به مرحله اجرا بگذارند نه تنها مأمورین انتظامی ازحمله این افراد به خانه نخست وزیر جلوگیری نکردند بلکه یکی از افسران آماده به خدمت با جیپ نظامی شماره ۱۵۱۹۵۰ بدرخانه مسکونی آقای دکترمصدق حمله میبرند. در تمام این جریانات آقای رئیس ستاد در محل خود حاضر نبودند و وسیله دسترسی به ایشان پیدا نشد و موقعی هم که آقای نخست وزیر شخصا به ستاد ارتش رفتند ایشان به عذر این که در کاخ گرفتار بودند دو ساعت بعد از تلفن های پیاپی آمدند.

برای اینکه ذهن آقایان کاملا روشن شود قسمتی از گزارش شماره ۸۳۰۷ فرماندار نظامی که دیشب دو بعد از نیمه شب از جریان روز به آقای نخست وزیر داده است در اینجا نقل میکنم در «درحدود ساعت ده و نیم از کلانتری ۸ و ۱۶ تلفنا گزارش رسید که عده ای از اشخاص ماجراجووآشوب طلب اهالی و کسبه بازاررا به تعطیل مجبور نموده و مردم را تشویق به رفتن به دربار می نمایند». در قسمت دیگر همین گزارش مینویسد «چون نیروی موجود در فرمان داری متفرق و به کلانتری ها اعزام شده بودند قبلا یک گروهان از دژبان پادگان مرکز خواسته شده بود که فورا اعزام دارند. پس ازاعزام افسر مامور فرمانداری به محل ، تلفن های متعدد رسید که کامیون گروهان اعزامی نرسید. در ساعت ۱۲ و پانزده دقیقه فرمانده گروهان دژبان خود را معرفی نمود فورا دستور حرکت بطرف دربار به وی داده شد دراین موقع فرمانده گروهان اظهار نمود که کامیون ها فاقد بنزین بوده و نمیتوانند به محل ماموریت حرکت کنند دستور داده شد که به هر کامیون بنزین کافی داده شود».

دردنباله این گزارش فرماندارنظامی اضافه میکند « در ساعت ۱۲ و ۲۵ دقیقه از افسر اعزامی به جلوی کاخ تلفنی گزارش رسید که نیروی اعزامی تاکنون نرسیده و ازدحام رو به تزاید است و جواب داده شد که گروهان اعزامی حرکت نموده است. در ساعت ۳ و ۴۵ دقیقه تیمسار سرتیپ عظیمی تلفن نمودند که ازدحام در جلو منزل آقای نخست وزیر زیاد است و ممکن است اتفاقاتی پیش آمد کند. تلفنی جواب داده شد که کلیه نیروهائی که دراختیار فرماندار نظامی بوده فرستاده شده و حتی به وسیله افسر فرمانداری تلفنی تقاضا شد که یک

گروهان سرباز به عنوان کمک ازدژبان اعزام نمایند ولی جواب دادند درصورتی که احتیاج به نیرو میباشد از ستاد ارتش درخواست نمائید».

در پایان همین گزارش نوشته شده است که « در ساعت۲۰ و۱۹ دقیقه گزارشی رسیده که عده ای از افسران بازنشسته و حاضر به خدمت درجلوی منزل نخست وزیر تظاهرات مینمایند بازهم تقاضای اعزام نیرو از ستاد ارتش و دژبان شد ولی تا این ساعت نیرو فرستاده نشده است و در وضعیت فعلی یک سرباز هم در فرمانداری نظامی نیست».

بطوری که آقایان استحضار دارید چون ساعت هفت و نیم بعد از ظهر دیروز از مجلس تلفن شدکه به مناسبت تشکیل جلسه خصوصی یکی از آقایان وزیران برای شرکت در جلسه حضور بهم رسانند. آقای نخست وزیر در این موقع در ستاد ارتش بسر میبردند تصمیم گرفتند که شخصا به اتفاق هیأت وزرا در جلسه خصوصی شرکت نمایند. پس از حضور در مجلس و استماع نظر نمایندگان آقای دکتر مصدق گزارش مشروحی از جریانات جاری و حادثه روز به عرض مجلس رسانید که تا ساعت یازده و نیم طول کشید. در این گزارش که با حضور رئیس ستاد ارتش به نمایندگان داده شد آقای نخست وزیر صریحا به غفلت مأمورین انتظامی در واقعه دیروز اشاره نمودند و گفتند قوای انتظامی دراین جریانات نه تنها به وظایف قانونی خود به هیچوجه عمل نکردند بلکه میدان را برای محرکین و آشوب طلبان کاملا خالی گذاشتند.

نامه آیت الله کاشانی به مهندس رضوی

آیت الله کاشانی درنامه ای به مهندس رضوی عضو فراکسیون نهضت ملی و نایب رئیس اول مجلس نوشته « همانطوری که در نامه خود نوشته ام مادام که ریاست فراکسیون نهضت ملی با شما است ، اداره امور جلسات مجلس را نمی توانم به شما واگذار کنم.»

اعلامیه فراکسیون نهضت ملی

هموطنان عزیز ، تحریکات عوامل بیگانه و عمال نشان دار آنها مرحله تازه و خاصی را ایجاد کرده است از چندی پیش اعلیحضرت همایونی اظهار تمایل فرموده بودند که به منظور استراحت و معالجه مدت کوتاهی به خارج از کشور مسافرت نمایند مقدمات مسافرت اعلیحضرت همایونی بنا به دستور خود ایشان از طرف دولت فراهم شده بود و این طور مقرر فرموده بودند که بعد از ظهر شنبه ۹ اسفند ۱۳۳۱ به قصد زیارت عتبات عالیات و سپس ازآنجا به طرف اروپا حرکت فرمایند. با وجود آن که این جریان کاملا طبیعی و خالی از هر گونه تعبیرات سیاسی بود افراد مغرض و خطرناک که همیشه مترصد فرصت برای تضعیف حکومت ملی هستند احساسات بی شائبه عده ای از مردم را که ازمسافرت اطلاع حاصل کرده و برای اظهار احترام و مشایعت اطراف دربار جمع شده بودند مورد سوء استفاده قرار داده و عمال خطرناک اجنبی و منفعت پرستان و دلال های حادثه جوی سیاسی که در بین مردم وارد شده و شروع به تظاهرات مخالفت آمیز به حکومت ملی نموده و کار را به جائی رساندند که چند نفر چاقوکش معروف با استفاده از وسائل نقلیه ای که محرکین در اختیارآنها گذاشته بودند به طرف خانه شخصی نخست وزیرهجوم می آورند.

هر چند مردم تهران جواب دندان شکن به این اشخاص معلوم الحال و خیانت پیشه داده اند معذالک چون این جریان ها از آخرین تشبثات مرتجعین خون آشام و خائنین به مملکت حکایت میکند لازم دانستیم به عموم هموطنان عزیز در سراسر کشور اعلام داریم که با

احترام به مقام سلطنت فراکسیون نهضت ملی با کمال قدرت و ایمان از هرگونه تضعیفی نسبت به هدف اصلی هموطنان که رهائی از دست بیگانگان و عمال آنان و تأمین رفاه و آسایش سیاسی و اقتصادی مملکت است جلوگیری خواهد کرد و در انجام وظایف مشکل و خطیر خود در مجلس شورای ملی از نیروی بزرگ ملت الهام گرفته و اجازه نخواهیم داد چند نفر خائن وطن فروش سد راه آمال و آرزوی ملت ایران قرار گیرند و همانطور که کرارا هموطنان عزیز ملاحظه فرموده اند این فراکسیون تا سرحد فداکاری در مقابل این دسایس ایستادگی و جداً مبارزه خواهد کرد و از دولت هم مؤکداً تعقیب و مجازات شدید و فوری محرکین را خواهانیم و در این زمینه هیچ گونه اغماض و سهل انگاری را جایز نمی شماریم.

هموطنان عزیز بیدار و هوشیار باشید وطن و خانه شما در خطر است.

اخگر ، اقبال ، انگجی ، پارسا ، جلالی ، حاج سید جوادی ، مهندس حسیبی ، خلخالی ، دادور، ذکائی ، مهندس رضوی ، ریگی ، مهندس زیرکزاده ، دکترسنجابی ، شاپوری ، دکتر شایگان، ، شهیدی ، شبستری ، دکتر فلسفی ، خسرو قشقائی ، مجد زاده ، مدرس ، دکتر معظمی ، دکتر ملکی ، مجید موسوی ، میلانی ، نجفی ، نریمان ، محمد حسین قشقائی، ناظززاده

اعلامیه حزب ملت ایران

هر گونه جدائی و تک روی خواست دشمنان ملت ایران است. شاه و مصدق باید به همکاری خود ادامه دهند. هم میهمان ، همرزمان ، مبارزه ضد استعماری ملت ایران روز به رزوگسترش میابد و دشمنان بیگانه دم به دم ریا و نیرنگ خود را افزون میکنند، یکبار دیگر استعمار گران بیگانه و نوکران بی شرم آنها برای بزانو درآوردن رزمجویان میهن ما دسیسه و توطئه آغاز کرده اند. هم اکنون به دنبال چند ماه زمینه سازی ، نفاق غم انگیزی میان رهبران مبارز ملی افکنده و پای شاه را هم به میان کشیده اند.

ما سربازان سرمه ای پوش حزب ملت ایران بر بنیاد پان ایرانیسم که همه جا پیشگام رستاخیز ضد استعماری میهن خود بوده ایم فریاد می کشیم هرگونه نفاق و جدائی ، هرگونه تک روی و خودسری خواست دشمنان ملت ماست.

شاه و مصدق ، رهبران مبارزه ملی ، نمایندگان مجلس باید بدانند که هرگونه کشمکش آن ها ثمره رستاخیز ملت ایران را از بین برده و دست بیگانه پرستان را در برباد دادن شرف و آزادی ملت ما باز میگذارد. باید یکبار دیگر هوشیارانه گام برداشت ، به جدائی ها و تکروی ها پایان داد ، همه یکدل و یک زبان نقش نفاق افکنان و مزدوران بیگانه را برهم زده رشد ملت ایران را به جهانیان نشان دهیم. پیروز باد مبارزه هماهنگ ملت ایران با استعمار بیگانه، با دوام باد همکاری شاه هوشیاربا مصدق رهبرو نخست وزیر بزرگ ملت ما.

سازمان مرکزی حزب ملت ایران بر بنیاد پان ایرانیسم

اعلامیه جمعیت نهضت شرق

در این هنگام که کشور ایران حساس ترین و خطرناک ترین لحظات و دقایق حیات سیاسی خود را می پیماید و دست های سیاه و مرموزی برای قطع ریشه حیاتی این ملت کهن سال از هر طرف به فعالیت پرداخته است و تنها عاملی که در مقابل مقاصد و نیات شوم بیگانگان مانع و رادع مؤثر و سد مستحکم و سدیدی میباشد بیداری ملت و فداکاری بعضی از

رجال عالم سیاست این کشور است. یک سیاست مخرب به دست بعضی عوامل و ایادی داخلی به منظور ایجاد هرج و مرجی بیش از آنچه اینک هست و به خاطر ایجاد پراکندگی و نفاق فزون تر از آنچه وجود دارد و به امید درهم شکستن نیروی مقاومت ملتی که همه چیز خود را درراه مبارزه با بیگانگان ازدست داده است موجباتی فراهم آوردند که پادشاه مملکت به ناچار قصد دوری از میهن کند و با این دوری در این موقع حساس و خطیر یکی از نقاط اتکاء مردم و یکی از ارکان وحدت ملی از میان برود تا در یک محیط ساخته شده از هرج و مرج و نفاق و دو دسته گی احیانا قتل و غارت و شورش و بلوا ملت ایران تسلیم پلید بیگانگان شود و همت خیانت کاران به ثمر رسد. خوشبختانه ملت رشید و هوشیار ایران حقیقت اسرار را دریافت و معنی دوری شاه را در این موقع خطیر از ملت و مملکت فهمید و مقصود واقعی و نیت شوم و پلید کسانی را که در این لحظه باریک به منظور ایجاد دو دسته گی و هرج و مرج موجبات این عزیمت را فراهم آورده بودند درک کرده و به راهنمائی جمعی از رجال میهن پرست و وارد به حقایق سیاست و کمک احزاب ملی بپا خاست و با قیام خود مانع انجام این نیت شوم گردید.

اینک جمعیت نهضت شرق که در جلوگیری از اجرای این نیت خائنانه دشمنان ملت ایران نقش بزرگی را به عهده داشت از نظر وظیفه ای که دارد ضمن تبریک به ملت ایران در خنثی کردن اعمال خائنانه بیگانگان و ایادی آن ها تعقیب قانونی کسانی را که با طرح و اجرای این نقشه ناجوانمردانه در این موقع حساس قصد بزرگترین خیانت را که تماس مستقیم با حیات سیاسی این ملت و مملکت داشت کرده بودند دارد و مخصوصا از نمایندگان محترم مجلس شورای ملی میخواهد که به این مسئله مهم با علاقه و دقت بیشتری بنگرند و مسببین واقعه را گرچه ملت ایران میشناسد رسما به جامعه ایران معرفی کنند.

رهبر جمعیت نهضت شرق - سید ابوالمعالی کاشانی

اعلامیه آیت الله بهبهانی

بسم الله الرحمن الرحیم ، عموم برادران ایمانی اطلاع دارند که حقیر در امور سیاسی دخالتی نداشته و حتی المقدور وارد این جریانات نمی شوم. دیروز غفلتا از انتشار خبر ناگهانی مسافرت اعلیحضرت همایونی به خارج عده ای ازعلمای اعلام و اهالی بازار و اصناف با نهایت وحشت به این جانب مراجعه و تقاضا داشتند که اعلیحضرت را ازاین مسافرت منصرف نمایم. این بود شخصا با تلفن ازجناب آقای نخست وزیر تقاضا نمودم ایشان مبادرت به این تقاضا نمایند و ایشان هم جواب منفی ندادند با این حال آقایان اصرار داشتند که بنده با اعلیحضرت مذاکره و معظم له را مصمم به انصراف نمایم. با کثرت تقاضای جمعیت و شدت اصرار چاره ندیدم جز اینکه حضور همایونی شرفیابی حاصل و تقاضای مردم را به ایشان برسانم.

آقایان میدانند که به حمدالله اعلیحضرت همایونی از این خیال انصراف حاصل نمودند از آقایان محترم استدعا دارم که آرامش را حفظ فرمایند و نگذارند که اخلاگران و دستجات تندرو از این جریان عادی سوء استفاده کرده و موجبات تشنجات فراهم شود.

الاحقر - محمد الموسوی البهبهانی

اعلامیه دوم فراکسیون نهضت ملی

هموطنان عزیز شما ملت رشید ، ایرانی آزاد و مستقل میخواهید ، آرزی قلبی شما قطع ایادی اجانب در امور مملکت بوده و هست و اصلاح دستگاه های کشوری و لشگری را هم

همواره خواسته اید اینک در نتیجه سالها مبارزه و فداکاری دولتی بر سر کار آمده که در راه انجام تمام این آرزو ها قدم هائی برداشته قسمتی ازتمایلات شما را انجام داده و برای انجام قسمت های مهمتر و مؤثر تری مهیا میباشد ولی متأسفانه آنها که سعادت و عزت خود را در سایه ذلت ملت ایران بچنگ آورده اند ، آنها که تسلط بیگانه بر ایرانی ، یگانه وسیله حکومت و قدرتشان بوده است با تمام قوا میکوشند که دولت ملی شما را سرنگون کنند و بساط ظلم و بیدادگری را دوباره بر پا سازند، هر روز نغمه تازه ای ساز کرده و آشوب جدیدی ایجاد میکنند.

هموطنان عزیز ، شما خود به تمام این دسایس آگاه هستید و بطور یقین دولتی که با خون شهدای شما برسرکار آمده است با تمام قوا تقویت خواهید کرد. خدمتگزاران شما درمرکز قانون گذاری برای هرگونه فداکاری حاضر هستند و برای نجات میهن عزیز و حفظ قانون اساسی تا پای جان ایستاده اند. هموطنان عزیز ، بیدار باشید و استقلالی که با این همه مشقت بدست آمده است برای فرزندان خود محفوظ دارید. به یاری خدای متعال بار دیگر پیروز خواهیم شد. برای استحضار هموطنان افزوده میشود که این جانبان برای مراقبت اوضاع و تماس دائم با شما ملت مبارز از این تاریخ در مجلس شورای ملی خواهیم ماند.
فراکسیون نهضت ملی

تظاهرات احزاب طرفدار دولت در میدان بهارستان

از ساعت ۸ بامداد امروز اعضاء وابسته به حزب ملت ایران و نیروی سوم در شمال غربی میدان بهارستان جای گرفته بودند و تظاهرات شدیدی به نفع دکتر مصدق میکردند و با شعار های مصدق پیروز است نسبت به سخنرانان که بر له دکتر مصدق سخنرانی میکردند ابراز احساسات مینمودند. افراد پان ایرانیست و نیروی سوم ابتدا درشمال غربی میدان اجتماع نموده و نسبت به عده ای ازنمایندگان فراکسیون نهضت ملی ابرازاحساسات میکردند و فریاد یا مرگ یا مصدق و مصدق پیروز است بر میآوردند.

میدان بهارستان و خیابان های اطراف آن مملواز جمعیت بود و هر لحظه نیز به تعداد آنها افزوده میشد. از سپیده دم امروز چند کامیون سرباز و دستگاه فرستنده در اطراف مجلس به حالت آماده باش ایستاده بودند ، یک کامیون نیز در ابتدای خیابان شاه آباد متمرکز و مراقب اوضاع بودند. مقارن ساعت ده و نیم چند نفر از پان ایرانیست ها و افراد نیروی سوم درحالی که پرچم پان ایرانیست ها را دردست داشتند و شعار یا مرگ یا مصدق میدادند به سوی محوطه جلوی مجلس دویده در آنجا مستقر شدند و تعدادی از آنها از نرده های بهارستان بالا رفته درمورد توطئه ها برای مردم سخنرانی کردند. گروههای مجتمع درمیدان بهارستان بعد ازسخنرانی هائی که انجام شد با صفوف منظم و بدون اینکه اتفاق سوئی رخ دهد به تدریج متفرق شدند.

نامه فراکسیون نهضت ملی به شاهنشاه

پیشگاه اعلیحضرت همایون شاهنشاهی ، فراکسیون نهضت ملی نظر به علاقه و احترام که به اصول قانون اساسی دارد در این موقع خطیرکه خطر تحریکات و دسایس اجانب بیش از پیش مشهود میشود برای حفظ اصول مشروطیت و ادامه مبارزه ملی که با نهایت شهامت مراحل مهمی از آن پیروزمندانه پیموده شده و با ثبات و استقامت به نتیجه قطعی خواهد پیوست لازم میداند به استحضار پیشگاه ملوکانه برساند که در حال حاضر عده زیادی از ایادی از بیگانه

با قطع امید از طرق دیگر درصدد هستند تا از پیش آمد اخیر برای نیل به مقاصد سوء خود حد اکثر استفاده را بکنند و دولت و ملت را از ادامه مبارزه خود باز دارند و هم خدای ناخواسته مقام سلطنت را از اعتبار بیندازند و با این تفرقه و تشتتراه را برای تجدید نفوذ بیگانگان هموار سازند. فراکسیون نهضت ملی یقین دارد که در این موقع دشوار مقام منیع سلطنت با نهایت حزم و احتیاط چنانچه انتظار میرود ترتیبی اتخاذ خواهند فرمود که ثمرات مجاهدت ملت ایران به هدر نرود و اجازه نخواهند فرمود که پاره ای از عناصر در تحت عناوین ظاهر فریب نیات سوء خود را علنی و عملی نمایند و بخصوص ذات شاهانه در این هنگام نتایج خود سری و عدم اطاعت عده ای از افسران از دولت ملی که به غلط خود را منتسب به مقام سلطنت مینمایند از خاطر خطیر دور نخواهند داشت و هرگز راضی نخواهند بود که این عده اعمال بی رویه خود را که نتیجه آن عدم بنیان قومیت و اساس مشروطیت ایران است دنبال نمایند.

با توجه به اینکه فراکسیون نهضت ملی ایران از عرض مراتب فوق نظری جزابراز حقایق که درصورت کتمان ممکن است به نتایج بسیار وخیم منجر گردد نداشتند، یقین دارند این مطالب در پیشگاه شاهانه با روشن بینی و عافیت اندیشی خاص مقبول خاطرعالی واقع خواهد شد.

نظر رادیو ها و خبرگزاری های دنیا

رادیو لندن- دیروز شاهنشاه ایران مردم را مخاطب قرار داده و گفت چون مردم نمی خواهند من از رفتن به خارج منصرف شدم. شب قبل از واقعه شاه نامه ای به رئیس مجلس نوشته و قضیه را به او اطلاع داده بود که قصد دارد به اسپانیا برود و مجلس برای مذاکره تشکیل شد. امروز وزارت خارجه انگلیس اعلام کرد که اطلاعی نداشته است که اعلیحضرت قصد دارند از ایران خارج شوند ولی از ایالات متحده امریکا اخبار و شایعاتی در این باره رسیده است که شاهنشاه قصد مسافرت به خارج برای زیارت و معالجه دارند. اختلاف شاه و مصدق از تیر ماه شروع شده است.

آسوشیتد پرس - دیروز وضع تهران متشنج بود و مردم از مسافرت شاه به خارج جلو گیری کردند ظاهراً شاه درنتیجه شرفیابی روزسه شنبه گذشته مصدق تصمیم به مسافرت به خارج گرفت. در این شرفیابی مصدق ازتحریکات دربار علیه دولت گله کرد. شاه دیروز نقشه مسافرت خود را افشا کرد. یک شورای نیابت تعیین شد و ظهردیروز وزیران رسما با شاه خدا حافظی کردند. در این موقع یک نیروی دیگر یعنی آیت الله کاشانی رئیس مجلس وارد معرکه شد، کاشانی برای نخستین باردر حیات سیاسی خود از شاه طرفداری کرد و نامه ای را به وسیله هیأت رئیسه مجلس برای شاه فرستاد و طی آن تقاضا کردکه از مسافرت منصرف شود.

طرفداران کاشانی در رأس تظاهرکنندگان جلوی کاخ سلطنتی قرار داشتند. این تظاهرات موجب شد که شاه از تصمیم خود منصرف گردد امواج احساسات موقتا علیه مصدق بود ولی. دیشب طرفداران مصدق درحالیکه عکس بزرگی از وی در دوش داشتند در خیابان ها تظاهر نمودند و شعار مصدق پیروز است میدادند.

نامه فراکسیون نهضت ملی به رئیس مجلس

ریاست محترم مجلس شورای ملی با احترامی که عموم اعضای فراکسیون نهضت ملی به مقام ریاست و جناب آقای ذوالفقاری دارند چون امروز خبری منتشر شده که جلسات را ازاین به

بعد منحصراً آقای دوالفقاری اداره نمایند و این امر برخلاف سنت دیرین پارلمانی و عدم توجه به آراء عده ای از نمایندگان تلقی میشود ، اعضای فراکسیون تصمیم دارند درصورتی که رعایت نوبت نشود از حضور در جلسات خودداری نمایند.

۱۲ اسفند ۱۳۳۱

تظاهرات امروز در پشتیبانی از دولت در قلهک و تجریش

از دیروز در قلهک و تجریش و سایر نقاط اطراف تهران و اغلب شهرستان ها وضع غیر عادی بود. در میدان تجریش عده ای اجتماع کرده شعارهائی بر له دولت میدادند و مغازه داران خود را برای تعطیل عمومی و پشتیبانی از دولت اعلام کردند. شاگردان مدارس قلهک و تجریش از عصر مدارس را تعطیل و در تظاهرات شرکت نمودند.

روبروی دانشگاه

از ساعت هشت و نیم صبح در مقابل دانشگاه جوش و خروش زیادی دیده میشد. در هر گوشه و کناری چند نفر دورهم جمع شده و صحبت میکردند. داخل دانشگاه هم وضع غیر عادی بود دانشجویان کلاس های درس را رها کرده و در مقابل دانشگاه اجتماع کردند. هر دقیقه تعداد آنها زیادتر میشد. درساعت ۹ از گوشه و کنار تظاهراتی انجام شد و فریاد های یا مرگ یا مصدق بگوش می رسید. هرآن تظاهرات شدید تر میشد و دسته دسته به جمعیت می پیوستند. به تدریج شعارهای نوشته شده بر روی پارچه و پلاکات ها ظاهر شدند و پرچم های سه رنگ ملي از هر طرف خودنمائی کرد. هرچه تعداد جمعیت زیاد تر میشد تظاهرات و صدا ها هم گسترده تر و شدید تر میشد و فریاد های « یا مرگ یا مصدق» و «مصدق پیروزاست» درخیابان ها طنین اندازگشت. درهمین موقع عده ای دیگر اجتماع کرده و با شعار دانشجویان ، جبهه واحد ضد استعمار میتواند ما را پیروز کند. ازطرف دانشجویان دسته اول با فریادهای « مرگ برحزب توده خائن» و« زنده باد مصدق» مخالفت خود را با گروه تازه رسیده اعلام کردند و پس اززد و خورد مختصری اجتماع دوم از هم پاشید.

دموستراسیون به طرف بهارستان

اجتماع دانشجویان لحظه به لحظه روبه تزاید میرود. تعدادی از دانشجویان که نظم اجتماع را برعهده دارند دانشجویان را درصفوف پنج نفری آرایش داده و به راه پیمائی ادامه میدهند. فریاد های یا مرگ یا مصدق از هر طرف بلند است. علاوه بردانشجویان دانشگاه تهران، هنرسرا و دانشسرای عالی ، دانش آموزان بیش از ۳۰ دبیرستان نیز در دمونستر اسیون شرکت دارند. در صف مقدم دانشجویان عکس بزرگی از دکتر مصدق بر روی دست در حرکت میباشد و عده کثیری از دختران دانشجو و دانش آموزان دختر در صفوف دمونستراسیون دیده میشوند که در صفوف ۵ نفری همراه سایر دانشجویان در حرکت هستند.

در تمام طول مسیر آنان کلیه ساکنین منازل و ادارات دولتی دربالکن های عمارات مجتمع شده و اغلب آنها درشعار یا مرگ یا مصدق با دانشجویان همراهی میکنند. صفوف دانش جویان با نظم از چهار راه یوسف آباد گذشته وارد خیابان استانبول میشوند. در چهار راه استانبول افراد حزب پان ایرانیست که شعارهای متعد و پرچم های زیادی در دست دارند به آنها می پیوندند و تظاهرات توأم با احساسات پرشوری از دو طرف صورت میگیرد که خیابان را به لرزه در میآورد.

استقبال از دانشجویان

صفوف منظم و عظیم دانشجویان که از سه راه شاه تا میدان مخبرالدوله ادامه دارد به خیابان شاه آباد وارد میشود. جمع کثیری از کسبه و اصناف و پیشه وران که در خیابان شاه آباد اجتماع کرده اند و در میان آنها نطق هائی ایراد میشود به استقبال دانشجویان و دانش آموزان می شتابند و باردیگر فریادهای مصدق پیروزاست در فضا طنین میاندازد. وجود تعداد زیادی دختران دانشجو و دانش آموز در صفوف دانشجویان اشک های شادی و غرور در دیده گان جمعیتی که همراه صفوف دانشجویان در حرکت هستند انباشته میکند قبل از رسیدن دانشجویان آقای کریمپور شیرازی مدیر روزنامه شورش در خیابان شاه آباد نطق مهیجی درباره خدمات دکترمصدق به ملت ایران ایراد کرده میگوید کسانی که می خواهند مصدق را ساقط کنند رانده شدگان از ارتش میباشند. بعد از پیوستن مستقبلین به دانشجویان برای این که در صفوف دانشجویان اختلالی ایجاد نشود عده ای دست به دست هم داده و مانند خط زنجیری در اطراف ستون های چند نفری قرار میگیرند و سایر تظاهر کنندگان در دو طرف صفوف ایشان بسوی مجلس حرکت میکنند.

موقعی که ابتدای صفوف دانشجویان و محصلین به میدان بهارستان میرسد هنوز انتهای دسته های آنها از چهار راه فردوسی و استانبول نگذشته است. هریک از دسته های دانش جویان دانشکده های پزشکی ، فنی ، ادبیات ، حقوق ، هنرسرای عالی ، علوم ، هنرهای زیبا، دانش سرای عالی و سایر دانشکده ها دارای بیرق ها و شماره های گوناگون هستند. دبیرستان هائی که با پرچم حرکت میکنند عبارت هستند ازدارالفنون ، مروی ، علمیه ، پیرنیا، حکیم نظامی، البرز ، پهلوی ، بدر، ادیب ، تمدن ، ناصرخسرو ، اسد ابادی ، محمد قزوینی، شرف ، خاقانی و چند دبیرستان دیگر.

در میدان بهارستان

در نقاط مختلف میدان بهارستان دسته های زیادی از سربازان مسلح به تفنگ و مسلسل و مامورین فرمانداری نظامی با تجهیزات کامل و همچنین کامیونهای متعدد شامل وسایل مخابراتی قرار دارند. در جلوی کوچه ظهیرالاسلام بلندگوی حزب ایران مرتبا شعارهائی دائربه پشتیبانی ازدولت آقای دکتر مصدق میدهد. درابتدای خیابان صفی علیشاه بلند گوی حزب ملت ایران بر بنیاد پان ایرانیسم قراردارد و جماعتی در اطراف آن گرد آمده و در دنبال بیانات ناطقین نسبت به اقای دکتر مصدق ابراز احساسات میکنند.

بالکون های عمارات اطراف مسیر دانشجویان و همچنین پیاده رو های خیابان ها پراز جمعیت است و مردم پیام های دانشجویان و محصلین را که یا بوسیله بلند گو و یا به وسیله بعضی اشخاص جلودار پخش میشود با فریاد های پر هیجان و کف زدنهای شدید پاسخ میگویند. تظاهر کنندگان بعد ازگذشتن از خیابان شاه آباد در مقابل در آهنی بزرگ مجلس شورای ملی قرار گرفته ابتدا چند شعار گوناگون از اتومبیل حامل بلند گو بوسیله دختران و پسران دانشجو داده میشود و این امر سبب می گردد که عده ای از نمایندگان مجلس شورای عضو فراکسیون نهضت ملی که در مجلس متحصن بودند به پشت میله های در مجلس بیایند. در بالای سردرمجلس دو عکس بزرگ ازآقای دکتر مصدق بوسیله عده ای از جوانان که حامل آن بودند نصب گردیده است.

نطق دکتر شایگان

مقارن ساعت یازده و نیم آقای دکترشایگان از داخل مجلس به پشت نرده ها میآید و تظاهر کنندگان مدتی برای ایشان کف میزنند و ایشان در مقابل احساسات آنها چندین بارسر تعظیم فرود میآورند بعد دانشجویان و دانش آموزان ازآقای دکتر شایگان تقاضا میکنند که برای آنها صحبت کنند. اتوموبیل حامل بلند گو مدتی کوشش کرد که بتواند بدر ورودی مجلس که آقای دکتر شایگان در پشت آن قرار داشتند خود را برساند تا از همان جا به وسیله بلند گو صحبت نمایند ولی شدت ازدحام جمعیت سبب عدم انجام این امر میشود آقای دکتر شایگان از در کوچک مجلس خارج و بدرون اتومبیل حامل بلند گو میرود.

در این روزها عده ای از ایادی اجانب میخواهند دوباره اربابان خود را بر ایران مسلط کنند. چند هفته پیش که نمایندگان به اتفاق آقای دکترمصدق به حضوراعلیحضرت همایونی شرفیاب شدیم موانع و مشکلات کار و توهمات موجود بعرض رسید. بعدا شاهنشاه شخصا اظهار تمایل به مسافرت و رفع خستگی و معالجه را نمودند. البته این دفعه اول نبود که شاهنشاه خیال مسافرت به خارج را داشتند ولی در گذشته کسی نسبت به این موضوع ایرادی نداشت و حالا برای مخالفت با آقای دکتر مصدق این امر ساده را پیراهن عثمان کرده اند. این امر بهانه شد که عده ای از اشخاص ناپاک و کسانی که بعلت نادرستی از دستگاه دولت طرد شده اند به همراهی جمعی از اوباش تظاهراتی کنند و اگر اعلیحضرت خودشان این را میدیدند متأثر میشدند. البته در میان این عده کمی هم ازاشخاص صالح بودند که برای اطلاع از جریان مسافرت شاه و کیفیت امر به دربار رفته بودند. بعداً جمعی از همین طبقه به سمت خانه آقای دکتر مصدق پدر ملت ایران رهسپار شدند تا ایشان را از بین ببرند. خدا نخواست که دست های ناپاک موفق شوند و ناجی ملت را بکشند.

اکنون قریب به اتفاق نمایندگان مجلس شورای ملی موافق بلاشرط دکتر مصدق اند و مجلس خودش جواب چند نفر مخالف معدود را خواهد داد. قسم یاد میکنم که دکتر مصدق جز به منفعت ملت ایران و خیر و صلاح ملت اندیشه ای ندارد و اقدامی نخواهد کرد و هم اکنون ازاینکه عده ای از شما ها به علل مختلف ناراحت و پریشان هستید سخت متأثر میباشد. چندین ماه است به قضیه نفت رسیدگی میشود و هرگاه وضع کمی رو به بهبود میرود کسانی که وضع امروز را پیش آورده اند دست به کار میشوند و در مملکت جنجال و هیاهو به پا میکنند و مملکت را به بن بست میکشانند. دو روز پیش آقای دکتر مصدق بنده و سایر آقایان مشاورین را خواستند و فرمودند اکنون که مملکت آرام است ما میتوانیم پیشنهادات خود را با کمال قدرت به دولت انگلیس بدهیم و شما هم بدون رعب و ترس هرگونه جوابی را که میخواهید بدهید.

بیانات مهندس حسیبی

آقای مهندس حسیبی روی دست مردم داخل اتومبیل حامل بلند گو گردید. من مهندس حسیبی استاد دانشگاه هستم، همان دانشگاهی که استادیش باعث افتخار من است ، افتخار استادی او به مراتب از نمایندگی مجلس برای من بیشتر است ، با شما دانشجویان عزیز صحبت میکنم ، برادران بازاری که انتخاب من مدیون فداکاری شما است با شما صحبت میکنم ، دیروز همین مواقع جمعی رجاله و طرد شدگان اجتماع در اینجا اجتماع کرده و علیه دکتر مصدق یعنی پیشوای ما سخنرانی میکردند.

این عده در داخل مجلس و خارج مشغول توطئه هستند و سعی میکنند نهضت مردم را از بین ببرند ولی من قول میدهم آن هائی که طرفدار ملت ایران هستند درمجلس پیروزخواهند شد. مردم ایران ، برادران عزیزم اکنون موقع آرامش است و موقع مساعدت با پیر مردی است که تمام هستی خود را برای نجات میهن از دست داده است. من از شما تقاضا دارم با صدای بلند به همه آنها لعنت بفرستید و مسلم بدانید که این بار هم نهضت ملی ایران موفق خواهد شد. برادران چون چراغ این نهضت بدست مردم روشن شده هیچ کس نخواهد توانست آن را خاموش کند و آن هائی که بخواهند عملیات نهضت مقدس ما را عقیم گذارند مسلما فکراحمقانه و بچگانه ای دارند زیرا از بین بردن این نهضت امکان ندارد. باید متذکر شوم که هر وقت اوضاع آشفته میشود و آب گل آلود میگردد دشمنان شمالی و جنوبی دست به دست هم میدهند که همه مقدسات ما را از بین ببرند. شما ای بازاریان رشید ، ای دانشجویان گرامی بیدار باشید و اجازه ندهید که هیچ کس بنام طرفداری از نهضت مقدس ملت ایران بدبختی ما را فراهم آورد. شما برادران عزیزم باید متوجه این تحریکات باشید و نگذارید خائنین و بیگانه پرستان تحت عنوان اختلاف و غیره نهضت ملی ما را آلوده کنند. زنده باد ملت ایران، زنده باد دکترمحمد مصدق پیشوای محبوب ما

اظهارات حاج سید جوادی

من به نوبه خود از تمام دانشجویان و دانش آموزانی که به اینجا آمده اند تشکر میکنم. من و همکاران عزیزم در راه سعادت و رفاه و آسایش ملت جانفشانی خواهیم کرد و از تمام شما که که پشتیبان ما هستید تشکر میکنم. البته تا شما پشتیبان ما هستید ما هم خادم شما خواهیم بود و تا شما بنام حفظ حیثیت ملت و استقلال کشورعرض وجود میکنید ما هم وظیفه خود را فراموش نخواهیم کرد مسلما بدانید فتح و پیروزی با ما است.

زنده باد ایران ، زنده باد مصدق رهبر عزیز ملت ایران.

سخنرانی آقای دکتر سنجابی

برادران بازاری ، دانشجویان عزیز شما کسانی هستید که با خون خود استقلال میهن را تضمین کرده و برای رهبر ملی خود دکتر مصدق از هیچ گونه فداکاری و جانفشانی دریغ نداشته اید. اکنون مواظب باشید که در وسط شما اجنبی پرستان بیگانه رخنه نکنند و شما را با شعار های عوام فریبانه گول نزنند.

از روزی که مبارزات ملت ایران برای بیرون کردن بیگا نگان و ملی کردن نفت آغاز شد هر روز عمال بیگانه به نحوی از انحاء کار شکنی کرده اند. شما باید حافظ قانون اساسی و میراث پدران خود باشید و نگذارید مقاماتی مجعول در مواردی که طبق قانون اساسی به آنها اجازه دخالت داده نشده مداخله نمایند. مبارزه ما باعث افتخارعظیم ملت ایران شده ، شما آگاه باشید همین که ریشه سیاست استعماری متزلزل گردید عمال داخلی با ما وارد مبارزه شدند تا عملیات ما را خنثی کنند تاریخ آینده ایران قضاوت خواهد کرد که خائن و خادم کیست ، قوای انتظامی باید در دست مردم باشد ، هیچ قوه ای بالاتر از قوه و اراده شما نیست ، قوای انتظامی باید به دستور حکومت ملی انجام وظیفه کند. زنده باد ایران ، خدا نگهدار شما باشد.

به مجردی که آقای دکتر سنجابی از اتومبیل حامل بلند گو پیاده شد ناگهان عده ای که جلوی در مرکزی ایستاده بودند پا به فرار گذاشتند و طولی نکشید که دو نارنجک اشک

آور از طرف مأمورین انتظامی جلو در مجلس منفجر شد. انفجار ناگهانی نارنجک سبب شد که نظم تظاهرات در جلو مجلس برای چند دقیقه مختل گردد.

تعطیل بازار و دکاکین

امروزعلاوه بر بازار و خیابان های بوذرجمهری و ناصر خسرو که تعطیل عمومی کرده بودند سایر خیابان ها مرکزی شهر نیز به حالت نیمه تعطیل در آمده بود.

شهرستان ها

امروز در بسیاری از شهرستان ها از جمله اصفهان ، آبادان ، رشت ، شاهی و قزوین وضع غیرعادی بود. مردم همه جا دست به تظاهرات زده در تلگرافخانه متحصن شدند.

از قزوین اطلاع میرسد که عده ای بعد از تظاهرات شدید درتلگراف خانه متحصن و عده ای هم عازم تهران گردیدند. دربعضی دیگر از شهرستان ها نیز همین وضع برقرار بود

شرفیابی نمایندگان فراکسیون نهضت ملی

ساعت شش و نیم بعد از ظهر آقایان دکتر شایگان ، دکتر معظمی ، انگجی و جلالی به حضور ملوکانه شرفیاب شدند. در این شرفیابی اعلیحضرت همایونی شروع به صحبت نموده فرمودند نامه ای را که آقایان فرستاده بودند دیدم و مفادآن مورد تأیید من نیزمیباشد.

ممکن است عده ای بخواهند به این عنوان علیه دولت و مملکت اقداماتی بکنند من هیچوقت راضی نیستم و خودم خیلی میل داشتم مسافرتی بکنم چنانچه خودآقایان مسبوقند ، اما چون این جریان پیش آمد مجبور شدم بمانم. آقایان نمایندگان میگویند عده ای واقعا تصورکرده بودند که این مسافرت اعلیحضرت برخلاف میلشان است ولی در میان آنها کسانی بودند که طرفداریشان از دربار ننگ آوراست. این عده میل داشتند به عنوان طرفداری ازدربارعلیه دولت ملی اظهاراتی بکنند البته اعلیحضرت باین راضی نمیشوند. اعلیحضرت در پایان بیانات خود نظر آقایان را تأیید مینمایند.

پیام دکتر مصدق به ملت ایران

هموطـنان عزیـزم، بـا اظهار تشکرو سپاسگزاری از احساسات پاک و بی آلایش قاطبه ملت ایـران کـه موجد نهضت عظیم ملی ایران بوده و رهبری پر افتخار این نهضت مقدس را که حیات ملت و استقلال مملکت وابسته به آن است به این خدمتگذار خود سپرده اید، چون رفاه عموم هموطنانم را طالبم و امیدوار به خدا هستم که به تفضل الهی و ثبات تمام و استقامت فـرزندان مـبارز وطـن به زودی رفع مشکلات بشود. از همه هموطنان عزیز اعم از اهالی پایتخت و شهرستان ها در خواست می کنم با کمال متانت و آرامش که روش پسندیده همـیشگی شما است به تعطیل عمومی خاتمه داده به مشاغل روزانه خود اشتغال ورزید. مطمئن باشید چنانچه لازم شود مشکلات را به عرض ملت ایران خواهم رساند و از پایمردی و همـت شـما مـدد خـواهم گرفت. سعادت و سلامت و بقاء همگی را ار خداوند خواهانم.

نخست وزیر - دکتر محمد مصدق

نامه رئیس مجلس به نخست وزیر

جناب آقای نخست وزیر

نظر به اینکه طبق ماده ۲۰۱ آئین نامه داخلی کلیه امور مجلس مخصوصا حفظ انتظامات و امنیت داخلی به عهده اینجانب است و قوه مجریه حق دخالت در امور داخلی مجلس را ندارد و ازطرف ریاست ستاد ارتش ریاست گارد مجلس را بدون اجازه این جانب تغییر داده اند و

با تذکر تلفنی مأمور سابق را تعویض نموده اند و آقایان نمایندگان اظهار عدم اعتماد نسبت به رئیس گارد جدید مینمایند برای حفظ انتظامات و امنیت داخلی دستور داده ام تا موجبات اطمینان آقایان نمایندگان فراهم نگردد جلسات مجلس تشکیل نشود.
رئیس مجلس شورایملی

۱۳ اسفند ۱۳۳۱

توطئه علیه دولت

آقای پارسا سخنگوی فراکسیون نهضت ملی اظهار داشتند علیه دولت توطئه شده بود از جمله با بعضی از سران عشایر در این مورد مذاکره شده است که بعضی قبول کردند و بعضی قبول نکردند. موضوع جالب این است که می خواسته اند از مسافرت ساده اعلیحضرت همایونی که صرفا به ارداه و میل خودشان برای ادامه معالجه بوده است سوء استفاده کنند و نقشه شوم خود را علیه دولت ملی و ملت ایران عملی سازند که به حمدالله ملت رشید ایران جواب دندان شکنی به این توطئه چین ها و ماجرا جویان سیاسی داد. تلگراف های متعددی به فراکسیون نهضت ملی در این مورد رسیده که همه موجود است اما بعضی از آنها نشان میدهد چه دسایس عمیقی علیه حکومت دکتر مصدق میشده و این وقایع اخیر با طرح ریزی قبلی ارتباط داشت یکی از مهمترین تلگراف ها از آقای ناصر قشقائی رسیده است که به شرح زیر میباشد.

متن تلگراف آقای ناصر قشقائی

فراکسیون نهضت ملی ایران خواهشمند است از اداره تبلیغات و رادیو درخواست فرمائید که پیام بنده را برای استحضار عموم هموطنان عزیز از رادیو پخش فرمایند.
هموطنان عزیز ، دراین هفته که پس ازدو هفته توقف در تهران به فارس مراجعت نموده در اثر درک مطالبی ایجاب میکند که حقایقی را برای استحضار عامه بخصوص آزاد مردان وطن پرست عرض نمایم. در این مدت توقف کوتاه از طرف اشخاص متعدد ضمن اظهارات مفصل به این جانب گوشزد و تکلیف نمودند که اگر بخواهم جزئیات اظهارات آنها را عرض نمایم ممکن است آنهائی که بخوبی بنده را نمی شناسند شاید به خودستائی تعبیر نمایند. مفاد مذاکرات ابتدا مواعید زیاده از حد بود و ضمنا تعهد نمودند برای رفع احتیاجات ضروری کار از هرجهت همکاری و کمک نمایند و هدف آن ها ضمن تحریک نمودن بر علیه دولت ملی دکتر مصدق و ایجاد هرج و مرج بود.

مفهوم تمام این تلگرافات و مواعید برای اشخاص خودپرست و غافل ازسیاست شوم بیگانه بسیار فریبنده است ولی چون بنده بخوبی تشخیص داده ام که تمام این اعمال و اقدامات ازیک منبع خانه برانداز که همان سیاست استعماری است و هدف اضمحلال قیام ملت رشید ایران میباشد، سرچشمه گرفته به هیچ عنوان تحت تأثیرواقع نشده و نمیتوانند خدمت گذاران صدیق و فدائی ملت ایران را منحرف نمایند. پس از مأیوس شدن از بنده بطور کلی از هرگونه تهدیدی خودداری نکرده و با کمال صراحت اظهار کردند که درمدت کوتاهی دکتر مصدق برکنار میشود و از طرق مختلف مورد حملات و تحت فشار قرار خواهید گرفت. از آن جائی که خاندان قشقائی سال ها است با سیاست شوم بیگانه مبارزه نموده و زیاد محرومیت کشیده کوچکترین اهمیت و ارزش به این اظهارات نداده و انشاالله با تأییدات خداوند متعال و همکاری ملیون فداکار برای حفظ استقلال کشور و سرافرازی ملت قهرمان و رشید ایران با نداشتن اسلحه از هیچ گونه جانبازی مضایقه

نکرده و حاضرم نسبت به پشتیبانی دولت ملی دکتر مصدق که مظهر آمال ملی است جانفشانی نمایم. ضمنا مناسبت دارد که به طور صریح به عموم هموطنان عزیز به خصوص برادران عزیز ایلی خود در ایران عرض کنم که اگر خدای نخواسته کسی اغفال شده تجدید نظر نموده و حفظ کشور و ملت عزیز ایران را از هر چیز مقدم بدارند و دیگران هم هوشیار باشند که در پشت پرده سیاست شوم استعماری دست های مرموزی جداً مشغول فعالیت و توطئه خطرناکی است. موقعیت حساس جهان اجازه نمیدهد که کوچکترین تشتت و اختلافی در بین جامعه ایجاد شود لازمه افراد شجاع و مردان وطن پرست ایران است که در این موقع باریک با وحدت نظر کامل برعلیه بیگانه پرستان متفقا مبارزه نمایند و تحت تأثیر هیچ گونه تبلیغات شوم خائنین و وطن فروشان واقع نشوند.

محمد ناصر قشقائی

شورش در شهر

در تظاهرات خیابانی روز های ۹ و ۱۰ و ۱۱ اسفند علیرغم شدت تظاهرات طرفداران شاه و دولت مأمورین انتظامی روز های آرام و بدون تشنجی را گذراندند. اما از صبح امروز با صف آرائی گروههای افراطی چپ در خیابان های تهران دامنه شورش و درگیری مأمورین انتظامی و گروه های افراطی چپ بسیار شدید بود.

تا ساعت دو و نیم بعد از ظهرحادثه و درگیری مهمی روی نداد اما ازاین ساعت به بعد جمعیت های پراکنده ای بطرف میدان بهارستان در حرکت بودند و مأمورین متوجه شدند که آنها در فکر تشکیل متینگ در میدان بهارستان هستند بدین جهت به آنها تذکر داده شد که از اجتماع خود داری کنند ولی به نظر میرسید که جمعیت مزبور منتظر حوادثی هستند. مقارن ۳ بعد ازظهردروسط خیابان شاه آباد شخصی روی دست عده ای بالا رفت و شعار هائی داد و به سرعت جماعتی از داخل کوچه های شاه آباد به دور او جمع شد و با او درشعار دادن همراهی کردند. مأمورین به تظاهرکنندکان دستور متفرق شدن دادند ولی آنها وقعی نگذاردند و مرتب به تعداد آنها اضافه میشد قوای انتظامی ناچار بجلو رفت و جمعیت از سمت های مختلف فرار کردند و مأمورین انتظامی نیز به دنبال آنها میدویدند. تظاهرکنندگان در دسته های کوچک مجددا اجتماع میکردند.

مغازه داران که شاهد این جنگ و گریزها بودند در خیابان های شاه آباد ، سعدی ، لاله زار و استانبول مبادرت به بستن مغازه های خود کردند. گروهی دیگراز تظاهر کنندگان روبروی شرکت بیمه اجتماع کرده و شروع به شعار دادن و پخش اعلامیه کردند و به سوی دروازه دولت رهسپار شدند. در میدان فردوسی که جمعی از تظاهر کنندگان جمع شده شعار میدادند و اعلامیه پخش میکردند یک کامانکار متعلق به مستشاران نظامی از طرف خیابان فردوسی بسوی میدان در حرکت بود متظاهرین با دیدن امریکائی ها شروع بدادن شعار «یانکی گوهوم» با سنگ هائی که بنظر میرسید ازقبل آماده کرده بودند به ماشین حمله کردند. راننده ماشین که از این جریانات مبهوت شده بود بالاخره توانست از خیابان فرصت رفته خود و سرنشینان را از مهلکه دور کند. این کشمکش ها و سنگ پراکنی بسوی مأمورین تا ساعت ۸ بعد از ظهر ادامه داشت و تنها موضوعی که ازتصادم شدید و خونریزی جلوگیری کرد خونسردی و آرامش مأمورین و رفتار موقرانه و تصمیم گیری های منطقی فرماندهان سربازان و پاسبانان بود. گروه های چپ دراین تظاهرات حدود ۱۵ منطقه فعالیت راانتخاب کرده بودند (میدان بهارستان ، خیابان شاه آباد، چهار راه مخبرالدوله، خیابان لاله

زار، خیابان استانبول ، خیابان سعدی ، دروازه دولت، میدان فردوسی ، خیابان فردوسی، چهار راه کنت ، خیابان شاه رضا). در کریدورهای شهربانی گفته میشود که حدود ۱۲۰ نفر دستگر شدند و تقریبا ۴۰ نفر از تظاهر کنندگان مجروح شدند.

مرگ استالین ، فرصتی برای تراست های نفتی

۱۴ اسفند ۱۳۳۱

درگذشت ژنرالیسیم استالین

ژوزف ویساوینویچ استالین رئیس شورای وزیران و دبیر کل حزب کمونیست اتحاد جماهیر سوسیالیستی شوروی بعد از مدتی بیماری در روز ۵ مارس ۱۹۵۳ درگذشت و امروز حبرگزاری تاس خبر مزبور را در سراسر جهان پخش کرد. با مرگ استالین سیاست های داخلی و خارجی روسیه شوروی ممکن است دستخوش تغییرات عمده ای گردد.

امروز مجلس شورای ملی و دولت ایران طی نامه ها و تلگرافات درگذشت ژنرالیسیم استالین را به ملت و دولت اتجاد جماهیر تسلیت گفتند.

اظهارات سخنگوی دولت

آقای نخست وزیر از گرفتن رأی اعتماد منصرف گردید و عقیده دارد که قسمت اعظم تحریکات که علیه دولت میشود در خارج از مجلس وجود دارد و چون اینک دولت با پیشنهادات جدید دولت انگلیس در مورد نفت مواجه است و بررسی پیشنهادات ودادن جواب به آنها احتیاج به محیط آرام و خالی از تشنج دارد ، این است که رئیس دولت معتقد است برای اینکه محیط برای کار و مبارزه دولت مساعد و مناسب گردد باید قبل از هرچه به تحریکات خارج از مجلس خاتمه داد تا بار دیگر اتحاد و اتفاق مورد نظر بین کلیه محافل بوجود آید تا بتوان مبارزات دوسال اخیر را ادامه داد.

تبریز متشنج است

از سه دوز پیش شهر تبریز دچار اغتشاش شده و تشنج روز بروز شدت میبابد. در این چند روز زد و خورد های شدیدی بین دسته های افراطی چپ و جمعیت « فداکاران » روی داده و عده کثیری مجروح شده اند. نیرو های انتظامی در شهر فعالیت میکنند ولی تا آخرین ساعات امروز هنوز موفق به ایجاد آرامش نشده اند. عده ای از اعضاء جمعیت فداکاران درتلگراف خانه اجتماع کرده تلگراف های زیادی به تهران مخابره کرده اند. این جمعیت به مراکز دسته های چپ و اعضای آنها حمله میکنند. هنوز از عده مجروحین و مضروبین اطلاعی در دست نیست ولی گفته میشود چند نفر کشته شده اند.

عناصر افراطی چپ بار دیگر در تهران شروع به تظاهرات کردند

امروز نیز از طرف عناصر افراطی چپ تظاهراتی صورت گرفت. این تظاهرات نیز مانند تظاهرات روز قبل موضعی بود ولی به تدریج اکثر خیابان های مرکزی و شمالی تهران را فرا گرفت و بین مأمورین انتظامی و تظاهر کنندگان درچندین نقطه زد و خورد روی داد که طی آن عده ای زخمی و توقیف شدند. در تظاهرات چند روزه اخیردرتهران ۲۲۷ نفر دستگیر شده اند.

پاسخ نخست وزیر به رئیس مجلس درباره تغییر رئیس گارد مجلس

ریاست مجلس شورای ملی ، در جواب مرقومه شماره ۱۳۸۶۷ مورخ ۱۲ اسفند ۱۳۳۱ راجع به حفظ انتظامات و امنیت داخلی مجلس شورای ملی که اشعار فرموده اید بر طبق ماده ۲۰۱ آئین نامه داخلی به عهده جنابعالی است و قوه مجریه حق دخالت در امور داخلی مجلس را ندارد به استحضارمیرساند همانطورکه مرقوم فرموده اید برطبق ماده۲۰۱ آئین نامه داخلی حفظ انتظامات و امنیت محوطه به عهده رئیس مجلس میباشد ولی به موجب قسمت اخیر ماده مزبور و همچنین بر طبق ماده ۲۰۲ که عین آن در ذیل درج میشود.

«ماده ۲۰۲ رئیس و در غیاب او نایب رئیس از طرف مجلس حافظ و مجری کلیه نظامات مقرره درمجلس هستند و بطور کلی تمام وظایف رئیس در غیبت او به عهده یکی از نواب رئیس خواهد بود». در غیاب جنابعالی حفظ امنیت و اتنظامات داخلی مجلس به عهده نایب رئیس مجلس شورای ملی محول گردیده است. نظر به اینکه در تاریخ اول اسفند ۱۳۳۱ شرحی از طرف جناب آقای مهندس رضوی نایب رئیس مجلس شورا ی ملی واصل و تقاضا شده بود که چون افسر مأمور مجلس سرهنگ زاهدی طرف اطمینان نمیباشد و آن طوری که باید انجام وظیفه نمیکند افسر دیگری برای ریاست گارد مجلس اعزام و معرفی شود از طرف ستاد ارتش نسبت به تغییر افسر مزبور و جانشین او اقدام گردید و بدیهی است مادام که تخلفی از رئیس گارد جدید مشاهده نشود تغییر مجدد مشارالیه موجبی نخواهد داشت.

بنابراین چون عدم تشکیل جلسات مجلس به انتظار تغییر رئیس گارد ممکن است موجب وقفه و تعطیل در امور جاری کشور بشود تمنی دارم دستور فرمائید موضوع را با توجه به سوابق امر و استعلام از جناب مهندس رضوی نایب رئیس مجلس مطالعه و نظری را که اتخاذ میفرمائید اعلام دارند.

نخست وزیر- دکترمحمد مصدق

رفع اختلاف نظر دربار ، رئیس مجلس ، نخست وزیر

بنا به ابتکار آقای دکتر فاخر و تأیید ده نفراز نمایندگان مجلس و موافقت رئیس مجلس امروز جلسه خصوصی مجلس شورای ملی به منظور رفع اختلافات موجود تشکیل گردید ابتدا آقای کهبد اظهارداشت مدتی است مجلس شورای ملی که مرکز قانون گزاری مملکت است متشنج است و ما هر روزبه مجلس شورای ملی میآییم ولی بدون نتیجه میرویم. قریب صد لایحه در دستور کار مجلس قرار دارد مستخدمین دولت به امید دریافت اضافات و ترفیعات خود هستند کارمندان و مستخدمین مجلس شورای ملی منتظر تصویب بودجه خود هستند، کار و کاسبی مدتی است فلج شده ، این موضوع بر همه روشن است که اختلافی بین دربار و رئیس دولت و رئیس مجلس است و تا ریشه این اختلافات بکلی کنده نشود محال است ما موفق شویم نهضت ملی خود را به نتیجه مطلوب برسانیم.

مردم ازمجلس شورای ملی اتنظار دارند ، ملت از نمایندگان خود میخواهند که هرچه زود تر جراحات آنها التیام یافته و مستدعیات آنها را انجام داده و به خواسته های آنها پاسخ دهد. مجلس باید به بیند و این طور قضایا را حل کند و هر چه زودتر به این تشنجات خاتمه دهند و من پیشنهاد میکنم که از هر ده نفر آقایان یکنفر انتخاب شود تا جریان روز و همچنین اصلاحات حاصله را مورد بررسی و مطالعه قرار دهند و بنشینند این کار را خاتمه دهند تا اینکه التیامی بین این سه قوه که همه آقایان بدان علاقمند هستند داده شده و مملکت از این تشنج و مردم از این بلاتکلیفی خلاص گردند.

بیانات مکی و پیشنهاد او

من با یک قسمت از بیانات آقای کهبد موافقم آن قسمتی است که راجع به اختلاف بین دولت و دربار و رئیس قوه مقننه بود و نباید انکار کرد که این اختلاف هست ولی باید سعی کرد آن ها را با یک همت بلند حل کرد مملکت از این اختلافات نتیجه ای نمیگیرد. هرروزدکان ها را بستن به مردم ضررمیرسد و ازاین مبارزه مأیوس میشوند اگر مأیوس شدند دیگر نمیشود این نهضت را بوجود آورد. من به آقای نخست وزیر گفتم نه طرفدار دربار و نه طرفداردولتم و نه طرفدار کاشانی روابط من با هریک از این سه قوه روشن است و آن قانون اساسی که کنترات نامه ای است بین من و مردم ، من به این کنترات نامه عمل خواهم کرد و هر یک بخواهند تخطی بکنند من ایستادگی خواهم کرد اما موضوعی که میخواهم بگویم موضوع رفراندوم است. در قانون اساسی ایران بحثی از رفراندوم نشده و من خواهش میکنم از این بلوف ها نزنند زیرا این بلوف ها مملکت را به تجزیه و انقلاب و نابودی سوق میدهد. کجای قانون اساسی رفراندوم است؟ مطلبی نیست که رفراندوم بشود مجلس که به دولت رأی اعتماد دارد دیگر رفراندوم برای چیست؟ دولت هر وقت بخواهد میآید رأی اعتماد به او میدهند. همین رفراندم است که در قوانین ایران پیش بینی شده است و یکی هم خواهش کنم در جریان این چند روزه آقایان باید قدری نرمی بخرج دهید. گرفتن افراد مردم نشانه ضعف دولت است چقدر میخواهید بگیرید؟ آن قدر زیاد بگیرید که دریچه اطمینان بسته بشود و تولید انفجار بکند. یکی هم خواهش میکنم هر ده نفر یک نفر را انتخاب کنند که بروند بین رئیس دولت و رئیس مجلس و دربار التیام بدهند.

علت اینکه مجلس به این صورت در آمده است این است که فراکسیون وجود ندارد فقط یک فراکسیون متشکل است بقیه منفردند. من از همکارانم خواهش میکنم هر چند نفر که با یکدیگر نزدیکند یک فراکسیون تشکیل بدهند و در مواقع ضروری فراکسیون ها تصمیم بگیرند. این عده ای هم که انتخاب شدند به اختلافات داخلی مجلس و به اختلافات خارجی رسیدگی کنند.

قانون باید اجرا شود

آقای وکیل پور، این اختلافاتی که پیدا شده موجب کمال تأسف است و هیچ نتیجه ای جز زیان و خسران ندارد و بنده که یکی ازامضا کنندگان طرح تشکیل جلسه خصوصی هستم با این نیت باین کار مبادرت کردم که از آقایان عموما تقاضا کنم راه حلی برای رفع این اختلافات پیدا کنیم زیرا شأن مجلس و فرد فرد آقایان نمایندگان این است که درکلیه مسائل مملکتی نظارت داشته و در تمشیت امور بکوشند و به نظرمن هیچ مرجعی صالح تراز مجلس شورای ملی نیست و راه حل هراختلاف هم این است که یک سیاستی و یک ملاکی انتخاب شود و خوشبختانه برطرف کردن این اختلاف هم ملاکی قاطع تر ازقانون اساسی و سایر قوانین موضوعه مملکتی نیست و هر مقامی که بخواهد از قانون سرپیچی کند برعهده مجلس است که جلوی تجاوزو تخطی را بگیرد و آنها را به رعایت قانون مقید سازد و با این ترتیب فکر میکنم با حسن نیتی که عموم آقایان دارند کارمملکت اصلاح شود و امور صورت عادی و مطلوب را بخود بگیرد.

نکته دیگرآن که برای ابراز موجودیت مجلس تنها راه این است که افراد نمایندگان متشکل شوند و دورهم جمع شده و عیب منفرد بودن این است که نمی توانند تصمیم مؤثر بگیرند به علاوه کسانی که در اجتماع شرکت میکنند دلیل این است که حاضرند از نظرات و عقاید

شخصی و تعصبات صرفنظر کرده و تحمل فداکاری نمایند و بنابراین همان طورکه آقای مکی پیشنهاد کردند تأیید میکنم که آقایان محترم در تشکیل فراکسیونها همت ورزند.

نظر واحد اتخاذ شود

آقای دکتر فاخر ، امکان پیدایش اختلاف نظر از مختصات هر جامعه انسانی است ولی از امتیازات یک جامعه متمدن هم این است که بتوان از نظرهای مختلف ترکیبی بسازد که بالا تر از همه باشد. حقیقت را باید اعتراف نمود که امروز اختلافاتی در کشور ما پیدا شده است البته بهتر است که دور هم جمع شد و نظر های مخالف را شنید و نظر واحدی که به مصلحت یک ملت باشد پیدا کرد به این جهت من هم این پیشنهاد را تأیید میکنم که عده معدودی از آقایان را انتخاب کنیم و این آقایان دردو سه دور مطالعاتی در رفع مشکلات حاضر کرده و نتیجه مطالعات خود را به جلسه آینده مجلس خصوصی اظهار دارند.

بیانات دکتر شایگان

درباب آنکه اختلافی است یا نیست باید عرض کنم که اختلاف هست و شدید هم هست و نباید گفت که انشاالله گربه است. حالا غرض این است که اختلاف شدید است منتهی باید مجلس رفع اختلاف کند. درباب اختلاف دربار و دولت باید عرض کنم که توطئه ای بوده است که نخست وزیر را بکشند پرونده و عکس هائی موجود است ولی چیز بزرگتر این است که قوائی از دولت اطاعت نمیکند بنده عرض میکنم برای این است که به ضرر مملکت باشد ولی افرادی هستند که ممکن است این اقدام را به نفع مملکت میدانند بدبختانه هنوز اختلاف باقی است که رئیس مجلس و مجتمع مجلس هم اقدامی میفرمایند که موجب شود مجلس تشکیل نشود و براثر دو نامه ای که در مورد رئیس گارد و اداره حفاظت مرقوم فرموده اند در مجلس هم اختلاف بوجود آمده اختلاف قابل حل است. بنده رفتم خدمت آقایان و عرض کردم برای رفع این اختلاف نمایندگانی تعیین شوند. در فراکسیون امروز صبح تصمیم گرفتیم که نمایندگانی برای یافتن راه حل انتخاب کنیم استدعا میکنم آقایان هم اقدام کنند. باید علت و وجه اختلاف را یافت و اقدام کرد و الا اگر فقط بنا باشد دو نفر روی هم را ببوسند اختلاف حل نخواهد شد.

آقای صفائی من منفردم

من عجالتا منفردم ولی چون نمیشود منفرد کار کرد هر وقت پیشنهادی به صلاح مملکت باشد موافقت خواهم کرد. من منفردی هستم زیر سایه تمام آقایان، مثلی است معروف که هرچه بگندد نمکش میزنند - وای به روزی که بگندد نمک، مجلس که کلیه آمال مردم است و برای رفع اختلافات و تشنجات چشم امید ملت به مجلس شورا است چون شما آقایان زعمای قوم و عقلای ملت هستید که دور هم جمع شده اید. دربین شما ها اختلافاتی است این اختلافات که آقای دکتر شایگان فرمودند درست است. اختلاف ما نظیر اختلاف آن سه نفری است که عرب و فارس ترک بودند ولی هر یک میوه ای را به یک اسم میگفتند ولی هر سه یک چیز را میخواستند بالاخره یکی آمد و عین میوه را خرید و با خرید آن رفع اختلاف شد.

ما هم به سه شخص در این مملکت احترام میگذاریم شاه مظهر وحدت و نخست وزیری فعلا بهتر از مصدق نیست کاشانی هم بانی نهضت است و هرسه وجودشان لازم است شاه که نباید برود و همچنین وجود دکتر مصدق ، میفرمائید مأمورین گوش به حرف مصدق

نمیدهند که هر کس را بخواهند عوض کنند بنشینید با قانون هرکدام را بحد خود قانع کنید. در این شب عید تعطیل مجلس باعث تشنج است و خوب نیست.

هم آهنگی سه قوه

آقای حاج سید جوادی، آرزوی قلبی و مطلوب ما این است که بین این سه بزرگ کمال موافقت هم آهنگی سابق بدست آید و نهضت ملی را که با خون جوانان ما رشد کرده به ثمر برسد و البته من عقیده دارم که آقایان محترم باید سر تسلیم در مقابل قانون اساسی که وظایف هرکس را معین نموده فرود آورند و هرکدام که از قانون اساسی که با خون مردم این مملکت بدست آمده تخطی و تجاوز کرد مسؤل شناخته شود.

قانون اساسی راهنمای ما است

آقای ملک مدنی ، دراین چند سال اخیر چندین مرتبه تشنجاتی در کشور پیدا شده که در تمام موارد مجلس شورای ملی توفیق حاصل نموده است و در رفع تشنجات اقدام نموده است حالا هم این پیش آمد اخیر که ایجاد تشنجاتی نموده بود خوشبختانه مرتفع و دولت به امورات تسلط پیدا نموده است. متآسفانه تشکیل نشدن مجلس در خارج نگرانی برای مردم ایجاد کرده است که باید هر چه زودتر مجلس تشکیل شود و رفع نگرانی بشود. کشور ما مشروطه است و حاکم و راهنمای ما قانون اساسی است. مقام سلطنت در جای خود مورد احترام است و دولت هم که وظایفی دارد و مجلس به او اعتماد کامل دارد مجلس شورای ملی که نمایندگان ملت است خواسته های مردم را باید اجرا و نظارت در کلیه اموداشته باشند. این رویه عمومی است برای رفع تشنجات حالا که آقایان لازم میدانید چند نفر را انتخاب نمایند این حرف های راجع به مجلس را رسیدگی و اختلافات را رفع نمایند. اکنون شب عید است مردم میخواهند آسایش خیال داشته باشند کاسب به کار و کسب خود مشغول شود نگرانی در کشور مصلحت نیست امیدوارم با انتخاب چند نفر این حرفها مرتفع شود و وحدت و اتفاق عمومی بطور کامل ایجاد و همگی در سایه وحدت برای خیر و صلاح کشور و رفاه ملت ایران اقدام نمائیم.

مجلس مطیع

آقای حائری زاده ، همانطور که آن شب عرض کردم هیچ شاه و مجلسی از شاه و مجلس فعلی بهتر برای دولت وجود ندارد. آقای دکتر شایگان بیاناتی فرمودند که خواستند گناه اختلاف مجلس را به گردن آیت الله کاشانی بگذارند. رئیس مجلس دو نایب رئیس دارد همیشه آقای مهندس رضوی مورد شور واعتماد ایشان بودند. مجلس فعلی مجلس نیم بندی است که با رفتن دو سه نفر ممکن است مجلس را از کار انداخت. آقای مهندس رضوی برای شرکت در شورای نفت به خوزستان رفتند بعد از رفتن ایشان برای انجام کار مجلس رئیس مجلس به آقای ذوالفقاری دستوردادند زیرا ایشان بی طرف تر بودند آقای ذوالفقاری خواهش کردند که این مطلب گفته شود. من مخالف نیستم که عده ای برای رفع این اختلاف تعیین شوند ولی به عقیده من در این میانه فقط تقصیر دکتر مصدق است که لج بازی میکند.

آقای مهندس رضوی ، بیانات آقای حائری زاده را نمیشود بی جواب گذاشت. اولا بنده به گواهی خداوند متعال و وجدان تمام کسانی که از شرافت و انصاف منحرف نمیشوند در تمام امور مجلس اعم از جلسات علنی و یا امور داخلی کاملا حفظ بی طرفی را کرده ام و از این

جهت وجدان خودم کاملا آرام است ثانیا بنده با کمال احترامی که به مقام ریاست دارم نایب جناب آقای کاشانی نیستم و طبق ماده ۲۲ که میگوید « رئیس و در غیاب او نایب رئیس از طرف مجلس حافظ و مجری کلیه نظامات در مجلس هستند و بطور کلی تمام وظایف او در موقع غیبت به عهده یکی از نواب رئیس خواهد بود » این جانب و آقای ذوالفقاری که بین یکدیگر هیچ گونه سوء تفاهمی نداریم از طرف مجلس مطابق قانون عمل میکنیم و موضوع نایب رئیس اول و دوم در آئین نامه مجلس ابدا مطرح نیست. ثالثا از نظر شخصی هم همان طور که قبلا متذکر شده ام این کار هیچ اهمیت سیاسی و خصوصی برای بنده ندارد و فقط طبق قانون باید حافظ مزایای قانونی آن کسانی باشم که به من رأی داده اند.

رابعا اینکه آقای حائری زاده فرموده اند قبلا بنده طرف شور و مشورت بوده ام و حالا دیگر نیستم بنده هر وقت هم شور و مشورتی داده ام به درخواست ریاست مجلس بوده است و همیشه شور و مشورت بنده هم حفظ آرامش و بی طرفی و احترام به مجلس بوده است اما حالا که این شورو مشورت به خود آقای حائری زاده واگذار شده و این اوضاع نتیجه آن مشورت ها است در نتیجه قضاوت به عهده نمایندگان محترم ملت ایران است که خوب هم قضاوت کرده اند.

انتخاب هشت نفر برای رفع اختلافات

از فراکسیون نهضت ملی آقایان دکتر سنجابی، دکتر معظمی و مجد و آقایان مکی، گنجه ای قائم مقام ، دکتربقائی و حائری زاده انتخاب شدند.

۱۶ اسفند ۱۳۳۱

فراکسیون های جدید

فراکسیون آزادی: آقایان بهادری ، حمیدیه ، هدی ، میراشرافی ، پورسرتیپ ، افشار صادقی، فقیهی شیرازی ، حایری زاده

فراکسیون نجات نهضت: آقایان دکتر بقائی کرمانی ، علی زهری ، شمس قنات آبادی

بازداشت سرلشگر زاهدی به موجب ماده ۵ حکومت نظامی

بامداد امروز مأمورین حکومت نظامی و شهربانی آقای سرلشگر زاهدی را بازداشت و از منزل ایشان را به شهربانی منتقل مینمایند. اقای سرلشگر زاهدی ازساعت ۸ صبح تا ۱۲ در دفترکار رئیس شهربانی آقای سرتیپ افشارطوس با حضور فرماندار نظامی، دادستان حکومت نظامی، رئیس اداره آگاهی و بعضی از مأموران ارتش مورد بازجوئی قرار گرفتند. سرلشگر زاهدی تا پایان بازجوئی به موجب ماده ۵ در بازداشت خواهد بود و پس از بازجوئی و تحقیقات درباره ایشان رأی نهائی صادر خواهد شد. همزمان با بازداشت سرلشگر زاهدی پرونده برادران رشیدیان امروز به دفتر رئیس شهربانی برده شد و درباره بعضی موارد و پاره ای از اظهارات آن ها از سرلشگر زاهدی توضیحاتی خواسته شده است.

۱۷ اسفند ۱۳۳۱

اعلامیه دالس - ایدن در مورد نفت ایران

اعلامیه زیر پس از مذاکرات جان فاستر دالس وزیر امور خارجه امریکا و آنتونی ایدن وزیر امور خارجه انگلیس در واشنگتن انتشاریافت.

در کنفرانسی که بین دالس و ایدن وزیران امور خارجه امریکا و انگلیس در واشنگتن بر پا شد مسائل مهم بین المللی و اوضاع منطقه خاور میانه و خاصه مسائل مهمی که جنبه فوری و غیر عادی دارد مورد بحث قرار گرفت و برای پیدا کردن راه حل جهت این مشکلات کوشش به عمل آمد. راجع به قضیه نفت ایران آنتونی ایدن اطلاع داد که دولت انگلیس بیش ازآنچه در پیشنهاد های اخیر ذکر شده حاضر نیست گذشت کند. این پیشنهاد ها که در تاریخ ۲۰ فوریه ۱۹۵۳ به دکتر مصدق نخست وزیر ایران تسلیم شده نتیجه مشاورات و مذاکرات طولانی است که ضمن آن کلیه عوامل مهم مورد توجه قرار گرفته است. به نظر دولت امریکا این پیشنهاد ها بطور عادلانه و منصفانه ای تنظیم شده و اگر مورد موافقت دولت تهران قرار گیرد :

۱- ایران صنایع نفت خود را کنترل خواهد کرد و هر سیاستی را که مناسب بداند در مورد نفت اتخاذ خواهد نمود.

۲ - مسأله غرامت به نحوی حل و فصل خواهد شد که به هیچیک از مقررات جاری بین ملل آزاد جهان لطمه وارد نشده و ضمنا پرداخت آن با ترمیم اوضاع اقتصادی ایران کاملا مطابقت داشته باشد.

۳ - ایران فرصت خواهد داشت تا راجع به فروش نفت خود به مقدار زیاد و با قیمت های معمول در بازار های جهانی قرار هائی بگذارد.

۴ - برای آن که دولت ایران بتواند مشکلات مالی خود را مرتفع سازد و صنایع نفت خود را دوباره به کار اندازد مبالغ کافی در اختیار ایران گذاشته خواهد شد که ایران با فروش نفت خود مستهلک خواهد کرد.

آغاز مذاکرات هیأت ۸ نفری

هشت نفراز نمایندگانی که برای حل اختلافات ازطرف مجلس شورای ملی انتخاب شده اند ساعت ۴ بعد از ظهر با آقای نخست وزیر ملاقات و مدت یک ساعت و نیم با ایشان مذاکره و از نظرات ایشان آگاه شدند. در ساعت پنج و نیم هیأت مزبور به دیدار رئیس مجلس رفته و جریان مذاکرات خود را به اطلاع رئیس مجلس رسانیدند در پایان قرار شد بعد از ظهر فردا به حضور اعلیحضرت همایونی شرفیاب شوند و فردا ظهر مجددا آیت الله را ملاقات کنند تا تصمیم مقتضی اتخاذ گردد.

بعد از ملاقات با رئیس مجلس آقای حائری زاده به خبرنگاران گفتند کوشش ما بر این است که رفع سوء تفاهمات بشود. اکنون تنها نظر این است که نظریات هر یک از آقایان را گوش کنیم و به بینیم که هریک چه میگویند و نظرشان در مورد موضوعاتی که مورد اختلاف است چیست پس از اینکه ما تمام نظر ها را گرفتیم تشکیل جلسه داده و راه حلی پیشنهاد خواهیم کرد.

حکوکت انگلستان امید خود را بر پایه سقوط دکتر مصدق قرار داده

روزنامه لوموند چاپ پاریس در سرمقاله خود مینویسد دولت امریکا معتقد است که فقط دکترمصدق میتواند یک موافقتنامه جدید نفت را با دول غربی به ملت ایران بقبولاند. بنابراین دولت امریکا کوشش داشته است که وضع اقتصادی ایران را که موقعیتی برای نفوذ کمونیسم فراهم مینماید اصلاح کند. دکتر مصدق نیزهیچگاه امید خود را ازمذاکره با امریکا قطع نکرده است. اما مثل اینکه دراینجا مرتکب اشتباهی شده است زیرا اکنون تقریبا ثابت

شده که حکومت امریکا نمیتواند هیچگاه عملی را بدون تصویب و تأیید دولت انگلیس دراین باره انجام دهد. بیست و دو ماه است که دکتر مصدق حکومت ایران را در دست دارد در این مدت وی موفقیت های بزرگی بدست آورده است. ملی کردن نفت ، بیرون کردن انگلیس ها ازایران، رأی موافق دادگاه لاهه و اخذ اختیارات مطلق از مجلس و اینک باید ازاین موفقیت های خود بهره برداری کند. ولی دولت انگلیس معتقد است که پیروزی دکتر مصدق در امر نفت بیش از آنچه کمونیست ها را ضعیف کند به کمونیست ها اجازه خواهد داد که از این پیروزی که در آن شرکت داشته است استفاده کامل ببرد! به همین جهت است که انگلستان کماکان امید خود را بر پایه سقوط حکومت مصدق قرار داده است و امیدوار است در ایران یک حکومت مقتدر نظامی نظیر حکومت هائی که در مصر و سوریه روی کار آمده اند مستقر شود و زعمای این حکومت بدون شک دوباره نفت ایران را بسوی غرب جاری خواهند ساخت.

اعلامیه ستاد ارتش درمورد یک شبکه نظامی حزب توده

عصر امروز اعلامیه زیر در مورد کشف یک شبکه نظامی وابسته به حزب توده انتشار یافت از مدتی قبل مقامات ارتشی نسبت به عملیات چند نفر افسران هوائی مظنون و اعمال آنها را تحت نظرومراقبت کامل قرار داداه بود تا اینکه اخیرا درمنزل یکی ازافسران نیروی هوائی بنام ستوان یکم حسین مرزوان مدارک و اسنادی بدست مأمورین انتظامی افتاد که ارتباط بعضی عناصر حزب منحله توده را با آنها آشکار ساخت ، لذا افسران و درجه داران مزبور برای روشن شدن موضوع بازداشت و مورد تعقیب قرار گرفتند ، اسناد مکشوفه اکنون با دقت تمام مورد بررسی مأمورین قضائی و انتظامی ارتش میباشد.
ستاد ارتش از انتشار نام دستگیر شده گان به علت این که ممکن است ضمن تحقیقات از عده ای رفع سوء ظن شده و گناهکار تشخیص داده نشوند معذور است. آنچه مسلم است کمیته مزبور به هیچوجه نتوانسته است در مقاصد احتمالی خود موفقیتی بدست آورد. البته پس از خاتمه تحقیقات و روشن شدن موضوع مراتب برای استحضار عامه منتشر خواهد شد.

۱۸ اسفند ۱۳۳۱

نظر اعضای هیأت ۸ نفری درباره ملاقات با اعلیحضرت

شرفیابی اعضای هیأت ۸ نفری به حضورملوکانه تا ساعت ۶ بعد ازظهر بطول انجامید. اعضای هیأت مصمم هستند تا پایان مأموریت خود اطلاعاتی در اختیار روزنامه ها و حتی نمایندگان مجس نگذارند تا پس از انجام کار طی بیانیه ای نتیجه کار خود را اعلام دارند. امروز آقای قائم مقام رفیع در جلسه خصوصی گفتند « مجلس انسی بوده و اعلیحضرت کمال مرحمت را فرمودند و نظریات خود را ابراز داشتند ما گذشته از اینکه به عنوان مستمع بیانات اعلیحضرت را شنیدیم نکات قابل عرضی را ذکر کردیم همین قدر میتوانم بگویم که تمام حرف ها در اطراف قانون اساسی دورمیزد ، خود اعلیحضرت همایونی جز اجرای قانون اساسی و رعایت اصول آن نظری ندارند و منتهای میل را دارند که آنچه قانون اساسی مقرر داشته است حاکم و ناظر بر جریانات باشد.

آقای دکترمصدق هم آرزوئی جزاجرای قانون اساسی ندارند وکلا هم که قسم یاد کرده اند آن را محترم بشمارند. نمیدانم با رعایت و توجه باین نظریات چگونه مفسدین توانسته اند سوء تفاهم ایجاد کنند؟ به حمدالله قانون اساسی هم با اینکه در چهل سال پیش نوشته شده

مثل اینکه ناظر بر جریانات امروز بوده و چنین روز هائی را پیش بینی کرده است بطوری که با رعایت آن میتوان همه اختلافات را مرتفع ساخت.

امروز و فردا هم جلسه خواهیم داشت و قرار است با حضور آیت الله کاشانی جلسه ای داشته باشیم و بعد از ظهر نیز مجددا با آقای دکتر مصدق ملاقات خواهیم کرد. تا آنجا که من اطلاع دارم هر سه شخصیت با نظریات هیأت موافقت دارند. امیدوارم قبل از عید بین شاهنشاه و نخست وزیر و رئیس مجلس ملاقات صورت گرفته و سوء تفاهمات مرتفع خواهد شد. آقایان دکتر سنجابی و مکی نیز نسبت به پیشرفت کار اظهار خوشبینی نمودند.

نظر آقای دکتر شایگان

آقای دکتر شایگان امروز درباره اعلامیه مشترک ایدن - دالس به خبرنگارما گفتند این حرف ها برای ما تازگی ندارد حرفی برای دل خودشان زده اند ما که مجبور نیستیم مطیع اراده آنها باشیم. این حرف ها را هم از روز اول زده اند. ما از امروز بعد از ظهر مطالعات خود را در روی مواد پیشنهادی امریکا و انگلیس مجددا شروع میکنیم و اگر اشکالات داخلی پیش نیاید که حواس ما را متشتت کند امید میرود تا چند روز دیگر جواب قطعی خود را بدهیم.

آقای دکتر سنجابی مشاور دیگر آقای نخست وزیر گفت من از این اعلامیه چیز خوبی استنباط نمیکنم و بطور کلی باید بگویم هیچ وقت نسبت به حرف های صادر کنندگان اعلامیه خوشبین نبوده ام. این ها در خاور میانه نفع مشترک و مشکلات مشترک دارند بنابراین نباید تعجب کرد که چرا در برابر ما جبهه واحدی تشکیل داده اند. این اعلامیه مانوری است که امریکا و انگلیس داده اند و می خواهند با این شکل ارتباط و اتحاد خودشان را به ما نشان دهند و هم یک نوع فشار غیر مستقیم به ما وارد بیاورند.

ما از امروز مطالعات خود را روی مواد پیشنهادی امریکا و انگلیس از سر میگیریم و نظر خودمان را به آنها میگوئیم. بعید نیست وقتی که ما نظرخود را دادیم آنها بگویند« بله نظر ما هم دربعضی قسمت ها همین بود که شما میگوئید» درهر حال امریکا و انگلیس هرحرفی میخواهند بزنند به ما مربوط نیست ما معتقد به اصولی هستیم که درتمام مذاکرات و مشاورات باید آنها را رعایت کنیم و هر حرفی هم که مخالف این اصول باشد برای ما غیر قابل قبول خواهد بود.

۲۰ اسفند ۱۳۳۱

درگیری قوای نظامی و افراد ابوالقاسم بختیاری

دیروز٦ فروند هواپیمای ارتشی که به منظور اکتشاف به ایذه و حدود مسجد سلیمان پرواز نموده بودند بعد ازشناسائی منطقه به فرودگاه اهواز بازگشتند ولی قوای انتظامی در تنگ وسلا با متجاسرین هنوز مشغول زد و خورد میباشند. آن عده از متجاسرین که در حوالی قلعه زاگراس و کوه های اطراف آن بودند بعد از تماس با نیروهای نظامی متواری شدند و ۱۲ نفر از یاغیان تسلیم نیروهای ارتش شدند.

هیأت ۸ نفری

ساعت ۵ بعد از ظهرامروز اعضاء هیأت ۸ نفری عازم منزل نخست وزیر شدند و آقای حائری زاده چون می بایست در کمیسیون خارجه شرکت نمایند به مجلس رفتند و دکتر بقائی نیزاز رفتن به منزل دکتر مصدق امتناع ورزیدند. ملاقات با نخست وزیر تا ساعت ۷ بعد

از ظهر طول کشید سپس اعضای هیأت به اتفاق عازم دربار شدند و به حضور شاه شرفیاب گردیدند و با شاه مذاکره نمودند و این شرفیابی تا ساعت نه و نیم بطول انجامید. درمورد پیشرفت کار آقای رفیع اظهار داشتند تصمیم گرفته شد که گزارشی تهیه شود وکیفیت آن را هم همان طوری که قانون اساسی عنوان کرده است ملحوظ داشتیم. موقعیت مقام سلطنت را به آن وضعی که در قانون اساسی هست تشریح کرده ایم، دولت هم مسؤل است که برای تمام امور مملکت اقدام کند و به مجلس جواب بدهد زیرا مقام سلطنت از مسؤلیت مبرا است و نمیشود مورد سؤال باشد ، تمام مقصود ما این است که حفظ شئون مقام سلطنت بشود و قانون اساسی هم مأخذ عمل باشد و حدود وظایف دولت هم مشخص گردد. آقای دکتر مصدق میگویند هرچه هیأت تصمیم بگیرد من قبول خواهم کرد. من هم به پاس این اظهار لطف و صمیمیت ایشان درخواست کردم که تا فردا تمام محبوسین سیاسی که طبق ماده ۵ حکومت نظاهی توقیف شده اند آزاد شوند و چون ایشان کمال لطف را نسبت به بنده دارند اطمینان دارم که این استدعای مرا می پذیرند.

درمورد شرفیابی به حضور شاهنشاه گفتند که من روز اول به شما چند نفر که مردم بی غرض و بی نظیری هستید گفتم نظر شما را هرچه باشد قبول خواهم کرد به شرط آنکه خلاف قانون اساسی نباشد.

آقای دکتر سنجابی گفتند فردا نتیجه اقدامات خود را طی گزارشی به مجلس تقدیم میکنیم. این گزارش برای حل اختلافات کمک مؤثری خواهد بود. در حقیقت هیچ گونه اختلافی در میان نبود زیرا هم نخست وزیر نسبت به مقام سلطنت احترام دارند و هم اعلیحضرت نسبت به نخست وزیر اعتماد و لطف دارند در عمل بعضی گله ها و تصورات بوده اما به ترتیبی که فردا آقایان استحضار پیدا میکنند رفع خواهد شد.

آقای مکی درهمین مورد گفتند آقایان اعضای هیأت روی حرف های اعلیحضرت و آقای نخست وزیر که شنیده بودند به ضمیمه نظریات خود گزارشی تهیه کردند. این گزارش روابط بین طرفین را التیام میدهد. با اقدامات هیأت اختلافات رفع شده و روز پنجشنبه یا جمعه یا شنبه آقای نخست وزیر به حضور اعلیحضرت شرفیاب خواهند شد.

چرا دولت پاسخ پیشنهاد جدید را تاکنون نداده است

دولت تصمیم دارد تا اوایل هفته آینده گزارشی درباب پیشنهاد های انگلیس و امریکا به مجلس بدهد و افکار عمومی را در جریان مذاکرات اخیر نفت بگذارد. امروز یکی از مشاورین نخست وزیر در امور نفت اظهار داشت همانطور که میدانید اساس اشکال حل مسئله نفت موضوع غرامت است که انگلیس ها مطالبه میکنند. دولت ایران می گوید حاضر است خسارت راجع به اموال و تأسیسات شرکت سابق نفت درایران را که براثرملی شدن نفت به حیطه تصرف شرکت ملی نفت ایران درآمد قبول کند و این عادلانه ترین غرامتی است که هردولتی که صنعتی را ملی میکند میتواند قبول نماید ولی انگلیس ها نظری غیر از این دارند.

انگلیس ها از اول نظرشان این بود که ایران مبلغی هم بابت عدم النفع به آنها بپردازد. انگلیس ها میگویند اگر صنعت نفت ملی نمیشد به موجب امتیاز نامه ۱۹۳۳ تا مدت مدیدی ما از نفت ایران نفع میبردیم و حالا که براثر ملی شدن ازاین نفع مستمر محروم شده ایم دولت ایران باید غرامت محرومیت ما از بردن نفع را هم بدهد. البته این حرف انگلیس ها در برابر ملی شدن صنعت نفت نه مبنای حقوقی دارد و نه دولت ایران میتواند آن را قبول کند.

انگلیس ها با فرمول های مختلف می خواهند این موضوع را به ایران بقبولانند. البته در پیشنهاد هایی که انگلیس تا بحال به ما داده اند صریحا این حرف را نزدند ولی حرفی زده اند که بالاخره ما را در برابر این ادعا قرار دهند. آنها گفته اند که دعاوی مربوط به خسارات و مطالبات طرفین به حکمیت و قضاوت یک مرجع بین المللی که دیوان لاهه باشد ارجاع شود. دولت ایران درصورتی قضاوت دیوان لاهه را که فاقد صلاحیت ذاتی است قبول میکند که مبنی و اساس غرامت یعنی مدعی به دعوی معلوم باشد.

دیوان لاهه اصولا صلاحیت رسیدگی به موضوع اختلاف نفت ایران ندارد وقتی که ما میخواهیم بآن صلاحیت بدهیم باید معلوم کنیم که صلاحیت رسیدگی به چه کاری را دارد. انگلیس ها می خواهند دعوی مبهمی در دیوان لاهه اقامه کنند و سرانجام ما را به پرداخت مبلغ هنگفتی محکوم نمایند که تحمل آن برای دولت و ملت ایران مقدور نباشد. انگلیسها با این کار میخواهند بطور غیر مستقیم نظری را که دارند عملی کنند و سال های متمادی ایران را زیر دین خود قراردهند.

۲۱ اسفند ۱۳۳۱

گزارش هیأت ۸ نفری

تفسیر سه اصل از قانون اساسی که اصل مسؤلیت وزرا در مقابل مجلس و وظایف مقام سلطنت و مصونیت این مقام از هرگونه مسؤلیت را مبری میداند.

اصل ۳۵ قانون اساسی - سلطنت ودیعه ای است که به موهبت الهی از طرف ملت به شخص پادشاه تفویض میگردد.

اصل ۴۴ قانون اساسی - شخص پادشاه از مسؤلیت مبری است و وزرای دولت در هر گونه امور مسؤل مجلسین هستند.

اصل ۴۵ قانون اساسی - کلیه قوانین و دستخط های پادشاه در امور مملکتی وقتی اجرا میشود که به امضای وزیر مسؤل رسیده باشد.

عقیده هیأت ۸ نفری بر این است که اصول مزبور چون ابهامی در آن وجود دارد بروز اختلاف اخیر بین دربار و دولت گردیده بایستی بر طبق همین قانون اساسی که تفسیر مواد آن از مختصات مجلس شورای ملی است تفسیر گردد تا این پرده ابهام از میان برداشته شود و اصل مصونیت شاه از هرگونه مسؤلیت و وظایف مقام سلطنت در مقابل نص صریح قانون اساسی که کلیه امور را به عهده وزرا دانسته است روشن شود.

گزارش هیأت ۸ نفری که تفسیر این سه اصل میباشد برای همیشه اصل مسؤلیت وزرا را تسجیل نموده و مقام سلطنت را نیز برای همیشه از هرگونه مسؤلیت مبری دانسته است. و از این گزارش و تفسیر سه اصل مزبور چنین نتیجه گرفته شده است که از این پس عزل و نصب مأمورین عالیرتبه انتظامی و غیره صرفا از وظایف دولت و وزرای مسؤل است و وزرا نبایستی به نام مقام سلطنت اقدامات خود را به عمل آورند.

این گزارش که توسط هیأت ۸ نفری تهیه شده قرار است درجلسه علنی مجلس قرائت و نسبت به آن اخذ رأی بعمل آید و به این طریق تفسیری که از سه اصل مزبور شده صورت قانونی به خود گیرد. این تفسیردر فراکسیون نهضت ملی به تصویب رسید ولی مخالفین میگویند منظور از تهیه این گزارش این است که عزل و نصب فرماندهان عالیرتبه نظامی که از حقوق حقه شاه است حذف شود و دنباله این استدلال را بدان جا میکشانند که میگویند

اساس اختلاف دولت و دربار راجع به فرماندهی کل قوا است که نخست وزیر مایل است شخصا عهده دار شود.

نظر نمایندگان در مورد گزارش هیأت ۸ نفری

طبق تصمیم هیأت ۸ نفری قرار بود گزارش هیأت به جلسه علنی مجلس شورای ملی تقدیم گردد تا بعد از تبادل نظر نمایندگان در مورد آن رأی گیری به عمل آید. اما عده ای از نمایندگان عقیده دارند که مأموریت هیأت ازطرف جلسه خصوصی بوده است و بنابراین یک مأموریت غیررسمی است لذا مناسبتی ندارد که این موضوع به جلسه علنی کشانده شود و در آنجا مطرح گردد چه رسد به آنکه بخواهند به آن رأی گیری کنند و اگر این عده در خارج بطور غیر رسمی فعالیتی نموده و نتایجی گرفته اند گزارش آن را به جلسه خصوصی خواهند داد و کار تمام خواهد شد.

دربرابراین عده چند نفر دیگر عقیده دارند که فعالیت زیادی از طرف نمایندگان منتخب مجلس شورای ملی به عمل آمده و به نتیجه مطلوب رسیده لذا باید صورت رسمی پیدا کند و نتیجه مطلوبی که از آن حاصل شده است رسمیت و قطعیت پیدا کند و به اطلاع عموم برسد. این اختلاف نظر باعث شده که هیآت ۸ نفره در جلسه جداگانه ای که تشکیل خواهند داد موضوع را بررسی کنند.

آقای حائری زاده درمورد گزارش هیأت گفتند اصولا این گزارش حاوی سه قسمت است یک قسمت آن که با دقت و توجه کامل تهیه و تنظیم گردیده است حاوی مناسباتی است که براثر فعالیت هیأت مورد توافق همه است و همه اعضای هیأت آن را امضا نموده اند اما دو قسمت دیگر که ایجاد تعهداتی کرده است البته مورد توافق کامل نیست. در نتیجه برای رفع اختلاف از نظریات مختلف جلسه خصوصی تشکیل گردید. آقای ذوالفقاری نایب رئیس گفتند در یک جلسه خصوصی آقایان ۸ نفر را انتخاب کردند تا برای رفع اختلافات اقدام نمایند این آقایان اقداماتی نموده و فعالیتی کرده اند که منجر به گزلرشی شده است که آقای مکی آنرا میخوانند.

سخنان آقای مکی ، بطوری که آقایان استحضار دارند با توافق آقایان نمایندگان ۸ نفر انتخاب شدند که راجع به اختلاف دربار و دولت و سوء تفاهمات مجلس و دولت مطالعه و تصمیم بگیرند. پس ار انتخاب در یک جلسه مذاکره کردیم و قرار گذاشتیم همه محرمانه بماند تا گزارش نهائی، و دلیل آنکه اگر جزئیات در جراید منتشر میشد اشخاصی که سوء نیتی دارند نمیگذاشتند به نتیجه برسد. ضمنا تصمیم گرفته شد اول اختلافات داخلی مجلس حل شود. با رئیس مجلس مذاکره کردیم و قرار گذاشتیم باز سیره سابق برقرار باشد و جلسات با توافق نواب تشکیل شود. آقایان رضوی و ذوالفقاری توافق کردند امور مهمه رئیسه با نظر مقام ریاست اداره شود. فرمایشات نخست وزیر گله ای بود راجع به موقوفه آستانه رضوی و درآمد املاک شاه فقید و فرماندهی کل قوا ، پیامشان این بود که رؤسای نظامی آن طور که شاید و باید حرف هایشان را نمیشنوند. دو سه ساعت در حضور شاه بودیم در همان جلسه اعلیحضرت گفتند میخواهم پادشاه مشروطه باشم و نگاهبان قانون اساسی هر طور شما تصمیم بگیرید من قبول دارم همه تصدیق کردندکه شاه میخواهد این جریان به نحوشایسته انجام یابد.

در جلسه خودمان پیشنهاد و راه هائی پیشنهاد شد بالاخره این راه را انتخاب کردیم که گزارشی تهیه کنیم آقای رفیع گفتند یک تکلیفی معلوم کنید که بعدا بدانیم چه باید

بکنیم سپس گزارش قرائت شد و این گزارش مورد تأیید اعلیحضرت و نخست وزیر قرار گرفت آقای کهبد از اقدامات هیأت تشکر کرده گفت لازم است درجلسه علنی خوانده شود. آقای فرامرزی اظهار کردند شما قول میدهید این داد و فریاد آخر باشد؟

آقای مکی گفتند قبل از این گزارش نخست وزیر گزارشی برای مجلس تهیه کرده بودند ما خواهش کردیم نکنید. مملکت احتیاج به آرامش دارد باید به تشنج خاتمه داد.

قنات آبادی ، مردم فهمیدند که سوء تفاهماتی بین شاه و رئیس دولت وجود دارد ، مجلس حس کرد که در این میانه مسؤلیتی دارد و به اقتضای مسؤلیتش باید عملی انجام بدهد لذا پیشنهاد شد عده ای را معین کنیم که بروند رسیدگی کنند و بررسی کنند ، صریحا عرض کنم که بنده طرفدار شخص نیستم و طرفدار فکر و قانون اساسی هستم صرفنظر از حق یا ناحق. من به این موضوع رأی دادم که بروند و صاف و راست و فارسی بحث کنند بیایند گزارش بدهند. من میخواهم بدانم نخست وزیر چه میگوید؟ و شاه چه کرده است؟ شاه خلاف کرده است و ناحق مداخله کرده است؟ من رسما اعتراض میکنم. اگر دنبال فکر باشیم اشخاص مستهلک میشوند اشخاصی که انتخاب شدند رفتند و جلسه کردند عقیده دارم که صرفنظر از اختلاف نظر سیاسی همه در این جریان حسن نیت داشتند. من از قرائت این گزارش فهمیدم که آقایان میخواهند سرمسئله را هم بیاورند. اختلاف مصدق و کاشانی، اگر کاشانی خلاف حق حرفی زده باشد. من اولین کسی هستم که اعتراض میکنم من میخواهم مطلب روشن شود هم رفتن شاه هم شایعه اختلاف قبلی که آن شب در حضور نخست وزیر مطرح گردید من استنباط کرده بودم که شاه را تحت فشار قرار داده بودند که بروند باید حقیقت مطلب را آقایان بگویند. علاوه براین چون مطالبی است که دراین اطاق شروع شده اینجا باید ختم شود.

آقای مکی اظهار داشتند شروع اختلافات از اختیارات بود و به نخست وزیر گفتیم و ایشان هم قضاوت ۸ نفر را قبول کردند و من اکنون پیشنهاد میکنم به نظر مجلس برود به کمیسیون ها.

آقای حائری زاده گفتند در جلسه خصوصی ما مأمور شدیم که به کارهای مورد اختلاف از جمله موضوع داخلی مجلس و رئیس مجلس مذاکره کنیم. ما هرچه گفتیم قبول کردند. الحمدالله مجلس به جریان افتاد. راجع به اختیارات آقای دکتر مصدق گفت عده ای بنام دربار اخلال در اصلاحات میکنند و همچنین راجع به مأمورین و وزرا ، مدیر کل ها و کمیسیون ها و راجع به بدی مأمورین هم صحبت شد.

رفتیم خدمت اعلیحضرت ، بیانات شاه را همه ما با عقیده قلبی و صمیمیت تلقی کردیم اعلیحضرت راجع به سلطنت خود فرمودند همه چیز را قبول کردم برای اینکه گرفتار این حرف ها و سوء ظن ها نشوم گفتم برای معالجه بروم من برای قانون اساسی مثل شما قسم خورده ام. نخست وزیر گفت من به شما اختیار میدهم و اعلیحضرت نیز همین طور گفتند.

این گزارش را فقط ما به اطلاع شما رسانیده ایم که در تاریخ بماند. من معتقدم که ما وظایف خود را انجام داده ایم من به دکتر مصدق گفتم ما معایب را میگوئیم ولی رسمیت نداریم که تصمیم بگیریم ، در جلسه خصوصی مجلس ما ۸ نفر مأمور شدیم که به این کار ها رسیدگی کنیم و اکنون نیز گزارش خود را به جلسه خصوصی میدهیم و دلیلی هم ندارد که این گزارش به جلسه علنی رود و جلسه خصوصی هر نظری دارد میتواند اتخاذ نماید و این امر

بسته به نظر مجلس است. ولی چند نفراز نمایندگان با قرائت گزارش در جلسه علنی مخالفت کردند. جلسه بدون اخذ نتیجه بپایان رسید بدون اینکه به نتیجه ای برسد.

آقای مکی در پایان جلسه به خبرنگاران گفتند قرار بود امروز ظهر ناهار را با آقای نخست وزیر باشیم و در این جلسه قرار شرفیابی ایشان به حضور ملوکانه گذاشته شود ولی وضع مبهمی که در جلسه خصوصی پیش آمد مانع از این شد که من به منزل نخست وزیر بروم بنابراین براین تا اخد نتیجه تکلیف این وضع روشن نیست.

گزارش سخنگوی دولت درباره رأی دادگاه ونیز
آقای دکتر فاطمی سخنگوی دولت امروز در مورد رأی دادگاه ونیز در مورد نفت ایران گزارشات نمایندگان دولت ایران را در اختیار خبرنگاران روزنامه ها قرار داد.

گزارش اول : از ونیز اطلاع میدهند که دادگاه ساعت ۱۱ امروز به نفع شرکت سوپر ایتالیائی رأی صادر کرد. در عین حال که دادگاه خود را صالح برای رسیدگی شناخته نفت خریداری را با توجه به قانون ملی کردن و حقوق بین المللی و قوانین ایتالیا متعلق به سوپر دانسته و تقاضای توقیف شرکت سابق نفت را رد کرده است.

گزارش دوم : طبق تلفن واصله تلگراف قبلی تأیید دادگاه ونیز درخواست شرکت سابق را رفع کرد. این موفقیت را به ملت ایران و مخصوصا به جناب آقای نخست وزیر تبریک عرض مینمائیم   خواجه نوری - دکتر عبده

سومین پیروزی ایران
امروز دادگاه ونیز درمورد محموله نفتکش میریلیا به نفع ایران رأی داد و زیر بار ترفتد ها و دسایس دولت انگلیس نرفتند و جز به حق به چیزی توجه ننمودند و بالاخره به نفع ایران رأی دادند. امروز تمام مردم ایران ازاین رأی عادلانه خوشحال هستند و به قضاوت دادگاه ونیز که با رأی خود حق را از باطل جدا ساختند و به حقوق ملت زجردیده ایران احترام گذاشتند درود فراوان میفرستند و ازاحساسات صمیمانه و دوستانه دولت و ملت ایتالیا که جانب حقوق مسلم یک ملت محروم و ستم دیده را رها نساختند صمیمانه تشکر میکند.

۲۳ اسفند ۱۳۳۱
گزارش هیآت ۸ نفری
در گزارش هیأت ۸ نفری گفته شده که اختلاف دربار و دولت در تفسیر و تعبیر مقررات قانون اساسی درمورد اعمال حقوق سلطنت و اختیارات قانونی هیأت دولت مخصوصا راجع به قوای اتنظامی کشور است که با توجه به مجموع اصول قانون اساسی راه حل این است موافق اصل ۳۵ متمم قانون اساسی « سلطنت ودیعه ای است که به موهبت الهی از طرف ملت به شخص پادشاه تفویض شده». و طبق اصل ۴۴ « شخص پادشاه از مسؤلیت مبری است و وزرا دولت در هرگونه امور مسؤل مجلسین هستند». از طرفی طبق همین اصل و اصل ۴۵ «کلیه قوانین و دستخط های پادشاه درامورمملکتی وقتی اجرا میشود که به امضای وزیرمسؤل رسیده باشد و مسؤل صحت مدلول آن فرمان و دستخط همان وزیر است».

بنابراین اداره امور مملکتی اعم از کشوری و لشگری از شئون مقام سلطنت خارج بوده و از حقوق هیأت دولت و وظیفه وزیران است که دراداره اموروزارت خانه های مربوطه به نام

اعلیحضرت همایونی سعی و کوشش در اجرای مقررات قانونیه نموده و منفرداً و مشترکاً از عهده مسؤلیت در مقابل مجلس شورا ملی برآیند.

درباره آنچه که در جلسه خصوصی رخ داد آقای رفیع گفتند نتیجه ای که ما میخواستیم بگیریم این بود که جریان کار خود را به عرض مجلس و مردم برسانیم که آن هم بوسیله رادیو و طرح در جلسه خصوصی عملی شد. این گزارش مورد موافقت شاه و نخست وزیر قرار گرفته و بنابراین در اصل آن حرف دیگری نیست. عده ای ایراد میگیرند که ما قانون اساسی را تفسیر کرده ایم درحالی که ما این کار را نکردیم زیرا تفسیر قانون اساسی از وظایف خاص مجلس مؤسسان است نه چند نفر وکیل که به نمایندگی از طرف مجلس شورای ملی مأمور انجام کاری میشوند. ما تفسیری ازقانون اساسی نکرده ایم بلکه مواد قانون اساسی را تعیین کرده ایم. میان تفسیر و تعیین فرق فراوان است. هم شاه هم نخست وزیر با آن موافقت دارند. میگویند ما اصول ۴۶ و ۴۷ و ۴۸ و ۵۰و۵۱ را تفسیر کرده ایم. اصل ۴۸ میگوید «انتخاب مأمورین رئیسه دوائر دولتی از داخله و خارجه با تصویب وزیر مسؤل از حقوق پادشاه است مگر در مواقعی که قانون استناد کرده باشد ولی تعیین سایر مأمورین راجع به پادشاه نیست مگر در موردی که قانون تصریح میکند»

به موجب اصل ۴۹ « صدور فرامین و احکام برای اجرای قوانین از حقوق پادشاه است بدون اینکه هرگز اجرای آن قوانین را تعویق یا توقیف نماید».

اصل ۵۰ میگوید « فرمانفرمائی کل قشون بری و بحری با شخص پادشاه است و اصل ۵۱ میگوید اعلان جنک و عقد صلح با پادشاه است».

این اصول به جای خود محفوظ است هیچ تفسیری هم از آن به عمل نیامده است البته شاه فرمانده کل قوا است تعیین نخست وزیرهم از وظایف شاه است نمیدانم وقتی دو طرف قضیه با این ترتیبی که هیأت ۸ نفری داده موافقت میکنند دیگرچه حرفی باقی میماند. هیأت ۸ نفری ترتیبی داده که هم مقام شامخ سلطنت محفوظ بماند و دولت هم سرش را زیر انداخته کار خود را بکند. ایرادی که مخالفین میگیرند درباره اختیارات نخست وزیر است که با صحبت هائی که با ایشان شده موافقت کرده اند بنشینیم و صحبت کنیم و ترتیبی بدهیم که استفاده از اختیارات با اطلاع و مشورت کمیسیون های مجلس باشد.

آقای دکتربقائی گفتند به عقیده من در این گزارش نقصی موجود است که باید رفع شود. ما آمده ایم عملی در مورد قانون اساسی میکنیم نخست وزیر هم باید این قانون اساسی را قبول داشته باشد. آقای نخست وزیر در جلسه خصوصی مجلس گفتند من نخست وزیر شاه و مجلس نیستم من نخست وزیر مردمم درحالی که ایشان مطابق قانون اساسی باید نخست وزیر مجلس باشد و به عقیده من برای اینکه از کار هیأت ۸ نفری نتیجه گرفته شود باید این موضوع را قبلا حل کرد.

اینکه میگویند قانون اساسی را تفسیر کرده ایم صحیح نیست اصل مسلم مبرا بودن شاه از هر گونه مسؤلیت است. اصول دیگر که ناظر بر حقوق پادشاه است بجای خود محفوظ میباشد نهایت باید با تشریفاتش عمل شود مسؤل کار وزرای مسؤلند شاه نمیتواند مسؤلیت داشته باشد. اعمال حکومت به وسیله وزیر مسؤل و با تصویب شاه است منتهی وزرا مسؤل هستند.

آقای مکی که قرار بود برای شرفیابی آقای دکتر مصدق به حضور ملوکانه اقدام نماید امروز اظهار داشت با پیش آمد جریان جلسه خصوصی روز پنجشنبه من دیگر مأموریتی ندارم و فعالیت دیگری هم نمیکنم. من اصولا با جار و جنجال روی این موضوع موافق نیستم و این موضوع را هم گفته ام که اگر بخواهند روی این موضوع جار و جنجال شود من ار عضویت هیأت ۸ نفری استعفا میکنم. در هر حال من دیگر در این مورد هیچ نظری ندارم. همین تضاد موجب گردید که دو جلسه علنی مجلس تعطیل شود و مجلس به کارهای دیگر نرسد. دامنه این اختلافات از دیروز توسعه یافته و امروز نیز بر شدت آن افزوده گردید به طوری که هیأت ۸ نفری امروز صبح تشکیل جلسه داد.

جلسه هیأت ۸ نفری

پیش از نواختن زنگ جلسه علنی هیأت ۸ نفری در مجلس تشکیل جلسه داد تا برای پیدا کردن راه حل و برطرف شدن بن بست فعالیت کند اما نه فقط در این جلسه راه حلی بدست نیامد بلکه اختلافات وسیع تر شد.

آقای بقائی اظهار داشت که به هیچوجه با قرائت گزارش هیأت درجلسه علنی موافقت ندارد. زیرا رئیس دولت وعده داده است که قبل از طرح این گزارش در جلسه علنی طی لایحه ای قسمتی از اختیارات را به کمیسیون های مجلس اعاده دهد و چون تاکنون در این مورد اقدامی نشده و لایحه به مجلس داده نشده تا زمانی که این اقدام متقابل از طرف دولت نشود طرح این گزارش برای تصویب در جلسه علنی موردی ندارد.

۲۵ اسفند ۱۳۳۱

درمورد گزارش هیأت ۸ نفری سه نظر مخالف موجود است، نظر اول که متعلق به فراکسیون نهضت ملی و عده ای از منفردین میباشد این است که گزارش مزبور که جنبه سندیت تاریخی داشته و از نظر مشروطیت حائز کمال اهمیت میباشد و موضوعی را که در سال های گذشته همیشه مبتلابه دولت ها بوده است روشن میسازد که در جلسه علنی مجلس شورای ملی بدون اظهار نظر قرائت گردد تا جنبه سندیت و تاریخی بودن او مسجل و تنفیذ گردیده و نقطه ابهامی از مشروطیت ایران روشن گردد.

در مقابل نظر اول عده ای از آقایان نمایندگان هستند که عقیده دارند گزارش هیأت ۸ نفری ناقص است و باید رفع نقیصه آن شده و آن قسمت از مطالبی که مربوط به اختیارات دولت است و آقای نخست وزیر ضمن مذاکرات شفاهی تعهد کرده اند قسمتی از آن را به کمیسیون ها برگشت دهند ضمیمه گزارش مزبور شده و به تصویب مجلس برسد.

بالاخره نظر سوم متعلق به عده ای از نمایندگان است که میگویند اصولا چون گزارش هیأت ۸ نفری منتخب مجلس شورای ملی مبنی بر تفسیر قانون اساسی است طرح آن در مجلس شورای ملی خلاف قاعده و اصول بوده و به هیچوجه موردی برای طرح گزارش مزبور در جلسه علنی نیست.

رویهمرفته وجود این ۳ نظرمختلف مجلس را از اتخاذ تصمیم قطعی بازداشته است. پس ازختم جلسه خصوصی دیروز و سکوتی که نمایندگان در جلسه خصوصی در قبال گزارش هیأت ۸ نفری نمودند درمحافل پارلمانی گفته شد که مجلس شورای ملی گزارش را در جلسه خصوصی خاتمه یافته تلقی نموده و دیگر موردی برای طرح آن در جلسه علنی نخواهد بود ولی برخلاف این گفته فراکسیون نهضت ملی جلسه ای با حضور آقای نخست وزیرتشکیل

داده و نظر ایشان را در مورد آن استعلام نماید و پس ازآن تصمیمی را که باید فراکسیون نسبت به گزارش اتخاذ کند روشن سازد.

امروز یکی از نمایندگان که جنبه متولی گری در مجلس را دارد گفت گمان نمی کنم با نظرات مختلفی که پیدا شده طرح گزارش در جلسه علنی بدون تشنج انجام شود. و یکی دیگر از نمایندگان اظهار داشت مجلس از میان خود یک عده ۸ نفری را انتخاب نمود تا با ملاقات های خود به موارد اختلاف رسیدگی و رفع سوء تفاهم نماید و روابط را التیام بخشند ولی با جریانی که پیش آمده یک اختلافی هم بر اختلافات گذشته افزوده شده و حالا باید عده دیگری بیایند این اختلافات تازه را بر طرف سازند.

چون شایع بود علاوه بر مخالفت های بعضی از نمایندگان اعلیحضرت نیز روی خوشی به این گزارش نشان نداده اند امروز یکی از نمایندگان از قول آقای معظمی اظهار داشت که هیأت قبل ازآن که گزارش خود را به اطلاع نمایندگان درجلسه خصوصی برسانند قبلا گزارش را به عرض اعلیحضرت رسانده اند و اعلیحضرت نیز با خط خود چند اصلاح با آن به عمل آورده اند و بعد گزارش نزد آقای نخست وزیر برده شد و ایشان از اظهار نظر خود داری نموده قضاوت را به عهده مجلس شورای ملی گذارده اند.

۲۶ اسفند ۱۳۳۱
مذاکرات فراکسیون نهضت ملی با آقای نخست وزیر
جلسه فراکسیون نهضت ملی در ساعت ۸ بعد از ظهردر منزل آقای نخست وزیر تشکیل گردید تا درمورد مسائل روز مذاکراتی انجام گیرد. آقای مهندس رضوی نخست اظهار داشتند پس از پیش آمدهای اخیر فراکسیون نهضت ملی با همکاری یکدیگر و با پیروی از افکار ملت ایران سعی نمود که دولت مجددا به اوضاع کشور مسلط شده و به تشنجات خاتمه داده شود. خوشبختانه دولت دراین امر توفیق حاصل نمود و نظر فراکسیون ملی انجام شد. فراکسیون نهضت ملی قصد داشت و اکنون نیز دارد که با کمک سایر آقایان نمایندگان مجددا وضع عادی را درمملکت برقرار کند و رفع نگرانی مردم نماید. اصل نظر فراکسیون این است که با نظارت عالیه اعلیحضرت دولت قانونی با تمام مسؤلیت و با قدرت کامل و قانونی زمام امور مملکت را بدست گرفته و با تقویت و پشتیبانی مردم به خدمت خود و تحقق دادن آمال ملی ایران ادامه دهد. امشب فراکسیون ازاین جهت خدمت آقای نخست وزیر رسیده اند که چون تعطیلات نوروز در پیش است و آقایان اعضای فراکسیون تصمیم دارند برای رفع خستگی به حوزه های انتخابی خود و یا خارج از تهران مسافرت نمایند با آقای نخست وزیر تودیع نموده و نظر ایشان را در مورد این که آیا احتیاجی هست که در تهران بمانند یا خیر و آیا لازم است که فراکسیون در این ایام از مسافرت صرف نظر کنند یا نه، ما صمیمانه امیدواریم که آقای نخست وزیر در انجام خواسته های مردم که خوشبختانه دولت ایشان نیز در این راه گام برمیدارند موفق و پیروز گردد و اطمینان داشته باشند که ما هم برای این منظور پشتیبان ایشان بوده و خواهیم بود.

دکتر مصدق نخست وزیر مردم است
آقای مهندس زیرک زاده اظهارداشتند دو موضوع را میخواستم دراین جا مطرح نمایم یکی این که در مبارزه بزرگی که ملت ایران شروع کرده است و موفقیت های شایانی نیز بدست آورده ، روزی خدای نخواسته ممکن است با شکست توأم شود که نهضت ملی و دولت

دکتر مصدق زیر فشارهای داخلی و خارجی سر تسلیم در مقابل اجانب فرود آورند وگرنه برای هر ملتی پیروزی فقط رسیدن به هدف نیست بلکه کشته شدن در مقابل هدف نیز خود یک نوع پیروزی است و بطور یقین اگر آنهائی که این مبارزه را تا اینجا رسانیده اند تمامی نابود شوند بازهم ملت ایران فتح کرده است و یادگار مبارزات آنها همیشه در ذهن ملت ایران خواهد ماند و مسلما دیگران دنبال آن را خواهند گرفت و به هدف خواهند رسید برعکس اگر تسلیم شدیم شاید در اول عده ای راضی باشند ولی به سرعت یأس بزرگی ملت ایران را خواهد گرفت و با خود خواهند گفت که حتی ملیون هم مجبور به سازش شدند و راهی جز سازش برای ایران نیست و این بزرگ ترین شکست روحی برای یک قوم است.

موضوع دیگر مطلبی است که آقای دکتر مصدق در مجلس گفتند که « من نه نخست وزیر شاهم نه نخست وزیر مجلس ، من نخست وزیر مردم هستم» این مطلب را که خواسته اند به غلط تفسیر کنند کاملا صحیح است به این معنی که اگر دکتر مصدق در دوره شانزدهم مورد تمایل مجلس قرار گرفت و نخست وزیر ایران شد برای این بود که همه میدانستند مصدق مورد علاقه مردم است و اگر آن هائی که برای یک هدف مقدسی همیشه از دکتر مصدق طرفداری میکنند معهذا نباید منکر شد که اگر وکلای حقیقی با کمک به دکتر مصدق ترجمان تمایلات موکلین خود هستند و چه بسا وکلای غیرحقیقی که آنها هم ازملاحظه افکارعمومی مردم ایران هست و بنابراین آنچه سیاست « تاکتیک و مانور» نامیده میشود در حکومت مصدق یک موضوع را تحمیل میکند و آن توجه به تمایلات مردم و حفظ افکار عمومی از دکتر مصدق است و تا زمانی که افکارعمومی از دکتر مصدق پشتیبانی میکند دکترمصدق به زمامداری خودادامه خواهد داد.

پیروزی ملت ایران

آقای نخست وزیرگفتند ملت ایران در نتیجه مبارزات خود پیروزی بزرگی را بدست آورده است و اکنون دنیا دیگر به چشم سابق به ما نگاه نمیکند ، دنیا اکنون ما را یک ملت زنده شناخته و از ملت ایران به نام یک ملت فاتح یاد میکند. البته این افتخاری نیست که به آسانی به دست ملت ایران رسیده باشد. ملت ایران دراین دوسال همه گونه مبارزه را برای ریشه کن کردن اجانب از کشورخود کرده است و باید این مبارزه را تا مرحله نهائی که موفقیت کامل باشد ادامه دهد.

در روز ۹ اسفند اگر من از منزل رفتم و منزل خود را ترک کردم برای ترس از جان خودم نبود ، چه من هیچ ترسی نداشتم از این که در آن روز کشته شوم و عدم رسیدن به آمال مردم ایران را به بینم ولی اگر حمله کنندگان نه تنها به خانه من هجوم آورده بودند بلکه به خانه فرزند من نیز حمله کرده بودند و تمام اهل خانه او و من مضطرب بودند و بیم آن میرفت که جان همه آنها در خطر مرگ باشد و من برای نجات زن و فرزندانم از منزل بیرون رفتم. من با تشریف بردن شاه موافق نبودم و چون ایشان اصرار داشتند و به نظرمن مسافرت ایشان غیرعادی نمیآمد چون ایشان سه مرتبه به خارج ازکشور مسافرت فرموده بودند و علاوه بر آن من نتوانستم اعلیحضرت را قانع نمایم که ازمسافرت خود به خارج از کشورصرفنظر بفرمایند این بود که ایشان خواستند تصمیم خود را اجرا بفرمایند ولی نظر حمله کنندگان این بود که بگویند دکتر مصدق میخواست شاه را از مملکت بیرون کند و از این جهت ما به او حمله کردیم.

جریان کودتا

تصدی من در وزارت جنگ برای مداخله در امور ارتش نبود بلکه من با اطلاعاتی که بدست آورده بودم مسلم میدانستم که کودتائی در جریان است و برای مقابله و خنثی کردن آن تصدی وزارت جنگ را خواستم و با متلاشی کردن نیروهای متمرکز ارتش از این پیش آمد جلوگیری کردم یعنی نطفه کودتا را در جنین نابود ساختم و خود اعلیحضرت همایونی نیز چندی بعد به من فرمودند که حق با شما بود و مطابق اطلاعاتی که خود من بدست آورده ام کودتائی در شرف تکوین بوده است و میخواستند در ایران هم مثل مصر کودتا کنند.

منظور بیگانگان- بیگانگان فقط منظورشان ازبین بردن دولت من نیست و من یقین دارم که پس ازمن اعلیحضرت شاه را هم از بین خواهند برد چه او هم نمیتواند مطیع سیاست قهار آنها باشد و بهترین دلیل واقعه ۱۵ بهمن ۱۳۵۷ است که قصد جان شاه را کردند و ضارب را هم فورا کشتند و این کار را از آن جهت کردند که نقشه آنها افشا نشود.

فقط با رأی کبود میروم

من برای آرزو های ملت ایران نخست وزیری را به عهده گرفتم و فقط با رأی کبود مجلس خواهم رفت و تا زمانی که رأی اعتماد دارم خواهم ماند و خدمت خود را در راه خواسته ها و آرزو های مردم ادامه خواهم داد و برای من رأی اعتماد همان نصف بعلاوه یک کافی است و دولت من هیچ وقت احتیاجی به این ندارد و معتقد هستم که همیشه با اکثریت قریب به اتفاق به خدمت خود ادامه دهم. آقایان محترم وظیفه بزرگی را به گردن دارند و باید آقایان مردم را روشن سازند و آنها را درجریانات حقیقی مملکت بگذارند و به دولت من همیشه کمک کنند و از راهنمائی و اظهارنظر مفید خود کوتاهی نفرمایند تا دولت با کمک و هدایت آقایان محترم بتواند به خدمت ملی خود ادامه دهد.

تمرد ابوالقاسم بختیاری

همانطور که قبلا عرض کردم من از تصدی خود به هیچوجه قصد مداخله در ارتش را نداشتم ولی من در مدت زمامداری خود عملیاتی دیدم و مشاهده کردم که چگونه نیروهای انتظامی در دست دولت که مسؤل حفظ آرامش کشور است نیست و اطاعت دولت را هیچ نمیکنند مثلا یکی همین قضیه ابوالقاسم بختیاری است با وجودی که لشگر اصفهان گزارش داده بود به من هیچ اطلاعی در این خصوص ندادند و اقدامی نکردند به من میگویند که من به او تأمین دهم ، آخر من چگونه میتوانم به او تأمین دهم؟ کسی که افراد نظامی و مردم را کشته و علیه حکومت مرکزی قیام کرده است. من جداً تصمیم سرکوبی او را گرفته ام و عملیات نظامی ادامه دارد. البته حقایق پس از رسیدگی در دادگاه روشن خواهد شد ، تأمین را من به چنین شخصی چگونه میتوانم بدهم؟ این موضوع باید در دادگاه رسیدگی شود و دادگاه صلاحیت دارد طبق موازین قانونی هر نظری را اتخاذ نمایند بدان عمل خواهد شد.

انجام خواسته های مردم

آقای شهیدی اظهار داشت مردم ولایات از دولت خود انتظارات زیادی دارند و چنانچه بارها در موارد مکرر به ثبوت رسانیده اند حاضر هستند برای تقویت و پشتیبانی دولت محبوب خود به منظور توفیق در تحقق دادن آمال آنها و به ثمررسانیدن مبارزات آنها در بدست آوردن حقوق حقه مردم تا مرحله جان و مال فداکاری کنند و من اکنون از موقع استفاده کرده از جناب آقای دکتر مصدق استدعا دارم که دولت اوامر مؤکد و بلیغی صادر فرمایند تا

در انجام مستدعیات مردم ولایات توجه بیشتری مبذول گردد. مردم اصفهان و فریدن مستدعیاتی دارند و از نخست وزیر ملی خود انتظار بذل توجه و عنایت را دارند.

مرحله استیناف

آقای نخست وزیر گفتند من بارها به دولت دستورات لازم را در این مورد داده ام و از آن ها خواسته ام که به خواسته های حقه مردم مخصوصا شهرستان ها توجه فوری مبذول گردد. من اکنون خدمت آقایان محترم عرض میکنم آقایان هر نوع کاری مربوط به حوزه های انتخابیه خود را به آقایان وزرا مراجعه کنند و اگر آنها قصوری در انجام کاری کردند مرحله استینافی را قرار دهند و بخود بنده مراجعه فرمایند.

افراد خوب کم داریم

آقای نخست وزیر اضافه کردند ما متأسفانه افراد خوب کم داریم و با تمام کوشش هائی که می کنیم خیلی کم موفق میشویم افراد خوب پیدا کنیم چنانچه در موقع انتخابات مجلس شورای ملی آقایان ملاحظه کردند با قید قرعه افرادی را برای بازرسی و فرمانداری ولایات انتخاب کردیم در عمل دیدیم هر جائی مأمورین ناباب بودند انتخاب رضایت بخش نبود و هر جا مأمورین خوب رفتند نتیجه انتخابات خوب بود. ولی امیدوار هستیم با دقتی که در انتخاب افراد صالح میکنیم رضایت عمومی از این جهت فراهم گردد. ما اگر موفق نشویم برای همه دوایر افراد شایسته ای انتخاب کنیم همین قدر که در رأس یک اداره شخص شایسته ای را قرار دهیم مسلماً تأثیر نیکوئی خواهد کرد و افراد ناباب دیگر نمیتوانند سوء استفاده کنند.

۲۷ اسفند ۱۳۳۱
متن رأی دادگاه ونیز درمورد کشتی میرییل

دادگاه ونیز بعد از ۲۵ روز بحران توقیف نفتکش میریلا و شکایت نماینده شرکت نفت انگلیس در ایتالیا رسیدگی کرد و رأی داد که این نفت متعلق به شرکت ملی نفت ایران است و شکایت نمایندگان شرکت نفت انگلیس و ایران وارد نیست.

متن رأی دادگاه که پس از ۷ روز بطور رسمی منتشر یافته است چنین میگوید: «نمایندگان شرکت نفت انگلیس و ایران متذکر شده اند که قانون ملی شدن صنعت نفت ایران بایستی قبلا توسط دادگاه های ایتالیا مورد مطالعه قرار گیرد تا بتواند در این مورد قضاوت نماید که قانون مزبور درحدود مقررات ماده ۳۱ قانون حقوق مدنی کشورایتالیا هست یا نیست؟ و یا به عبارت دیگر قضاوت نمایند که آیا قانون ملی شدن نفت مخالف مقررات تنظیم عمومی یا اصول عمومی حقوق میباشد؟ و آیا قابل اجرا در ایتالیا هست یا نه»؟

دادگاه اعلام میدارد که نفت مورد دعوا درایران طبق مقررات ملی شدن نفت دارائی دولت ایران شناخته شده است و این نفت که دولت ایران مالک آن است طبق مقررات قانونی ایران به شرکت ایتالیائی سوپر فروخته شده است و عملیات بالا طبق مقررات قانونی مجری در ایران صورت پذیرفته است بنابر این بایستی توجه شود که آیا قانون ملی شدن نفت مخالف یا موافق این عمال میباشد؟ مطالعه مواد ۲ و ۳ قانون ملی شدن صنعت نفت و تعهد دولت ایران دایر به سپردن ۲۵ درصد عواید فروش نفت دلیل بر آن است که قانون ملی شدن صنعت نفت نه تنها از پرداخت غرامت به شرکت سابق امتناع نورزیده است ، بلکه در متن خود قانون پرداخت غرامت عادلانه شناخته شده و یا قید گردیده است.

نماینده شرکت نفت انگلیس و ایران اظهار داشت که قانون ملی شدن معهذا هیچ یک از مقررات پرداخت غرامت و تاریخ آن را قید نکرده است. دادگاه اعلام میدارد که این ایراد عاری از هر گونه ارزش قضائی است زیرا تمام مقررات مربوط به طرزاجرای قانون در داخل کشور است و حال آنکه ایراد قانون ملی شدن از نظر اینکه با اصول عمومی قوانین ایتالیا همخوانی ندارد. فقط درصورتی صحیح و اساسی است که اصل غرامت پذیرفته نشده باشد در حالی که عدم پرداخت غرامت در قانون ملی شدن صنعت نفت ایران مشاهده نمیشود.

بنابر این محکمه حکم میکند که برخلاف اقدامات صریحی که از طرف دولت ایران که حاکی از میل و علاقه به احترام حقوق شرکت نفت انگلیس و ایران باشد مشاهده نشده و نمایندگان شرکت نفت انگلس و ایران نیز نتوانستند ادعا کنند که فقدان توافق در میزان غرامت مربوط به عملیات دولت ایران بوده است در نتیجه پس از مداقه در دلایل طرفین دعوی دادگاه حکم میکند که تقاضای شرکت نفت انگلیس و ایران دائر به توقیف معقول نیست و بنابراین این تقاضای توقیف غیر قابل پذیرش بوده و رد میشود.»
رئیس دادگاه ونیز- دکتر ماسترو بواند

ملاقات سفیر کبیر امریکا با نخست وزیر

آقای دکتر فاطمی وزیر امور خارجه و سخنگوی دولت در کنفرانس مطبوعاتی امروز خود در پاسخ سؤالات خبرنگاران داخلی و خارجی اطلاعات زیر را در دسترس آنها گذاشت:

ساعت ۱۱ امروز آقای هندرسن با آقای نخست وزیر ملاقات نمودند در این ملاقات آقای نخست وزیر درباره نحوه انتشار مذاکرات و طرح پیشنهادات اخیر دولت انگلیس اطلاعاتی در اختیار آقای سفیر گذارد زیرا بطوری که دیروز به استحضار رسید یک قسمت از نطق شامگاه ۲۹ اسفند آقای نخست وزیر درباره پیشنهاد اخیر دولت انگلیس و نظریات دولت ایران درباره موضوع غرامت میباشد. چون این پیشنهاد ها و مذاکرات میان آقای دکتر مصدق و آقای هندرسن بوده است بدین جهت در ملاقات امروز اطلاع داده شد که مطالب مزبور ضمن نطق رادیوئی آقای دکتر مصدق به اطلاع عامه خواهد رسید تا اگرمراجع دیگر نیز قصد انتشار آن را داشته باشند در همان ساعت منتشر نمایند.

نظر به اینکه آقا سفیر واسطه مذاکرات اخیر بین ایران و انگلیس بود احتمال دارد که مفاد نطق نخست وزیر در مورد نفت همزمان که به استحضار ملت ایران میرسد در اختیار آقای سفیر نیز گذارده شود و بطوری که قبلا به استحضار رسانیدم موضوع اساسی و اشکال عمده در تعبیر و توضیح غرامت است که انگلستان تاکنون نخواسته است روشن کند که از این کلمه غرامت چه منظوری دارد و مبنی و مأخذ آن بر چه پایه ای قرار خواهد گرفت و اشکال دولت ایران این است که تا زمانی که این ابهام رفع نشود قادر نخواهد بود که روی کلیاتی که تاکنون هرگز ازحالت ابهام خارج نشده است توافق نماید.

سخنان ایدن درمورد حل مسأله نفت

رادیو لندن - دیشب آقای ایدن راجع به مسافرت و مذاکرات اخیر خود در واشنگتن به مجلس عوام گزارش داد ، وی گفت که با همکاران امریکائی خود درباره چگونگی رفع اختلاف نفت ایران اتفاق نظر وجود دارد. وی همچنین اظهار امیدواری کرد که دولت ایران منافع حاصله از پیشنهادات ۲۱ فوریه (۲ اسفند) دولت انگلیس را برای حل اختلاف در نظر آورد.

پیام و گزارش دکتر مصدق به ملت ایران

۲۹ اسفند ۱۳۳۲

هموطنان عزیزم.... برای اینجانب که در جریان دو سال اخیر شاهد مبارزات مقدس و دلیرانه هموطنان گرامی بوده و به اراده ملت در نهضتی که به منظور حفظ استقلال مملکت و قطع ایادی بیگانه از خاک وطن و اعاده حیثیت و عظمت و اعتلاء ایران باستان شروع شده است سهیم بوده و به یاری پروردگار توانا از تند باد حوادث مصون مانده ام جای بسی افتخار است که با ملت رشید و فداکاری که برای رهایی از قیود اسارت و گسستن زنجیر های استعمار و حفظ استقلال کشور خود به مبارزه دامنه داری دست زده و از هیچ گونه جانبازی و فداکاری کوتاهی نکرده، در چنین روزی که به مجاهدت ملت نجیب و برومند ما در واژگون کردن بنای ظلم و ستم گری اثر خود را بخشیده و در قطع ریشه های استعمار ثمر خود را به بار آورده است به گفتگو بپردازم و از حمایت و پشتیبانی کاملی که در هر مورد از این خدمت گذار شده است سپاسگزاری نمایم. هموطنان عزیزم خوشوقتی این جانب از آن جهت نیست که یک سال دیگر در میان هموطنان خود مانده ام و یا چند سال دیگر هم بمانم ، من ازآن جهت خرسندم که علیرغم تمایلات و تحریکات عمال مزدور و افسون گر خارجی سال ۱۳۳۱ را به پایان رسانیده و چنین روز پر افتخاری را که پایه مستحکم قانون ملی شدن صنعت نفت به خواسته مردم ایران بنا نهاده شده است را درک می کنم و می توانم گزارش اقداماتی را که نیروی اراده ملت به این جانب محول و مرا مأمور ایفای آن ساخته است به استحضار ملت ایران برسانم.

دو سال پیش در چنین روزی این خدمت گذار به اتفاق چند تن از هم فکران پارلمانی با استعانت از الهام نیرو بخش ملت فداکار ایران توانست قانون ملی شدن نفت را از تصویب مجلس شورای ملی و سنا بگذراند. پیشنهادی را که ما در آن روز تاریخی یعنی ۲۹ اسفند سال ۱۳۲۹ از مجلس گذراندیم جامع مقاصد عالیه ایرانیان وطن دوست و مانع مقاصد بیگانگان سود پرست بود زیرا در آن پیشنهاد اصل ملی شدن صنعت نفت ایران بدین صورت تصویب و اعلام گشته است.

« به نام سعادت ملت ایران و به منظور کمک و تأ مین صلح جهانی پیشنهاد می نمائیم که صنعت نفت ایران در تمام مناطق کشور بدون استثنا ملی اعلام شود ، یعنی تمام عملیات اکتشاف، استخراج و بهره برداری در دست دولت قرار گیرد».

در چنین روزی بود که پایه های اصلی تحولی عظیم در زندگانی سیاسی وطن عزیز ما که بستگی به سعادت ملت ایران و صلح جهانی دارد کار گذاشته شد.

قرارداد ۱۹۳۳ چه بود؟

با تصویب قانون ملی شدن نفت در سراسر کشور قرارداد تحمیلی و شوم ۱۹۳۳ کان لم یکن و برای همیشه به دور انداخته شد. قرارداد ۱۹۳۳ با بی اطلاعی و اغفال ملت ایران و فقط با شرکت چند تن از آلات فعل حکومت زمان به منظور اسیر ساختن ملت ایران بسته شده بود

ولی از مضار آن احدی سخن نگفته بود ، پس از شانزده سال خانه نشینی و حبس و تبعید وقتی مردم رشید تهران توانستند مرا به نمایندگی خود به مجلس چهاردهم معرفی کنند برای اولین بار پس از یازده سال که از تصویب و اجرای آن قرارداد اسارت بار گذشته بود. در هفتم آبان ماه سال ۱۳۲۳ عیوب و خطرهای سیاسی و اقتصادی آن قرارداد تحمیلی را به استحضار ملت هوشیار ایران رسانیدم و مخصوصاً نیرنگ هائی را که سیاست استعماری انگلیس برای تمدید ۶۰ ساله امتیاز تحمیلی به کار برده و ضرر هنگفتی که این تمدید به ملت محروم و فقیر ایران می زد در همان تاریخ برای هموطنان عزیز تشریح نمودم. قرارداد تحمیلی ۱۹۳۳ ظاهراً یک موافقتنامه اقتصادی بود ولی چون تفکیک مسائل سیاسی و اقتصادی در این روزگار بسیار مشکل و این دو عنصر اجتماعی یعنی سیاست و اقتصاد با هم بستگی تام دارند مسلم و آشکار بود کلیه امتیازاتی را که انگلیس ها به عنوان اقتصادی در زیر عنوان نفت گرفته بودند دائماً درراه پیشرفت سیاست استعماری خود درایران به کارمی بردند. مثلا یکی از اصول اساسی شرکت سابق که همواره با مساعدت های دولت های دست نشانده در ایران عمل می کرد این بود که عملیات صنعتی خود را در ایران با لیره گران و کارگر ارزان انجام نماید تا از کار کارگران ایرانی حداکثراستفاده را بکند و لیره مصرفی او در ایران به حداقل برسد.

برای پیش بردن این سیاست شرکت سابق در تشکیل دولت ها مداخله می نمود تا آنکه وزیر دارائی زمان جنگ قیمت لیره را به دو برابر قیمت حقیقی خود درایران تثبیت نمود و همچنین شرکت سابق از توسعه عملیات تولیدی ، کشاورزی و صنعتی درایران خاصه در خوزستان به طریق مختلف جلوگیری میکرد تا همیشه عده زیادی داوطلب کار به قیمت ارزان و شرایط سهل در اختیار داشته باشد. باین ترتیب آن امتیاز به ظاهر اقتصادی در معنی اسارت اقتصادی و اسارت سیاسی ملت ایران را در بر داشت.

وقتی سیاست استعماری اصول اعتراضات مرا در مجلس چهاردهم بر ضد قرارداد مزبور شنید تصمیم گرفت با تمام قوا مانع از تجدید انتخاب من در مجلس پانزدهم گردد تا به خیال خود صدای حق ملت را خاموش سازد و قرارداد ۱۹۳۳ را از خطری که بدان دچار شده بود برهاند، خاصه که در نظر گرفته بود یک قرارداد جدیدی هم به نام قرارداد الحاقی به حلقوم ملت ایران فرو کند.

ماجرای انتخابات دوره پانزدهم تهران و عملیات زشت و تقلبات علنی که دولت وقت در آن انتخابات به دستور شرکت سابق و برای حفظ و حمایت قرارداد ۱۹۳۳ کرد بر خاطر همه هموطنان عزیز پوشیده نیست. در اواخر همین دوره بود که قرارداد الحاقی از طرف دولت وقت به مجلس پیشنهاد شد. حسابی را که سیاست استعماری به عادت دیرینه در نقشه خویش نکرده بود ملت ایران بود و همین حساب غلط خوشبختانه نقشه وی را باطل ساخت زیرا چند تن از عناصر ملی از داخل مجلس و این خدمت گذار با پشتیبانی قاطبه هموطنان عزیز از خارج مجلس بر ضد قرارداد الحاقی قیام کردیم و مجلس پانزدهم بدون اینکه فرصت تصویب آن را پیدا کند خاتمه یافت.

سیاست استعماری که خطر رد قرارداد الحاقی و پاره گشتن التزام نامه ۱۹۳۳ را هر لحظه فزون تر می یافت با پشت هم اندازی های مخصوص یک حکومت اختناق را بر مملکت مسلط ساخت تا انتخابات دوره شانزدهم هم به دست آن حکومت انجام گردد، حکومت

مزبور هم به وظیفه سرسپردگی خویش عمل کرد و انتخابات تهران را در میان دریائی از تقلب و فساد، جعل و تزویر و دسیسه شروع نمود ، ولی مردم رشید تهران با این انتخابات رسوا به مخالفت و مقاومت برخاستند بطوری که انتخابات در حین قرائت اوراق از طرف انجمن نظارت که تحت فشار افکار عمومی قرار گرفته بود باطل گردید. در این هنگام بر بیداری و مراقبت مردم در حفظ حقوق اساسی خویش افزوده گشت بطوری که پس از تجدید انتخابات مردم تهران توانستند چند تن از نمایندگان حقیقی خود را که عضو جبهه ملی بودند به مجلس شانزدهم روانه کردند و موفقیت عظیمی که دو سال پیش در چنین روزی در راه پاره کردن التزام نامه ۱۹۳۳ نصیب ملت ایران گشت نتیجه مراقبت ها و فداکاری هائی بود که عامه طبقات ملت ایران به وسیله تشکیل اجتماعات در آن شرکت داشتند.

نخستین عکس العمل شرکت سابق در برابر تصویب اصل ملی شدن صنایع نفت به راه انداختن اعتصاب فروردین ۱۳۳۰ در بندر معشور ، آبادان و مسجد سلیمان بود که طی آن چند تن از کارگران معصوم و رنجبر ایرانی کشته یا مجروح شدند.

در همان موقع که شرکت سابق مشغول نمایش عکس العمل خود در برابر اصل ملی شدن صنعت نفت بود این جانب به اتفاق همکاران خود در کمیسیون نفت مشغول تهیه قانونی جامع برای طرز اجرای اصل ملی شدن نفت بودیم و آن را در۹ ماده تهیه و به مجلس پیشنهاد کردیم. قبل از اینکه این قانون در مجلس مطرح شود بعضی از آقایان نمایندگان در جلسه خصوصی مجلس شانزدهم پیشنهاد قبولی نخست وزیری را به من کردند و این خدمت گذار که با ایمان راسخ به ایجاد تحولی بزرگ در زندگی سیاسی هموطنان عزیز قانون طرز اجرای ملی شدن صنعت نفت را پیشنهاد کرده بودم با وجود کسالت و ناتوانی مزاج و آگاهی تام و تمام بر مشکلات و مخاطرات آن ، این پیشنهاد را پذیرفتم تا نگویند حریفان که از قبول مسؤلیت آن هم در راه حصول آمال ملی گریزانم و فقط شرط قبولی خود را این قرار دادم که پیشنهاد ما راجع به طرز اجرای ملی شدن صنعت نفت از تصویب مجلس بگذرد. زیرا اگر قبل از تصویب آن قانون نخست وزیری را می پذیرفتم این خطر در میان بود که تصویب آن قانون در مجلس دچار مشکلاتی شود و در بلاتکلیفی بماند و دست من هم با قبول نخست وزیری از حربه نمایندگی مردم کوتاه شود و نتوانم آن قانون را در مجلس تعقیب کنم و شاید یک علت پیشنهاد نخست وزیری در آن لحظات دقیق و حساس همین بود. درهرحال در۹ اردیبهشت ۱۳۳۰ قانون نه ماده ای طرز اجرای ملی شدن صنایع نفت از تصویب مجلسین گذشت و اینجانب از روز دهم اردیبهشت رسماً مسؤلیت نخست وزیری را تنها به عشق اجرای آن قانون پذیرفتم.

اکنون دو سال تمام از تصویب قانون اعلام ملی شدن صنعت نفت می گذرد. با وجود آنکه در هر موقع فرصتی دست داده است هموطنان عزیز را در جریان اقدامات دولت گذاشته ام، میخواهم مجدداً به طور اختصار مراحل سخت و دشواری را که در این مدت با تأ یید و پشتیبانی مستمر و مداوم هموطنان عزیز در راه اجرای این قانون پیموده ایم به عرض شما برسانم.

نخستین مرحله دشواراجرای قانون مزبور اجرای ماده دوم آن درباره خلع ید از شرکت سابق بود زیرا شرکت سابق کلیه وسایل فنی و محلی خود را در خوزستان به کار انداخته بود که ازعمل خلع ید جلوگیری نماید یا لااقل عمل خلع ید را با یک سلسله تصادمات و پیش آمد

های نامطلوب مقرون گرداند و به علاوه در ماده دوم و هفتم قانون مسائلی پیش بینی شده بود که برای اجرای کامل قانون مذکور مذاکراتی با شرکت سابق لازم به نظر می رسید ، خاصه که در همان اوقات هم شرکت اظهار تمایل به انجام چنین مذاکراتی کرد. این بود که در ۸ خرداد ۳۰ از شرکت سابق دعوت شد نمایندگان خود را برای مذاکره معرفی کند و در همان دعوت نامه قید شده که مذاکرات در حدود اجرای قانون ۱۰ اردیبهشت خواهد بود تا از این راه تسهیلاتی در انجام عمل خلع ید بدست آید. ولی این هیأت که به ریاست جاکسن معرفی شده بود پس ازچند جلسه مذاکره و گفت و شنود در جلسه ۲۸ خرداد ۱۳۳۰ پیشنهاد هایی به هیأ ت نمایندگی ایران که مرکب از نمایندگان هیأت مختلط نفت و نمایندگان دولت بودند داد که به کلی با قانون ملی شدن نفت متناقض بود و به بازی های کودکانه بیشتر شباهت داشت زیرا در ضمن یک سلسله نقل و انتقالات لفظی و صوری خواسته بودند وضع سابق را تثبیت کنند. چون با این ترتیب سوء نیت شرکت سابق درجلوگیری ازعمل خلع ید مسلم گشت دولت اجرای تام و تمام قانون را مستقلا به دست گرفت و بلافاصله در ۲۹ خرداد دستور اجرای حلع ید را به نمایندگان خود در آبادان مخابره کرد. خوشبختانه در نتیجه مراقبت مأمورین دولت و نمایندگان مختلط نفت که مخصوصاً از طرف آن هیأت برای همین امر به خوزستان اعزام شده بودند و با پشتیبانی و همکاری کامل قاطبه کارگران و کارمندان مناطق نفت خیز و اهالی وطن پرست خوزستان عمل خلع ید با موفقیت درخشان و بدون اندک وقفه یا پیش آمد سوئی انجام گردید.

اگردرانجام این مرحله از هنگ چتر باز قبرس و رزمناو های انگلیسی در مقابل آبادان اسمی نمی برم برای این است که ملت رشید ایران در پیکار سختی که برای نجات حیات سیاسی و اقتصادی خویش پیش گرفته بود همان موقع هم ازاین اقدامات هراسی به دل راه نمیداد و برای آن کوچکترین ارزشی قائل نمی گشت. با این حال برای اینکه در حین خلع ید هم حسن نیت خود را عملا نشان دهیم دو مقصد اساسی را مورد توجه خاص قرار دادیم ، یکی آنکه ترتیبی بدهیم که جریان نفت ایران به بازارهای آزاد جهان قطع نگردد ، دیگر اینکه از تجربه و سابقه کار شناسان واقعی نفت که تبعه خارج بودند در گرداندن این دستگاه عظیم استفاده کنیم برای تأ مین این دو منظور بود که پیشنهاد کردیم نفتکش های شرکت سابق که برای بارگیری نفت به آبادان و بندر معشور می آیند فقط رسیدی بدهند دائر بر اینکه نفت محموله خود را از شرکت ملی نفت ایران دریافت کرده و بعداً حساب آن را تصفیه خواهند کرد.

دوم اینکه ازعموم کارشناسان خارجی دعوت کردیم با همان حقوق و مزایائی که داشته اند به موجب قرارداد های استخدامی انفرادی به خدمت شرکت ملی نفت درآیند و به خدمات خود ادامه دهند ولی متأ سفانه شرکت سابق با این دو پیشنهاد منطقی ما نیز از در ستیزه داخل شد. از یک طرف نفتکش های خود را از دادن چنین رسیدی منع کرد و از طرف دیگر کارشناسان را از اینکه به خدمت شرکت درآیند برحذر می داشت این بود که ناچار تحویل نفت به نفتکش های شرکت سابق ممنوع گردید و کارشناسان هم از ادامه کار در مؤسسات نفت ممنوع گشتند.

در همان اوقات که ما گرفتار انجام خلع ید در ایران بودیم دولت انگلیس برای جلوگیری ازاجرای خلع ید به دیوان بین المللی دادگستری لاهه شکایت کرد و با اینکه دولت ایران اعلام داشته بود صلاحیت دیوان را برای دخالت در قضیه نفت ایران منکر است ، دیوان

مزبور در ۱۵ خرداد ۱۳۳۰ قراری به عنوان اقدامات تأمینیه برای جلوگیری از اجرای خلع ید که دولت شروع به آن نموده بود صادرکرد و رئیس جمهور سابق امریکا نیز ضمن نامه ای، اجرای آن قرار موقت را به دولت ایران توصیه نمود. البته دولت ایران این قرار را به شدت رد کرد و چنانچه می دانید دیوان لاهه ضمن رأی نهایی خود که در ۳۱ تیر ماه امسال صادر کرد آن قرار را فسخ کرد.

در۱۷ تیر ماه ۱۳۳۰ رئیس جمهور سابق کشورهای متحده امریکا به وسیله سفیر خود در تهران باین جانب اطلاع داد که برای پیدا کردن راهی جهت حل اختلاف نفت در نظر دارند آقای هریمن را به نمایندگی مخصوص خود برای مذاکره به ایران روانه سازند ، این جانب جواب دادم درصورتی که این مذاکرات حق ملی ما را مطابق قوانین ملی شدن صنعت نفت محفوظ بدارد در انجام آن مانعی نمی بینم. در ۲۳ تیر ماه ایشان وارد تهران شدند و بلافاصله مذاکرات بین ایشان و نمایندگان دولت و نمایندگان هیأت مختلط نفت آغاز گردید و نتیجه مذاکرات در جلسه مشترک هیأت وزیران و هیأت مختلط در۳۰ تیر ۱۳۳۰ به صورت چهار ماده درآمد که خلاصه آن این است:

هرگاه دولت انگلیس به وکالت از طرف شرکت سابق اصل ملی شدن صنعت نفت ایران را برطبق ماده واحده مصوب ۲۹ اسفند ۱۳۲۹ که استخراج و اکتشاف و بهره برداری معادن نفت ایران را در دست دولت قرار داده است بپذیرد دولت ایران حاضر خواهد بود برای حل اختلاف نفت با نمایندگان انگلیس به وکالت از طرف شرکت سابق نفت وارد مذاکره شود و چون سفارت انگلیس در نامه رسمی ۱۱ مرداد ۱۳۳۰ پیشنهاد دولت را در باب قبولی اصل ملی شدن پذیرفت ، دولت آمادگی خود را برای شروع مذاکره با هیأت نمایندگی انگلیس اعلام داشت و هیأت نمایندگی مزبور در ۱۲ مرداد ۳۰ به ریاست استوکس مهردار سلطنتی وارد تهران شد و پس از چند جلسه مذاکره ، هیأت نمایندگی انگلیس در ۲۱ مرداد پیشنهاد های خود را طی ۸ ماده به هیأت نمایندگی ایران تسلیم نمود ولی از این پیشنهاد ها عملا از نتیجه ملی شدن نفت انحراف حاصل شده و می خواستند شرکت سابق را تحت عناوین جدیدی مانند سازمان عامل و سازمان خرید دوباره بر گرده مؤسسات نفتی ما سوار کنند و به وسیله این سازمان های نوظهور فقط صدی پنجاه ازدرآمد نفت به دولت ایران برسد و بعلاوه بازهم انحصار فروش نفت ایران عملا به دست مؤسسات انگلیسی بیفتد و در آخر کار هم صحبت از تعیین یک مدیر کل انگلیسی برای اداره عملیات استخراج و تصفیه نفت کردند که البته هیچ یک ازآنها چون با قوانین ملی شدن صنعت نفت سازگار نبود مورد قبول و توجه واقع نگردید و پیشنهاد ۸ ماده ای از طرف نماینده انگلیس مسترد گردید. به هیأت نمایندگی انگلیس گفته شد که چون اصل ملی شدن صنعت نفت را بر طبق تعریف قانونی ۲۹ اسفند ۱۳۲۹ دولت انگلیس از طرف خود و شرکت نفت پذیرفته است دولت حاضراست فقط درمورد فروش نفت و استفاده از کارشناسان و چگونگی تعیین خسارت و پرداخت غرامت مذاکره کند. از روشی که هیأ ت نمایندگی انگلیس در روز های آخر اختیارکردند معلوم بود تمام قصد انگلیس ها از دادن این پیشنهاد های غیرعملی آن بود که دولت و ملت ایران را براثرفشار اقتصادی و مشکلات داخلی خسته و مأیوس گردانند تا این دولت جای خود را به دولتی بدهد که مطابق میل آن ها و به نفع آن ها قراردادی امضا کند و چون این منظورحاصل نشد هیأت نمایندگی انگلیس و آقای هریمن که واسطه مذاکراه بودند در ۳۱ مرداد و اول شهریور از تهران رفتند و نتیجه عملی که از مذاکرات ممتد با این آقایان به

دست آوردیم همان قبولی اصل ملی شدن نفت از طرف شرکت سابق و دولت انگلیس بود که خود این قبول باالطبع التزام نامه ۱۹۳۳ (و خسارت عدم النفع ادعائی بابت باقیمانده مدت قرارداد تحمیلی ۱۳۳۹) را ازمیان برد و چون دولت به خوبی حس می کرد که ماندن کارشناسان با وضع مبهم اسباب ناراحتی کارکنان شرکت ملی نفت و اهالی خوزستان می شود و در عین حال مانع آن است که مشتریان مستقیماً بخود ما مراجعه کنند ، از این رو لغو جواز اقامت کارکنان انگلیسی شرکت نفت در جلسه مختلط هیأت دولت و هیأت مختلط نفت مذاکره و به تصویب رسید و به هیأت مدیره موقت شرکت نفت در خرمشهر دستور داده شد که جواز اقامت کارکنان انگلیسی از طرف ادارات مربوطه لغو شود و در ظرف یک هفته خاک ایران را ترک کنند و همین طور هم عمل گردید بطوری که هموطنان عزیز ملاحظه فرمودند دولت در راه حصول آرزو های ملت ایران در برابر چه مشکلات و کار شکنی های حریف قرار داشت ، ولی از آنجا که اطمینان داشت ملت رشید ایران که پس از یکصد و پنجاه سال تحمل انواع محرومیت ها و فشارهای گوناگون خارجی تصمیم گرفته است خود را برای همیشه از زیر باراین نوع فشار ها بدر آورد دولت هم که جز برآوردن آمال ملی منظور و مقصودی ندارد از این روح شایان تجلیل مردم همواره الهام می گرفت و هر اندازه در برابر خود مشکلات و موانع جدید می دید بر ثبات و پایداری خود می افزود و یک قدم به جلو میرفت چنان که در ظرف مدت پنج ماه عمل خلع ید از شرکت سابق را با وجود آن همه موانع و مخاطرات با استمداد از نیروی مقاومت بخش ملی به تمام معنای کلمه به انجام رسانید و کلیه کارشناسان انگلیسی را ازخاک وطن خارج گردانید. اما حریف سمج از پای ننشست و روز ششم مهر ۱۳۳۰ یعنی چهار روز پس ازدستوری که دولت برای اخراج کارشناسان انگلیسی داده بود از امریکا اطلاع رسمی رسید که دولت انگلیس از اقدامات دولت ایران در راه اجرای قوانین ملی شدن نفت شکایت به شورای امنیت سازمان ملل متحد برده است و دولت ایران را که دلیل نداشت در اختلاف نفت با دولت انگلیس طرف مذاکره و بحث قرار گیرد وارد مهلکه دیگر ساخت و مرحله جدیدی در راه تهدید ایران آغاز کرد ولی دولت به این اصل اساسی توجه داشت که ملتی که می خواهد با شرف و افتخار زندگی کند و حقوق حقه خویش را به دست آورد باید در برابر مشکلات ایستادگی نماید و از این تهدید ها بیم و هراس بخود راه ندهد ، این بود که با تأئیدات الهی و پشتیبانی افکار عمومی تصمیم گرفتم تا حصول به هدف نهایی از پای ننشینم و بلافاصله برای جواب گویی دولت انگلیس عازم شورای امنیت شدم و در۲۱ مهر ۱۳۳۰ جلسه شورا دلایل دولت ایران را در رد صلاحیت شورای امنیت به تفصیل بیان نمودم. ضمناً از موقع استفاده کرده سوابق کار نفت و مظالم شرکت سابق و مداخله عمال آن را در امور داخلی ایران و غارت عواید نفت و محروم نگاه داشتن ملت ایران از حداقل زندگی و عزم راسخ ملت و دولت ایران را در جلوگیری از مداخله خارجیان در امور داخلی ایران از منبر نطق شورا به سمع جهانیان رسانیدم و شورای امنیت پس از پنج جلسه بحث و مذاکره در جلسه ۲۶ مهر سال ۱۳۳۰ تصمیم گرفت که موضوع نفت را تا زمانی که دیوان بین المللی دادگستری لاهه راجع به صلاحیت خود اظهار نظر ننموده است مسکوت بگذارد و با این ترتیب دولت انگلیس از ارجاع کار به شورای امنیت هم نتواتست نتیجه مورد نظر خود را که تسلیم ملت و دولت ایران باشد بگیرد و همچنان مقاومت ملت ایران با نیروی بیشتری ادامه یافت.

دعوت رئیس جمهور سابق کشور های متحد امریکا از من و مذاکراتی که در اولین جلسه ملاقات راجع به نفت صورت گرفت مجدداً فرصتی به وزارت امور خارجه آمریکا داد که

منظور هریمن را دوباره دنبال کند یعنی واسطه مذاکرات میان ما و انگلیس ها برای رفع اختلافات نفت گردند و من هم که جز اجرای قوانین ملی شدن نفت و تأمین منویات ملی نظری نداشتم حاضر به ادامه مذاکرات گشتم و این مذاکرات در مدت بیست و پنج روز که این جانب در واشنگتن بودم به وسیله معاون وقت وزارت خارجه امریکا جریان داشت ولی این مذاکرات هم که مصادف با روی کار آمدن حزب چرچیل در انگلستان شده بود و در آن دولت حسن نیتی وجود نداشت به جائی نرسید و در روزهای آخر توقف در واشنگتن معاون بانک بین المللی توسعه و ترمیم برای بکار انداختن صنایع نفت نزد من آمد و اظهاراتی نمود ، جواب من بطور خلاصه این بود که اگر از بکار گماشتن کارشناسان انگلیسی خودداری کنید و قیمت نفتی را هم که از طرف ما می خرید بفروشید قبلا معلوم سازید ممکن است از مذاکرات ما نتیجه گرفت. قرار شد بانک در این مورد مطالعات خود را بکند و نظریات خود را به دولت ایران اطلاع دهد.

تقریباً چهل روز پس از بازگشت من از امریکا به تهران بانک بین المللی توسعه و ترمیم نامه ای در۶ دی ۱۳۳۰ به وسیله دو نفراز کارمندان خود برای تکمیل آن مذاکرات فرستاد ولی در پیشنهاد های بانک نکات مبهمی راجع به مسؤلیت اداره مؤسسات نفت و حدود اختیارات بانک و قرارداد صدور کلی نفت و از آن مهم تر برای تقسیم وجوه حاصل از فروش نفت بین خریدار کلی و ایران و به امانت گذاشته شدن قسمتی از آن در نزد بانک وجود داشت که قابل قبول نبود و به این جهت در جوابی که به پیشنهاد مزبور داده شد در عین خواستن توضیحات تذکر داده شد که پیشنهاد های بانک با مذاکرات ما در واشنگتن منطبق نیست و خارج از اصول مذاکرات واشنگتن مطالبی در آن است که محتاج به توضیح است. نمایندگان بانک پس از دریافت این جواب به امریکا رفتند تا نتیجه مطالعات خود در تهران و آبادان را به بانک گزارش دهند.

در ۱۵ بهمن ماه ۱۳۳۰ تلگرافی ازآقای گارنر معاون بانک بین المللی رسید که تصمیم دارد برای ادامه مذاکرات به اتفاق هیأتی به تهران بیاید ، دولت با آمدن هیأت نمایندگی بانک موافقت کرد و در روز ۲۲ بهمن هیأت مزبور وارد تهران شدند و دولت هیأتی را انتخاب و مأمور نمود که با هیأت نمایندگی بانک مذاکره نمایند پس از چندین جلسه که تا ۲۵ اسفند ماه ادامه داشت معلوم شد که پیشنهاد های نمایندگان بانک با قوانین ملی شدن نفت مطابقت ندارد زیرا بانک برای به خدمت گناشتن کارشناسان انگلیسی در مؤسسات نفت جنوب اصرار می ورزید و بعلاوه می خواست بدون در نظر گرفتن وضع حقوقی که از انجام عمل خلع ید نتیجه شده عمل بهره برداری از مؤسسات نفت جنوب را به عهده گرفته و اداره نماید. نسبت به قیمت خام و نفت تصفیه شده نیز بانک پیشنهاد هایی می داد که در نتیجه آن بیش از پنجاه درصد عایدات سهم دولت نمی گشت ، لذا این مذاکرات هم که کارشکنی حریف در آن نقش مؤثری داشت به جایی نرسید پس از اینکه معلوم شد بانک بین المللی بی طرف هم خود را به اصول حقوق بین المللی آشنا نمی کند و دول بزرگ هم منافع خود را به هر پیش آمدی. ترجیح می دهند به این نتیجه رسیدیم که ملت ایران برای پیش برد مقاصد ملی خود باید بیش از این ها فداکاری کند و این جانب نظرات خود را ضمن یک برنامه شش ماده ای در ۲۳ فروردین ماه ۳۱ که متضمن اصلاحات بودجه ای و اداری و افزایش سریع تولیدات کشاورزی و صنعتی و صرفنظر کردن از درآمد نفت بود با آقایان نمایندگان دوره هفدهم در میان گذاشتم ، و چون چند روز بعد اطلاع رسید که دیوان بین المللی دادگستری ۱۹ خرداد

۳۱ را برای رسیدگی به عرضحال شرکت سابق و دولت انگلیس بر علیه ایران تعیین وقت کرده است با مشورت هیأت مختلط نفت مشغول تهیه اسناد و مدارک لازم شدیم و چون دولت انگلیس می کوشید برخلاف حق ایران را به موازین و اصول بین المللی بی اعتنا نشان دهد و برای ما پرونده بسازد تصمیم گرفتم که شخصاً در دیوان حاضر شوم و دلایل خود را دائر بر عدم صلاحیت آن دیوان عرضه بدارم و به همین نیت در اوایل خرداد ماه ۳۰ با هیأتی عازم لاهه گشتم. پس از مدافعاتی که در دیوان لاهه صورت گرفت به نظر می رسید دولت انگلیس از جریان کارها متنبه شود و دست از مظالم خود بکشد و دوستی ملت ایران را بر منافع مادی خود رجحان دهد و پنبه تسلیم ملت ایران را از گوش خود بکشد ولی متأسفانه باز هم عناد و لجاج این دولت چنانچه شیوه دیرین آن است ادامه یافت و آنچه معلوم شد این بود که دولت انگلیسس از آنکه حس کرده از مراجع بین المللی برای به کرسی نشاندن دعاوی باطل خویش نمی تواند نتیجه به دست آورد سعی دارد در داخل کشور دست به تحریکات زده و از این راه نظریات خود را عملی سازد و به این جهت بود که وقتی در۲۳ تیر ۳۱ از لاهه به تهران آمدیم کشور عزیز را آشفته و آن را صحنه ای از تحریکات سخت عمال اجنبی بر ضد دولت یافتیم و در ۲۶ تیر ماه ۳۱ یعنی موقعی که قضات لاهه مشغول شور در تهیه رأی خود بودند ناچار به کناره گیری از کار گشتم ولی مردم دلیر ایران در ظرف چهار روز که از استعفای من گذشت در تهران و شهرستان ها چنان احساساتی نشان دادند که منجر به قیام ملی ۳۰ تیر گردید و این خدمت گذار به حکم افکار عمومی دوباره مسؤلیت امور مملکتی را به عهده گرفتم و روز بعد رأی دیوان لاهه به حقانیت ملت ایران اعلام گردید و خوشبختانه دراین مرحله هم حق و عدالت پیروزشد و دیوان لاهه مساعی دولت انگلیس را در وانمود کردن عدم حقانیت ایران نقش بر آب ساخت و با این ترتیب در دو روز متوالی دو شکست پیاپی یکی در تهران و دومی در لاهه به سیاست استعماری انگلیس در ایران وارد گردید.

رأی دیوان بین المللی دادگستری لاهه یکی از فتوحات درخشانی بود که در مبارزه نفت نصیب ملت ایران شد و موقعیت حقوقی و بین المللی ما را دراختلاف نفت استوار تر ساخت و به همین جهت بود که انتظار می رفت دولت انگلیس دست ازلجاج و عناد بردارد و نسبت به حل اختلاف نفت حسن نیت مشهود سازد و چون ۱۵ روز از رأی دیوان گذشت و آثاری از حسن نیت انگلیس دیده نشد در ۱۶ مرداد ۳۱ دولت این جانب یادداشتی به سفارت آن دولت در تهران تسلیم نمود. در این یادداشت اقدامات شرکت سابق نفت در جلوگیری ار صدور نفت ایران تذکر داده شد و مطالبات دولت از شرکت سابق و خساراتی که شرکت سابق و دولت انگلیس به دولت ایران وارد آورده بودند طی شش فقره اعلام گردید و مخصوصاً تأیید شد که لازم است تسریع پرداخت دیون شرکت سابق به دولت ایران بر اساس ترازنامه خود شرکت تسریع گردد و در عین حال تذکر داده شد که دولت ایران حاضر است برای پیدا کردن راه حلی در حدود قوانین ملی شدن صنعت نفت وارد مذاکره شود و هم چنین شرکت سابق می تواند در این باب به محاکم صالحه ایران مراجعه نماید. دولت با ارسال این یادداشت انتظار داشت که دولت انگلیس وضع وخیم اقتصادی ایران را تشخیص دهد و از محاصره اقتصادی که بر خلاف موازین بین المللی نسبت به ایران ایجاد کرده است دست بکشد و شرکت سابق پرداخت فوری دیون خود را قبول نماید و برای تصفیه غرامت به دولت یا محاکم ایران مراجعه کند ولی دولت انگلیس و شرکت سابق به جای تسلیم به این انتظارات معقول و حقه ، مجدداً به سیاست دفع الوقت متوسل شدند و مدت

ها گذشت جواب دولت ایران نرسید ، بطوری که این جانب مجبور شدم بار دیگر به نماینده دولت انگلیس یاد آوری نمایم. بالاخره در ۸ شهریور ۳۱ سفیر کبیر امریکا و کاردار انگلیس متفقاً نزد من آمدند و پیام مشترکی را از جانب رئیس جمهور سابق امریکا و چرچیل نخست وزیر انگلیس به این جانب تسلیم کردند و معلوم شد این پیام مشترک جواب یادداشت ۱۶ مرداد دولت می باشد. در ضمیمه پیام مشترک پیشنهاداتی در باره طرز تصفیه غرامات و رفع تضییقات از وجوه ایران در لندن وجود داشت که بطور کلی قابل قبول نبود و با قوانین ملی شدن نفت تطبیق نمی کرد و به علاوه تحمیلات جدیدی برای دولت و ملت ایران در بر داشت و از مجموع پیام چنین استنباط می شد که برای دولت انگلیس این تصور باطل پیش آمده که در نتیجه فشار محاصره اقتصادی آن دولت کشور ایران به آن درجه از استیصال رسیده که تن به قبول هرگونه شرایطی بدهد ، درصورتی که ملت ایران هرگز به شرایطی که با استقلال سیاسی و اقتصادی و به شرافت ملی آن سازگار نباشد تن درنخواهد داد.

جواب پیام مشترک در ۲ مهر ۳۱ متضمن توضیحات و دلایل کافی نسبت به علل و جهات عدم قبول آن پیشنهادات داده شد و برای اثبات حسن نیت دولت در حل اختلاف ضمن درخواست توضیحاتی به منظور رفع ابهامات موجود پیشنهاد متقابلی با مشورت هیأت مختلط راجع به غرامات و اساس رسیدگی به دعاوی طرفین و تعیین خسارات و پرداخت قبلی و علی الحساب ۴۹ میلیون لیره دین شرکت سابق به دولت ایران داده شد. در ۱۳ مهر ۳۱ از طرف وزیران امور خارجه انگلیس و امریکا در باب پیام مشترک توضیحاتی رسید ولی از پیشنهاد های متقابل دولت ایران اسمی برده نشد و معلوم گردید که بازهم دولت انگلیس خواهان حل اختلاف نیست و قصد دارد به دفع الوقت بگذراند. به این جهت در ۱۶ مهر ۳۱ یاداشت مخصوصی به عنوان وزیر امور خارجه انگلستان ازطرف دولت فرستاده شد و از شرکت سابق دعوت شد که با پرداخت بیست میلیون لیره از دیون خود به طور علی الحساب در ظرف یک هفته نمایندگان خود را جهت مذاکرات در حدود پیشنهاد های متقابل دولت ایران به تهران اعزام دارد و در پایان همین یادداشت مخصوصاً قید شد که دولت ایران همواره عواقب سوء ناشی از مماطله و تأخیر در حل سریع و قطعی اختلافات را متذکر گردیده است و اکنون هم عدم امکان ادامه این وضع را مجدداً یادآوری و مسؤلیت هرگونه پیش آمدی را که در نتیجه تعقیب این روش به وجود آید متوجه خود نمی داند.

در ۲۲ مهر ۳۱ سفارت انگلیس در تهران جواب یادداشت دولت را فرستاد و دراین جواب بود که دولت انگلیس براثر پافشاری دولت درپیش بردن پیشنهادات متقابله خود مجبور گردید پرده از روی مقاصد غیر قانونی و سود جویانه حود بردارد و صراحتاً از بابت بقیه سال های امتیاز تحمیلی ۱۹۳۳ درخواست غرامت نماید و مطالبات حقه ایران را از شرکت سابق چه از بابت چهل و نه میلیون لیره و چه از بابت خساراتی که براثر جلوگیری ازفروش نفت ایران درخارجه به ایران وارد آمده انکار کند.

از آغاز ملی شدن نفت از ۲۹ اسفند ۱۳۲۹ روش شرکت سابق نفت و دولت انگلیس بر این استوار گردیده که در برابر آمال ملی و نیات خیرخواهانه دولت ایران مقاومت کند و از حل مشکل نفت جلوگیری کنند به این امید که در نتیجه این مقاومت ملت و دولت ایران را خسته و مأیوس از مقاومت گردانند. دولت این حسن نیت خود را در کار نفت تا آن درجه ظاهر گردانید که حاضر شد در مقابل رسید به نفتکش های شرکت سابق نفت بدهد و کارشناسان را با تمام حقوق و مزایای اصلی خود نگه دارد ، ولی دولت انگلیس در هیچ مورد

نخواست از این حسن نیت دولت ایران استفاده کنند و در طی این دو سال که از آغاز اختلاف نفت می گذرد رویه ای پیش گرفت که با شرایط دوستی و همکاری میان دول سازگار نبود و سر انجام دولت ایران خود را مجبور دید رابطه ای را که موجبات تحریکات داخلی را فراهم می ساخت قطع کند.

در ۳۰ مهر ۳۱ وزارت امور خارجه طی یادداشتی تصمیم قطع رابطه سیاسی را به سفارت کبرای انگلیس در تهران اعلام نمود و متذکر گردید دولت انگلیس در قضیه نفت که برای ملت ایران امری حیاتی است نه تنها کمک به حل اختلافات نکرد بلکه درصدد حمایت غیر قانونی از شرکت سابق برآمده و مانع از حصول توافق گردیده ، خاصه که مأمورین سیاسی دولت انگلیس هنوز در ایران منشأ پاره ای تحریکات و مداخلات در امور داخلی می باشند و هر موقع دولت انگلیس به کیفیت و حقیقت نهضت و آرزوهای ملت ایران پی برد نسبت به تجدید روابط سیاسی اقدام خواهد کرد.

این بود جریان کار نفت تا روز ۲۴ مهر ۳۱ که در گزارش اخیر این جانب به مجلس شورای ملی تقدیم گردید. در پایان آن گزارش عرض کرده بودم که قطع روابط سیاسی دولت ایران با دولت انگلیس مستلزم قطع علایق دوستی بین دو ملت نیست زیرا ملت ایران همیشه به ملت انگلیس با دیده احترام نگریسته و امیدوار است که زمام داران آن دولت نیز اندکی بیشتر به حقایق اوضاع فعلی جهان و بیداری ملل توجه کنند و از روشی که تا امروز معمول داشته اند منصرف شوند و سیاست خود را با وضع دنیای امروز منطبق سازند تا ملتین انگلیس و ایران بتوانند به وسیله تجدید مناسبات سیاسی از روابط دوستی و وداد برخوردار گردند. پس از آن تاریخ دولت امریکا به وسیله سفیر کبیر خود جناب اقای هندرسن علاقه خود را به ادامه مذاکرات به منظور پیدا کردن راه حلی برای رفع اختلافات مکرراً ابراز کرده و دولت ایران نیز امیدوار بود که از این طریق راه حل منصفانه ای که برای طرفین قابل قبول باشد پیدا شود. مذاکرات جناب سفیر کبیر و این جانب درباره دو موضوع بود ، اول قطع و فصل دعاوی دولت ایران و شرکت سابق نفت. دوم فروش نفت به خارج به مقداری که دستگاه نفت آبادان را کاملا به کار اندازد.

اینک درباره هریک از این دو موضوع توضیحاتی داده می شود:

۱ - درموضوع دعاوی شرکت سابق راجع به غرامت و دعاوی متقابل دولت ایران ، بطوری که هموطنان عزیز اطلاع دارند دولت ایران ضمن جوابی که در دوم مهر ماه ۱۳۳۱ به پیام مشترک ترومن و چرچیل داد قضاوت دیوان بین المللی دادگستری را با شرایطی قبول کرده بود. موضوع قبول قضاوت دیوان بین المللی دادگستری در چند کلمه باید توضیح داده شود. پس از آن که دیوان بین المللی دادگستری دردعوای صلاحیت راجع به قضیه نفت حقانیت ایران را تصدیق نمود اختلاف دولت ایران و شرکت سابق نفت فقط در محاکم ایران قابل طرح بود ولی از آنجا که:

اولا- دیوان بین المللی دادگستری بی طرفی و حق پرستی خود را درقضیه نفت ایران با صدور حکم عدم صلاحیت به دنیا ثابت کرد.
ثانیاً - دولت و ملت ایران به هیچوجه امتناع از احقاق حق هیچ کس ندارند، چنان که در قانون ملی شدن صنعت نفت امکان تأ دیه خسارت را درصورت ثبوت آن پیش بینی کرده است.

ثالثاً - دولت انگلیس به بهانه های مختلف از جمله به بهانه اینکه محاکم ایران ممکن است ازحدود بی طرفی خارج شوند حاضر نمی شد دعاوی خود را در محاکم ایران طرح نماید. چون دولت ایران خواهان حل و فصل سریع دعاوی بود ، لذا قضاوت دیوان بین المللی را قبول نمود و چون در هر مرافعه ای موضوع دعوا باید معلوم باشد دولت ایران تقاضا نمود که موضوع دعوا را معین کنند تا با روشن شدن مابه الاختلاف دولتین بتوانند دعاوی خود را به دیوان بین المللی دادگستری مراجعه نمایند. دولت انگلیس در پیشنهاد شهریور ماه ۳۱ مبنای دعاوی خود را به طریق ذیل معین کرده بود : « غرامتی که بابت ملی شدن تأ سیسات شرکت نفت انگلیس و ایران واقع در ایران باید پرداخت شود با رعایت وضع حقوقی طرفین که بلافاصله قبل از ملی شدن موجود بوده و با توجه به کلیه دعاوی متقابله طرفین ». دولت ایران در جواب این پیشنهاد اظهار داشت که مفهوم عبارات وضع حقوقی طرفین بلافاصله قبل از ملی شدن صنعت نفت این است که قرارداد۱۹۳۳ را که هیچ گاه مورد قبول ملت ایران نبوده و نیست قانونی کنند و این امر برای دولت ایران به هیچوجه قابل قبول نیست.

این اشکال و معلوم نبودن موضوع غرامت که بر چه اساس و مبنایی است باعث شد که پیشنهادات و مذاکرات شهریور و مهر ماه به نتیجه نرسیده و مذاکرات مستقیم قطع گردید. در مذاکرات اخیری که جناب هندرسن سفیر کبیر امریکا با این جانب به عمل آورد ، دولت انگلیس پیشنهاد نموده بود که به جای جمله « وضع حقوقی طرفین بلافاصله قبل از ملی شدن نفت» عبارت « غرامت منصفانه برای از دست دادن کسب و کار شرکت » گذاشته شود. قبول این مبنای مبهم و نا معین برای تعیین غرامت موانع عدیده ای در بر داشت:

اولا درصنایع ملی شده در تمام دنیا آن هم به فرض وجود قراردادی که طبق موازین حقوقی و بدون تحمیل و ارعاب منعقد شده باشد جز غرامت اموال و تأسیسات چیزی پرداخت نمی شود و قبول غرامت از دست رفتن کسب و کار برخلاف اصل ملی شدن صنایع و نقض غرض است.

ثانیاً شرکت سابق در حقیقت در ایران کسب و کار نداشته ، بلکه باید گفت که بزرگترین ثروت ملی ایران را به رایگان می برده و چیزی که در مقابل این گنج باد آورده به دولت ایران میداده در حقیقت فقط حق سکوتی بوده که به اولیای امور میپرداخته است و بنا بر این چنین عملی که منباب مثال یک ریال بدهند و بیست ریال بهره ببرند کسب و کار نیست و یک نوع غارتی است که در هیچ جای دنیا سابقه ندارد. هموطنان عزیز، تصدیق می فرمایید که اگر اساس غرامت را از دست رفتن چنین کسب و کاری قبول کنیم باید تمام عواید خود را یکسره به عنوان غرامت تسلیم شرکت سابق نمائیم زیرا حقیقتاً با ملی شدن صنعت نفت شرکت سابق چنین کسب و کار پر منفعتی را از دست داده است. ثالثاً قبول از دست رفتن کسب و کار به عنوان غرامت مشکل دیگری را ممکن است در بر داشته باشد و آن اینکه ادعا کنند که اگر صنعت نفت در ایران ملی نشده بود چنین کسب و کار پر فایده و چنین گنج باد آوری چندین سال دیگر در اختیار ما بود و در آن صورت حتی تمام عواید نفت هم نمی تواند جبران چنان خسارت یا در حقیقت جبران چنان غارتی را بکند.

خلاصه به علل مشروحه بالا از دست رفتن کسب و کار به عنوان اساس غرامت از طرف دولت نمی توانست پذیرفته شود. دولت ایران در مقابل پیشنهاد کرد که اساس غرامت را بر

ارزش اموال و تأ سیسات شرکت سابق در ایران قرار دهند ، زیرا این تنها غرامتی بود که طبق اصول مقرره جهانی دولت ایران می توانست پرداخت کند.

۲ - مسأ له فروش نفت - درباره مذاکرات مربوط به فروش نفت کافی است به طور اختصار عرض شود که مذاکرات مزبور مبتنی بر این بود که پس از امضا و ورود به مرحله اجرای قرارداد بین دولت ایران و دولت انگلیس در موضوع غرامت یک مؤسسه امریکائی مقداری نفت با تخفیف کلی به ارزش ۱۳۳ میلیون دلار از شرکت ملی نفت ایران خریداری نماید و مبلغ پنجاه میلیون دلار پس ازامضای قرارداد فوراً به شرکت ملی نفت ایران پرداخت کند. ضمناً به صورت شرط فروش نفت وپرداخت مساعده قید شده بود که یک شرکت و یا سازمان بین المللی که در آن شرکت سابق نفت هم عضویت داشته باشد تشکیل گردد و دولت ایران موافقت کند که با این شرکت بین المللی شرکت ملی نفت ایران به منظور انعقاد قراردادی برای فروش نفت خام و تصفیه شده به مقدار زیاد طی سنوات و با شرایطی که به توافق طرفین معین گردد وارد مذاکره شود. چون این معاملات موکول به امضا و اجرای غرامت شده بود لذا بدون توافق درامر غرامت نمی توانست منجر به نتیجه شود.

معذالک دولت ایران نظریات متقابل خود را درباره مسا ئل مزبور به جناب آقای هندرسن سفیر کبیر امریکا اظهار و مذاکرات به منظور پیدا کردن راه حل ادامه داشت ، ولی اختلاف اصلی در موضوع مبنی و اساس ادعای غرامت شرکت سابق همچنان به صورت اصلی خود باقی ماند و دولت انگلستان همواره اصرار داشت که مبنای رسیدگی دیوان بین المللی دادگستری برای تعیین میزان غرامت همان از دست رفتن کسب و کار شرکت سابق در نتیجه قوانین ملی شدن نفت، باشد و این قید به شرحی که گذشت نمی توانست مورد قبول دولت ایران واقع گردد.

پیش از آنکه نظر قطعی دولت ایران را درباب نفت بیان کنم باید به عرض هموطنان عزیز برسانم که علت اساسی رفع نشدن اختلاف نفت دو چیز است. انتظار دولت انگلیس از معدودی از هموطنان ما که در ایران متجاوز از یک قرن است مورد حمایت آن دولت بوده و مردم این مملکت را به حال و روزی درآورده اند که فقط با یک قرص نان سد جوع می کنند و از تمام مزایای حیاتی محروم باشند. انتظار دولت انگلیس این است که این عده معدود که تحت حمایت آن دولت بطرق مختلفه حقوق هموطنان خود را غصب کرده و به وطن خویش خیانت نموده اند برای حفظ خودشان هم که شده اوضاع سابق را مجدداً برقرار کنند و آن دولت بتواند با حمایت شدگان خود مسأ له نفت را بطور دلخواه حل نماید. علت دیگری که مانع حل قضیه نفت شده منافعی است که بعضی از شرکت های عظیم نفت در خاور میانه دارند و در اثرتبلیغات شرکت سابق معتقد شده اند که درصورت حل مشکل نفت بر اساسی که دولت ایران پیشنهاد می کند ممکن است آن منافع دچار مخاطره گردد. به این دلایل است که پیشنهاداتی که تاکنون دولت انگلیس مستقیماً یا به وسیله امریکا به دولت ایران داده با الفاظ متفاوت در معنی بهم شبیه بوده هیچ یک از آن ها حقوق ملت ایران را تأمین نکرده و بنا براین مورد قبول دولت و ملت ایران واقع نشده است. و نیز لازم می دانم دو نکته اساسی را به عرض هموطنان عزیز برسانم.

اولا دولت سعی خواهد کرد نفت خود را به خارجه به فروش برساند و در این کار تاکنون از هیچ اقدامی فروگدارنکرده و طلیعه توفیق ملت و دولت ایران در فروش نفت با رأی محکمه

ونیز به حمداله ظاهر شده و امید کلی می رود که از این به بعد مشتریان جدیدی برای خرید نفت ایران پیدا شوند و انشاالله با صدور نفت دولت خواهد توانست از دستگاه آبادان بطور کامل بهره برداری کند. ثانیاً باب مذاکرات با دولت انگلیس مسدود نیست و هر وقت آن دولت با رعایت حقوق ایران بخواهد درباب غرامت یا فروش نفت مذاکره و اقدامی کند دولت ایران پیوسته برای مذاکره حاضر است ولی البته مهیا بودن برای فیصله امر نفت مانع اقدامات دیگر دولت به منظور بی نیازی بودجه فعلی کشور از عواید نفت نخواهد گردید.

ضمناً این نکته باید یادآور شود که در قسمت اموراقتصادی و مالی کشور با وجود این که عایدات نفت جنوب از میان رفته و حتی مخارج آن دستگاه سربار بودجه مملکت شده دولت به حمداله توانسته است روی پای خود بایستد چنان که کارخانجاتی که قبلا تعطیل بوده اکنون همگی به کار افتاده و قروض دولت و حقوق کارمندان به موقع پرداخت شده و دولت اعتبارات خود را حفظ نموده است و در حقیقت برخلاف پیش بینی های دشمنان مملکت که اظهار می داشتند دولت ایران یک ماه هم نمی تواند بدون عایدات نفت امرار حیات کند به فضل الهی دولت و ملت ایران از بوته امتحان سزافراز بیرون آمده است. دشمنان مملکت میخواهند چنین وانمود کنند که دولت در فیصله امر نفت قصور کرده و اگر قابل قبول نیست در این باب به دولت چه ایرادی وارد است؟ اینک که جریان مذاکرات تا اندازه ای به سمع ملت ایران رسید نظر دولت را در باب نفت به صراحت عرض می کنم.

اولا - چنانچه شرکت سابق برای تأ مین میزان غرامت با مبنی و اساس موافقت کند که قابل قبول دولت ایران باشد و یا حداکثر مبلغ مدعابه خود را که در نظر دولت ایران منصفانه باشد اظهار کند دولت ایران حاضر خواهد بود دعوای غرامت شرکت و دعاوی متقابل دولت ایران به قضاوت دیوان بین المللی دادگستری ارجاع شود.
ثانیاً - دولت ایران حاضر است هر مبلغی که به موجب حکم دیوان بین المللی دادگستری از بابت غرامت شرکت سابق تعیین شود از محل ۲۵ درصد عواید خالص و یا با تحویل نفت خام و مواد تصفیه شده به قیمت عادله بین المللی در کمترین مدت پرداخت نماید.
ثالثاً - دولت ایران حاضر بوده و هست به جای اینکه به دیوان بین المللی دادگستری مراجعه شود با نماینده تام الاختیار شرکت سابق و دولت انگلیس وارد مذاکره شده و دعاوی طرفین به طریق دوستانه حل و تصفیه شود.

این بود گزارشی از آنچه در این دو سال در اثر فداکاری مردم کشور انجام شده و نموداری است از مراحل موفقیتی که تا امروز ملت غیور ایران در این بزرگترین و عظیم ترین مبارزات تاریخی خود پیموده است.

هموطنان عزیز ، اگر در این جهاد بزرگ ملی ما پیروز شده ایم و دنیا صبر و استقامت ما را می ستاید برای این است که با اتحاد کلمه و هم آهنگی و وحدت نظر در یک صف واحد برای فتح نهائی کوشش و مجاهدت نموده ایم و دولتی را که در سنگر دفاع از منافع وطن با حریف بیگانه سرگرم جنگ و مبارزه بوده است طبقات مختلف مملکت مورد حمایت و پشتیبانی قرار داده و از تأیید و تشویق او به ادامه جهاد فرو گذار نکرده اند. شاید سه سال پیش حتی خوشبین ترین افراد نمی توانست اعجاز اتحاد و یگانگی را تا این درجه درک کند و رمز استقلال و حاکمیت ملی را بدین صورت بشناسد. در پناه این اتفاق و وحدت نظر مشکلات بی شمار را ما اکنون پشت سر گذاشته ایم و حریفی حیله گر و فتنه انگیز را از

خانه خویش که صد و پنجاه سال غاصبانه برآن حکومت می کرد بیرون رانده ایم. ما به دنیا نشان داده ایم که در راه تحقق آرزو ها و آرمان های ملی خویش تا سرحد فداکاری پیش میرویم و اکنون که تا موفقیت نهائی و قطعی چند قدم بیشترنمانده است باید عزم و اراده ای محکم تر و آرامش و بردباری افزون تر گام های آخر را به سر منزل مقصود برداریم. در اینجا از فرصت استفاده نموده و یک بار دیگر از مساعی و مجاهدات عموم طبقات ملت رشید ایران مخصوصاً از مبارزات دوستان و هم قدمانی که از لحظات اولیه این جهاد ملی و روزهای سخت و مشکل این نهضت تاریخی را رهبری کرده و به خاطر حفظ منافع ملت و استقلال مملکت جنگیده اند صمیمانه تشکر می نمایم.

در میان هر قوم و ملت زنده که طالب آزادی فکر و حکومت دموکراسی است قهراً اختلاف سلیقه هایی در امور کلی و جزئی پیش می آید که در زمان عادی به صورت کشمکش های پارلمانی و مطبوعاتی و حزبی جلوه گر می شود ولی در اوقاتی که یک خطر خارجی استقلال اقتصادی و سیاسی کشور را تهدید می کند و به جنگ و مبارزه علنی بر ضد حقوق حقه آن کشور بر میخیزد نه تنها تمام اختلاف سلیقه ها باید کنار گذاشته و به دفاع از منافع ملی پرداخت ، بلکه اختلاف عقیده ها نیز در این گونه موارد جای خود را به وحدت و اتحاد کامل می دهد و تمام یک ملت چون کوه در برابر خصم به مقاومت و ایستادگی و ثبات تجهیز میشوند. وقتی ملتی پیروز از پیکار با حریف برگردد ، زمان بسیار برای کارهای دیگر خویش در پیش دارد و مجال ابراز سلیقه های گوناگون برای او کاملا مهیا و فراهم است ولی اگر دشمن توانست راهی به داخل سنگر مستحکم ملی پیدا کند و آتش نفاق را در درون خانه دامن بزند از تمام کسانی که در راه احقاق حقوق ملی مجاهده و مبارزه نموده اند سلب آسایش و آزادی خواهد کرد و استقلال و حاکمیت ملتی را ملعبه هوی و اغراض بیشمارخود خواهد ساخت. این نتیجه ای که در اثر چند سال اتحاد و اتفاق ملت گرفته ایم به ما حکم میکند وحدت کلمه را همچنان محفوظ نگه داریم و هیچ کدام فراموش نکنیم که فرزند این آب و خانه کهن سالی هستیم که از ده ها قرن به این طرف از نیاکان پر افتخارخود به فرزندان مبارز و فداکار امروز منتقل شده است.

مصاحبه نخست وزیر با خبرنگار کیهان

س - دولت انگلیس و شرکت نفت درمورد مسئله نفت در جراید و رادیو های دنیا علیه ما و به نفع خود تبلیغات میکنند جنابعالی فکر میکنید ما چگونه میتوانیم تبلیغات سوء آنها را علیه خود خنثی کنیم؟

ج - متأسفانه تبلیغات ما در دنیا ضعیف است ، ما هیچ گونه تبلیغات در خارج ایران نداریم و اگر گاهی مطالبی مربوط به اوضاع ایران به نظر مردم جهان میرسد همان مطالبی خواهند بود که بعضی اوقات من به خبرنگاران خارجی میگویم.

س - بعضی مطالب است که دانستن آن برای مردم ایران لازم است مثلا لایحه اصلاح قانون انتخابات که مورد علاقه کامل مردم میباشد و خود جنابعالی نیز همیشه در موارد مختلف علاقه کامل خود را نسبت به اصلاح قانون انتخابات ابراز نموده اید و اکنون مدت زیادی از روزی که اصلاح این قانون در معرض افکار عمومی گذاشته شده میگذرد و هنوز سرنوشت آن معلوم نگردیده است.

ج - آقای نخست وزیر با تأثر گفتند شما خود میدانید که جریانات اخیر هیچ گونه مجال و فرصتی برای انجام چنین کارهائی باقی نگذارده و دولت من بجای اینکه به این دردهای اصلی

بیاندیشد و یا به مبارزات خارجی خود علیه بیگانگان ادامه دهد مجبور است تمام وقت خویش را صرف مبارزه با عمال داخلی کند و یا از خود دفاع نماید. البته اصلاح قانون انتخابات و راه یافتن وکلای حقیقی ملت به پارلمان و دخالت مردم در مقدرات خودشان از آرزوهای همیشگی و قلبی من بوده است. از خداوند مسألت مینمایم که ملت ایران را در مبارزه ای که برای حق و حقیقت و رسیدن به حقوق حقه خود پیش گرفته اند پیروز و موفق دارد و سال نو را بر عموم ایرانیان مبارک و میمون گرداند.

اظهارات نخست وزیر به گزارشگر نیویورک تایمز

آقای نخست وزیر اظهار داشتند با وجود این که دولت ایران صد میلیون دلار عواید سالیانه خود را که از نفت جنوب بدست میآورد پس از ملی شدن صنعت نفت در سراسر ایران از دست داده است با افزایش میزان محصولات کشاورزی و کاهش واردات و تشویق صادرات خواهد توانست بودجه سالیانه خود را متوازن سازد. اما برای برنامه های عمرانی خود در نظر دارد سطح تولید و زندگی مردم فقیر و بیچاره ایرانی را ترقی بدهد و برای حصول این منظور باید هرچه زودتر نفت خود را به خارج ایران فروخته و عوایدی از این راه کسب نماید.

آقای نخست وزیر در مقابل سؤال خبرنگار درباره شایعه انتشار اسکناس و این که چگونه ایران تاکنون توانسته است بدون درآمد نفت به وضع معجزه آسائی بدون انتشار اسکناس به زندگی خود ادامه دهد اظهار داشتند انتشار اسکناس جدید را قویا تکذیب میکنم. دولت من انتشار اسکناس جدید را که در برابر اندوخته و ذخیره طلاهای دا خلی و خارجی باید انجام گیرد مورد بررسی و مطالعه قرار داده است و این مطالعه صرفا برای کارهای تولیدی است و هنگامی این فکر به مرحله عمل خواهد آمد که کارشناسان و مطلعین اقتصادی اظهار نظر نمایند که انتشار اسکناس جدید برای کارهای تولیدی و عمرانی اقتصاد مملکت را به خطر نخواهد انداخت.

۱۰ فروردین ۱۳۳۲

تفسیر مجله تایم درمورد نطق نخست وزیر

مجله تایم در شماره امروز خود ضمن اشاره به نطق دکتر مصدق درمورد پیشنهادات دولت انگلیس و امریکا برای حل قضیه نفت مینویسد در وضع حاضر مقامات واشنگتن طرح های دیگری برای حل مسأله نفت ندارند. آقای دکتر مصدق قبل از ایراد نطق در مذاکرات خود با هندرسن تأکید کرده بود که مایل است توضیحات بیشتری برای رسیدگی به غرامت از دولت انگلیس دریافت دارد. قبل از اینکه مسأله غرامت به حکمیت ارجاع شود باید هرگونه ادعائی که دراین مورد موجود است مورد مطالعه و موافقت واقع شود. اکنون که مذاکرات با بن بست مواجه شده مقامات دولتی امریکا با مشکل بزرگی مواجه شده اند زیرا احتمال است که بعضی از خریداران نفت ایران که شرکت های مستقل و کوچک هستند سرانجام نفت ایران را به لهستان که با دولت ایران معاهده تجارتی دارد بفروشند.

۱۱ فروردین ۱۳۳۲

سخنگوی دولت ایران ادعای وزارت امور خارجه انگلیس را رد کرد

آقای دکتر فاطمی وزیر امور خارجه و سخنگوی دولت در پاسخ خبرنگاران داخلی و خارجی در مورد ادعا های وزارت امور خارجه انگلیس اظهار داشت که سخنگوی وزارت خارجه انگلیس مدعی شده است که آقای دکتر مصدق در نطق اخیر خود هنگام رد پیشنهاد های

انگلیس و امریکا برای حل مسأله نفت آنها را تحریف کرده ، هم عبارات و هم مفهوم آنرا به غلط تفسیر نموده اند. مشارالیه همچنین ادعا کرده است که آقای دکتر مصدق آن قسمت از پیشنهاد ها را که مربوط به مسأله مهم غرامات بوده است درست تفسیر نکرده اند.

لازم میدانم که به عنوان توضیح عرض کنم که پیشنهاد های مورد بحث به وسیله آقای هندرسن سفیر کبیر امریکا در تهران به دولت ایران تسلیم شده ، اگر تحریفی در این پیشنهاد شده بود حتما بیشتر مورد پیدا میکرد که این ایراد را آقای سفیر کبیر متذکر گردد، درصورتیکه آقایان استحضار دارید ایشان تاکنون سکوت اختیار کرده اند و آنچه این جانب اطلاع دارم آن قسمت از نطق آقای دکتر مصدق که مربوط به مذاکرات مشترک بین ایشان و آقای سفیر کبیر درمورد غرامت صورت گرفته است در امریکا نیز عینا منتشر شده است.

به علاوه حق این بود که سخنگوی وزارت امور خارجه انگلیس می گفت که چه قسمت از پیشنهاد ها تحریف شده و در مسأله غرامت چه تفسیر ناروائی به عمل آمده است. پس از آنکه آقای دکتر مصدق در نطق خود صریحاً اظهار داشتند که خوب است دولت انگلیس یا مبنای مطالبه غرامت را تعیین کند و یا مبلغ مدعابه را به حد اکثر معین نماید که دولت ایران بتواند آن را منصفانه تلقی کند تا با قضاوت دیوان بین المللی دادگستری دراین موضوع موافقت نماید. شایسته تر این بود که سخنگوی وزارت امور خارجه انگلیس باین قسمت از نطق جواب میداد. باید بدون پرده پوشی بگویم اینکه دولت ایران صلاحیت دیوان بین المللی را بدون قید و شرط قبول نکرد نه این است که دولت ایران به دیوان بین المللی دادگستری اعتماد ندارد بلکه قضاوت آن دیوان در دعوای دولت انگلیس علیه ایران به دنیا ثابت نمود که دیوان دادگستری بین المللی در جهت بی طرفی و بی نظری مورد اعتماد ملت ایران است. مقید نمودن موضوع غرامت باین شرط از این نظر بود که دولت انگلیس وسایل و ایادی گوناگونی که سالیان دراز در این مملکت ذخیره کرده و درموارد مختلف از آنها بهره برداری میتواند کرد این دولت را براثر توطئه و تحریک و بهانه جوئی های ایادی خود ساقط نموده و دولت دست نشانده خود را روی کار بیاورد ، بدیهی است اگر توانست از تحریکات و تشبثات و بازی گریهای خود یک چنین نتیجه شومی را تحصیل کند. آن دولت دست نشانده و حلقه بگوش اوامر انگلیس هیچ وقت از منافع ملت ایران در دادگاه لاهه دفاع صمیمانه و شایسته نخواهد کرد و بر دیوان دادگستری هم بدین صورت ایرادی وارد نیست زیرا تا طرفین دعوا ادله حقانیت خود را اقامه نکنند هیچ محکمه ای نمیتواند رأی منصفانه خود را اعلام نماید ولی اگر یک مدافع دلسوز حقیقی از روی ایمان و وطن پرستی حقوق ملت ایران را چنانکه حق و انصاف و عدالت ایجاب می کند در دیوان دادگستری دفاع نمود و نفتی را که دولت انگلیس از بدو بهره برداری معادن جنوب ایران برای بحریه خود برده و همچنین به دفاتر مخدوش شرکت سابق رسیدگی نماید ، آن وقت چه حساب سازی ها برای ملت ایران شده است و در چنین شرایطی نه تنها دولت ایران چیزی بدهکار نخواهد شد ، بلکه شرکت سابق تا ابد زیر بار قرض ایران خواهد ماند.

۱۴ فروردین ۱۳۳۲

مصاحبه آیت الله کاشانی

مخبر المصور چاپ قاهره در ملاقات خود به آیت الله کاشانی میگوید شنیده ام حضرت عالی سابقاً مخالف شاه بوده اید، چه شد که ناگاه درکنار شاه ایستاده و مدافع شاهنشاه شده اید؟

آیت الله پاسخ میدهند شاه فعلی ایران ۱۲ سال است که سلطنت میکند و من در این ۱۲ سال با آن که اخیرا مقام ریاست را هم عهده دار هستم هنوز با شاه ملاقات نکرده ام. شاه ایران خیلی با فاروق تفاوت دارد، پادشاه ایران نه مانند فاروق هوسباز است نه دیکتاتور و مستبد، شاه یک مرد تربیت شده عاقلی است.

تذکر رئیس مجلس درمورد گزارش هیأت ۸ نفری به نمایندگان

در ملاقات نمایندگان با رئیس مجلس ایشان گفتند که بایستی به آقایان نمایندگان خارج از مرکز تأکید شود که تا روز یکشنبه به تهران مراجعت کنند ولی اگر باز هم در آنروز عده کافی نبود بهتر است جلسه خصوصی منعقد شود تا تکلیف این گزارش تعیین گردد.

آقای حائری زاده اظهار داشتند من خود یکی از امضا کنندگان این گزارش هستم ، این گزارش صورت یک اظهار نظررا دارد و در جلسات غیر رسمی هم نمایندگان میتوانند درباره آن نظر بدهند ولی اگر بخواهند در جلسه علنی مطرح شود آن وقت صورت دیگری دارد و باید با اصول قوانین موضوعه مملکتی وفق داده شود بدین معنی که مبنی گزارش این هیأت ۸ نفری از قانون اساسی برای حفظ و حمایت اساس مشروطیت مملکت که همان قانون اساسی است باشد اگر منظور و اتکاء ما در تدوین این گزارش حفظ قانون اساسی بود که مهم ترین آن حق قانون گذاری است که طبق اصول متعدد قانون اساسی از مختصات مجلس شورای ملی است و نمیتوان آن را به کسی تفویض کرد. بنابراین اگر قرارباشد این گزارش به عنوان یک طرح در مجلس مطرح گردد باید توأم با طرح سلب اختیارات دکترمصدق باشد.

۱۶ فروردین ۱۳۳۲

گله نخست وزیر از دولت امریکا

بعد از وقایع ۹ اسفند و سلسله حوادثی که به دنبال آن پیش آمد تغییرات محسوسی در روابط دولت با دولت امریکا و همچنین روابط نخست وزیر با نماینده آن دولت در تهران مشهود شده که دنباله این تحول تا امروز بطور روشن به چشم میخورد. در حقیقت بعد از نهم اسفند ماه و مخصوصاً بعد از شکست مذاکرات اخیر نفت این فکر برای نخست وزیر ایجاد شده که در روابط سیاسی با غرب مخصوصا دولت امریکا به یک تجدید نظرکلی نیاز دارد.

در ملاقات دیروز آقای دکتر مصدق درباره روش دولت امریکا مبنی بر پشتیبانی از نظریات و اقدامات دولت انگلیس را به سفیر امریکا یادآور شدند که در دو سال اخیر دولت امریکا جز وعده و وعید قدمی در حق دولت و ملت ایران برنداشته و حتی مراجع مالی دولت امریکا از قبیل بانک های مختلف از دادن قرضه های عادی به ایران که هرکشور آزاد دیگر میتواند دریافت کند و در اقساط طویل المدت آن را مستهلک نماید خودداری نموده و طبق نظر دولت انگلیس که میخواسته است ایران را از گرفتن امتیازات مالی محروم بسازد ، به وضع بد مالی و اقتصادی کشور ما توجه ننموده و در حقیقت تضییقات مالی و اقتصادی دولت انگلیس را تأیید و تقویت کرده اند. درمورد نفت چه در شورای امنیت وچه دردیوان لاهه و چه در اعلامیه های مشترک منتشر شده امریکا پیوسته به سیاست دولت انگلیس کمک و مساعدت نموده و بدین ترتیب دوستی دوملت و دو دولت حاصلی جز یک سلسله اقدامات بدون فایده در بر نداشته است.

جلسه خصوصی مجلس شورای ملی و گزارش آقای حسین مکی

آقای مکی ضمن گزارش اقدامات هیأت ۳ نفری مکی ، دکتر معظمی و رفیع درمورد آزادی زندانیان سیاسی و حل اختلاف دربار و نخست وزیر اظهار داشتند ما علاوه بر موضوع زندانیان سیاسی کوشش فراوان کردیم که در مراسم سلام نوروز آقای دکتر مصدق مانند سنوات قبل درکاخ اختصاصی برای عرض تبریک به حضور شاه بروند و این شایعات کدورت از شاه را که ورد زبان همه است از بین ببرند. آقای دکتر مصدق پیشنهاد کردند برای اینکه این روابط برای همیشه حسنه و باقی بماند لازم است برای وزارت دربار یک نفر که مورد اعتماد مردم باشد انتخاب شود و اضافه کرد که من پیشنهاد میکنم مکی این سمت را قبول کند.

بنده در جواب آقای نخست وزیر عرض کردم که ملت ایران برای دو سال به من مأموریت داده است که در مجلس خدمتگذار موکلین خود باشم حالا اگر این پیشنهاد را قبول کنم مردم خواهند گفت که مکی خدمت دیگری را بر خدمت گذاری ملت ترجیح داده است. مذاکرات با آقای نخست وزیر را ساعت ۶ بعد از ظهر همان روز با شاه در میان گذاشتم و تا ساعت ۸ بعد از ظهر حضور شاه بودم ، اعلیحضرت ضمن این ملاقات گفتند برای اینکه ملت ایران بداند که من همواره به تمایلات ملت به دیده احترام می نگرم وپست وزارت دربار را به مجلس واگذار میکنم، ضمنا به بنده ابراز تمایل فرمودند ، بنده نیز برای شاه دلایلی آوردم که من برای این کار ساخته نشده ام و نمیتوانم از عهده آن برآیم.

روز دوم فروردین در حدود ساعت چهار بعد از ظهر در ده کیلومتری شاهی و سیصد متری محلی که در آن سکونت داشتم در کنار جاده شوسه قدم میزدم آقای فقیه زاده استاندار مازندران با لباس رسمی رسیدند و به من گفتند اعلیحضرت از این جاده تشریف میآورند، بنده به ایشان گفتم که رادیو خبر داد که از راه رامسر به مازندران تشریف میبرند. آقای فقیه زاده گفتند که از این راه تشریف میآورند و خداحافظی کرد و رفت. یک ربع بعد اعلیحضرت همایونی و همراهان ایشان رسیدند و نزدیک بنده توقف فرمودند. بنده جلو رفتم و به اعلیحضرت و علیا حضرت تبریک گفتم و از اعلیحضرت استدعا کردم برای رفع خستگی به کلبه روستائی بنده تشریف بیاورید ایشان قبول فرموده و پس از صرف چای و رفع خستگی تشریف بردند و هنگام خدا حافظی به من فرمودند در روزهای تعطیل یک روز به کاخ بابل بیائید. روز ششم فروردین بنده در کاخ بابل حضور شاه شرفیاب شدم و ناهار را به اتفاق خانواده سلطنتی صرف نمودم و دو ساعت و نیم بعد از ظهر که اعلیحضرت برای استراحت تشریف بردند بنده کاخ را ترک کردم و ضمنا در ملاقات با نخست وزیر به ایشان گفتم اصولا زیبنده نیست که وزارت دربار را که یک کار خصوصی و شخصی دربار است رئیس دولت در مورد آن نظر بدهد ، پست وزارت دربار را کسی باید قبول کند که مورد اطمینان شاه باشد و آقای نخست وزیر هم این نکته را تأیید و تصدیق فرمودند.

مطلبی را که میخواستم عرض کنم این است که من از شمال مراجعت کرده ام و غالب نمایندگانی که در نقاط مختلف کشور در این ایام عید در خارج از تهران بسر برده اند مثل بنده درک کرده اند که شایعه اختلاف دربار و رئیس دولت موجب بزرگترین تشنجات در شهرستان ها شده است و به صراحت عرض میکنم هرکس علاقمند به استقلال ایران و نهضت مقدس ملت ایران است باید در رفع این اختلاف کوشش کند و هرکس به این آتش

اختلاف دامن بزند به ملت ایران و حق حاکمیت آن خیانت کرده است. پس از سخنان آقای مکی آقایان بقائی و حائری زاده امضای خود را از ذیل گزارش ۸ نفری پس گرفتند.

۱۷ فروردین ۱۳۳۲

پیام رادیوئی نخست وزیر خطاب به ملت ایران

هموطنان عزیز روز نهم اسفند سال گذشته به این عنوان که دکتر مصدق میخواهد اعلیحضرت همایون شاهنشاه را به خارج روانه کند عده ای جلوی کاخ اختصاصی آمده بودند و قصدشان این بود که در موقع خروج از کاخ کار مرا یکسره نمایند ولی به هدف نرسیدند. پس از آن جلو خانه اینجانب آمدند و باز کامیاب نشدند. گرچه توضیحات راجع به تصمیم این مسافرت را همان شب در جلسه خصوصی مجلس داده ام ولی نظر به اینکه رسماً و کاملا منتشر نشد و حتی به مردم چنین وانمود کردند که ابتکار این مسافرت با این جانب بوده و اختلاف شخصی بین اعلیحضرت و اینجانب وجود دارد ، این است که لازم میدانم چگونگی را برای روشن ساختن اذهان عمومی به استحضار هموطنان برسانم.

هموطنان بخوبی واقفند که این جانب تصدی نخست وزیری را با کبر سن و ضعف مزاج به عهده گرفته ام برای این بود که قانون ملی شدن صنعت نفت را سر انجام دهم ، همانطور که بارها متذکر شدم صلاح ندیدم که با وجود جنگ در جبهه خارجی دست به اصلاحات داخلی که موجب تشنجات بزرگی است بزنم و جنگ در دو جبهه را به ملت ایران تحمیل نمایم از اینرو تا سرحد امکان کوشیدم که در امور داخلی وضع موجود را حفظ کنم ولی در همان اوایل در نتیجه احساس امنیت برای شخص خود در مجلس متوقف شدم و رئیس شهربانی وقت را از کار برکنار کردم.

پس از آن جناب آقای علاء وزیر دربار مرا در مجلس ملاقات نمود در ضمن مذاکراتی که به عمل آمد اظهار نمودند اوضاع خوب نیست مبادا ترتیبی پیش آید که کشور ما جمهوری شود، بدین جهت برای این که خاطر شاهانه نگران نباشد در چهارم خرداد ۱۳۳۰ شرحی بدین مضمون « پیشگاه اعلیحضرت همایون شاهنشاهی چون مدت خدمت چاکر به محض خاتمه کار نفت بسرخواهد رسید برای ریاست شهربانی کل کشور به هیچ وجه نظری نمیتواند به عرض برساند و تعیین آن فقط منوط به اراده ملوکانه است » عرض نموده فرستادم.

در سه روز به قضیه ۲۳ تیر نمانده بود که اعلیحضرت خودشان رئیس شهربانی را تعیین فرمودند و بعد قضیه ۲۳ تیر در تهران پیش آمد و این حادثه بهانه ای شد که در مجلس علیه دولت مخالفت های شدید آغاز کنند. این جانب از پیشگاه شاهانه مجازات رئیس شهربانی را خواستم ، مشارالیه به دادگاه نظامی فرستاده شد ولی دادگاه او را تبرئه کرد.

در موضوع اداره امور ارتش مدت ها رویه گذشته را پیروی کردم ولی رفته رفته تحریکات برضد دولت توسعه پیدا کرد بطوری که پس از مراجعت از امریکا مذاکراتی که در یک جلسه ۶ ساعتی با حضور اعلیحضرت همایونی به عمل آمد به این نتیجه رسید که انتخابات مملکت درهمه جا بطورآزاد و بدون اینکه توصیه ای برای انتخاب اشخاص به فرمانداران و فرماندهان ارتش بشود صورت گیرد. ولی درخلال انتخابات مشهود گردید که بعضی از افسران درپاره ای از نقاط به اوامر دولت وقعی نمیگذارند و به وسایل مختلف در حق مشروع مردم دخالت مینمایند به طوری که در موقع عزیمت به لاهه انتخابات ۵۵ کرسی مجلس صورت نگرفت.

در ایام توقف در لاهه تحریکات بر ضد دولت به شدت جریان داشت و حتی نبی الله ضارب را تعیین کرده بودند که در دادگاه اعتراف کند که در جرم منتصب به او اینجانب شرکت داشته ام و منظور این بود که این خبر را مطبوعات خارجی در همه جا منتشر کنند تا دیوان بین المللی دادگستری وقعی به مدافعات نماینده ایران نگذارد و به جهانیان نشان دهند که مدافع دولت ایران کسی است که در این قبیل توطئه ها شرکت داشته است. پس از مراجعت از لاهه این تحریکات به منتهای شدت خود رسید و مسلم شد که بدون وسایل رئیس دولت نمیتواند مسؤل حفظ امنیت و انتظامات باشد ، از اینرو ناچار شدم که درخواست تصدی وزارت جنگ را شخصا بنمایم و در روز ۲۶ تیر که نظر خود را به عرض ملوکانه رسانیدم فرمودند خوب است اول من چمدان خود را ببندم بروم بعد این کار را تقبل کنید. به عرض رسید وقتی اعلیحضرت اعتماد دارند که من در رأس دولت باشم چگونه اعتماد ندارند که وزارت جنگ را که جزئی از دولت است تصدی نمایم ، بنابراین خوب است مرا از تصدی دولت معذور بدارند و به هر نحو که مقتضی میدانند عمل فرمایند. پس ازمذاکرات زیاد چنین قرار شد که اگر تا ساعت ۸ آن روز خبری از طرف اعلیحضرت نرسید من استعفای خود را بفرستم و الا به کار ادامه دهم. موقع مرخصی از من خواستند اگر وقایعی رخ داد آنچه را که در خیر شاه لازم است خودداری نکنم ، عرض شد که من به پدر شما در دوره ششم قسم نخوردم ولی به شما که مرا از زندان پدر خود نجات داده اید در دوره چهاردهم قسم خورده ام و بدون قسم نیز همیشه به اعلیحضرت وفادار بوده ام.

ساعت ۸ رسید چون خبری از اعلیحضرت نرسید استعفای خود را با ذکر علت فرستادم و بر طبق اطلاعات بعدی همان روز با قوام داخل مذاکره شدند که نتیجه آن مذاکرات منجر به وقایع ۳۰ تیر گردید. پس ازاین که باراده ملت مجددا این جانب مأمورتشکیل دولت شد روز اول مرداد که احساسات مردم به اوج خود رسیده بود و همه ازجریان آن وقایع استحضار کامل دارند برای اینکه بکلی رفع نگرانی از اعلیحضرت بشود و دشمنان مملکت در این موقع که ما گرم مبارزه با اجنبی هستیم هر روز نتوانند به نوعی ذهن ایشان را مشوب نموده اختلافی میان دربارو دولت بیندازد و از این راه به اساس نهضت ملی ضربتی برساند این شرح را « دشمن قرآن باشم اگر بخواهم برخلاف قانون اساسی عمل کنم و همچنین اگر قانون اساسی را نقض کنند و رژیم مملکت را تغییر دهند من ریاست جمهور را قبول کنم ». در پشت کلام الله مجید نوشته و آن را به حضورشان فرستادم ولی با این حال تا آثار جریان سی تیر و احساسات بی شائبه مردم اثر خود را درافکار باقی نگذاشته بود از هیچ کجا کارشکنی و بهانه جوئی نمیشد ولی بعد از مدتی مجددا در مجلس سنا بعضی از نمایندگان انتصابی بنای مخالفت را گذاشته و موجبات تضعیف دولت را فراهم میآوردند. در خلال این احوال یک روز صبح آقای علاء وزیر دربار در ضمن ملاقات خود اظهار نمودند که اعلیحضرت میخواهند مسافرتی به خارج بنمایند عرض کردم علت این مسافرت چیست؟ گفتند که اعلیحضرت از بیکاری خسته شده اند، عرض کردم چه کاری دراین مملکت ممکن است اعلیحضرت را مشغول کند؟ دولت همیشه به وظیفه خود عمل نموده و کارهایی را که باید از مجاری دربار بگذرد به عرض رسانیده است و اگر مسائلی قبلا به عرض نرسیده از نظر رفع محظورات بوده است ، فی المثل موضوع بسته شدن کنسولگری های انگلیس در تهران در موقع به عرض نرسید و علت این بود که اگر خارجی ها به دربار مراجعه میکردند از دو حال خارج نبود ، چنانچه تقاضای آنها پذیرفته میشد مورد پسند ملت نبود و اگر نمیشد مستقیما اعلیحضرت خود را با سیاست خارجی طرف کرده بودند و مصلحت این بود که بار این

مسؤلیت را دولت طبق وظیفه قانونی که داشت عهده دار شود مخصوصا اینکه وضعیت چنین ایجاب میکرد که تا تصمیم دولت به سفارت انگلیس ابلاغ شود موضوع محرمانه و مستور بماند. ضمنا آقای وزیر دربار یکی دیگر از دلایل مسافرت را کسالت اعلیحضرت و همچنین علیا حضرت ملکه و لزوم پاره ای معاینات طبی ذکر نمودند و من اینطور اظهار نمودم که خوب است اول علیا حضرت مسافرت فرمایند چنانچه لزوم پیدا کرد اعلیحضرت هم بعدا مسافرت بفرمایند.

پس از آن دفعه دیگری باز در این باب مذاکره شد ، این طور بیان نمود که از این مسافرت مقصود داشتن فرزندی است که باید ولیعهد شود و چون معلوم نیست قصوراز کدام طرف است ضرورت ایجاب میکند که این مسافرت را بفرمایند که عرض کردم خوب است اول علیا حضرت تشریف فرما شوند چنانچه لازم شد آن وقت اعلیحضرت تشریف فرما گردند [۱۸].

چیزی نگذشت که مشاهده شد تحریکاتی برعلیه شخص این جانب و تضعیف دولت از قبیل مذاکرات بعضی از نمایندگان قبل از دستور در مجلس و تجمع عده زیادی از افسران بازنشسته در اغلب روزها جلو خانه این جانب و غائله ابوالقاسم بختیار در خوزستان و تحریک عناصر مفسده جو به وسایلی که مخالفین دولت در دست داشتند جریان دارد. در اینجا لازم میدانم چگونگی بازنشسته شدن این افسران را توضیح دهم.

هنگام تصدی وزارت جنگ به اعلیحضرت همایونی عرض شد که چون این جانب سابقه ای در وزارت جنگ ندارم و نظریات اعلطحضرت را نیز میخواهم در آنجا کاملا رعایت کنم خوب است سه نفر از امرای طرف اعتماد خود را معرفی فرمایند که اینجانب کارهای آن وزارت خانه را با آن ها مشورت نمایم لذا آقایان سپهبد نقدی ، سپهبد آق اولی و سپهبد بهارمست برای این کار تعیین شدند و بعد موضوع اصلاحات و تقلیل بودجه پیش آمد چون هر دسته از واحد های نظامی پنج نفر را از بین خود انتخاب نمودند که به سوابق افسران آن واحد رسیدگی شود و نظر بدهند ، پس از اینکه نظرات مزبور رسید این جانب دیدم عده بالنسبه زیادی را پیشنهاد کرده اند که بازنشسته شوند. ازسه نفر مشاورین فوق الذکر و دو معاون وزارت دفاع ملی که هیأت مشاوره را تشکیل میدادند تمنا نمودم به موضوع دقیقا رسیدگی و بررسی نمایند چنانچه عده زیادی هم بازنشسته نشوند برای دولت های بعد مجال خواهد بود که به سوابق آنها رسیدگی کنند ولی توجه فرمایند که برخلاف قانون کسی بازنشسته نشود و آنها پس از چندین روز مطالعه و رسیدگی پیشنهاد نمودند که از بین آن عده ۱۳۶ نفر بازنشسته شوند که بعد از تصویب اعلیحضرت به موقع اجرا گذاشته شود و زائد است عرض کنم که اینجانب شخصاً حتی یک نفر از این عده را نمی شناختم و هنوز هم نمیشناسم.

دولت چون میدید هر روز دامنه تحریکات وسعت پیدا میکند و میخواهند موجبات تضعیف او را فراهم سازند ناگزیر شد که از این جریان جلوگیری کند لذا از دربار نماینده ای خواستم که وضعیت را به عرض اعلیحضرت برسانم چنانچه چاره جوئی نشد ضمن یک پیام مراتب را به عرض ملت برسانم و از ملت کسب تکلیف نمایم. روز جمعه اول اسفند با حضور ۳ تن از نمایندگان مجلس شورای ملی به فرستاده اعلیحضرت همایونی گفته شد و چند روز گذشت تا اینکه روز سه شنبه ۵ اسفند مقارن غروب هفت نفر از نمایندگان فراکسیون نهضت ملی به منزل اینجانب آمده اظهار نمودند که به دربار رفته اند و اعلیحضرت مراتب پشتیبانی خود را

تأیید و وعده هرگونه مساعدت را داده اند. در خلال این احوال یکی از آقایان نمایندگان را از دربار پای تلفن خواستند و ایشان پس از مراجعت اظهار نمودند خبری دارم که قول شرف از نمایندگان میگیرم محرمانه بماند و آن این است که اعلیحضرت تصمیم گرفته اند مسافرتی به خارج بفرمایند و آقایان وزیر دربار و والاتبار هم میآیند که در این مورد با نخست وزیر داخل مذاکره شوند، طولی نکشید که آقایان مزبور به منزل این جانب آمدند و مذاکراتی به عمل آمد نتیجه این شد صبح روز بعد این جانب شرفیاب شدم که این شرفیابی چهار ساعت به طول انجامید. نظریات اعلیحضرت این بود که توقفشان در ایران موجب خواهد شد که عده ای به دربار رفت و آمد کنند و این رفت و آمد سبب شود که در جامعه سوء تفاهماتی حاصل گردد بنابراین سود شخص خودشان و مملکت در این است مسافرتی که از دو ماه تجاوز نکند برای استراحت و معاینه طبی به خارج بفرمایند ، ضمنا احتمال میدادند که در ایام مسافرت مسأله نفت حل میشود و پس از مراجعت دیگر محظورات و مشکلاتی باقی نمیماند مخصوصا فرمودند که این مذاکرات باید بقدری محرمانه باشد که احدی مطلع نشوند و برای اینکه کاملا در استتار بماند با طیاره مسافرت نخواهند کرد زیرا تهیه جا در طیاره سبب خواهد شد که مردم نه فقط از مسافرت بلکه از روز و ساعت حرکت هم مطلع گردند و به این لحاظ مسافرت با اتومبیل را در نظر گرفتند که به عنوان مسافرت به رشت از تهران خارج شوند و به سمت بغداد حرکت کنند.

پس از آن فرمودند که برای مسافرت دو ماه چهل هزار دلار و ده هزار دلار هم برای مخارج مقدماتی که مجموعا پنجاه هزار دلار باشد لازم است که قرار شد روز حرکت ده هزار دلار از بانک ملی گرفته تقدیم شود و چهل هزار دلار دیگر را بعد که تصویب نامه هیأت وزیران صادر شد ارسال نمایم. و باز چنین قرار شد که یکی از دول رسما از اعلیحضرت دعوت کند و مذاکراتی نیز در این زمینه به وسیله وزارت امور خارجه انجام گرفت و هنگام مرخصی فرمودند روز حرکت یا شنبه نهم اسفند و یا یکشنبه دهم اسفند خواهد بود.

روز پنجشنبه با آقای وزیر دربار ملاقاتی دست داد و درباره شورای سلطنت که در غیاب اعلیحضرت باید وظایف مربوط به سلطنت را انجام دهد مذاکراتی به عمل آمد و پیشنهاد نمودند که عضویت این شورا را که مرکب از سه نفر از والاحضرتان شاهپور ها و وزیر دربار و اینجانب خواهد بود بپذیرم و چون بعد در تعداد اعضا و اشخاص آن نظرات دیگری اظهار نمودند این جانب از قبول عضویت معذرت خواستم و حق همین بود زیرا شورای سلطنتی از دولت مجزا و نخست وزیر نمی بایست در آن دخالت نماید. و باز صبح شنبه نهم اسفند وقت ملاقاتی دست داد و اظهار نمودند که امروز اعلیحضرت قصد حرکت دارند و صورت گذرنامه هائی را که باید تهیه شود دادند و گفتند همچنین قرار شده است که یکساعت و نیم بعد از ظهر اینجانب برای صرف ناهار شرفیاب شوم و دو ساعت و نیم بعد از ظهر وزرا برای تشریفات موقع حرکت حاضر باشند و ساعت ۳ بعد از ظهر هم مرکب همایونی حرکت فرمایند. پس ازآن حضرت آیت الله بهبهانی به وسیله تلفن سؤال کردند آیا اعلیحضرت میخواهند به خارج مسافرتی بفرمایند؟ چاره ای نداشتم مگر اینکه بگویم شنیده ام. گفتند چرا مانع نمیشوید؟ جواب دادم دولت نمیتواند از تصمیم اعلیحضرت جلوگیری کند خودتان با دربار مذاکره بفرمائید.

سپس رؤسای ستاد ارتش ، شهربانی و فرماندار نظامی و حتی رئیس کلانتری ناحیه کاخ را خواسته و به هر یک از آنها دستورات کافی برای حفظ انتظامات اطراف کاخ و خانه خود

دادم مبادا هنگام حرکت اتفاق ناگواری رخ دهد. مجددا دو ساعت قبل از ظهر آقای وزیر دربار چند کلمه به زبان فرانسه با تلفن صحبت کردند و گفتند گوشی را به اعلیحضرت میدهم که فرمایشاتی دارند بفرمایند. اعلیحضرت فرمودند چون میخواهم ظهر حرکت کنم شما به جای یک ساعت و نیم بعد از ظهر ، ظهر شرفیاب شوید. عرض کردم آقایان وزرا هم شرفیاب بشوند؟ فرمودند ضرری ندارد. در این گیر و دار خبر تشکیل جلسه خصوصی مجلس رسید که وکلا از جریان عزیمت مستحضر گردیدند.

بطوری که مقرر فرموده بودند ظهر این جانب رفتم ، اعلیحضرت و علیاحضرت وارد تالار شدند. پس از چند دقیقه مذاکره فرمودند هیأت رئیسه نامه ای از مجلس آورده میخواهند مانع مسافرت من بشوند و من میخواهم آنها را ندیده حرکت کنم. عرض کردم بهتر است آن ها را بپذیرید اگر دلایلی برای انصراف از مسافرت اظهار نمودند قبول بفرمائید. اعلیحضرت برای پذیرفتن آنها تشریف بردند و یک ربع ساعت بعد مراجعت و فرمودند که برادرانم از مسافرت اطلاع نداشتند و حالا برای وداع آمده اند ، خوب است هیأت وزیران بیایند که من بتوانم بعد بروم با آنها وداع نمایم. هیأت وزیران وارد تالار شدند و پس از اصغاء بیانات ملوکانه و عرایض این جانب اعلیحضرت برای وداع تشریف بردند و هیأت وزیران هم از تالار خارج شدند، چـون روز پنج شنبه با آقای وزیر دربار قرار شده بود هیأت وزیران موقع حرکت حضور داشته باشند به وسیله رئیس تشریفات دربار استفسار شد فرمودند که دیگر با هیأت وزیران کاری نیست.

این بود که ساعت یک بعد از ظهر قبل از آقایان وزرا اینجانب از کاخ خارج شدم و هنوز به در نرسیده بودم که صدای جمعیتی به گوشم رسید و موجب تعجب گردید زیرا با دستوراتی که به مأمورین انتظامی داده بودم چنین وضعی را انتظار نداشتم. در ضمن اینکه فکر میکردم بروم یا برگردم یکی از کارمندان دربار که از خارج وارد شده بود از جلوی من گذشت سؤال کردم آیا ممکن است مرا راهنمائی کنید که از در خارج شوم؟ با کمال خوشروئی و محبت قبول کرد و مرا به در دیگر سمت شمال که به چهار راه حشمت الدوله باز میشود هدایت نمود پس از آن کسی را فرستادم اتوموبیلم را مقابل این در آوردند. افرادی که مقابل در معمولی که سمت جنوب کاخ است جمع شده بودند به محض اینکه اتومبیل به سمت در شمالی حرکت نمود دنبال آن آمدند ولی قبل از اینکه به آنجا برسند این جانب سوار شده به خانه مراجعت کردم و آنها در جلوی همان در توقف نمودند که بعد شنیدم گفته بودند «مرغ از قفس پرید». عده ای پاسبان در سمت شمال چهار راه حشمت الدوله که به طرف خانه این جانب میآیند بودند و مانع از عبور جمعیت میشدند که در این اثنا والاحضرت شاهپور حمید رضا از آن در خارج شده دلیل توقف مأمورین انتظامی را درآنجا سؤال کرد و بعد گفت مردم آزادند به هر کجا که میخواهند بروند. این بود که پس از مرتفع شدن مانع جمعیت به در خانه این جانب هجوم آورد. در اینجا لازم است گفته شود که در پیشاپیش این عده چند افسر حاضر به خدمت و بازنشسته و چند تن چاقوکش معروف حرکت و قریب یک ساعت سعی میکردند که در را شکسته وارد خانه شوند. ولی در آهنی بود و موفق نشدند عده ای هم مشغول شکستن در خانه پسرم که چوبی و مجاور در آهنی است بودند و قسمتی از آن را شکستند ولی نمیدانستند که از این در هم میشود به خانه من آمد ، به محض اینکه در را شکستند ساکنین خانه به حیاط من آمدند و پسرم گفت چون هدف این اشخاص شما هستید اگر شما از این خانه بروید تنها نه فقط کسان شما بلکه جان عده ای از کارمندان نخست

وزیری که در اینجا هستند محفوظ خواهد ماند ، این بود که از خانه خود به خانه مجاور و از آنجا به ستاد ارتش رفتم.

پس از عزیمت من چون هنوز اشرار از حرکت من اطلاع پیدا نکرده بودند به وسیله ضربات جیپ قسمت پخش خون بهداری وزارت دفاع ملی که راننده دولتی و یک چاقو کش معروف در آن بود درآهنی خانه را شکسته و چند افسر نظامی که در خانه بودند ناگزیر به تیراندازی شدند و آن افراد که به وسیله تطمیع از خارج و داخل جمع آوری شده بودند چون هدف معینی نداشتند فرار کردند. در اینجا لازم است عرض کنم که در تمام این مدت رئیس ستاد ارتش که باید حاضر به خدمت باشد در کاخ اختصاصی متوقف بود و برطبق گزارش رسمی فرمانداری نظامی وسایلی را که برای حفظ نظم و جلوگیری از اشرار خواسته بود در اختیار او نگذاشته بودند و موقعی از اشرار خواستند جلوگیری کنند که مدتی قبل این جانب از خانه رفته بودم.

بدین ترتیب هموطنان عزیزمتوجه میشوند که شایعه اختلاف شخصی این جانب و اعلیحضرت همایونی مفهومی نداشته و در تصمیم اعلیحضرت به مسافرت اینجانب مداخله ای نداشتم حالا چرا این اکاذیب را انتشار میدهند و چرا کوشش دراستقرارمشروطیت را به صورت اختلاف بین شاه و نخست وزیر منتشر میسازند علت دیگری دارد که اکنون به اطلاع هموطنان عزیز میرساند.

حوادث اخیر معلول یک سلسله تحریکات و دنباله یک رشته دسایسی است که از بدو تشکیل دولت حاضر هر روز به نحوی جلوه گر شده و منظور محرکین اصلی همواره هدف واحدی بوده و آن عقیم ساختن نهضت ملی ما میباشد. دول استعمار طلب هرکجا که بخواهند مقاصد خود را پیش ببرند نقشه هائی دارند که هریک از آنها با اوضاع و احوال روز تطبیق کند آنرا انتخاب و به مورد اجرا میگذارند و از هرگونه اختلاف و اختلال داخلی کشور ها سوء استفاده مینمایند. در طول یکصد و پنجاه سال اخیر در این مملکت با کسانی که به حمایت منافع ملی وطن خویش برخاسته اند با حربه های گوناگون مبارزه کرده اند و هریک از آنها را به نوعی ازمیان برده اند. یک نظر اجمالی به حوادثی که در قرن اخیر در ایران روی داده است بخوبی نحوه عمل سیاست شوم خارجی را درایران معلوم میکند و با مقایسه اوضاع و احوال و مقتضیات آنها یک حقیقت مسلم را که تکرار وقایع تاریخی است روشن و آشکار میسازد. کسانی که از جریان زندگی سیاسی این جانب مستحضرند بخوبی میدانند که انگلیس ها در اجرای مواد برنامه استعماری یک قسمت از مساعی خود را از سال ها پیش ، یعنی چند سال قبل از کودتا تا امروز برای مأیوس و مغلوب کردن این جانب همواره مصروف داشته اند ازقبیل دسایسی که علیرغم اختیاراتی که در دوره چهارم تقنینیه برای تصویب قانون موقت تشکیلات وزارت دارائی و موازنه بودجه و تصفیه کارمندان آن وزارتخانه از مجلس باینجانب داده شده بود بکار برده و پس ازآن موجبات سقوط کابینه را که این جانب عضویت آن را داشتم فراهم آورده و تمامی آن اصلاحات بی نتیجه ماند و نیز مشکلات و محظوراتی که در دوره پنجم و ششم تقنینیه برای انجام وظیفه داشته ام که منجر به ۱۴سال تحت نظرو مراقبت شهربانی و ده نشینی و بالاخره حبس در زندان بیرجند گردید که چون شرح آن دراینجا طولانی خواهد شد و از حوصله این پیام خارج است فقط حوادث دو سال اخیر را بطور اجمال یاد آوری میکنم:

یکی از روزهای اول نخست وزیری خود که صبح به کاخ ابیض رفتم وقتی که از آنجا خارج میشدم ناگهان دو نفر زن که یکی از آنها بچه ای دربغل داشت جلو اتومبیل من که درحال حرکت بود آمدند و آن را متوقف ساختند و معلوم شد دو نفر مرد نیز از دور متوجه من هستند. ولی بلافاصله مأمورین نخست وزیری رسیدند و آن دو نفر ناپدید شدند و زن ها نیز در موقع بازجوئی نتوانستند دلیل موجهی برای متوقف ساختن اتوموبیل بیان کنند و این سبب شد که این جانب برای چندی مجلس شورای ملی را برای توقف خود قرار دهم و از عبور و مرور در خارج اجتناب نمایم و همان روز قبل از رفتن به مجلس حضور اعلیحضرت شرفیاب شده واقعه را عرض کردم فرمودند گزارش به من هم رسیده بود.

بار دیگر که عمال بیگانه قصد جان این جانب را کرده بودند واقعه ای بود که روز یکشنبه ۲۳ آذر ماه ۱۳۳۰ هنگام تشکیل جلسه علنی مجلس اتفاق افتاد و شرح قضیه بطورخلاصه این است که عده ای چاقوکش را به عنوان تماشاچی به سالن جلسه آوردند تا موقعی که اینجانب به معیت هیأت دولت وارد جلسه شوم فریاد مرده باد دکتر مصدق را بلند کنند و چون برخلاف آن ها صدائی بلند میشد آن وقت جلسه را به داخل سالن بکشانند و کار خود را صورت دهند یکی از نمایندگان که قبلا این موضوع را استنباط نموده بود چنین صلاح اندیشی کرد که در اطاق انتظار بمانم و از رفتن در جلسه خودداری کنم که به همین ترتیب عمل شد تا این که یکی از نمایندگان مخالف دولت به جلسه وارد شد و کسانی که قرار بود برای من مرده باد بگویند برای او زنده باد گفتند ، دسته دیگر به حمایت از دولت عمل نمود و کار جنجال به تالار جلسه کشید. جلسه را تعطیل و چاقوکشان را خارج نمودند و مجددا جلسه را تشکیل و تماشاچیان جلسه به کارمندان مجلس منحصر گردید که بیم هر اتفاقی از بیم برود.

باز هم به انجام دادن مقصود توفیقی نیافتند و فقط نمایندگان مخالف توانستند در نطق های خود بیانات توهین آمیزی بکنند که این جانب همه را تحمل و بردباری نمود ، پس از یک نطق مفصلی که تا مدت زیادی بعد از ظهر طول کشید بدون اینکه جواب گوئی کنم و تشنجی حاصل شود جلسه خاتمه یافت ولی درجلسه بعد که اینجانب حضور نداشتم مخالفین درنطق های خود هتاکی و ناسرا گوئی را به جائی رسانیدند که مرا به کلی از خدمت مأیوس نموده ناگزیراز کناره گیری شوم ولی چون اینجانب هدفی بالاتر داشتم و از نقشه حریف که به انواع وسایل میکوشید مرا ازکار دلسردکند آگاه بودم به هیچوجه توجهی به گفته ها ننموده و با کمال رضا و رغبت به کار ادامه دادم.

شما میدانید که در دوره شانزدهم اقلیت مخالف دولت در مجلس با علیاحضرت ملکه مادر و والاحضرت شاهدخت اشرف دائماً در مراوده بوده و ارتباط کامل داشتند و به جای اینکه اوقات دولت صرف اصلاحات امور اساسی بشود صرف مبارزه با اقلیت میگردید. البته عملیات نمایندگان مخالف دولت و تحریکاتی که میشد به عرض اعلیحضرت همایونی میرسید و چون اطرافیان مؤثر دربار شنوائی نداشتند متنج به نتیجه نمیگردید. وقایع نهم اسفند نمونه جدیدی از همین دسایس میباشد ولی ملت بیدار ایران کاملا به حقیقت امر واقف بوده و همان طوری که تاکنون اقدامات عمال بیگانه را نقش بر آب کرده است این بارهم نخواهد گذاشت که دشمنان ایران به هدف خود رسیده و نهضت ملی ایران را با شکست مواجه سازند.

در خاتمه لازم است تأکید کنم به قسمی که نسبت به اعلیحضرت شاهنشاهی یاد کرده ام همیشه وفا دار هستم و اطاعت از اصول قانون اساسی را نه تنها در صلاح مملکت بلکه در صلاح مقام سلطنت میدانم ولی چون قبل از نهضت اخیر که سیاست خارجی در امور ممالکت دخالت میکرد هیچ گونه اختلافی بین دربار و دولت های وقت وجود نداشت و این اختلافات پس از ملی شدن صنعت نفت بوجود آمده ، امیدوارم که مجلس شورای ملی هر قدر زودتر تکلیف گزارش هیأت ۸ نفری حل اختلاف را معلوم کند و به روح قانون اساسی مفهوم حقیقی خود را باز گرداند تا هیچ وقت بین دربار و دولت ها جای اختلاف نباشد. در مملکت مشروطه برای اینکه مقام سلطنت محفوظ و مصون از تعرض باشد پادشاه مسؤل نیست و به همین جهت است که گفته اند پادشاه سلطنت میکند نه حکومت.

۱۸ فروردین ۱۳۳۲

ملاقات نمایندگان با رئیس مجلس

ساعت ۵ بعد از ظهر دیروز آیت الله کاشانی برای شرکت در جلسه هفتگی با نمایندگان به مجلس آمدند. یکی از نمایندگان که در جلسه شرکت داشت درباره مذاکرات دیشب گفت فقط چند نفر از نمایندگان فراکسیون نهضت ملی قبل از شرکت در فراکسیون با آیت الله درباره گزارش هیأت ۸ نفری بطورخصوصی مذاکره نمودند و نظر فراکسیون را درباره طرح گزارش هیأت در مجلس به اطلاع ایشان رسانید.

حضرت آیت الله در پاسخ نمایندگان فراکسیون گفتند من همان طور که قبلا اعلام داشته ام نظر خاصی ندارم. آقایان نمایندگان دراظهار عقیده و هرگونه نظری که صلاح بدانند آزادومختارند و فقط نظرم این است که هرچه زودتر به این اختلافات خاتمه داده شود.

درجلسه دیشب همچنین چند تن از نمایندگان فراکسیون های مختلف مجلس نظریات خود را درباره گزارش هیأت ۸ نفری و جریانات روز به اطلاع آیت الله رسانیدند. در پایان جلسه رئیس مجلس حدود ۲۰ دقیقه راجع به امور داخلی مجلس و جریانات پارلمانی با چند تن از اعضای هیأت رئیسه مذاکره کرده و دستوراتی برای تشکیل جلسات علنی مجلس به آقای ذوالفقاری نایب رئیس دادند.

اظهارات سخنگوی فراکسیون نهضت ملی

آقای پارسا سخنگوی فراکسیون نهضت ملی امروز به خبرنگاران جراید اظهار داشت دیشب کمیسیون مقررات فراکسیون نهضت ملی گزارش هیأت ۸ نفری را به صورت طرحی برای تقدیم به جلسه علنی مجلس تنظیم نمود. و پس از اینکه در فراکسیون مطرح و تصویب گردید و آقایان اعضا طرح مزبور را امضا کردند با قید سه فوریت تقدیم مجلس خواهد گردید. آقای پارسا همچنین اظهار داشتند برای من روشن نیست که چرا عده ای از آقایان با طرح گزارش درجلسه علنی که ازهر جهت به نفع مردم و مجلس است موافقت نمی نمایند من اطمینان دارم اگر این طرح در جلسه علنی مطرح گردد به تصویب خواهد رسید.

۱۹ فروردین ۱۳۳۲

اظهارات سخنگوی دولت درمورد گزارش هیأت ۸ نفری

سخنگوی دولت امروزدرجلسه هفتگی خود با روزنامه نگاران اظهار داشت آقای نخست وزیر در نظر دارد در اولین جلسه علنی مجلس شورای ملی ضمن نامه ای متذکر گردد که تصویب گزارش هیأت هشت نفری که به صورت طرح تقدیم مجلس شده است در سرنوشت دولت

کمال تأثیر را دارد و در این موقع که مملکت از هرحیث محتاج به هم آهنگی و اتحاد و وحدت نظر میباشد روشن ساختن مفهوم حقیقی قانون اساسی در پیشرفت کار مملکت مؤثر خواهد بود زیرا در آینده جلو اختلاف نظر هایی را که غالبا تا امروز موجب تشویش و تشنج افکار عمومی گردیده خواهد گرفت و به قسمت مهمی از نگرانی ها و تشنجات کنونی خاتمه خواهد داد و بدین وسیله ملت غیور ایران را که چند سال است شب و روز مراقب و مواظب درهم شکستن توطئه های رنگارنگ اجنبی است مسلما دربه ثمررسیدن نهضت بزرگ ملی خود یاری خواهد کرد، مخصوصا که آقایان میدانند گزارش هیآت ۸ نفری برحسب میل و اراده و انتخاب خود مجلس شورای ملی تهیه شده و مورد شور و تأیید ذات ملوکانه نیز قرار گرفته است.

مصاحبه وزیر دربار

در روز دوشنبه هفدهم فروردین جناب آقای دکتر مصدق در پیام رادیوئی خود نکاتی را به اطلاع مردم رسانیدند که لازم است تذکراتی در این مورد داده شود.

اول - جناب آقای دکترمصدق در نطق خود از ارتش گله فرمودند که قبل از اینکه ایشان وزارت دفاع را برعهده بگیرند « بعضی از افسران به اوامر دولت وقعی نمیگذاردند» درصورتی که افسران و سربازان در نهضت ملت غیور ایران سهم بسیار بزرگ و مؤثری دراجرای قانون خلع ید و جلوگیری ازتحریکات نیروهای بیگانه درخوزستان داشته اند. چنانچه مأمور رسمی دولت در گزارش خود به مجلس شورای ملی به این امر اذعان داشته اند.

دوم - جناب آقای نخست وزیر همچنین فرمودند « در مجلس سنا بعضی از نمایندگان انتصابی بنای مخا لفت را گذاشته و موجبات تضعیف دولت را فراهم میآوردند » درحالی که در مجلس سنا کسانی که از دولت انتقاد میکردند اغلب سناتور های اتنخابی بودند. جناب آقای مصدق هم کاملا اطلاع دارند که اعلیحضرت همواره به آقایان سناتور ها توصیه می فرمودند که در بیان عقاید و نظریات سیاسی خود دقت کنند که دولت آقای دکتر مصدق تضعیف نگردد.

سوم - درمورد سفر شاهنشاه به خارج سخنان جناب دکتر مصدق کامل درست است اما ایشان نگفتند چند روز پیش از آنکه شاهنشاه عزم سفر فرمایند سه نفر از نمایندگان فراکسیون نهضت ملی درکاخ سلطنتی ضمن مذاکرات خود به این جانب فرمودند که «اگراعلیحضرت به مسافرت کوتاهی تشریف ببرند نگرانی ها خود بخود منتفی خواهد شد » و این جانب مراتب را به عرض شاهنشاه رسانیدم.

چهارم - درمورد پرداخت پنجاه هزار دلار هزینه سفر لازم است که به اطلاع برسانم که اعلیحضرت چکی به مبلغ یک میلیون و ششصد هزار ریال به آقای نخست وزیر بابت تبدیل آن به دلار پرداختند.

پنجم - آقای نخست وزیر در پایان نطق خود اظهار داشتند که « قبل از نهضت اخیر که سیاست خارجی در امور مملکت دخالت میکرد هیچ گونه اختلافی بین دربار و دولت های وقت وجود نداشت و این اختلاف پس ازملی شدن نفت بوجود آمد» با کمال تأسف این قسمت ازاظهارات جناب آقای دکتر مصدق به نظر اینجاب برخلاف انصاف میباشد زیرا اعلیحضرت همایونی در دوران سلطنت خویش از هیچ دولتی بقدر دولت جناب آقای دکتر مصدق پشتیبانی نفرموده و این حقیقت را بارها جناب دکتر مصدق و رهبران نهضت ملی درمقابل ملت ایران بیان فرموده اند.

۲۰ فروردین ۱۳۳۲

اعلامیه فراکسیون نهضت ملی درمورد مصاحبه مطبوعاتی وزیر دربار

درمورد اظهارات جناب آقای علاء وزیر دربار درمورد پیشنهاد مسافرت اعلیحضرت توسط ۳ نفر ازاعضای فراکسیون نهضت ملی برای مزید اطلاع لازم است توضیح داده شود که جناب آقای علا ازعده ای ازاعضای فراکسیون نهضت ملی دعوت فرموده بودند که در دربار حضور پیدا کنند ولی آقایانی که دعوت شده بودند جواب دادند که چون عضو فراکسیون هستند به عنوان عضو معذور از حضور میباشند. مجددا آقای وزیر دربار به وسیله تلفن درخواست فرمودند که عده ای از نمایندگان از طرف فراکسیون برای مذاکره در امر ضروری به وزارت دربار بیایند در تنیجه فراکسیون نهضت ملی ۷ نفر از اعضای خود را انتخاب کرد با جناب وزیر دربار ملاقات نمایند.

در جلسه ای که در دربار تشکیل شد آقای وزیر دربار و آقای والاتبار توضیحاتی راجع به مذاکرات آقای نخست وزیر درباره اختلاف با دربار بیان کردند و از آقایان خواستند که رفع اختلاف بنمایند. مذاکرات تا ۲ بعد از ظهر ادامه پیدا کرد و برحسب اصرار آقای علاء نمایندگان حضور اعلیحضرت شرفیاب شدند و فرمایشات اعلیحضرت را اصغا نمودند ولی به هیچوجه پیشنهادی ازطرف نمایندگان فراکسیون نهضت ملی به عمل نیامد. در ضمن مذاکرات صبح یکنفر منتصب به دربار صحبت از مسافرت اعلیحضرت همایونی به عمل آورد ولی هیچ یک از اعضای فراکسیون در این باره اظهار نظری نکردند. هنگام ظهر هم ازطرف یکی ازآقایان نمایندگان مجلس که عضو فراکسیون نیست و ناهار در آنجا بود بطور خصوصی به بعضی ازنمایندگان فراکسیون عنوان شد که اگراعلیحضرت برای مدتی به خارج مسافرت نمایند چطور خواهد شد؟ جواب داده شد که این مطلب را نمایندگان فراکسیون نهضت ملی به هیچوجه نمیخواهند عنوان کنند. درخاتمه جلسه و بعد از تشریف بردن اعلیحضرت یکی از آقایان عضو دربار حاضر در جلسه مجددا این موضوع را بطور خصوصی با یکی دو نفر از نمایندگان مطرح کردند که چون اعلیحضرت مدتی قبل هم قصد مسافرت به خارج داشته اند اگر اکنون برای مدت کوتاهی به خارجه تشریف فرما شوند شاید بهترین راه حل باشد لیکن دو نفر نمایندگان منتخب بدون دادن هیچ گونه پیشنهاد و پیدا کردن راه حل از کاخ اختصاصی خارج شدند و برای دادن گزارش جریان مذاکرات خدمت آقای نخست وزیر رسیدند و موضوع مسافرت ابداً مورد مذاکره نبود تا آنکه جناب آقای علاء به وسیله تلفن توسط یکی از نمایندگان موضوع را به اطلاع نخست وزیر رسانیدند و بعداً جناب آقای علاء و آقای والاتبار برای ملاقات آقای نخست وزیر آمدند و در جریان مذاکرات ایشان نمایندگان فراکسیون حضور نداشتند.

۲۳ فروردین ۱۳۳۲

نفوذ تراست های نفتی در دولت امریکا

موریس کلارک مفسر سیاسی فرانسوی درمجله تایمز مینویسد: شرکت های نفتی امریکایی در دوره حکومت دموکرات ها تأثیر بزرگی در سیاست امریکا داشتند و دولت امریکا تا اندازه ای از نظرات شرکت های نفتی الهام میگرفتند ورویه خود را با توصیه ها و نظرات کارتل های نفتی تطبیق میکردند، ولی در دوره جمهوری خواهان موقعی که ایزینهاور به ریاست جمهوری انتخاب شد چند نفر از رؤسای شرکت های نفتی مشاغل حساسی در دولت بدست آوردند و در حقیقت آنها که تاکنون بجای اینکه نظرات خود را به دولت

توصیه کنند خودشان اداره کننده امور شده اند. یکی از نتایج اساسی این پیش آمد این است که دولت امریکا درصدد برآمده که به هر قیمت باشد از فقدان و از دست دادن منابع نفتی خاور میانه جلوگیری کند.

۲۵ فروردین ۱۳۳۲

جلسه هفتگی آیت الله کاشانی با نمایندگان مجلس

آقایان وقتی می بینم آن اتحاد و اتفاق و یگانگی بی نظیری که موجب قطع نفوذ استعمار گران شد. آن اتحاد و اتفاقی که باعث ملی شدن گردید، سبب بسته شدن سفارت انگلیس شد، موجب انحلال بانک شاهی گردید امروز از هم گسیخته شده بی نهایت متأسف و متأثر میشوم. من از شما سؤال می کنم آن زمانی که این موفقیت ها نصیب ملت ایران گردید کی فرمانده کل قوا بود؟ آیا اختیارات رئیس دولت در میان بود؟ آیا اختیارات رئیس الوزرا باعث این موفقیت ها شد؟ خیر بلکه تمام این پیروزی ها براثر قدرت ملی که بزرگترین قدرت ها است بوجود آمد ولی امروز می بینم و ناچارم به عرض آقایان برسانم که اگر این عدم اتحاد و اتفاق و نبودن هم آهنگی و مخالفت ها و کدورت ها ادامه یابد گمان نمی کنم از این پس دیگر ما در مبارزه ای که با استعمار گران داریم موفقیتی بدست آوریم. شما آقایان نمایندگان مجلس متولی مجلس و مملکت هستید و اگر متولی پاس امامزاده را نگاه ندارد پس از چه کسی باید توقع داشت، خود آقایان باید حامی و پشتیبان مجلس یعنی قانون اساسی باشید و این کار میسر نخواهد شد مگر اینکه در وهله اول اتحاد و یگانگی را در میان خود حفظ کنید.

آیت الله شماره ای از روزنامه شاهد ارگان حزب زحمتکشان آقای دکتر بقائی را به آقای نبوی دادند و از ایشان خواستند آنرا بخوانند: مقاله نطق آقای دکتر مصدق در یکی از جلسات مجلس شورای ملی راجع به لایحه اختیارات گمرکی بود که آقای دکتر نصر وزیر دارائی وقت به مجلس تقدیم نموده بود و آقای دکتر مصدق به اسناد مغایرت آن با اصول قانون اساسی با لایحه مزبور شدیداً مقاومت کرده بود. پس از خوانده شدن روزنامه شاهد آیت الله گفتند با این کیفیت چه شده که آقای دکتر مصدق حالا تغییر عقیده داده است؟

مردم از مجلس گله مند هستند

آقای مهندس رضوی گفتند امروز مملکت بیدار شده و از طرز کارو رفتار نمایندگان کاملا مطلع میباشند. بحث درباره گزارش هیأت ۸ نفری نباید با هیچ مطلب دیگری مخلوط شود که جنبه تقویت یا تضعیف دولت را داشته باشد. اگر به دولت اعتماد ندارید رأی خود را اعلام دارید و او را روانه کنید من دلیلی نمی بینم که آقایان در اظهار این موضوع آزادی نداشته باشند. مفهوم تشکیل مجلس شورای ملی برای انعکاس افکارملت به وسیله نمایندگان آنها است. مسأله گزارش که به صورت مسأله بغرنج مجلس درآمده در مجلسی که آیت الله ریاست آنرا به عهده دارند حیف است که در مسأله ای که از بدیهیات قانون اساسی است با هم کشمکش و نفاق داشته باشیم. در حکومت مشروطه دولت تنها مرجع صلاحیتدار حل و فصل امور مملکتی است و نمیتوان اجازه داد اشخاصی به نام اعلیحضرت همایونی از مجرای غیر مجاز در امور مملکت و دولت دخالت داشته باشند، شما مسلم بدانید رعایت این اصول احترام به مقام شامخ سلطنت را هم شامل میشود. قانون اساسی ودیعه ملت است که امروز در دست ما است و ما باید با کمال قدرت و صداقت آن راحفظ کنیم. کشمکش امروز ما بی مورد است.

نامه رئیس مجلس به نخست وزیر

جناب آقای نخست وزیر پس از سلام چون علاقمند به حفظ انتظامات و آزادی و جلوگیری از ایجاد هرگونه تظاهرات و تشنجات در ایام تشکیل جلسات مجلس شورایملی در محوطه مقابل مجلس هستم و تعرض به آقایان نمایندگان را به منظور مصلحت شخص جنابعالی مقتضی نمیدانم لازم است دستور فرمائید جداً از تظاهرات و تعرض به آقایان نمایندگان جلوگیری شود تا مسؤلیتی متوجه هیأت دولت نباشد و درصورتی که این روش نامطلوب ادامه یابد مسؤلیت مستقیم آن متوجه شخص جنابعالی خواهد بود.

رئیس مجلس شورای ملی - سید ابوالقاسم کاشانی

دخانیات در اعتصاب

امروز کلیه کارگران دخانیات دست از کار کشیدند و در برابر در وردی دخانیات اجتماع کردند عده ای از کارگران منفرد و یا وابسته به گروه های طرفدار دولت که میخواستند وارد کارخانه شوند مورد تهدید کارگران افراطی چپ قرارگرفتند. مسؤلین دخانیات برای جلوگیری ازدرگیر شدن و زد و خورد بین آنها اعلام کردند امروز به هیچ کس اجازه ورود به کارخانه داده نخواهد شد بدین ترتیب تمام قسمت های دخانیات جز سرویس های آب و برق تعطیل بودند. از صبح امروزهمچنین عده ای از افراطیون چپ میخواستند با فشار و تهدید مانع حضور کارگران درسرکار باشند ولی تلاش آنها تا آخر وقت امروز منتج به نتیجه نشد.

نظر نشریه نیویورک تایمز درمورد حوادث ایران

دکتر مصدق نخست وزیر ایران از روی تختخواب قسمت اعظم امور ایران را رتق و فتق میکند. مشکلاتی که دکتر مصدق با آن ها مواجه میباشد بقدری است که در نظر اول انسان به غلط تصور میکند که همین مشکلات موجب برکناری دکتر مصدق میشود.

عده ای ازنمایندگان مجلس ایران که مخالف با اعطای اختیارات به دکتر مصدق میباشند اکنون علنا به مخالفت با او برخاسته و برای برکناری او فعالیت میکنند. طرفداران دربار و افسران بازنشسته نیز در این مخالفت شریک میباشند. ولی دکتر مصدق معتقد است که هنوزمورد پشتیبانی قاطبه مردم ایران قرار دارد و چند هفته پیش بود که طرفداران او متینگ عظیمی درخیابان های تهران برپا کردند و البته این تظاهرات در ایران اثر بسیار شدید دارد و حتی از اجرای تصمیمات مجلس نیز جلوگیری میکند چنانکه در دوره نخست وزیری چند روزه قوام نیز این امر به اثبات رسید و قوام مجبور به کناره گیری شد.

وضع دکتر مصدق

مخالفین دکتر مصدق مدعی هستند که اقدامات او در ملی کردن صنایع نفت ایران و بیرون کردن انگلیس های منفور پس از دو سال هنوز نتیجه مفیدی برای ایران نداشته و موجب رفع بحران اقتصادی ایران نشده و دکتر مصدق با آخرین پیشنهادهای امریکا و انگلیس برای حل قضیه نفت نیز مخالفت کرده است. مخالفین دکتر مصدق میگویند که مشارالیه نمیتواند سیاست ثابتی در ایران بوجود آورد و به علاوه مذاکرات مربوط به شیلات بین نمایندگان ایران و شوروی نیز ممکن است مانند مذاکرات نفت با بن بست مواجه شود.

میزان غراماتی که باید پرداخت شود

دکتر مصدق با ارجاع موضوع تعیین غراماتی که باید به شرکت انگلیس و ایران پرداخت شود به حکمیت دیوان دادگستری بین المللی لاهه موافق میباشد ولی اصرار دارد که شرکت

قبلا حدود غراماتی را که از ایران مطالبه میکند تعیین کند زیرا ممکن است دیوان بین المللی مبلغ هنگفتی را به عنوان غرامت تعیین کند و ایران را یکباره از چاله به چاه اندازد.

نقش مخالفین

مخالفین دکتر مصدق هدف معینی ندارند و نظر روشنی درباره مسأله نفت ابراز نمیکنند و فعلا یکی از آنها فضل الله زاهدی میباشد که در زمان اشغال ایران ازطرف متفقین به اتهام همکاری با نازی ها دستگیر شد و به دستور حکومت فعلی ایران نیز به عنوان توطئه علیه دولت زندانی و بعدا آزاد گردید. این شخص نیز از اظهار نظر درباره نفت جدا خودداری میکند. آنچه که مسلم است این است که دولت های امریکا و انگلیس هنوز معتقد هستند که پیشنهادهای اخیر آنها درباره حل مسأله نفت عادلانه میباشد و هر اقدام دیگری برای حل این قضیه باید از طرف دولت ایران صورت گیرد.

قدرت نمائی حزب توده

در شرایطی که نمایندگان اقلیت فعالیت خود را علیه دولت تشدید نموده اند و بعضی از روزنامه های انگلیسی و امریکائی احتمال سقوط دولت دکتر مصدق را پیش بینی منیمایند از صبح امروز چند اتومبیل حامل بلندگو در خیابان های تهران به حرکت در آمده و متن اعلامیه ای را که از طرف جمعیت ملی مبارزه با استعمار در روزنامه شهباز عصر دیروز چاپ شده بود بین عابرین پخش میکنند و بلند گو های آنها مردم را دعوت به شرکت در متینگ امروز مینمایند. مأمورین انتظامی کوشش میکنند از تردد اتومبیل های حامل بلند گو جلوگیری نمایند.

درطول دوروز گذشته دراکثر شهرهای ایران گروه های وابسته به چپ تظاهراتی راه انداخته و کارگران کارخانه ها را تشویق به اعتصاب میکنند. دامنه این اعتصابات به آبادان و خرمشهر نیز کشیده شده و عده ای از کارگران شرکت نفت را وادار به یک اعتصاب **۲۴** ساعته کرده اند. فرمانداری نظامی تهران دیشب ضمن انتشار اعلامیه ای به اهالی تهران ابلاغ مینماید که از هرگونه تظاهرات و تجمع خودداری نمایند.

ولی امروز روزنامه بانک مردم اعلامیه جمعیت مبارزه با استعمار را که زیر عنوان دعوت عام از تمام مردم ضد استعمار تهران منتشر میکند. « جمعیت ملی مبارزه با استعمار از کلیه احزاب و دستجات و سازمان ها و مردم ضد استعمار تهران ، از کارگران و دهقانان، روشنفکران و پیشه وران ، کسبه و سرمایه داران ملی دعوت مینماید که روز ۲۵ فروردین ساعت ۱۱ صبح در میدان بهارستان گرد آیند و با تجمع خود اراده تزلزل ناپذیر خویش را برای تحقق شعار های زیر نشان دهند.

یک - خاتمه دادن به مداخلات شاه و دربار در امور کشوری و لشگری و از بین بردن امکان این مداخلات برای همیشه.

دو - خاتمه دادن به مداخلات استقلال شکنانه امپریالیست های انگلیسی و امریکائی و برچیدن مؤسسات جاسوسی آنها در سراسر کشور.

سه - محاکمه و مجازات مزدوران انگلیسی و امریکائی که هر روز توطئه جدیدی علیه حاکمیت ملی ما ترتیب میدهند.

چهار - تأمین امکان کامل فعالیت ضد استعماری برای مردم ضد استعمار تهران.

۲۶ فروردین ۱۳۳۲

آسوشیتد پرس ، شرکت نفت خلیج که از شرکت های بزرگ نفتی امریکا است پانزده سنت در هر بشکه قیمت نفت خام خود را کاهش داده است. شرکت سابق نفت انگلیس و ایران که امتیاز نفت کویت را دردست دارد از تاریخ اول ماه آوریل (**۲** فروردین) قیمت نفت خام کویت را به بهای هربشکه یک دلار و پنجاه سنت تقلیل داده است.

محاکمه ضارب دکتر فاطمی

امروز در دادگاه جنائی رئیس دادگاه اسلحه را به متهم عبد خدائی نشان داد گفت این اسلحه را میشناسی؟ متهم گفت بله ، عجب اسلحه خوبی است دریک طرف آن نوشته شده است قطع ایادی اجانب و سرکوبی دشمنان ایران روس ، انگلیس و امریکا و در طرف دیگر آن نوشته اجرای صریح احکام نورانی اسلام. شخص ناشناسی آن را به من داد و خود من هم دادم این شعار را روی آن نوشتند « آزادی فوری حضرت نواب صفوی و استاد طهماسبی » و آن را روی اسلحه چسباندم. از متهم سؤال شد در چه تاریخی تصمیم به قتل دکتر فاطمی گرفتی؟

جواب داد از چهارشنبه ۲۷ بهمن ۱۳۳۱ تصمیم گرفتم دکتر فاطمی را از بین ببرم. البته قبلا تصمیم داشتم خیلی ها را از بین ببرم ولی اول فاطمی را انتخاب کردم و برای دیدن او به اداره روزنامه باختر امروز رفتم ولی دکتر فاطمی را ندیدم ، به خانه اش رفتم آنجا هم نبود. شب جمعه یعنی یک روز قبل از آن واقعه که در روزنامه ها خواندم دکتر فاطمی فردا سر قبر محمد مسعود خواهد رفت ، رفتم آنجا و خوب تماشا کردم و شب را در منزل یکی از رفقا که از مقصود من اطلاع داشت یعنی علی اکبر طاهری بسر بردم و صبح روز بعد بدون خدا حافظی از خانه طاهری خارج شدم و به هر طریقی بود تا موقع تشکیل مراسم خودم را مشغول کردم و در موقعی که دکتر فاطمی مشغول صحبت بود کار خود را انجام دادم و اسلحه را انداختم روی قبر و یک عده چاقوکش ریختند روی سرم منهم الله اکبر گفتنم و افرادی که مرا میزدند از ملت ایران نبودند. منظورم این است که مسلمان نبودند زیرا اگر مسلمان بودند به کسی که از او صدای الله اکبر بلند شود آزار نمیرسانند.

پس از ختم جلسه دادگاه هنگامی که مأمورین متهم را به طرف زندان میبردند تماشاچیان که غالبا از اعضای فدائیان اسلام بودند به دنبال وی اجتماع کرده شروع به تظاهرات نمودند، یکی از آنها شعار میداد و دیگران صلوات میفرستادند.

در جستجوی راه حل

به دنبال مذاکرات فراکسیون نهضت ملی و منفردین کمیسیونی مرکب از سه نفر از اعضای فراکسیون نهضت ، سه نفر از منفردین و دونفر از نواب رئیس راه حلی برای رفع مشکلات و اختلافات فراکسیون های مختلف مجلس پیشنهاد کردند:

اول - گزارش ۸ نفری را تا ۱۵ نفر امضا کنند و در جلسه علنی آن را تقدیم نمایند و اتخاذ تصمیم درباره آن را به جلسه علنی واگذار نمایند.

دوم - بر اساس پیشنهاد آقای نخست وزیر حداقل ۵۰ نفر ازنمایندگان ذیل گزارش هیأت هشت نفری را امضا کنند و این گزارش به عنوان نتیجه اقدامات هیأت ۸ نفری درباره اختلافات در جلسه علنی مجلس بدون بحث و اظهار نظر مطرح و اخذ رأی نسبت به آن به عمل آید.

سوم - به مقدمه گزارش هیأت ۸ نفری جملاتی مبنی بر لزوم رعایت قانون اساسی در تمام امور مملکتی قید و حق قانون گذاری به مجلس شورای ملی اضافه شود و پس از امضای ۱۵ نفر به صورت طرح جدید با سه فوریت تقدیم مجلس و تعیین تکلیف آن را به جلسه علنی مجلس واگذار نمایند.
چهارم - گزارش هیأت ۸ نفری و طرح فراکسیون نهضت ملی به هیأت رئیسه مجلس واگذار گردد منتهی ضرب الاجلی برای آن تعیین گردد بدین معنی که هیأت رئیسه مکلف باشد حداکثر ظرف یک ماه نظر خود را نسبت به این موضوع طی گزارشی در جلسه علنی اعلام دارد و مجلس تصمیم هیأت رئیسه را قاطع و غیر قابل بحث بداند.

اعلامیه فراکسیون نهضت ملی

هموطنان عزیز ، در اعلامیه مورخ ۲۵ فروردین وعده دادیم جریان امور را مجددا به اطلاع عموم برسانیم. اینجانبان معتقد بوده ایم که اکثریت مجلس شورایملی حافظ حقوق مردم و اصول قانون اساسی خواهند بود و مشکلاتی را که در راه مشروطیت پیش آمده است از راه قانون گذاری حل وفصل خواهند نمود و در تنیجه مذاکراتی که بین این فراکسیون و آقایان منفردین به عمل آمد مشهود شد که در بسیاری از همکاران هم حسن نیت و اراده خدمتگذاری به ملت موجود است.

ممکن است این توهم وجود داشته باشد که منظور از تصویب طرح هیأت ۸ نفری تقویت دولت فعلی میباشد ، لازم است با صراحت اعلام داریم که این موضوع را مبارزات ملت و نهضت مردم مطرح ساخته و موجب جلوگیری از حوادث و تجاوزات گذشته و باعث استحکام مبانی مشروطیت و تعیین حدود اختیارات درآینده خواهد بود. پس ازجنگ جهانی دوم و بیداری مردم جمعی ازسیاست بازان به ظاهر دستگاه مشروطه را برپا کردند ولی با عدم توجه به خواسته های حقیقی ملت راه را برای پایه ریزی دیکتاتوری هموار نمودند که تا شروع نهضت ملی ادامه داشت ، اکنون چند سال است که نهضت ملی ایران وضع را دگرگون ساخته و به تدریج حساب و کتابی درکار آمده و دستگاه تبانی و بند و بست را تا اندازه ای از بین برده و سیاست ملی محکمی در قبال کشورهای بیگانه پیش گرفته است و از آنجا که اکنون ملت ایران ناظر بر جریان امور مملکتی است تغییر مسیر این نهضت از طریق عادی امکان پذیر نیست بدین جهت هراز چند گاهی مخالفین مردم وسایلی برمیانگیزند تا روحیه ملت را ضعیف نمایند. از آن جمله اخیراً مطلب اصولی که از بدیهیات مشروطیت است به صورت اختلاف دربار و دولت درآورده اند تا از آب گل آلود ماهی بگیرند. بدین منظور اکنون موضوع گزارش هیأت ۸ نفری را که جز بیان اصول قانون اساسی را دربر ندارد مورد بحث و گفتگو قرار گرفته و آن را با مسائل سیاسی روز از قبیل تقویت یا تضعیف حکومت و حب و بغض های خصوصی مخلوط ساخته اند.

چنین به نظر میرسد جمعی این قبیل مسائل را برای عقیم گذاشتن مبارزات ملت ما در راه ملی کردن صنعت نفت و با تشبث به آنها سعی دارند منافع کارتلهای بزرگ دنیا را مجددا از کیسه مردم فقیر ما تأمین نمایند و راضی نمیشوند بالاخره این طلای مایع که درسرزمین ایران نهفته است برای بالا بردن سطح زندگی افراد همین کشورمصرف شود با توطئه چینی و توطئه های ضد ملی اینک بحرانی در مشروطیت ایجاد نموده ، شکاف را به جائی رسانیده اند که باید بین استبداد و مشروطیت یکی را انتخاب نمود و چون امضا کنندگان به شهادت عموم خواهان حفظ حکومت ملی و رعایت کلیه اصول قانون اساسی و احترام پادشاه مشروطه

هستیم تصمیم گرفته ایم که درجلسه روز پنجشنبه ۲۷ فزوردین ۱۳۳۲ درساعت ۱۰ صبح به تالار جلسه علنی رفته و به محض تشکیل جلسه طرحی را که ذیلا به نظر میرسد تقدیم داریم.

۳۰ فروردین ۱۳۳۲

اوبستراکسیون نمایندگان فراکسیون آزادی

خروج نمایندگان عضو فراکسیون آزادی به رهبری حایری زاده از تهران و تقلیل عده حاضر در مرکز که موجب عدم تشکیل جلسه علنی گردید مجلس را در برابر امری مشکل تر از قضیه گزارش هیأت هشت نفری قرار داده است زیرا عده نمایندگان حاضر طوری است که با خروج این عده از تهران امور داخلی مجلس بکلی تعطیل و فلج خواهد شد. پیدایش وضع جدید در صحنه بهارستان از همان بعد از ظهر روز پنجشنبه اعضای فراکسیون نهضت ملی و همچنین منفردین مجلس را که فعلا نقش میانجی را عهده دار هستند به فکر چاره جوئی و صلاح اندیشی برای رفع این محظور بی سابقه و غیر منتظره انداخت و هر دو دسته از روز پنجشنبه تا بحال چندین جلسه تشکیل داده و مدتی به تبادل نظرپرداختند تا در برابر اقدام اقلیت روشی اتخاذ نمایند که آن روش منتهی به مراجعت اقلیت به تهران و تأمین عده حاضر در تهران برای تشکیل جلسه گردد.

اعضای فراکسیون نهضت ملی دو هیأت پنج نفری انتخاب کرده اند که با نخست وزیر و رئیس مجلس ملاقات کرده مشکل مزبور را با آنها در میان بگذارند. نمایندگان فراکسیون نهضت ملی در پاسخ خبرنگاران بعد ازملاقات با نخست وزیر اظهارداشتند اقدام اخیرفراکسیون آزادی یعنی خروج دسته جمعی از تهران و از اکثریت انداختن مجلس موجب عدم تشکیل جلسات علنی و تعطیل مشروطیت گردیده و ما نمیخواهیم با وضع کنونی و بحرانی فعلی مجلس در تعطیل و دولت در بلاتکلیفی بماند، برای چاره جوئی جهت حل این مشکل نظریات مختلفی در فراکسیون به میان آمد

ابتدا صحبت از استعفای دسته جمعی شد ولی این نظر را جمعی نپسندیدند و استدلال ما این بود که درصورت عدم تصویب گزارش ۸ نفری اقدام به این کار شود و حال اینکه این امر هنوز روشن نیست. خاصه اینکه تصمیم فراکسیون آزادی و خروج آنها از تهران نشان داد که مخالفین گزارش امیدی به رد شدن و عدم تصویب آن ندارند و ظن قوی این است که اگر جلسه علنی مجلس تشکیل شود طرح فراکسیون که مفاد همان گزارش است از تصویب مجلس خواهد گذشت بنابراین استعفای دسته جمعی مورد ندارد.

بعد پیشنهاد شد با آقای نخست وزیر مذاکره شود تا ایشان دستور شروع بقیه انتخابات را صادر نمایند در نتیجه مجلس از مشکل قلت عده نمایندگان رهایی یابد زیرا درحال حاضر ۵۶ کرسی مجلس از ۱۳۶ کرسی آن خالی و بدون نماینده است. بدیهی است که اگر بقیه نمایندگان انتخاب شوند مجلس در ادامه کار و اتخاذ تصمیمات لازم قدرت بیشتری بدست خواهد آورد. آقای دکتر مصدق اظهار داشتند که قصد تحمیل به مجلس ندارند آقایان اقلیت میتوانند بیایند و مجلس را تشکیل بدهند و اگر گزارش هیأت ۸ نفری را به مصلحت نمیدانند دلایل خودشان را بیان نمایند و آن را رد کنند تا هم تکلیف دولت معلوم شود و هم مجلس.

در ملاقات با رئیس مجلس آیت الله کاشانی گفتند من از این وضع کنونی بیش ازهرکس متأسف هستم و نمیدانم کسانی که به آتش نفاق و دو دستگی دامن میزنند چه مقصد و نظری

دارند آنها وکیل مجلس هستند و عقیده دارند و در عقیده خود هم آزاد میباشند. من رئیس مجلس نشدم که به نمایندگان دستور بدهم و برای نماینده تعیین تکلیف کنم. بر فرض من به آنها توصیه کنم که به تهران مراجعت کنند آنها نخواهند آمد چون میگویند ما مصونیت نداریم و آزاد نیستیم. دیروز ازرادیو شنیدم که میگفت که اگراقلیت به تهران نیاید ما آنها و رئیسشان را به دنبال اربابان قدیمیشان روانه خواهیم کرد. من از شما انصاف میخواهم آیا آنها حق ندارند با این ترتیب به عنوان عدم تأمین جانی و آزادی تهران را ترک کنند؟

آقای مهندس رضوی گفت من این مسأله را دیروز شنیدم آنرا به اطلاع آقای نخست وزیر رسانیدم. ایشان فوراً به رئیس رادیو دستور دادند که از پخش این گونه مسائل در رادیو جلوگیری کنند.

در مراجعت از منزل رئیس مجلس خبرنگاران از آقای مهندس رضوی نتیجه ملاقات با آیت الله را سؤال کردند ایشان پاسخ دادند هیچ گونه پیشرفتی حاصل نشده. در مجلس نیز هیچ گونه وضع خاصی نیست که موجب عدم حضور آقایان حتی درتهران بشود و حالا هم وضع مسافرت آقایان صورت دیگری بخود گرفته یعنی ابتدا رفتند چند فرسنگی تهران و بعد به منازل خود مراجعت کردند و این خود بهترین دلیل تأمین آزادی آنها است. دیروز عصر چند نفر از این آقایان به قم تشریف بردند. حالا حرفشان این است که ما طرح متقابل داریم اگر آن را قبول میکنید ما برمیگردیم. پس معلوم میشود که موضوع عدم تأمین جانی و آزادی نیست و اصل مسأله این است که طرح متقابل در میان است. در این حالت مخالفتی نمیباشد. اگر طرحی دارند بیاورند روی آن مذاکره میشود، بحث میشود و بعد رأی مجلس درباره آن قضاوت خواهد کرد.

امروز وقتی آقای حایری زاده لیدر اقلیت قصد خروج از مجلس را داشت خبرنگاران از او پرسیدند «کجا بودید و کجا میروید» حایری زاده جواب داد روز پنجشتبه به اتفاق رفقا از شهر خارج شدیم و به یکی از شهرستان های نزدیک تهران رفتیم. دیرور به تهران آمدم و چون مریض هستم به صفحات شمال میروم که استراحت کنم امروز شنیده ام رفقا رفته اند آنها از من خواسته اند به آنها ملحق شوم ولی چون من قصد استراحت دارم الان عازم گچسر هستم و به رفقا هم پیغام دادم اگر مایل هستند به آنجا بیایند و حالا آمده ام شخصی را معرفی کنم تا حقوق مرا بگیرد و برایم بفرستد. از وی سؤال شد چه وقت قصد شرکت در مجلس یا لااقل مراجعت به تهران را دارید؟ جواب داد این مسأله مربوط به آن است که آیا آن ها طرح ما را بپذیرند یا نه امروز به آقای اخگر گفتم اگر آقایان رفقای شما حاضر به قبول این طرح هستند در مجلس شرکت میکنیم.

جلسه منفردین

دیروز جمعی از منفردین در مجلس اجتماع کردند تا شاید راه حلی برای نزدیک کردن نظرات دو طرف پیدا کنند. ابتدا آقای قائم مقام که ریاست جلسه را عهده دار بودند پیغام آقای حائری زاده را دادند. ایشان اظهار داشتند اقلیت معتقد است که باید طرحی دائر بر حق تعیین رؤسای قوای انتظامی به مجلس و همچنین سلب اختیارات از آقای دکتر مصدق ضمیمه گزارش هیأت هشت نفری بشود. سپس چند نفر از منفردین گفتند چون اعضای فراکسیون نهضت ملی حاضر به تعدیل نظر خود نیستند کوشش در این مورد بی نتیجه خواهد ماند.

اقلیت میگویند این دکتر مصدق است که برای صحه گذاردن به اعمال خود و صحیح قلمداد کردن آن ها باید از مجلس استمداد کند و مجلس را به کمک بخواهد و الا ما از مجلس کاری نمیخواهیم.

امروز عصر نیز منفردین جلسه ای تشکیل دادند و اظهار داشتند هرچند از اقدامات بی طرفانه خود نتیجه ای نگرفته ایم معهذا یک بار دیگر دست کمک و همفکری به طرف نمایندگان فراکسیون نهضت ملی دراز میکنیم تا برای رفع اختلافات چاره ای بیندیشیم و مقرر گردید به قید قرعه هفت نفر انتخاب نمایند و از فراکسیون نهضت ملی بخواهند که نمایندگان منتخب خود را معرفی کنند تا در یک جلسه مشترک جریان روز را مورد بحث قرار دهیم.

آقای مکی امروز به خبرنگاران گفتند ما در این جلسه موضوع روز و این که هر روز دامنه تشنج توسعه می یابد را مورد بحث و مذاکره قرار دادیم و برای آخرین بار نظریات خود را که خاتمه دادن به این وضع میباشد با نمایندگان فراکسیون نهضت ملی در میان خواهیم گذاشت و اگر آنها نخواهند به موقعیت حساس کنونی توجه کنند ما حقیقت امر را طی اعلامیه ای به اطلاع ملت ایران خواهیم رساند و به آنها خواهیم گفت که نمایندگان آنها برای رفع بلا تکلیفی و پایان تشنج از هیچ گونه فداکاری و کوشش دریغ نکردند ولی به دلایلی که البته شرح خواهیم داد فعالیت ما مثمر ثمر واقع نگردید.

نمایندگان عضو فراکسیون نهضت ملی نیز امروز جلسه داشتند. در پایان جلسه آقای مهندس رضوی در مورد پیشنهاد منفردین دائر بر تشکیل یک جلسه مشترک گفتند ما از این نظر استقبال میکنیم و در این جلسه شرکت خواهیم کرد.

کارگران پالایشگاه کرمانشاه اعتصاب کردند

از عصر دیروز کارگران پالایشگاه کرمانشاه اعتصاب نموده اند. درخواست های آن ها پرداخت اضافه حقوق ، تهیه بهداشت برای خانواده کارگران ، مسکن یا اجاره خانه ، آزادی بیشتربرابر قانون کار برای کارگران. امروز خانواده های کارگران نیز در مقابل پالایشگاه اجتماع نمودند. پس از گزارش موضوع به آقای نخست وزیر ایشان دستور رسیدگی دادند.

۳۱ فروردین ۱۳۳۲

نفت ایران در بازار ژاپن

روزنامه ژاپنی یومیورز مینویسد درحالی که انگلیسی ها متوجه شده اند به هیچ وجه نمیتوانند از ورود نفت ایران به بازارهای نفتی ژاپن جلوگیری کنند درصدد هستند از کمک شرکت های نفتی برای رقابت کردن با قیمت های نفت های خریداری شده از ایران به یاری آنها بپردازند ولی بنابر اطهار نظر کارشناسان نفتی این اقدام غیر محتمل میباشد و شرکت های نفتی امریکا در شرایطی نیستند که بتوانند مبادرت به این ریسک کنند.

اغتشاش در دزفول

طبق اطلاع دیروز محله صحرابدر عده ای برای پشتیبانی از دولت قصد تظاهراتی داشتند ولی اعضای حزب زحمتکشان (دکتر بقائی) برای ممانعت از برگزاری متینگ آن ها عده ای در محل برگزاری متینگ اجتماع و قصد اخلال داشتند که در نتیجه زد و خورد شدیدی درگرفت که منجر به کشته شدن چهار نفر و مصدوم شدن بیش از صد نفر گردید. مجروحین به بیمارستان های اهواز اعزام گردیدند.

۱ اردیبهشت ۱۳۳۲

تسلیم ابوالقاسم بختیار

ابوالقاسم بختیار که از چندی پیش در نواحی بختیاری با مأمورین دولتی نزاع میکرد در اصفهان تسلیم قوای دولتی شد و به مرکز اعزام گردید. به دستور ستاد ارتش و دولت مقرر بود درصورت عدم تسلیم ابوالقاسم محل سکونت او بمباران گردد و برای این منظور اعلامیه هائی ازطرف ارتش درنواحی استقرارابوالقاسم و نیروهایش پخش شده بود و از مردم نیز دراین مورد درخواست کمک شده بود.

نظر به اینکه گشت مأمورین در نواحی ای که محل استقرار ابوالقاسم و یاغی های زیر فرمان او منتج به نتیجه نشد واحد های تازه نفسی که ازاهواز ودزفول بایذه ، مسجد سلیمان و هفتگل اعزام شده بودند بازگشتند و عملیات نظامی دربختیاری متوقف شد ولی اقدام برای دستگیری سردسته یاغیان ادامه داشت تا بالاخره ابوالقاسم بختیار در یکی از نقاط ییلاقی بختیاری خود را تسلیم قوای دولتی نمود. ابوالقاسم بختیار پسر عموی سرهنگ بختیار میباشد و چندین بار در سالهای گذشته دارای پست های فرمانداری نقاط مختلف بود. طبق اطلاعیه ستاد ارتش ابوالقاسم بختیاری در تاریخ ۲۱ فروردین طی تلگرافی به دولت اعلام کرد که حاضر است تسلیم شود. در تاریخ ۲۹ اسفند در کوه های بختیاری تسلیم و به اصفهان اعزام گردید. همراهان وی نیز خلع سلاح شده و در بازداشت بسر میبرند و بازجوئی از نامبردگان ادامه دارد.

پایان شورش در شیراز

بعد از سرکوب شورشیان در شیراز که به ساختمان های اصل چهار حمله و پس از غارت اموال موجود مبادرت به خراب کردن ساختمان ها کرده بودند امروز آقای وارن رئیس اصل چهار به اتفاق نماینده نخست وزیر به شیراز عزیمت و از ساختمانهای اداره اصل چهار بازدید نمودند. خسارات وارده حدود صد هزار دلار برآورد شده است.

نظر به اینکه از جمعیت حمله کننده عکس برداری شده بود با کمک عکس ها قریب ششصد نفر توسط مأمورین فرمانداری نظامی و شهربانی دستگیر و قسمتی از اموال مسروقه از اداره اصل چهار و منزل آقای وارن نیز در منازل اشخاص دستگیر شده کشف گردید.

قتل سرتیپ افشار طوس رئیس شهربانی

اول اردیبهشت ۱۳۳۲

ناپدید شدن سرتیپ افشار طوس رئیس شهربانی

ساعت ۹ دیشب سرتیپ محمود افشار طوس رئیس شهربانی در خیابان خانقاه از ماشین خود پیاده شد و به راننده خود اظهار داشت که جلو کلانتری در میدان بهارستان توقف کرده منتظر وی باشد. شوفر تمام شب در آن محل منتظر میماند و چون از رئیس شهربانی خبری نمیشود مراتب را به شهربانی گزارش میدهد. امروز تمام منازل خیابان های صفی علیشاه و خانقاه که حزب سومکا و کانون افسران بازنشسته در آن واقع است از طرف کارآگاهان شهربانی بازرسی شد.

افشار طوس ۵ ماه پیش به ریاست شهربانی دولت دکتر مصدق منصوب گردید. او یکی از پست های کلیدی قوای انتظامی را به عهده دارد و دارای محبوبیت زیادی در بین افسران جوان است. سرتیپ افشارطوس از بعد از شهریور۱۳۲۰ دارای مشاغل کلیدی بسیاری در ارتش و شهربانی بوده است. او مورد احترام و اعتماد دکتر مصدق نخست وزیر میباشد. از این رو شایع است که مخالفین دولت عاملین اصلی این اقدام بوده اند.

در این قسمت با توجه به اهمیت مسأله بدون توجه به روزشمار تاریخ به عنوان بخش جداگانه ای توطئه قتل سرتیپ افشار طوس و اهمیتی که این رخداد در شکل گیری کودتای ۲۸ مرداد داشته است به دنبال یکدیگر خواهند آمد.

۴ اردیبهشت ۱۳۳۲

دیشب مأمورین آگاهی بعد از اقرار ربایندگان رئیس شهربانی جسد سرتیپ افشار طوس را در غار تلو پیدا کردند. امروز یکی از مأمورین محافظ سرتیپ افشار طوس اظهار داشت که یک هفته قبل از واقعه رئیس شهربانی درمنزل حسین خطیبی مدتی با سرتیپ مزینی، سرتیپ منزه و چند نفر دیگر ملاقات کرده بود. ملاقات دوم درهمان شبی بود که تیمسار ربوده شد.

اعلامیه فرمانداری نظامی تهران

امروز فرمانداری نظامی تهران اعترافات اشخاص متهم به قتل سرتیپ افشار طوس را به ترتیب در اختیار جراید و رادیو گذارده است. به منظور جلوگیری از اطاله کلام از بین اقاریر متهمین اقاریر چهار نفر از متهمین که در تمام موارد توطئه شرکت داشتند به عنوان نمونه درج میگردند، سرگرد بلوچ، سرتیپ مزینی،احمد بلوچ نوکرسرگرد بلوچ و نوکر دکتر بقائی.

خلاصه اقاریر سرگرد بلوچ قرائی به خط خود او

پس از تهیه مقدمات همانطور که عرض کردم از منزل سرهنگ شعفی که حرکت کردیم به اتفاق تیمسار دکتر منزه و پهلوان رفتیم منزل یکنفر در خیابان صفی علیشاه به نام آقای

حسین خطیبی ، گفتند یک نفر از وکیل های مجلس میآید. وقتی که از ساعت معین که ده بعد از ظهر بود گذشت و وکیل نیامد گفتند تمرین می کنیم.

مزینی روی مبل و پشت به در نشست ، پهلوان حمله کرد و افشار و احمد او را گرفتند. برای من هم قرار بود یک کلت بیاورند و شب دوم هم آمدیم مثل شب دیگر وکیل نیامد. شب سوم به جای وکیل مجلس یکنفر سرتیپ آمد که پس از گرفتن معلوم شد سرتیپ افشار طوس است. او را گرفتند و بستند به طناب. اول پهلوان وارد شد بعد از او افشار و بعد احمد (نوکر سرگرد بلوچ) که افشار و احمد ایشان را با طناب بستند دکتر منزه هم آمپول را آورد و تزریق کرد و اتر هم روی دماغ ایشان ریخت و بقیه سرتیپ ها که درمنزل بودند (مزینی، بایندر ، زاهدی با من و بقیه) شروع به بستن کردیم.

شهریار و پهلوان از منزل خارج شدند. مرحوم افشار طوس را با یک اتوموبیل که پونتیاک بود بردند به خارج از تهران و در این اتومبیل بنده و افشار و احمد و تیمسار افشار طوس و یک نفر دیگر که ماشین میراند بودیم. بعد از دو راهی لشگرک ۲ رأس اسب آماده بود مرحوم افشار طوس را سوار یک اسب کردند با احمد و من پیاده و افشار سوار اسب دیگر و در این موقع یک تفنگ پنج تیر هم از اتوموبیل خارج کردند و بمن دادند قبلا هم یک کلت داده بودند که توی اثاثیه منزل حسین خطیبی بود و به اتفاق همان آدمی که راه را بلد بود رفتیم به غارو شب تا صبح در غار بودیم روز دیگر غروب یک عده آمدند به غار که من از میان آنها سرتیپ مزینی را شناختم. باز مجددا رفتند فردا صبح روز دیگر راه بلد غذا چلو خورشت و شیرینی و کره و ماست آورد. شب سوم ساعت ۶ یا ۷ یک عده آمدند که عباس مزینی را من شناختم. مزینی گفت دستور داده اند که بایستی افشار طوس کشته شود چون ممکن است بفهمند. به احمد و افشار گفتم آنها ایشان را آوردند از غار پائین و با طناب کشتند. یک سر طناب به دست احمد و یک سر را افشار گرفت و عباس هم آمد که او لوازمات را برداشته و درکار آنها شرکت کند. البته قرار این بود که عباس پس از رساندن اشخاص سوار به جاده یا ده یا هرکجا که میخواهند بروند برساند و برگردد و مشغول کندن قبر شدند و پس از دفن کردن همگی به سمت تهران حرکت کردیم. وسایل کار را دکتر منزه آورده بود اسلحه کمری را در منزل خطیبی به من دادند ، تفنگ را در موقع پیاده شدن از اتوموبیل دادند و راجع به محل مخفی کردن قبلا تیمسار ها آن محل را کشف کرده بودند و حسین خطیبی هم میدانسته که محل مخفی کردن کجاست برای اینکه در منزل ما هم صحبت محل مخفی کردن را میکردند. بعد از این که کار تیمسار افشار طوس تمام شد عباس که راه بلد ما ها بود ما را از بیراهه آورد که اسم آن جا را نمیدانم. آمدیم شبانه به جاده لشگرک و صبح با اتوموبیل آمدیم افشار پیاده آمد عباس اسب ها را برگرداند من و احمد هم با اتوموبیل آمدیم به تهران من مستقیما آمدم منزل شعفی، شعفی منزل نبود و نزدیک ظهر آمد. احمد هم رفت پیش بچه هایم که لباس بیاورد ، بعد از ظهر تیمسار بایندر آمد منزل شعفی که سؤال کند که من هستم یا خیر؟ بعد شب قرار شد مراجعت نمایند. شب مراجعت کردند و با بنده رفتیم منزل یک نفر بنام حسین بنده که شب آنجا بودم صبح روز دوم یکشنبه باشد به سمت قزوین حرکت کردم و از آنجا هم همانطور که قبلا نوشتم رفتم به رودبار قزوین کلانه عمارت متعلق به آقای رشوند بود که درجریان دستگیری خود نوشته ام. درخصوص وعده ای که برای ارتکاب این جنایت به سرگرد بلوچ داده بودند مشارالیه مینویسد قرار بر این شد پس از تغییر کابینه هر شغلی را که بخواهم بدهند و شغلی را که من

میخواستم تعیین نشده بود ولی قول داده بودند هر شغلی را که بخواهم از قبیل ریاست ژاندارمری کل کشور را با آقای خطیبی صحبت کرده بودند که او و افراد کاملا از جریان مطلع هستند ولی من میدانستم که صحبت آقای دکتر بقائی دائما در همان منزل بود. مشاغل آینده سایر امرا به این ترتیب بودند: دکتر منزه وزیر بهداری ، مزینی رئیس ستاد ارتش ، بایندر یا وزارت دفاع ملی یا وزارت دیگر و سرتیپ زاهدی هم جزو کابینه بود و خلاصه بقیه امرا هم که بازنشسته هستند جزء کابینه بودند. این مسموعات من در منزل خطیبی بود.

در خصوص دستگیری تیمسار افشار طوس مینویسد:

برای این تیمسار افشار طوس را گرفتند که تشنجی در مملکت تولید شده در نتیجه کابینه سقوط کند. بعد از افشار طوس قرار بود آقای دکتر فاطمی ، تیمسار ریاحی ، آقای دکتر معظمی ، آقای دکتر شایگان ، مهندس زیرک زاده ، تیمسار مهنا معاون وزارت ملی را دستگیر نمایند.

در جواب سؤال اینکه بعد از بردن تیمسار فقید ، حسین خطیبی به کجا رفت سرگرد بلوچ مینویسد: (میروم جریان دستگیری تیمسار را به دکتر بقائی اطلاع بدهم)

درجواب سؤال اینکه چگونه حسین خطیبی اعتماد افشار طوس را به خود جلب کرده بود سرگرد بلوچ مینویسد: خطیبی میگفت که چون تیمسار با دکتر بقائی دوست است و با دکتر قرار گذاشتند به منزل من بیایند.

درجواب اینکه دستور کشتن افشار طوس را که داده است مینویسد: با همان نوکر که اسمش عباس است روز قبل یک عده آمدند که سرتیپ مزینی برای ملاقات افشار ، روز بعد یک عده در تاریکی بودند من نفهمیدم بدرستی چه اشخاصی هستند ولی تیمسار مزینی جلو بودند و این دستور را صادر کردند.

خلاصه اظهارات احمد باقری نوکر آقای دکتر بقائی

روز چهارشنبه هفته قبل نهار چهار نفر با آقای خطیبی که به منزل دکتر زیاد میآمد بودند. آقای دکتر وقتی صبح روز چهارشنبه میخواستند به مجلس بروند من ایستاده بودم به خواهرشان گفتند که به مادرم بگو که من سه چهار نفر مهمان دارم. آن ساعت مادرش گفت برو بشقاب ها را از منزل آقای خطیبی بگیر بیاور وقتی گفتم کار دارم مادر دکتر گفت برو بشقاب ها را از منزل همسایه مان بگیر تا بعد از منزل آقای خطیبی بگیری. من چهار بشقاب از منزل حاجی آقا همسایه کناریمان گرفتم بعدا که نهار دادند عصری بشقابها را به من دادند و گفتند ببر منزل حاجی آقا و پنج تومان هم پول دادند که بروم کره و پنیر از بیرون بخرم و چون چند روز پیش تر توی دو یا سه بشقاب سمنو برای منزل آقای خطیبی داده بودند به من گفتند برو آن بشقاب ها را بگیر. من رفتم درب منزل آقای خطیبی زنگ زدم یک گروهبان از تو آمد در را باز کرد مرا برد داخل خانه و بعد دستگیرم کردند.

من میهمان ها را نشناختم آقای خطیبی میشناخت تقریبا ظهریا یک بعد ازظهر بودآمدند با آقا نهارخوردند تقریبا ۵/۲ یا ۳ بعد ازظهربا آقای خطیبی رفتند و آقای دکتربقائی درمنزل ماند.

خلاصه اعترافات سرتیپ مزینی به خط خود او

تیمساران نامبرده (منظور تیمساران زاهدی و بایندر و منزه) و اینجانب که جزو افسران بازنشسته ماقبل اخیر می باشیم و عضویت کانون افسران بازنشسته را داریم از وقتی که سری

اخیر ۱۳۶ نفر به ما پیوستند دسته ای تشکیل شد که در بدو امر برای احقاق حق خود شروع به اقداماتی نمودند بعداً این عمل به صورت مبارزه در حفظ مقام شاه و مخالفت با تصمیماتی که منجز به ضعف ارتش میگردید شد. در جریان این اقدامات و تحول این افکار همان طور که در بالا ذکر شد با اغلب دستجات مخالف تماس و همکاری ایجاد و بعداً این عمل شدت پیدا کرد تا جائی که سعی شد به نوبه خود تظاهرات دسته جمعی در دیگر صفوف مخالف دولت البته طبق معمول جاری و قانونی بنماید. پس از آن که دستجات احزاب چپ به طرفداری برخاستند و خاصه این طرفداری اغلب رنگ ضد مقام سلطنت میگرفت شدت پیدا کرد و از بعد از وقایع نهم اسفند ارتباط جدی تری با این دستجات و نمایندگان مخالف دولت به عمل آمد تا جائی که دیده شد از لحاظ کمیت از عهده تجمعات و تظاهرات برنمیآمدند اقلا در بعضی از اقدامات از نظر کیفیت به مخالفت هایی دست بزنند از آن جمله است مسأله ربودن رئیس شهربانی برای چند روزبه منظور تضعیف اقدامات طرفدارن دولت. مسأله اخیر مورد بحث است که تفصیلا توضیح میدهم.

آقای خطیبی روزی پیشنهاد نمودند که ایشان میتوانند موجباتی فراهم کنند که بشود برای مدت مختصری یکی از مقامات حساس مثلا ریاست شهربانی را توقیف نمود. این پیشنهاد مصادف با تظاهرات دامنه داری بود که به نام طرفداری از تصویب گزارش هیأت هشت نفری در مجلس شورای ملی میبایست صورت گیرد و چون دستجات مخالف از لحاظ کمی وسایل نتوانسته بودند برابری کنند این طور به نظر رسید که توقیف موقت رئیس شهربانی در محلی مخفی موجب ضعف طرفداران دولت و دستجات چپی بشود و طبعاً چنین پیشنهادی که بدون هیچگونه سوء نظر هایی توسط آقای خطیبی شده بود قابل توجه مینمود در همان اوان طی چند جلسه در این خصوص بررسی شد ولی عوامل کار به نظر مشکل رسید ، این عوامل عبارت بودند از : مردان کار، محل اختفا ، وسیله ، تاریخ عمل.

اول - برای مردان کار سرگر بلوچ بازنشسته در نظر گرفته شد که خود چند نفر تعداد لازم را آماده کند و از طرف ما چهار نفر به او پیشنهاد و قبول شد.
دوم - برای محل اختفا خانه مسکونی یا غیر مسکونی در شهر در نظر گرفته شد و چون میسر نگردید به اطراف خارج شهر و بالاخره دور از مرکز در نظر توجه شد و چون وقت بسرعت میگذشت عاقبت به تعجیل ارتفاعات هزار دره شمال شرقی تهران در نظر گرفته شد. به آقای امیر علائی که صرفاً بنا به سوابق رفاقت و دوستی با اینجانب و توجه به اینکه توقیف موقت چند روزه جرم قابل توجهی نیست و در این خصوص با این عمل منحصراً درخصوص پیدا کردن محل اختفا کمک نمود.
سوم - برای وسیله آقای خطیبی مقرر داشتند که ماشین سواری یکی از آشنایان خود را چند ساعتی با راننده مخصوص آن در اختیار بگذارند و در شب واقعه ماشین سواری اینجانب نیز برای حمل همراهان سرتیپ بایندر، سرتیپ زاهدی ، دکتر منزه و اینجانب درنظر گرفته شد.
چهارم - تاریخ عمل چند مرتبه به تأخیر افتاد زیرا مقرر بود که تیمسار فقید ریاست شهربانی برای ملاقات آقای خطیبی که مسبوق به سابقه بوده است که قطعا خود توضیح داده اند به منزل ایشان بیایند و درحدود دو یا سه مرتبه به علت گرفتاری های ایشان یا مهیا نبودن وسایل نامبرده بالا بالاخره در تاریخ دوشنبه سی و یکم فروردین ساعت ۹ تعیین گردید. خط سیر و یک نقطه میعاد که اتومبیل باید توقف کند. بقیه خط سیر به راهنمائی عباس نوکر آقای امیر علائی که دورأس اسب به محل میآورد. قبلا محل بازدید و شناسائی شده بود. قرار

شد از ساعت ۸ شب نامبرده با دو رأس اسب بالای قهوه خانه تلو در نقطه انشعاب جاده مال رو لتیان و شوسه فشم منتظر بماند.

در روز مقرر دوشنبه سی و یکم فروردین سرتیپ نصرالله زاهدی و سرتیپ بایندر و اینجانب درساعت شش و نیم تا هفت به آنجا رفتیم و سرتیپ دکتر منزه هم نیم ساعت بعد آمدند و مقرر شد مأمورین کار تحت نظارت سرگرد بلوچ قرائی در اطاق مجاور سالن که تاریک شده بود مجتمع و حاضر به کار شوند. نامبردگان حاضر شده و سرگرد بلوچ قرائی نیز آمادگی خود را اعلام داشت در ساعت نه و چهل پنج دقیقه آقای خطیبی به سالون رفته و اینجانبان (سرتیپ بایندر و زاهدی و منزه و من) در دالان بین اطاق خواب به سالنی که منتهی به اطاق کوچک مجاور سالن میشد ایستادیم. در ساعت مقرر تیمسار سرتیپ افشار طوس آمدند و مذاکرات ایشان و آقای خطیبی حدود یک ساعت بطول انجامید و عاقبت به علامت زنگ ایشان پیشخدمت جدیدی که از ساعت ۸ به بعد در سرکار حاضر شده بود به علامت راهنمائی اجازه ورود داد. در این موقع سرگرد بلوچ قرائی با مردان خود به سالن رفتند و سرتیپ افشار طوس را غفلتاً کت بسته و چشم و پا و دهن او را هم بستند و بوسیله اتر او را بیهوش نمودند که با یک و یا دو آمپول مرفین هم تزریق کردند لیکن بنده در اطاق نبودم و شخصا مشاهده ننمودم. در این موقع یعنی پس از فراغت آقایان از انجام کار آقای خطیبی تلفن کردند برای ماشین و ماشین از نوع پونتیاک بود. گمان میکنم با شماره عوضی به درب خانه آمد ماشین اینجانب هم قبلا در اواسط خیابان خیام ایستاده بود بنا بر قرار قبلی اول اینجانب بیرون رفتم که به ماشین خود سوار شوم سپس سرگرد بلوچ قرائی و مردانش سرتیپ افشار طوس را که پیچیده بودند در صندلی عقب قرار داده و در اطراف او جای گرفتند فوراً با سرعت حرکت کردیم آقای خطیبی در منزل بود سرتیپ بایندر و زاهدی و دکتر منزه دیرتر رسیدند لذا برخلاف تعهد ماشین حامل سرتیپ افشار طوس بسرعت جلو افتاد بطوری که تا اواسط راه نتوانستیم از او جلو برویم.

عاقبت در نقطه میعادگاه قبلا ماشین اینجانب در روی جاده اصلی ماند و با چراغ دستی هدایت اسب ها را که در پائین دره به درخت بسته شده بود عهده دار شدم ، از اول جریان ورود افشارطوس به منزل آقای خطیبی تا مفارقت ایشان تعمداً از دیدن ایشان احتراز داشتم زیرا اولا از دیدن چنین منظره مشمئز بودم ثانیا از این قسمت خجل بودم که اگر ایشان مرا به بیند پس از آزاد شدن باعث خجالت بیشتری برای من میشد.

به محض اینکه ماشین پونتیاک کار خود را انجام داد و به عقب زد و حرکت کرد سرگرد بلوچ هم بار خود را با دو اسب و مردان خود را از پشت خاکریز درجاده لتیان به حرکت درآورد و سپس اینجانب در معیت سرتیپ دکتر منزه و گمان میکنم سرتیپ بایندر به طرف تهران رهسپار شدیم. چون ساعت دیر شده بود در اول خیابان دروازه شمیران اینجانب پیاده شدم و با تاکسی به منزل رفتم و ماشین من دکتر منزه را به منزل رسانید.

روز سه شنبه اول اردیبهشت قرار بود آذوقه را دکتر منزه فراهم کند و چون دیگران از پیاده روی معذور بودند اینجانب در معیت آقای امیر علائی به ده ایشان رفتم و ار آنجا با دو اسب به محل اختفای سرتیپ افشار طوس و اقامت همراهان او رفتم وسیله عباس سرگرد بلوچ قرائی را خواستم و دستورات لازم را برای رعایت سلامتی تیمسار افشار طوس دادم و سپس با امیر علائی مراجعت و اسب خود به جاده رسانیده به شهر مراجعت کردم فردای آن روز هم

طبق قرارداد به محل رفتم و ساعت ۱۰ شب مراجعت کردم و تیمسار بایندر و دکتر منزه با ماشین دکتر منزه و راننده اینجانب به سر دو راهی آمده بودند سوار ماشین شده به شهر آمدیم و همان شب در ساعت دو و نیم بعد از نصف شب توقیف شدم.

خلاصه اظهارات احمد بلوچ نوکر سرگرد بلوچ قرائی

ساعت۷ بعد ازظهرآن شب که سرتیپ را گرفتند آمدند عقب سرگرد فریدون بلوچ قرائی ، خود سرگرد نبود رفته بود سینما ، آن شخص به من گفت قرار بوده است که بلوچ بیاید منزلی که سرتیپ را گرفته اند و سرگرد بلوچ هم قبلا به من گفته بود هرکس سراغ من آمد بگو رفته سینما. افشار از یک ساعت به غروب منزل ما بود من خودم آشپزی میکردم همانطور برنج سر بار بود و آن شخص که پیغام آورده بود موی سرش کمی سفید بود و لباس او دارای راه راه سفید بود. افشار را برد و در موقع خروج از منزل افشار مرا هم با خودشان بردند به منزلی که سرتیپ را گرفتند نیمساعت من و افشار و همین پهلوان با چند تا سرتیپ که قبلا آنجا بودند در منزل افشاریک کارت برای سرگرد بلوچ نوشت که وقتی به خانه آمد کارت را بخواند و به آنجا بیاید. بعد ساعت ۹ بود که سرتیپ که او را گرفتند آمد. سرگرد بلوچ که از سینما آمد و کارت افشار را خوانده بود و پسر برادرش شهریار خان آمدند به آن منزل ، بعد از آمدن سرگرد بلوچ و شهریار خان چند دقیقه طول کشید که سرتیپ آمد، درب منزل را یک جوان لاغر عینکی که در منزل حسین خطیبی بود باز کرد سرتیپ از پله ها بالا آمد توی اطاقی که هیچ کس نبود درب اطاق را صاحب منزل برای سرتیپ باز کرد و من و همه اشخاصی که آنجا بودند در یک اطاق عقب آن اطاق نشسته بودیم سرتیپ با صاحب منزل دو نفری بدون حضور ما نیم ساعت صحبت کردند ، صاحب منزل بیرون آمد و به اطاق ما وارد شد و با سرگرد بلوچ و سرتیپ لاغره که میگویند سرتیپ مزینی است و هفت تیر در دست داشت صحبت کرد و گفت الان وقتش است و آن سرتیپ که کشته شد روی صندلی پشت درب اطاق ما داخل اطاق نشسته بود. درب اطاق را سرتیپ مزینی باز کرد ، جوان پهلوان آمد توی اطاق سرتیپ را گرفت افشارهم دست او را گرفت و افشار جیب های آن سرتیپ را بازدید کرد که اسلحه نداشته باشد ، سرگرد بلوچ با شهریار خان دست و پای او را بسته با طناب سفید که قبلا آورده بودند آنجا ، بعداً یک شیشه آن دکتر عینکی کلفت و چاق که آن شب عینک نداشت و سه شب پیش او را با عینک دیده بودم گذاشت نزدیک دماغ آن سرتیپ و من هم با همه ایشان بودم و میدیدم و آن دکتر هم یک سوزن زد به بازوی دست راست سرتیپ و سرگرد بلوچ دست او را گرفته بود تا دکتر سوزن زد بعد آن سرتیپ که او را کشتند بیهوش شد ، بعد او را بستند توی پتوی سربازی و ما را سوار ماشین کردند و خود صاجب منزل آمد درب منزل را باز کرد و ما را یکی یکی برد توی ماشین سوار کرد. در ماشین من بودم و افشار و سرگرد بلوچ و شوفر با آن سرتیپ که که لای پتو بود و ماشین مشکی رنگ بود. و سرتیپ مزینی و سرتیپ منزه و با آن دکتر و دیگران سوار ماشین دیگری شدند و چون پهلوان را نگذاشتند بیاید سرگرد بلوچ گفت ما راه را بلد نیستیم سرتیپ مزینی گفت ما پشت سر شما می آییم. از شهر خارج شدیم و خیلی رفتیم در جائی که یک باغ بود و رودخانه داشت همانجا پیاده شدند و دو تا اسب کدخدای ده آورده بود آنجا منتظر بود بعد به من گفتند سوار اسب شو و سوار شدم اسب کهر بود سرتیپ که لای پتو پیچیده شده بود افشار و کدخدا و بلوچ گذاشتند جلوی من و کدخدا جلو اسب را گرفت و یک اسب را هم افشار سوار شد و سرگرد پیاده بود راه افتادیم قدری که راه رفتیم سرگرد خسته شد یک تپه سرازیر شدیم سرتیپ را از جلو

اسب من برداشتند گذاشتند روی اسبی که افشار سوار بود و تا دم غار که او را پائین آوردیم ، پتو را پهن کردند و سرتیپ را که تازه بهوش آمده بود گذاشتند روی زمین و چراغ قوه دستی هم داشتند و سرتیپ که بهوش آمده بود گفت دستهایم درد میکند دست او را باز کردند و پاهای او را هم باز کردند ولی بازوهای او را سفت بستند. آن شب غذا بود و کدخدا اسب ها را برد صبح پنج شش تا تخم مرغ و نان و چائی آورد من چائی درست کردم آوردم جلو سرتیپ با دوتخم مرغ یکی از تخم مرغ ها را خورد ولی نان نخورد آن شب من و سرگرد بلوچ و افشار در غار پهلوی سرتیپ بودیم.

بعد از ظهر که کدخدا آمد سرگرد را صدا کرد گفت با سرتیپ مزینی که آمده بود صحبت کرده بعد برگشت ، من چائی درست کردم و کدخدا دو جعبه شیرینی با پلو و قند و چای و نان آورده بود چائی پیش سرتیپ بردم که دو استکان چای خورد و دو تا شیرینی خورد بسرتیپ برای این که از غار بیرون نیاید در ظرف حلبی که همراه داشتم دادم ادرار کرد بردم ریختم بیرون و سرتیپ دست بسته نشسته بود سرگرد بلوچ از سرتیپ پرسید چرا ترا گرفته اند؟ سرتیپ جواب داد من کاری نکرده ام. سرگرد بلوچ گفت میگویند تو مردم را به کشتن داده ای و با دکتر بقائی بد کرده ای سرتیپ گفت من کاری نکردم از قول من به دکتر بقائی بگوئید من بتو بد نکرده ام هر راز دلی داشتم به او میگفتم چرا مرا به این روز انداختی صحبت آن ها روز دوم همین بود. بعد کدخدا برای ما شام آورد سرتیپ شام نخورد یک فنجان چای خورد ضمنا سرتیپ به بلوچ عصر گفته بود چقدر از من میگیرید که صدمه به من نزنید؟ بلوچ گفت چقدر میدهی؟ گفت چهار هزار تومان در منزلم موجود دارم مینویسم خانمم برای شما بفرستد سرگرد گفت ما پول از تو نمیخواهیم و بتو صدمه نخواهیم زد. همان جور که ترا آوردیم میبریم به شهر ، هر دستوری از شهر بیاید همان دستور را اجرا میکنیم. بعد سرتیپ بلوچ به سرتیپ گفت دست و پای تو باز است مبادا فرار کنی که تو را با تیر میزنیم خودت را به کشتن نده. سرتیپ گفت که بچه نیستم میدانم اگر فرار کنم کشته میشوم بعد خوابیدند تا شب سوم که میخواستند او را بکشند بلوچ به سرتیپ گفت امشب از شهر دستور میآید من و افشار و سرتیپ خوابیدیم و سرگرد بیدار بود ، ساعت ۳ یا ۴ از شب رفته سرگرد بلوچ ما را از خواب بیدار کرد و گفت اسب ها را آورده اند پاشید اسباب ها را جمع کنید میخواهیم برویم شهر بعد از اینکه اسباب ها را جمع کردیم سرتیپ را سرگرد از غار بیرون آورد پائین ، به هموارى که رسیدیم سرگرد به سرتیپ گفت بنشین ، سرتیپ نشست روی زمین و سرگرد به افشار گفت بالای سرش بنشین به من هم گفت بیا رفتیم دیدیم بیل و کلنگ آنجا است سرگرد به من گفت گودال بکن میخواهیم برویم شهر گودال برای چیست گفت چه کار داری تو گودال بکن منهم گودال کندم و سرگرد رفت و برگشت باز رفت سراغ سرتیپ و برگشت گفت گودال کندی گفتم بلی رفت و یک مرتبه دیدم با افشار جنازه سرتیپ را آوردند من به سرگرد گفتم این چه کار بود کردی؟ یک کشیده به من زد گفت به تو چه به من دستور داد که سرتیپ را گرفتم و افشار پاهای او را گرفت و سرگرد سر او را گرفتند گذاشتیم توی گودال میخواستیم خاک روی او بریزیم که کدخدا هم آمد کمک کرد خاک ریختیم و پوشاندیم و راه افتادیم. نزدیک صبح سر جاده رسیدیم و سرگرد بلوچ هفت تیر در دست داشت داد به کدخدا کفت مال ارباب تو است ببر به او بده ، بعد سوار اتوموبیل شده به شهر آمدیم. سرگرد بلوچ رفت منزل سرهنگ شعفی که برادر زن سرگرد است و به من گفت به شهریارخان بگو لباس و اسباب های مرا بیاورد منزل سرهنگ شعفی افشارهم رفت خانه خودش.

نامه وزیر دادگستری درمورد سلب مصونیت از دکتر بقائی

آقای لطفی وزیر دادگستری طی نامه ای به مجلس شورای ملی چنین اشعار میدارد:

مطابق گزارش وزارت دفاع و دلایل و مدارک پیوست آن ، جناب آقای دکترمظفر بقائی کرمانی نماینده مجلس شورای ملی متهم است به معاونت در قتل تیمسار سر لشگر افشار طوس و چون تحقیقات از نامبرده با مصونیت پارلمانی میسور نیست برطبق ماده ۱۸۲ آئین نامه داخلی مجلس شورای ملی که مقرر داشته است هر نماینده ای به ارتکاب جنحه یا جنایتی متهم شود اعم از این که تاریخ عمل منشأ اتهام زمان نمایندگی و یا قبل ازآن باشد وزیر دادگستری باید گزارش مفصلی بر موضوع اتهام و دلایل و مدارک قانونی آن به مجلس شورای ملی تقدیم نماید، گزارش مزبور در اولین جلسه علنی مجلس قرائت و بدون تأخیر به کمیسیون قوانین دادگستری ارجاع خواهد شد. تقاضا دارد مقرر فرمائید هرچه زودتر جلسه علنی محلس شورای ملی تشکیل شده و مفاد ماده ۱۸۲ آئین نامه را در مورد مشارالیه به موقع اجرا گذارند. وزیر دادگستری

گزارش وزارت دفاع

به موجب گزارش ۲۲۸۶ مورخ ۲۰ اردیبهشت ۱۳۳۲ فرمانداری نظامی شهرستان تهران مستند به گزارش ۱۸۹۰ هفدهم اردیبهشت ۱۳۳۱ دادستان دادسرای نظامی با ۲۲ برگ پیوست آن جناب آقای دکتر مظفر بقائی کرمانی نماینده مجلس شورای ملی در پرونده قتل تیمسار سرلشگر افشار طوس متهم است به معاونت با مرتکبین قتل و چون لازم است از ایشان بازجوئی به عمل آید و مصونیت پارلمانی مانع تحقیقات از نامبرده میشود بنابراین طبق ماده ۱۸۲ آئین نامه مجلس راجع به تعقیب نمایندگان از مجلس شورای ملی تقاضای سلب مصونیت ایشان را درخواست فرمائید. وزیر دفاع ملی

نامه فرمانداری نظامی به وزارت دفاع ملی

وزارت دفاع

بنا برگزارش شماره ۱۹۸ هفدهم اردیبهشت ماه ۱۳۳۲ دادستان دادسرای نظامی مستند ۱۲۰ برگ دلایل جناب آقای دکتر مظفر بقائی در پرونده قتل تیمسار سرلشگر افشار طوس متهم میباشند و دلایل اتهام به نظر دادستان دادسرای نظامی جهت احضار و تعقیب ایشان کافی است. اما چون به موجب اصل ۱۲ قانون اساسی احضار ایشان بدون اطلاع مجلس شورای ملی مانع قانونی دارد مستدعی است امر و مقرر فرمائید در این خصوص اقدام لازم معمول دارند.
فرماندار شهرستان تهران - سرهنگ ستاد اشرفی

متن گزارش

آنچه از مجموع بازجوئی هایی که از متهمین به عمل آمد و اقاریر و اعترافات صریح آن ها مستفاد میگردد واقعه دستگیری تیمسار فقید و دلایل اتهام آقای دکتر بقائی به شرحی است که در ذیل نگاشته میشود.

عده ای از افسران بازنشسته که از پیش آمد بازنشستگی خویش عصبانی شده بودند تصمیم میگیرند که به وسایلی متوسل شده تا بتوانند به مقام و شغل خود برگردند ولی پس از تشبثات عادی مأیوس شده اند ناگزیر با مخالفین دولت پیوند کرده تا با قدرت و قوت بیشتری دولت را تضعیف و از این راه به مراد خویش نایل گردند. این فکر و اندیشه آن ها

را بطور کلی وادار کرد که به اشخاص مخالف دولت مراجعه و ازطرفی مخالفین هم درصدد بودند که از وجود ناراضی ها استفاده کنند.

درخلال این امرحسین خطیبی که از دوستان صمیمی و عوامل و مجری فکر آقای دکتر بقائی است موقع را مغتنم شمرده و بازنشستگان نامبرده را به خود جلب و اولین ملاقات بین او و سرتیپ زاهدی صورت میگیرد و خطیبی ضمن مذاکرات با سرتیپ زاهدی چنین وانمود میکند که با کلیه مقامات کشور مربوط و از تمام دستگاه های انتظامی با اطلاع و از جزئیات جریانات نقل و انتقال ارتش و شهربانی و دستوراتی که میدهند همان روز با خبر میشود.
براثر مذاکره طرفین سرتیپ زاهدی به افسران همدست خود مراجعه و با آنها در این خصوص مذاکره به عمل آورده و پس ازآن جلسات عدیده بین آنها و حسین خطیبی تشکیل و درطی مذاکرات خطیبی میگفت که اگرسرتیپ افشارطوس را دستگیر و چند روزی مخفی کنیم مسلماً اوضاع برمیگردد و بجای افشار طوس سرتیپ دفتری را انتخاب خواهند کرد و بطور خلاصه خطیبی به آنها نوید میداده است که در آینده نزدیکی حکومت را به واسطه ربودن تیمسار افشار طوس و تیمسار ریاحی ریاست ستاد ارتش و آقای دکتر فاطمی ساقط خواهیم کرد و آقای دکتر بقائی به مقام نخست وزیری رسیده و پست های مهم به هریک از آقایان واگذار خواهد شد کابینه را که قرار بود تشکیل بدهند از این قرار بود آقای دکتر بقائی نخست وزیر ، مزینی رئیس ستاد ارتش، دکتر منزه وزیر بهداری ، سرتیپ بایندر وزیر دفاع ملی یا وزارت دیگر ، سرتیپ زاهدی هم جزو کابینه بود و سایر امرا هم مقرر شده بود که جزو کابینه باشند و درباره سرگرد بلوچ شغل معینی در نظر گرفته نشده بود فقط موکول به میل خودش شده که هر شغلی بخواهد از قبیل ریاست ژندارمری به او بدهند و نیز قرار گذاشته بودند که پس از دستگیری افشار طوس و تولید تشنج در کشور دکتر فاطمی و تیمسار ریاحی و دکتر معظمی و دکتر شایگان و مهندس زیرک زاده و مهنا معاون وزارت دفاع ملی نیز دستگیر شوند و مجموع محتویات پرونده نشان میدهد که مقصود خطیبی از تماس با افسران مخالف و مذاکره با آنها فقط و فقط فعالیت برای نخست وزیری دکتر بقائی بوده است. برای رسیدن به مقصود مقدمتاً این طور تشخیص میدهند که در اول امر باید سرتیپ افشار طوس رئیس شهربانی را دستگیر و مخفی کرد تا دولت تضعیف و ناتوان گردد و بالاخره رفته رفته این فکر مشئوم با اطلاع و دستور آقای دکتر بقائی در آقایان نضج گرفته و به این جا منتهی میشود که اولین قدم تضعیف دولت از بین بردن عوامل عمده و مؤثر در کار دولت است و بایستی در نخستین وحله تیمسار افشار طوس رئیس شهربانی را از بین برد و این تصمیم از ناحیه حسین خطیبی و سرتیپ زاهدی و سرتیپ مزینی و سرتیپ دکتر منزه و سرتیپ بایندر گرفته شده و جلساتی برای حل قضیه و عملی نمودن تصمیم مزبور و تمرین برای اجرای منظور تشکیل و بدین صورت و کیفیت مشق میکردند که یکی به منزله تیمسارافشار طوس می نشست ، یکی از پشت گردن تیمسار و دیگری دست تیمسار را میگرفت و عده ای دیگر نیز دستمال به دهان او بسته و سایرین اعمالی را که در موقع آن لازم میدانستند بطور تصنعی انجام میدادند که موقع عمل مهارت کامل داشته باشند.

حسین خطیبی در این ضمن با فقید مزبور تماس گرفته او را به منزل خویش دعوت و چند شب در انتظار او بوده اند ولی موفق به ملاقات وی نمیشوند و حتی امیر علائی که برای بردن تیمسار فقید به تلو چند شب متوالیاً با اسب در محل حاضر میشده چون ملاقات حاصل نمیشده اسب ها را بر میگرداند.

حسین خطیبی چند ساعت قبل از ورود رئیس شهربانی نوکر خود را از منزل خارج و به او دستور میدهد که برود به گردش و طفل ۹ ساله خود را هم تسلیم نوکر کرده که او را به منزل مادرش در جای دیگر ببرد ، عده ای را که در آن شب برای عملی کردن منظور حاضر کرده بودند عبارت بودند از حسین خطیبی ، سرتیپ زاهدی ، سرتیپ بایندر، سرتیپ مزینی، سرتیپ دکتر منزه ، سرگرد بلوچ قرائی و بعلاوه عده ای دیگررا که عبارتند از احمد نوکر سرتیپ بلوچ قرائی و امیر رستمی و افشار قاسملو و شهریار برادر زاده بلوچ قرائی برای کمک حاضر کردند و این عده قبل از آمدن به منزل خطیبی در خیابان ارامنه منزل سرهنگ شعفی افسر بازنشسته ژاندارمری اجتماع کرده و امیر رستمی را از پیش مأمور خرید طناب کردند و قرار بر این شد که دکتر منزه داروی بیهوشی و وسایل دیگر را حاضر نماید ، چهار نفر اخیر به اتفاق سرگرد بلوچ قرائی و سرتیپ منزه از خانه سرهنگ شعفی موقعی که تاریکی هوا را فرا گرفته خارج شده و به منزل خطیبی وارد میشوند بنابراین جمع عده توطئه کنندگان از اصلی و فرعی ده نفر بودند که در خانه حسین خطیبی اجتماع و با همدیگر قرار گذاشتند که اولا نام همگی به طور مستعار حبیب باشد و ثانیا موقعی که تیمسار فقید نشست علامتی را که عبارت از (کلمه بفرمائید) باشد بکار برند.

ابتدا سرتیب مزینی در را باز و دیگران یک مرتبه به اطاق پذیرائی سرازیرشوند و امیر رستمی دهان و چشم های رئیس شهربانی را بسته و افشار قاسملو دست راست و شهریار پای او را ببندد و سرگرد بلوچ قرائی به اتفاق نوکرش نیز دهان و دست های وی را ببندند و خطیبی با اسلحه آن مرحوم را تهدید کند و سرتیپ مزینی با عبدالله امیر علائی مذاکره کرده بود که محلی در خارج از شهر برای بردن رئیس شهربانی تهیه کند امیر علائی موافقت کرد که دیم زار تلو که نزدیک لشگرک میباشد و جنب ملک او است تعیین شود.

باالنتیجه نامبردگان در شب ۲۹ فروردین سال ۱۳۳۲ همگی در منزل خطیبی جمع تا آنکه در حدود ساعت ۹ فقید مزبور بر حسب وعده به منزل حسین خطیبی منفردا وارد میشود و پس از مدتی مذاکره علامت استعمال و ناگهان توطئه کنندگان وارد اطاق و مشغول کار میشوند. شش نفر که عبارت ازسرگرد بلوچ و افشار قاسملو و احمد بلوچ و امیر رستمی و شهریار و خطیبی طبق دستور قرارداد معهود مشغول کار شده و سرتیپ مزینی و سرتیپ بایندر و سرتیپ زاهدی کمک کرده و سرتیپ منزه هم اتر به دماغ رئیس شهربانی بکار برده و آمپولی هم تزریق میکنند. پس از انجام این اعمال رئیس شهربانی مدهوش و فوری او را در پتوی متعلق به سرگرد بلوچ که نوکر او احمد آورده بود پیچیده و از منزل خطیبی خارج و در اتوموبیلی که از سیستم پونتیاک و خطیبی حاضر کرده بود گذاشته بلوچ و احمد نوکر او و شهریار و افشار قاسملو و امیر رستمی درهمان اتوموبیل سوار شدند و سرتیپ مزینی و سرتیپ بایندر و سرتیپ زاهدی و سرتیپ منزه در ماشین دیگر که متعلق به سرتیپ منزه بود نشسته و هر دو اتومبیل به طرف تلو حرکت کرده و همین که نامبرده گان نزدیک تلو دم قهوه خانه محل انشعاب جاده رو لتیان از جاده فشم میرسند و چون راه از آنجا به مقصد که غار دراراضی دیم زار باشد اتوموبیل رو نبوده امیرعلائی که یکی از دوستان صمیمی سرتیپ مزینی است به اتفاق عباس نام کدخدای ده خود را با دو اسب طبق قرار قبلی در محل حاضر شده احمد بلوچ نوکر سرگرد بلوچ سوار یکی از اسب ها شده و بسته محتوی هیکل تیمسار افشار طوس را جلوی خود روی اسب گذاشته و اسب دیگر را افشار قاسملو سوار و به طرف غار مقصد که که امیرعلائی به اتفاق سرتیپ مزینی قبلا تعیین کرده بودند میروند سرگرد

بلوچ قرائی و عباس کدخدا پیاده دنبال آنان حرکت میکنند پس از رسیدن به غار تیمسار فقید را درآن جای داده عباس کدخدا آن ها را به محل خود برمیگرداند و سرگر بلوچ قرائی و احمد بلوچ و افشار قاسملو برای کشیک در همان جا میمانند تیمسار بعد از اینکه او را به زمین میگذارند به هوش میآید اظهار میدارد که دستم درد میکند. سرتیپ مزینی و سرتیپ بایندر و سرتیپ زاهدی و سرتیپ منزه در همان موقع که دم قهوه خانه نزدیک تلو رسیده بودند به شهر مراجعت میکنند و عصر روز سه شنبه مزینی برای رساندن آذوقه به اتفاق امیر علائی به ده ناظم آباد رفته و از آنجا با اسبی که امیر علائی تهیه کرده بود به اتفاق نوکر او به طرف غار رفته با سرگرد بلوچ قرائی ملاقات و ازاحوال اسیر بدبخت استفسار و می فهمد که تیمسار فقید هنوز زنده است و خواربار به آنها تحویل داده به شهر مراجعت میکند.

روز چهارشنبه دوم اردیبهشت ماه خطیبی به سرتیپ زاهدی اطلاع میدهد به منزل دکتر بقائی بروند و نامبردگان هم به منزل دکتر بقائی رفته و با خطیبی که در آنجا حضور داشت مذاکرات شروع میشود. خطیبی ضمن مذاکرات میگوید که اوراقی از جیب افشار طوس کشف شده که حاکی از آن است که مشارالیه میخواسته است تمام شما را ترور کند و کودتا نماید و در یادداشت ها نوشته شده که آقای جهانگیر تفضلی در ماه هزار تومان از شهربانی پول میگیرد و از این مقال ها بسیار میگفت ولی همین که یادداشت از خطیبی مطالبه میشود پاسخ میدهد که یادداشت ها نزد دکتر بقائی در محلی محفوظ است و چنانچه سرتیپ افشار طوس زنده بماند ما ها را از بین خواهد برد و هیچ کدام باقی نخواهیم ماند و باید دستور داد او را از بین ببرند و دکتر بقائی نیز همین عقیده را دارد.

به محض آنکه خطیبی سعی میکند که احساسات سرتیپ زاهدی و بایندر و سایرین را به قتل تیمسار فقید جلب و موافق نماید و مخصوصا زاهدی چون میدانست که علاقه زیادی به سرلشگر زاهدی دارد وانمود میکرد که اوضاع به زیان سرلشگر مزبور است. در اثر این مذاکرات دکتر بقائی هم وارد شد و سرتیپ منزه به دکتر بقائی رو میکند که آقای خطیبی اظهار میدارد باید تیمسار افشار طوس را از بین برد شما هم با این عمل موافق هستید دکتر بقائی علاوه بر تصدیق تأیید هم میکند و میگوید چون نگهداری تیمسار افشار طوس مشکل است بهترین راه از بین بردن او است و در پایان مذاکرات نهار صرف و نامبردگان از منزل دکتر بقائی خارج و به منزل سرتیپ مزینی میروند و در آنجا مذاکراتی میشود و ضمنا هم میگویند این دامی بوده است که دکتر بقائی و خطیبی برای اجرای نقشه خودشان کشیده اند و ما هم گرفتار شده ایم و بالاخره تصمیم میگیرند که سرتیپ مزینی برای انجام مأموریت خود رفته و به محافظین تیمسار فقید اعلام نماید که باید افشار طوس را کشت سرتیپ بایندر و سرتیپ منزه هم به دنبال او میروند که شبانه او را به شهر برگردانند و همین که امر ابلاغ انجام یافت سرتیپ مزینی و سرتیپ بایندر و سرتیپ منزه به شهر مراجعت میکنند.

سرگرد بلوچ براثر پیغام مزینی همان شبانه افشار طوس و دو نفر محافظ را از خواب بیدار کرده و به عنوان اینکه میخواهیم به شهر برویم پاهای افشار طوس را باز نموده و او را از در غار خارج و به زمین مسطح پائین غار آورده و همین که سرگرد بلوچ او را به زمین گذاشته مجددا پا های اورا بست و دستمال به دهان وی فرو برد و دستمال دیگری هم به دهان او می بندد و بعلاوه دستمال دیگری که روی چشم افشار طوس از موقع دستگیری بسته بودند پائین کشیده و محکم جلوی دماغ او را می بندند و ضمنا قبل از بستن افشار قاسملو دستور میدهد که دستمال دیگر آلوده به اتر را جلوی دماغ او بگیرند و افشار هم همین عمل را انجام

و بعد از ارتکاب و طی این اعمال سرگرد بلوچ طناب را به گردن تیمسار فقید پیچیده و کشیده میشود.

سرگرد بلوچ و افشار قاسملو افشار طوس را میآورند پهلوی گودالی که قبلا احمد بلوچ طبق دستور سرگرد بلوچ کنده و حاضر کرده بود جسد را در گودال گذاشته و چون گودال به غایت تیمسار رسا نبود با لگد روی صورت و بدن او میگذارند. بعد عباس و کدخدا و احمد بلوچ سه نفری جنازه را در گودال فرو میکنند. افشار قاسملو روی جسد را خاک میریزند و او را می پوشاند و پس از فراغت از این جنایت کاری ها به شهر مراجعت میکنند.

کشف جنازه

نظر به اینکه حسین خطیبی ضمن بیانات خود به مأمور تحقیق تدکر داده بود که بروید و به دنبال شوفر های اتوموبیل ، بدین جهت مأمور بازجو دستور دستگیر کردن شوفر ها را داده که برای بازجوئی حاضر نمایند و در این اثنا شوفر سرتیپ مزینی بطور خفا برای ملاقات سرتیپ مزینی ارباب خود به زندان آمد و پیغامی میدهد که به مزینی بگویند شوفر شما آمده است مأمورین که در پی این شوفر بودند او را دستگیر و شروع به تحقیقات از وی مینمایند و پس از اینکه در تحقیقات معلوم شد که شوفر از مقدمات امر تا حدی با اطلاع است فورا او را با خود حرکت داده و به هدایت وی به قهوه خانه تلو میروند و در آنجا به معرفی همان شوفر عباس کدخدای امیر علائی دستگیر و او در سؤالات شفاهی غار را نشان میدهد مأمورین که به غار میروند در اطراف آن جستجو کرده قطعه زمین گلی را می بینند که صاف و برخلاف زمین اطراف آن سبزه ندارد این قرینه آنها را وادار میکند که زمین را بکنند و پس از آنکه مقداری اززمین را کنندند قسمتی از جسد تیمسار فقید با لباس افسری نمایان میشود و مأمور فوری سرباز های مراقب در آنجا گمارده و برای دادن گزارش به شهر مراجعت میکند که در نتیجه شبانه مأمورین صلاحیت دار به محل رفته و جنازه را طبق تشریفات قانونی از گودال درآورده و به شهر حمل مینمایند و بعد با انجام مراسم قانونی و معاینه پزشک قانونی و دادگستری به خاک سپرده میشود.

این بود خلاصه جریان کار ربودن و قتل مرحوم تیمسار افشار طوس رئیس شهربانی ، این جنایت فجیع و دلخراش به مباشرت و کمک عده ای از افسران بازنشسته و دیگران انجام یافته است که اسامی مجموع آن عده به قرار زیر است.

حسین خطیبی، سرتیپ بازنشسته مزینی ، سرگرد بازنشسته بلوچ ، شهریار بلوچ ، عباس نخعی، دکتر مظفر بقائی نماینده مجلس شورای ملی ، سرتیپ بازنشسته منزه ، افشار قاسملو، احمد جعفری بلوچ ، سرتیپ بازنشسته زاهدی ، سرتیپ باز نشسته بایندر ، امیر رستمی، عبدالله امیر علائی.

برای کشف این جنایت عظیم عده ای تاکنون توقیف شده و چنانچه در بازجوئی هایی که شده نقاط مبهم و تاریکی باشد که تکمیل پرونده را ایجاب کند برطبق ماده ۵ حکومت نظامی مصوب ۲۷ سرطان ۱۳۲۹ قمری که عیناً به استحضار عامه میرسد:

«اشخاصی که سوء ظن مخالفت با دولت مشروطه و امنیت و انتظام عمومی در حق آنها بشود قوه مجریه حق توقیف آنان را خواهد داشت و پس از توقیف شدن به استنطاق آنان شروع میشود و هر گاه در استنطاق سوء ظن بکلی رفع نشود شخص مظنون باقی و بعد از اختتام حکومت نظامی به عدلیه تسلیم خواهد شد ». بازداشت میشوند و این عمل فرمانداری نظامی

به هیچوجه نباید در اقوام و کسانی که برطبق ماده مزبور جلب میشوند ایجاد وحشت و نگرانی کند اگر چه به دادگاه نظامی بروند. ارتکاب این جنایت بزرگ نه تنها فقط قتل فجیع یک افسر وظیفه شناس بوده بلکه عملا بر ضد دولت مشروطه و امنیت و آسایش عمومی اقدام کرده اند.

۲ اردیبهشت ۱۳۳۲

مصاحبه آقای محمد ناصر قشقائی

آقای محمد ناصر قشقائی بعد از حوادث اخیر شیراز در یک جلسه مطبوعاتی در باغ ارم شیراز اظهار داشت قیام ملی ایران متکی به اراده اکثریت نزدیک به اتفاق ملت است. این قیام ملی را با رهبر عالیقدر این جنبش عظیم ملی دکتر محمد مصدق مبعوث ملت است و خواست و اراده او همان آرزوی ملت ایران میباشد.

موضوع طرح هیأت هشت نفری نیز مسأله ای است که با سرنوشت مشروطیت این کشور بستگی دارد و تکلیف دولت ملی را تعیین میکند و درصورت تصویب دست دولت را برای خاتمه دادن به تحریکات و خرابکاری های ایادی اجنبی آزاد خواهد گذاشت. این است که اراده ملت بر آن قرار گرفته که این طرح به تصویب برسد.

درپایان مصاحبه آقای ناصر قشقائی اظهار داشتند تا موقعی که تکلیف محرکین و مسببین فجایع اخیر معلوم نگردد و بر بنده مسلم نشود که ریشه تحریکات ضد ملی از فارس کنده شده است از شیراز و اطراف آن خارج نخواهم شد و اصولا در هر جا و هر محلی که باشم شخصا مانند سربازی ساده آماده فداکاری در راه جنبش ملی ایران هستم.

۳ اردیبهشت ۱۳۳۲

اعلامیه فراکسیون نهضت ملی

امروز بعد از تشکیل جلسه فراکسیون نهضت ملی آقای پارسا سخنگوی فراکسیون اعلامیه زیر را که به امضای همه اعضای فراکسیون که در مرکز میباشند رسیده است در اختیار خبرنگاران گذارد.

هموطنان عزیز ، پنج جلسه متوالی است که جمع کثیری از نمایندگان محترم و اعضای فراکسیون در مجلس حاضر و انتظار تشکیل جلسه علنی را دارند. در این فاصله همان طور که قبلا اعلام شده بود طرحی مبنی بر تقاضای تصویب گزارش ۸ نفری تهیه و تقدیم مجلس شورای ملی گردیده است.

چنانچه میدانید معدودی از آقایان نمایندگان به بهانه های مختلف و دلایل غیر موجه از مرکز خارج شده عالما و عامدا موجب عدم تشکیل مجلس یا تعطیل موقت مشروطیت کرده اند. قضاوت رویه این آقایان و محرکین آنها بر عهده ملت ایران است که به حمدالله بیدار و مراقب کلیه جوانب امور هستند.

هموطنان عزیز بطوری که ملاحظه میفرمائید در این موقع حساس تاریخ ایران که بیگانگان منتظر کوچکترین فرصت برای اجرای نقشه های خود و ایجاد اختلاف هستند و برای عقیم گذاشتن اصلاحات مملکت و مجاهدات ملت ایران به هرگونه کارشکنی دست زده میشود یقین داریم که این بار هم دسایس آنها در مقابل اراده ملت ایران نقش بر آب خواهد شد و ما اعضای فراکسیون نهضت ملی کاملا به وظایف خود آشنا و مراقب اوضاع بوده و صریحا

اعلام میداریم که اولا برای تشکیل جلسات علنی و مراقبت در امور مملکتی در مجلس آماده و مهیا هستیم.

ثانیا از دولت میخواهیم که در کمال قدرت با استفاده از کلیه اختیارات قانونی که مجلس شورای ملی به اعطا نموده است در مقابل هرگونه مانع پایداری نموده دنباله اقدامات و اصلاحات خود را برای پیشرفت نهضت ملی تعقیب نماید و عملا نشان دهد که نهضت ملی ایران برای حفظ حیات و استقلال مملکت و تأمین رفاه و آسایش عمومی و بالا بردن سطح زندگانی افراد ضعیف مملکت میباشد و دولت ملی نباید به عوامل مخرب اجازه دهد که موجبات اخلال در انجام منظور مقدس مردم را فراهم آورند. گرچه کارمندان دولت اعم از لشگری و کشوری خود واقف به اهمیت مبارزه نهضت مقدس ملی هستند ولی اگر عده معدودی بین آنها یافت شوند که در اجرای دستور های قانونی دولت سهل انگاری نمایند باید از طرف دولت اغماض نشده و خائنین مملکت را از هر درجه و مقامی که باشند معرفی و مجازات نماید.

ثالثا هرچند که در طرح و تصویب گزارش هیأت ۸ نفری که امری است اصولی و مربوط به هیچ دولت بخصوص نمی باشد ، این فراکسیون از تمام قدرت قانونی خود استفاده خواهد کرد و با پشتیبانی عده کثیری از نمایندگان دیگر به تصویب آن اطمینان دارد ، ولی لازم میداند صریحا گفته شود که مجموع اصول قانون اساسی ایران جای هیچ گونه تردیدی برای روش دولت باقی نمیگذارد و باید با توجه به اصول سلطنت مشروطه دولت قانونی که منحصرا در مقابل مجلس شورای ملی و ملت ایران مسؤل اداره مملکت است به وظایف قانونی خود قیام و اقدام نماید. بدیهی است مسؤلیت اتلاف اوقات مجلس شورای ملی که باید مصروف وضع قوانین و نظارت بر حسن اجرای امور باشد متوجه کسانی است که عالما و عامدا موجبات تعطیل موقت آنرا فراهم نموده اند.

در خاتمه بار دیگر مراقبت و نظارت عموم هموطنان را با کمال هوشیاری و بیداری خواستاریم و اطمینان میدهیم که به خواست پروردگارمتعال و پشتیبانی ملت رشید نخواهیم گذارد به هیچ قیمتی کشورایران از مجرای سیاست ملی خود منحرف شود.

اعلامیه فراکسیون آزادی

سخنگوی فراکسیون نهضت ملی در مصاحبه با مخبرین جراید میگوید «اعضای فراکسیون آزادی در نتیجه عدم حضور در مجلس عامداً رکنی از ارکان مشروطیت را در حال تعطیل نگاه میدارند و به اصول مسلم حکومت های پارلمانی یعنی بحث و طرح مسائل در جلسات مجلس اعتنائی نمیکنند و میگویند آقایان هم در مجلس حاضر میشوند و هم غایبند».

فراکسیون نهضت ملی قوه شنیدن حرف مخالف را ندارد درصورتی که لازمه بحث و جدلی که سخنگوی محترم به آن اشاره مینماید انتقاد ازعقاید مخالف است. گذشته ازآن دولت طرف حمایت شما درنتیجه گرفتن اختیارات قانون گذاری از مجلس با زورچاقوکش و رجاله و اشرار برخلاف اصول ۱۶ و ۲۱ و ۳۳ قانون اساسی که تصویب قانون را منحصراً حق قوه قانون گذاری دانسته و برخلاف اصول ۲۷ و ۲۸ راجع به تفکیک قوا را زیر پا گذاشت و قوه های سه گانه را با حمایت شما یک کاسه نمود. بنابراین از مجلس و حکومت پارلمانی چیزی نمانده است که فراکسیون آزادی رکنی از ارکانش را منهدم سازد و اگر دل

فراکسیون نهضت ملی به حال حکومت پارلمانی میسوخت جا داشت کمک نمایند که تا این پایه قانون اساسی پایمال نگردد.

همکاران محترم ، دولتی که شما حامی آن هستید راضی به این قانع نیست و چون میترسد چیزی از حکومت ملی و پارلمانی باقی مانده باشد میخواهد با دست شما به بهانه گزارش هیأت هشت نفری فرماندهی کل قوا را نیز برخلاف اصل پنجاهم قانون اساسی قبضه نموده و راه نفس کشیدن را برای احدی باقی نگذارد. اگر فراکسیون آزادی درمجلس حاضر نمیشود برای بیمی است که از قانون شکنی و زورگوئی حکومت مورد حمایت شما دارد زیرا این حکومت هر موقع خواست شکاف تازه ای در قانون اساسی ایجاد کند چون قدرت حکومت و بودجه دولت را دردست دارد فورا یک عده چاقوکش و رجاله تجهیز میکند که با تهدید مجلس را مجبور به دادن رأی موافق خود کند آیا به عقیده فراکسیون نهضت ملی این روش دولت صد در صد منطبق با اصول حکومت پارلمانی است ولی فراکسیون آزادی که برای جلوگیری از این زورگویی و قانون شکنی در مجلس حاضر نمیشود برخلاف اصول پارلمانی عمل میکند؟

۴ اردیبهشت ۱۳۳۲

سخنان آقای نخست وزیر درمورد گزارش هشت نفری

آقایان نمایندگان هر رویه ای را که در برابر گزارش هیأت هشت نفری انتخاب نمایند مختار هستند و من قصد تعیین تکلیف برای آنها ندارم ولی اینکه بنده گفته بودم هرکس از منفردین مجلس با گزارش هیأت هشت نفری موافقت دارد زیر آن را امضاء کند این نبود که گزارش امضاء شود و معلق و بلاتکلیف بماند. بلکه منظور من از امضای گزارش هیأت هشت نفری تصویب آن از طرف مجلس است و اما اینکه درصورت عدم تشکیل جلسه علنی و معوق ماندن تکلیف گزارش هیأت هشت نفری دولت چه خواهد کرد باید بگویم که من رئیس الوزرای قانونی حکومت مشروطه این مملکت هستم و بر خود فرض میدانم که قانون اساسی این کشور را کاملا و دقیقا اجرا نمایم و نگذارم در طریقه اداره امور این مملکت تخلفی از قانون اساسی بشود. استنباط من از قانون اساسی همین گزارشی است که منتخبین دستجات مختلف مجلس درطی چند جلسه ملاقات با اعلیحضرت همایونی و بنده تهیه کرداند.

اکنون اگر آقایان منفردین مجلس این گزارش را در جلسه علنی مجلس تصویب فرمودند چه بهتر ولی اگر آنرا مفید به حال مملکت و مصلحت مردم ندانستند و به آن رأی ندادند من میروم و استعفا میدهم اما مادام که مجلس خود را آماده برای تعیین تکلیف این گزارش که دولت از نظر ادامه خدمتگذاری خود آن را لازم میداند معین نکرده من آنچه را که مصلحت مملکت اقتضا کند طبق قانون اساسی بدون هیچ گونه اغماضی عمل خواهم کرد.

برای رسیدگی و تعیین سرنوشت ابوالقاسم بختیار کمیسیونی تشکیل گردید

ساعت ۱۰ امروز آقای سرتیپ امینی با آقای نخست وزیر ملاقات کرد و آقای نخست وزیر به آقایان دکتر ملک اسمعیلی و سرتیپ ریاحی رئیس ستاد ارتش و سرتیپ امینی مأموریت دادند برای رسیدگی به کار ابوالقاسم بختیار کمیسیونی در ستاد ارتش تشکیل دهند و مطالعه خود را در این باره شروع کنند.

از طرف آقای سرتیپ امینی دستور داده شد پرونده مربوط به اقدامات ابوالقاسم و زد و خورد او با قوای دولتی همچنین مدارکی که میرساند او قصد تجاوز به حقوق رعایا و ضرب و جرح آنان را جمع آوری و به کمیسیون ارجاع دارند تا در اسرع وقت بدان ها رسیدگی گردد.

۵ اردیبهشت ۱۳۳۲

در منزل آیت الله کاشانی

ساعت ۱۰ صبح امروز آقایان میراشرافی و حایری زاده در منزل آیت الله کاشانی حضور یافتند و تا ظهر با رئیس مجلس مذاکره نمودند در پایان یکی از خبرنگاران از آقای حایری زاده در مورد جلسه سؤال کردند ایشان گفتند آیت الله از ما پرسیدند فراکسیون آزادی با چه شرطی در جلسات علنی مجلس شرکت خواهند کرد، خدمت ایشان گفتم چنانچه گزارش هیأت ۸ نفری طوری تنظیم شود که متضمن سلب اختیارات از دکتر مصدق باشد ما حاضریم در جلسه علنی شرکت کنیم.

نسبت به حل قضیه گزارش هیأت هشت نفری اظهار یأس میشود

آقای قائم مقام رفیع که ریاست جلسات منفردین را برعهده دارند امروز به خبرنگاران گفتند ما تمام کوشش خود را کردیم که شاید این دو دسته با هم کنار بیایند و باین وضع بلاتکلیفی خاتمه دهند ولی با اظهارات آقای نخست وزیر و پا فشاری اقلیت من که مأیوس از یافتن راه حلی هستم زیرا آقایان اعضای فراکسیون نهضت ملی تصویب گزارش هشت نفری را در جلسه علنی به موجب طرحی که تهیه کرده اند لازم و ضروری میدانند و ضمناً اعلام داشته اند که تا این طرح تصویب نشود اقدام به هیچ کار دیگری نخواهند کرد درباره عدم حضور اقلیت هم میگویند بگذارید آنها نیایند تا مردم بدانند چه کسانی باعث تعطیل مجلس شده اند. دوستان اقلیت هم میگویند اگر ما بیائیم و مجلس را تشکیل دهیم این مجلسی نخواهد بود که کار مفیدی برای مردم انجام دهد. بدین جهت بنده شخصاً ازاصلاح وضع فعلی مجلس مأیوس هستم.

آقای مکی نماینده منفرد دیگر می گوید بنده در وضع حاضر راه حلی برای مشکل فعلی نمی بینم و متأسف هستم چرا این دو دسته توجهی به وضع مملکت ندارند.

تکلیف فرماندهی قوا و سلب اختیارات

آقای حایری زاده امروز به خبرنگاران اظهار داشتند این جانب در طول عمر سراسر مبارزه و محرومیت خود با استبداد و قلدری تا پای جان جنگیده ام خواه قلدر رضا شاه باشد خواه مصدق السلطنه زیرا کعبه آرزوهای ملی من نیروی لایزال ملت بوده و هست و هیچ کس را جز خداوند و ملت حاکم بر سرنوشت خود نمیشناسم.

به پیروی از اصول آزادی و مشروطیت و واضعین اصول مقدس قانون اساسی معتقدم که اگر قوای مسلح مملکت آلت بلا اراده سلطان یا حکومت های وقت باشد و ملت را در به کار بردن قوای انتظامی مداخله ندهند روزگار مردم سیاه خواهد شد و سلطه دیکتاتورهای مطلق العنان زورگو بر این ملت حتمی است. به همین جهت طرحی تهیه شده که تقدیم مجلس میشود و به موجب آن انتصاب رؤسای ستاد ، شهربانی و ژاندارمری مثل اغلب ممالک دموکرات با پیشنهاد دولت و تصویب مجلس صورت خواهد گرفت و با تصویب این طرح یکی از آرزو های بزرگ ملت در تحقق بخشیدن حکومت ملی و قانونی صورت عمل بخود خواهد گرفت. من معتقدم که جناب دکتر مصدق که شخصاً مرد دیکتاتور و خود پسندی

است و هیچ رئیس دولت صلاحیت قانون گذاری و فرماندهی قوای مسلح و سرپرستی قوه مجریه را یک جا ندارد و این تفکیک قوا حکم قانون اساسی است و هر کس از آن سر بپیچد خائن به مملکت و قیام کننده علیه مشروطیت است. بنا به همین جهت من تفکیک فرماندهی قوا را از پادشاه و سلب اختیارات قانون گذاری را از دکتر مصدق توأم و با هم لازم میدانم نه اینکه از یک طرف اختیارات فرماندهی قوا از شاه گرفته شود ولی اختیارات قانونگزاری در دست دکتر مصدق بماند به همین جهت تا روزی که آقای دکتر مصدق راضی نشود شخصا به قانون اساسی تمکین کند و از قلدری دست بردارد من مبارزه خواهم کرد.

آقای علاء از وزارت دربار استعفا و آقای امینی بعنوان کفیل دربار انتخاب شدند

امروز آقای ابوالقاسم امینی به عنوان کفیل وزارت دربار اتنخاب گردیدند. آقای ابوالقاسم امینی به واسطه قرابتی که با خانواده سلطنتی دارند از سوی دیگر قرابتی نیز با دکتر مصدق دارند محافل مطلع پیش بینی میکنند آقای امینی برای از میان بردن هر گونه شائبه اختلاف بین شاه و مصدق مؤثر میباشد زیرا ایشان با نخست وزیر علاوه بر قرابت ارتباط بسیار نزدیک با ایشان دارد و مکرر در جریان مسائل واقع میشد و حالا با سمت رسمی در این کار توفیق حاصل خواهد نمود.

۶ اردیبهشت ۱۳۳۲
آغاز سومین سال زمامداری دکتر مصدق

ساعت ۳ بعد از امروز آقای دکتر فاطمی وزیر امور خارجه و سخنگوی دولت اطلاعات زیر را در اختیار خبرنگاران داخلی و خارجی قرار داد:

فردا سومین سال زمامداری آقای دکترمصدق آغاز میشود. روز هفتم اردیبهشت ۱۳۳۰ مجلس شورای ملی رأی تمایل خود را ابراز داشت و دوروز طول کشید تا قانون طرز اجرای ملی شدن صنعت نفت در مجلس تصویب شد سپس دولت دکتر مصدق تشکیل گردید. دو سالی که گذشت دوسال پر حادثه ای بود که حتی یک ساعت و یک روز دولت از تحریکات و کار شکنی ها و خرابکاری های سیاسی که نیم قرن ملت محروم ما را غارت کرده است ایمن نبود. کشمکش های داخلی و ماجراهای بین المللی که حریف برای حکومت مصدق فراهم آورد هر روز وقت و فرصت مملکت را نوعی بخود مشغول داشت و هنوز هم با همه تجربه ها که در راه مقاومت ملت قهرمان ایران آزموده است از تعقیب رویه جنایت آمیزخود دست بردار نیست و هر لحظه با رنگ و قیافه تازه ای خانه ما را دچار اخلال و هرج و مرج و تشنج میکند. در این دوسال حکومت دکتر مصدق گذشته از حفظ نظم و امنیت داخلی که گاه و بیگاه در معرض شبیخون عوامل اجنبی قرار گرفته و میگیرد تأمین وضع مالی و اقتصادی دولت بوده که مدت ها سیاست کمپانی سابق انتظار آن را میکشید که از این راه ملت ما را به زانو درآورد و اسارت پنجاه سال گذشته را تجدید کند و وضع مالیه مملکت موقعی که حکومت دکترمصدق آمد حالت افلاس و سقوط را داشت و قروض دولت به اشخاص و بنگاه ها تأدیه نمیشد.

حقوق ها در بعضی ازشهرستانها چندین ماه به عقب افتاده بود. عجیب این است که این وضعیت رقت بار ضمن وصول ماهیانه دو میلیون تا دو و نیم میلیون لیره از عواید نفت جنوب جریان داشت. دولت ها هر روز دست تضرعشان به طرف کمپانی سابق برای دریافت بعضی از عواید ملی ما دراز بود آن ها نیز برای پرداخت این مبلغ هر گونه تحمیل

استقلال شکنانه ای را که داشتند به آنها وارد میساختند ، چنانچه میدانید به تکدی سابق با ملی شدن صنعت نفت خاتمه داده شد و بیگانگان که می پنداشتند مرگ و زندگی این مملکت در گرو این ممر معاش است اکنون باید فهمیده باشند که پس از دوسال با تعقیب روش اقتصادی جدید و استفاده از منابع کشاورزی و صنعتی و تکثیر صادرات کشور تحول عظیم در اوضاع اقتصادی و مالی کشور در حال تکوین است. در نتیجه پیروی از این روش نه تنها امروز اعتبار خزانه دولت بر جا است بلکه مبالغ هنگفتی از قروض سابق دولت پرداخت شده بدون اینکه صرفه جوئی مهمی در مخارج بشود به عمل آمد. بنا به تأییدات خداوندی مساعدت ملت تاکنون هزینه دستگاه های اداری و انتظامی مرتبا پرداخت شده و نگرانی از این بابت اصولا در میان نیست. باید توجه داشت که نه تنها آنچه که از درآمد نفت جنوب سابقا میرسیده قطع شده است بلکه مخارج نگهداری دستگاه های آبادان را نیز دولت پرداخته و بدین ترتیب از تعطیل و متوقف شدن صنایع نفت کشور عملا جلوگیری به عمل آمده است. یقینا اگر آرامشَ و فراغتی بود و بعضی ازعوامل داخلی دانسته یا ندانسته آلت اجرای سیاست خانمان سوزخارجی نمی شدند قدمهای مؤثر تری دولت میتوانست بردارد ، زیرا اساس پیشرفت کار یک کشور آسایش و فراغتی است که باید در اختیار دولت باشد.

از روزهفتم اردیبهشت ۱۳۳۰ تا به امروز اگر به مشکلات و مصائب و کارشکنی ها و توطئه های رنگارنگی که دشمن در راه پیروزی ملت ایران انجام داده است توجه شود آن وقت بهتر پی خواهید برد که عزم و اراده یک جامعه مصمم و مبارز چگونه نقش اخلال گری های خارجی را درهم شکسته و نیروی الهام بخش افکار عمومی چطور ضامن موفقیت ها و پیروزی های ما شده است. آقای دکتر مصدق در اولین پیام خود که در تاریخ نهم اردیبهشت ماه ۱۳۳۰ به ملت فرستاده اند چنین اظهار داشته اند:

«هموطنان عزیز تردید ندارم که برای قبول این کار و بار گرانی که بر دوش گرفته ام از بین میروم چون مزاج من مناسب برای قبول چنین وظیفه مهمی نیست ولی در راه شما جان چیز قابلی نیست و از صمیم قلب راضی هستم که آن را فدای آسایش شما کنم ». روز ۱۱ اردیبهشت ماه به جای یک برنامه مشعشع که رسم دولت های گذشته بود برنامه دولت دردو ماده « اجرای قانون ملی شدن نفت و اصلاح قانون انتخابات » به مجلس تقدیم شد و پس از تصویب بلافاصله دولت شروع به کار کرد.

در اجرای ماده اول برنامه که آرزوی دیرین جامعه ایرانی بود حکومت لحظه ای تأمل روا نداشت و مراحل شکایت انگلیس در لاهه و صدور قرار موقت ، مذاکرات با نمایندگان اعزامی از لندن ، تشکیل هیأت مدیره موقت ، مبارزه با سمپاشی های داخلی و خارجی ، خلع ید و اخراج کارشناسان انگلیسی ، مذاکرات با هریمن و میسیون استاکس ، شکایت انگلیس در شورای امنیت ، رسیدگی نهائی دیوان لاهه ، شکستن خط محاصره اقتصادی و مشکلات گوناگون دیگر همه را یکی پس از دیگری بدان صورت که ملت میخواست و پشتیبانی و تقویت میکرد به نتیجه مطلوب رسانید و اکنون پس از رأی و نیز کشتی های حامل نفت ملی شده ایران در مدتی کمتر از دو سال به طرف بازار های دنیا دریا ها را پشت سر میگذارند.

شک نیست بعد از ۱۵۰ سال خرابی و بدبختی و فقر و مذلت انتظارات مردم از حکومتی که با خون خود راه را بر وی هموار کرده است زیاد است اما بیلان عملیات دولت و مقدورات و همچنین مشکلات او همیشه در برابر قضاوت منصفانه ملت بوده و پس از دو سال اینک به

خوبی میتوانم به این همه مشکلات و مصائبی که در راه موقعیت دولت او اجانب ایجاد کرده و مینمایند به بینید ذره ای از حمایت منافع ملی و حفظ مصالح عمومی چشم پوشی نشده است. یک قرن و نیم خرابی و ویرانی را هیچ معجزه ای هر قدر ابزار کافی و وسایل موفقیت هم داشته باشد نمیتواند ترمیم نماید ، بسیاری از کارها و اصلاحات محتاج زمان و آرامش و افراد ورزیده و مجرب و مومن است. این عوامل ضروری را در مدت کوتاه نمیتوان خلق کرد و جز در پناه ثبات و استقامت و فرصت قرین آرامش ممکن نیست تحصیل نمود. با این وصف گزارش مختصری از آنچه که در این دوسال زمامداری آقای دکتر مصدق صورت عمل به خود گرفته متکی به ارقام و اعداد است و بهترین نحوه کار و فعالیت و وضع حکومت به تدریج در دسترس همه است عملیات اخیر سازمان برنامه میباشد و بقیه به تدریج انتشار داده خواهد شد.

امروز اول وقت کمیسیونی در شهربانی از مأمورین صلاحیتدار تشکیل شد و پرونده مربوط به رئیس سابق شهربانی که بالغ بر هزار صفحه است مورد مطالعه قرار گرفت تا گزارشی که لازم است به استحضار عامه برسد تنظیم و در دسترس مطبوعات قرار گیرد ، مطالعه پرونده هنوز ادامه دارد و گمان میکنم تا عصر امروز بتواند اعلامیه خود را صادر نماید ، این اعلامیه با نظر مأمورین قضائی تنظیم میشود. این توطئه رنگ سیاسی دارد. زمینه حسن تفاهم بیشتربین دربار و دولت فعلا فراهم شده و امید میرود آن وحدت نظر و همکاری صمیمانه ای که در موقعیت حساس کنونی ، عامه ملت ایران انتظار آن را دارند که بین قوای مؤثر کشور برقرار گردد و بدین صورت بار دیگر تبلیغات مضر بیگانگان که میخواست و میخواهد در دنیا چنین وانمود کند که در نتیجه تشتت و اختلاف داخلی ، نهضت ملی دچار تزلزل و اخلال گردیده خنثی بشود.

استعفای دکتر بقائی از نمایندگی تهران

آقای دکتر بقائی امروز به خبرنگاران گفت دیروز عصر در جراید خواندم که شعبه ۶ مجلس اعتبار نامه آقای علی روحی نفر سوم در انتخابات کرمان را به استناد این که من نماینده تهران هستم و یک کرسی نمایندگی کرمان خالی مانده تصویب نموده است.

این اقدام باعث تأسف من شده زیرا بنده وقتی که انتخابات کرمان را قبول کردم فقط برای این منظور بود و آن هم این بود که از تشنج و اغتشاش جلوگیری شود زیرا مردم با کاندیدای دیگر مخالف بودند و کناره گیری من مسلما موجب اختلافات و کشمکش هائی میشد. بهمین مناسبت وقتی من از تهران انتخاب شدم اهالی کرمان از من خواستند که تکلیف خود را روشن کنم و من در مسجد جامع کرمان با حضور آقای مهندس رضوی به اهالی این استان قول دادم که تا پایان دوره نمایندگی کرمان را حفظ کنم.

انفجار مجدد مخازن مهمات شیراز

گزارش رسمی ستاد ارتش اعلام میدارد که در ساعت نه و نیم شب ۵ اردیبهشت در مخازن مهمات شیراز واقع در پادگان محمدیه که در خارج شهر واقع است انفجار شدیدی رخ داده که منجر به از بین رفتن قسمتی از مهمات مربوطه گردیده است. گرچه میزان تلفات جانی بیش از دو نفر نبوده معهذا به منظور رسیدگی دقیق به علت بروز انفجار و همچنین میزان خسارات و تلفات وارده تعلیمات لازم به فرمانده لشگر شیراز داده شده و کمیسیونی هم از افسران اعزامی در محل تشکیل و هیأتی نیز مرکب ازسرتیپ آزموده معاون دادستان ارتش و

سرهنگ خلیل ناجی رئیس دایره اسلحه و مهمات ستاد ارتش در ساعت هفت و نیم صبح امروز به محل اعزام گردیده اند که در کمیسیون متشکله شرکت نمایند. تحقیقات با جدیت ادامه دارد.

۱۳ اردیبهشت ۱۳۳۲

گزارش قتل تیمسار افشار طوس به مجلس

یکی ازنمایندگان طرفداردولت امروزاظهار داشت که دولت درنظر دارد گزارشی از چگونگی ربودن تیمسار افشار طوس و علل قتل وی بطور جامع و کامل و با ذکر دلایل تقدیم مجلس کند و محتمل است ضمیمه این گزارش لایحه سلب مصونیت از دکتر بقائی را به مجلس تقدیم نماید. با توجه به این شایعات اقای دکتر بقائی امروز پس از خاتمه کار خود در کممیته تحقیق با چند نفر از نمایندگان مجلس و دوستان خود با توجه به اعلامیه فرماندار نظامی برای تشکیل جلسه علنی مجلس تلاش میکند. حضور آقای اورنگ در تهران و احتمال ورود آقایان ناظر زاده کرمانی و ریگی تا فردا به تهران و حصول حد نصاب قانونی و علاقه نمایندگان به دفاع دکتر بقائی در قبال اعلامیه دیروز فرماندار نظامی تهران موجب شده که مطلعین امور پارلمانی معتقد شوند احتمال دارد روز سه شنبه جلسه علنی مجلس تشکیل شود و حتی مخالفین گزارش ۸ نفری نیز که تا به حال مانع تشکیل جلسه علنی بودند به این موضوع اظهار علاقه میکنند زیرا تصمیم دکتر بقائی به دفاع از خود در اولین جلسه علنی محلس خود وسیله ای است که به نظر آنها مدتی موضوع گزارش هیأت ۸ نفری و طرح فراکسیون نهضت ملی به تأخیر خواهد انداخت.

مصاحبه سفیر کبیر ایران در امریکا

آقای الهیار صالح سفیر کبیر ایران در واشنگتن طی مصاحبه با مخبرین امریکایی اظهار داشت در دو سال قبل ملت ایران به منظور رهائی از چنگال استعمار و استفاده از منابع طبیعی خویش صنعت نفت خود را ملی کرد و برای اینکه ضمناً هیچ گونه حقی پایمال نشده باشد پرداخت غرامت را تعهد کرد و مشتریان قدیمی را در خرید نفت مقدم اعلام نمود. ولی شرکت نفت بنا به تمایلات مردم ایران توجه نکرد و به جای آن علیه ملت ایران به اقامه دعوی کوشید و از فروش نفت ملی ایران جلوگیری به عمل آورد. دولت انگلیس نیز مشکلات بسیاری ایجاد کرد و در مراجع بین المللی از دولت ایران شکایت نمود. بنابراین در چنین محیطی پیش آمد هرگونه خطری محتمل به نظر میرسد.

آقای صالح همچنین اظهار داشت اگر کمک های مالی امریکا به انگلستان نبود و سیاست امریکا اقتضای چنین عملی را نمیکرد تاکنون دولت انگلیس حاضر شده بود که نسبت به پیشنهادات دولت ایران تسلیم شود. ولی کمک های دولت امریکا به ایران ناچیز و از یک همکاری فنی تجاوز نکرده است.

آقای نخست وزیر نیز در ملاقات خود با هندرسن سفیر کبیر امریکا ضمن تأیید اظهارات آقای صالح مطالب گله آمیزی گفتند و خاطر نشان ساختند که ادامه سیاستی که امریکا درمورد نفت و در جبهه همکاری با انگلیس در پیش گرفته به نفع دولت امریکا هم تمام نخواهد شد.

*** آقای بیات امروز در خرمشهر به خبرنگاران روزنامه ها گفت دومین کشتی نفتکش شرکت سوبور بنام پرت سیا برای حمل ۱۲ هزار تن نفت وارد بندر معشور شد و کشتی آلبا نیز امروز بعد از بارگیری بندر معشور را به قصد ایتالیا ترک کرد.

۱۴ اردیبهشت ۱۳۳۲

اعتصاب کارگران دخانیات

از عصر دیروز سندیکای کارگران دخانیات دست به اعتصاب زدند و درخواست های خود را به این ترتیب اعلام داشتند : پرداخت اضافه حقوق ، عدم پرداخت صدی دوازده به صندوق تعاون ، کارگران طبقه بندی شوند. تا آخر وقت امروز کارگران دخانیات همچنان از رفتن به کارگاه ها خودداری کرده و در نهارخانه اجتماع نموده بودند و مأمورین نیز برای اینکه حادثه ای اتفاق نیفتد کلیه اشخاصی را که در جلوی دخانیات درخیابان گرد آمده بودند متفرق کردند و از ورود کارگران به داخل محوطه دخانیات ممانعت به عمل آمد. ضمنا به کارگرانی که در داخل بودند اطلاع داده شد که اگر بخواهند به منازل خود بروند میتوانند بطورانفرادی از دخانیات خارج شوند.

امروز سرهنگ اشرفی فرماندار نظامی تهران به اطلاع آقای نخست وزیر رسانید که مأمورین فرمانداری نظامی برای اینکه ایجاد تشنج نشود از دستگیری سران اعتصاب خودداری کرده و برای نمایندگان کارگران پیغام فرستادند که با مأمورین ملاقات و مذاکره کنند ولی نمایندگان کارگران از ملاقات با مأمورین خودداری کردند و اظهار داشتند ما مطلبی نداریم که درباره آن با مأمورین فرمانداری نظامی ملاقات و مذاکره کنیم.

امروز ساعت یازده اطلاع حاصل شد که کارگران سیلو و چیت سازی نیز برای پشتیبانی از کارگران دخانیات تصمیم گرفته اند که دست از کار بکشند. سندیکای کارخانجات فوق وابسته به جمعیت مبارزه با استعمار (حزب توده) هستند.

مقدمات تشکیل دادگاه متهمین در توطئه قتل رئیس شهربانی

از دیروز آقای سرهنگ شایانفر دادستان نظامی برای فراهم کردن مقدمات تشکیل دادگاه جنائی مشغول اقدام شده است که در دادگاه عادی نظامی به اتهام متهمین رسیدگی کند. دادستان نظامی اظهار داشت هر چند هنوز پرونده آقای دکتر بقائی در اختیار دادسرا نمیباشد ولی با مدارک محکمی که بر علیه دکتر بقائی دیده میشود مسلما بازپرس برای ادای توضیحات او را احضارخواهد کرد لیکن چون نامبرده عضویت پارلمان را دارد لذا باید ابتدا عمل سلب مصونیت اجرا شود تا بتوان او را به دادسرای نظامی احضار کرد.

تحصن سرلشگر زاهدی در مجلس

صبح امروز مقارن ساعت هفت تیمسار سرلشگر بازنشسته فضل الله زاهدی که فرماندار نظامی تهران طی اعلامیه ای از او دعوت نموده بود که در ظرف **۴۸** ساعت خود را معرفی نماید از در کتابخانه مجلس به اتفاق یکی از نمایندگان فراکسیون آزادی به اطاق کارپردازی وارد و با آقایان میر اشرافی و بهادری نمایندگان عضو فراکسیون آزادی به مذاکره پرداخت. و اعلام کرد که قصد تحصن در مجلس را دارد و دراین باره نامه ای به رئیس مجلس خواهد نوشت. درمورد علت تحصن زاهدی اظهار داشت فرماندار نظامی تهران دیروز به موجب اعلامیه ای ابلاغ نموده بود که من خود را به فرمانداری نظامی معرفی نمایم. چون علت این احضار را نمیدانستم و از طرفی اطمینان نداشتم از قبول این دعوت خودداری نمودم. ولی چون

این مقررات حکومت نظامی که به استناد آن قصد بازداشت مرا دارند هنوز از تصویب مجلس نگذشته و غیر قانونی میباشد به عنوان اعتراض به خانه ملت یعنی مجلس شورا آمده ام و در این جا برای هرگونه توضیحات و تحقیقاتی آماده ام.

نظر به اینکه تحصن سر لشگر زاهدی باید با موافقت هیأت رئیسه مجلس باشد سرلشگر زاهدی روی یادداشت مجلس شرحی به رئیس مجلس نوشت و متن آنرا برای اظهار نظر و یا اصلاح به آقای حایری زاده داد و حایری زاده بعد از قرائت نامه آن را تأیید نمود.

حضور حضرت آیت الله کاشانی رئیس مجلس شورای ملی
بطوری که خاطر مبارک مستحضر است در اسفند ماه بدون دلیل و برخلاف قانون توقیفم کردند و از فروردین ماه تا بحال سه چهار مرتبه به خانه و باغ شمیرانم قوای مسلح نظامی و غیر نظامی در شب و بعد از نصف شب ریختند و سلب آزادی و امنیت ازخودم و فامیلم کردند. بعد از شکایت تلگرافی به مقامات دادگستری و یأس ازحمایت قانونی آنان ناگزیر شدم به خانه ملت پناهنده شوم و ضمنا برای اطمینان خاطر آن مقام محترم و وکلای محترم مجلس شورای ملی عرض میکنم که تا بحال عملی که برخلاف مصالح کشورم باشد ننموده و همواره سربازی خدمتگذار و فداکار برای میهنم بوده و هستم.

در جلسه هیأت رئیسه آیت الله کاشانی با تحصن وی موافقت کردند و ذیل نامه سرلشگر زاهدی موافقت خود را به اطلاع دفتر مجلس و اداره بازرسی رساندند تا وسایل پدیرائی ایشان را فراهم کنند.

صدور نفت ایران به ژاپن
محافل اقتصادی ژاپن انتظار ورود کشتی نفتکش میتسومارو که حامل ۱۸ هزار تن نفت ایران میباشد دارند. برای جلوگیری از خرید نفت ایران شرکت سابق نفت به دادگاه توکیو شکایت کرده است و در انتظار رأی دادگاه میباشد. ضمنا شرکت میتسو کوسان در تلاش اجاره چند نفتکش برای خرید های آینده از شرکت ملی نفت ایران میباشند.

۱۵ اردیبهشت ۱۳۳۲
اظهارات آیت الله کاشانی درمورد تحصن سرلشگر زاهدی
آیت الله کاشانی ، محمد ذوالفقاری ، میر اشرافی ، بهادری ، شمس قنات آبادی و حائری زاده به عمارت سنای سابق که سرلشگر زاهدی به دستور آیت الله در آن سکنی داده شده اند برای ملاقات سرلشگر زاهدی رفتند. در این ملاقات که به مدت پانزده دقیقه طول کشید آیت الله کاشانی مطالبی در مخالفت خود با روش دیکتاتوری و لزوم آزادی فکر و عقیده بیان داشته به سرلشگر زاهدی گفتند دستور داده ام مادام که تأمین آزادی شما نشده در این جا از شما پذیرائی شود. رئیس مجلس به آقای آبتین رئیس بازرسی سابق سنا دستور داد میل دارم مادام که تیمسار در این جا تشریف دارند شما از میهمان عزیز ما مواظبت کنید ، زیرا ایشان در اینجا حق آب و گل دارد. سپس به سرهنگ غازی راد رئیس حفاظت مجلس برای مراقبت از محل اقامت سر لشگر زاهدی دستوراتی دادند ، سپس با سرلشگر خدا حافظی و مجلس را ترک کردند. آیت الله در پاسخ خبرنگاران که تیمسار تا کی درمجلس خواهند ماند، اظهار داشت مجلس خانه ملت است و هرکس میتواند تا هروقت دلش بخواهد آنجا تحصن کند. بعد از خروج آیت الله از مجلس عده ای از نمایندگان فراکسیون آزادی و نجات نهضت با زاهدی ملاقات کردند.

حل اختلافات اعلیحضرت همایونی و رئیس دولت

ساعت ۴ بعد از ظهر دیروز آقای امینی کفیل وزارت دربارب آقای نخست وزیر ملاقات کردند و مذاکرات ایشان دو ساعت و نیم طول کشید. در خاتمه مذاکرات آقای امینی در ساعت شش و سه ربع بعد از ظهر در کاخ سلطنتی به حضور اعلیحضرت همایون شاهنشاهی شرفیاب گردید و مذاکرات وی با شاه سه ساعت طول کشید و نظرات نخست وزیر را به عرض شاهنشاه رسانید.

امروزآقای امینی کفیل وزارت دربار در برابر سؤال خبرنگاران اظهار داشت امید میرود که مشکلات تا هفته آینده بکلی مرتفع شود. اکنون میتوانم این نوید را بدهم که اختلافات حتی در موارد جزئی نیز از بین رفته است و ما در نظر داریم روز شنبه یا یکشنبه آینده یک حلسه مطبوعاتی تشکیل داده کلیه مسائلی را که در طی پانزده روز گذشته بین دربار و دولت مورد مذاکره قرار گرفته بود و راه حل هایی برای آن ها پیش بینی شده و مورد توافق طرفین واقع گردیده همه را یکان یکان به اطلاع خبرنگاران میرسانیم تا انشاالله روابط دولت و دربار از این پس مثل همیشه توأم با احترامات متقابل و رعایت حقوق قانونی و مشروع هر دو طرف باشد. منظور از همه این مجاهدات این بود که طبق قانون اساسی پادشاه مشروطه سلطنت بفرمایند و دولت مشروطه برطبق قوانین حکومت نماید و این همان چیزی است که اعلیحضرت همایونی همیشه آن را یادآوری فرموده اند.

۱۶ اردیبهشت ۱۳۳۲

تخیف نفت به خریداران ژاپنی و امریکائی

با موافقت هیأت دولت و کمیسیون نفت مقرر گردید به خریداران ژاپنی و امریکایی ۵۰ درصد نسبت به خلیج فارس تخفیف داده شود و در این مورد هندرسن به دیدن دکتر مصدق میرود و طبق اطلاع در این مذاکرات آقای هندرسن به آقای دکتر مصدق تذکر داده است که چون این امر موجب رقابت هائی در تجارت نفت در دنیا میشود مسائل تازه ای را به وجود خواهد آورد که مهم ترین آنها تزلزل در قیمت نفت خواهد بود و در این حالت شرکت های بزرگ دنیا از آن جمله شرکت سابق نفت برای خنثی کردن این فعالیت ها و جلوگیری از بازار های مناسب برای نفت ایران کوشش مینمایند که حتی از اجاره دادن کشتی های نفت کش به شرکت های خریدار نفت جلوگیری به عمل آورند.

علاوه بر مذاکرات بالا قسمت اعظم مذاکرات نخست وزیر و سفیر امریکا مربوط به این بوده است که اقدام شرکت های کوچک نفتی امریکا برای خرید نفت ایران موجب ایجاد چه مسائلی در روابط دو دولت خواهد شد.

۱۷ اردیبهشت ۱۳۳۲

مذاکرات زاهدی - مکی

اولین کسی که امروز وارد مجلس شد آقای مکی بود زیرا وقتی وی در باغ بهارستان قدم میزد ساعت هنوز به ۷ نرسیده بود. مکی پس از ورود به مجلس مستقیما بطرف ساختمان شماره ۵ یعنی تحصن گاه سرلشگر زاهدی رفت و دراطاق هیأت رئیسه مجلس سنا با او مشغول مذاکره شد ولی پس از مدت کوتاهی از اطاق بیرون آمده در یکی از خیابان های باغ بهارستان قریب یک ساعت و نیم مشغول مذاکره بودند به طوری که مذاکرات آنها نظر حاضرین در محل را جلب نمود. مقارن ساعت ۱۰ مکی و آقای سرلشگر زاهدی از خیابان

جنوبی باغ مجلس خارج شده به طرف عمارت سنا رفتند. مکی تا نزدیک پله های شماره ۵ مجلس با زاهدی همراه بود و در آن جا از وی خداحافظی کرد و به عمارت مجلس بازگشت و زاهدی نیز به محل تحصن خود بازگشت.

ملاقات دکتر بقائی و شمس قنات آبادی با زاهدی

نیم ساعت بعد از خداحافظی مکی دکتر بقائی و شمس قنات آبادی به ملاقات سر لشگر زاهدی رفتند و مذاکرات آنها با وی در عمارت سنا قریب سه ربع ساعت طول کشید و رأس ساعت یازده و نیم آنها از اقامت گاه سرلشگر زاهدی خارج شدند.

۱۹ اردیبهشت ۱۳۳۲

طرح مبارزه با دولت

اعضای کمیسیون آزادی برای عدم تشکیل جلسات علنی مجلس و رسیدگی به امور مخصوصاً لایحه هیأت ۸ نفری به قم رفته اند تا مانع تشکیل جلسه علنی مجلس گردند. لیدر اقلیت حائری زاده دراین مورد گفت مذاکرات ما در قم این بود که باید اول مطمئن شد که آیا میشود یک روح توافق و هم فکری در محیط مجلس به وجود آورد یا خیر و آیا اکثریت حاضر است از لجاجت دست بردارد یا نه؟ و درصورتی که این اطمینان حاصل نشده آیا ما موفق خواهیم شد هنگام اخذ رأی مجلس را از اکثریت بیندازیم یا نه؟

در نتیجه پس از مذاکراتی که در این باره به عمل آمد قرار شد اعضای کمیسیون به تهران بیایند و مجددا برای آخرین بار با دستجات مختلف تماس بگیرند و اگر سایرین حاضر به قبول نظریات ما شدند که در مجلس حاضر شوند و درغیر این صورت یا مانع کار مجلس یعنی نظریات دولت بشوند و یا اگر جلوگیری از عقیده آقایان فراکسیون نهضت ملی نیستند مجددا تهران را ترک کنند و این بار به قزوین یا دماوند بروند.

ما برای مبارزه با دولت و دیکتاتوری طرحی تهیه کرده ایم ، یکی مربوط به سلب اختیارات دکتر مصدق و دومی مربوط به انتخاب رؤسای تشکیلات انتظامی میشود ازطرف مجلس برای مدت ۵ سال. حرف ما این است که اختیارات مصدق یک مسأله اختصاصی است و انتخاب فرماندهان قوای انتظامی دخالت در قوه مجریه است ، جواب ما این است که وقتی قرار است رعایت کامل قانون اساسی نشود موضوع اختصاصی بودن یک قضیه منتفی است و بلکه معتبر هم میباشد و اما درمورد دخالت درقوه مجریه ، این طرح ما مسبوق به سابقه است زیرا در دوره پنجم همین مجلس تصویب نمود که فرماندهی کل قوا برای مدتی در اختیار رضا خان باشد و هرگاه منظور ما حاصل نشد مجلس را از اکثریت خواهیم انداخت.

۲۰ اردیبهشت ۱۳۳۲

جلسه علنی مجلس شورای ملی بعد از دو ماه

امروز قبل از نواخته شدن زنگ جلسه علنی آقای حایری زاده درخواست تشکیل جلسه خصوصی نمود و در این مورد اظهار داشت که ما با درخواست جلسه خصوصی میخواهیم باری از دوش آقایان برداریم و نگذاریم که جناب مصدق السلطنه امیال خود را بر گرده مجلس سوار کند و الا این طرح هیأت ۸ نفری که الان به مجلس آورده اند بقدری بی اهمیت است که برای خاطر آن ما مهاجرت نکردیم زیرا خواندن چند اصول از قانون اساسی هیچ اشکالی ندارد. ولی در پس آن پرده اقدامات خودسرانه و دیکتاتوری جناب دکتر مصدق شروع خواهد شد و طلیعه آن همین اقدامات دولت پس ازواقعه قتل رئیس شهربانی و استفاده

های خلاف قانون دولت از این واقعه است ایجاد این محیط ترس و وحشت رفقای ما را و همچنین دوستان اعضای فراکسیون نجات نهضت را وادار به این نمود که درصدد تشکیل جلسه علنی باشند به همین جهت ما به تهران آمدیم و حالا هم حاضر به حضور در جلسه علنی هستیم تا مجلس ضمن رسیدگی به کارهای روزانه خود اعمال دولت خصوصا خطاهای او را تحت انتقاد قرار داده و حافظ حدود و ثغور قانون اساسی باشیم و برای اجرای این منظور هم طرح هایی داریم که آن ها را ارائه خواهیم کرد و نظر ما این است که طرح های ما با گزارش هیأت ۸ نفری تلفیق شود و به صورت طرح جامعی درآید.

در ساعت ۱۱ زنگ جلسه علنی مجلس شورای ملی به صدا درآمد ولی به علت اعتراض اعضای فراکسیون های آزادی به رهبری حایری زاده و نجات نهضت به رهبری بقائی به حضور آقای روحی نماینده سوم منتخب مردم کرمان در مجلس، درحالی که با توجه به حضور دکتر بقائی به عنوان نماینده منتخب مردم تهران در مجلس ، آقای روحی به عنوان نماینده دوم کرمان توسط کمیسیون به مجلس معرفی شده بود و مجلس موظف به بررسی اعتبار نامه او بود ولی مخالفین دولت به این بهانه که او نماینده نمیباشد پس از ضرب و شتم آقای روحی توسط شمس قنات آبادی و میر اشرافی و بهادری ، جلسه علنی تعطیل گردید.

اظهارات آقای روحی نماینده سوم کرمان به خبرنکاران

بعد از جلسه امروز آقای روحی در جمع خبرنگاران اظهار داشت این جانب بر طبق رأی شعبه ۵ که به منزله صدور اعتبار نامه است در مجلس حاضر شدم و این کار هم در مجلس سوابق زیادی دارد که شعبه منتخب محل را پس از رسیدگی تعیین نموده ، خود اینجانب هم به هیچوجه علاقه ای به انتخاب شدن نشان نداده با اینکه در دوره های قبلی هم آرائی داشته ام و در جریان انتخاب درکرمان نبوده ام و فقط دو نامه به هیأت رئیسه نوشتم ام که تکلیف پرونده را تعیین کنید و تنها مرجع صلاحیتدار پس از رأی شعبه ، مجلس شورای ملی است و منتظر رأی مجلس خواهم بود.

از حادثه امروز و حمله خلاف قانون اشخاص معلوم الحال هم زیاد متأسف نیستم زیرا این سیلی را من نه برای این خوردم که کاری برخلاف مقررات شده باشد بلکه از آن جهت است که بعضی درصدد هستند در راه نهضت ملت ایران موانعی ایجاد کنند و چون میدانند من به این نهضت مقدس معتقد هستم میخواستند اهانتی کرده بلکه مرا از میدان بدر کنند، درحالی که برای من که فامیلم سابقه آزادی خواهی و دادن جان و مال برای استقرار مشروطیت ایران را دارند سیلی خوردن از آن اشخاص معلوم الحال چندان خلاف انتظار نیست.

نامه فراکسیون نهضت ملی

به دنبال حادثه امروزمجلس شورای ملی ، فراکسیون نهضت ملی نامه زیر را به هیأت رئیسه مجلس شورای ملی تقدیم داشته است.

هیأت محترم رئیسه مجلس شورای ملی

بطوری که خاطر آقایان مستحضر میباشد پس از آنکه تعطیلات فروردین منتفی شد و مجلس آماده برای کارگردید چند نفرازآقایان نمایندگان به عنوان این که امنیت ندارند و نمیتوانند مطالب خود را آزادانه به سمع مجلس شورای ملی برسانند خروج خود را از تهران اعلام نمودند. در این فاصله که قریب یک ماه به طول انجامید با وجود اینکه غالبا چند نفراز

آقایان را در تهران و حتی در مجلس شورای ملی ملاقات مینمودیم ، معذالک به احترام آزادی که برای عموم نمایندگان مجلس قائل میباشیم انتظار تغییر تصمیم آنان را داشتیم و اعضای این فراکسیون هم بطور دائم در تهران ماندیم و در روزهای مقرر برای انعقاد جلسه علنی در مجلس مجتمع گردیدیم و از همان اول هم مکرر اعلام نمودیم که نظر ما همیشه بر این است که بر طبق قانون اساسی و آئین نامه مجلس شورای ملی محیط کار نمایندگان محترم باید از هرگونه تشنج خالی باشد و جلسات مجلس شورای ملی بایستی صرف بحث در مطالب اساسی و طرح مسائل قانونی بشود و حکمیت بین نظرات مختلف در هرامری منوط به رأی نهائی مجلس شورای ملی میباشد. چنانچه در همین زمینه طرح سه فوریتی هم که قبلا تهیه شده بود انتظار تشکیل جلسه و اعلام رأی نهائی مجلس را داشته ایم.

بدیهی است در خصوص تصمیم آقایان در خارج شدن از تهران و همچنین مراجعت به تهران، این فراکسیون هیچ گونه نظری را اظهار نمیدارد زیرا قضاوت رویه و اعمال مجلس بر عهده ملت ایران است.

بالاخره امروز صبح یکشنبه ۲۰ اردیبهشت ماه ۱۳۳۲ که جلسه علنی تشکیل گردید ملاحظه شد که نیت و نظر نمایندگانی که بنام اقلیت خود را معرفی می نمایند بر این نیست که مطالب خود را طبق قانون مطرح و به حکمیت مجلس واگدار نمایند بلکه از همان ابتدا بوسیله ایجاد جنجال سعی میکردند جلسه را متشنج سازند و چون در مقابل فریادهای یکی از آقایان، اکثریت قریب به اتفاق مجلس شورای ملی از آن جمله اعضای فراکسیون نهضت ملی با متانت کامل سکوت و آرامش را حفظ نمودند دفعتاً آقای میراشرافی و بهادری که با سمت کارپردازی مجلس قانوناً بیشتراز سایراعضای هیأت رئیسه موظف به حفظ نظم و امنیت مجلس میباشند به طرف آقای علی روحی حمله نموده و با ادای الفاظ رکیک به ایشان توهین و ایراد ضرب نمودند.

در این جریان اسف آور هم فراکسیون نهضت ملی به انتظار اقدام قانونی هیأت رئیسه از عمل متقابل خودداری نمود ولی متأسفانه هیچ گونه تذکر قانونی به آنان داده نشد و کار به جائی رسید که آن دو نفر با کمک چند نفر دیگر ازاعضای فراکسیون آزادی نسبت به عده ای از نمایندگان مجلس توهین و اهانت نموده جملات زشت و مستهجن ایراد نمودند.

هرچند حضور آقای روحی در نتیجه گزارش شعبه ۵ مجلس شورای ملی و تصویب نمایندگی ایشان کاملا قانونی است و سوابق زیادی در مجلس دارد و تکلیف نمایندگی ایشان هم بر عهده مجلس شورای ملی میباشد ولی این جریان مسلم ساخت که نظر و نیت آقایان چنانچه در بالا عرض شد فقط بهانه جوئی و ایجاد فتنه و تشنج است ، شاید تصور نموده اند که به این وسیله میتوانند از تشکیل جلسات علنی مجلس جلو گیری کنند تا از طرفی طرح مسائل اصولی و لوایح قانونی را معوق گدارند و از طرف دیگر بطورکلی حیثیت مجلس شورای ملی مشروطیت را موهن سازند.

چون حفظ نظم مجلس شورای ملی برعهده هیأت رئیسه است و بدیهی است بدون آنکه هیأت رئیسه با نهایت قدرت آئین نامه مجلس را اجرا نماید برای هیچ نماینده ای امکان انجام وظیفه باقی نمی ماند لازم دانستیم مراتب را طی این نامه مشروحاً به اطلاع آن هیأت محترم برسانَیم. اکنون فراکسیون نهضت ملی ایران اجرای بند ماده ۱۰۱ آئین نامه را که مقرر میدارد هرگاه

نماینده ای نسبت به مجلس یا قسمتی از مجلس یا رئیس توهین کند توبیخ با منع حضور موقت درباره او اجرا میشود » درباره آقایان میراشرافی و بهادری درخواست مینماید.

در خاتمه هیأت رئیسه مجلس شورای ملی به وسیله اجرای صحیح آئین نامه بایستی به ملت ایران نشان دهد که چند نفر با هو و جنجال و بی ادبی نخواهند توانست مجلس شورای ملی را از انجام وظایف قانونی باز دارند.   فراکسیون نهضت ملی

۲۳ اردیبهشت ۱۳۳۲
تلاش برای حل مسأله نفت

بار دیگر توجه مقامات سیاسی به موضوع نفت جلب شده است. برای فروش نفت مذاکراتی بین مقامات شرکت نفت ایران با نمایندگان کمپانی های خریدار نفت در جریان است و احتمال زیاد دارد که سالیانه بین ۷ تا ۱۰ میلیون تن نفت از آبادان و بندر معشور به سوی بازارهای جهان سرازیر شود.

درمورد مذاکرات با دولت انگلیس آقای هندرسن سفیر کبیر امریکا نقش تازه ای برای نزدیک کردن نظرات دکتر مصدق و وزارت امور خارجه انگلیس به عهده گرفته است. بنا بر نظر دولت ایران ، دولت انگلیس مخصوصا محافظه کاران علاقه ای به حل مسأله نفت ایران ندارند و علت این عدم علاقه این است که به آسانی نمیخواهند از ذخایر زرخیز خوزستان دست بکشند و فقط به گرفتن غرامت اموال یا غرامت سرمایه گذاری که تنها غرامت عادلانه ممکنه است اکتفا نمی کنند.

در طی مذاکراتی که اخیرا آقای هندرسن با نخست وزیر به عمل آورده گفتگو هائی برای یافتن یک فرمول مرضی الطرفین جهت حل مسأله غرامت صورت گرفته وزارت امور خارجه انگلیس بطور غیر مستقیم به اطلاع دکتر مصدق رسانیده است که آن دولت نمیتواند از اصل عدم النفع صرفنظر کند و هر فرمولی که برای حل مسأله غرامت تنظیم میشود باید واجد این نکته اساسی که البته از نظر شرکت سابق نفت اساسی است باشد ، زیرا انصراف از عدم النفع مخالف شئونات سیاسی دولت انگلیس در دنیا بخصوص در خاور میانه است و دولت مزبور مصراً معتقد است برای آنکه تخم ملی شدن صنایع نفت برای همیشه در خاک کشور های نفت خیز شرق بپوسد و از بین برود و هیچ گاه در اثر قیام و نهضت های ملل استعمار شده بارور نشود دولت ایران که پیشرو این نهضت میباشد باید قبول کند که به عنوان اصل عدم النفع غرامتی از بابت مدت باقیمانده قرارداد ۱۹۳۳ نصیب شرکت سابق گردد.

البته این پیشنهاد ازنظر دولت و ملت ایران مردود است و دکتر مصدق با چنین غرامتی موافقت نخواهد کرد زیرا این تقاضا نه تنها مخالف مفهوم ملی کردن صنایع در دنیا است بلکه مخالف با احساسات وطن پرستانه ملل استعمار زده ای است که در آسیا و خاور میانه برای گرفتن حقوق و استقلال خود قیام کرده و یا میکنند.

پیشنهاد های اخیر

آقای دکتر مصدق بعد از شکست مذاکرات مربوط به پیشنهادات اول اسفند برای آنکه حسن نیت خود را درحل مسأله غرامت نشان بدهد در آخرین ملاقاتی که با آقای هندرسن نمود پیشنهادات جدیدی برای حل مسأله غرامت تنظیم و توسط آقای هندرسن تسلیم وزارت امور خارجه انگلیس نمود که به شرح زیر است:

حالا که دولت انگلیس حاضر نمیشود که غرامت طبق مایملک و یا سهام شرکت به وسیله قضاوت دیوان دادگستری بین المللی حل شود و اصرار دارد که غرامات بطور دربسته و کلی به قضاوت دیوان ارجاع گردد. لذا دولت ایران به شرطی با این نظر موافقت خواهد کرد که دولت انگلیس قبلا حداکثر مبلغی را که شرکت سابق درمورد غرامت و به طور کلی ادعا دارد تعیین کند تا پس از توافق بر سر این حداکثر دولت ایران موفقت خود را برای قضاوت دیوان نسبت به مبلغ معین شده اعلام نماید.

آقای دکترمصدق بدین علت حاضر نیست که به طور دربست قضاوت دیوان دادگستری را نسبت به حل مسأله غرامت بپذیرد زیرا مواجه با این نگرانی است که پس از آن که قرارداد قضاوت دیوان دادگستری راجع به غرامت با شرکت سابق به امضا رسید ، قبل از اجرای آن موجبات سقوط این دولت را فراهم آورند و بعد دولتی روی کار بیاورند که درموقع طرح قرارداد مزبور در دیوان داوری آن طور که باید و شاید ازحقوق ملت ایران دفاع نکند. بر این اساس برای رفع این نگرانی دکتر مصدق توسط آقای هندرسن به وزارت امور خارجه انگلیس پیشنهاد کرد درصورتی دولت ایران حاضر است قضاوت کلی دیوان دادگستری را نسبت به غرامت قبول کند که حداکثر مدعابه شرکت سابق طی مذاکرات خصوصی قبلا مورد توافق قرار بگیرد.

پیشنهاد دوم نخست وزیر

دراین پیشنهاد آقای دکتر مصدق به وزارت امور خارجه انگلیس اطلاع داده است که حل مسأله غرامت به قصاوت دیوان دادگستری لاهه ارجاع نگردد بلکه طرفین طی مذاکرات خصوصی موافقت کنند که دولت ایران تا چند سال باید ۲۵ درصد عواید خود را به عنوان غرامت تسلیم شرکت سابق نماید. البته قبول این پیشنهاد از طرف شرکت سابق ادعاهای دولت ایران را علیه شرکت سابق ازبین نخواهد برد و این دعاوی نیز باید مورد رسیدگی قرار گیرد. اما متأسفانه این پیشنهاد منضفانه را هم دولت انگلیس قبول نکرده است.

با توجه به عدم قبول این پیشنهادات ناظرین سیاسی تأیید مینمایند که دولت انگلیس هنوز نمی خواهد مسأله نفت حل و فصل گردد و منتظر فرصت های بهتری میباشد تا بتواند مسأله نفت را به نحو دلخواه خود حل کند. بدین لحاظ اکنون مدتی است که مذاکرات نفت را مسکوت گذارده است.

۲۴اردیبهشت ۱۳۳۲

درخواست سلب مصونیت از دکتر بقائی

وزیر دادگستری امروز طی نامه ای به مجلس شورای ملی درخواست سلب مصونیت از آقای دکتر بقائی را به اتهام شرکت در توطئه قتل تیمسار افشار طوس رئیس سابق شهربانی را کرده است. (این نامه قبلا همراه با اقاریر متهمین درج شده است).

نطق حسین مکی نماینده تهران و عضو سابق فراکسیون نهضت ملی

در جلسه امروز مجلس شورای ملی آقای حسین مکی اظهار داشت قبل از بیان هر مطلبی آقایان محترم باید توجه داشته باشند که اساس و پایه نهضت ملی ما براتحاد و اتفاق استوار بود و تمام موفقیت هایی که در طی این مدت عاید ملت ایران گردید بر اثر وحدت نظر و اتفاق کلمه بود و بس ، در آن روزهائی که تازه زمزمه مخالفت و اتفاق نظر و دودستگی درمجلس پیش آمد و هنوز این تشنجات و حوادث اخیر به میان نیامده بود ، با مصلحت

اندیشی و مشورت با آقای دکتر معظمی از آقایان منفردین و اعضای فراکسیون نهضت ملی یعنی آقایان گنجه ای ، انگجی، دکتر سنجابی ، مهندس زیرک زاده و چند نفر دیگر که الان به خاطر ندارم دعوت کردیم که بیایند و با کدخدا منشی و حسن نیت وسط را بگیرند و نگذارند کارمجلس به این جا بکشد و چون عده ای از نمایندگان محترم از من خواسته بودند که واسطه و میانجی شوم با قرآن کریم تفالی زدم که آقای حاج سید جوادی این آیه را قرائت کرد (فسجد الملائکه کلهم ابا ابلیس) معهذا از آقایان منفردین و چهار نفر از آقایان فراکسیون نهضت ملی دعوت کردند. از همان جلسه اول آقایان فراکسیون نهضت ملی با آنکه در جلسه شرکت کرده بودند از خارج پیغامی داشتند و از جلسه خارج شدند و من متوجه آیه شریفه شدم که ابلیس دراین کار شیطنت کرده و نمیخواهند مجلس با اتحاد و اتفاق به کار خود ادامه دهد. اکنون بعد از چند ماه باد به زخم آقایان خورده و متوجه عرایض آن روز بنده میشوند و جای کمال خوشوقتی است که هنوز هم کار از کار نگذشته و جلوی ضرر را هر روز بگیرند باز به نفع مملکت است. به هر حال ما کمال کوشش خود را کردیم که مجددا اتحاد و اتفاق بوجود آید ولی چون عده ای مست باده غرور بودند و خیال میکردند که هر کاری که بخواهند میتوانند انجام بدهند نگذاشتند این کار سر و سامان بخود بگیرد. حالا که کار به اینجا کشیده به عقیده من با جمله پردازی و عبارت سازی و دست به دست مالیدن نباید وقت را تلف کرد اگر معایب را صریح بگوئیم ، اگر مجامله و تعارف کنیم مسلم بدانید که دردی دوا نخواهد شد. نمایندگان محترم مجلس و آنهائی که مسؤلیت مملکت را به عهده دارند باید دور اندیش و عاقبت بین باشند و هرعملی را انجام میدهند باید همیشه آتیه را در نظر بگیرند زیرا امروز ممکن است بعضی سوابق گذاشته شود که در آتیه از این سوابق دولت های آینده سوء استفاده کنند ، شما فکر امروز دولت دکتر مصدق را نکنید. صد سال آینده را در نظر بگیرید که از این سوابق مملکت دچار بدبختی نشود.

ممکن است آخر دوره چهاردهم را در نظر بگیرید اگر یک دولتی مثل دولت قوام السلطنه در آخر دوره چهارده ، پنجاه سال دیگر روی کار بیاید از این سوابق و قوانینی که گذاشته است اگر بخواهد سوء استفاده کند میتواند مملکت ایران را تجزیه و ملتی را دچار بدبختی و بیچاره گی کند ، مثلا یک قسمت از تشنجات مولود ابتکارات فراکسیون نهضت ملی است.

آقای کهبد گفتند دولت صد و چند لایحه فرستاده که مجلس باید تکلیف آن را روشن کند، یکی از همین لوایح اساسنامه شرکت ملی نفت ایران است که مجلس طبق آئین نامه و سوابق شروع به انتخاب اعضای آن کرده و عده زیادی هم انتخاب شده اند ولی چون اکثریت آن از فراکسیون نهضت ملی انتخاب نشده است شروع به مخالفت کردند منتهی چون من علاقمند به نهضت مقدس ملت ایران هستم نخواستم با لجاج و عناد یک اختلاف جدیدی بر اختلافات سابق بیافزایم. آقایان خدا شاهد است اگر زود به این اختلافات و کشمکش ها خاتمه داده نشود طوری میشود که سیاست خارجی نقشه را قسمی طرح نماید که تا صد و پنجاه سال دیگر نه تنها ایران بلکه هیچ یک از ملت های خاور میانه نتواند دم از قیام ملی و نهضت های آزادیخواهانه بزند و طوری ملت ایران و ملت های خاور میانه را مأیوس کنند که هیچ کس جرأت نکند که دم از نهضت استقلال طلبانه بزند. مجلس ما طوری ترکیب شده که یک اقلیت ده دوازده نفری از هر دسته ای هر وقت بخواهند میتوانند مجلس را فلج کنند.

درباره گزارش هیأت هشت نفری که این همه سرو صدا اطراف آن بلند شده ما که بحث تازه ای به میان نیاورده بودیم. آقایان دکتر معظمی و مجد زاده و دکتر سنجابی حضور دارند،

در آن گزارش ما چند اصل از قانون اساسی را ذکر کرده ایم و خلاصه گفته ایم که وزرا در مقابل پارلمان مسؤل هستند ولاغیر، ما حق تغییر قانون اساسی را نداریم زیرا قانون اساسی را مجالس عادی نمیتوانند تفسیر کنند و اگر تفسیر کردند برخلاف قاعده کرده اند زیرا مجلس مؤسسان لازم دارد و اگر بخواهیم این بدعت را بگذاریم که مجالس عادی قانون اساسی را تفسیر کنند ممکن است ده سال یا بیست سال دیگر یک دولت غیر ملی از این سابقه سوء استفاده کند.

این گزارش چند اصل از قانون اساسی است والا غیر، بنابراین دراطراف این گزارش این همه جنجال و کشمکش ضرورت ندارد. عقیده من بر این است که از دستجات مختلف عده ای انتخاب بشوند و با هم در مسائل جاری توافق نظر حاصل کنند که مجلس به کار عادی خود مشغول و مملکت از این کشمکش خلاص شود.

علت اصلی تنظیم گزارش

آقای پارسا عضو فراکسیون نهضت ملی گفت به عقیده من آقایان باید مسائل را از یکدیگر تفکیک کنند زیرا یک مسائل اصولی است که در درجه اول اهمیت قرار دارد و قسمتی مسائل فرعی است که در درجه دوم واقع شده. آقایان نباید مسأله گزارش هشت نفری را که مسأله اساسی است با موضوع مسأله نمایندگی آقای روحی یا اهانت به فراکسیون نهضت ملی مخلوط کنند.

آقای مکی ضمن فرمایشات خود طوری فرمودند مثل اینکه گزارش هیأت هشت نفری که به عقیده بنده سند افتخاری برای تنظیم کنندگان و امضا کنندگان آن است فقط ذکر چند اصل از اصول قانون اساسی است و فراکسیون نسبت به آن بهانه جوئی میکند. بنده باید عرض کنم که خیلی چیز ها و موضوعات در سایر ممالک مشروطه حل شده ولی هنوزدر ایران حل نشده است و دلیل آن هم به عقیده بنده این است که انقلاب مشروطیت ایران به دست توده مردم و فدا کاری آن ها بوجود آمده و قانون اساسی که منظور نظر آزادی خواهان صدر مشروطیت بوده ولی متأسفانه اجرای آن بدست ایادی استبداد انجام گرفت یعنی همان هائی که در دوره استبداد شاغل امورحکومت بودند در دوره مشروطیت نیز به عنوان حکومت ملی مشغول حکومت شدند و قانون اساسی را بحال ابهام باقی گذاردند و یا سوء تعبیر کردند. مشکلات امروز ما محصول سوء تعبیرات ایادی استبداد است و طوری شده که الان بنده پدر بزرگم برای تحصیل مشروطیت شهید راه ملت شده است به عنوان نوه او بعد از چهل و هشت سال مجبورم از رفع ابهامی که توسط گزارش هیأت هشت نفری به عمل آمده از تنظیم کنند گان این گزارش تشکر کنم.

آقای عبدالرحمن فرامرزی : علت اصلی تنظیم گزارش هیأت ۸ نفری این بودکه بعضی ها تعبیرات و معانی خلاف روح قانون اساسی را از این سند مشروطیت استنباط کرده بودند و الان آقایان دراین گزارش معنای صحیح آن اصول را بیان کرده اند ، پس اینکه گفته میشود گزارش هیأت ۸ نفری فقط اگر چند اصل از اصول قانون اساسی است به نظر بنده گویندگان این جمله دقت کامل در این گزارش نفرموده اند زیرا پس ازذکر چند اصل قانون اساسی در خاتمه گزارش معنی صحیح آن اصول نوشته شده و تقاضای تأیید آن از مجلس گردیده است و به طوری که آقایان ملاحظه میفرمائید این مسأله جزو اصول مشروطیت است و علت این

که فراکسیون نهضت ملی این قدر برای طرح خود پا فشاری میکند همین اهمیت و اصولی بودن مسأله است نه بهانه جوئی.

آقای ناظرزاده، مقصود این است که اعضای فراکسیون نهضت ملی و سایر نمایندگان متوجه شده اند که ادامه این تشنج در مجلس به صلاح هیچ کس نیست و عواقب وخیم در بردارد که بهتر است زودتر به آن خاتمه داده شود. تشکیل جلسه امروزبه همین منظور است. برای به راه افتادن مجلس لازم است چند اصل مراعات شود وگرنه مجلس تشکیل نمیشود و اگر هم تشکیل شود ضرر آن بیش از تشکیل نشدن است ، این سه اصل عبارت از این است که اولا در مجلس باید احترام هر نماینده محفوظ بماند و هیچ نماینده ای نباید از نماینده دیگر هتک حرمت کند، دوم در مجلس باید آزادی نطق و بیان و حق ابرازعقیده برای هر نماینده خواه موافق دولت خواه مخالف محفوظ باشد. سوم همه نمایندگان خاصه آنها که در امور مؤثر هستند باید برای رضای خدا و آرامش وجدان امور شخصی و اغراض خصوصی را در مصالح کلی و عمومی مداخله ندهند.

وضع سیاست خارجی

آقای مهندس رضوی گفت امشب در این جا همه مسائل مهم مطرح گردید ولی فقط یک موضوع مانده است که اهمیت کلی دارد و آن سیاست خارجی و وضع سیاست بین المللی است که آقایان باید توجه کامل باین موضوع داشته باشند ، مخصوصا توجهی که اکنون از طرف دول بزرگ به اوضاع خاور میانه میشود. بنده تقاضا دارم که با توجه به این مسائل طوری شود که اتحاد و اتفاق ملت ایران در این گیر و دار سیاسی بتواند رهبر ما باشد. راجع به اقلیت هم فراکسیون نهضت ملی هیچ گونه نظری که مانع ازانتقاد و صحبت آنها بشود ندارد و فقط مایل است اصول مشروطیت و حیثیت مجلس محفوظ بماند و تنها راه رسیدن به این مقصود به عقیده بنده اجرای کامل آئین نامه مجلس است.

امروز فراکسیون ها نمایندگان خود را برای عضویت کمیسیون رفع اختلاف انتخاب کردند. منفردین آقایان نریمان ، عبدالرحمن فرامرزی ، ناصر ذوالفقاری فراکسیون نهضت ملی آقایان انگجی ، حاجی سید جوادی ، مجید موسوی و مهندس زیرک زاده فراکسیون اتحاد گنجه ای، نبوی و منصف فراکسیون آزادی آقایان حایری زاده ، احمد فرامرزی ، حمیدیه و بهادری فراکسیون نجات نهضت آقایان شمس قنات آبادی و علی زهری.

۲۶ اردیبهشت ۱۳۳۲

رقابت با قیمت نفت ایران

امروز شرکت های نفت ژاپن اظهار داشتند که آن ها مقدار قابل ملاحظه ای دلار برای خرید نفت موجود دارند و کشتی میتسو مارو به سوی ایران حرکت کرده است. شرکت نفت رویال شل که از شرکت های وابسته به شرکت سابق نفت ایران و انگلیس میباشد برای مقابله با قیمت نفت شرکت ملی نفت ایران ۲۰ درصد قیمت نفت خود را کاهش داده است.

سلب مصونیت از دکتر بقائی و قوانین مربوط به این کار

موادی از آئین نامه مجلس درمورد سلب مصونیت از نماینده مجلس

ماده ۱۸۲ آئین نامه مجلس - هرگاه نماینده ای به ارتکاب جنحه یا جنایتی متهم شود اعم از این که تاریخ عمل اتهام زمان نمایندگی یا قبل از آن باشد وزیر دادگستری باید گزارشی مشتمل برموضوع اتهام و دلایل و مدارک قانونی آن به مجلس شورای ملی تقدیم دارد.

گزارش مزبور دراولین جلسه علنی مجلس قرائت و بدون مباحثه به کمیسیون قوانین دادگستری ارجاع خواهد شد.
ماده ۱۸۴ - در کلیه موارد جنایت مذکور در مواد ۱۸۲ و ۱۸۳ توقیف موقت متهم به حکم رئیس مجلس به عمل خواهد آمد و ادامه توقیف یا استخلاص متهم منوط به رأی کمیسیون دادگستری است.
تبصره - در تمام موارد مذکور در فوق اگر نماینده متهم بخواهد در جلسه علنی مجلس شورای ملی توضیحاتی بیان نماید اجازه داده خواهد شد. ولی پس از دادن توضیح به حکم رئیس از مجلس خارج شده و به محل توقیف خواهد رفت و درصورتی که اطاعت ننماید یا اینکه در مجلس غوغائی شود رئیس جلسه را ختم مینماید.
ماده ۱۸۵ - درهریک از موارد فوق کمیسیون دادگستری پس از وصول گزارش و پرونده امر مکلف است همه قسم تحقیقات از قبیل مراجعه به اسناد مدارک و خواستن توضیحات از شخص متهم و تحقیقات از اشخاص دیگری که لازم بداند به عمل آورد و در اسرع اوقات گزارش خود را تقدیم مجلس شورای ملی نماید. این گزارش خواه دائر به برائت متهم و خواه بر مجرمیت او باشد در جلسه علنی مجلس شورای ملی مطرح و در این باب فقط یک مخالف و یک موافق میتواند اظهار نظر کند. درصورتی که رأی مجلس بر برائت متهم باشد رئیس مجلس برائت او را اعلام مینماید و هرگاه مبنی بر تعقیب باشد از او مصونیت را سلب و پرونده از طریق وزارت دادگستری به محکمه صلاحیت دار ارجاع میشود.

دکتر بقائی چه میگوید؟

بنده با کمال بی صبری منتظرم که هرچه زودتردولت لایحه سلب مصونیت مرا به مجلس بدهد و مجلس شورای ملی هرچه زودتر روی آن تصمیم بگیرد. چنانچه پس از رسیدگی در کمیسیون لایحه به مجلس ارائه گردد. من بی میل نیستم هنگام تقدیم لایحه اگر مجلس موافقت کند در مورد آن صحبت کنم. اگر پرونده اتهام از زیر دست پرونده سازان خارج شده باشد و نتوانند اوراق آن را کم و یا زیاد کنند و پرونده به جای امنی تحویل گردد دلایل خود را ارائه یا عرض خواهم کرد. آینده برای من خیلی روشن است و درباره این قضیه آینده خوبی پیش بینی میکنم و یقین دارم حقیقت کشف میشود و مجرمین واقعی رو سیاه خواهند شد.

من از لایحه دولت کمال استقبال را میکنم زیرا بهانه آن ها این است که من فعلا در سنگر مصونیت هستم و دست آن ها برای ادامه تحقیقات و جریان محاکمه بسته است و حال آنکه آرزوی من این است که مانند یک فرد عادی از خود دفاع کنم.

۲۷ اردیبهشت ۱۳۳۲

دادگاه توکیو عرضحال شرکت سابق نفت ایران و انگلیس را مبنی برتقاضای توقیف ۱۸ هزار تن نفت محموله کشتی ژاپنی را به علت عدم صلاحیت رسیدگی رد کرد.

ناکامی کمیسیون حل اختلاف

درجلسه دیشب کمیسیون رفع اختلاف فقط ۱۲ نفر ازاعضای کمیسیون شرکت داشتند. درجلسه پس از این که در دومورد از اختلافات توافق نظرشد و نمایندگان فراکسیون نهضت ملی نظرات فراکسیون آزادی و نجات نهضت را مبنی بر اینکه آقای روحی ازشرکت در جلسات خودداری نماید و همچنین موافقت کردند که دو نوبت نطق قبل از دستور برای

همیشه در اختیار اقلیت باشد. ولی در مورد دستور جلسه علنی مبنی بر قرائت گزارش کمیسیون ۸ نفری نمایندگان اقلیت موافقت ننمودند و کمیسیون بدون نتیجه به پایان رسید. در ساعت ده دقیقه بعد از ظهر از طرف هیأت رئیسه مجلس اعلام گردید که امروز جلسه علنی تشکیل نخواهد شد.

نامه نمایندگان فراکسیون نهضت ملی به هیأت رئیس مجلس

هیأت محترم رئیسه مجلس شورای ملی، در جلسه گذشته اعضای فراکسیون نهضت ملی به عنوان اعتراض و عدم اجرای آئین نامه از شرکت درجلسه خودداری نموده و طی نامه ای این موضوع را به هیأت رئیسه محترم تذکر دادند و انتظارداشتند از طرف هیأت رئیسه در این باب اقدام جدی به عمل آید. متأسفانه نه تنها اقدامی معمول نگردید، بلکه نامه فراکسیون نیز بلا جواب گذاشته شد و از طرف دیگر از کمیسیونی که برای حصول توافق تشکیل شده بود نتیجه ای حاصل نگردید و چون در این روز های تاریخی تعطیل جلسات مجلس شورای ملی به صلاح کشور نیست فراکسیون نهضت ملی همان طور که امروزصبح نیزاعلام داشت آمادگی خود را برای شرکت در جلسه اعلام و از هیأت رئیسه جز اجرای کامل آئین نامه تقاضای دیگری نداشته و ندارد. فراکسیون نهضت ملی

ملاقات با سرلشگر زاهدی

آقایان دکتر بقائی و میراشرافی در ساعت نه و نیم بعد از ظهر به ملاقات سرلشگر زاهدی رفتند و پس از ختم جلسه کمیسیون حل احتلتف آقایان نمایندگان اقلیت نیز به ملاقات سرلشگر زاهدی رفته و مدتی با ایشان مذاکره نمودند.

۲۹ اردیبهشت ۱۳۳۲

اظهارات شمس قنات آبادی در مجلس

آقای شمس قنات آبادی به عنوان نطق قبل از دستور اظهار داشت اگر دولت واقعا همان طوری که ادعا میکند متکی به افکار عمومی است هیج مانعی ندارد که که مثل دوره شانزدهم اجازه بدهد مذاکرات مجلس به وسیله رادیو در سرتاسر کشور پخش شود. راجع به تقاضای فراکسیون های آزادی و نجات نهضت که به وسیله مقام معظم ریاست مجلس از رئیس دولت برای پخش مذاکرات مجلس از رادیو صورت گرفت تذکری بدهم زیرا آقایان آن را میدانند و جواب رئیس دولت را هم شنیده اند ولی عرض میکنم هیچ اشکالی نداشت همانطور که الان برنامه رادیو اغلب اوقاتش وقف کارهای بیهوده میشود مذاکرت مجلس هم بوسیله رادیو منتشر شود. اسم این عمل دولت زورگوئی است.

آن ها که میگفتند قرارداد ۱۹۳۳ را باید لغو کنیم و آن هائی که میگفتند جنگ با انگلستان محال است هر دو شکست خوردند و بعد ازاین پیروزی من میخواهم به ملت ایران عرض کنم که این دو دسته رویه خود را با بنیان گزاران نهضت عوض کردند یعنی همان طورکه در قیام صدر مشروطیت تربیت شدگان مکتب عین الدوله از آزادیخواهان شکست خوردند و بعد ماسک خود را عوض کردند و خودشان را بین آزادی خواهان و قهرمانان جا زدند و با نزدیک کردن خود به منابع قدرت آزادی خواهان را طرد کردند این دو دسته هم بعد از نهضت ملی ایران این عمل را انجام دادند و خود را داخل در صف این جهاد اکبر کردند و چون این ها اشخاص عالیه ای بودند و چون میخواستند بیایند و مقاماتی را کسب کنند هیچ مانعی نداشت که به رویه دیرین خودشان یعنی چاپلوسی و بندگی متوسل شوند و متوسل هم

شدند و دور آقای مصدق السلطنه را محاصره کردند و یک وقت مردم سر از خواب بلند کردند و دیدند مطلب خیلی صحیح و سر راست از آب درآمده و آن ها که حبس رفته و زجر دیده بودند و دربدر شده بودند همه جبهه ملی و انگلیسی شدند.

دکتر بقائی و آیت الله کاشانی کسی که به مقدار تاریخ مشروطیت ایران با انگلیس ها جنگیده و آن کسی که تفنگ بدست گرفته و در سنگر های عراق با سربازان انگلیسی جنگیده ، آن کسی که انگلستان خواب راحت از دستش ندارد اکنون سرسپرده انگلستان شده است ولی مارکدار های انگلیسی عناصر ملی هستند.

آقای رئیس دولت مرقوم فرموده بودند به دستگاه دادگستری و انتظامی که اگر روزنامه ای به شخص من بد گفت با او کاری نداشته باشید ، اما اگر به کس دیگری بد گفتند و برخلاف قانون مطبوعات عمل کردند قانون را درباره اش اجرا کنید. من خواهش میکنم آقایان بروند و در زندان به بینند که این روزنامه نویس های توقیف شده چه کسانی هستند ، تمام آن ها کسانی هستند که از اعمال دولت انتقاد کرده و به این جرم زندانی شده اند این ها را گرفته و در زندان انداخته اند اما آن روزنامه هائی که برمیدارند و رکیک ترین فحش ها را به ما میدهند آزادند. مثلا یک بچه روزنامه فروش تحت حمایت مأمورین آگاهی در خیابان فریاد میکند کاشانی خائن و بقائی دزد و مکی فلان ولی هیچکس معترض او نمیشود.

درمورد قتل افشار طوس ، اگر من روزی بدانم که واقعاً دکتر بقائی در این کار دخالت داشته شدیداً با او مبارزه خواهم کرد. ولی وقتی من می بینم تمام وازده های اجتماع در اطراف این موضوع و اتهام دکتر بقائی سر و صدا راه میاندازند دراین کار تردید میکنم و تا روشن شدن حقایق پشت سر این مرد مبارز که در نهضت ملی ایران سهم بسزائی داشته خواهم ایستاد. روزی که خطیبی را گرفتند آقای دکتر بقائی به من تلفن کردند که به اتفاق نماینده دادستان برویم و حال خطیبی را از نزدیک به بینیم. ما رفتیم که به اتفاق دادستان برویم که حال خطیبی را بپرسیم ، آنها ما را به فرماندار نظامی حواله دادند ، فرماندار نظامی نبود و افسر نگهبان هم ما را دست بسر کرد.

یک رئیس شهربانی را کشتند ، یک دولتی هم سرکار است و یک عده ای هم مخالف دارد و از اعمال خلاف رویه انتقاد میکنند ، بدیهی است دولت از این واقعه میخواهد به سود خود استفاده کند ، بدیهی است از این واقعه میخواهد به نفع خودش استفاده کند. چرا باید رئیس شهربانی را بکشند؟ خوب میرفتند آقای سرتیپ ریاحی رئیس ستاد ارتش را می کشتند! که عضو حزب ناسیونال سوسیالیست است. یک افسر شرافتمند پیغام داده است که تمام این قضیه مشوب نمودن فکر مردم است.

حائری زاده « دکتر مصدق مأمور انگلستان »

سخنران دوم آقای حائری زاده لیدر فراکسیون آزادی اظهار داشت سه موضوع را می باید امروز توضیح دهم. یک موضوع که چرا اول به دولت اعتماد کردم ، موضوع دیگر این است که چرا ما به قم رفتیم؟ و دیگر این که چطور شد که ما آمدیم دو مرتبه مجلس؟

جناب دکتر مصدق من خیلی نمیخواهم سیر قهقرائی بکنم چون بدیهی است که آقای دکتر مصدق از فامیل محترمی هستند و در دربار مظفر الدین شاه منشی بوده و تربیت شدند و حالا حقایق زندگی ایشان را من درست اطلاع ندارم و حرفی از آن نمیزنم. ولی چیزی را که خودم مطلع هستم این است که موقع جنگ بین المللی اول بنده بچه ای بودم که جلو زبانم را

نمیتوانستم بگیرم مرا به تهران تبعید کرده بودند. در همان موقع جناب دکتر مصدق از بندر بوشهر وارد شدند و استاندار فارس شدند. بعد کودتا شد و سید ضیاء روی کار آمد، کنسول انگلیس به دولت وقت تلگراف کرد که مصدق در فارس خوب کار کرده است و بهتر است به ایشان صدمه ای نرسد ولی ایشان از حکومت مرکز اطمینان نکردند و به بختیاری رفتند. حکومت سید ضیاء صد روزی بیشتر دوام نکرد. آن روز سیاستی غیر از سیاست انگلیس در کار نبود و تمام امور با نظر انگلستان انجام میشد و باین وضع دولتی که بعد از این واقعه تشکیل شد جناب دکتر به سمت وزارت دارائی انتخاب شدند.

اینها دلایلی است که روابط ایشان از چه قرار بود ولی یک نوکر اجنبی گردن کلفتی پیدا شد که همه را کوبید. از قزاقخانه بلند شد و همه را زیر چکمه کشید و جناب دکتر هم در دوره رضا خان برکنار بودند و خدای ایشان و خدای انگلستان و خدای رضا خان ایشان را به عنوان پیشوا برای امروز نگه داشت.

من در آن مدت یک ساله فکر کردم که چون جناب دکتر در این حکومت صدمه کشیده تغییر ماهیت داده است و رویه مبارزه را پیش گرفته، این بود که من معتقد شدم ایشان وجودش در مجلس برای اداره یک اقلیت لازم است و روی این افکار جناب دکتر به مجلس آمد و حالا هم عقیده راسخ من این است که خمیره جناب دکتر ساخته شده که لیدر اقلیت در مجلس باشد و انتقاد کند ولی به درد ریاست دولت نمیخوذد.

در دوره گذشته رحیمیان نامی که گویا نماینده قوچان بود طرحی برای الغای قرارداد ۱۹۳۳ میدهد ولی همین جناب دکتر آنرا امضا نکردند. در دوره ۱۵ جناب دکتر تشریف نداشتند ولی مکی بود، بقائی بود، عبدالقدیر آزاد بود. در آن موقع مبارزه ما با کمپانی شروع شد، در آن روز های خطرناک اراده خداوندی و همت مردم ایران موجب شد که در چند روز آخر عمر مجلس ۱۵ مبارزه شدید ما به نتیجه رسید و نقشه انگلستان شکست خورد و بعد کم کم حوادث دنیا و محیط به نفع حق و حاکمیت ملت ایران گشت، پس از خاتمه دوره ۱۵ انتخابات شروع شد ما را حبس کردند، صندوق انتخابات را عوض کردند، آن روز ها جناب دکتردر میان ما نبود و کنار نشسته بود، موقعی که انتخابات تمام شد و ما با جناب دکتر شروع به همکاری کردیم اختلاف سلیقه با ایشان بود. درکمیسیون نفت برای چگونگی کوتاه کردن دست عمال انگلیس بین ما اختلاف سلیقه بسیار وجود داشت. جناب دکتر معتقد بودند اگر ما قرارداد ۱۹۳۳ را الغاء کنیم قرارداد دارسی به قوت خودش باقی خواهد بود. بنده مخالف بودم و می گفتم قرارداد دارسی با تراضی طرفین لغو شده و وقتی ما مدلل کردیم که قرارداد ۱۹۳۳ تحمیلی بوده دیگر دلیلی برای برقراری قرارداد دارسی باقی نخواهد بود و ید شرکت در این مدت ید امانی بوده و حساب آن باید رسیدگی شود. این بحث خیلی طول کشید تا وقتی که مذاکره شد که ما یک اصل دیگری را که خود دولت کارگری انگلستان در داخله مملکت خودش عمل کرده عمل کنیم، از پیچ و تاب محاکم بین المللی نجات خواهیم یافت و آن عمل ملی کردن نفت است.

بنده نظر داشتم اکتشاف و استخراج نفت ملی شود و درباره چگونگی فرم ها بحث و مذاکرات زیادی شد و برای اولین بار در منزل آقای نریمان با حضور آیت الله کاشانی طرح ملی شدن عنوان گردید ولی در این جلسه آقای دکتر موافق نبودند و بعد معتقد شدند. فرم های مختلفی برای ملی شدن تهیه شد یکی از فرم ها فرمی بود که من تهیه کردم البته با چند

نفری مشورت کرده بودم ولی انشاء آنرا خودم تهیه کردم (مهندس حسیبی با کسی مشورت فرمودید) با آن کسی که بعد پشیمان شد! با آقای حسیبی این طرح تهیه شد. برای این طرح دو سه موضوع نظر بنده بود یکی قطع دست انگلستان ، یکی فروش نفت به دنیا ، یکی دادن مقداری نفت به همان کسانی که تا آن موقع در کار نفت جنوب دست داشته اند.

طرحی که من تهیه کردم مضمونش این بود که ما استخراج و اکتشاف نفت را ملی کنیم و سایر عملیات نفتی از قبیل تصفیه ، حمل و نقل و فروش کمپانی های مختلف درنظربگیرند و شرکتی تشکیل بدهند که نصف سهام متعلق به ایران باشد و بقیه متعلق به سایر ممالک و هر مملکتی هم حق نداشته باشد که بیش از صدی ده سهام را صاحب باشد و ملیت صاحب سهام را هم مجلس ایران به رسمیت شناخته باشد.

این طرح را بنده تقدیم کردم جناب مصدق، شایگان ، الهیار صالح ، عبدالغدیر آزاد و بنده و چند نفر دیگر آنرا امضا کردیم. دکتر بقائی نیز زیر امضایش تاریخ گذاشته که آن تاریخ نشان میدهد این طرح قبل از کشته شدن رزم آرا تهیه شده و به دلیل اینکه آن وقت هم مجلس مرعوب دولت وقت بوده ما نتوانستیم این طرح را به امضای کافی برسانیم و ما آقایان در دروازه خود را به روی هیچ مملکتی نمیتوانیم ببندیم ما جنبه اقتصادی نفت را طوری باید ترتیب بدهیم که ملت ایران از آن منتفع شود نه آنکه وعده های دروغ به مردم بدهیم. امروز رویه ای حکومت اتخاذ کرده که تمام مردم را با یکدیگر خونی کرده است و آن وحدتی که ما درست کرده بودیم بکلی از بین رفته است و همین وسیله استفاده خارجی ها است ما هیچ وقت دکتر مصدق را کاندید نخست وزیری نکردیم و هیچ وقت در جبهه ملی صحبت از نخست وزیری دکترمصدق نبود زیرا ما ابزار حکومت نداشتیم و کسی هم نبود ، برای اینکه دوره ۲۰ ساله تمام اشخاص حسابی را کشتند و از بین بردند و امروز یک مشت پیر و پاتیل مثل بنده باقی مانده اند که به درد هیچ کاری نمیخورند. رضاخان تخم رجال را از این مملکت برانداخت و یک مشت نوکر تربیت کرد.

به هرحال جناب دکتر را دیگران کاندید نخست وزیری کردند و کسانی که در دوره ۱۵ تا پای جان برای نهضت ایران فداکاری کردند امروز لجن مال میشوند و کسانی که در زمان رضا خان مشیر و مشار و نایب رئیس مجلس بوده اند حالا زمام شرکت نفت را در دست گرفته اند. به هرحال چون من فکر میکردم صدماتی که جناب دکتر در زمان حکومت رضا خان کشیده او را عوض کرده است در موقعی که پیشنهاد نخست وزیری ایشان شد ما با او مخالفتی نکردیم ولی هیچ وقت فکر نمیکردیم که روزی برسد که دکتر مصدق ملعبه ایادی انگلستان شود. ولی باز هم من فکر میکردم که اشتباه میکنم تا موقعی که مسأله اختیارات به میان آمد من فکر کردم آخر این آدم که هیچ وقت از روی تختخواب بلند نمیشود چطور میتواند اختیارات کامل داشته باشد؟ رضا خان با آن همه قلدری این کار را نکرد ولی سنگر نفت که نانداني عجیبی شده یک مرتبه پناهگاه اعوان و انصار جناب دکتر شد و بلوائی ایجاد کردند ولی من برحسب وظیفه وجدانی خود با آن مخالفت کردم و حالا چرا سلب اعتماد از دکتر مصدق کردم؟ برای این مطالبی که فهرست وار عرض کردم.

اظهارات دکتر بقائی در مورد قتل افشار طوس و شکنجه متهمین

موقعی که قرار است سلب مصونیت ازبنده بشود دولت پرونده ساز میترسد درمجلس افتضاحش آشکار شود زیرا این دولت پرونده ساز با زجر و شکنجه های قرون وسطی

پرونده ساخته است. همه میدانستند که این اعترافات با شکنجه از متهمین گرفته شد و اگر یک نفر دراین مجلس است که بگوید دولت دکتر مصدق متهمین قتل افشار طوس را شکنجه نکرد بگوید آقایان تند نویس ها یادداشت کنند. (نریمان و حاج سید جوادی و عده ای دیگر خیر ما اعتراف نمیکنیم چون خبری نداریم). خیر آقایان همه خبر دارید و نمیخواهید اعتراف کنید. آقایان وقتی دولت برای ابقای خود با کمونیست ها ائتلاف میکند باید هم از شکنجه های کمونیستی استفاده کند. از متهمین با شکنجه اعتراف گرفته اند و حال آنکه اگر قانونی هم بود که طبق آن شکنجه های جزئی مجاز بوده فقط وقتی بوده که دلایل جرم متهم ثابت و مبرهن باشد و علاوه برآن اعلامیه حقوق بشر این قانون را هم ممنوع کرده و حالا آقای نریمان اگر شما باور ندارید بروید جمشیدیه و در آن جا یک سالنی است که انواع و اقسام وسایل شکنجه موجود است و وسایل تازه ای هم آنجا است که در زمان رضا شاه هم نبوده و آن صندلی است که نشیمن گاه آن گرم میشود تا حدی که کاملا بسوزاند و آن وقت به متهمین میگویند اقرار کن ، دکتر مصدق آزادی خواه دستور کتبی داده که با این وسایل از متهمین اعتراف بگیرند. بنده امروز هیچ در نظر ندارم از خودم نسبت به اتهاماتی که به من زده اند دفاعی بکنم و منتظرم که پرونده به مراجع صلاحیتدار ارجاع شود که کسی نتواند به آن دست بزند تا مدافعات خود را شروع کنم زیرا در این پرونده افتضاحات زیاد وجود دارد به هرحال بنده صبر میکنم تا این که پرونده من به محاکم صلاحیتدار برود تا مدافعات خود را شروع کنم و از اعضای کمیسیون دادگستری مجلس انتظار دارم که نهایت دقت را در رسیدگی به این امر بفرمایند.

کجای دنیا قانونی وجود دارد که اقاریر متهمین را قبل از رأی محکمه در رادیو پخش کنند؟ آقای دکتر معظمی شما مشاور دولت هستید ، استاد دانشکده حقوق هستید ، رئیس دانشکده حقوق هم بوده اید و عده ای محصل تربیت کرده اید کجای دنیا میگویند رادیوئی که وسیله تبلیغات رسمی دولت است ، رادیوئی که وقت ندارد اخبار بین المللی را ، اخبار مجلس را منتشر کند فرصت دارد که اقاریر فلان آشپز را پخش کند؟ من به آقای دکتر مصدق و مشاورین حقوقدان ایشان تبریک میگویم امیدوارم این اقاریر را دو مرتبه از رادیو پخش کنند من از اعضای کمیسیون دادگستری یک استدعا دارم آقایان تمنی میکنم درست چشمانتان را باز کنید مثل شعبه ۵ رودست نخورید ، زیرا رودست زدن در این مجلس خیلی سهل و ساده است و حقه بازی رواج دارد و مخصوصا استدعا میکنم به سوکمیسیون این کار را احاله نکنند چون در این سوکمیسیون ها خیلی کارها میشود. چرا دولت این پرونده سازی ها را میکند برای اینکه دولت منظورش به هیچ وجه کسب حقیقت نیست بلکه میخواهد این متهمین را پیش از آنکه در یک دادگاه صالح محاکمه شوند اذهان را علیه آنها تحریک کنند تا اعضای محاکم تحت تأثیرقرار بگیرند و رأی خلاف عدل بدهند.

۳۰ اردیبهشت ۱۳۳۲

فروش نفت

دیروز هیأتی مرکب از سه نفر برای مذاکره در مورد خرید نفت به ایران مسافرت کردند. این هیأت در ساعت پنج و نیم بعد از ظهر با آقای نخست وزیر ملاقات نمودند. نمایندگان مزبورپیشنهاد کرده اندکه نفت خریداری شده را ازراه ترانزیت به ترکیه حمل خواهند کرد.

رأی دادگاه توکیو و قراری که درباره امتناع دولت ژاپن از توقیف محموله نفت کشتی میسومارد صادر کرده سبب شده است که شرکت های نفتی دیگر ژاپن تمایل خود را به خرید نفت ایران به شرکت ملی نفت ایران اعلام دارند.

اکنون شرکت ملی نفت ایران منتظر صدور رأی دادگاه رم میباشد زیرا چنانچه دادگاه رم نیز به نفع ایران رأی دهد خریداران اروپائی نیز که علاقمند به خرید نفت ایران هستند برای خرید نفت ایران ابراز تمایل خواهند کرد. شرکت انتظار دارد در ماه آینده چهارده کشتی برای حمل نفت به آبادان وارد شوند.

۳۱ اردیبهشت ۱۳۳۱

آقای حایری زاده به دنبال اظهارات خود درروز۲۹ اردیبهشت با استفاده از وقت آقای میر اشرافی امروز بعد از ذکر خلاصه سخنان خود اظهار داشتند درباره نفت درجلسه گذشته ما میگفتیم حساب ۵۰ ساله را رسیدگی کنید ولی ایشان لایحه ۹ ماده را آوردند. از ایشان سؤال کردم این غرامت چیست در اینجا نوشته اید؟ ایشان گفتند این را هم احتمالی نوشتیم. و بالاخره این قانون را به ضرر ملت درست کردند (مهندس حسیبی اظهار داشتند آقای حایری زاده این خبر ها نبوده ، این حرف ها خیانت است) دکتر مصدق دردادگاه لاهه آن قسمت هایی که به نفع ایران بود فراموش کرد. ما جنگ برای سازش نکردیم! و تا جائی که ما سوء ظن نداشتیم به او کمک میکردیم ، یا در تحت تأثیر جناح چپ انگلستان واقع شد و یا عمال آن ، این پیر مرد را برگرداندند.

انگلستان چه می خواست غیر از بدبختی و بیجارگی این ملت ، انگلستان باید اختلاف در این مملکت بیندازد که بتواند حکومت کند. آقای دکتر مصدق از کارهای خود دفاع نمیکند و روزنامه های ارگانش هم اقلیت را لندنی مینویسند ، حایری زاده لندنی است یا فاطمی؟ کدام لندنی هستند؟ خجالت دارد ، برای کوتاه کردن دست انگلستان این قیام را کردیم و ما مقصودمان ازاین عمل این بودکه وضع زندگی این ملت خوب شود. این بازار، این بیچاره گی این بدبختی محصول حکومت دوساله او است.

اظهارات آقای دکتر سنجابی

مدتی بود که در این مجلس عده ای درد افشای حقایق ، و پرده برداشتن از اسرار عظیم داشتند و میگفتند ای ملت ایران هوشیار باشید که دکتر مصدق و نمایندگان نهضت ملی از افشای حقایق میترسند و جلوگیری مینمایند. بالاخره پس از تشنج زیاد و انتظار بسیار روز موعود افشای حقایق فرا رسید.

حقایقی را که آقای حایری زاده مادر یا نامادری آن باشد انتظار داشتند که چیز های تازه و عجیب و شنیدنی باشند ولی دیدیم و شنیدیم که چه بودند. آقای قنات آبادی از نهضت مقدس ملت ایران صحبت به میان آوردند و فرمودند که مبارزین با استعمار انگلستان در ابتدا عده معدودی بودند و اشخاصی که این نهضت را آغاز کردند افتخار تقدم را دارند. کسی منکر این امر نمیتواند باشد جوانمردی و فداکاری آن اشخاص فراموش شدنی نیست. ملت ایران هم بزرگترین پاداش را به آن ها داده است و بزرگترین تقدیر را از آن ها نموده است ولی مطلب این است که چه شده که اکنون بعضی از آن اشخاص از صف ملت ایران جدا شده اند، اساس این نهضت همان طور که ایشان بیان فرمودند مبارزه برعلیه سیاست استعماری دیرین انگلیس بوده است. آیا نهضت ملت ایران به نتیجه نهائی رسیده است که

مبارزین اولیه پس از وصول به هدف هرکس به دنبال کار و منافع و هوس ها و اغراض شخصی خود برود و یا کسی که اداره رهبری این نهضت بی نظیر به او سپرده شده است از اصول آن منحرف گردیده که اکنون با او با این شدت و بی انصافی مخالفت میشود. چه شده است که مخالفین و معاندین دیروزی جزء یاران و مؤتلفین امروزی شما شده اند؟

انحراف از نهضت ملی یعنی سازش و همکاری با سیاست استعماری انگلیس ، آیا واقعاً قابل قبول است که دکتر مصدق با آن همه تدبیر و شجاعت و کاردانی قانون ملی شدن نفت و سپس اجرای آنرا رهبری کرد و اکنون با سیاست استعماری هرچه و از ناحیه هرکس باشد سازش نماید؟ دکتر مصدق که حاضر نشد در مذاکره با هیأت نمایندگی شرکت نفت که با جاکسون به ایران آمده بود کوچکترین انحرافی از قانون ملی شدن نفت را قبول نماید ، مصدقی که درمقابل هریمن و استاکس ایستادگی نمود ، مصدقی که فشارهای روز افزون ترومن که به صورت ظاهر فریب، میانجی گری اظهار میشد کوچکترین تأثیری در اراده ثابت او نکرد ، مصدقی که با آن شهامت و جوانمردی در شورای امنیت ازمنافع ملت ایران دفاع کرد و پیروز شد ، مصدقی که جریان دادرسی لاهه را به نفع ملت ایران به پایان رسانید و به بزرگترین و ارجمند ترین پیروزی ها نایل آمد ، مصدقی که در کنسولگری ها یعنی لانه های جاسوسی سیاست استعماری انگلستان را بست که هنوز نوکران و مزدوران آن خانه ها با حسرت یاد آن ایام میکنند و با ندبه و زاری از آن دیوارها معجزه برقراری مجدد بساط جیره خواری را می طلبند ، مصدقی که با انگلستان قطع رابطه سیاسی کرد ، مصدقی که پیشنهاد ترومن و چرچیل را با سرسختی رد نمود آیا قابل قبول است که چنین مردی که در دوران عمرش کوچکترین خبط و خیانتی نسبت به مصالح ملت خود نکرده اکنون پس از آن همه مبارزات ، پس از این همه پیروزی ها ، پس ازاین همه افتخارات جاودانی با دشمن مکار و غدار ملت ایران سازش نماید؟ کسانی که چنین حرف هائی میزنند مخصوصا آن هائی که ازهمکاران و هم قدمان اولیه دکتر مصدق و یا پیشروان نهضت ملی بوده و اکنون رفیق نیمه راه شدند باید برای توضیح عمل و انحراف نابخشودنی خود یکی از این دو چیز را ثابت نمایند. یا باید ثابت کنند که در مشی مبارزه دکتر مصدق با سیاست استعماری تغییری حاصل شده و یا باید ثابت نمایند که از اول در اساس این نهضت و ملی کردن صنعت نفت انگلستان دست داشته و آنها فریب خورده بودند.

کسانی که مدعی انحراف یا زمینه سازی برای سازش هستند چرا آن را فاش و آشکار نمیکنند؟ چرا پس از اینهمه لاف و گزاف که پرده ها را بالا میزنیم و حقایق را آشکار میکنیم چیزی از این مقوله نمی گویند؟ چون درباره میهن دوستی و استقامت دکتر مصدق دربرابر بیگانگان و سرسختی او دراجرای قانون ملی شدن نفت کوچکترین بهانه ای در دست ندارند مخالفت و کارشکنی غیرموجه خود را باین عنوان توجیه میکنند که اداره شرکت نفت بکسانی سپرده شده است که مدال وفاداری ازدولت انگلیس یا شرکت سابق نفت گرفته اند. هرکسی جزئی انصافی دارد باید تصدیق نماید که این حرف ها بهانه جوئی است و بهر حال مجوز مخالفت و کارشکنی هائی به این شدت نمیشود ، این یک یا چند نفری که مورد ایراد هستند خدمات و یا کارهای فنی داشته و اکنون نیز متصدی خدمات فنی میباشند ، آیا در خدماتی که به این اشخاص ارجاع شده تاکنون خیانتی ظاهر گردیده ، بعلاوه این اشخاص در امر ملی کردن و اداره نفت ایران چه اختیاری دارند که بتوانند خیانتی بنمایند.

آیا اختیار بستن قرارداد و تجدید امتیاز و یا مذاکره درباره غرامت و سایر دعاوی به آنها داده شده است؟ آیا این اشخاص بدون تصویب دولت میتوانند معامله ای درباره نفت بنمایند؟ شرکت ملی نفت ازکار و تخصص آن ها استفاده میکند بدون اینکه اختیاری درامور سیاسی و یا تجاری مربوط به نفت به آنها داده شده باشد.

همه میدانند که یکی از ایرادهای ملت ایران به شرکت نفت این بود که متخصصین ایرانی به اندازه کافی تربیت نمیکرد و بیشتر امور مهم نفت در دست انگلیس ها و خارجی ها بودند ، در آن موقع ما میخواستیم ایرانیان متصدی همه امور باشند ، اگر چند نفر ایرانی در نتیجه تحصیلات عالی و یا کاردانی خود به درجه ای رسیده باشند که در شرکت نفت سابق متصدی خدمات باالنسبه مهمی بوده و در آن مدت هم صحت عمل و شایستگی نشان داده و مورد تقدیر شده باشند بدون اینکه خیانتی به دولت و ملت خود کرده باشند ، آیا انصاف خواهد بود که ما آن ها را به بهانه این که در گذشته مورد تقدیر و رضایت کارفرمایان خود بوده اند از خود برانیم و از تخصص و کارشناسی آنها استفاده نکنیم؟

بلی در شرکت سابق نفت اشخاصی بوده اند که مأموریت سیاسی داشتند و جاسوسی میکردند و در امور داخلی مملکت به نفع شرکت مداخله میکردند ، این اشخاص باید از دستگاه شرکت ملی نفت رانده شوند و رانده هم شده اند ، حال با وجود همه اینها فرض کنیم دولت در این امر اشتباهی کرده باشد ، آیا این اشتباه کافی خواهد بود تا با دولت مخالفت اصولی بکنیم؟ مگر این همان دولتی نیست که در دوره گذشته اگر وزرا خود را از رجال دوره سابق انتخاب کرده بود و شما با آن موافق بودید و به ملت ایران میگفتید که ما مجبور هستیم تا مدتی با همان ابزارگذشته کار کنیم ، حال چه شده است که استدلال خود را تغییرداده اید؟

فروش نفت با تخفیف

موضوع دیگری که در این روز ها بهانه به دست آقایان داده فروش نفت با تخفیف ۵۰ درصد میباشد. بعضی آن را تاراج هستی ملت و جناب آقای دکتر بقائی زمینه سازی برای سازش های بعد معرفی میکنند ، این هم ازهمان تهمت های جمال امامی و شوشتری است که در موقع اقامت استاکس به دکتر مصدق نسبت میدادند. آقای دکتر بقائی اگر دکتر مصدق اهل چنین سازشی بود تا بحال کرده بود ، این عمل دولت که برای مدت شش ماه تخفیف فوق العاده در فروش نقدی نفت قائل شده یکی از مهمترین و مؤثرترین سیاست های دکتر مصدق است زیرا فقط در نتیجه آن بود که حلقه محاصره سیاسی و اقتصادی انگلستان شکسته شد و مقدار قابل توجهی از نفت ایران به بازار های دنیا صادر گردیده و اکنون نیز درحال صدور میباشد ، این سیاست تخفیف اولا برای ۶ ماه میباشد ثانیا در خصوص آن دولت ایران در مقابل هیچ دولت و هیچ فرد خارجی هیچ تعهدی نکرده است و دست او آزاد است و هروقت که بخواهد میتواند نظر خود را تغییر بدهد ، اگر کارشکنی ها و اخلال گری هایی که درچند ماه اخیر در کار دولت شد و مملکت ایران را به صورت یک کانون آتش و انقلاب و یک کشور متشنج و غیر ثابت به جهانیان معرفی کرده است نبود مسلما و به طور تحقیق تاکنون درراه شکستن موانع و سد های فروش نفت موفقیت های بیشتری نصیب ما میشد حتی میتوانم ادعا کنم که موضوع فروش و صادرات نفت ما بحدی توسعه پیدا میکرد که میتوانستیم آنرا حل شده تلقی کنیم و شاید هم دولت ناچار نمیشد که حتی برای این مدت شش ماه این چنین تخفیفی در بهای نفت خود قائل شود.

کسانی که مسبب این تحریکات و اخلال گری ها در کار حکومت دکتر مصدق بوده اند،
آن ها که در تضعیف حکومت و برای ساقط نمودن او میکوشند به این ترتیب دانسته یا
ندانسته به سیاست انگلستان خدمت میکنند. آقایان سیاست ما و نظر ما از روز اول در موضوع
ملی کردن نفت معلوم بوده و همواره بر آن اصل ثابت و استوار هستیم. ما علیرغم دسته
مزدوری که ابطال قرارداد باطل ۱۹۳۳ و یا ملی کردن نفت جنوب را پیشنهاد میکردند و
علیرغم کسانی که طرق سازش دیگری را با دولت انگلستان و شرکت سابق پیشنهاد
مینمودند به محکم ترین و استوارترین اصل حقوقی بین المللی یعنی ملی کردن صنایع نفت
درسراسر کشور متوسل شدیم و خدا را شکر میکنیم که دراین راه تشخیص ما درست بوده و
اتخاذ همین سیاست معقول ملی موجب گردید که ما را درجهان به پیروزی های درخشان
نائل کند و اکنون نیز در برابر خداوند متعال و در برابر ملت ایران بار دیگر عهد و پیمان
می بندیم که تا پیروزی نهائی و تا آخرین نفس در این راه ثابت و پایدار باشیم.

اما اشخاصی هستند که اکنون در صف مخالف ما قرار دارند و خود را از دردکشان روز ازل
میدانند و در این باره نظرات دیگری داشتند که اکنون به ذکر یک مورد آن میپردازم و آن
نقل از شماره چهارشنبه ۲۲ فروردین ماه ۱۳۲۹ روزنامه صفیر به قلم آقای دکتر مظفر بقائی
کرمانی استاد اخلاق است که برای راستی و آزادی قیام کرده است. باید در نظر بگیریم که
این مقاله بعد از مبارزات دوره ۱۵ و بعد از مبارزات انتخابات دوره ۱۶ نوشته شده است، در
سر لوحه این شماره یک جمله تاریخی بسیار معنا دار و مطابق ، با خط درشت مرقوم شده و
آن این است « حرف مرد یکی است » و بعد سرمقاله آن تحت عنوان « اندر پس مرگ ما،
چه دریا چه سراب » میباشد. در این مقاله آقای دکتر بقائی درباره ملی کردن نفت مرقوم
میدارند « و این یک امر بدیهی است که اگر ما با همان فرض محال نفت را به دست
بگیریم، اداره آن مسلماً بدست رجال عالیقدری مانند جناب آقای گلشائیان ، جناب آقای
دکتر اقبال ، جناب آقای دکتر زنگنه و یا اشخاص بسیار صلاحیت داری مانند جناب
آقای بدر و جناب آقای ابتهاج خواهد بود » .... ما باید واقع بین باشیم ، باید خوب توجه
کنیم که این دستگاه نمیتواند کار کند و نمیخواهد مسؤلیت قبول کند. بعداً جناب دکتر بقائی
درمقابل سیل احساسات و افکار عمومی و نهضت ملی شدن نفت از اظهار خودشان پوزش
خواستند ولی من از ایشان سؤال میکنم آیا در عقیده خود درباره مهندس حسیبی باقی هستند
یا باز هم حرف مرد یکی است؟

در مقدمه این قسمت عرض کردم مخالفین با دکتر مصدق باید یکی از دو امر را ثابت کنند،
یا باید ثابت کنند که ایشان از سیاست مبارزه علیه سیاست استعماری انگلستان و پیروی از
قانون ملی شدن صنعت نفت عدول کرده اند و یا ثابت نمایند که ملی کردن صنعت
نفت اصلا و از روز اول سیاست خود انگلستان بوده است.

نمیدانم عقیده آقای حائری زاده دراین مورد چیست؟ ولی درباره این نظریه دوم باید عرض
کنم که این حرف گفته منفی بافان و مستضعفین و مرعوبین و یا مزدوران و عمال محض
انگلستان است. چگونه میتوان تصور نمود که دولت انگلیس و شرکت سابق نفت نشستند و
نقشه ای کشیدند که نتایج آن برای انگلستان از این قرار میباشد، از دست دادن حیثیت و مقام
و اهمیت انگلستان در تمام خاور میانه و آسیا و تشویق ممالک دیگر خاور میانه به اقدامی
نظیر آن.

از دست دادن یک پایگاه مهم سیاسی و ارتباطی در آسیا و خاور میانه.
از دست دادن سالی متجاوز از یکصد میلیون لیره درآمد.
از دست دادن سالی متجاوز از ششصد میلیون دلار ارز خارجی.
از دست دادن نفت مفت برای بحریه انگلستان.
محروم شدن چند هزار نفر انگلیسی از حقوق و وسایل بی نظیر زندگی در دنیا.

اگر فرض کنیم انگلیسی های زیرک میخواستند نفت ایران را برای خاطر منافعی که تصور میکردند از دست بدهند چرا به این طریق متوسل میشدند که هم دردنیا پرستیژ خود را از دست بدهند و هم منافع هنگفت خود را و هم در همین حال بیست میلیون مردم ایران را از خود متنفر و بدبین سازند؟ و چرا مثل لنین یکباره الغای امتیازات دوره تزاری را در ایران نمود، لغو قرارداد۱۹۳۳ را اعلام نمیکردند که محبوبیت هم در دل ایرانی ها بدست آورده باشند؟

این جمله را هم برای آقایانی که به او رأی داده اید و از او در مقابل حملات جمال امامی و شوشتری که عیناً نظیر اتهامات امروز شما است حمایت کرده اید و یا در توطئه و نقشه های او شریک بوده اید که در این صورت عالماً و عامداً ملت خود را فریب داده اید و حق ندارید که برای مبارزات خود در نهضت ملی ایران افتخاری برای خویش قائل باشید و یا خود شما فریب خورده اید ، در این صورت اشخاصی که اینقدر ساده و زود باور و مستعد هستند و برای حایری زاده باید از خود اضافه کنم شما که میگوئید و یا میخواهید چنین وانمود کنید که دکتر مصدق از روز اول در حلقه سیاست انگلستان بوده و نقشه های آن دولت را در کشور خود بازی کرده است هرگاه این ادعای کاذب و بی اساس و توهین آمیز شما راست باشد دراین صورت شما و نظایر شما که ازاول و سالها دراین مبارزه با دکتر مصدق همراه و همقدم بوده اید ودرجبهه ملی اووارد شده اید ودرملی کردن صنایع نفت با او شریک بوده اید فریب خورده باشند حق زعامت و رهبری ملت را ندارند و از کجا معلوم است که گول وسیله و نیرنگ سیاست مکار و محیل دیگری را نخورده باشید؟

قتل مرحوم افشار طوس

در موضوع قتل مرحوم افشار طوس آقایان قنات آبادی و دکتر بقائی اظهاراتی فرمودند ، در قسمتی که مربوط به شخص آقای دکتر بقائی است این جانب هیچ گونه اظهار نظر نمیکنم زیرا عضویت کمیسیون دادگستری را دارم و به وظیفه وجدانی خود عمل خواهم کرد و هرگونه اظهار نظری را قبل از اینکه مدارک و سوابق رسیدگی شود ممکن است قضاوت قبلی تلقی شود نموده و عرض میکنم و وجداناً تعهد مینمایم که هرگاه جناب آقای دکتر بقائی یکی از چهار مطلب زیر را ثابت نماید:
اول - افشار طوس برده و کشته نشده است.
دوم - درصورتی که برده و کشته شده باشد مربوط به اشخاصی که متهم شده اند نیست، بلکه اشخاص دیگری عامل آن بوده اند.
سوم - درصورتی که شرکت و مباشرت متهمین ثابت باشد ولی آقای دکتر بقائی ثابت کنند که موضوع ربودن افشار طوس در منزل حسین خطیبی صحیح نبوده است.
چهارم - درصورتی که انجام جرم ربودن درمنزل خطیبی صورت گرفته باشد ولی ثابت شود که حسین خطیبی و سایر متهمین دراین موضوع ارتباطی با دکتر بقائی نداشته و آقای دکتر

بقائی از جریان برکنار و بی اطلاع و دستگاه دولتی به منظور مخالفت سیاسی برای ایشان پرونده سازی کرده است.

من نه تنها کوچکترین نظری برخلاف ایشان اظهار نخواهم کرد بلکه از مدافعین جدی ایشان خواهم شد و در این باب دفاعی از ایشان خواهم کرد که دفاع معروف امیل زولا را از دریفوس تحت الشعاع خود قراردهد. آقای قنات آبادی درنطق خود این طور وانمود کرده اند که دستگاه های دولتی در قتل افشار طوس دخالت داشته اند ، ضمناً گویا خواستند آن را مربوط به تیمسار ریاحی بکنند ، ایشان به مردم وعده داده بودند پرده ها را بردارند و اسرار را فاش کنند ولی این بیان ایشان یک ادعا و تهمت صرف است و کوچکترین دلیل و قرینه ای به آن اضافه نکردند و معلوم نیست کی این حقایق را بیان خواهند کرد و تا موقعی ادعای خود را ثابت نکنند بر طبق معمول قانون عنوان دیگری غیر از مفتری در مورد ایشان صدق نمیکند. آقا شما با دولت مخالف هستید اگر واقعا راست میگوئید و دولت اسباب این قتل و سرقت و جنایت را فراهم کرده است چرا آن را بیان نمیفرمائید؟ چرا آنرا آشکار نمیکنید؟

آقای دکتر بقائی بحث مفصلی راجع به شکنجه و آزار متهمین کرده اند و ازصندلی آهنی مجهولی که با شمع سرخ میشود صحبت به میان آوردند ، تمام این حرفها و اتهامات از ناحیه ایشان ادعا است و به ثبوت نرسیده و بطور مکرر از ناحیه مقامات رسمی و خود متهمین هم تکذیب شده است. حتی خدا شاهد است شوفر مزینی که بعد از دو روز آزاد شده بود به منزل اینجانب آمد و از او پرسیدم که آیا شما را شکنجه کرده اند؟ اظهار داشت به هیچوجه شکنجه ای در کار نبوده است. تا آن درجه اطلاعی که من دارم به وجدانم قسم میخورم که شکنجه داده نشده است ولی شما اگر راستگو هستید اول باید ثابت نمائید که این اشخاص عامل ربودن و کشتن مرحوم افشار طوس نبوده اند ، آن وقت بیان و ادعای شما که متهمین بی گناه آزار و شکنجه وارد کرده اند مؤثر و قابل توجیه میشد. اکنون این ادعای شما شبیه حرف جیب بری است که جیب شخصی را زده باشد و شکایت نماید وقتی که دست در جیب آن شخص کرده است دست او را پیچانیده و صدمه به او وارد آورده است.

چرا درمورد شکنجه و آزاری که به افشار طوس وارد آوده اند هیچ گونه رقت قلبی پیدا نمیکنید؟ آیا با آن فجایع که خوانده اید ، بی هوش کردن و طناب پیچ نمودن و چاقو زدن و خفه کردن و نیمه جان در گودال فرو بردن شکنجه و آزار نیست؟ آخر توضیح بفرمائید چه شده است که آزار و قتل یک بی گناه شما را متأثر نمیکند ولی ادعای موهوم وارد کردن شکنجه بر قاتلین و مجرمین این همه حس راستی و آزادی طلبی شما را تحریک کرده است؟ شما باید بدانید تا به این نکته ها جواب ندهید حرف شما و فریاد شما و مغلطه شما در ملت ایران و در هیچ شخصی که دارای وجدان سالم باشد مؤثر نخواهد بود.

افشای حقایق

آقای دکتر بقائی دیروز در نطق قبل از دستور خود متذکر شد که دو پوشه از پرونده متهمین به قتل افشار طوس مفقود شده است ، از طرف کمیسیون دادگستری برای محافظت این پرونده و دقت در رسیدگی به آن چه تصمیمی گرفته خواهد شد؟

آقای میلانی رئیس کمیسیون دادگستری مجلس پاسخ داد که اگر پرونده قتل افشارطوس و متهمین آن به دست من برسد تصرف درپرونده امری محال خواهد بود ولی این را از همین اکنون باید بگویم که ما پرونده موجود را رسیدگی میکنیم ، رسیدگی ما نیز بدون حب و

بغض و طرفداری از این و آن انجام خواهد شد ، من خود به این مسؤلیتی که متوجه ما شده واقف هستم و بهیچ وجه و به هیچ قیمتی حاضر نیستم برای آینده خود کوچکترین ناراحتی وجدان خریداری کنم.

۳ خرداد ۱۳۳۲
قضاوت دیگران درباره مبارزه ملت ایران

آقای زیرک زاده گفتند در شماره دیروز اطلاعات خبری بود که لابد همه آقایان دیده اند که آقای دکترسوکارنو رئیس جمهور اندونزی گفته است « نهضت ایران طلیعه سعادت ملل مشرق است» بیان رئیس جمهور یک ملت تازه و مستقل شده و مسلمان تصور میکنم برای ملت ایران یک افتخاری باشد ولی بعضی ها به این بیان توجه نمیکنند. تمام ملت ها ما را ملت قهرمانی میدانند. دنیا معتقد است که ما جنگ بزرگی کرده ایم و در این جنگ فتح کرده ایم. به نظر ما دنیای خارج که با مبارزات اجتماعی آشنائی دارد بهتر میتواند مبارزه ملت ایران را قضاوت کند.

ما درمبارزه نفت با گذراندن قانون ملی شدن و خلع ید پالایشگاه نفت را تصرف کردیم، دادگاه لاهه و دادگاه ونیز این تصرف را به رسمیت شناخت ، در حقیقت مرحله تصرف به نفع ما تمام شد مشکلاتی که در راه تصرف ایجاد کرد جای صحبت ندارد ولی مشکلات بعدی این است که ما نتوانیم از این تصرف به نفع خود استفاده کنیم ، نفع ما این است که نفت خود را به دنیا بفروشیم و فقر خود را مرتفع کنیم و در عین حال باید فروش نفت طوری باشد که استعمار جدیدی گریبان گیر ما نشود. ولی مسلم است که خارجی از هر پیش آمدی به نفع خودش استفاده میکند. وقتی ملتی گرفتار مشکلات خارجی است دشمنی ها کاسته میشود و حتی دستجات با هم همکاری میکنند زیرا وقتی اختلاف دربین باشد به نفع آن دشمن خارجی تمام میشود. حالا باید دید ازوقایع ایران چگونه استفاده میشود؟ دولتی بر سر کار است که اکثریت مردم طرفدار آن هستند ، در مجلس اکثریت دارد ولی بعضی جملات و نوشته ها گفته و منتشر میشود دشمن خارجی بوق و کرنا در دنیا برمیدارد و اوضاع ایران را متشنج معرفی میکند.

رئیس شهربانی مملکت ربوده و کشته میشود و این بهترین راه است که در خارج بگویند این مملکت در حال متلاشی شدن است و همین عوامل بود که در دو قرن گذشته همیشه ممالک مشرق زمین را مکانی بی ثبات معرفی میکردند. حالا به بینید این اوضاع چه تأثیری در سیاست نفت دولت دارد. وقتی که این قضیه اتفاق افتاد سیاست خارجی استفاده ای که میکند این است که دولت را به حال ورشکستگی معرفی کند و یا آنکه دولت مصدق مجبور به تسلیم بشود یا دولت مصدق جای خودش را به دولتی بدهد که آن دولت آن قراردادی را که آنها مایلند بیاید منعقد کند و تجدید استعمار نماید. جناب آقای حائری زاده عرض میکنم که این تبلیغات و تحریکات در ملت ایران تأثیر نخواهد کرد، پس آقای حائری زاده کسانی که این راه را دنبال میکنند راه بی فایده ای میروند. اگر ملت ایران به شدت از مصدق پشتیبانی میکند برای این است که ملت ایران عملا نشان داده که حاضر به قبول شرایطی نیست که آزادی و استقلال خودش را از دست بدهد. ملت ایران بار ها گفته که کاملا بیدار است و این پیش آمد ها هر قدر ناگوار باشد به جائی نخواهد رسید. ما باید در برابر نقشه ها و تشنجات بیگانه خواه بیدار باشیم.

پاسخ به دکتر سنجابی

آقای زهری نماینده و عضو حزب زحمتکشان دکتر بقائی در پاسخ سؤالات چهارگانه آقای دکتر سنجابی از آقای دکتر بقائی در جلسه گذشته اظهار داشتند: همه پاسخ های سؤالات از دکتر بقائی منفی است. ما قبلا به این سؤالات در روزنامه شاهد پاسخ داده ایم و تأیید میکنیم که نهضت ملت ایران و ملی شدن صنایع نفت علیرغم دسایس نوکران بیگانه و کارشکنی های آنها بوجود آمده و ممکن گردیده است ولی بعداً در اثر سوء سیاست و سهل انگاری های دولت جناب آقای دکتر مصدق و خود پسندی ها و غرض رانی ها و سماجت و لجاجت و جاه طلبی های اطرافیان آقای مصدق السلطنه ، آن نوکران بیگانه و ابن الوقت های معروف و سرشناس توانستند در صفوف متحد ملت ایران نفوذ کنند و جریان وقایع بعدی را به نفع اربابان خود رهبری کنند.

من هرقدر فکر کردم نتوانستم خود را راضی کنم که بگویم دکتر مصدق عامدا و عالما از اصول نهضت منحرف شده یا حاضر به سازش و همکاری با انگلستان گردیده یا عزم عدول از تعقیب مبارزه برعلیه انگلستان و پیروی از قانون ملی شدن عدول کرده است. من یقین دارم که جناب مصدق السلطنه هنوز تصور میفرمایند که اصول نهضت ملی ایران را تعقیب میکنند و علیه سیاست استعماری انگلستان در ایران بیش از پیش مبارزه مینمایند. آقای دکتر مصدق این را نمیخواهند ولی نتیجه اعمالشان این است که عرض کردم.

در این مورد از آقایان نمایندگان و ملت ایران میخواهم در نظر داشته باشند دولت انگلستان تنها دولت استعماری روی زمین نیست و ملت ایران برای اخراج انگلیس ها قیام نکرده است تا جای آنها را در طبق اخلاص به یک دولت استعماری دیگر تقدیم کند. ما تا اواخر نه تنها با سیاست خارجی دولت موافق بودیم و از آن پشتیبانی میکردیم اما چگونه میشد قبول کرد دولت امریکا که از صد ها امتیاز در کشور های به اصطلاح عقب افتاده بهره برداری میکند از ما حمایت و جانب داری خواهد کرد تا ما موفق شویم و با پیروزی خود سایر کشور ها را تحریک و تشویق به لغو امتیازات استعماری بنمائیم؟ دراین صورت معلوم است که انگلیسی ها و پسر عمو های امریکائی آنها با تمام قوا مانع این خواهند شد که ما بیش از ۵۰ درصد از منافع خودمان بهره ببریم این است که ما به خریداران نفت ایران ۵۰ درصد تخفیف پیشنهاد کرده ایم من به این امر اعتراض دارم که آیا نمیشد برای این که با آنها هماهنگی نکنیم تخفیف را در حد ۴۹ درصد نگاه میداشتیم؟ تمنای من این است که به ما جواب داده نشود که اگر ۴۹ درصد تخفیف میدادیم شما مخالفین باز ایراد که چرا ۴۸ درصد ندادید؟ دولت ما چرا این کار را کرد؟ برای اینکه عراق و عربستان سعودی تنوانند نفع بیشتری ببرند یا این که جهت آقایان انگلیسی ها و امریکائی ها مزاحمتی تولید نشود؟

نابودی رژیم سلطنتی

آقای میراشرافی اظهار داشت که من از پشت این تریبون به آقای دکتر مصدق فریاد میزنم که به هوش آیید و از طریق دیکتاتوری منحرف گردید. به همکاران و ملت ایران اعلام میدارم که دو سیاست استعماری شمال و جنوب توطئه خطرناکی برای نابود ساختن رژیم مشروطه ما و محو دولت مرکزی و ایجاد سیستم ملوک الطوایفی دست نشانده در شمال و جنوب تهیه دیده اند. جناب آقای مصدق السلطنه در میان عوامل این دو دسته توطئه ساز محصور و محبوس است و دیکتاتور منشی رئیس دولت باعث شده است که کورکورانه مملکت رو به انقراض و اضمحلال برود. مشاهدات روزانه به ما ثابت میکند که آقای مصدق

نه تنها نتوانست یا نخواست که این نفوذ شیطانی را از بین بردارد بلکه بعد از دو سال حکومت این روزها نوکران بیگانه چنان قدرت پیدا کرده اند که در زیر علم و کتل استالین و در زیر سایه قدرت مقامات انتظامی به شاه مشروطه مملکت فحش میدهند.

این اعمال و انحرافات کار ایرانی نیست بلکه دستی بالای دست آقای مصدق السلطنه کار میکند که دست ملت نیست و دست اجانب است که از کبر و روح استبدادی جناب آقای مصدق السلطنه استفاده میکند و ایشان در زندانی که خود را محبوس ساخته اند نمیداند چه میکند و چه میخواهد؟

این روز ها آقای مصدق طالب فرماندهی کل قوا میباشد و تعجب این جا است که این تقاضا را به نام حفظ و رعایت قانون اساسی به میان آورده اند درحالی که همان روز که ایشان به ضرب تبلیغ و طومار و هو و جنجال اختیار قانون گذاری را از مجلس گرفت مشروطیت و قانون اساسی مرد و اعلامیه حقوق بشر هم لگد مال حرص و خود پسندی آزمندان قرار گرفت. ایشان جز تولید نفاق کاری نکرده است ، و حالا تقاضای تصویب گزارش هیأت ۸ نفری را دارد. اگر آقای مصدق السلطنه تصور میکند با تصویب این گزارش فرماندهی کل قوا را به خود اختصاص میدهد اشتباه میکند و قانون اساسی در این مورد صراحت دارد و به همین جهت ما به این گزارش اهمیتی نمیدهیم. اما تصمیم گرفته ایم مبارزه کنیم تا ایشان حق قانون گذاری را به مجلس پس بدهد.

این روزنامه شورش که این روزها مرتبا به ما فحش میدهد ، پارسال که ما جزو اقلیت بودیم و با جمال امامی همکاری میکردیم به من فحش میداد و حالا هم که با کاشانی و حائری زاده و سایرین هستم باز هم به من فحش میدهد، بنده خواستم آقای دکتر مصدق روشن کنند که آیا کاشانی، مکی ، حائری زاده و شمس قنات آبادی اگر نوکر انگلیس هستند چرا او پارسال با آن ها همکاری میکرد؟

مصاحبه آیت الله کاشانی با استاد دانشگاه کالیفرنیا

استاد دانشگاه کالیفرنیا ازآیت الله کاشانی پرسید بعد از این که شما با آقای دکترمصدق درمورد ملی کردن صنعت نفت همکاری نمودید چطور شد که اکنون از نظر سیاسی در قطب مخالف ایشان قرار گرفته اید؟

آیت الله گفتند من خیلی علاقمند بودم که انگلیس ها از کشور ایران خارج شوند و از جنبه سیاسی و مذهبی خود برای انجام این امر استفاده کردم و آقای دکتر مصدق و دولت ایشان را تا آنجا تقویت کردم که بعد از مبارزه شدید چهار روز با دولت قوام ایشان را مجددا روی کار آوردم و هدف اصلی من این بود که بطور کلی نفوذ دولت انگلیس از کشور ما ریشه کن شود و اصلاحات اقتصادی آغاز و برای بیکاران کار تهیه شود و مردم دارای امنیت قضائی شوند و فقر از بین برود و همه زندگی آسوده و مرفه پیدا کنند و چندین بار هم تأکید کردم که تا ما برنامه صحیح اقتصادی برای کشور خود تنظیم نکنیم دشمنان مملکت امیدوار خواهند بودکه درآتیه نزدیکی در اثر بی نقشه گی و عدم توجه به وضع داخلی به زانو درآئیم. متأسفانه باید بگویم روش آقای دکتر مصدق روش یک دولت دیکتاتوری است و از اصول آزادی و مشروطیت پیروی نمیکند، لذا چون دیدم ایشان برخلاف قانون اساسی از مجلس شورای ملی تقاضای اختیارات کردند من در مقام اعتراض برآمدم و نظریه خود را طی اعلامیه ای اظهار کردم ولی چون آقای دکتر شایگان از طرف آقای دکتر مصدق گفتند تا

۴۸ ساعت دیگر قضیه نفت به نحو خوبی حل خواهد شد من پافشاری بیشتری در خصوص رد لایحه اختیارات نکردم ، بعداً معلوم شد که موضوع حل مسأله نفت بی اساس بوده است و من هم تا موقعی که آقای دکتر مصدق اختیارات برخلاف قانون اساسی را به مجلس مسترد نکند در مخالفت خود باقی خواهم بود. به علاوه خود آقای دکتر مصدق هم بارها در مجلس گفته بودند که دولت هر جقدر خوب و مورد اعتماد مردم باشد مجلس نباید به او اختیارات بدهد. در این موقع بعضی از جراید انتشار دادند که من شکست خوردم درحالیکه این عاری از حقیقت بود و سکوت من فقط به علتی بود که توضیح دادم.

۵ خرداد ۱۳۳۲

گزارش هیأت ۸ نفری

فوریت دوم طرح هیأت ۸ نفری با اکثریت ۵۵ رأی از ۶۶ نفر حاضر به تصویب مجلس رسید در موقع فوریت سوم آقای زهری به عنوان مخالف اظهار داشت آقایان به قانون اساسی قسم خورده اند حالا میخواهند آن را تغییر بدهند اگر واقعا حسن نیت و علاقه به سنت مشروطیت باشد به نظر بنده نباید به این فوریت رأی داد و نه آن را مورد بحث قرار داد. اساسا در اصل مواد قانون اساسی وارد شدن و آن را تعریف و توجیه کردن غلط است و نباید جنین کاری کرد.

آقای اخگر به عنوان موافق صحبت کرد پس از آن رأی گیری به عمل آمد و با اکثریت ۶۳ نفر از ۶۵ نفر حاضر به تصویب رسید. بعد از تصویب فوریت ها متن طرح توسط آقای ناظر زاده قرائت گردید.

آقای دکتر بقائی به عنوان مخالف اظهارداشت بنده چون خودم این طرح را امضا کردم شاید مخالفت امروز من باعث تعجب باشد ، برای روشن شدن مجبورم بگویم چطور شد که این گزارش ۸ نفری بوجود آمد و چطور به صورت طرح درآمد و چطور شد که حالا ما باید به عنوان مخالف با آن صحبت کنم. صبح روز شنبه ۹ اسفند از طرف مقام معظم ریاست مجلس شورای ملی به آقایان نمایندگان محترم اطلاع داده شد که برای شرکت در جلسه خصوصی مجلس بیایند. وقتی به مجلس آمدیم جسته و گریخته از بعضی از آقایان شنیدیم که شاه میخواهد به مسافرت برود ولی حالا چرا؟ دلیل آن را نه من بلکه اغلب آقایان نمیدانستند ولی وقتی ما به مجلس آمدیم فراکسیون نهضت ملی در همین مجلس تشکیل جلسه داده بودند. آنچه معلوم بود این بود که رفتن شاه مسلم است ولی هیچ یک از نمایندگان خارج از فراکسیون ملی آن را نمیدانستند. در این موقع بقائی با قیافه برافروخته درحالی که با مشت بر روی تریبون میکوبید فریاد زد من خیلی مطالب مهم را در این جا خواهم گفت و بعد دو دست خود را بلند کرد و فریاد زد من با دلیل و برهان ثابت میکنم که شما میخواستید در این مملکت تغییر رژیم بدهید و مرتب فریاد میزد شما میخواستید تغییر رژیم بدهید. آقای دکتر معظمی ازجیب خود قرآنی بیرون آورد و به آقای بقائی اشاره نمود گفت آقای دکتر بقائی به خداوند متعال و به این قرآن مجید و کلام رسول خدا دروغ میگوئی ، دروغ میگوئی، دروغ میگوئی. نکنید این کار را ، بی جهت عده ای را متهم نکنید.

بقائی با عصبانیت فریاد زد آقایان می گفتند شاه برای معالجه به مسافرت میرود نه به عنوان اعتراض و روشن تر بگویم آقایان رفته بودند و به شاه گفته بودند شما باید تشریف ببرید. و اما در مورد هیأت ۸ نفری ، بعد ار مذاکرات و کشمکش های بسیار قرار شد که از طرف

مجلس یک هیأت ۸ نفری به اختلاف رسیدگی کند و راه حلی پیدا کند ، ما گفتیم آقا این گزارش در یک جلسه غیررسمی عده ای مأمور تهیه آن شدند بگذارید در همین جلسه خصوصی خوانده شود و کار تمام شود. ولی آقایان قبول نکردند و پا فشاری نمودند که خیر این گزارش باید درمجلس خوانده شود. این آقایان میخواهند با تصویب این گزارش که بقول خودشان چیز مهمی هم نیست شاه را محکوم کنند و بنده در اینجا صراحتا میگویم تصویب این گزارش محکوم کردن شاه در این جنجال اخیر است. خاصه اینکه توده ای ها هم برای تصویب این گزارش خیلی علاقه دارند. اصرار آقایان یک علت دیگر هم دارد و آن این است که میخواهند تغییر قانون اساسی در این مجلس باب شود و الا در یک اصل مسلم این قدر سنگ به سینه نمیزدند ، آقایان ما فقط برای مقام سلطنت در اینجا قسم خورده ایم و بهتر است در خانه خودمان باشیم تا یک غلام یحیی دیگری بیاید و به ما حکومت کند ، ولی ما به دست خودمان این کار را صورت عمل ندهیم و جاده را برای غلام یحیی ها هموار نکنیم ، بنده تصور میکنم اگر آقایان موافقت کنند دیگر بیش از این در این باره بحث نشود بهتر است و به صلاح هر دو طرف خواهد بود بهمین جهت هم بنده پیشنهاد خروج از دستور را می کنم.

۶ خرداد ۱۳۳۲

مخالفت با طرح ۸ نفری

هرچند دیروز فوریت دوم و سوم طرح هیأت ۸ نفری با اکثریت تصویب گردید ولی چون طرح مزبور در مورد روابط دربار و دولت و مجلس و فعالیت مخالفین دولت میباشد و بقائی و حایری زاده و هواداران آنها پرده ابهامی دراین قضیه کشیده اند خاصه این که دیروز دکتر بقائی گفتگو از یک نقشه پنهانی از طرف فراکسیون نهضت ملی برای تغییر رژیم و حکومت پیش کشیده که برای عده ای از نمایندگان تازگی داشته ممکن است به عنوان یک مسأله جدید درمجلس راجع به آن صحبت شود.

حائری زاده میگوید جناب آقای دکتر بقائی دیروز برای حلاجی کردن نحوه حکومت حضرات از ریشه اختلافات که اساس آن تضعیف مقام سلطنت و شاید هم بر هم زدن اوضاع باشد شروع کرد ، بدیهی است چند نفری از این آقایان و قطعا خود دکتر مصدق قبلا از افشا شدن جریان مسافرت شاه به خارج اطلاع داشته و زمینه سازی برای حوادثی کرده بودند که من حالا وارد بحث آن نمیشوم. ما در جلسه علنی فردا حاضر میشویم و پس از کفایت مذاکرات در اصل ماده واحده پیشنهادات خودمان را میدهیم ، اگر مجلس به آن ترتیب اثر داد و تصویب نمود و طرح را به صورت جامع و کاملی درآورد ما هم درجلسه خواهیم بود و رأی موافق خواهیم داد ولی اگر فراکسیون نهضت ملی خواستند نظر خودشان را پیش ببرند ما به هر وسیله ای که شده نخواهیم گذارد این طرح تصویب شود.

رأی دادگاه توکیو در مورد نفت ایران

امروز دادگاه محلی توکیو از صدور حکم مبنی بر جلوگیری از تخلیه محموله نفت ایران که در کشتی های ژاپنی بارگیری شده است خودداری کرد. دادگاه همچنین اعلام داشت که قانون ملی کردن نفت توسط یک کشور مستقل وضع گردیده و باید آن را معتبر دانست. شرکت سابق حق دارد از ایران درخواست غرامت کند ، ولی دادگاه توکیو صلاحیت رسیدگی به این قضیه بین المللی را ندارد.

۷ خرداد ۱۳۳۲

مجلس شورای ملی

آقای جلالی ، شاید بعضی از آقایان نمایندگان نخستین روزی را که پیش از افتتاح دوره هفدهم به عنوان معارفه در مجلس تشکیل جلسه داده شد به خاطر دارند. درآن روز این جانب عده ای از آقایان را که تا آن روز فقط نامی از آنان شنیده بودم و هیچ گونه رابطه قبلی با آنها نداشتم به این نکته مستحضر کردم که در این دوره بدون شک راه آینده ما هموار نیست ما در یک نقطه بیم و امید ، هستی و نیستی ، شرف و ننگ ، پیروزی و شکست قرار داریم و دنیای غارت زده شرق نگران ما هستند و استعمار طلبان غرب همچنان خواهان بلعیدن ثروت ما و پایمال کردن مواریث ملی و مدنی ما میباشند.

در آن روز من خاطر نشان کردم که پیروزی ما را اتفاق تأمین میکند و شکست و بدبختی ما را نفاق و اختلاف. آن روز فراموش نمیکنم به آقای پارسا عرض کردم که نمایندگان تازه کاری امثال ما که آن روز دستی از دور بر آتش داشتیم و تنها تلؤلو چراغ نهضت ملی و بی پروائی و گستاخی رهبران ملی و مذهبی و مردم را در قبال جباران و استثمار گران میدیدیم تنها به این امید و با شوقی تمام آماده خدمت شدیم که بتوانیم با همکاری دکتر مصدق و دیگر زعمای نهضت با تأیید خداوند کاروان غارت زده ملت را روزی به وادی ایمن برسانیم. آن روز مشوق ما هیچ نبود مگر همین که عرض کردم و امروز هم به حمدالله جز این نمیخواهم و هدفی ندارم.

همکاران عزیز ، تاریخ جهان همیشه پر از حوادث است ولی در تاریخ ملت ما تنها گاهی این حوادث دارای یک عنوان فوق العاده است به اصطلاح با خط درشت رقم خورده است. در چنین مواقعی که حیثیت و استقلال یک ملتی در یک نقطه بحرانی قرار میگیرد مسؤلیت زعمای قوم هم در یک نقطه بحرانی قرار خواهد گرفت. در این نقطه هم برای ملت و هم برای کمیلین و مسؤلین محل تلاقی دو خط آبرو و آزادگی و شکست و ناکامی است. در این نقطه است که باید قدم های استوار تر و از خود گذشتگی های بیشتر باشد. عقل و منطق و فکر سلیم و فداکاری ، مجال خودنمائی به کینه و عداوت و نظریات شخصی ندهد ، زیرا تجربه نشان داده است هیچ گاه نهضت ها جریان خود را عوض نمیکنند و اکثر به همان راهی میروند که که هدف در انتهای آن قرار دارد زیرا جریان نهضت ها کمتر شامل خود خواهی است و گمان نمیکنم که نمایندگان محترم منکر این باشند که امروز آنچه در این کشور دیده میشود و میگذرد یک جریان کاملا استثنائی است و قطعا تاریخ آینده هم امروز را به نام یکروز بحرانی نام خواهد برد و این قیام را به بهترین صورتی خواهد ستود.

آقایان محترم شیشه سرنوشت و حیات و حیثیت مردمی که هیچ سرمایه ای جز آزادی و فداکاری ندارند امروز در دست مجلس شورای ملی ایران است ، مردمی که سخت نگران سرنوشت خود هستند. وقتی آنها محرومیت میکشند و مبارزه میکنند ، من و شما چگونه میتوانیم حاضر شویم که تنها روی اختلاف سلیقه به سرنوشت آنها نیندیشیم؟ پنجاه سال از عمر مشروطیت ما میگذرد و تنها محصولی که از این پنجاه سال مشروطیت بدست مردم آمده این بود که برای اولین بار آنچه میخواستند، یعنی قطع ایادی شرکت سابق نفت را دیدند و دولتی را که در نظر داشتند روی کار آمد. چه میشود کرد که دولت دکتر مصدق اولین دولتی بود که طبقات مختلف کشور میخواستند که روی کار بیاید. این سد برای اولین بار شکست و در حالی که شکستن این سد خیلی ها را نگران کرد و بیش ازهمه کوته نظران

خارجی را نگران ساخت که آمالشان پایمال این دولت میشد. امروز باور میکنید ولی دیروز باور نمیکردید که ممکن است دو دولت زورمند که منابع شمال و جنوب کشور را در ید قدرت خود داشتند از میدان دربروند؟ جز کاردانی دکتر مصدق و دیگر زعمای نهضت ملی و مساعدت حضرت آیت الله کاشانی چه نیروئی میتوانست این بت فساد را از خوان یغمای ملت ایران براند؟ کدام دولتی میتوانست مسأله شیلات را به این آرامی به نفع مردم ایران التیام بدهد؟ کیست که منکر گردد دکتر مصدق دراین باره جهان را به حیرت واداشت؟ گمان نکنید که آنها از این مرد میترسند ، این طور نبوده برای اولین دفعه دولت شوروی در کشور ما به حکومتی برخورد که با مردم پیوند داشت و برای روی کارآمدنش انقلاب سی ام تیر بوجود آمد ، دولتی که به دولت های گذشته تحکم میکرد و یادداشت میداد این بار متوجه شد که مقاومت و سرسختی او در قبال دولت ایران حاصلی جزبدنامی و شکست ندارد، کما اینکه برای دولت زورمند انگلستان جر ننگ و رسوائی حاصلی نداشت.

مردم چه میگویند؟

اینجانب خدا را گواه میگیرم که در این سخنان خود سر سوزنی قصد تعارف و مجامله نسبت به دولت را ندارم بلکه به دستگاه انتقاد بسیار دارم زیرا با این دستگاه خیلی کم میتوانم کار موکلین خود را راه بیندازم درحالی که برکسی پوشیده نیست که گرفتاری مردم تا چه حد است. من مدتی است تلاش میکنم شاید بتوانم وزارت خانه را وادار کنم که اقلا به زارعین محروم و خورده مالکین دماوند و فیروز کوه که هیچ وقت لطف دولت ها شامل حالشان نشده بیش از این ها نظر داشته باشند موفق نشده ام. شاید همه این دل تنگی ها که به خاطر موکلین خود ازاو دارم هدف بزرگتری در پیش چشم من است. نظر این است که نباید یک بار دیگر به انگلستان استعمار گر که امروز مانند دوره گردان بهر در میزند و از لاهه تا ژاپن همه جا دسیسه میکند و با هزاران حیل شیطانی میکوشدکه دولت حاضررا سقوط بدهد مجال داد.

اینجانب به نام یک نماینده اعلام میکنم که غایت آمال انگلستان سقوط دکتر مصدق است و بدین سبب نباید به هیچ قیمت اجاره داد این آرزوی آن ها تحقق یابد ، باید دید مردم چه میگویند و چگونه قضاوت میکنند و به قضاوت آنها احترام گذاشت. مردم امروز میگویند درسیاست خارجی سر سختی و پافشاری دکترمصدق درباره استقلال و درباره مطامع خارجی که دوست و دشمن را به اعتراف واداشته که برای اولین بار سیاست خارجی کشور بر روی شالوده مستحکم و احترام متقابل قرار گرفته است.

درباره سیاست داخلی و اصلاحات باید عرض کنم روزی که ما مبارزه را شروع کردیم هدف ما این بود که به وضع پریشان خود سر و سامانی داده و بیش از همه به استقلال حقیقی برسیم و برای این کار قطع ریشه نفوذ اجنبیان را بهترین دارو و درمان دانستیم و تعجب در این است که بعضی از آقایان اصلاح امور داخلی را بطور کامل پیش از پایان مبارزه میسر میدانند. آقایان محترم شما مرض را تشخیص دادید ولی پیش از بدست آوردن دارو چگونه از طبیب میخواهید که مریض را به سرحد سلامت برساند؟ آیا با این اختلافات و تشنجات دیگر مجال اصلاحات میماند؟ اگر انصاف داشته باشیم جواب منفی است ، بلکه خدای نخواسته میترسم. در جلسه گذشته نماینده محترم جناب آقای زهری سؤالاتی چند درباره دکتر مصدق و اینکه این همان دکتر مصدق سالهای قبل است کرده بودند که اینجانب با اجازه ایشان جواب را از شهریار میدهم:

شبی ز شمع شبستان خویش پرسیدم
چه روی داده که لطفی به زندگانی نیست
دگر ز عشق و جنون آیتی نمی بینم
وفا به قیمت جان هم نمیشود پیدا
فغان که هیچ متاعی باین گرانی نیست
به خنده گفت تو خود را ببین که آینه است
ولی به چشم تو آن عینک جوانی نیست

و اما موضوعی که تذکر آن شایان اهمیت است این است که با کمال تعجب دیده میشود که بعضی از آقایان نمایندگان دکتر مصدق را به ضدیت سلطنت مشروطه و شخص اعلیحضرت همایونی متهم میکنند و این نوع بیانات آن هم در مجلس شورای ملی هر فرد وطن پرستی را متأثر میکند. گرچه اطمینان دارم آن هائی که عنوان این مطلب میکنند چون خود هم از بانیان نهضت بوده اند از صمیم قلب به آن ایمان ندارند. این مرد بارها علاقه خود را به سلطنت بخصوص به اعلیحضرت همایونی ابراز داشته و تمام مراحل سیاسی و ارتقاء مقام را با وجاهت ملی پیموده است ونیز باید عرض کنم دراین زمینه نسبت به منتخبین فراکسیون نهضت ملی اتهاماتی واردآمده البته بدون جواب نخواهد ماند.

بیلان یکساله مجلس

آقای دکتر معظمی با استفاده از ماده ۹۰ گفت آقایان کار مجلس به جائی رسیده که فقط وقت آن صرف نطق های قبل از دستورمیشود و کمتر به امور جاری و مسائل اساسی خود میرسد روز ۸ خرداد یکسال از دوره عمر مجلس میگذرد بیلان مجلس جز ایراد نطق قبل ازدستور و همدیگر را مبتذل کردن چیز دیگری نبوده است. به هرحال در مقابل ملت ایران بیلان یکساله مجلس جز فحش و تهمت و افترا و حرف چیز دیگر نبوده است.

درباره بیانات جلسه گذشته آقای دکتر بقائی بایستی عرض کنم که متأسفانه قسمتی از فرمایشات ایشان مغالطه و سفسطه بود که البته این هم یکی از اقسام فن خطابه است که هر ناطق مبرزی میتواند ازآن استفاده کند ، ولی نه در یک بحث کلی و اساسی و دریک مجلسی که پارلمان مملکت میباشد. زیرا این مطالب ممکن است در اذهان کسانی که آشنا به اوضاع مملکت نیستند سوء تفاهم ایجاد کند و به آبرو و حیثیت عده ای لطمه وارد کند اتخاذ این رویه از معلم اخلاقی مانند دکتر بقائی به عقیده من چندان پسندیده نیست.

آقای دکتر بقائی فرمودند فراکسیون نهضت ملی در این کار وارد بوده ، فراکسیون ما دوقسمت بوده است. قسمت ۲۳ نفری فراکسیون به هیچ وجه اطلاع نداشته و ما هم که هیأت ۷ نفری بودیم به آنها اطلاع ندادیم. این آقایان علاوه براینکه در پشت این تریبون همه قسم خورده اند که به قانون اساسی خیانت نکنند و به مقام سلطنت هم خیانت نکنند و همه پای بند قسم خود هستند. شما آقای دکتر بقائی نباید یک عده ۳۰ نفری را مورد تهمت قرار دهید و بگوئید تبانی کردند. از این تهمتی که شما زدید که ما وارد تبانی شدیم عصبانی شدم و گفتم دروغ میگوئید ، پس در این جریان کاملا بی انصافی فرمودید ، جناب عالی درجریان مجلس دو مرتبه از من سؤال فرمودید که اگر واقعا تغییر رژیم درمیان است ما را مطلع کنید یک مرتبه در کمیسیون خارجه و یک مرتبه در راهرو و من به شما عرض کردم که قول شرافت میدهم که چنین خیالی در میان نیست و دکتر مصدق اهل این حرف ها نیست. در ۳۰ تیر که

همه آقایان مبارزه میکردند که اسباب سربلندی ما در خارج شد ولی امروز من متأسف هستم اشخاصی که در ۳۰ تیر با هم مبارزه میکردند این طور با هم مخالف شدند. اگر این باشد، آن روز عرض کردم فکر تغییر رژیم در کار نیست اما فکر اصلاح اطرافیان است.

اما راجع به جریان دعوت که آقای دکتر مصدق نیز در نطق روز ۹ اسفند فرمودند اکنون توضیح میدهم. یک روز در فراکسیون نهضت ملی جلسه داشتیم جناب آقای علاء تلفن فرمودند که من یک عده از آقایان منفردین را به دربار دعوت کرده ام شما هم بیائید جواب دادم من عضو فراکسیون هستم دعوت انفرادی را قبول نمیکنم اگر مصلحت است با افراد فراکسیون صحبت کنم؟ گفتند مانعی ندارد.

من دعوت را در فراکسیون مطرح کردم و بعد آقای علاء تلفن کردند که عده ای را دعوت کنند و اعضای هیأت ۷ نفری تعیین شدند. من درخواست کردم مرا معاف دارند اما دوستان گفتند چون هم اعلیحضرت و هم دکتر مصدق به شما لطف دارند و ما هم علاقه مند هستیم اختلافات حل شود بهتر است که شما هم در این هیأت شرکت داشته باشید. صبح اواخر بهمن بود که با ۷ نفر به دربار رفتیم ، جناب آقای علاء گفتند جناب آقای دکتر مصدق یک روز جمعه جنابان آقای میلانی و ملک مدنی و دکتر شایگان را خواسته اند و بیاناتی فرموده اند و من چون میدانم اعلیحضرت همایونی همیشه کابینه آقای دکتر مصدق را تقویت میکنند و از هرگونه پشتیبانی دریغ ندارند تصور میکنم برای آقای دکتر مصدق سوء تفاهمی شده باشد و میخواهم این سوء تفاهم رفع شود ، آن روز مذاکرات زیادی شد و ناهار را در دربار بودیم ، بعد از ناهار باز صحبت شد و پس از مذاکرات زیاد گفته شد بهتر است فرمولی تعیین شود که زمینه مذاکرات و موارد اختلاف روی کاغذ آمده باشد.

در همین جلسه یکی از اعضاء دربار یعنی آقای والاتبار گفتند اعلیحضرت همایونی خیال مسافرت دارند. آقای علاء فرمودند بهتر است برویم خدمت اعلیحضرت همایونی، آقای دکتر شایگان گفتند ما هنوز فرمولی تهیه نکرده ایم و به جای اینکه مطالبی همین طور بگوئیم بهتر است اول فرمولی تهیه کنیم بعد برویم. آقای علاء گفتند بهتر است خدمت اعلیحضرت شرفیاب شویم و ابتدا بیانات ایشان را اصغا نمائیم ، روی این مذاکرات دو ساعت و نیم بعد از ظهر شرفیاب شدیم و این مطالب به میان آمد و تا ساعت ۷ بعد از ظهر طول کشید که مذاکرات و مطالب ما بدون نتیجه ماند و از حضور اعلیحضرت همایونی مرخص شدیم و آمدیم خدمت آقای نخست وزیر.

قبل از اینکه ما بیائیم اعلیحضرت همایونی تشریف بردند و با آقای علاء مذاکره کردند و سعی این بود که راه حل پیدا شود ولی ما ۷ نفر تمام سعی ما این بود که اعلیحضرت و دکتر مصدق روبرو شوند تمام مسائل حل میشود. زمانی که در منزل نخست وزیر مشغول مذاکره بودیم آقای علاء تلفن فرمودند و مرا خواستند ، من گفتم خوب است یک نفر دیگر برود پای تلفن ، گفتند نه تنها بروید. آقای علا گفت اعلیحضرت که میل سفر داشتند حالا مصمم شدند ، من آمدم به زبان فرانسه به آقایان دکتر شایگان و پارسا و دکتر سنجابی عرض کردم که آقای علاء این را فرموده ، بعد گفتم این را بگویم یا نه؟ گفتند بگوئید. بالاخره من به فارسی گفتم ، بعد بنده خودم رفتم دربار و چون پیاده میرفتم در بین راه به آقای ابوالقاسم امینی کفیل فعلی دربار گفتم که ما روزگار بدی داریم بدین ترتیب که صبح تا غروب کار میکنیم و میدویم و مرتب گرفتاری و تهمت هم داریم و به این بدبختی عده ای هم حسادت

میکنند. بعد بنده رفتم به آقای علاء گفتم خودتان بیائید بگوئید. اعلیحضرت همایونی بنده را احضار کردند و گفتند مدتی است قصد مسافرت دارند ، بعد راجع به تقسیم املاک صحبت کردند وگفتند باید دنبال شود. من ازآقای علاء خواهش کردم خودشان بیایند نزد آقای دکترمصدق و من هم آمدم به منزلشان آقای والاتبار وآقای علاء وقتی آمدند آن ۶ نفرخارج شدند. آقای علاء گفتند اعلیحضرت فرمودند که مسافرت ایشان به هیچ وجه فاش نشود.

آقای مکی با استفاده از ماده ۹۰ گفتند مطالبی را که آقای معظمی فرمودند صحیح ولی خیلی از جزئیات از نظر محو شده است ، روز اول من گفتم آقایان ملت مبارز ایران دو سال شدید ترین مبارزات را تحمل کرد و حالا نباید کاری کرد که این ملت مأیوس گردد. بنده این مطلب تاریخی را عرض میکنم طوری دارند از ما انتقام میگیرند که برای ملل خاور میانه درس عبرتی باشد. به هر حال قضیه این بود که درباره گزارش هیأت ۸ نفری صحبت کنم من عقیده دارم ورزا درمقابل پارلمان مسؤل هستند ولا غیر و یک جمله را اضافه میکنم مملکت مشروطه تکلیف قوای ثلاثه را تعیین کرده و اصل تفکیک قوای ثلاثه روشن است و بعضی از کشورها قوه رابعه ای هم قائل هستند که آنرا قدرت مطبوعات و قلم میدانند و آقایان میدانند که مطبوعات به نهضت ملت ایران خیلی خدمت کرده است. این مطبوعات بودند که خدمات زیادی انجام داده و من هیچ گله ای از آنها ندارم.

اما این گزارش هیأت ۸ نفری آن چیزی نیست که در منزل من تهیه شده و همه آقایان آن را امضا کرده اند. یک شب ساعت ۱۰ آقای دیبا به من تلفن کردند و جریان کار آن روز دربار را به من گفتند و اظهارداشتند خواستم مطلع باشید ، من هم تشکر کردم بعد آقای علاء تلفن کردند که امروز از طرف نمایندگان جلسه ای در دربار است شما هم تشریف بیاورید. من به آقای علاء گفتم در دعوت های دولتی کمتر شرکت می کنم مگر اینکه مجبور باشم لذا مادام که مجلس به من مأموریت ندهد در این جلسه شرکت نخواهم کرد. به هر حال به دربار رفتم، وقتی صحبت شدت اختلاف بین دربار و دولت شد و من چون اختلاف را در حال حاضر مضر میدانم وظیفه خود دانستم که جلوی این کار را بگیرم. من نه طرفدار مصدق نه طرفدار آیت الله کاشانی و نه طرفدار دربار هستم بلکه کنترات نامه من با ملت ایران و قانون اساسی است و زندگی سیاسی من توأم با بت پرستی نبوده است. در جلسه خصوصی من خواهش کردم از هر ده نفر یک نفر انتخاب شوند و به این کار خاتمه دهند و جریان کار ما همچنان بود که آقای معظمی فرمودند و قسمتی از بیانات آقای بقائی را نیز تأیید میکنم.

در آن جلسه آقای دکتر مصدق گفتند من به زور اختیارات را پس نمیدهم و بعد خودشان گفتند قسمتی از اختیارات را پس میدهم ولی دیگر ملاقاتی نشد. وقتی گزارش تهیه شد وقتی اعلیحضرت آن را قرائت کردند به جمله ای رسیدند که تأمل کردند و گفتند آن عبارتی که مورد نظر هیأت میباشد بنویسید و رعایت نکنید و اضافه فرمودند هنگامی که افسران مشهد قیام کردند به گرگان رفتند وعده ای هم از افسران ارتش از تهران فرار کرده و به آذربایجان رفتند و داخل ارتش پیشه وری شدند ، دولت وقت پیشنهادی داد که با یک درجه ترفیع این افسران فراری مجددا وارد ارتش شوند. من گفتم اگر دستم را از مچ قطع کنند این را امضا نخواهم کرد زیرا این امضا انحلال ارتش است بنابر این اکنون که شما این قدر سلطنت را تضعیف میکنید آیا فکر این راکرده اید که اگر روزی چنین حکومتی روی کارآید و این پیشنهاد را بنماید و شاه وقت هم اختیار نداشته باشد جلوی آن را بگیرد چه خواهد شد؟

اعتصاب کارگران سیلو تهران

از صبح دیروز عده ای از کارگران سیلو به عنوان درخواست اضافه حقوق دست از کار کشیدند. موقعی که مأمورین فرمانداری نظامی برای متفرق ساختن کارگران به سیلو رفتند کارگران با چوب و سنگ دو نفر از سربازان را مجروح کردند ولی مأمورین سه نفر از محرکین را دستگیر و سایرین متفرق شدند. امروز نیز کارگران دست به اعتصاب زده اند.

۹ خرداد ۱۳۳۲

در جلسه دیروز آقای مکی بعد از استفاده از ماده ۹۰ نسخه از گزارش هیأت ۸ نفری را به رئیس جلسه به منظور نگهداری در صنوق مجلس تحویل داد امروز آقای مکی در این باره اظهار داشت روز پنجشنبه وقتی برای صحبت پشت تریبون رفتم چنین نیتی نداشتم ولی چون خودم از طرفداران جدی گزارش هستم و آن را لازم و مفید میدانم به عنوان توضیح اقدامات هیأت۸ نفری آنرا قرائت کردم و به آقای رئیس جلسه دادم که آن را محافظت کند چون تهیه این گزارش را از افتخارات دوره هفدهم میدانم ولی پس از ختم جلسه دیدم استنتاج عده ای از آقایان نمایندگان این است که با قرائت گزارش و سکوت آقایان نمایندگان مجلس گزارش هیأت ۸ نفری مورد تأیید قرار گرفته و چون از اول این عمل پیشنهاد خود من بود وقتی دیدم این فکر صورت عمل به خود گرفته با هردو دسته یعنی اکثریت و اقلیت تماس گرفتم و پیشنهاد کردم که طرفین بیایند برای رفع این جنجال به همین جا و به همین کیفیت قانع شوند و فراکسیون نهضت ملی هم طرح خود را مسترد دارد و با تصویب صورت جلسه گذشته گزارش هیأت ۸ نفری هم تصویب شده اعلام گردد.

نظر حائری زاده لیدر اقلیت

آقای حائری زاده در این زمینه اظهار داشت در این مسأله دربار و جناب مصدق السلطنه مدتی وقت مجلس را تلف کرده حرفی نیست و در این که اصول قانون اساسی مورد تأیید ما است و ما با آن موافقیم باز حرفی نیست ، حالا هم که این جریان پیش آمده و استنباط عده ای از آقایان نسبت به جریان گذشته این است که گزارش مورد تأیید قرار گرفته و در جلسه آینده هم اگر صورت جلسه قبل تصویب شود صورت مصوبه مجلس را به خود خواهد گرفت ما خیلی مسرور خواهیم شد که این جنجال به همین جا خاتمه یابد ولی اگر آقایان اعضای کمیسیون نهضت ملی راضی نشوند ما پیشنهاد خود را خواهیم داد زیرا معتقدیم باید تمام مواد قانون اساسی را زنده کرد نه یکی دو تای آن را که به نفع این آقایان میباشد.

نظر فراکسیون نهضت ملی

یکی از اعضای مؤثرفراکسیون نهضت ملی در این باره گفت صحیح است که در جلسه گذشته آقای مکی متن گزارش را قرائت کردند و مجلس با سکوت خود آنرا تأیید نمود ولی تصویب صورت جلسه را نمیتوان تصویب کامل گزارش هیأت ۸ نفری تلقی کرد زیرا تصویب صورت جلسه تصویب جریان و وقایع یک جلسه و به عبارت روشن تر حوادث و ماجرائی است که در یک جلسه اتفاق افتاده. بنابراین به فرض اینکه در جلسه آینده صورت جلسه گذشته هم بدون اعتراض به آن تصویب شود ، این تصویب شامل خود گزارش ۸ نفری نیست بلکه تصویب این است که گزارش بدان کیفیت در جریان مذاکرات مجلس قرائت شده است.

نکته قابل توجه آنکه هیچ کس در جلسه گذشته با گزارش هیآت ۸ نفری که از مسلمات قانون اساسی است مخالفت نکرد و فراکسیون نهضت ملی هم مقصودی غیر از اینکه همین موضوع را به مرحله نهائی و قانونی برساند ندارد.

ملاقات هندرسن با شاه

بنا بر تعیین وقت قبلی امروز سفیر کبیر امریکا قبل از عزیمت به واشنگتن با شاهنشاه ملاقات نمودند. این ملاقات در زمین چمن کاخ اختصاصی صورت گرفت. مقامات صلاحیت دار در مورد این ملاقات هیچ گونه اطلاعاتی در دسترس خبرنگاران نگذاشتند ولی گفته میشود شاهنشاه در تأیید سیاست خارجی دولت آقای دکتر مصدق و انتظاراتی که ملت ایران از سیاست دولت امریکا در مورد افزایش کمک های فنی و اقتصادی دارد بیاناتی ایراد فرمودند و ضمن اظهار قدردانی از عملیات اداره اصل چهار توجه دولت متبوع آقای هندرسن را به لزوم اعطای کمک های اقتصادی بیشتری جلب نمودند.

ظاهرا سفیر کبیر امریکا شمه ای از جریان مذاکرات خود را با دالس وزیر خارجه امریکا در کراچی به عرض شاهنشاه رسانیده و اظهار امیدواری نموده است که میتواند در اثناء اقامت در واشنگتن و ملاقات با آیزنهاور و اعضای کمیسیون روابط خارجی مجلس سنا توجه آنها را به حساسیت و موقعیت ایران و لزوم تغییر سیاست فعلی امریکا در این کشور جلب کند. در اغلب محافل سیاسی تهران این مسأله مطرح است که سفیر کبیر امریکا برای چه به امریکا میرود؟ « چه ضرورتی ایجاب کرده که وی شخصا به واشنگتن برود »؟ مذاکرات طولانی او با شاهنشاه در چه زمینه ای بوده است؟»

نامه محرمانه شماره ۱۰۸۵ تاریخ ۲۱ می ۱۳۵۳ [۱۶]

از واشنگتن به وزارت امور خارجه انگلستان
نامه محرمانه ، به آقای سر آرما کینز - انگلستان
موضوع - ایران

« یک - از وزارت خارجه به ما اطلاع رسید که چندین باز نزدیکان شاه به هندرسن گفته اند که اعلیحضرت از نظر دولت انگلستان نسبت به خود مشکوک است. در گزارش آمده است که شاه همواره خاطر نشان می سازد که دولت انگلستان سلسله قاجار را برانداخت و پدرش را بر سر کار آورد و سپس او را هم بیرون کرد. انگلیس ها اکنون نیز اگر بخواهند میتوانند او را در قدرت نگه دارند یا بیرون کنند. چنانچه دولت انگلیس تمایل دارد او در قدرت بماند و همان اختیاراتی را که بر اساس قانون اساسی به وی تفویض شده است داشته باشد باید صراحتا به او اطلاع دهند و اگر مایلند او برود باید فورا به اطلاعش برسانند که بی سر و صدا مملکت را ترک کند. آیا انگلیس ها در نظر دارند شاه دیگری را بر سر کار بیاورند و یا مصمم هستند که رژیم سلطنتی را براندازند؟ آیا در کوشش هائی که در حال حاضر برای سلب قدرت و حیثیت او به عمل میآید دست انگلیس ها در کار است؟

دو - در روز ۱۷ ماه می ۱۹۵۳ شاه به وسیله نماینده خود پیامی محرمانه به هندرسن فرستاد که چنانچه سفیر بتواند نظر دولت انگلستان را نسبت به وی مشخص کند موقعیت او روشن خواهد شد.

سه - هندرسن درباره لزوم یا عدم لزوم پاسخ به این درخواست اظهار نظر ننموده است. اما وزارت امور خارجه امریکا فکر میکند که پاسخ مناسبی که به تقویت روحیه شاه کمک کند مفید خواهد بود. فعلا هندرسن برای ملاقات با دالس وزیر امور خارجه در شرف مسافرت به کراچی است ولی تا اوایل هفته آینده به تهران مراجعت خواهد کرد و برای استفاده از مرخصی درسوم ژوئن به امریکا خواهد رفت ترتیبی داده خواهد شد که قبل از حرکت با شاه ملاقات کند و چنانچه پاسخی باید به پیام شاه داده شود این مناسب ترین فرصت خواهد بود.

۱۲ خرداد ۱۳۳۲

اظهارات دالس وزیر امور خارجه امریکا

دالس وزیر امور خارجه امریکا در بازگشت از سفر خاور میانه در نطقی اظهار داشت:

ایران در گیر و دار منازعه با انگلیس است ، لیکن دولت و مردم ایران نمی خواهند که این منازعه و جدال آنها را در معرض خرابکاری کمونیست ها قرار دهد ، آنها خاطره اشغال ایران را ازطرف شوروی که از ۱۹۴۱ تا ۱۹۴۶ بطول انجامید از یاد نبرده اند. امریکا از مداخله ناخوانده درباره قضیه نفت ایران اجتناب خواهد کرد ولی ما میتوانیم به کمک فنی و مساعدت خود به کشور کشاورزی ایران به نحو مؤثر و مفید ادامه دهیم بدین ترتیب از سقوط اقتصادی این کشور بدست عوامل و قوای یغما گر جلوگیری نمائیم.

۱۳ خرداد۱۳۳۲

مصاحبه سرلشگر زاهدی

صبح امروز آقای سرلشگر زاهدی با چند نفر از خبرنگاران روزنامه های داخلی مصاحبه نمود. ایشان به خبرنگاران جراید گفتند متأسفانه تاکنون فرصتی پیش نیامده بود که من حقیقت حال خود را راجع به جریان هائی که سبب تحصن من شده به اطلاع عموم برسانم. ازچند سال قبل در تنیجه یأس ازاصلاح امور مملکتی و امتحاناتی که کابینه های مختلف دادند و اوضاع مملکت را به این آشفتگی رسانیدند من از طرفداران جدی آقای دکتر مصدق گشته و ایشان را مرد وطن پرستی میدانسته ام و برای اینکه به مملکت خدماتی بنمایند نهایت احترام را نسبت به ایشان داشته و در فرصت های مختلف آنچه از دستم برمیآمد برای تسهیل و پیشرفت کار زمامداری ایشان کوتدهی نکرده ام.

لیکن ناگهان متوجه شدم بدون این که آقای دکتر مصدق ملتفت باشند تحت نفوذ عده ای رفته که بسیاری از آنها کوچکترین اطلاع و سابقه ای از اداره امور مملکت نداشته اند و تنها تدبیری که داشته اند این بوده است که مراقبت بنمایند آقای دکتر مصدق از حقیقت اوضاع مملکت بی اطلاع بمانند. در نتیجه سیاست این اشخاص و سوء تفاهم هائی که به میان آمده طرفداران صمیمی آقای دکتر و خدمتگزاران صدیق کشور متفرق شدند و وضع کشور به این صورت درآمده و از طرف دیگر امنیت فردی از هرکسی که دارای عقیده و فکری بود سلب گشت و این جانب نیز در این قضایا بی نصیب نبوده ام بدین جهت در اسفند ماه گذشته مرا توقیف کردند و سه هفته در توقیف نگاه داشتند و بعد (به درخواست شاه) آزاد کردند لیکن این آزادی وسیله ای نبود که دوباره دچار گرفتاری و حبس نشوم.

ضمناً شایعاتی منتشرشد که این جانب داوطلب نخست وزیری هستم درحالی که حقیقت امر این بود که من و تمام متفکرین و علاقمندان به کشور معتقد بودیم که که با این رویه که پیش میرود اوضاع روز بروز خراب تر میگردد. چون نمیتوان تحمل اوضاع ناگوار را نمود

و با اینجانب هم در این خصوص مذاکراتی به عمل آمد و من گفتم اگر حقیقتا هیچ کس حاضر نباشد قبول مسؤلیت کند چون نمیتوان در روزهای سخت شانه از زیر بار مسؤلیت خالی کرد درصورت مقتضی و صلاح بار هر مسؤلیتی را به عهده میگیرم. این نظریه این طور تعبیر شد که من ساعی هستم آقای دکتر مصدق را کنار نموده خود جانشین ایشان شوم.

شما هم میهنان باید بدانید که قصد اینجانب و هم فکران من این است که باید هرج و مرج و آشفتگی افکار خاتمه داده شود و اگر آقای دکتر مصدق هنوز دارای این عقیده هستند که غیر از خودشان و عده معدودی از یاران نزدیکشان کسی حق اظهار نظر در سرنوشت مملکت را ندارد به نظر من اشتباه محض است. بالاخره کشور برای نظم عمومی احتیاج به دولت طرف اعتماد و صالحی دارد و اگر آقای دکتر مصدق با جوانمردی و بی غرضی پس از قدری مطالعه و تأمل تشخیص بدهند که دیگر قادر به انجام وظیفه نیستند جای خود را به دولت صالح دیگری واگذار کنند. اما برای خود اینجانب مشکل است بدون اینکه قناعتی به بهبود اوضاع مملکت بنمایم برای راحتی خود قصد خروج از کشور را بنمایم و یا فرار را برقرار ترجیح دهم. من از هرگونه فعالیت غیر قانونی احتراز داشته و اظهار نظر و عقیده راجع به وضع کنونی کشور و آشفتگی اوضاع را جناب دکتر مصدق به تحریک و توطئه تعبیر نموده و با افترا میخواهند متهم را گرفتار زندان خود سازند. بنابراین به من حق میدهید که جز ادامه تحصن برای مأمون بودن جان و شرافت خود چاره ای ندارم.

۱۷ خرداد ۱۳۳۲

نظر دکتر بقائی درمورد گزارش هیأت ۸ نفری

در جلسه امروز آقای دکتر بقائی گفت یک نکته در جلسه گذشته اتفاق افتاد و آن این بود که آقای مکی گزارش هیأت ۸ نفری را در مجلس خواندند و در خارج این طور منعکس شده که چون مجلس در این مورد سکوت کرده گزارش مزبور مورد تأیید مجلس است و اگر امروز هم صورت جلسه بدون اعتراض تصویب شود در حکم تصویب این گزارش خواهد بود. بنده خواستم عرض کنم که تصویب صورت جلسه گذشته هرگز به معنی تصویب گزارش هیأت ۸ نفری نخواهد بود.

پس از تصویب صورت جلسه قبل نایب رئیس اظهار داشت وارد دستور میشویم و دستور هم طرح فراکسیون نهضت ملی راجع به گزارش هیأت ۸ نفری میباشد.

سندی برای تحکیم مبانی مشروطیت

آقای وکیل پور به عنوان موافق گفت بنده شخصاً معتقدم که این گزارش هیأت ۸ نفری یک سندی است که برای تحکیم مبانی مشروطیت بسیار ضرورت دارد که به تصویب مجلس برسد. این گزارش و این ماده واحده یکی از آثار برجسته نهضت ملی مردم ایران است. بنده نسبت به این ماده واحده اشکال نمی بینم و آقایان مخالف با این ماده واحده دلایل مخالفت خود را ابراز نداشته اند و آقای میر اشرافی مخالفتشان این بوده که چون حزب توده موافق این طرح است نباید تصویب شود ، درصورتی که حزب توده با اختیارات و حکومت نظامی مخالف بوده است. مثل شما نکته ای که آقای دکتر بقائی فرمودند این بود که چون این چند نکته از قانون اساسی است ضرورتی ندارد که ما آن را تصویب کنیم.

چون آقایان زیاد مخالفت نکردند و اصولا بعید است که در مجلس آقایان قانون اساسی را رد یا تخطئه کنند صحبت زیاد در این باب لزومی ندارد ولی نکته قابل ذکر آن است که در

حکومت دموکراسی باید اصول رعایت شود. بنده اعتقادم این است که اگر قانون اساسی محترم است باید از تمام جوانب رعایت شود و این است که من خودم شخصا تصویب این ماده را از موارد ضروری تشخیص میدهم و نیز معتقدم که دولت از بسیاری از اصول منحرف شده است زیرا اگر نخست وزیر به موجب قانون اختیارات هر عملی را که بخواهد جرم بشناسد و یا از اعداد جرم خارج کند برخلاف روح قانون اساسی است. در حکومت دموکراسی باید تمام اصول رعایت شود. باید اظهار عقاید آزاد باشد و نباید در حکومت دموکراسی وسایل تهمت و تکفیر سیاسی وسیله جلوگیری از اظهار عقاید شود. من میخواهم از عموم آقایان استدعا کنم در این مورد حربه تکفیر را بکار نبرند ، مطبوعات متأسفانه خیلی بد عمل میکنند و بسیاری از اوراق است که موجب شرمندگی هستند و سراپا فحش میباشند. من توقع دارم که دولت آقای دکتر مصدق از این شدت عمل صرفنظر کند.

پیشنهاد مسکوت ماندن طرح

آقای عبدالرحمن فرامرزی پیشنهاد مسکوت ماندن طرح فراکسیون نهضت ملی را دادند. ایشان گفتند پیشنهاد مسکوت ماندن طرح را به این جهت دادم که این روز ها وضع طوری شده که هنوز از یک دعوا خلاص نشده گرفتار دعوای دیگری میشویم ، اگر دولت کار خود را میکرد و هر روز دعوا و تشنج تاره ای بوجود نمی آورد و جنجال جدیدی درست نمیکرد هیچ کس مخالفت نمیکرد و دولت هم مسلط بر اوضاع بود یا نبود ، این عدم تسلط بسته به لیاقت و کاردانی خودش بود و اگر هم بر اوضاع مسلط بود دیگر به این کارها احتیاج نداشت. اگر من پیشنهاد مسکوت دادم برای این است که این تشنجی را که من می بینم تمام شدنی نیست و اگر این طرح هم تصویب شود فردا جنجال دیگری بوجود خواهد آمد.

جناب آقای معظمی فرمودند اگر بیلان مجلس ۱۷ را بگیریم جز جنگ و جدال و افترا چیز دیگری در آن دیده نمیشود. این کاملا صحیح است ، از مجلس سلب همه گونه اختیاری شد و کار ارعاب و وحشت و ترس در این مجلس به جائی رسید که رأی دادن یک نفر را بدون این که محاکمه کنند ، بدون اینکه تقصیر او را در پیشگاه محکمه معلوم کنند اموالش را مصادره نمایند. چرا مجلس رأی داد؟ برای اینکه مرعوب و وحشت زده بود و هیچ کس تأمین جانی نداشت. چرا نمایندگان را آزاد نمیگذارند که رأی خودشان را بدهند؟ آخر این طرح که داده اید چیست؟ این یا قانون اساسی است یا خلاف قانون اساسی یا تفسیر قانون اساسی است ، اگر قانون اساسی است که قانون اساسی هست و احتیاجی به تفسیر ندارد و ما حق نداریم قانون اساسی را تغییر دهیم ، اگر خلاف قانون اساسی است اگر این بهانه ها تمام میشود و این آخرین بهانه است ما حرفی نداریم ولی چون این این بهانه تمام نمیشود به همین جهت بنده پیشنهاد مسکوت دادم تا از این جنجال خلاص شویم.

پیشنهاد کفایت مذاکرات داده شد

آقای قنات آبادی با پیشنهاد کفایت مذاکرات مخالف بود و گفت من با حکومت قلدری و قلدر مخالفم اگر قلدر شاه باشد یا رئیس الوزرا مخالف هستم چون سعادت ملت را حکومت قانون تعیین میکند. مدتی است این گزارش هیأت ۸ نفری وقت مجلس را گرفته است اگر واقعا نقشه ای در کار نیست و مقدمات تغییر رژیم در کار نیست همه که به قرآن مجید سوگند یاد کردید که قانون اساسی و حقوق مجلس و مجلسیان را حفظ کنید و تمام کارهائی را که علیه قانون صورت گرفته با یک قیام و قعود کان لم یکن کنید.

شمس قنات آبادی سپس از روی نوشته ای چنین میخواند : آقایان اجازه دهید اقلیت که یک اشخاص بیچاره و فقیری در این مجلس هستند عقاید خودشان را بگویند « شما در ۲۷ بهمن ۱۳۰۵ طی ماده واحده ای به آقای وزیر عدلیه اختیارات قانون گزاری داده اید من آن روز با ماده واحده موافقت نکردم و علتش هم این بود که اساسا قانون گزاری را از مختصات مجلس شورای ملی میدانم. اگر بنا باشد مجلس به وزرا اجازه بدهد که بروند قانون وضع کنند پس وظیفه مجلس شورای ملی چیست؟ این حقی که شما به آقای وزیر دادید به موجب اصل ۴۷ قانون اساسی از وظایف مجلس شورای ملی است و هیچ مجلسی هم نمیتواند این حق را به دولت واگذار نماید ...»

سپس آقای قنات آبادی گفت اگر به حکومت دموکراسی علاقمندید بیائید کلیه مقررات را اجرا کنید. آقای دکتر مصدق خودشان صراحتا گفتند هیچ مجلسی حق ندارد به دولت ها اختیارات بدهد. آقای دکتر مصدق چندین مورد است که نطق علیه اختیارات کرده اند واقعا اگر روزی که ایشان این نطق را درمجلس میکرد به ایشان میگفتند جاسوس ! کی قبول میکرد؟ حالا چه شده است که هرکسی با اختیارات و قلدری مخالفت میکند ارکان های دولت میگویند جاسوس! این نیست مگر اینکه خواب وحشتناکی برای این مملکت دیده اند.

این دادگستری که آقای دکتر مصدق افتخار اصلاح آن را دارند کمونیستی را در دنیا منکر شده است. آقایان حسابی درکار است و این مطلب مطلب کوچکی نیست که سر آن را این طور هم آورد و نمیشود با یک موافق و مخالف به کفایت مذاکرات رأی گرفت.

بعد از سخنرانی قنات آبادی و تذکرات و اخطار نظامنامه و اعتراضات مکی ، بقائی و میر اشرافی مجلس متشنج و با خارج شدن عده ای از نمایندگان تنفس اعلام گردید.

۱۹ خرداد ۱۳۳۲

استیضاح دولت دکتر مصدق

امروز شایعاتی در کریدور های مجلس شایع بود که آقای مکی تصمیم دارند دولت را مورد استیضاح قرار دهند. آقای مکی در این مورد اظهار داشت اگر وضع به همین منوال باشد و در رویه دولت تجدید نظر نشود من تا چند روز دیگر نسبت به بعضی از امور دولت را مورد استیضاح قرار خواهم داد. درباره جلسه دیروز آقای مکی گفتند آقای مهندس رضوی درجلسه دیروز از حدود بی طرفی خارج شده بود زیرا من سه مرتبه اخطار کردم ولی آقای مهندس رضوی توجه نکرد و مشغول کار خودش بود ، بنده عقیده دارم وقتی طرح فراکسیون نهضت ملی در دستور است آقای مهندس رضوی نباید ریاست جلسه را عهده دار شود. مشاهده این وضع کسالت و خستگی مولود از طی راه مشهد و خصوصا ناراحتی که در عرض راه در مردم دیدم به کلی مرا منقلب و عصبانی کرد والا من اخلاقا از جنجال دیروز متأسفم.

نظر آقای مهندس رضوی

من در این مدت که نیابت ریاست مجلس را عهده دار بودم مخصوصا وقتی جلسات علنی مجلس را اداره میکنم هیچ وقت از بی طرفی خارج نشده و آنچه را که از مفهوم مواد آئین نامه استنباط می کنم برای جلوگیری از انحراف جلسات علنی اعمال می نمایم. ولی عده ای گله مند میشوند و تمام مقصود این عده هم بر این قراردارد که نشان دهند چون این جانب عضو فراکسیون نهضت ملی هستم در انجام وظایف نیابت ریاست به نفع آن فراکسیون کار

میکنم، درصورتی که خدا گواه است نه چنین نظری در من هست و نه فراکسیون نهضت ملی چنین توقعی از من دازند.

نظر آقای نریمان

آقای نریمان گفتند دیروز در ابتدای امر تصور کردم که موضوع یک امرعادی است ولی بعدا متوجه شدم دسیسه ای در کاراست و منظور اخطار یا مخالفت با امری نیست بلکه مقصود این است که با نایب رئیس مجلس گلاویز شوند و به اصطلاح خود او را از جلسه خارج کنند زیرا در آن موقع همه در گوشه سمت راست مجلس جمع شده بودند و میخواستند از پله های جایگاه رئیسه بالا بروند و با رئیس گلاویز شوند چون چنین عملی برخلاف اصول مشروطیت و موجب هتک احترام پارلمان بود من نتوانستم تحمل کنم برخاستم که از منظورآن ها جلوگیری کنم.

نظر آقای اقبال

آقای اقبال نماینده کرمانشاه که در زد و خورد دیروز چشم چپش هنوز خونریزی دارد در مورد حادثه دیروز گفتند با سوابقی که همشهری های عزیز از روحیه من و خانواده ام دارند میدانند که من برای رسیدن به اهداف ملی از بذل جان و مال در مواقع ضروری خودداری نکرده و نخواهیم کرد ، دیروز وقتی آقای میراشرافی به دستور آقای مکی به قصد اخراج آقای رضوی به طرف جایگاه هیأت رئیسه رفت و آقای نریمان میخواست مانع از این کار شود چون مشاهده کردم آقایان حمیدیه ، هدی و پورسرتیپ به کمک میراشرافی میروند و چون عمل آنها را اهانت به مقام ریاست و مردم ایران دانستم برای کمک و جلوگیری از زد و خورد آنها رفتم ولی متأسفانه همانطور که می بینید باین ترتیب مرا مجروح ساختند. من به هیچ وجه از این پیش آمد متأسف نیستم بلکه خوشحالم که به دست این اشخاص در تالار جلسه علنی مجروح شدم ، زیرا یقین میدانم که نماینده ملت هیچ وقت راضی نخواهد شد با نماینده دیگری این رفتار را بنماید.

۲۱ خرداد ۱۳۳۲

تلاش برای رفع کدورت

امروز آقای پارسا سخنگوی فراکسیون نهضت ملی گفت فراکسیون نهضت برای پیدا کردن راه حلی به منظور رفع اختلافات جلسه ۱۹ خرداد در تصمیم قبلی خود مبنی بر اجرای کامل آئین نامه باقی است و معتقد است که فقط از این راه مجلس میتواند بین آقایان مهندس رضوی و مکی رفع کدورت بکند. اقلیت و جمع دیگری هم با این نظر موافق هستند زیرا معتقد هستند که مجلس علیه مکی رأی نخواهد داد منتهی اختلاف نظر در این است که مهندس رضوی میگوید من اعلام رأی کرده ام و به محض رسمیت یافتن جلسه بایستی نسبت به توبیخ یا عدم توبیخ مکی رأی گرفته شود. ولی عده ای معتقد هستند که باید به آقای مکی اجازه دفاع از خود داده شود بعد نسبت به توبیخ رأی گرفته شود. به هرحال اساس اختلاف و آنچه مورد عدم توافق نظر بین فراکسیون ها میباشد این است که آیا مکی حق دفاع داشته باشد یا نه؟

۲۴ خرداد ۱۳۳۲

۱۵۰۰ قطعه سند درمورد نفت ایران

کمیسیون مأمور تهیه پرونده اسناد نفت ساعت ۱۱ امروز دردفتر آقای دکتر صدر رئیس اداره عهود وزارت خارجه با حضور نمایندگان وزارت دارائی و شرکت ملی نفت و بازرس نخست وزیری و دوتن از اعضای اداره عهود وزارت خارجه تشکیل شد. مأموریت این کمیسیون که از دو ماه قبل جلسات خود را تشکیل میدهد این است که کلیه اسناد و مدارک و نوشتجات مربوط به نفت را از ادارات مختلف جمع آوری و یک پرونده کامل تهیه نماید.

این کمیسیون به دستور آقای نخست وزیر تشکیل شده است تاکنون مقدار زیادی از این اسناد را از وزارت دارائی و شرکت نفت و مجلس شورای ملی جمع آوری نموده است و قرار است از هرکدام از آنها سه نسخه تهیه و سپس عکس برداری شود که یک نسخه در وزارت دارائی و یک نسخه در شرکت نفت و یک نسخه در وزارت خارجه بایگانی گردد و در مواقع لازم از آنها استفاده شود.

یک عضو کمیسیون امروز اظهار داشت این اسناد علاوه بر اینکه مربوط به حوادث ملی شدن صنعت نفت و قرارداد های ۱۹۳۳ و قرارداد دارسی می باشد مربوط به کلیه جریانات سیاسی پشت پرده و مکاتبات بین دو دوات ایران و انگلیس ، دولت و شرکت سابق نفت و طرح دعوای نفت در جامعه ملل سابق و چگونگی ورود دارسی به ایران و اخذ امتیاز نامه میباشد. عضو مزبور گفت برای عکس برداری از این اسناد که بالغ بر ۱۵۰۰ قطعه است اعتبار قابل توجهی مورد احتیاج است که هنوز به تصویب دولت نرسیده است. علاوه بر کمیسیون فوق در حال حاضر کمیسیون دیگری بنام کمیسیون تعیین مطالبات ایران مشغول فعالیت است.

۲۵ خرداد ۱۳۳۲

محاکمه متهمین حادثه نهم اسفند

امروز محاکمه چهار سرهنگ ، یک سرگرد و سه درجه دار ارتش و ۱۲ نفر غیر نظامی به اتهام حمله به خانه نخست وزیر با قصد کشتن او در روز ۹ اسفند ۱۳۳۱ در سالن شهربانی تشکیل گردید. هنگام ورود متهمین به دادگاه تظاهرات شدیدی ازطرف آنها صورت گرفت و شعبان جعفری معروف به شعبان بی مخ که یکی از متهمین میباشد فریاد زد عکس شاهنشاه و پرچم ایران باید در دادگاه نصب شود.

بعد از سخنان وکلای مدافع در مورد پرونده رئیس دادگاه تنفس اعلام کرد. ضمن تنفس متهمین گرد هم جمع شده یکی از متهمین فریاد زد زنده باد شاهنشاه و سایر متهمین با اوهم صدائی نمودند و تماشاچیان نیز دسته جمعی با فریاد زنده باد دکتر مصدق به آنها پاسخ دادند اما ناگهان چند نفر از متهمین با صدای جاوید شاه صندلی ها را برداشته به تماشاچیان حمله کردند. در این زمان تماشاچیان نیز با شعار مصدق پیروز است به معامله به مثل برخواستند در نتیجه مأمورین انتظامی مداخله کرده غائله پس از مدتی خاتمه پیدا کرد. با توجه به حادثه امروز مقرر گردید جلسات آینده سری باشد و فقط خبرنگاران برای دادن خبر به دادگاه دعوت شوند.

۲۶ خرداد ۱۳۳۲

پرونده متهمین قتل افشار طوس

اصل پرونده متهمین قتل افشار طوس که آقای دکتر بقائی نیز متهم است درآن نقش داشته است امروز توسط آقای فرماندار نظامی تهران به اتفاق آقای دادستان فرماندار نظامی به مجلس شورای ملی تحویل داده شد و قرار است کمیسیون دادگستری آن را مورد رسیدگی و مطالعه قرار دهد.

ملاقات رئیس مجلس با سپهبد زاهدی

دیروز آیت الله کاشانی طبق قراربرای برگذاری جلسات هفتگی با نمایندگان به مجلس آمد ایشان پس ازورود به محوطه جلو عمارت هیأت رئیسه به طرف ساختمان شماره **۵** مجلس سنا رهسپار شدند تا با آقای سرلشگر زاهدی ملاقات نمایند. هنگامی که آیت الله وارد اطاق آقای سرلشگر زاهدی شدند گفته میشد که آقایان بقائی و میر اشرافی و حمیدیه نزد سرلشگر زاهدی هستند. ملاقات رئیس مجلس با زاهدی سه ربع ساعت طول کشید و در این مدت اجازه داده نشد مخبرین عکاس از این جلسه عکس برداری کنند.

۲۷ خرداد ۱۳۳۲

صبح امروز جلسه دادگاه متهمین واقعه نهم اسفند تشکیل گردید و وکلای متهمین مجددا در رد صلاحیت دادگاه صحبت کردند. سرهنگ رحیمی در رد صلاحیت دادگاه اظهار داشت پرونده ۹ اسفند یک پرونده معمولی نیست پرونده ای است که دنیا آنرا میشناسد عکس متهمین این پرونده را تمام دنیا دیده اند ، این پرونده ای نیست که مربوط به شاه و نخست وزیر باشد اخلال نظم با سرهنگ دانشگاه دیده مسخره است. روز نهم اسفند مجلس اعلامیه ای صادر کرده و از شاه استدعا نمود که روی مصلحت از مسافرت خودداری کنند رئیس مجلس هم نامه ای مینویسد من تعجب میکنم چرا این نامه در پرونده نیست خواهش میکنم آنها را بیاورید زیرا مسأله مهمی است بعد از ظهر آن روز حضرت آیت الله بهبهانی و عده ای از پیشوایان سیاسی در جلوی کاخ آمدند چرا آیت الله کاشانی را اینجا نیاوردند ولی این سرباز را آوردند؟ چرا آیت الله بهبهانی اینجا نیست ولی احمد عشقی اینجا است؟

روز نهم اسفند از ساعت ۸ صبح تا ۱۰ صبح خیلی مهم است ما را آوردند اینجا برای این که تظاهر کردیم، بعد از ۹ اسفند وقایقی اتفاق افتادکه خیلی مهم است نخست وزیر درنطق سیاسی خود درباره نهم اسفند میفرمایند اعلیحضرت همایون شاهنشاه میخواستند به خارج تشریف ببرند پولی خواستند داده شد و میخواستند معالجه کنند و حرف های دیگر، باید عین این نطق در پرونده موجود باشد. وزیر دربار مصاحبه کرد و گفت سه نفر ازوکلای فراکسیون نهضت ملی به اعلیحضرت تکلیف کردند از مملکت خارج شوند. وکلا هم میگویند ما چنین چیزی را نگفته ایم.

نکته دیگر مربوط به نطق بقائی در مجلس است وی میگوید این ها میخواهند تغییر رژیم بدهند اگر این ها میخواهند چنین کاری بکنند باید اعدام شوند چرا به این مسائل توجه نشده فقط گفته اند شعبان جعفری رفته در خانه نخست وزیر ، آقا نمیشود سرهنک رحیمی را مثل یک بقال محاکمه کرد. من سرهنگی هستم که ازشاه دفاع کرده ام. دادگاه باید دکتر بقائی را بخواهد او صراحتا میگوید من مدارکی دارم دادگاه باید او را بخواهد. در اوراقی که از دست من خارج شده مربوط به شناسائی احمد عشقی توسط سروان داورپناه است. او اصلا

عشقی را نمیشناسد. همین سروان در مواجهه با من میگوید با چشم خودم دیدم که عشقی و شعبان روی ماشین نشسته بودند و زدند در خانه نخست وزیر را شکستند.

سرهنگ دفتری خواهر زاده مصدق به طور صریح در گزارشی که به وزارت دفاع نوشته مینویسد سرهنگ رحیمی با شعبان جعفری نشستند روی ماشین وزدند به درخانه نخست وزیر.

عده ای دیگر از وکلا از موکلین متهم خود دفاع کردند و آقای دکتر شاهکار وکیل مدافع سرهنگ خسروانی از دادگاه خواست شهود موکلین اورا در دادگاه حاضر کنند. پس از دکتر شاهکار احمد عشقی عضو حزب زحمتکشان دکتر بقائی شروع به صحبت کرد و رئیس دادگاه او را ملزم نمود که فقط در اطراف ماده ۱۹۵ صحبت کند. عشقی گفت مهمترین نقض پرونده این است که کوچکترین مدرکی در آن علیه من موجود نیست. تمام دولت ها مرا میگیرند و زندانی میکنند من دیگر نمیتوانم در این کشور زندگی کنم من خود را فدای محمد رضا شاه پهلوی میکنم و این تریاک را میخورم سپس احمد عشقی یک ربع تریاک را که درمشت خود مخفی کرده پنهان کرده بود دردهان گذاشت و دادگاه به شدت متشنج شده و آقای سرگرد زند افسر فرمانداری با دوسرباز تریاک را از دهان عشقی بیرون کشیدند و شعبان جعفری که از این عمل عشقی عصبانی شده بود گفت تو باید با گلوله کشته شوی تا فدای شاه و مملکت شوی و هنگام بیرون رفتن ازدادگاه مرتب فریاد میزد زنده باد محمد رضا شاه پهلوی.

اعلامیه فراکسیون نهضت ملی

هموطنان عزیز ، مردم رشید تهران

اوضاع سیاسی کشور ما به مرحله ای رسیده است که لازم دانستیم مطالبی را از نزدیک به عرض شما برسانیم و از شما مردم غیور تهران که همواره از نهضت مقدس ملی خود حمایت و پشتیبانی نموده اید تقاضا داریم روز جمعه ۲۹ خرداد سه ساعت قبل از ظهر به میدان بهارستان تشریف بیاورید تا سخنان چند نفر از اعضا فراکسیون نهضت ملی را شنیده ه و از وضع سیاسی فعلی کشور خود آگاه شوند. امضای ۳۰ نفر از نمایندگان فراکسیون نهضت ملی

مصاحبه مطبوعاتی آیت الله کاشانی

در ساعت ۱۰ صبح آیت الله کاشانی در مصاحبه مطبوعاتی خود اظهار داشت درست ۱۱ ماه است که از مصاحبه تاریخی تیر ماه ۱۳۳۱ میگذرد و علت و تأثیر آن مصاحبه و منظره تاسف آور حوادث تیر ماه گذشته از نظر ما محو نگردیده است که گردش روزگار و حوادث باز ایجاب نمود که به عنوان مصاحبه بار دیگر به دیدار جراید و مخبرین محترم توفیق حاصل گردد. اما تفاوت این مصاحبه با مصاحبه سال گذشته بسیار زیاد است.

مصاحبه تیرماه گذشته علیه حکومتی بود که در شرف تکوین مضربه حال کشورشناخته شد ولی مصاحبه این باربرای حفظ حقوق مجلس و احترام به قانون اساسی بوده و روی سخن به ملت ایران است.

سال گذشته مصاحبه این جانب به عنوان یک خدمتگذار روحانی تشکیل گردید ولی این مصاحبه به حکم مسؤلیت قانونی سنگین تری است که از طرف نمایندگان محترم مجلس باین خدمتگذار واگذار شده است. آقایان میدانند که دستگاه دولت دعوتی نموده است تا در روز جمعه در میدان بهارستان مطالبی را به سمع مردم برساند ، البته اینگونه تظاهرات در خور یک حکومت مشروطه است ولی به شرط آنکه این حق برای عموم دستجات ملی و

وطنخواه مجاز و آزاد باشد. اما باید دانست دولت وقتی به چنین اعمالی میزند که در مجلس اکثریت ندارد حال باید پرسید که مگر دولت این مطلب را درک کرده و به آن اعتراف میکند. آیا میخواهد بدین وسیله محیط رعب و وحشت ایجاد کرده و مجلس را در برابر خواسته های خود مرعوب سازد. و اما درصورتی که دولت برخلاف این حقیقت نظری دارد آیا محیط و سنگر مجلس و کلیه وسایل و دستگاه تبلیغاتی او برای تهییج افکار عمومی علیه مجلس و نمایندگان کافی به نظر نمیرسد. هرگاه دولت خود قصد بلوا و آشوب ندارد چرا دست به اینگونه تظاهرات میزند. من به حکم مسؤلیت دینی و ملی و قانونی که به عنوان ریاست مجلس شورای ملی دارم به عموم طرفداران حق و قانون و آزادی اعلام میدارم که در چنین موقعیت حساس کشور هیچ عاملی بیش از امنیت عمومی موجب رفاه و سعادت ملت ایران نیست.

آقایان محترم شما به خوبی میدانید که من نتیجه یک عمر فداکاری را در راه اتحاد و اتفاق با دکترمصدق صرف نموده ام ولی متأسفانه قدرآن را ندانسته و ازآن حق ناشناسی کردند و نخواست آنرا در راه منافع و مصالح مملکت بکار برد. آقایان محترم ، از شما می پرسم منکرید که واقعه ۳۰ تیر پس از عنایت پروردگار و همت ملت شریف ایران با جانفشانی عده ای صمیمی و از خود گذشته که ملت همه آنها را بخوبی شناخته اند و امروز حق ناشناسان آنها را به جاسوسی و خیانت متهم میکنند پایان یافت و جناب دکتر مصدق بار دیگر به نخست وزیری و وزارت دفاع منصوب گردید. آقایان مگر ملی شدن نفت با همت همین افراد نبود و خلع ید که فردا روز جشن آن اعلام شده است با فداکاری های مکی و امثال او انجام نگردید. حال همه آنها عمال بیگانه اند. از شما آقایان نمایندگان مطبوعات میپرسم که آیا حفظ حقوق ملت و رعایت اصول مشروطیت که به اینجانب محول شده و با کوشش در حفظ مقام و احترام مجلس که هر خشتی از بنای آن با خون بهترین فرزندان ایران عجین گردیده گناه میباشد؟

آقایان محترم تحقیق کنید از ورود روزنامه های مخالف به شهرستان ها ممانعت میشود و به دستگاه تبلیغات که از بیت المال مسلمین میچرخد اجازه نمیدهند که اعلامیه دعوت برای نمازعید فطر و دستورات اسلامی را پخش کنند. من با خدا عهد کرده ام که جز با حقیقت وفادار نباشم و پیمان وفاداری من با اشخاص تا هنگامی است که در راه حق و حقیقت و انصاف قدم بردارند. دستگاه دولتی باید بدانند که اگر این تظاهرات صرفا برای مقابله و خودنمائی در برابر نماز عید فطر است بسیار در اشتباهند زیرا با وجودی که هر قدر توانستند در راه انجام این عبادت مانع ایجاد نمودند این نماز به ترتیبی که مردم شاهد بودند بر گذار شد و شکوه و استقبال آن موجب گردید که دولتی ها دست به تظاهرات فردا بزنند. اما دنیا باید بدانند که تشکیل دهندگان این تظاهرات چه عواملی هستند و چه مقصودی دارند. حال دنیای آزاد و طرفداران حقوق بشر باید بدانند که در گوشه ای از دنیا مدعیان آزادی با مردم آزاد چه میکنند و حکومت خود را روی چه پایه ای استوار میسازند. در خاتمه جدا انتظار میرود دولت برای تسکین افکار و اعصاب عمومی و جلوگیری از هرگونه تشنج احتمالی دستور دهد این مصاحبه در سه نوبت در رادیو پخش شود.

۲۸ خرداد ۱۳۳۲

اعلامیه فراکسیون آزادی

ملت شریف ایران ما همواره به ملت عزیز خود تذکر داده ایم که آقای دکتر مصدق و هم دستانش برخلاف تصور سابق حسن نیت ندارند و قضیه ملی شدن صنعت نفت را وسیله رسیدن به مقاصد و آرزوهای شخصی قرار داده و به فکر منفعت ملت نیستند چنانکه در موضوع نفت پرداخت غرامت را گردن نهادند و اگر این طور باشد باید ملت تا سال های متمادی هرچه نفت استخراج کند به عنوان غرامت دو دستی تقدیم انگلیسی ها بنمایند درصورتی که به موجب قرارداد دارسی نه تنها ملت ایران از پرداخت هر نوع غرامتی معاف است بلکه میلیارد ها هم طلبکار است در این صورت قبول غرامت از جانب دکتر مصدق در حکم خیانت بزرگی به ملت ایران محسوب است که باید تعقیب و مجازات گردد.

موضوع اجتماع جمعه فردا در میدان بهارستان را پیش کشیده کارگران کارخانه های دولتی و محصلین معصوم را مجبور می نمایند که در جلو مجلس اجتماع کنند ولی مردم با هوش ایران قبلا واقف به عمق نقشه های کودکانه آنان هستند زیرا ملت ایران جز مشتی الفاظ توخالی و بی نظمی و آشفتگی اوضاع محصولی از این حکومت برنداشته است. این حکومت برخلاف تمام حکومت های دنیا که میخواهند با ایجاد نظم حکومت کنند سعی دارد با رواج بی نظمی و هرج و مرج حکومت کرده مخالفین سیاسی خود را به زور چاقو کش و رجاله مرعوب سازد چنانکه اجتماع فردا در میدان بارستان به همین منظور است.

اعلامیه دکتر بقائی درمورد متیگ روز خلع ید

حزب زحمتکشان ملت ایران دکتر بقائی در اعلامیه ای خطاب به پدران و مادران تهرانی آنها را تهدید مینماید از رفتن جوانان خود به میدان بهارستان جلوگیری نمایند چون احتمال کشتار و تیر اندازی بسیار است ضمنا از اعضای حزب زحمتکشان خواسته اند برای دفاع ازحزب که نزدیک به برگزاری تظاهرات میباشد در کلوب حزب حاضرشوند.

نظر نمایندگان منفرد در مورد متینگ فردا

عده ای از نمایندگان بی طرف مجلس عقیده دارند شایعات و اعلامیه هائی که مخالفین دولت درچند روز اخیر منتشر کرده اند این است که با این وضع مردم را مرعوب کتتد تا مردم از شرکت در متینگ خودداری کنند.

۳۰ خرداد ۱۳۳۲

متینگ میدان بهارستان به مناسبت آغاز سومین سال خلع ید از شرکت نفت

هوای تهران گرم و طاقت فرسا است معهذا جمعیت زیر آفتاب سوزان جمع شده و گوشه ای از میدان خالی نمانده است. ازساعت ۸ صبح دسته های موافق دولت احزاب نیروی سوم، ایران، پان ایرانیست ، آزادی مردم ایران و دانشجویان و دانش آموزان ، اصناف و پیشه وران، رانندگان اتوبوس ها و مردمان عادی در میدان بهارستان اجتماع نموده اند.

انتظامات میدان بهارستان توسط افرادی از سازمان های شرکت کننده و مأمورین انتظامی فرمانداری نظامی و شهربانی انجام میشود. قبل از شروع سخنرانی از بلند گوهای اطراف میدان شعار راه مصدق ، راه ملت است و مصدق پیروز است پخش میگردد. در ساعت ۹ بامداد اولین سخنران آقای جلالی پشت میکروفون قرار میگیرد.

« بسم الله الرحمن الرحیم و ان تنصرالله ینصرکم و ثبت اقدامکم » هموطنان عزیز از طرف فراکسیون نهضت ملی ایران از شما مردم بیدار که دعوت خدمتگذاران خود را پذیرفته اید تشکر نموده و خاطر نشان میسازم یک بار دیگر جریان حوادث ایجاب کرد که نمایندگان فراکسیون نهضت ملی با شما مبارزین مصمم و سربازان نهضت ملی ایران از نزدیک اوضاع سیاسی وطن عزیز را در میان بگذارند و حقایقی را به سمع شما برسانند و مانند همیشه از اراده شما که گوشه ای از تجلیات قدرت لایزال خداوندی است الهام بگیرند زیرا ما مبعوث و منتخب شما و دیگر هموطنان هستیم و بر کرسی نمایندگی مجلس شورای ملی تنها به عشق خدمت به وطن و تأمین سعادت و آزادی مردم تکیه زده ایم و بنابراین جز تسلیم به درگاه ملت طریقی دیگر نمی شناسیم و کاری دیگر نخواهیم کرد.

هموطنان عزیز، نهضت ملی ایران که عمق و اصالت و حقانیت و عظمت آن باعث تحسین و اعجاب بشریت عصر حاضر شده است درمسیر پر فراز و نشیب خود به مرحله ای بس دقیق و حساس رسیده است و ما که افتخار داریم در صف مقدم این جهاد مقدس قرار گرفته ایم لازم دیدیم ملت ایران را از پاره ای مطالب مطلع سازیم و لزوم هوشیاری بیشتری را در حفظ و نگهداری نهضت ملی یادآور شویم. بنده با این مختصر برنامه اجتماع امروز را افتتاح میکنم. یقین دارم ملت هوشمند ایران که بارها امواج حوادث در گذشته نزدیک همین میدان بهارستان را درراه آزادی وشرف به خون رنگین ساخته است دراین راه یارو یاور نماینده گان صدیق خود خواهند بود و متقابلا در پیشگاه خداوند بزرگ و حضور شما تعهد می سپاریم کماکان ازصراط مستقیم منحرف نشویم و خیرو صلاح وطن و ملت را برهرچیز دیگر ترجیح دهیم و درصورت لزوم از فداکاری دریغ ننمائیم.

ناطق دوم آقای خلخالی اظهار داشت قیام تاریخی ملی شدن صنایع نفت و خلع ید از شرکت غاصب نفت زائیده اراده ملت بوده و به هیچ وجه متعلق به چند نفر و متمرکز در دست معدودی نیست و هیچ مرجعی شایسته تر از خود ملت ایران برای قبول این افتخارات نمیباشد. دشمن زخم خورده آخرین تلاش مذبوحانه خود را انجام میدهد و میخواهد با نیرنگ و تشتت و نفاق ملت بیدار و متحد ما را به شکست و ناکامی و یأس و حرمان مواجه سازد از اینرو لازم شد که امروز ما عهد و پیمان خود را با شما تجدید کنیم و برای درهم شکستن و مقاومت در برابر کبرشکنی و اخلال دشمن مصمم تر شویم ، ما عهد میکنیم با اوضاع و احوالی که به منظور متلاشی کردن قدرت مردم و عدم موفقیت نهضت ملی انجام میگیرد به شدت مبارزه کنیم و باید با کمال علاقه و صمیمیت دولت را در مقابل دشمنان خارجی و تحصیل حقوق عمومی کمک کنیم و از وی بخواهیم که خواسته های مردم را فراموش نکند. این همه فعالیت های تخریبی و تشنجات پارلمانی مقصدی غیر از خاموش کردن شعله های مقدس ملی و قدرت بخشیدن به دشمنان شکست خورده ملت ندارد ولی هرگز موفق نخواهند شد و ملت ایران قادر است با یک جهش کار آنها را یکسره و دعوی را خاتمه دهد.

کارهای انجام شده

آقای دکتر سنجابی سخنران بعدی سومین سال خلع ید را به ملت ایران تبریک گفت و اظهار داشت سیاست استعماری انگلستان امروز برای گرفتن انتقام از پیروزی درخشان نهضت ملی آخرین اقدامات خود را در کشور ما بکار میبرد و کسانی که تا دیروز در نهضت پرافتخار ایران در صف اول قرار گرفته بودند و امروز نقاب از چهره خود برداشته و با سرشناس ترین عمال رسوای استعمار همکاری میکنند و افتخارات گذشته خود را ضایع میسازند آخرین

حربه سیاست شوم استعماری هستند ولی به خواست خدا و همت مردم این آخرین تشبث هم به شکست و رسوائی منتهی خواهد شد.

ملاحظه میکنید که ملت ایران در راه پیروزی است و اصلاحات اقتصادی و مالی پیشرفت دارد و برای اینکه این فعالیت متوقف گردد و سیاست استعماری مجدداً مسلط شود تنها وسیله آن ساقط کردن حکومت فعلی است و مخالفین و منافقین چه در مجلس و چه در مطبوعات خود این پیشرفت ها را انکار میکنند. هموطنان دولتی که در یک جهاد بزرگ مشغول کار است بزرگترین خدمت او پیروزی دراین جهاد است ، خلع ید از شرکت سابق ، بستن کنسول گری ها پیروزی در شورای امنیت و دادگاه لاهه برای یک دولت ملی بزرگترین خدمت است و اگر این دولت جز این هیچ خدمت دیگری انجام نداده بود برای افتخار او کافی بود.

مدت دو سال است بودجه مملکت بدون عواید نفت روز به روز متعادل تر میشود ، تجارت خارجی توسعه یافته و سطح تولید درسال اخیر ترقی محسوسی کرده است. مبارزاتی که امروز با دولت مصدق میشود در هیچ زمانی با حکومت های خائن و دست نشانده بیگانه نمیشد تمام زور و پول و نیرنگ و دروغ و توطئه یکجا بکار برده میشود و هدف آن فقط و فقط سقوط این حکومت است زیرا می بینند که تمام آرزو ها و انتظارات آنان که ملت ایران را به وسیله محاصره اقتصادی از پا درآورند بی نتیجه ماند ، تشبثات و نیرنگ های بین المللی یکی بعد از دیگری به شکست مواجه شد و اکنون برأی العین مشاهده می کنید که ملت ایران در صراط مستقیم صلاح و نجات و رستگاری است و روز به روز به پیش میرود.

عایدات مختصری که سابقا از نفت به دست میآمد در نتیجه کارشکنی و محاصره اقتصادی انگلستان پس از ملی شدن نفت از بین رفت و مخارج بزرگ اداره کردن و پرداخت حقوق چندین هزار نفر کارمند و کارگر نفت جنوب بر بودجه مملکت اضافه شده است اما سیاست استعماری انتظار داشت که در ظرف چند ماه دولت ایران را به زانو در آورد ولی با همت و کوشش و گذشت ملت ایران اکنون دو سال است که از تاریخ ملی شدن صنعت نفت میگذرد و بودجه مملکت بدون عواید نفت روز بروز متعادل تر میشود آیا درنظر مخالفین و معاندین بی انصاف این تعادل بودجه یک خدمت بزرگ نیست؟ صادرات کشور سه برابر سال ۱۳۲۸ و دو برابر سال ۱۳۲۹ شده است.

هموطنان نهضت ملی ایران نهضت شما است و حکومت مصدق حکومت شما است و شما باید حافظ حکومت مصدق باشید.

چهارمین سخنران آقای مهندس رضوی رئیس فراکسیون نهضت ملی اظهار داشت بر ما آشکار و ثابت است که دولت دکتر مصدق با دستگاه هائی که قبلا بنام دولت بر مملکت تحمیل میکردند تفاوت فاحشی دارد ، دولت حاضر در راه خدمت به ایران و ایرانی سیر میکند ، تبانی و بند و بست و توطئه و ایجاد ناامنی های مصنوعی و سوء استفاده های کلان در طبقات بالای دولت از بین رفته و مأمورین دولت از کشوری و لشکری که سابقا عده زیادی از آنها با تکبر و نخوت به ملت نگاه میکردند امروز به تدریج در راه خدمتگزاری به مردم سوق داده میشوند.

ما ادعا نمیکنیم که با قانون گذاری موفق شده ایم قدم های بزرگی در راه رفاه مردم برداشته ایم ولی مدعی هستیم در نتیجه هوشیاری ملت نگذاشته ایم شعله مقدس نهضت ملی خاموش

شود و ملاحظه می کنید که صدا هایی هر روز شنیده میشود و نهضت را تخطئه می کنند، این عده که به هزار نفر نمیرسند سعی میکنند مردم را مأیوس کنند. علاوه بر ایجاد نفوذ بیگانگان تهیه زمینه دیکتاتوری و استفاده از قدرت قوای انتظامی و ارتش مملکت منظور نظر آنها است که در شهریور۱۳۲۰ قوای انتظامی به دردِ این آب و خاک نخورد و عده ای از افسران شرافتمند ارتش هم در این ۱۲ سال اخیر ملاحظه کردند که قوای انتظامی در دست هوی و هوس عده ای قرار گرفته که غیر از منافع شخصی نظر دیگری ندارند و یکی از اقدامات ما این است که سعی کنیم این وسایل را که به پول شما و برای خدمتگزاری شما تهیه شده است با سایر دستگاه های مملکت همآهمگ سازیم. و این همان است که در مقدمه طرح هیأت ۸ نفری اعلام شده است. ما طرفدار تغییر رژیم نیستیم ولی در مملکت مشروطه نمیتوانیم اختیار را از مسؤلیت جدا بدانیم و بنا براین مداخله مقام غیر مسؤل را در امورمملکت که مخالف قانون اساسی است نمیتوانیم تحمل کنیم.

درباب نفت هنوز ما در آغاز مبارزه هستیم و با صبر و حوصله و در کمال صرفه جوئی باید دستگاه های تصفیه و استخراج را نگاهداری کنیم و اگر برای حل مسأله نفت عجله کنیم بی تجربه گی و بی اطلاعی خود را ثابت کرده ایم. باید عدالت اجتماعی در مملکت مستقر گردد و زمینه محدود ساختن مالکیت های عمده و ملی کردن صنایع اقداماتی به عمل آید.

معنای نهضت ملی

پنجمین سخنران آقای دکتر شایگان چنین گفتند همه آگاه هستیم که نهضت ما با پایمردی و اقدام ملت ایران به نفع ملیون تمام شد ولی دشمنان نهضت به وسایلی متشبث شدند و وقتی که مردم ایران و نمایندگان نهضت ملی میخواستند به آقای دکتر مصدق اختیارات بدهند همان کسانی که در گذشته با اختیارات موافق بودند در موقع تمدید اختیارات بنام مخالف شروع به کارشکنی کردند که کاملا برخلاف قانون بود. آنها از این عمل خود نتیجه نگرفتند ولی خائنین به مملکت که پی بهانه می گشتند غوغای نهم اسفند را بر پا کردند ، باز مردم هوشیار تهران مخالفین و منافقین را به جای خود نشاندند ولی توبه گرگ مرگ است. این حیوانات محیل بازمتوسل شدند که وسیله دیگری فراهم کنند و توطئه ننگین ربودن افشار طوس را درست کردند ، این توطئه آدم کشان ضرری جز از میان رفتن یک نفر سرباز وطن برای این مملکت نداشت. منافقین میخواستند مقدمات دیکتاتوری را فراهم آورند ولی ملت ایران بیدار است و نمایندگان شما مصمم هستند تا موقعی که موفق نشدند نظم را در جلسه علنی بر قرار سازند در جلسات علنی شرکت نکنند. در سه سال پیش از همین محل شریف دکتر مصدق به شما قول داد که پای بیگانه را از این مملکت قطع خواهد کرد آیا دکتر مصدق به عهد خود وفا کرده است یا نه؟ آیا دکتر مصدق بزرگترین دولت استعماری را به زانو در نیاورده؟ او جز تأییدات ملت چه سرمایه ای داشت که توانست این افتخارات را بدست آورد؟ هر یک از شما اگر به خارج بروید معنای نهضت ملی ایران و خدمات مصدق را خواهید دید، ملتی که تا چند سال پیش هیچ یک از ملل دنیا اورا به حساب نمیآوردند امروز سرمشق گذشت و آزادی خواهی و استقلال طلبی دنیا است.

ما نمایندگان فراکسیون نهضت ملی طالب حکومت مشروطه هستیم حکومتی که اختیار و مسؤلیت آن بدست دولت منتخب مجلس باشد. فراکسیون ما میخواهد دولت فقط در برابر مجلس شورای ملی مسؤل باشد مجلسی که پیوسته از نمایندگان حقیقی ملت تشکیل شود. علت خواستن این حکومت ارادت به شخص دکتر مصدق نیست ارادت به عمل او است.

ارادت به ملت خواهی و میهن دوستی او است. نمایندگانی که به پدر ملت اطمینان دارند به او اختیار داده اند و خود او در موقع لزوم موقعی که جاده را برای اصلاحات صاف دید اختیارات را به مجلس عودت میدهد، بنابراین دلسوزی مخالفین برای قانون اساسی جز دلسوزی برای منافع اجانب چیز دیگری نیست.

آخرین نقشه های اجانب را نقش بر آب کنیم

آقای پارسا سخنگوی فراکسیون نهضت ملی و آخرین سخنران گفت امروز ملت ما بر سر دو راهی موفقیت و شکست ایستاده است باید در این دقایق حساس و تاریخی با کمال دقت و چشم باز راه خود را انتخاب کنیم و نگذاشت اجانب و ایادی آنها مردم را از طریق راست دور و منحرف کنند. در کارهای پارلمانی ما به این نتیجه رسیده ایم با روش خصمانه و خلاف اصولی که مخالفین پیش گرفته اند کاری در این مجلس انجام نخواهد شد، سرنوشت گزارش هیأت ۸ نفری که ملت و شاه و مجلس و دولت همگی درباره اش موافقت دارند و از بدیهی ترین اصول حکومت های مشروطه بوده و تصویب آن موجب تحکیم مبانی مشروطیت می باشد یکی از شواهد بارز این مدعا است.

عده ای میخواهند با ایجاد هرج و مرج مشروطیت را به ابتذال بکشانند و مردم را به حکومت دموکراسی بدبین نمایند تا زمینه حکومت خودسری و استبداد را آماده نمایند و به دنیا نشان دهند ایرانی بین دو قطب هرج و مرج و دیکتاتوری سرگردان باشند ولی اشتباه میکنند مردم بیدارند و محال است بتوانند حقوق ملت را زیر پا بگذارند. اکنون بیگانگان از هر نغمه مخالفی به هر عنوان که ساز شود استفاده کرده میکوشند این نغمه های مخالف را به یکدیگر نزدیک سازند ما نمایندگان عضو فراکسیون نهضت ملی تصمیم قاطع داریم با پشتیبانی ملت قهرمان ایران این آخرین نقشه های اجانب را نیز نقش بر آب کنیم ، ما ملت را دعوت میکنیم که کاملا هوشیار باشند و اندک غفلتی در انجام وظایف اجتماعی خود را روا ندارند. از دولت میخواهیم با نهایت قدرت و با اتکا به قانون از هرگونه تحریک و دسیسه به شدت جلوگیری کند و از دولت خواستاریم راهی را که در مبارزه با اجانب پیش گرفته اند بی دغدغه خاطر دنبال کنند و در اصلاحات داخلی اکثریت مردم و طبقات محروم را در نظر بگیرند. برای داشتن ایرانی آباد همه ایرانیان مثل سرباز از جان گذشته شرکت کنند و انشاالله در سایه اتحاد و اتفاق و اتحاد شب سختی به پایان رسیده و صبح در انتظار ما است.

قطعنامه متینگ

اول - اعضای فراکسیون نهضت ملی برای احترام مشروطیت و حفظ آبروی مجلس خواهند کوشید تا با همکاری سایر نمایندگان محیط مجلس برای انجام وظیفه نمایندگی آماده گردد و تا زمانی که اطمینان حاصل نشود انجام وظیفه نمایندگی بر طبق قانون و اصول مشروطیت برای عموم نمایندگان فراهم است ضمن اینکه مرتبا در مجلس حاضر شده و مراقب اوضاع خواهند بود با کمال تأسف از شرکت در جلسات علنی مجلس خودداری خواهند نمود.

دوم - چون طرح گزارش هیأت ۸ نفری که برای تحکیم مبانی مشروطیت و تعیین تکلیف حکومت های آینده مملکت و احترام مقام سلطنت تهیه شده است مورد تأیید قاطبه مردم میباشد و تصویب آن را یکی از مهمترین و اساسی ترین اقدامات مجلس میداند.

از دولت خواستاریم از اختیارات قانونی خود برای پیشرفت نهضت مقدس ملی ایران کاملا استفاده نموده و مخصوصا در مجازات شدید اخلالگرن امنیت با کمال سرعت اقدام نماید. در

اصلاح اموداخلی و تأمین موجبات رفاه و آسایش ملت بیش از پیش سعی و کوشش معمول دارد. از هموطنان عزیز تقاضا داریم در مقابل اقداماتی که اخلال گران به منظور تضعیف دولت ملی و پیشرفت مقاصد شوم استعمار گران مینمایند در کمال هوشیاری و بیداری پایداری نمایند. با توجه به سیاست عاقلانه ای که دولت ملی آقای دکتر مصدق در مبارزه با بیگانگان بالاخص در موضوع نفت اتخاذ نموده در پشتیبانی و تقویت دولت با اعضای فراکسیون همکاری نمایند.

قطعنامه با دست زدن های مکرر و شعارهای زنده باد مصدق ، راه مصدق راه ملت است، شرکت کنندگان به تصویب رسید.

طبق اطلاعات واصله در اکثر شهرهای ایران آبادان ، رشت ، تبریز ، اصفهان ، اهواز، شیراز و کرمان ، عشایر قشقائی ، رضائیه و شهر های کردستان و کرمانشاه اجتماعات شهری و در تلگراف خانه ها به دعوت فراکسیون نهضت ملی دومین سال خلع ید از شرکت سابق و پشتیبانی از دولت دکتر مصدق برگزار گردیده است.

۳۱ خرداد ۱۳۳۲

کاندیدای ریاست مجلس شورای ملی

نظر به اینکه بیش از چند روز دیگر به پایان دوره یک ساله هیأت رئیسه فعلی وقت نمانده است فعالیت بین فراکسیون ها و گروه های مختلف برای انتخاب اعضای هیأت رئیسه در جریان است. در فراکسیون نهضت ملی سه نفر کاندیدا برای ریاست مجلس بودند که پس از بحث درون فراکسیون آقایان دکتر شایگان و مهندس رضوی به نفع آقای دکتر معظمی از کاندیداتوری منصرف شدند و آقای دکتر معظمی به عنوان کاندیدای فراکسیون نهضت ملی معرفی شدند. به این ترتیب بنظر میرسد کاندیدا های ریاست مجلس آیت الله کاشانی و دکترمعظمی خواهند بود.

۲ تیر ۱۳۳۲

رأی دادگاه توکیو درباره حقانیت ایران

اولا - دادگاه به دلایل زیر قانون ملی کردن صنایع نفت را معتبر می شناسد:

مدعی به استناد اینکه قانون مزبور مصادره است و به حقوق و منافع او بدون پرداخت صدمه زده و چنین قانونی مطابق حقوق بین المللی معتبر شناخته نمیشود ادعا میکند که در هیچ دادگاهی نباید بدین ترتیب اثر داده شود.

اکنون این ادعا را مورد مطالعه قرارمیدهیم ، شاید این نکته غیرقابل انکار باشد که طبق اصول حقوق بین المللی هرعمل دولتی که مستلزم مصادره حقوق و منافع خارجی ها بدون پرداخت غرامت در قلمرو آن دولت باشد تقصیری محسوب میشود و نقض حقوق بین المللل است و از این رو شخص خارجی که ملک او مصادره شد یا دولت متبوع او که حق صنایت از حقوق و منافع او را دارد در مقام اثبات مسؤلیت ناشی از عمل غیر قانونی دولتی که مصادره نموده برآمده و غرامت را مطالبه میکند ، این نکته که آیا دادگاه کشور خارجی یعنی کشور ثالث قانونا میتواند نسبت به عمل دولت خارجی دیگر قضاوت نموده و آن را غیر معتبر شناخته و آثار آنرا منکر شود مسأله ای جداگانه است که دادگاه وارد آن نشده و تردید دارد که اعلام کند آیا اصل مسلم منجزی که مورد قبول عموم در حقوق بین الملل باشد در این مورد موجود است یا نه؟ به استثنای موردی که ترتیب اثر دادن به عمل دولت خارجی در

قلمرو کشور دیگری که قانون آن کشور حاکم است مورد تقاضا باشد با منظور ترتیب اثر دادن به عمل دولتی باشد که نظم عمومی دولت دیگررا عملا مختل میکند برحسب اصل مسلم حقوق بین الملل یعنی لزوم احترام حاکمیت متقابل دولت مستقل و به منظور حفظ روابط دوستانه دادگاه معتقد است که به هیچ وحه نمیتواند منکر اعتبار قوانین و نظامات کشور دیگری شود آن هم قوانینی که طبق منافع آن کشور وضع گردیده و مخصوصا وقتی که آثار آن در قلمرو خود آن کشور به منصه ظهور رسیده باشد.

مدعی نسبت به اینکه قانون ملی کردن (قطع نظر از اینکه آیا این قانون مصادره است یا نیست) موافق مقررات قانونی کشور ایران وضع گردیده است اعتراضی ننموده است و بنابراین در داخل ایران مؤثر و معتبر شناخته شود. به علاوه با توجه به سند شماره ۱۱ مدعا علیه (نخست وزیر ایران) و سند شماره ۱۲ (قطعنامه شورای امنیت سازمان ملل متحد مورخ ۲۲ دسامبر ۱۹۵۲) که صحت صدور آن با شهادت جلال عبده ثابت شده و در آن قطعنامه مجمع عمومی به اعضای سازمان ملل متحد راجع به استفاده از منابع ملی آنها توصیه نموده است مسلم به نظر میرسد که قانون مزبور طبق منافع ملت ایران وضع گردیده و گذشته از آن در این مورد آثار اجرای قانون ملی کردن در ایران تحقق یافته و شناختن آثار مزبور در کشور ژاپن به طوری که ذیلا تشریح میشود به هیچ وجه نظم عمومی این کشور را مختل نمی نماید بنابراین دادگاه مجوزی ندارد که منکر آثار قانون ملی کردن بشود. سوابق قضائی که ضمن مدارک مدعی تسلیم شده با موضوع مورد بحث شباهتی ندارد و نه از لحاظ موضوع مورد دعوی و نه ازلحاظ جریان رسیدگی نمیتوان آن سوابق را با موضوع مورد بحث مشابه محسوب داشت. به علاوه هیچیک از نظرات حقوقی هم که از طرف مدعی عنوان شده و مغایر این رأی است به نظر دادگاه قابل قبول نیست.

ملاقات هفتگی آیت الله با نمایندگان مجلس

در بدو جلسه آیت الله با آقای مکی و مهندس رضوی صحبت کردند سپس از آقایان درخواست کردند گذشته را فراموش کرده و روی یکدیگر را ببوسند. در این موقع آقای مهندس رضوی و مکی پس از اظهار تأسف از پیش آمد جلسات اخیر مجلس روی یکدیگر را بوسیدند و باین ترتیب یکی از مسائلی که سبب چند روز تشنج شده بود حل گردید.

۳ تیر ۱۳۳۲

محاکمه متهمین واقعه ۹ اسفند

ساعت ۱۰ بامداد امروز جلسه محاکمه متهمین واقعه ۹ اسفند تشکیل شد و وکلای متهم با وجودی که در ۵ جلسه گذشته هر کدام در مورد رد صلاحیت دادگاه صحبت کرده بودند و نماینده دادستان نیز به آنها پاسخ داده بود معهذا امروز نیز در مورد رد صلاحیت دادگاه برای محاکمه متهمین مطالبی اظهار داشتند که توسط معاون دادستان به آنها پاسخ داده شد.

یکی از وکلای متهمین به عنوان اعتراض به روند دادگاه از ادامه وکالت استعفا داد ولی در جلسه امروز رئیس دادگاه را متهم به گرفتن رشوه از چند نفر از متهمین نمود که مورد اعتراض رئیس دادگاه گردید. رئیس دادگاه در این مورد طی نامه ای از سمت خود استعفا داد که مورد قبول فرمانداری نظامی قرار نگرفت.

۵ تیر ۱۳۳۲

نماینده دادستان به ایرادات وکلای مدافع و متهمین حادثه ۹ اسفند پاسخ داد

ابتدا رهبر حزب ذوالفقار دسته گلی توسط شعبان جعفری به متهمین واقعه ۹ اسفند داد. سرهنگ یمینی وکیل یکی از متهمین که درمورد رشوه گرفتن رئیس دادگاه در جلسه دیروز دادگاه مطرح شده بود اظهارتأسف نمود و متهمین نیز آنرا تأیید کردند. چون متهم سرهنگ رحیمی در یکی از جلسات دادگاه اظهار داشته بود که اوراقی از ایشان دزدیده شده است معاون دادستان گفت چنانچه دلایل برای اثبات ادعای خود دارید ارائه دهید در غیر این صورت به عنوان مفتری مرتکب جرم شده اید و من در این مورد اعلام جرم میکنم. معاون دادستان متن اعلام جرمی را که علیه سرهمگ رحیمی کرده بود قرائت کرد. و گفت آقای سرهنگ رحیمی مدعی است که رونوشت آن مدارک را دارد استدعا میکنم آنرا بیاورد تا چنانچه اثری داشت مورد رسیدگی قرار گیرد.

۶ تیر ۱۳۳۲

اظهارات نخست وزیر در جلسه ملاقات با نمایندگان فراکسیون اتحاد و کشور

چنانکه خاطر مبارک آقایان مستحضر است این جانب مکرر علاقمندی خود را به حفظ احترام و تقویت مجلس شورا ملی اظهار داشته و آرزومند بوده و هستم که مجلس مرکز ثقل مملکت و مرجع و منشاء تمام آمال و ترقیات ملت ایران می باشد. دلایل کار یکی دو تا نیست ولی چون در مقام تفصیل نیستم فقط دو موضوع را که دلیل علاقه این جانب به مجلس شورای ملی است به عرض میرسانم:

دلیل اول اینکه مجلس نماینده مردم و پشتیبان دولت و حافظ هر دولتی در مقابل تقاضا ها و احیاناً فشار های خارجی است و به همین جهت هیچ دولت مستغنی ازوجود مجلس نیست.

دلیل دوم اینکه ملت ایران و بهمین جهت هر دولت ملی میل دارد اساس مشروطیت در مملکت مستقر شود و مشروطیت بدون مجلس تحقق پذیر نیست. ممکن است گفته شود مجالس ما پاره ای از اوقات به وظیفه خود عمل نمیکنند و منظور مردم را تأمین نمی نمایند. با تصدیق این موضوع باید عرض کنم که رژیم مشروطیت در همه جا در ابتدا به همین ترتیب شروع شده و به تدریج مجلس کامل تمام العیار بوجود آمده است بنابراین ما هم باید همین طریق را طی کنیم تا مجلسی که کمال مطلوب ما است به وجود آید و اگر غیر از این رفتار کنیم مثلا به خیال داشتن مجلس خوب در آینده از آنجه فعلا داریم صرفنظر نمائیم بر فرض که ۵۰ سال هم مقدمات مجلس خوب را فراهم کنیم بدون وجود خود مجلس به نتیجه نخواهیم رسید.

به عقیده من تعطیل مجلس به هیچوجه جایز نیست و هر دولت ملی باید تمام مساعی خود را به کار برد که مجلس وجود داشته باشد و به وظایف خود عمل کند. مجلسی که بتواند منشأ اثر باشد و مفید بحال مملکت شود باید مجلسی باشد که مطابق اصول معموله پارلمانی دنیا دارای اکثریت و اقلیتی باشد ، اکثریت حکومت کند و اقلیت هم به وظیفه وجدانی خود نواقص و عیوب کار دولت را به دولت گوشزد و رفع آنرا بخواهد. بنابراین مجلسی که بتواند منشاء آثار مفیده برای مملکت باشد مجلسی است که دارای اکثریت و اقلیت ثابتی باشد که یکی پشتیبان و دیگری راهنمای دولت باشد. باید به عرض آقایان برسانم که دشمنان ملت ایران اختلافاتی را که ملاحظه میفرمائید ایجاد کرده و انتشار دارند که با تقویت مخالفین

اسباب تزلزل دولت را فراهم نموده به آمال دیرین خود برسند. شواهد و دلایل این اسباب چینی فراهم است و در صورت لزوم به سمع ملت خواهد رسید. با وضع فعلی مجلس دولت که مسؤل اداره مملکت است نمیتواند از اختیارات خود صرفنظر کند زیرا صرفنظر از اختیارات با وضع فعلی مجلس که کوچکترین قدمی در راه اصلاحات بر نمیدارد به نظر دولت کاملا بر خلاف مصلحت و مضر به حال مملکت است.

آقایان محترم اصلاح اوضاع کنونی مملکت مخصوصا اصلاحات اقتصادی و مالی مستلزم این است که اوقات دولت پیوسته مصروف حل این مشکلات باشد، حال اگر مجلس که باید با دولت همکاری کند وقت خود را صرف کشمکش های شخصی نماید و حتی عده ای از نمایندگان پیوسته به جای کمک یا راهنمائی در صدد فلج کردن کار دولت باشند و دولت مجبور شود که تمام اوقات خود را در جلوگیری از خراب کاری های مخالفین صرف کند به هیچوجه قادر به اصلاحات نخواهد بود. با کمال تأسف باید عرض کنم این دولت که در مقابل مردم مسؤل امور مملکت است ناچار باید از خود مردم در رفع این مشکل استمداد کند و به نحوی از انحاء به این وضع ناهنجار خاتمه دهد. باید این نکته را به عرض برسانم که تعطیل مجلس به نفع هیچ یک از نمایندگان محترم نیست و امیدوارم قبل از آنکه اوضاع و احوال به چنین امر اضطراری منجر شود ، نمایندگان وطن پرست ملت مجلس را به طریق طبیعی خود سوق داده دولت و ملت را از این بن بست نجات دهند.

مجموع اظهارات نخست وزیر طی نامه ای به نمایندگان فراکسیون اتحاد و کشور داده شد تا عینا به اطلاع سایر اعضا رسانیده شود.

۷ تیر ۱۳۳۲
کشف یک شبکه جاسوسی در محل سابق سفارت انگلیس

جریانات سیاسی و اخبار ایران از مدتی پیش به وسیله یک دستگاه فرستنده بی سیم مرتب از ایران به خارج فرستاده شده و سپس پاره ای از آنها در رادیو های خارجی پخش میشد و مأمورین انتظامی اخیرا با دریافت امواجی نا آشنا به دنبال محلی که این اخبار از آنجا پخش میشد به جستجو پرداختند و سر انجام تا پشت دیوارهای سفارت سابق انگلیس آن را تعقیب کردند و در آنجا ناگهان مأمورین متوجه شدند که این دستگاه در محل سفارت مشغول کار است. در محل سابق سفارت انگلیس اطاقی بنام دفتر « جوی » وجود دارد که در آن یک فرستنده بسیار قوی نصب شده است. پس از اینکه انگلیس ها ار ایران رفتند دراطاق جوی نیز ظاهرا بسته شد ولی طبق یک خبر محرمانه که به اداره آگاهی رسید نشان داد که این دستگاه هنوزفعال است و احتمال میرود شب ها فعال باشد.

به دنبال رابرت آلیس

از مدتی قبل گزارشاتی از عملیات مشکوک یک انگلیسی به نام رابرت آلیس به مقامات انتظامی میرسید. این شخص ۴۰ سال است که در ایران اقامت دارد. پیش از اینکه با دولت انگلیس قطع رابطه شود او در سفارت انگلیس کار میکرده. بعد از قطع رابطه و عزیمت کارکنان سفارت او از رفتن خودداری نمود. پس از مدتی که مأمورین آگاهی در تعقیب او بودند و نتوانستند او را در محل اقامتی که آدرس آن در شهربانی بود پیدا کنند جریان را به سفارت سوئیس که حافظ منافع انگلستان در ایران میباشد اطلاع میدهند تا هرچه زودتر آلیس خود را به شهربانی معرفی کند. سرانجام او به همراه مأمور سفارت سوئیس خود را به

شهربانی معرفی میکند که پس از بازجوئی به او تکلیف میشود که ایران را ترک کند. ولی چون شهربانی مطمئن نبود او از ایران خارج شده است پس از کشف بی سیم در محل سابق سفارت مأمورین مجددا در تعقیب او بودند و بالاخره مقارن ظهر امروز او خود را به مأمورین پلیس معرفی نمود و شهربانی به او و سفارت سوئیس که حافظ منافع انگلیس در ایران میباشد دستور میدهد فورا از ایران خارج شود. یک ساعت بعد از ظهر امروز خلاصه ای از پرونده رابرت آلیس به دفتر نخست وزیری ارسال گردید.

۹ تیر ۱۳۳۲

اعلام اعتصاب کارگران کوره پز خانه ها

بیست هزار نفر از کارگران کوره پز خانه های تهران صبح دیروز اعلام داشته بودند که کارگران تا ۲۴ ساعت دیگردر محل کار خود باقی خواهند ماند و درصورتی که تا آن زمان کار فرمایان حاضر نباشند ۲۵ درصد به حقوق آنها اضافه کنند آنها ناچار مبادرت به اعتصاب خواهند کرد. بدین جهت امروز از ساعت ۵ صبح کارگران از رفتن به سر کار خود خودداری کردند. یکی از نمایندگان کارگران به خبرنگاران گفت همه کارگران که درحدود ۲۰ هزار نفر میباشند دست به اعتصاب زده اند و برای این که ما حسن نیت خود را نشان داده باشیم به کارگران گفته ایم که تا ۲۴ ساعت دیگر سر کارهای خود باشند و سعی نمایند از ورود اخلال گران که عامل تولید بلوا هستند به میان خود ممانعت به عمل آورند. چون کوره پزخانه ها در قلمرو شهر ری است از طرف ژاندارمری یک کامیون ژاندارم به محل اعزام شده اند.

به قرار گفته نمایندگان و کارگران علیرغم آنکه وزارت کار دستورات لازم را به کار فرمایان در مورد افزایش حقوق ها داده است معهذا عده ای ازکارفرمایان به این دستورات توجهی نکرده اند. کارگران میگویند اعتصاب را تا رسیدن به درخواست های قانونی خود ادامه خواهند داد ولی ما اجازه نمیدهیم هیچ گروهی از این اعتصاب قانونی علیه دولت استفاده سیاسی بکنند زیرا عموم ما کارگران طرفدار تقویت دولت هستیم.

اعلامیه آیت الله کاشانی

مردم ایران ، در جدالی که برای بقای دین اسلام و حفظ اصول قانون اساسی و مشروطیت ایران درگرفته بنا بر وظیفه دیانتی و تعهدی که در برابر شما مردم دارم و سمتی که از طرف نمایندگان مجلس عهده دار بوده ام به شما میگویم فتح و غلبه با طرفداران اسلام و حکومت مشورتی بر پایه قرآن کریم و اصول قانون اساسی خواهد بود. اگر قبول این مقام را در برابر اصرارنمایندگان مجلس و طبقات مختلف مردم پذیرفتم فقط برای حفظ اصول و سنن مشروطیت و جلوگیری از خطر اهریمن دیکتاتوری بود و خوشبختانه برهمه روشن گردید که اگر درآن موقع شانه از زیر بار مسؤلیت خالی نموده بودم امروز از این مشروطیت و مجلس نام و نشانی هم بجا نبود. از خلال اوضاع بر من کشف شد که رئیس دولت قصد خودسری دارد و نهال آزادی و مشروطیت ایران درخطر افتاده است ، در همین اثنا لایحه اختیارات غیر قانونی آقای مصدق السلطنه که سلب اختیارات از مجلس بود به مجلس آمد و در محیط رعب و وحشت بنام جلوگیری از استعمار بیگانگان و حفظ حقوق عامه از تصویب مجلس گذشت. من در همان موقع آنچه مقدور بود در جلوگیری از تصویب این اختیارات کوشش کردم و نامه های من به مجلس شورای ملی و شخص آقای دکتر مصق یک سند زنده و جاودانی خواهد بود. رئیس دولت با تمام وسایل ممکنه در صدد است که برخلاف

اصول مسلم قانون اساسی ایران را به حال قبل از مشروطیت و حکومت استبدادی برگرداند و بالاخره دامنه کار به جائی کشیده شد که از مجلس شورای ملی سلب اختیار گردید. دراین چند روزه مشهود افتاد که رئیس دولت نمایندگان مجلس را احضار و در تحت عنوان اضطرار آنها را به تعطیل مجلس و مشروطیت تهدید کرده ولی من به شما مردم ایران میگویم مشروطیت هرگز نخواهد مرد.

کمیسیون دادگستری

درجلسه صبح امروز کمیسیون دادگستری سؤالاتی به قرار زیردر مورد قتل افشارطوس رئیس سابق شهربانی از دکتر بقائی نمود و دکتر بقائی بدانها پاسخ داد.
رابطه شما با حسین خطیبی ، ارتباط افسران بازنشسته با حزب زحمتکشان چگونه بود؟ آیا روز بعد از ربوده شدن افشار طوس افسران بازنشسته متهم در قتل افشار طوس میهمان دکتر بقائی بودند؟ ، آیا کشتن افشار طوس به استجازه از دکتر بقائی بوده است؟ ، منظور از ربودن و کشتن رئیس شهربانی چه بوده؟ کودتائی که بنا بود انجام پذیرد به چه منظور بوده است؟ نظر دکتر بقائی نسبت به اقاریر متهمین چیست؟

در کریدور های مجلس این طور استنباط میشد که مدافعات چند روزه دکتر بقائی در جلسات کمیسیون دادگستری سبب شده که برخورد کمیسیون نسبت به دکتر بقائی بهبود یابد و ممکن است جریان رسیدگی طی چند روز آینده پایان یابد.

۱۰ تیر ۱۳۳۲

انتخاب هیأت رئیسه

انتخاب رئیس مجلس با شرکت ۷۳ نفر نماینده حاضر در جلسه به عمل آمد. نتیجه رأی گیری نشان داد که آقای دکتر معظمی با ۴۱ رأی به عنوان رئیس مجلس انتخاب گردید و آیت الله کاشانی دارای ۳۲ رأی بودند. انتخاب بقیه اعضای هیأت رئیسه به روز چهاردهم تیر ماه موکول گردید.

استیضاح دولت توسط علی زهری

بلافاصله بعد از قرائت آرا و انتخاب رئیس مجلس علی زهری استیضاح نامه زیر را به عنوان رئیس مجلس ارسال و همچنین در اختیار مخبرین جراید گذاشت.

مقام منیع ریاست مجلس شورای ملی ، چون طبق اطلاعات موثقی که بدست آمده و قرائن و مدارک موجود دستگاه های انتظامی و مأمورین کشف و کیفیت قتل فجیع رئیس سابق شهربانی و تعقیب مرتکبین و محرکین آن در مورد پرونده مربوط به منظور اخذ اعترافات و اقاریر معین و خلاف واقع و کتمان حقایقی که مأمور کشف آنها بودند مرتکب زجر و آزار و شکنجه متهمین گردیده اند و چون توسل به وسایل مذکور طبق قوانین جاریه کشور جرم و قابل تعقیب میباشند و با وجود اعلام جرمی که اکنون بیشتر از دو ماه توسط دو تن از نمایندگان مجلس به عمل آمده است مقامات دادگستری برای تعقیب مرتکبین و مجازات آنان اقدام مؤثری به عمل نیاورده اند و چون استمرار اصول دادگستری و کشف جرائم و تحقیق با زجر و آزار و شکنجه متهمین نه تنها جرم مسلم و تجاوز علیه نفس و مصونیت های فردی می باشد بلکه اساس امنیت اجتماعی و قضائی و فردی را که قانون اساسی حق مسلم افراد شناخته است و حقیقت و ناموس و شرافت آن را مورد تجاوز قرار داده و اصل آزادی و حقوق افراد در مقابل دستگاه حاکمه باالنتیجه حکومت مشروطه مردم بر مردم را به خطر

بیاندازد ، بدین وسیله شخص جناب اقای دکتر مصدق را از لحاظ سمت وزارت دفاع ملی و ریاست فائقه بر دستگاه های انتظامی و جناب آقای لطفی وزیر دادگستری را از لحاظ تصدی وزارت دادگستری و جناب آقای دکتر صدیقی را از لحاظ ریاست فائقه بر دستگاه شهربانی که یک عده از مرتکبین شکنجه از کارمندان آن وزارت خانه بودند و همچنین شخص آقای دکتر مصدق را از لحاظ ریاست وزرا و دولت ایشان را از لحاظ مسؤلیت مشترک وزرا استیضاح مینمایم. خواهشمند است طبق مقررات آئین نامه دستور فرمائید هرچه زودتردولت برای پاسخ استیضاج اینجانب حاضر شوند. علی زهری

۱۳ تیر ۱۳۳۲

پاسخ فراکسیون اتحاد به نامه دکتر مصدق

جناب آقای دکتر مصدق نخست وزیر ، با تأیید نظر آن جناب راجع به وضع و وظایف سنگین مجلس شورای ملی اضافه میشود که رکن اساسی سلطنت مشروطه مجلس شورای ملی است که محل اجتماع نمایندگان منتخب ملت و شور و بحث در مصالح کشور و اتخاذ روش و سیاستی است که متضمن مصلحت کشور و حفظ استقلال و آزادی باشد ، بنابراین حکومت قانونی کشور قائم به وجود مجلس شورای ملی است و با این که دوره ۱۷ مجلس شورای ملی از مجالس مفیدی است که تاکنون در کشور انعقاد یافته است و به کرات آن جناب فرموده اند که وجود مجلس ولو مفید هم نباشد بهتر از دوره فترت و نبودن است مضافا به این اختیاراتی که در این دوره از طرف مجلس شورای ملی به شخص آن جناب تفویض شده اگر در اثر مسامحه اقلیتی و سوء تدبیر عده ای از همکاران محترم جریان امور در مجلس شورای ملی سرعت مطلوب را نداشته باشد مسلماً با اختیاراتی که آن جناب دارند خللی در کار های دولت رخ نخواهد داد ولی البته باید مجلس وظایف خود را با سرعت ممکن انجام و به هیچ وجه موجبات تعویق و تعطیل کار ها فراهم نشود.

عقیده آن جناب مبنی بر ایجاد اختلافاتی از ناحیه دشمنان ملت مورد تصدیق است ، البته دولت حاضر که تسلط کامل بر اوضاع دارد باید در این قسمت نظارت بیشتری نمایند و از قدرت قانونی خویش در جلوگیری از تشبثات خلاف قانون استفاده کامل بکند و همان طوری که اشاره فرموده اند وظیفه دولت است که در مقابل دسائس مقاومت نماید و از خراب کاری مخالفین با قدرت قانونی جلوگیری به عمل آورد. فراکسیون اتحاد در این مورد کاملا پشتیبان دولت بوده راجع به اقدامات عده ای از نمایندگان به منظور فلج کردن امور دولت اشاره فرموده اید صراحتا یاد آوری مینماید فراکسیون اتحاد در حدود قانون به حق انتقاد و اعتراض و آزادی نطق نمایندگان احترام میگذارد ولی هرموقع ازحدود مقرر تجاوز و به حیثیت و شئون افراد و مجلس توهینی وارد شود مجبور به رعایت مفاد آئین نامه است که تصور نمیرود غیر از این راه چاره دیگری موجود باشد. اشاره ای که در پایان مرقومه راجع به تعطیل مجلس فرموده اید و به این جمله « که تعطیل مجلس به نفع هیچ یک از نمایندگان نیست » تعطیل مجلس شورای ملی را امکان پذیر دانسته اید ناچار به توضیح هستیم که نماینده ملت قبل از همه چیز باید نفع میهن و صلاح ملت را در نظر بگیرد نه نفع شخصی، این محلسی که منتخب ملت و انتخابات آن در دوره زمامداری آن جناب با دقت و تشریفات خاصی انجام یافته و بنا به فرمایش خود جنابعالی حداقل ۸۰ درصد نمایندگان منتخب دوره ۱۷ نماینده واقعی ملت ایران هستند با این سابقه آیا به عقیده جنابعالی برخلاف نص صریح قانون اساسی میتوان مشروطه را تعطیل نمود؟

در این موقعیت حساس که تغییرات اساسی در سیاست عمومی جهان درحال تکوین میباشد آیا مصلحت است که بساط حکومت ملی درهم ریخته شود؟ آیا ممکن نیست که این اقدام سابقه ای ایجاد و در آینده دولت های دیگر به ضرر کشور از آن سابقه استفاده کنند؟ آیا نمیشود تصور کرد که دشمنان ملت ممکن است از تعطیل مجلس و نشان دادن وضع غیر عادی در کشور سوء استفاده کرده و برمرکب آرزو سوار شوند؟ گذشته از این ها اساسا بر طبق قانون اساسی تعطیل مجلس جداً و قویا ممنوع است ، چنانچه مقصود از تعطیل ، تعطیلی است که از طریق عدم حضور نمایندگان حاصل میشود و نمایندگان به چنین اقدامی مبادرت ورزند موجب کمال تأسف و تأثر خواهد بود. مجلس شورای ملی یگانه مرجع تعیین مقدرات کشور است و مراجعه به مقام دیگر با هیچ یک از اصول قانون اساسی وفق نمیدهد. در خاتمه رئوس مسائلی ک امروز موجب اضطراب مردم و مورد توجه افکار عمومی است برای مزید اطلاع به عرض میرساند:

اول - دست نشاندگان نشان دارمعروف بیگانه از ارفاقی که این اواخر در بعضی از سازمان های کشور نسبت به آنها اعلام میشود محیط را آلوده و افکار عمومی را چنان مغشوش و مضطرب نموده اند که مسلما در آینده دولت را دچار زحمات گوناگون خواهند ساخت و از این وضع به نفع اربابان خویش استفاده خواهند نمود. امید است با توجه به « علاج واقعه قبل از وقوع باید کرد » موضوع مورد توجه شخص جنابعالی باشد.

دوم - با اینکه در هر کدام از سازمان های مختلف دولتی به قدر کافی مأمور لایق و مستخدم صلاحیت دار موجود است علتی برای نقل و انتقال کارمندان لشگری و کشوری از وزارت خانه ای به وزارت خانه دیگر به نظر نمیرسد. با ملاحظه جوانب کار عقیده مندیم مقرر شود به این قبیل پیشنهادات مبنی بر نقل و انتقال جواب مساعد داده نشود.

سوم - وضع شهرستان ها و استان های کشور قابل همه گونه توجه است واین همه کشمکش ها و زد و خورد ها و احیانا اتلاف نفوس که همه روزه در اکناف میهن عزیز ایجاد میشود عادی به نظر نمیرسد. انتظار داریم به این قسمت توجه مخصوص و فوری مبذول گردد.

۱۵ تیر ۱۳۳۲

پاسخ فراکسیون کشور به نامه و اظهارات دکتر مصدق

جناب آقای نخست وزیر، علاقه ای که به حفظ حقوق و احترام مجلس شورای ملی و تقویت بنیان مشروطیت فرموده اید همان چیزی است که منظور و مطلوب و نصب العین کلیه رجال آزادی خواه و کسانی که طالب سعادت ملت هستند میباشد و از حضرت عالی که همیشه در حفظ اصول دمکراسی و مشروطیت و آزادی پیش قدم بوده اید ملت ایران از نمایندگان جز این اتنظاری ندارند ، ضرورت وجود مجلس شورای ملی در ممالک دمکراسی از بدیهیات اولیه و امری نیست که کسی نسبت به آن تردید روا دارد. حافظ مجلس شورای ملی و حقوق ملت ایران قانون اساسی ایران است که نیاکان ما با فداکاری ها و ایثار خون خود به دست آورده اند و اولاد و احفاد چنین مردمانی مجاز نیستند مقدسات ملی را که نیاکان آنها با این همه مشقت و فداکاری تحصیل کرده اند در ضرورت وجود آن تردیدی به خود راه دهند. قانون اساسی ایران به حدی این موضوع را مورد توجه و اهمیت قرار داده که با وضع اصل خاصی اساس مشروطیت را جزأً و کلاً تعطیل بردار ندانسته ، حتی تعطیل موقت آن را بطور صریح ممنوع کرده است.

علاوه بر مقررات قانون اساسی که مجلس را مظهر اراده ملت و حاکم بر مقدرات و مرکز ثقل امور مملکت قرار داده تاریخ مشروطیت جوان ما شهادت میدهد که مجالس ایران با همه نقائص که به آن نسبت میدهند از لحاظ حفظ مصالح عالیه کشور و مقابل با مشکلات و مصائب و مقاومت در برابر مقاصد بیگانگان آخرین سنگر و تکیه گاه ملت و دولت بوده و در موارد افتخار آمیزی وظایف ملی خود را با اتحاد و اتفاق درنهایت شهامت و فداکاری انجام داده و همان طور که اشاره و تأکید فرمودید هیچ دولتی در مقابل تقاضا ها و احیانا فشار های خارجی از حمایت مجلس مستغنی نیست. بدیهی است وجود اکثریت برای تشکیل و تقویت دولت و اقلیت برای راهنمائی و انتقاد از دولت ها از لوازم و اصول مشروطیت است. لیکن باید متوجه بود که علت عدم پیدایش اکثریت و اقلیت ثابت و وجود عده ای منفرد معلول نبودن احزاب است. فراکسیون کشور هم برای ایجاد وضع ثابت و رفع تشنج تشکیل و امیدوار است با اقدامات بی غرضانه که نموده و خواهد نمود حتی المقدور با اجرای آئین نامه داخلی در رفع تشنج و ایجاد وضع عادی و ثابت با حفظ حقوق و احترام اقلیت با تشریک مساعی سایرنمایندگان مجلس شورای ملی تا آخر دوره ۱۷ وظایف خود را بخوبی انجام دهد.

این که در آخر یادداشت خودتان اشاره به امکان تعطیل اضطراری مجلس فرموده اید بر آن جناب پوشیده نیست که تعطیل مجلس برای هیچ مقام و دولتی صرفه نداشته است. در دنیائی که ممالک بزرگ با قوای عظیمی که همیشه در اختیار دارند سعی میکنند برای بقای خود اصول قانون اساسی خویش را با نهایت دقت رعایت نموده و مورد احترام قرار دهند. کشور های کوچک که فاقد چنین قوائی هستند بقا و موجودیت آنها در برابر حرص و آز کشور های بزرگ همانا حفظ و احترام به اصول قانون اساسی خود میباشد تا در سایه آن بتوانند موجودیت خود را محفوظ بدارند خاصه در این عصر پر فتنه و آشوبی که کشور های عظیم دنیا در مقابل یکدیگر صف آرائی نموده و برای پیشرفت اصول عقاید خود تمام قوای خویش را اعم از نظامی، سیاسی و اقتصادی تجهیز و هر آن بیم آن میرود که با تصادمی آتشی برپا سازند که هستی خود ودیگران را به باد نیستی دهند. اگرمجالس ایران نتوانسته اند در این مدت کم مشروطیت سیر تکامل را که لازمه دمکراسی است طی نمایند باید تصدیق کرد که گناه عمده آن متوجه دولت ها و مصادری بوده است که یا به مفهوم حقیقی مشروطیت و دمکراسی پی نبرده یا پیشرفت و بقاء خود را در تضعیف قوه مقننه پنداشته و اغلب از حدودی که قانون اساسی برای آنها معین نموده تجاوز کرده اند.

شک نیست که نمایندگان مجلس وجداناً وظیفه دارند دولت های صالح را در پیشرفت امور مساعدت و یاری نموده و از هر عمل و اقدامی که ممکن است منتهی به کشمکش های شخصی گردد و دولت را مانع از انجام اصلاحات شود جلوگیری نمایند ، بدیهی است دولت ها نیز وظیفه دارند که تذکرات اصلاحی و راهنمائی های مفید نمایندگان را مورد توجه قرار دهند و رؤسای دولت ها لازم است وزرای خود را نسبت به تشریک مساعی با نمایندگان در اصلاحات محلی و امور عام المنفعه هدایت نمایند تا از ابراز حسن نیت در برابر نمایندگان خودداری ننموده و موجبات همکاری تا حسن تفاهم کامل بین دولت و نماینده گان به وجه احسن میسر گردد. با تجدید مراتب احترام از طرف فراکسیون کشور - اورنگ

۱۷ تیر ۱۳۳۲

اعلام پاسخ به استیضاح و جنجال مخالفین

آقایان دکتر صدیقی وزیر کشور ، لطفی وزیر دادگستری ، دکتر علی اسمعیلی معاون پارلمانی و سیاسی نخست وزیر و آقایان پست و تلگراف و وزیراقتصاد ملی به مجلس آمدند.

آقای دکترصدیقی اظهار داشتند دولت برای پاسخ به استیضاح آقای زهری آمادگی دارند، استدعا دارد در اسرع اوقات زمانی تعیین فرمائید که پاسخ لازم داده شود و ضمنا چون جناب آقای نخست وزیر کسالت دارند (حایری زاده - ایشان سالمند و باید در مجلس بیایند).

بهادری - بله آقا صحیح و سالم است باید بیاید.

میر اشرافی - آقا ناخوش را میبرند بیمارستان یا دارالمجانین.

وزیرکشور ادامه داد چون جناب آقای نخست وزیر کسالت دارند من آقای دکتر ملکی را به سمت وزارت بهداری و جناب آقای مهندس عطائی را به سمت کفالت وزارت کشاورزی و آقای مبشررا به سمت کفالت دارائی معرفی میکنم.

رئیس اظهار داشت آقای نخست وزیر نامه ای نوشنه اند راجع به تاریخ روز استیضاح و بنده هم که به سوابق مراجعه کرده ام سابقه دارد که وزرا یعنی وزیری که سابقه او بیشتر است از طرف نخست وزیر به عنوان پاسخ دهنده معرفی میشوند.

میر اشرافی - بله ولی جواب استیضاح مرا باید خودش بیاید بدهد.

حائری زاده - او سالم است به همه جا میتواند برود ، به سفارت روس و سفارت امریکا میرود ولی برای مجلس است که ناخوش است.

بهادری - بله آقا به او بگوئید باید به مجلس بیاید.

میراشرافی - طبق آئین نامه خود نخست وزیر باید به مجلس بیاید و جواب استیضاح را بدهد.

احمد فرامرزی - به او پیغام بدهید که خودش باید در مجلس حاضر شود.

میراشرافی - مملکت را مسخره کرده اند نخست وزیری که به مجلس نیاید چرا نخست وزیر شده؟ مملکت را نمیشود از زیر پتو اداره کرد، چرا به او نمیگوئید به مجلس بیاید.

زهری - طبق مواد ۱۷۳ و ۱۸۳ نظامنامه آقایان وزرائی که مورد استیضاح قرار گرفته اند باید به مجلس تشریف بیاورند ولی آقایان وزیر دفاع و نخست وزیر که مورد استیضاح هستند الان در مجلس نیستند.

رئیس - برای تعیین وقت به حضور همه وزرا احتیاجی نیست.

دکتر بقائی - آئین نامه صراحت دارد.

شمس قنات آبادی - مطابق آئین نامه جدید وزیری که استیضاح میشود باید در جلسه حضور داشته باشد ، چه روز تعیین و چه روز استیضاح.

بقائی - من میخواستم همان مطلبی را که آقای زهری فرمودند عرض کنم. باید وزیر مورد استیضاح در جلسه حضور داشته باشد.

فرامرزی - آنچه در این یک ساله ما میخواهیم به بعضی از رفقا حالی کنیم این است که آیا آخر عمر دولت ایران و مشروطیت ایران بعد از عمر مصدق سر میرود یا بعد هم ما باید مجلس و دولت و مشروطیتی داشته باشیم اگر آخر عمر ایران و مشروطیت ایران است حرفی نداریم ولی اگرقبول داریم که بعد از این هم مشروطیت باید باقی باشد جلوی آن هائی را که خلاف قانون رفتار میکنند باید بگیرید. آقای نخست وزیر دو سالی است که مریضند و به مجلس نیامده اند و آدم هم تا بیاید تذکر بدهد و علت را سؤال کنند میگویند خائن است. مشروطیت را فدای یک نفر نکنید باید بیاید اینجا و جواب بدهد.

رئیس - آقایان الان استیضاح مطرح نیست ، فقط بحث در تعیین وقت است یعنی تاریخ آن را میخواهیم تعیین کنیم اگر اجازه بفرمائید روز سه شنبه را برای استیضاح تعیین کنیم؟

بقائی - این برخلاف آئین نامه است زیرا روز تعیین استیضاح هم باید خود وزیر استیضاح شده حضور داشته باشد. طبق ماده ۱۷۳ آئین نامه.

قنات آبادی - اگر اجازه بفرمائید آئین نامه خوانده شود مسأله حل است.

احمد فرامرزی - باید متن آئین نامه خوانده شود.

میر اشرافی - در متن هم نوشته بجز آقای دکتر مصدق

رئیس - برای تعیین روز میتواند یکی از طرف دولت یا وزیر بیاید و مانعی ندارد.

۲۰ تیر ۱۳۳۲
توهین به دولت
آقای دکترمصدق در مورد جریانات جلسه ۱۷ تیر که طی آن اقلیت مجلس جملاتی مشابه «اگر مریض است باید به دارالمجانین برود » توسط میراشرافی و یا « جناب دکتر مصدق به سفارت روس میرود » را توهین نسبت به خود و دولت تلقی کرده و معتقد است مادام که رفع توهین نشود به وزرا خود اجازه نخواهد داد در مجلس حاضر شوند. امروز آقای میراشرافی هنگامی که از اطاق فراکسیون آزادی خارج میشد به خبرنگاران گفت به نظر بنده همه اش بهانه است من اصلا چندین اعلام جرم دارم. استیضاحی دیگر در مورد سیاست خارجی دولت تهیه شده که تا به حال به امضای ۱۲ نفر از نمایندگان رسیده من منتظرم پس از تعیین تکلیف استیضاح آقای زهری آن را تقدیم مجلس کنیم و از این بهانه جوئی های دولت هم باکی نداریم.

۲۱ تیر ۱۳۳۲
فروش نفت
یکی از مدیران شرکت ایتالیائی سوبورو گفت شرکت نفت سوبورد بزودی قرار دادی به مبلغ ۳۵ میلیون لیره برای خرید نفت از ایران امضا خواهد کردکه در مقابل نفتی که سوبورو از ایران خریداری میکند ماشین و محصولات صنعتی و مواد شیمیائی و ماشین و لوازم کشاورزی به ایران داده خواهد شد و به تدریج که نفت ایران حمل میگردد محصولات ایتالیا به ایران حمل میگردند. عضو هیأت مدیره شرکت نفت سوبورو گفت که با نماینده شرکت ملی نفت در رم مذاکرات لازم درباره جزئیات انجام شده و بزودی توافقنامه مربوط به این معامله در تهران به امضای طرفین خواهد رسید.

هیأت مدیره شرکت نفت ایدو میتسو اعلام داشت که کلیه مواد نفتی که به وسیله نفتکش میتسو مارو از ایران به ژاپن حمل شده بود به فروش رسیده است و روز گذشته کشتی مزبور مجدداً برای بارگیری به سوی ایران حرکت کرده است.

روش مخالفین

روشی که اقلیت برای تضعف دولت در نظر گرفته این است که موضوع استیضاح از دولت را مرتبا ادامه دهد ، بدین معنی که به مجرد این که دولت به استیضاح زهری پاسخ داد استیضاح دیگری از دولت بشود و روی همین نظر هم استیضاح دیگری درباره سیاست خارجی دولت تهیه کرده اند که تا به حال به امضای ۱۲ نفر رسیده و قرار است پس از تعیین تکلیف استیضاح زهری تقدیم مجلس گردد و از طرف دیگر میخواهند از موضوع قهر دولت از مجلس استفاده نمایند و با توجه به آئین نامه داخلی مجلس بی میل نیستند که همین وضع ادامه یابد که در روز جلسه عدم حضور دولت را به عنوان عدم توانائی او در جواب دادن به استیضاح تلقی نموده و دولت را ساقط شده بدانند.

ملاقات اعضاء فراکسیون کشور با نخست وزیر

با توجه به مسائل روز و وضع بغرنجی که حاکم بر کشور شده است فراکسیون های کشور و اتحاد تصمیم گرفتند که با نخست وزیر ملاقات نمایند و به ایشان توصیه کنند که از تصمیم به برگذاری رفراندوم ولو برای مدت موقت هم باشد منصرف گردد زیرا رویه دو فراکسیون مزبور همیشه این بوده که ترتیبی بدهند که از تعطیل مجلس جلوگیری شود و حال آنکه اولین اثری که رفراندوم خواهد داشت تعطیل مجلس است. پیرو این تصمیم دیشب اعضای فراکسیون کشور در ساعت ۶ به منزل آقای نخست وزیر رفته و تا ساعت هفت و نیم با ایشان مذاکره نمودند.

آقای نخست وزیر در این ملاقات اظهار داشتند که رویه ای که نمایندگان اقلیت مجلس در نظر گرفته اند یعنی در هر جلسه به جای انتقاد و مخالفت اصولی به دولت فحاشی و هتاکی و اهانت مینمایند برای من قابل تحمل نیست و ادامه این وضع کار را به جائی رسانیده که دولت ناگزیر شده است به جای رسیدگی به امور جاری مملکت و وظیفه ای که مجلس به عهده او محول کرده بیشتروقت خود را صرف خنثی کردن تحریکات این دسته که هرروزبه نحوی ظاهرمیشود بنماید. مخالفت های غیر اصولی اقلیت مجلس باعث شده که جریان کار نفت که اساسی ترین هدف دولت میباشد متوقف گردد زیرا هر عملی که در محیط مجلس ظاهر شود و موجب تضعیف دولت گردد فورا در رویه مدعیان ما در امر نفت مؤثر واقع میشود و لحن مذاکرات و طریقه صحبت آن ها فورا تغییر میکند. بدین جهت ادامه کار در این شرایط برای دولت مشکل است و من تصمیم گرفته ام برای ادامه خدمتگذاری خود به آراء مردمی که مرا مأمور انجام وظیفه کرده اند مراجعه کنم.

در جواب اظهارات آقای نخست وزیر گفته شد که اولا دولت در مجلس اکثریت کافی دارد و نباید از حملات و مخالفت های اقلیت نگران شود. ثانیا طبق اصول پارلمانی نقش اقلیت مخالفت و انتقاد و اکثریت هم با در دست داشتن آراء مجلس از حکومت پشتیبانی مینماید. ولی درمورد هتاکی و استعمال لغات خارج از نزاکت و ادب ما هم با دولت موافقیم و عقیده داریم که باید از ذکر این کلمات درجلسات مجلس جلوگیری شود و این نکته هم با مذاکره

با نمایندگان اقلیت حل خواهد شد ولی درباره رفراندوم اولا با وجود مجلس انجام این عمل صورت خوشی نخواهد داشت.

ثانیا در قانون اساسی ما این موضوع پیش بینی نشده و انجام این عمل مجوز قانونی نخواهد داشت زیرا موقعی مجلسی وجود دارد که نمایندگان آن منتخب مردم هستند مراجعه به آراء عمومی معلوم نیست چه صورتی خواهد داشت؟

ثالثا هنگامی که دولت مصدر کار است و به طور خلاصه حکومت و قدرت را در دست دارد صحیح نیست که اقدام به رفراندوم شود.

ملاقات نمایندگان فراکسیون اتحاد با نخست وزیر

طبق وقت قبلی بعد از خروج نمایندگان فراکسیون کشور اعضای فراکسیون اتحاد به ملاقات نخست وزیر رفتند. آقای نخست وزیر از اقلیت مجلس گله کردند و گفتند وظیفه اقلیت تمام پارلمان های دنیا انتقاد و مخالفت با دولت است نه فحاشی و اهانت ، از این گذشته اقلیت کنونی مجلس به همراه عده ای در خارج مجلس مرتبا مشغول اخلال در کار دولت هستند به طوری که دولت هر وقت بخواهد از کاری نتیجه بگیرد مانع میشوند و دولت بیش از این نمیتواند ناظر این وضع باشد و چاره قانونی آن هم این است که نسبت به حکومت خود و رویه اقلیت مجلس به آراء عمومی رجوع کند.

در جواب آقای نخست وزیر از طرف نمایندگان فراکسیون اتحاد گفته شد انتقاد و مخالفت با دولت وظیفه اقلیت است ولی با فحاشی و هتک احترام دولت هیچ کس موافق نیست و ما هم از این جریاناتی که در جلسات علنی میگذرد متأثر هستیم ولی در قسمت این که اقلیت در خارج از محیط مجلس به همراه عده ای اخلال در کار دولت میکنند وظیفه دولت است که با اختیاراتی که دارد و استفاده از قوانین موجود از این تحریکات جلوگیری نماید. و اما در مسأله رفراندوم این کار به هیچ وجه با قانون اساسی مملکت تطبیق نمیکند و اصولا به نظر ما چنین کاری به مصلحت مملکت نخواهد بود زیرا ایجاد سابقه ای در کشور خواهد گرد که فردا هر دولتی مصدر امور شد و با مشکلی روبرو گردید فورا به حکم سابقه بخواهد رفراندوم کند البته در حال حاضر آقای نخست وزیر در این نظر خود حسن نیت دارند ولی چه بسا که در آینده دولت های بعدی از این سابقه سوء استفاده کنند و هر عملی را ولو برخلاف مصلحت مملکت هم باشد به استناد سابقه مراجعه به آراء عمومی نمایند.

پیام نخست وزیر به رئیس جمهور امریکا

جناب ژنرال آیزنهاور رئیس جمهور عزیز

در جواب نامه ملاطفت آمیز ۱۱ ژانویه ۱۹۵۳ به پیام این جانب پیشنهاد فرموده اید نظریاتی را که درمورد علاقه مشترک ما بوده باشد مستقیما یا ازمجرای دیپلوماتیک به استحضار خاطر عالی برسانم ، در آن پیام مختصری از پریشانی ها و مضایقی که ملت ایران از راه تحقق بخشیدن به آمال خود در دو سال اخیر تحمل نموده و همچنین مشکلاتی که دولت انگلستان برای پشتیبانی از ادعا های غیر منطقی یک شرکت مستعمراتی برای ایران ایجاد کرده است به عرض رساندم.

در این چند ماهی که از تاریخ آن پیام میگذرد ملت ایران گرفتار مضایق مالی و دسایس سیاسی شرکت سابق نفت و دولت انگلستان بوده است از آن جمله خریداران نفت ایران را از

دادگاهی به دادگاه دیگر کشانیده و با تمام وسایل تبلیغاتی و دیپلوماسی موانع غیر قانونی در سر راه فروش نفت ایران ایجاد کرده است. با آنکه دادگاه های ایتالیا و ژاپن فروش نفت ایران را بلامانع اعلام نموده اند از اقدامات خلاف اصول دست بر نداشته اند. گرچه امید میرفت که در موقع تصدی آن حضرت توجه بیشتری به وضعیت ایران بشود ولی متأسفانه هنوز در روش دولت امریکا تغییری حاصل نشده است.

در پیامی که آقای وزیر امور خارجه امریکا از کراچی برای این جانب ارسال داشته اند اظهار تأسف کرده اند از این که آمریکا در مجاهدات خود برای کمک به حل مسأله غرامت توفیق حاصل نکرده است. باید به خاطر داشت که دولت ایران حاضر شد دیوان بین المللی دادگستری قیمت اموال شرکت سابق نفت در ایران را هرقدر تعیین کند بپردازد و نیز حاضر شده که صلاحیت دیوان مزبور را درباره غرامت به این شرط قبول کند که قبلا دولت انگلستان مبلغ مدعابه خود را در حد منطق و انصاف تعیین کند. بدیهی است دولت ایران نیز از شرکت سابق نفت و دولت انگلیس مطالباتی دارد که در موقع طرح دعوی اظهار میگردد. چون دولت انگلیس به این امید است که وضعیت سابق خود را در ایران تجدید کند به هیچ یک از این پیشنهادات ترتیب اثر نداده ، اکنون دراثر اقدامات شرکت سابق و دولت انگلستان ملت ایران در برابر مشکلات اقتصادی و سیاسی بزرگی قرار گرفته است که ادامه این وضع از نقطه نظر بین المللی نیز ممکن است عواقب خطیری داشته باشد و اگر در این موقع کمک مؤثر و فوری به این مملکت نشود اقداماتی که فردا به منظور جبران غفلت امروز به عمل آید خیلی دیر باشد. البته در این مدت کمک هایی از طرف دولت امریکا به ایران شده که موجب تشکر است ولی آنقدر نبوده است که مشکلات ایران را بر طرف کند و صلح جهانی را که هدف و آمال دولت و ملت شرافتمند امریکا است تأمین کند.

سطح زندگی مردم ایران در نتیجه یک قرن سیاست استعماری خیلی پائین بوده و بالا بردن آن بدون برنامه های عمرانی دامنه دار امکان پذیر نخواهد بود. متأسفانه کمک هایی که تاکنون شده اصولا در حدود کمک های فنی بوده و حتی در این قسمت نیز گاهی اوقات مساعدتی که لازم بود نشده است من باب مثال یاد آوری میشود که بانک صادرات که میبایست ۲۵ میلیون دلار برای امورکشاورزی به ایران کمک کند به واسطه دخالت های ناروای دیگران منصرف گردید. ملت و دولت ایران امیدوار است که با مساعدت و همراهی دولت امریکا موانعی که در راه فروش نفت ایران ایجاد شده بر طرف شود و چنانچه رفع موانع مزبور برای آن دولت مقدور نیست کمک های اقتصادی مؤثری فرمایند تا ایران بتواند از سایر منابع خود استفاه کند. کشور ایران غیر از نفت دارای ثروت های دیگری نیز هست که بهره برداری از آنها مشکلات فعلی کشور را حل خواهد نمود ولی این امر بدون کمک های اقتصادی میسر نمیباشد. در خاتمه توجه موافق و اثر بخش آن حضرت را به وضع خطرناک فعلی ایران جلب نموده و یقین دارم تمام نکات این پیام را با اهمیتی که شایسته است تلقی خواهند فرمود. خواهشمند است احترامات فائقه دوستدار را قبول بفرمائید.
دکتر محمد مصدق

پاسخ رئیس جمهور امریکا به پیام نخست وزیر

آقای نخست وزیر عزیز ، نامه آن جناب به تاریخ هفتم خرداد (۲۸ می ۱۹۵۳) واصل گردید، در نامه مزبور اوضاع سخت کنونی ایران را شرح داده و اظهار امیدواری فرموده بودید که

دولت متحده امریکا شاید بتوانند به ایران کمک کنند تا ایران بر پاره ای از مشکلات خود فائق آید. تأخیری که در عرض جواب پیش آمد بدان سبب بوده است که میخواستم با مستر دالس و مسترهندرسن سفیر کبیر فرصت مشورت داشته باشم و اکنون که به نوشتن این پاسخ مبادرت میکنم محرک دوستدار همان روح صداقت دوستانه ای است که در نامه خود جنابعالی منعکس می بینم. تاریخ نشان میدهد که حکومت و مردم امریکا همیشه احساسات عمیق دوستی نسبت به ایران و مردم ایران داشته اند و هنوز هم دارند. حکومت و مردم امریکا صمیمانه امیدوار هستند که مردم ایران بتوانند استقلال خود را حفظ کنند و مردم ایران نیز به حصول آمال ملی خود کامیاب و نیز موفق شوند ملتی خشنود و آزاد بوجود آورند که به ترقی و پیشرفت و صلح دنیا کمک کنند اولا به علت همان امیدواری بود که دول متحده امریکا در طی دو سال از صمیم قلب جد و جهد نمود برای رفع اختلافاتی که بین ایران و کشور انگلستان روی داده و از ملی شدن صنعت نفت ایران ناشی شده است مساعدت کند. عقیده دولت امریکا این بوده است که چنانچه قراری درباره غرامت داده شود در سراسر دنیا حس اعتماد و اطمینان به این معنی تقویت خواهد شد که ایران مصمم است کاملا مستمسک به اصولی باشد که به موجب آن جامعه با شکوهی از ملل آزاد امکان پذیر گردد و این امر مؤید اعتبار بین المللی ایران خواهد بود و سبب خواهد شد پاره ای معضلات مالی و اقتصادی که اکنون متوجه ایران است حل شود. چون ایران و و انگلستان نتوانسته اند نسبت به غرامت توافقی حاصل نمایند این مسأله دولت متحده امریکا را از مجاهداتی که برای کمک به ایران به عمل آورده باز داشته است.

در کشور ایالات متحده و حتی در میان امریکائیانی که نسبت به ایران و مردم ایران منتهای همدردی و دوستی را دارند این فکر وجود دارد تا زمانی که ایران نتواند از فروش نفت و محصولات نفتی خود وجوهی بدست آورد و با انعقاد قرارداد معقول و عادلانه درباره غرامت بار دیگر نفت ایران به مقادیر زیاد فروخته شود هرگاه دولت متحده امریکا بخواهد به میزان معتنابهی کمک های اقتصادی به دولت ایران بکند در حق مؤدیان مالیاتی امریکا شرط انصاف را رعایت نکرده است. همین طور بسیاری از مردم امریکا تا وقتی که اختلاف نفت حل و فصل نگردیده است با خرید نفت ایران به وسیله دولت امریکا مخالفت خواهند کرد. این احساسات نیز درکشورهای متحد امریکا به میزان معتنابهی وجود دارد که هرگاه بنا شود صرفاً برمبنای از دست دادن دارائی های مادی یعنی شرکتی که ملی شده است مسأله غرامت حل گردد این ترتیب راه حلی نخواهد بود که بتوان عادلانه خواند و توافق درباره چنین راه حلی ممکن است اعتماد متقابل ملل آزاد را که با هم ارتباط دوستانه اقتصادی دارند سست نماید به علاوه بسیاری از هموطنان دوستدار که از جریانات مربوط به این اختلاف تأسف آور آگاهی دارند و اطلاعات لازمه را پیوسته بدست آورده اند معتقد هستند که نظر به احساسات پرهیجانی که هم در ایران و هم درانگلستان برانگیخته شده است کوشش هایی که به وسیله مذاکره مستقیم به منظور تعیین مبلغ غرامت به عمل آید بیشتر ممکن است به جای ایجاد حسن تفاهم مایه افزایش اصطکاک و اختلاف گردد ، عقیده آنها پیوسته چنین بوده است که عملی ترین وسیله حل و فصل مسأله غرامت آن است که این امر به یک هیأت بین المللی بی طرف ارجاع گردد و آن هیأت کلیه دعاوی طرفین را بر اساس ماهیت دعوی مورد ملاحظه قرار دهد. کاملا توجه دارم که دولت ایران بایستی خود تشخیص دهد کدام سیاست و روش خارجی و داخلی برای ایران و مردم ایران بهترین سیاست ها است.

با بیان این مطالب سعی ندارم برای دولت ایران مصلحت اندیشی کنم و بگویم چه چیز بیشتر به نفع حکومت ایران است ، هدف من از توضیح این مسائل این است که با اوضاع و احوال موجود به چه دلیل دولت امریکا اکنون درمقام و موقعیتی نیست که بتواند بیشتراز پیش به ایران کمگ بکند و یا نفت ایران را خریداری نماید درصورتی که ایران مایل باشد دولت متحده امریکا امیدوار است کمک های فنی و نظامی خود را بر اساسی که نظیر کمک های سال های گذشته باشد ادامه دهد.

ازنگرانی که درنامه آن جناب نسبت به اوضاع خطرناک کنونی ایران منعکس است استحضار یافته و صمیمانه امیدوار هستم تا فرصت باقی و دیر نشده است ازطرف دولت ایران اقداماتی در حدود قدرت خود برای جلوگیری از بدتر شدن وضع کنونی به عمل آید. ازآقای نخست وزیر خواهشمندم تجدید احترامات فائقه دوستدار را بپذیرند. دوایت آیزنهاور

مذاکرات محرمانه بین انگلیس و امریکا

خبرگذاری عرب - دیروزدر واشنگتن این مسأله فاش گردیدکه در نتیجه مذاکرات محرمانه دولتین انگلیس و امریکا چرچیل حاضر شده است درصورتی که آیزنهاور در موضوع نفت ایران صریحا پشتیبان انگلستان شود و از دادن کمک به ایران صرفنظر نماید از نظر خود درمورد دفاع و تسلط بر مدیترانه دست بردارد. محافل مطلع واشنگتن اظهار عقیده میکنند که آیزنهاور بالاخره در برابر تمهیدات چرچیل نتوانست مقاومت کند و سیاست امریکا در ایران را در جهت منافع امریکا تغییر داده است.

روزنامه مصری جمهوری نیر در شماره دیروز خود نوشته است یادداشت جوابیه آیزنهاور به نخست وزیر ایران که صریحا اظهار داشته بود که امریکا از کمک به ایران خودداری میکند بیش از آنچه برای ایرانیان زیانبار باشد برای امریکا زیان خواهد داشت. این اقدام آیزنهاور غیر عاقلانه بود که امید ایرانی ها را به بی طرفی امریکا قطع کرد. آیزنهاور شاید امروز متوجه نباشد چه اقدام خلاف مصلحتی کرده ولی بزودی خواهد فهمید که در طولانی مدت چه لطمه بزرگی بر مصالح حقیقی امریکا در خاور میانه وارد کرده است.

اعلامیه فراکسیون آزادی

هموطنان عزیز ، هرچه میگذرد ایمان ما به مبارزه خود قوی تر و سوء نیت و ضعف و ناتوانی دکتر مصدق و کذب گفتار او و در مواعید خود بر شما روشن تر میشود. دکتر مصدق ما و شما را فریفته بود که با اجنبی مبارزه میکنم و این ادعا را موجب تمام قانون شکنی ها و زور گوئی ها و دیکتاتوری های خود قرار داده بود ولی از نامه ای که به آیزنهاور نوشته بود و میخواست از شما پنهان کند ولی تحت تأثیر فشار امریکائی ها مجبور به افشای آن شد نشان داد که چگونه هنگام حاجت و برای پیشرفت اغراض خویش سر به آستان اجنبی میساید و تضرع و زاری و ضمنا تهدید میکند که اگر شما به من کمک نکردید خود را از آغوش شما به آغوش اجنبی دیگر میاندازم. اگر این نامه را مطالعه کرده باشید چهار نکته برجسته در آن می بینید یکی گدائی ، دوم تضرع و زاری و خاکساری در برابر اجنبی ، سوم تهدید به کمونیست ساختن ایران ، چهارم خیانت و اعتراف به غرامت و صلاحیت یک دادگاه خارجی به جای دادگاه ایران که تنها مرجع صلاحیت دار برای امور داخلی ایران است.

هموطنان عزیز ، این است دکتر مصدقی که در زیر ماسک وطن پرستی و مبارزه با اجنبی ما را فریفته بود و اکنون می بینید که نزد اجنبی دست گدائی دراز میکند و سر تعظیم به آستان او میساید و در عین حال او را تهدید میکند که اگر تو مرا نگه نداشتی سر به آستان اجنبی دیگر خواهم گذارد

رفراندوم

نخست وزیر در ملاقات با نمایندگان فراکسیون نهضت ملی اظهار داشت در حال حاضر ۹۰ درصد نیرو و قدرت دولت صرف مبارزه با اقدامات مخالفین و خنثی کردن تحریکات آن ها میشود. در این موقع که سیاست خارجی دولت به مرحله ای رسیده که بایستی از پشتیبانی مجلس کاملا برخوردار باشد تمام توجه دولت معطوف به حملاتی است که مرتبا در مجلس به او میشود. الان که پیام آیزنهاور به دولت واصل گردیده مخالفین میخواهند نهایت استفاده را از پیام علیه دولت بنمایند و حال آنکه عقیده من اینست که اراده ملت ایران سرنوشت این مملکت را در دست دارند نه اراده و تصمیم آیزنهاور، بدین جهت تصمیم نهائی من این است که طی یک نطق رادیوئی مشکلات کنونی دولت و اقدامات مخالفین را در میان بگدارم و برای ادامه حکومت خود « رفراندم » کنم و نظر ملت را نسبت به خود بخواهم.

به قرار اطلاع نخست وزیر دراین تصمیم خود کاملا مصمم است و با وجود مذاکرات زیادی که تاکنون با ایشان شده است به هیچ وجه حاضر نیست از نظر و تصمیم خود عدول کند.

امروز این خبر شایع بود که عده ای از اعضای فراکسیون نهضت ملی با این نظر نخست وزیر مخالف هستند ولی جمعی دیگر کاملا از عقیده او پشتیبانی میکنند. موافقین اظهار میدارند که با اوضاع و احوال کنونی نخست وزیر برای ادامه کار خود چاره ای جز این ندارد و چون اعضای فراکسیون نهضت ملی سعی دارند که وحدت و اتفاق نظر خود را حفظ کنند در دو روز گذشته تمام سعی آنها مصروف این شده که یا نخست وزیر را از این اقدام منصرف کنند و یا عموم اعضای فراکسیون را با این عقیده همراه سازند.

۲۲ تیر ۱۳۳۲

سؤال دکتر بقائی

مقام ریاست مجلس شورای ملی ، طبق مندرجات روزنامه کیهان شماره ۳۰۴۰ جناب آقای نخست وزیر درمورد استیضاح جناب آقای علی زهری به اعضای فراکسیون کشور اظهار داشته اند « من از نقشه پنهانی مخالفین خود کاملا اطلاع دارم آن ها میخواهند که من را به این وسیله از خانه خود خارج ساخته به جلسه مجلس بکشانند و در آنجا پس از هتاکی و فحش و ناسزا مجلس را بهم ریخته و بعد به وسیله یک عده چاقوکش که قبلا برای انجام منظور خود تجهیز کرده و به جلسه آورده اند به داخل جلسه ریخته و مرا بکشند و نقشه ای را که از مدت ها قبل طرح کرده اند در آن روز به مورد اجرا گذارند».

نظر به اینکه استیضاح کننده عضو فراکسیون نجات نهضت میباشد و اگر ادعا های جناب آقای دکتر مصدق دارای مبنائی باشد فراکسیون نجات نهضت مورد اتهام قرار میگیرد لازم است آقای دکتر مصدق توضیح دهند اولا نقشه پنهانی که در بیانات خود به آن اشاره کردند چه بوده؟ ثانیا از کجا برایشان معلوم شده است که استیضاح آقای زهری متضمن هتاکی و فحش و ناسزا میباشد؟ ثالثا علت عدم اعتماد آقای نخست وزیر به دستگاه انتظامی مجلس شورای ملی و مقام معظم ریاست مجلس شورای ملی چیست و به چه دلیل جناب ایشان تصور

فرموده اند که مقام معظم ریاست مجلس شورای ملی عاجز از جلوگیری از ورود یک عده چاقوکش احتمالی مسلح میباشند. رابعا درصورتی که آقای نخست وزیر با داشتن اختیارات قانون گذاری و ریاست فائقه بر دستگاه دولت و داشتن سمت وزارت دفاع ملی و مسؤلیت حفظ نظم و امنیت کشور بعد از دو سال حکومت موفق نشده باشند اقلا برای خودشان ایجاد تأمین کنند ، چگونه میخواهند امنیت را در کشور برقرار سازند؟

از طرف فراکسیون نجات نهضت - دکتر مظفر بقائی کرمانی

۲۴ تیر ۱۳۳۲

مقامات شرکت نفت میگویند

یکی از مقامات عالیرتبه شرکت ملی نفت ایران به خبرنگاران گفت شرکت ملی نفت مشتریان زیادی دارد که دائما با آنها در تماس میباشد. اغلب این مشتری ها که از کمپانی های بزرگ اروپائی میباشند با صرف مخارج گزاف نمایندگانی برای مذاکره با شرکت ملی نفت ایران به تهران فرستادند و چون معامله با شرکت ملی نفت از نظر آنها علاوه بر جنبه تجارتی جنبه سیاسی هم دارد از این نظر اغلب مشتری های خارجی ما متوجه وضع سیاسی ایران نیز هستند مثلا عده زیادی از این مشتری ها به محض صدور رأی دادگاه ونیز و توکیو فورا برای اجرای قرارداد خود وارد کار شدند علاوه براین به تعداد مشتری های ما نیز افزوده شد. متأسفانه تشنجاتی که اخیرآ در کشور روی داده و مخالفین مخصوصا عمال کمپانی سابق آن را با آب و تاب تمام در کشور های اروپائی انتشار داده اند سبب شده است که عده ای از مشتریان انصراف خود را از اجرای قرارداد با شرکت ملی نفت اعلام دارند و از طرفی عده ای دیگر از ما سؤال کرده اند که با وضع آشفته کشور شما جریان معامله ما به کجا خواهد رسید؟ و رویهم رفته باید گفت که اوضاع کنونی داخل کشور برای ما اسباب زحمت شده است تا جائی که مقامات مسؤل جریان را به اطلاع آقای نخست وزیر نیز رسانیده اند.

۲۵ تیر ۱۳۳۲

استعفای نمایندگان مجلس

پنجاه و شش نفر از نمایندگان که بیشتر آنها از فراکسیون نهضت ملی میباشند استعفای خود را به رئیس مجلس تسلیم نمودند.

۲۷ تیر ۱۳۳۲

اخطار رئیس مجلس به نمایندگان متحصن در مجلس

رئیس مجلس به اعضای اقلیت و اعضای فراکسیون نجات نهضت دستور داده که در روز سی تیر در مجلس نمانند.

آقای دکتر بقائی هنگام خروج از اطاق رئیس به خبرنگاران گفت چون آقای رئیس مجلس گفتند آقای دکتر مصدق دستور داده اند فردا به هیچ وجه تیراندازی نشود و اگر شما در مجلس بمانید ممکن است خطراتی باشد بهتر است از مجلس خارج شوید زیرا من مسؤل حفظ نظم مجلس هستم ، فردا با بودن آقایان در مجلس ممکن است خطراتی بروز کند.

۲۸ تیر ۱۳۳۲

استعفای رئیس مجلس

هم میهنان عزیز ، در ظرف چند روز تصدی مقام ریاست مجلس شورای ملی که مصادف با دشوار ترین مراحل عمر پارلمانی ایران بود پس از انجام امور مقدمات داخلی مجلس برحسب وظیفه وجدانی و قانونی حد اعلای سعی و کوشش خود را آن طور که لازمه وظیفه یک رئیس مجلس بود برای رفع اختلافات موجود به کار بردم تا شاید راه حلی و توافقی بین دستجات مختلف پیدا شده و آقایان نمایندگان محترم و فراکسیون های پارلمانی با یکدیگر همکاری و اشتراک مساعی نموده و در حدود آئین نامه و قانون به وظایف نمایندگی ملت قیام و اقدام نمایند. متأسفانه دامنه اختلافات به قدری وسیع بود که نه تنها منتهی به توافق نشد بلکه در سه چهار روزاخیر منجر به استعفای **۵۶** نفراز آقایان نمایندگان گردید. با این حال برای انجام وظیفه قانونی دست از فعالیت خود برنداشته و برای ادامه کارهای مجلس و پیدا کردن راهی جهت حل این مشکل چه در مجلس و چه در خارج چه با فرد فرد آقایان و چه با فراکسیون های پارلمانی تماس گرفته و مشغول مذاکره و اقدام شدم ولی با تمام مساعی شبانه روزی این کار هم به نتیجه نرسید و آقایان محترم در تصمیم خود باقی ماندند.
از این نظر چون طبق ماده ۲۱۴ آئین نامه داخلی مجلس شورای ملی باید استعفا نامه نماینده در جلسه علنی قرائت گردد این جانب در تاریخ روز یکشنبه ۲۸ تیر ماه ۳۲ از عموم آقایان محترم دعوت کردم تا برای تشکیل جلسه علنی در مجلس حضور بهمرسانند که طبق مقررات آئین نامه مراتب در جلسه علنی به عرض مجلس برسد ولی جز عده قلیلی از آقایان نمایندگان بقیه در مجلس حاضر نشدند و تأیید کردند که به استعفای خود باقی هستند. در نتیجه چون حد نصاب قانونی برای تشکیل جلسه علنی حاصل نشد قرائت استعفا نامه در جلسه علنی میسر نگردید. بنابراین متأسفانه با مساعی و کوشش های فراوانی که بکار برده شد به نظر میرسد که دیگر امیدی به تشکیل جلسات علنی مجلس شورای ملی نخواهد بود.

رئیس مجلس شورای ملی - دکتر عبدالله معظمی

۲۹ تیر ۱۳۳۲

ملاقات نمایندگان اقلیت با سرلشگر زاهدی

امروز آقایان حایری زاده ، پور سرتیپ ، بقائی و چند نفر از نمایندگان اقلیت بعد از خروج آقای سرلشگر زاهدی از اطاق رئیس مجلس در عمارت مجلس سنای سابق با سرلشگر زاهدی مذاکره نمودند و پس از مدتی یکی از کارمندان مجلس سنا به رئیس مجلس اطلاع داد که آقای زاهدی قصد خروج از مجلس و ترک تحصن را دارند. از این و اتوموبیل رئیس مجلس برای استفاده آقای زاهدی آماده گردید و همزمان آقای میراشرافی نیز برای خدا حافظی خود را به نزدیک اتوموبیل رسانید. سرلشگر زاهدی که از در چاپخانه مجلس بیرون آمده بود با اتوموبیل محوطه مجلس را ترک کرد و در پاسخ خبرنگاران که به کجا میروید؟ اظهار داشت فعلا به منزلم میروم تا بعد به بینم چه میشود.

۳۰ تیر ۱۳۳۲

نطق دکتر مصدق به مناسبت قیام ۳۰ تیر

هموطنان عزیزم

به مناسبت تصادف با روز سی ام تیر به یاد بود شهیدانی که جان خود را در راه استقلال و عظمت کشور فدا کرده اند مراسمی بپا خواهید کرد که هم مراتب تکریم و احترام قلبی خود

را به روح پاک این سربازان مجاهد راه حریت و آزادی تقدیم کنید و هم بدین وسیله ایمان و علاقه باطنی خویش را به ادامه مبارزه ای که این رادمردان فداکار در راه آن شربت شهادت نوشیدند ابراز و اظهار نمائید.

روزسی ام تیر در تاریخ مبارزات ممتد ملت ایران فراموش شدنی نیست زیرا در این روز تمام افراد ملت از هرطبقه ومقام درمقابل تحریکات اجانب یکدل ویک زبان قیام و اقدام کرده اند و تا به مقصود نرسیدند از پای ننشستند. در این روز تاریخی عده ای از گرامی ترین فرزندان ما به افتخار شهادت نایل شدند و با خون پاک خود نهال آمال ملت را آبیاری کرده اند تا به همت آیندگان روزی بارور و سایه گستر شود و ملت ایران از نعمت امن و آسایش و استقلال واقعی و آزادی حقیقی برخوردار گردد.

اگر در آن روز آن مردم بیدار و هوشیار نبودند و این حادثه را با ایمان و علاقه بی شائبه خود نسبت به ادامه نهضت ملی تلقی نمیکردند و زمام سرنوشت خویش را به دست حوادث نامعلوم می سپردند نه تنها آینده خود را دچار خطرات عظیم کرده بودند بلکه به افتخارات گذشته خویش نیز خط محو و بطلان می کشیدند. اما خوشبختانه به عکس آنچه اجانب تصور میکردند ملت ایران با روشن بینی و بصیرت کامل به آینده خود می نگریست و خویشتن را برای مقابله با هر حادثه ای که او را از ادامه مبارزه باز دارد آماده و مهیا میداشت و از هیچ مشکلی حتی مرگ بیم و هراس به دل راه نمی داد.

حادثه سی ام تیر بوته امتحانی شد که ملت ایران را درخود گداخت و زر خالص او را از عیار فساد و تباهی جدا کرد و محک تجربه ای بود که افراد بی اراده و سست عنصر و همچنین خیانتکاران به مصالح ملی و دست نشاندگان سیاست اجنبی از آن آلوده و رسوا بیرون آمدند. پس اگر در این حادثه عده ای از عزیزترین فرزندان ما به درجه شهادت رسیدند برای وصول به هدف مقدسی بود که این قیام ملی در پیش داشت و فنای ظاهری آنان ضامن بقای استقلال کشور و دوام حیات ملت شد و چون به طیب خاطر برای جهاد در راه حق و حقیقت و تقوی و فضیلت تن به مرگ دادند در این سودا سرمایه حیات و زندگانی جاوید حاصل کردند و در مقابل این فداکاری البته تا ایران باقی است نام این آزاد مردان در سرلوحه و دیباچه تاریخ افتخارات کشور به عظمت و بزرگی ثبت و ضبط خواهد شد و اثری که با خون پاک خود در تحکیم مبانی ملت و اساس استقلال مملکت برجای گذارده اند یاد آن را پیوسته در دلهای ما و نسل های آینده باقی و برقرار خواهد گذاشت.

هموطنان عزیز ، نهضت مقدس سی ام تیر نشان داد که ملت ایران در مبارزه با اجانب به پایداری و استقامت مصمم است و ثابت کرد که این ملت آنجا که پای شرافت و استقلال مملکت در میان باشد مرگ را بر زندگی آلوده به ننگ و رسوائی ترجیح میدهد و به هیچ قیمت از ادامه نهضتی که آن را به بهای خون فرزندان خود خریده است باز نخواهد ایستاد. لابد بخاطر دارید که سال گذشته درچنین روزهائی دولت از ادامه خدمت گذاری مأیوس شد زیرا از هر جانب خود را با موانع و مشکلاتی مواجه میدید که دست سیاست اجنبی فراهم کرده بود. در آن ایام نیز مانند این روزها دست تحریکات و دسایس اجانب از هر جانب در کار بود و دولت که می بایست تمام کوشش و نیروی خود را در آن دقایق حساس در راه پیشرفت آمال ملت صرف کند بیشتر اوقات خود را برای مقابله و مواجه با این گونه تحریکات مصروف میداشت و در نتیجه از هدف اصلی خود که پیشرفت نهضت ملی بود باز

می ماند و این تنها آرزوی بیگانگان بود که دولت را خسته و ناتوان کنند و از میدان مبارزه بدر برند ، عاقبت این گرفتاری ها و کار شکنی ها دولت را در تنگنا و فشار گذاشت که راهی جز کناره گیری در پیش نداشت و ناچار شد بار مسؤلیتی را که ملتی بر دوش او گذاشته است در نیمه راه مبارزه بر زمین گذارد. اما بلافاصله معلوم گشت که ملت ایران با کناره گیری این دولت از کار موافق نیست و به هر قیمت که ممکن باشد نخواهد گذاشت این جهاد مقدس بی نتیجه و نا تمام بماند.

قیام بی نظیر سی ام تیر و فداکاری بی مانندی که عموم افراد ملت در این روز از خود نشان دادند نمودار واضحی از عزم راسخ ملت ایران به دوام و بقای نهضت ملی بود که به صورت ابراز عقیده عمومی دائر به بقا و ادامه خدمت گذاری این دولت درآمد. این رستاخیز ملی ثابت کرد که مردم ایران با واقع بینی و توجه کامل مصالح خویش را خود انتخاب کرده و دیگر به هیچ قیمتی از آن باز نخواهد گشت. بیگانگان که در کمین بودند پس از این واقعه دانستند که این بار برخلاف انتظار با ملتی بیدار و علاقمند به استقلال خویش سر و کار پیدا کرده اند و دیگر ممکن نیست با حیله و نیرنگ این ملت را از ادامه طریقی که به دشواری پیموده است بازدارند و او را به همان سرمنزل اول برگردانند و مردمی را که برای تأمین مقاصد حقه ملی خود با کمال شهامت و شجاعت حتی تن به مرگ داده اند بفریبند. امروز هم اگر چه نفع طلبی عده ای معدود روزنه امیدی در پیش چشم آنان گشوده است و در تاریکی یأس و حرمان راهی در پیش پای مطامع خود می بینند ولی چون هنوزاکثریت قریب به اتفاق ملت درعزم خود راسخ و در تصمیم خویش پایدار است هرگز به مقصود نخواهند رسید و از این غبار کدورت کمترین گردی بر دامان ملت ایران نخواهد نشست.

هموطنان عزیز ، قیام سی ام تیر و جانفشانی و استقامت بی دریغ ملت و قطع امید اجانب از اینکه بتواند در مبانی اتحاد و اتفاق ما رخنه ای ایجاد کنند در پیشرفت ملت ایران به سوی مقصد و هدف نهائی خود بیش از آنچه بتوان گفت پر ارزش بود و مفید و مؤثر افتاد ، اکنون بر ما فرض و واجب است این سرمایه معنوی را که در بهای خون پاک عزیزان بدست آورده ایم و بزرگترین ضامن پیروزی ملت در این مبارزه و جهاد مقدس خواهد بود مفت و رایگان از دست ندهیم و اتحاد و اتفاق خود را با کمال دور اندیشی و خالی ازهر گونه شائبه و غرض ورزی و کینه توزی حفظ کنیم و نگذاریم حریف مکار این حربه قاطع را از دست ما بگیرد و با ایجاد نفاق و پراکندگی ما را چنان بخود سرگرم و مشغول کند که آمال ملی خویش را بکلی فراموش کنیم و از پیشرفت بسوی مقصد نهائی باز مانیم.

ملت ایران اگر خواسته باشد در ردیف سایر ملل بزرگ جهان مقام و موقعیتی را که شایسته او و گذشته پر افتخار او است بار دیگر احراز کند باید از محرومیت و مشکلات نگریزد و از فدا کاری و جانبازی نترسد. ما نباید زندگی را به هر صورت و به هر کیفیت که به ما عرضه میشود دوست بداریم و بدان قانع و خرسند باشیم اگر زندگانی توأم با آزادی و استقلال نباشد پشیزی ارزش نخواهد داشت.

برای رسیدن به این هدف عالی تاریخ زندگی ملل بزرگ عالم شاهد مبارزات و مجاهدات و گذشت ها و فداکاری ها است سرنوشت ملت ایران نیز در طول تاریخ خود همواره با این گونه محرومیت ها و مصائب توأم و همراه بوده است و در همه این موارد ملت ما موانع و مشکلات را با بردباری و شکیبائی تحمل وتلقی کرده و سرانجام از آن پیروز و سربلند بیرون

آمده است. جای تأسف نیست که جمعی از برادران و فرزندان گرامی ما در واقعه ۳۰ تیر جان خود را در راه حفظ سعادت و عظمت ملت ایران فدا کرده اند و با این فداکاری سرمایه افتخار جاوید برای خود و خاندان خویش اندوخته اند. جای تأسف موقعی خواهد بود که خدای ناخواسته ملت نتواند از این فداکاری های بی دریغ فرزندان خود نتیجه ای که لازم است بدست آورد و از این خون های مقدس که ریخته شده بهره ای که شایسته است نتواند تحصیل کند ، آن هم یقین دارم که با حسن تشخیص و موقع شناسی ملت ایران هرگز پیش نیاید و آرزوی ما درحفظ استقلال و تجدید دوران مجد و عظمت دیرین این کشور باستانی هرچه زودتر تحقق پیدا کند.

۴ مرداد ۱۳۳۲

والاحضرت اشرف ناگهانی به تهران مراجعت کرد

عصر دیروز والاحضرت اشرف پهلوی به تهران مراجعت نمود. با توجه به این که چنانچه افراد خاندان سلطنت بخواهند به ایران مراجعت کنند باید از طرف نمایندگی سیاسی ایران برای دادن ویزای ورود به ایران از وزارت امور خارجه کسب تکلیف کنند از این رو به نظر میرسد که این مسافرت با اجازه مقامات دولت بوده است. سال گذشته که والاحضرت به اتفاق علیاحضرت ملکه مادر به پاریس رفته اند با دربار مرتبا در ارتباط بوده اند.

ساعت ۱۱ امروز پس از این که اعلامیه وزارت دربار درباره والاحضرت اشرف دراختیار جراید گذاشته شد آقای ابوالقاسم امینی کفیل دربار به ملاقات آقای نخست وزیر رفت و مدتی با ایشان مذاکره نمود ولی همان طور که انتظار میرفت ورود والاحضرت به تهران سبب شد که انظار متوجه جریانات سیاسی و روابط بین دولت و مخالفین گردد و این شایعه ایجاد شود والاحضرت اشرف برای شرکت در پاره ای از فعالیت ها به ایران آمده باشد. مقامات وزارت دربار امروز اظهار داشتند که از محل اقامت والاحضرت بی اطلاع میباشند.

اعلامیه دربار شاهنشاهی

نظر به اینکه والاحضرت اشرف پهلوی بدون اجازه از پیشگاه مبارک همایونی و بی اطلاع قبلی دربار شاهنشاهی دیروز بعد از ظهر به وسیله هواپیما وارد تهران شدند با کسب اجازه از پیشگاه مبارک همایونی به معظم الیه ابلاغ شد که فوراً از ایران خارج شوند و از این پس نسبت به هر یک از خاندان جلیل سلطنت که رعایت تشریفات ومقررات مربوط به وزارت دربار که بستگی به مقام شامخ سلطنت دارد ننمایند با سخت ترین ترتیب عمل خواهد شد.
کفیل وزارت دربار شاهنشاهی - ابوالقاسم امینی

۵ مرداد ۱۳۳۲

پیام نخست وزیر

هموطنان عزیز ، یک سال پیش هنگامی که اینجانب از مسافرت لاهه به خاک وطن عزیز مراجعه کرده بودم و همه در انتظار صدور رأی دیوان بین المللی دادگستری بودیم مشکلاتی در راه دولت بوجود آمد که خدمت گذار ناگزیر از کار کناره گرفت ، اما شما ملت رشید ایران که همواره با واقع بینی خاص متوجه حقایق امور بودید نگذاشتید دشمنان نهضت ملی ایران به آرزوی خود برسند و نهالی را که پس ازمرارت ها و زحمت های زیاد با خون دل مردم ایران آبیاری شده بود ریشه کن کند.

از این رو با یک قیام جانانه و با ایثار خون خود در روز تاریخی سی ام تیر دست عمال اجنبی را از کار کوتاه کردید و ملل دنیا را از این قوت نفس و قدرت اراده دچار اعجاب و شگفتی ساختید، در نتیجه این دولت بار دیگر با استظهار به حمایت و پشتیبانی بی دریغ شما زمام امور را بدست گرفت و با تأییدات خداوند متعال و به اتکاء شما مردم فداکار توانست با وجود مشکلات فراوان مبارزات خود را با اجانب در راه تأمین استقلال کشور ادامه دهد و بقدر امکان در انجام اصلاحات داخلی با وضع و اجرای لوایح قانونی سودمند قدم هایی بردارد.

در طی این مبارزه و اصلاحات که بنا بر اراده ملت ، دولت بدان دست برد البته منافع عده ای در خطر افتاد و مسلم بود که آنها حاضر نمیشدند به آسانی از مطامع خویش صرفنظر کنند و طبعاً هرچه دامنه اصلاحات توسعه می یافت بر عده ناراضی ها که این بار برخلاف گذشته نمیتوانستند با خدعه و تزویر خود را با وضع موجود تطبیق دهند افزوده میشد و بیگانگان نیز که از هر فرصتی استفاده میکنند با تحریک و تقویت این عده و همآهنگ ساختن فعالیت های آن ها میکوشیدند تا هر روز مشکلات تازه ای ایجاد کرده و سر انجام دولت را به زانو در آورند.

حوادث غم انگیز نهم اسفند و توطئه قتل فجیع سرلشگر افشار طوس و تحریک برای ایجاد بلوا و آشوب در بین عشایر و حملات زننده به خدمتگذاران مملکت و استفاده از تریبون مجلس شورای ملی برای حملات غرض آلود به دولت و تعطیل مشروطیت با منحرف ساختن مجلس از ایفای وظیفه اصلی خود توسط اقلیت و بالاخره طرح نقشه سقوط دولت با بکار بردن دسایس اوضاعی بوجود آورد که سد بزرگی در راه دولت ایجاد شود، به طوری که قسمت اعظم وقت دولت مصروف آن میشد که ازاین اخلال گریها و کارشکنی ها جلوگیری کند و نگذارد عناصر ضد ملی در کار خویش توفیق حاصل کنند و نهضت ملی ایران را سرنگون سازند. آنچه در این ماجرا شایان توجه میباشد این است که حملات و اعتراضات مخالفین به تحریک اجانب همواره وقتی رو به شدت می نهاد که ایران از لحاظ سیاست خارجی در موقعیت مناسبی قرار گرفته بود چنانکه کارشکنی مخالفین که منجر به انقلاب تاریخی سی ام تیر شد نیز هنگامی صورت گرفت که رأی دیوان لاهه در شرف صدور بود. بدیهی است تنها وقوع همین حوادث در چنین مواقع خاص کفایت مینمود که مردم بیدار و هوشیار ایران از منشاء تحریک و منبع الهام مخالفین ادامه نهضت ملی ما بخوبی آگاه شوند.

در میان این مشکلات دولت به اتکاء ملت راه خود را با کمال استقامت ادامه میداد و چون از نعمت اعتماد مردم برخوردار بود ازهیچ مشکلی هراس نداشت و در طی متجاوز ازدو سال خدمتگذاری مراحل بسیاری ازمبارزات ملت ایران را با حسن ختام به انجام رسانید اما این موفقیت ها آسان بدست نیامد و در تمام مراحل ملت ایران در خارج و داخل با کارشکنی ها و اخلالگری های اجانب مواجه بوده است و اکنون هم که مراحل چندی از این مبارزه با موفقیت طی شده و امید میرود به زودی با قطع نفوذ اجانب و تأمین استقلال واقعی مملکت آمال ملت ایران جامه عمل بپوشد هنوز آن تحریکات و دسایس باقی است و بیگانگان که براثر اتحاد کلمه و اتفاق مردم مملکت خود را با این گونه شکست مواجه می بینند میکوشند تا این اتحاد و یگانگی را به اختلاف و نفاق مبدل سازند و مخالفین داخلی را که هر یک به عللی علم مخالفت برداشته اند به یکدیگر نزدیک نموده و به این طریق دولت را از میدان مبارزه به در و راه را برای تأمین منافع دیرین خود بار دیگر هموار کند.

هموطنان عزیز ، چنانچه عرض شد قدم هائی که تاکنون برداشته شد بعد از مشیت الهی به واسطه اتحاد کلمه و پشتیبانی و حمایت عموم ملت ایران بوده است و هرکس ادعا کند که در این کار سهمی و حقی بیش از دیگران داشته ادعایش باطل و بی اساس است. ما همه در این مبارزه با هم همکاری کردیم ونتایجی هم که به دست آمده براثر همین همکاری متقابل و صمیمانه بوده است. امروز هم اگر براثر اغراض خصوصی عده ای منحرف شده باشند درصورتی که ملت ایران با منحرف شدگان همکاری نکند و آقایان را از خود براند اقدامات اجانب به جائی نخواهد رسید و دولت به هدایت ملت بی دغدغه خاطرراه خود را با کمال ثبات و استقامت ادامه خواهد داد.

در میان مخالفین امروزی عده قلیلی هستند که از شروع این نهضت از همقدمان و همراهان بوده اند ولی به علتی که ترک ذکر آن اولی است اکنون ملت را در آخرین مراحل پیروزی رها ساخته و در تضعیف دولت و جلوگیری از پیشرفت آمال ملی حتی از مخالفین قدیم هم پیش افتاده اند. اگر نهال نهضت ملی ایران که با خون پاک فرزندان برومند این کشور آبیاری شده به ثمر رسیده بود و یا در مبارزه دولت با اجانب و تأمین سعادت و استقلال ملت ایران اندک انحرافی حاصل شده بود این گونه نفاق ها و خصومت های فردی و غرض ورزی های شخصی محملی داشت و ممکن بود مخالفت آنان را به طریقی موجه قلمداد نمود ولی با وضع فعلی هیچ نمیتوان گفت که این عده به کدام دلیل قابل قبول در این دقایق حساس خود را از سرنوشت ملت خویش جدا ساخته و علم مخالفت برافراشته اند؟

آیا مخالفین فعلی تصور نمیکنند درصورت ادامه این وضع ثمره فداکاری ها و جانبازی های چندین ساله ملت ایران که اکنون به آخرین مراحل خود نزدیک میشود به هدر رود لعن و نفرین ابدی برای آنان در تاریخ خواهد ماند. در مبارزه ای که اکنون در پیش گرفته ایم دو راه بیشتر وجود ندارد ، یا مقاومت و پایداری که پایان آن سعادت و استقلال واقعی و عظمت ملت ایران است یا انقیاد و تسلیم که نتیجه اش ننگ و رسوائی ابدی و محرومیت از مزایای حکومت ملی و تحمل مقاصد و مظالم حکومت های فردی و دیکتاتوری است.

هموطنان عزیز ، اکنون بیگانگان با تمام قوا میکوشند که در صفوف متحد ملت ایران رخنه کنند ، متأسفانه در مجلس شورای ملی هم که حقاً میبایست بزرگترین مرکز مبارزه با این گونه افکار باشد کانونی برای پیشرفت مقاصد سوء آنها تشکیل شده است. در این مجلس گروهی از مخالفین در راستای سیاست بیگانه با بعضی از منحرف شدگان میکوشند که زمام امور را به دست دولتی بدهند که بتواند مطامع بیگانگان و منافع آنان را تأمین کند و برای انجام این منظور تریبون مجلس را وسیله ای برای تبلیغات مضره خود قرار داده اند.

با مشکلات فراوانی که در پیش است دولت نمیتواند این کار شکنی ها و دسایس را تحمل کند و به این عده مجال دهد که با سرنوشت ملت ایران بازی کرده و مجلس شورای ملی را جولانگاه مقاصد شوم خود قرار داده و عرصه را بر اکثریت نمایندگان دلسوز و علاقمند به مصالح کشور تنگ کنند. شاید درهیچ یک از ادوار قانونگذاری سابقه نداشته باشد که عده ای ازنمایندگان مجلس تا این حد احترام این مرجع بزرگ را که کانون آرزوها و آمال ملت است از بین ببرند. کسانی که برای حمله به دولت بیشتر اوقات از حربه عدم نظم و امنیت استفاده میکردند و به دولت اعتراض مینمودند خود آن ها مرکز قانون گذاری را به صورت بی نظم ترین و نا امن ترین مراکز درآورده اند و به جای اینکه دولت را در اجرای لوایح

قانونی عام المنفعه و سودمند یاری کنند هرروز به نحوی در کار دولت و مجلس شورای ملی کارشکنی میکنند.

این آقایان برای آنکه مقاصد خود را جامه عمل پوشانده و به شدت به دولت بتازند موضوع مشکلات مملکت و فقر و بیچارگی مردم را بهانه و دستاویز میکنند و حال این که این مشکلات و فقر و بدبختی چیزی نبوده و نیست که در دو سال اخیر بوجود آمده باشد ، بلکه اینها ثمره صد و پنجاه سال تسلط اجنبی بر ایران بوده است. از اینها گذشته اگر در خلال یکی دو سال اخیر مشکلاتی از لحاظ مالی و بازرگانی بوجود آمده این موضوعی است که یک ملت وارد در مبارزه و پیکار باید آنرا تحمل کند زیرا هیچ کس نیست نداند متجاوز از دو سال است با یکی از مقتدر ترین دول استعماری روی زمین وارد یک مبارزه اقتصادی و سیاسی شده ایم و بدون شک در این پیکار حیاتی وضع حریف با همه کمک هایی که متحدینش به او میکنند از ما بد تر است و هنوز پس از ۸ سال که از جنگ دوم جهانی میگذرد بسیاری از مواد خواربار در آن کشور جیره بندی است و از لحاظ مالی و اقتصادی به تصدیق مسؤلین آن کشور در آستانه ورشکستگی قرار دارد.

بنابراین در روزهای جنگ سربازانی که به خاطر مقاصد عالی و هدف های ملی قدم در میدان مبارزه میگذارند باید انتظار ناملایمات و محرومیت هائی را هم داشته باشند و کسانی که تنها راحت و آسایش خود را میخواهند هیچ گاه نباید قدم به میدان کارزار بگذارند. ملت هایی که برای احقاق حقوق از دست رفته و در راه آزادی و استقلال خود وارد پیکار شده اند سال ها فداکاری و جانبازی و از خود گذشتگی کرده اند تا به مقصود خود نائل شده اند. ملت ایران نیز در طول تاریخ درخشان خود قرن ها با دشمنان خود پیکار کرده و فداکاری ها نموده و قربانی ها داده تا دست اجانب را از خاک وطن کوتاه کرده مبارزاتی را هم که ملت ایران دو سال است آغاز نموده برای ریشه کن ساختن یک تسلط شوم صد و پنجاه ساله از بیگانگان است که با همه سرسختی و کینه توزی در عرض همین مدت کوتاه موفقیت های بزرگی نصیب آن شده و انعکاس آن حتی در کشور های مختلف گیتی موجب تحسین و تمجید ملل آزاد گردیده است.

در خلال ۲۷ ماهی که از عمر این دولت میگذرد مخالفین نهضت ملی ایران که جز منافع خصوصی و اغراض شخصی منظوری ندارند در همه جا برعلیه مصالح مملکت قیام کرده اند. این مخالفت ها طی ماه های اخیر از صفحات برخی از جراید و اجتماعات تجاوز کرده و به مجلس شورای ملی کشیده شده است به طوری که میتوان گفت مجلس در ماه های اخیر به صورت هسته مرکزی و پایگاه اصلی این اخلال گری ها درآمده است. هدف مخالفین و منافقین علاوه بر اخلال درکار دولت این است که اصالت نهضت ملی ایران را لکه دار کنند و به دنیا اینطور بفهمانند که دیگر کسی طرفدار این نهضت بزرگ تاریخی نیست ولی مردمی که موجد این رستاخیز عظیم هستند و با خون خود اوراق این نهضت مقدس را نگه داشته اند طی تظاهرات پر شور و پر هیجان خود نشان داده اند که نهضت ملی ایران با حیات و موجودیت آنها بستگی دارد و دست هیچ نامحرمی نمیتواند نهضت تاریخی مردم ایران را لکه دار کند. ملت ایران با قیام های دلیرانه خود بارها عدم رضایت خویش را نسبت به اعمال و رفتار دشمنان نهضت ملی ایران و نمایندگان مخالفی که پا بر روی مصالح ملت و مملکت میگذارند ابراز داشته است.

آن رادمردان و مجاهدینی که در صدر مشروطیت در راه آزادی و مشروطیت ایران نقد جان باختند و آن خون هائی که از پیکر افراد فداکار و از جان گذشته بر خاک وطن ریخته شد برای این بود که ملت ایران بتواند درسایه آزادی و قانون در خانه خود یعنی در وطن خویش با رفاه وآسایش و سربلندی و سرفرازی زندگی کند. آنها هیچ گاه تصور نمی کردند که روزی عده ای در پناه قانون اساسی دست به هر بی قانونی بزنند و بنیان مشروطیت و قوانین مملکت را متزلزل سازند و در سایه مصونیت پارلمانی با سرنوشت کشور بازی کنند. آنها هیچ گاه باور نمیکردند که پس از مدت کوتاهی عده ای مجلس را به صورت سنگری علیه استقلال و حاکمیت ایران درآورند و راهی دنبال کنند که سرانجام آن اضمحلال مشروطیت و فنای آزادی باشد بهمین جهت وقتی دولت احساس کرد با این همه اخلال گری ها و کارشکنی ها نمیتواند وظایف خود را انجام دهد و مسؤلیت بزرگی را که بر عهده دارد همچنان به دوش بگیرد تصمیم گرفت در این مورد از ملت رشید ایران استمداد کند. این نکته را جمعی از آقایان نمایندگان نیز تشخیص داده و چون دیدند که با یک چنین اوضاع نامساعد ادامه خدمت مقدور نیست از مقام نمایندگی استعفا دادند.

هموطنان عزیز ، امروز یک بار دیگر دولت ناچار شده است این حقایق را بی پرده با شما در میان بگذارد و در رفع مشکلات خویش ازشما استمداد کند زیرا این رأی و نظر شما است که باید حق و باطل را از هم جدا سازد و خوب و بد را از یکدیگر تشخیص دهد ، شما همه از جریان کار مجلس شورای ملی خوب با خبر هستید و هیچ یک از جزئیات آن از نظر شما پوشیده و پنهان نیست دولت ناچار است صریحاً اعلام کند که با وضع کنونی مجلس امید هیچ گونه موفقیتی در مبارزه ملت ایران نیست ناچار است از شما مردم وطن پرست تقاضا کند عقیده خود را در بقا یا انحلال آن صریحاً اظهار کنید.

درصورتی که بین مجلس و افکارعمومی ملت اختلاف حاصل شود و مجلس به صورت یک دستگاه کارشکنی برعلیه دولت درآید مجلس منحل میشود و قضاوت امررا به عهده مردم محول مینماید، چنانچه افکار عمومی با نظر دولت تطبیق کند نمایندگان دیگری اتنخاب و روانه مجلس شوند و به این ترتیب بین دولت و مجلس همکاری ایجاد شود و چرخ اداره مملکت از کار نیفتد. بنابراین تنها اراده قاطبه افراد ملت که دولت و مجلس به وجود آنها قائم است میتواند قضاوت قطعی در این باب را بنماید و آن کسانی که ادعا میکنند ملت حق ندارد و نمیتواند در این مورد اظهار عقیده کند سخت در اشتباه هستند زیرا تنها ملت است که میتواند راجع به سرنوشت خود و سرنوشت مملکت اظهار عقیده کند.

پنجاه سال پیش ضرورت تاریخی ایجاب کرد که ملت ایران در راه آزادی و مشروطیت خود قیام نماید و با ایثار خون خویش به حق خود برسد و قانون اساسی را بوجود آورد ، اکنون نیز در این لحظات حساس که کشور ما در استانه مرگ و زندگی قرار دارد و دشمنان ایران علیه استقلال و آزادی ما بالاترین تلاش خود را بکار میبرند مصالح کشور ایجاب میکند که ملت ایران تصمیم خود را درباره نهضت ملی و وضع مجلس و دولت روشن کند. این تنها ملت ایران یعنی بوجود آورنده قانون اساسی و مشروطیت و مجلس و دولت است که میتواند در این باره اظهار نظر کند لاغیر ، قانون ها ، مجلس ها و دولت ها همه برای خاطر مردم بوجود آمده اند نه مردم به خاطر آن ها. وقتی مردم یکی از آن ها را نخواستند میتوانند نظر خود را درباره آن ابراز کنند.

درکشورهای دمکراسی و مشروطه هیچ قانونی بالاتر از اراده مردم نیست. به همین جهت دولت در این لحظه حساس تاریخی مشکلی را که با آن مواجه شده با ملت در میان میگذارد و راجع به این مجلس از مردم سؤال میشود که اگر با ادامه وضع کنونی مجلس شورای ملی دوره هفدهم تقنینیه موافقت دارند دولت دیگری روی کار بیاید که بتواند با این مجلس همکاری کند و اگر با این دولت و نقشه و هدف آن موافق هستند رأی به انحلال آن بدهند و مجلس دیگری تشکیل شود که بتواند برای تأمین آمال ملت با دولت همکاری کند. طرز اجرای این منظور و استنباط از افکار عمومی در مورد انحلال یا ابقای دوره ۱۷ مجلس شورای ملی و مقرراتی که برای اجرای آن پیش بینی شده بعداً به اطلاع هموطنان عزیز خواهد رسید تا با رعایت آن به ایفای وظایف ملی خود قیام فرمایند و یکبار دیگر ایمان و علاقمندی خود را به اصول و هدف نهضت مقدس ملی به جهانیان ثابت کنند.

کمیسیون دادگستری و رسیدگی به سلب مصونیت دکتر بقائی

آقای امامی اهری در این مورد اظهار داشتند بعد از مذاکرات زیاد بنده معتقد بودم که منظور مقنن این میباشد که گزارش کمیسیون دادگستری باید مبنی برتعقیب یا عدم تعقیب متهم یا متهمین باشد یعنی اگر دلایل مذکور در پرونده کافی برای اثبات جرم بود که کمیسیون رأی مجرمیت صادر خواهد کرد و لباس مصونیت از تن متهم خارج خواهد نمود و او دراختیار مقامات قضائی خواهد گذاشت ولی اگر دلایل پرونده کافی برای اثبات جرم نبود کمیسیون رأی بر برائت متهم خواهد داد و رأی کمیسیون هم پس از تصویب مجلس لازم الاجراء است. ولی جناب آقای دکتر سنجابی فرمودند که طبق آئین نامه مجلس رأی کمیسیون دادگستری سه صورت خواهد داشت، رأی مجرمیت قاطع ، رأی عدم ثبوت اتهام و رأی اعلام برائت در حالت اول یعنی رأی مجرمیت قاطع کمیسیون با رسیدگی به پرونده و مشاهده دلایل کافی و قاطع به مجرمیت متهم رأی خود را خواهد داد و پس از تصویب مجلس از متهم بلافاصله سلب مصونیت خواهد شد و وی تسلیم مقامات قضائی خواهد گردید.

درحالت دوم یعنی رأی عدم ثبوت اتهام هنگامی است که دلایل و مدارک اتهام متهم را ثابت نکند. در این صورت متهم تا پایان دوره از مصونیت پارلمانی برخوردار است ولی پس از خاتمه نمایندگی دولت میتواند او را تحت تعقیب قرار دهد.

در حالت سوم رأی اعلام برائت است که کمیسیون متهم را از اتهامات وارده کاملا مبری تشخیص میدهد و رأی خود را دائر بر برائت کامل متهم اعلام میدارد و در این صورت رأی کمیسیون پس از تصویب مجلس قطعی است و پس از خاتمه دوره نمایندگی هم متهم مصون از تعقیب خواهد بود.

آقای میلانی رئیس کمیسیون دادگستری دیشب اظهار داشت این امر محتاج مطالعه و تبادل نظر بیشتری است و شاید احتیاج باشد مدارک بیشتری از دولت خواسته شود.

۶ مرداد ۱۳۳۱

اظهارات شمس قنات آبادی

شمس قنات آبادی که علاوه بر عضویت در فراکسیون نجات نهضت به رهبری دکتربقائی نقش سخنگوی اقلیت را نیز به عهده دارد به خبرنگاران گفت ما نیز از خبر های آغاز مجدد مذاکرات نفت مستحضر میباشیم اما حقیقت قضیه این است که دکتر مصدق در مسأله غرامت که به هیچ وجه مورد قبول ملت ایران نبوده و نیست و نخواهد بود قصد سازش با

امریکائی ها را دارد و برای اجرای این منظور مسأله رفراندوم را پیش کشیده است و به اتکاء آن میخواهد مجلس را منحل کند و بعد به سازش خود با امریکائی ها و انگلیس ها در مسأله غرامت صورت قانونی بدهد. بدین جهت اعلام میکنم که مراجعه دکتر مصدق به آراء عمومی نه مربوط به اعمال اقلیت است و نه استیضاح زهری بلکه دکتر مصدق فقط و فقط از نظر سازش با خارجی در مسأله غرامات شرکت نفت قصد اقدام به این عمل را دارد.

نظارت در نشر اسکناس

آقای مکی امروز اظهار داشت آقای نخست وزیر از انتخاب اینجانب به سمت نظارت بانک ملی عصبانی است ، عصبانیت ایشان به این علت است که اگر اسکناس اضافی منتشر کرده باشد بیم دارد که اگر من از این مسئله خبردار شوم ملت ایران را در جریان خواهم گذاشت. اگر ایشان همان طور که همیشه متذکر شده اند مایلند همیشه ملت را در تمام امور بگذارند چرا مایل نیستند که ملت از این راز که با هستی آنها بستگی دارد مطلع شود پس عملی برخلاف مصالح ملت شده است که نمیخواهد ملت از آن آگاه شود.

ضمنا نامه ای به آقای دکترنصیری مدیر بانک ملی نوشته ام مبنی براینکه از نظر مسؤلیتی که مجلس شورای ملی جهت نظارت در اندوخته اسکناس به اینجانب ابلاغ نموده است از نظر اجرای قانون هر نوع فعل و انفعال در نشر اسکناس و همچنین هر نوع فعل و انفعال در پشتوانه اسکناس به عمل آید باید با نظارت کامل این جانب باشد و تخلف از آن موجب مسؤلیت خواهد بود. ضمنا رونوشت این نامه جهت رئیس دیوان عالی کشور و دادستان دیوان عالی کشور و مجلس شورای ملی نیز فرستاده شده است.

مصاحبه آیت الله کاشانی و اعلامیه فراکسیون آزادی

در ملاقاتی که اعضای فراکسیون آزادی و آقای حسین مکی با آیت الله کاشانی داشتند ایشان اظهارداشتند فردا صبح اعلامیه ای منتشر خواهم کرد که بین مردم پخش خواهد شد. در این اعلامیه مردم را به حقایق امور و منظور آقای دکتر مصدق مطلع خواهم کرد و میراشرافی نیز متن تلگرافی را که نمایندگان اقلیت (فراکسیون آزادی و نجات نهضت) قرار است به نخست وزیر ارسال گردد به اطلاع آیت الله رسانیدند که مورد موافقت ایشان قرار گرفت.

اعلامیه فراکسیون آزادی ، جناب آقای مصدق السلطنه چون ضمن پیام رادیوئی خود برای انحراف افکار عمومی متوسل به تهمت و افترا گردیده و روش ما را در انجام وظایف قانونی تخطئه نموده و خواسته اید با دلایل غیرموجه انحلال مجلس را که خود قیام علیه مشروطیت ایران است صحیح و لازم قلمداد کنید امروز بر هیچ کس پوشیده نیست که عملیات و خیالات غیر قانونی جنابعالی برای فرار از جواب استیضاح نمایندگان و اغفال افکارعمومی میباشد ضمن پیام خود فرموده اید که اعمال و گفتار ما برای حفظ اصول قانون اساسی و حقوق مجلس و مجلسیان موجب اتخاذ چنان تصمیم غیر قانونی گردیده است.

لذا با استظهار به ملت ایران و موکلین خود بدین وسیله به اطلاع آن جناب میرسانیم که اگر از فاش شدن حقایق باکی ندارید و واقعاً مؤمن به اصول دموکراسی هستید اجازه فرمائید ساعتی از وقت خود را دراختیار ما بگذارید تا بتوانیم به اتهامات ناروای جنابعالی پاسخ گفته نظریات خود را با ذکر دلایل در معرض قضاوت عامه هموطنان عزیز قرار دهیم.

۷ مرداد ۱۳۳۲

اعلامیه آیت الله کاشانی

چون رادیو که بودجه آن از مال این ملت فقیر است و باید صرف تبلیغات و مطالب و مباحث مفید به حال این ملت بشود فقط و فقط برای مقاصد شخصی و اغراض منافی مساعی ملت و مملکت و اشتباه کاری و بی آبرو نمودن مردم آبرومند و متهم داشتن اشخاص صالح و میهن پرستی که میتوانند سد راه دیکتاتوری آقای محمد مصدق بشوند بکار میرود ممکن نیست بدان وسیله عقاید خود را به سمع هموطنان عزیزبرساند بدین وسیله به اطلاع و میرسانم:

ملت غیور ایران فراموش نکنید که از ۱۰ سال به این طرف یک نهضتی در ایران پیدا شده و هر روز قوی تر و محکم تر گردیده تا توانست دولت های دست نشانده امثال هژیر و رزم آرا را از بین ببرد و نفوذ اجانب را نابود و یا لااقل ضعیف و نفت را ملی سازد و آقای دکتر مصدق ازاین نهضت استفاده کرده و همآهنگی با آن نشان داده تا به وسیله آن حریف های خود را ازعرصه حکومت دور کرد و خود برمسند صدارت نشست. اکنون ۲۸ ماه است که ایشان زمامدار است و در تمام این مدت یک قدم مفید به حال شما که بتواند آنرا اسم ببرد برنداشته مگر موضوع ملی شدن نفت که با فداکاری و قیام عمومی ملت ایران بوده است. هر روز وعده های بزرگ میدهد و فردا عذر میآورد که من میخواستم این کار ها را بکنم ولی عمال اجنبی کارشکنی کردند و به ادعای او عامل اجنبی هرکسی است که از او مؤاخذه کند یا بپرسد آن مواعیدی که شما در این مدت داده اید کجاست؟ یا چرا یک قدم اصلاحی برنمیدارید یا چرا اعمالی را که به دیگران ایراد میگیرید خودتان مرتکب میشوید. با این ترتیب یعنی با هو و جنجال و ادعا و تهمت و افترا تمام قدرت های موجود در مملکت را از بین برد و ساعت به ساعت راه را برای رسیدن به دیکتاتوری و حکومت فردی و خودسری هموار ساخت تا بر تمام قوای مملکت مسلط گردید و اکنون به اتکای چند تانک و ارابه جنگی و انواع نظامی و پلیس و ژاندارمری که در دست دارد میخواهد رفراندوم و مجلس را منحل کند. آقای دکتر مصدق مجلسی را که خودش انتخاب کرده و بیش از صد بار گفته که صدی هشتاد آن ملی است قبول ندارد و برای فرار از استیضاح و راه ندادن به ناظر بانک که از طرف مجلس انتخاب شده تا به حساب اسکناس های زیادی که منتشر ساخته و ظاهرا درحدود ۴۵۰ میلیون تومان است مجلس را با وادار ساختن نوکران خود به استعفا تعطیل و برای انحلال آن رفراندوم میکند.

این مجلس وقتی به دکترمصدق اختیارات غیر قانونی میدهد ملی است ، و وقتی او را استیضاح میکند عامل اجنبی است. رفراندوم مال ممالکی است که دولت آن معلوم نیست و مشروطیت و قانون اساسی ندارد، یکبار رفراندوم میکنند که رژیم مملکت را معین سازند و الا در مملکتی که رژیم آن معین و قانون اساسی دارد و حکومت آن مشروطه است هیچ راهی برای فرار از استیضاح و دست زدن به رفراندوم نیست. در مملکت مشروطه مطابق قانون اساسی برای نخست وزیر حدود و ثغوری معین شده و هر کس برخلاف این قوانین قدمی برداراقدام برخلاف مشروطیت و قانون اساسی نموده و از لحاظ خیانت به کشور قابل تعقیب و مستحق شدید ترین مجازات است.

این نکته را برای این تذکر میدهم که وزرا و مأمورین لشگری و کشوری متوجه باشند مخصوصا وزیر دارائی از لحاظ پرداخت از بیت المال برای صرف رفراندوم خلاف قانون خصوصا متوجه گردند که در صورت انجام دستور های خلاف قانون در مورد رفراندوم و

تضییع حقوق ملت ایران شریک و سهیم هستند و از تعقیب مصون نخواهند بود. آقای دکتر مصدق خوب میداند که اگر با آزادی و بطور طبیعی به آراء ملت مراجعه کند صدی نود و هفت مردم علیه او رأی میدهند ولی چون تمام قوای کشور را در دست دارد و یک قانون من درآوردی امنیت اجتماعی و یک حکومت نظامی دائم مثل شمشیر بران بالای سر مردم نگاه داشته و یک مشت اوباش و رجاله و چاقوکش توی کوچه ها راه میاندازد که در حمایت تانک و ارابه جنگی و سرنیزه نظامی به مخالفین او هتاکی کنند رفراندوم میکند آن هم با ترکیبی که موافق از مخالف معلوم و نام و تمام مشخصات رأی دهنده معین باشد ، با این ترتیب تنیجه رفراندوم معلوم است.

هرکس چنین رفراندومی بکند نتیجه به کام او خواهد بود باز اگرمخالف از موافق معلوم نبود و رأی مخفی بود و مردم با آزادی میتوانستند رأی بدهند نتیجه عاید او نمیشد ، ایشان اگر راست میگویند و میخواهند رفراندوم کنند و به عمل خلاف قانون دست بزنند وسائل ارعاب و تشویقی که در دست دارد به زمین بگذارد و خود استعفا بدهد و بعد رفراندوم کند تا بداند که در میان مردم چقدر موافق دارد.

ملت ایران ما و دکتر مصدق همه میرویم این مقام ها زود گذراست ولی مملکت و مردم ایران باید بمانند اجازه ندهید که دکتر مصدق برای حکومت چند روزه خود راهی باز کند که همیشه قانون اساسی و مشروطیت و حتی استقلال و وحدت ملی شما در خطر باشد زیرا همین عملی که دکتر مصدق میکند اگر نافذ شد و پیشرفت کرد و شما قبول نمودید هر نخست وزیری بعد از او حق خواهد داشت به مجلس که حکومت بر همه مقامات و قوا دارد اعتماد نکند و اگر خود را از مجلس درفشار دید رفراندوم کند و مجلس را منحل سازد و با این ترتیب به جای اینکه اختیار ماندن و رفتن دولت در دست مجلس باشد بقا و عدم مجلس بدست دولت خواهد افتاد.

هموطنان عزیز ۲۸ ماه است که دکتر مصدق با هو و جنجال و عوام فریبی مردم را مشغول کرده و هر روز برای اینکه مردم به حساب گذشته او نرسند و به زمامداری ادامه بدهد حساب نو باز میکند و هر روز بهانه میگیرد و وعده نزدیکی میدهد. از روزی که آمده و زمام امور را در دست گرفته تا امروز به نظر بیاورید که چه وعده هایی داده و چطور هر روز حرف خود را عوض کرده و گناه را به گردن کسی انداخته و هر دفعه که تقاضائی داشته گفته اگر این تقاضای مرا انجام بدهید در فلان مدت بسیار کوتاه کار را تمام میکنم. روزی که خواست نخست وزیر شود گفت من در یک هفته کار نفت را تمام میکنم و الان بیش از دو سال از حکومت او گذشته و هنوز اندر خم یک کوچه است. آقای دکتر مصدق در این مدت کاری برای مملکت نکرد ولی برای ادامه حکومت خود به خرابکاری های زیادی دست زده از آن جمله نشر محرمانه مقدار زیادی اسکناس است که گفتم درحدود ۴۵۰ میلیون تومان است. به علاوه طبق اطلاعات حاصله آن جناب پشتوانه های موجود در افریقای جنوبی را به امریکا حمل و در آنجا به گرو گذاشته و چون جناب آقای مکی به سمت ناظر بانک ملی انتخاب شده و متوجه گشته است که عنقریب پرده ازروی خلاف کاری هایش برداشته و رسوا میشود اقدام به تعطیل مجلس کرده است.

اعمال خلاف دولت چه در مورد نفت بخصوص ۵۰ درصد تخفیف قیمت نفت خام و قبول غرامت و قطع منافع ایران از ۲۳۰ شرکت فرعی و چه درمورد اقتصادیات از قبیل تثبیت ارز

به بهای گزاف و زیان مردم و اقدامات خلاف مصلحت او در سیاست خارجی و داخلی به اندازه ای شدید شده است که آقای دکتر مصدق به خوبی میداند هرچه زودتر باید حساب خطا کاریهای خود را به ملت ایران بدهد و چون نه جوابی برای این اقدامات ناصواب و خلاف قانون دارد و نه جرئت حضور در مجلس درخود می بیند چون غریقی به هر عمل خلاف قانون متشبث شده از جواب استیضاحات که حقا قانون اساسی برای نمایندگان معین نموده طفره میرود و برای مشوب کردن اذهان و افکار عمومی دست به تبلیغات غیر واقع زده به عنوان اینکه از طرف نمایندگان به من توهین و یا بنام اینکه برای کشتنم توطئه چیده اند از حضور در مجلس خودداری میکند.

شما هموطنان عزیز می بینید که تا امروز چه کسی به نفع اجنبی قدم برداشته و آنچه تا امروز کرده مستقیما به مصلحت اجنبی وزیان مملکت بوده است. شما مردم غیور ایران موظفید که از استقلال مملکت و وحدت ملی و آزادی مشروطیت دفاع کنید و اجازه ندهید با عوام فریبی و هو و جنجال راهی باز کنند که زوال مشروطیت و آزادی و زیان استقلال مملکت و وحدت ملی شما باشد. سید ابوالقاسم کاشانی

تحصن نمایندگان اقلیت در مجلس

نمایندگان غیر مستعفی مجلس که از دو هفته پیش به عنوان مخالفت با رفراندوم و غیر قانونی جلوه دادن آن در خارج مجلس فعالیت داشتند پس از نطق رادیوئی نخست وزیر و قطعیت یافتن رفراندوم چون برای آینده خویش مخاطراتی تصور میکنند پس از یک جلسه سه ساعته در حضور آیت الله کاشانی مصلحت را در این دیدند که بطور اجماع در مجلس متحصن شوند.

اطلاعیه وزارت کشور در مورد برگذاری رفراندم و چگونگی اخذ آراء

به کلیه فرمانداران و بخشداران ، در اجرای تصویب نامه شماره ۱۴۱۶۰ هیأت وزیران راجع به مراجعه به آراء عمومی درباره ابقا یا انحلال مجلس شورای ملی که جداگانه ابلاغ شده است مراقبت و دقت لازم بفرمائید که این امر در کمال بی طرفی و صحت انجام یافته و مقررات تصویب نامه به طور صحیح و کامل به موقع اجرا گذاشته شود. برای آشنائی آقایان فرمانداران و بخشداران به طرز عمل جزئیات امور را واضح و روشن دراین بخشنامه بیان نموده تا جای هیچ گونه ابهام برای آقایان باقی نماند و چون پس از ۷ روز از اخذ آراء در شهر تهران در سایر شهر ها و مراکز بخش ها اخذ رأی به عمل خواهد آمد مقدمات کار باید طوری فراهم شود که به محض تعیین روز اخد رأی در تهران در شهرستانها و بخشها برای تشکیل انجمن های نظارت اقدام شود و درروز قبل از اخذ رأی انجمن ها معین شوند و در روز مقرر اخذ آراء به عمل آید. لذا مقتضی است آقایان فرمانداران و بخشداران دستورهای ذیل را با دقت هرچه تمام تر نصب العین قرار داده به موقع اجرا بگذرند.

اول - پس از تعیین روز اخذ رأی در مرکز که از طرف این وزارتخانه اعلام خواهد شد فرمانداران و بخشداران باید در تشکیل کمیسیون دو نفری برطبق ماده (۱) تصویب نامه اقدام فوری معمول دارند.

دوم - پس ازتشکیل کمیسیون دو نفری درهر شهر یا بخش باید بلافاصله در محلی که گنجایش کافی داشته باشد یکی برای رأی دهندگان موافق با انحلال دیگری برای رأی دهندگان مخالف با انحلال در نظر گرفته شود و برای اجرای این امر ممکن است از میدان ها و یا تکیه ها و یا مساجد استفاده نمود و بالای درهای ورودی به قطع بزرگ روی کاغذ یا

پارچه نوشته شده باشد محل برای رأی دهندگان موافق با انحلال مجلس هفدهم یا محل برای رأی دهندگان مخالف با انحلال مجلس هفدهم. و قبل از اخذ آرا فرماندار یا بخشدار باید موقعیت هریک از دو محل را برای اهالی محل آگهی کند.
سوم - کمیسیون دو نفری به تناسب رأی دهندگان دو یا چند انجمن که اعضای هرکدام ۷ نفر است بدین ترتیب تشکیل خواهد داد. عده ای مساوی ۵ برابر عده اعضای انجمن ها از بین قضات دادگستری و استادان (اگر وجود داشته باشند) و کارمندان دولت و یا معتمدین طبقات دیگر دعوت خواهند شد. مثلا چنانچه با در نظر گرفتن جمعیت محل ایجاب نماید که در یک شهر یا بخش فقط دو انجمن یکی برای موافقین و دیگری برای مخالفین انحلال تشکیل گردد باید پنج برابر افراد انجمن که ۷ نفر میباشند یعنی ۳۵ نفر دعوت شوند. پس از حضور در محل از دعوت شدگان درخواست شود از میان عده حاضر به تعداد لازم برای تشکیل انجمن ها از طریق قرعه کشی افراد لازم تعیین گردند.
چهارم - از طرف وزارت کشور روز اخذ رأی در شهر تهران و سایر شهرها و بخش های کشور که ۷ روز پس از اخذ آرا در مرکز خواهد بود اعلام خواهد گردید و برای اطلاع عموم اهالی محل پس از اینکه انجمن های نظارت تعیین شدند فرماندار یا بخشدار باید روز اخذ آرا را که فردای همان روز است که انجمن ها تشکیل شده اند آگهی خواهد کرد.
پنج - فرمانداران یا بخشداران باید عده کافی مأمورین انتظامی برای حفظ انتخابات در محل منظور دارند.
شش - انجمن های نظارت باید قبل از ساعت مقرر برای اخذ آراء در نقاط معین حاضر و آماده کار باشند. رأی دهندگان بعد از انداختن رأی در صندوق انگشت خود را درمرکب مخصوصی که در حوزه اخذ رأی قبلا گذاشته شده است فرو میکند.
هفت - اوراق آراء چاپی با توجه به تعداد افرادی که احتمالا میتوانند رأی بدهند باید به مقدار کافی در انجمن ها وجود داشته باشند.
هشت - صندوق های آراء پس از پایان اخذ رأی باید با مهر اعضای انجمن مربوطه لاک و مهر شده و در فرمانداری یا بخشداری باقی میماند و پس از آنکه وزارت کشور نتیجه کل آراء را اعلام نمود فرماندار یا بخشدار محل آراء را معدوم خواهند ساخت.

تبصره - وزارت کشور بازرسانی برای نظارت در صحت اخذ رأی به نقاط مختلف کشور اعزام مینماید.

۸ مرداد ۱۳۳۲

اعلامیه دوم آیت الله کاشانی درمورد رفراندوم

هموطنان عزیز و برادران عزیزم ضمن اعلامیه قبلی از مفاسد و مضار رفراندم شرحی متذکر و همه مستحضر گردیده و توجه دارید که عمل به آن چه ضررهائی برای دیانت و ملت و مشروطیت و مملکت در بر دارد ، با این حال دوره خود را وسیله انقراض دیانت و استقلال مملکت و ملت قرار ندهید و طوق رقیت و اسارت و بندگی را به گردن خود نگذارید. شرکت در رفراندم خانه برانداز که با نقشه اجانب طرح ریزی شده مغضوب حضرت ولی عصر عجل الله فرجه و حرام است و البته هیچ مسلمان وطن خواهی شرکت نخواهد کرد.

گر چه ممکن است بعضی اشخاص غافل و بی اطلاع از حقایق و مضار آن و خائنین وطن فروش برای انجام مقاصد شوم دیگران در رفراندم شرکت کنند یا آن که دولت صندوق ها را از رأی قلابی پر کند علی ایحال عمل رفراندوم برخلاف قانون اساسی و منافی مصلحت

ملت و مملکت بوده و هیچ گونه اثر قانونی ندارد در خاتمه آنچه جدم حسین ابن علی فرمود به هموطنان عزیز گوشزد می نمایم ، مردم اگر دین و خوف از قیامت ندارید آزاد مرد باشید. سید ابوالقاسم کاشانی

نامه آیت الله بهبهانی

حضرت اشرف آقای دکتر مصدق ، محترما به عرض میرساند غوغای رجوع به افکارعمومی که یک مملکت را متشنج و افکار را متزلزل کرده و ایجاد یک انقلاب روحی در تمام طبقات نموده است این ضعیف را هم مثل سایر افراد ملت متحیر نموده است. اینکه تاکنون عرضی نکرده بودم تصور میشد که خود حضرت عالی با حسن نیت از این کار منصرف و اقدام به چنین امر خطیری که مستلزم مراتب و خیمه است نخواهند فرمود و اگر گاهی اظهاراتی میشده حمل بر تصمیم قطعی نمیکرد.

اینک مشاهده میشود که حقیقتا بنا به انجام این کار دارید ، تصور میکنم حضرت عالی با ملاحظه حالت اینجانب که مراحل پایان عمر را میگذراند بیانات داعی را که محض خیرخواهی و مصالح ملت و مملکت است حمل برغیر حقایق بفرمائید. با اختیاراتی که دارید و با تعطیل قهری مجلس و تسلط بر عموم اوضاع مملکت موجبی تصور نمیشد که اقدام به انحلال مجلس از راهی که در قوانین مملکت پیش بینی نشده و سابقه ندارد و مخالف افکار عامه مردم است بفرمائید. با آنکه اینجانب مدتی است از دخالت درامورسیاسی خودداری دارم ولی به جهت حفظ نوامیس دینی و ملت و مملکت و ایفاء به وظایف مقامی عرض میکنم که این عمل اساس مشروطیت را متزلزل و باعث ضعف و انحلال ابدی مجلس و قانون اساسی است و به نحوی که اطلاع دارم در نظر مردم نظیر مجلس مؤسسان اخیر است. محمد الموسوی بهبهانی

نامه چند نفر از روحانیون مقیم نجف

حضور محترم حضرت مستطاب آیت الله میرسید محمد بهبهانی دامت برکاته العالی

اخیراً مسموع شده است بعضی از اشخاص که هدفی جز لطمه وارد ساختن به عالم اسلامی و علماء اسلامی ندارند به وسیله های مختلف نسبت به مقام شامخ روحانیت مخصوصا حضرت مستطاب آیت الله حاج سید ابوالقاسم کاشانی دامت برکاته العالی مطالب توهین آور و جسارت آمیزی گفتند و منتشر کردند و مسؤلین امر در صدد رفع و منع برنیامده اند ، حقا باعث تأثر و تألم است نسبت به مردی که عمری فداکاری و از خود گذشتگی برای سعادت و عظمت ملت مسلمان ایران نموده و این همه خدمات بزرگ به مسلمان ها کرده است مورد حمله یک مشت مردم مغرض و معلوم الحال واقع شوند و عواطف دینی و احساسات ملت مسلمان ایران را جریحه دار سازند. این حوادث و انتشارات باعث تأثر شدید این جانبان شده است و از حضرت مستطاب عالی خواهشمند هستیم که به مسؤلین امر ، امر اکید فرموده که به شدت از بروز این انتشارات و تبلیغات جلوگیری نمایند و جامعه روحانیت ادامه این امررا غیر قابل اغماض میداند.

الاحقر جمال الموسوی الگلپایگانی ، الاحقر عبدالهادی الحسینی الشیرازی ، محمد حسین آل کاشف الغطاء ، الاحقر ابراهیم الحسینی الشیرازی الاصطهباناتی

مصاحبه آیت الله کاشانی

امروز آیت الله کاشانی در مصاحبه ای با خبرنگاران اظهار داشت : آقایان من در ایران سه دفعه برای نگاهداری دولت آقای دکتر مصدق اقدام به تعطیل عمومی کردم. مخصوصا در روز سی ام تیر سال گذشته که آقای دکتر مصدق در تهران نبودند در مقابل زور ایستادگی کردم و حریف را از پای درآوردم. آقایان مقصود ما از مبارزه قطع نفوذ انگلیس و اصلاح امور مملکت بود و از وقتی که آقای دکتر مصدق مصدر کار بوده اند هیچ گونه اصلاحاتی در شؤن مختلف کشور به عمل نیامده است ، بلکه روز بروز وضع بد تر شده و حکومت دمکراسی ایران که بعد از شهریور ۲۰ بوجود آمده بود مبدل به دیکتاتوری شدید گردید. یکی از اعمال دکتر مصدق این است که قانون اساسی را زیر پا گذاشته است ، مخالفت های زیادی که ایشان با قانون اساسی بجا آورده اند زیاد است من یکی را برای نمونه برای اطلاع عامه میگویم. در تمام کشورهای جمهوری و مشروطه وکیل حق دارد نسبت به دولت اعتراض کند و او را در بعضی موارد استیضاح نماید ، ایشان برای استیضاح یک نماینده در مجلس که اکثریت هم داشت حاضر نشد. روی همین اصل میخواهد مجلس را تعطیل کند و با عمل رفراندوم آن را منحل سازد.

اساسا رفراندوم مخالف قانون اساسی است و اخذ رأی هم درآن مورد تحت نظر حکومت نظامی به آزادی انجام نمیگیرد. آقای دکتر مصدق استفاده از رادیوی دولتی را که با پول این ملت تهیه شده است منحصرا برای تبلیغات از دولت خویش قرار داده و صد ها بلند گو در خیابان ها براه انداخته و مردم را به رفراندوم تشویق میکند و اگر اقلیت بخواهد این عمل را انجام دهد مأمورین انتظامی جلوگیری میکنند. چند شب است که بنا به خواهش مردم در منزل من جلسات سخنرانی منعقد میشود و به دستور دولت احزاب تحت حمایت و مأمورین فرمانداری نظامی به منزل من حمله میکنند و عده ای را مجروح مینمایند چنانچه دیشب از پشت بام به منزل من حمله شد و یک نفر در پامنار که عضو مجمع مسلملنان مجاهد بود کشته شد. از امروز صبح مأمورین اطراف منزل مرا احاطه کرده اند. مقصود من از این مصاحبه این است که به دنیا اعلام کنم عملیات رفراندوم که تحت حمایت مأمورین نظامی انجام گیرد قانونی نیست.

۱۱ مرداد ۱۳۳۲

اعلامیه حزب ایران

مردم قهرمان تهران ، ای پیشقراولان آزادگی و شرف میهن ، ملت ایران بکوشیم فردا میدان سپه را به جلوه گاه اراده عظیم ملت تبدیل کنیم ، بکوشیم که در این روز بزرگ به اراده ملت جان دهیم و مفهوم حکومت مردم ، مردمی آزاده و بند گسسته را که دیگر به قیمت خون خود هم حاضربه تجدید دوران اسارت نیستند در معرض مشاهده بگذاریم.

هم میهنان ، در روز دوشنبه ۱۲ مرداد فردا نام میدان سپه را عملا و با تجلی نیروهای عظیم خود به میدان ملت تبدیل کنیم. جاوید باد ایران ، کمیته مرکزی حزب ایران

اعلامیه جمعیت آزادی مردم ایران

کارگران ، زحمتکشان ، روشنفکران ، مردم ضد استعمار تهران برای درهم شکستن آخرین تلاش عمال بیگانه با شرکت آگاهانه خود در رفراندوم ثابت نمائید ملت ایران زنده و تا آخرین مرحله مبارزه ضد استعماری یار با وفای دکترمصدق خواهند بود.

دو سال مبارزه پی گیر و ثمر بخش شما علیه ارتجاع خارجی و عمال سرشناس داخلی آن امروز نتایجی به بار آورده است که ارتجاع به ناچار برای مقابله با این پیروزی ها و برای درهم شکستن پیکار شما متوسل به وامانده ترین نوکران فرومایه خود شده است عملیات غیر قانونی و روش ضد دموکراتیک وکلای جاه طلب و خائن مجلس امروز دکتر مصدق مظهر مبارزه ملت ما را وادار نموده است برای ادامه راه علیه استعمار به آراء عمومی مراجعه نموده و از شما مردم قهرمان بخواهد که نظر خود را درمورد انحلال مجلس هفدهم اعلام دارید. جمعیت آزادی مردم ایران به پیروی از خواست اکثریت قریب به اتفاق مردم ایران از کلیه هم مسلکان و جمیع مردم ایران دعوت مینماید برای خاتمه دادن به تشبثات بیگانگان و عوامل سرشناس آن ها و ادامه نهضت مقدس ملی همگان در روز دوشنبه ۱۲ مرداد در میدان سپه در رفراندوم شرکت نموده و صراحتا اعلام نمائید که مردم ایران تا آخرین نفس پشتیبان دکتر مصدق بوده و هرنوع عمل ضد دموکراتیک را با اتکاء به اراده مستحکم خود نابود خواهد کرد   هیأت اجرائیه جمعیت آزادی مردم ایران

اطلاعیه و استعفای دکتر معظمی

شرح حوادث و جریانات یک ماه اخیرمجلس شورای ملی به طورمفصل در اعلامیه مورخه ۲۶ تیر ماه ۱۳۳۲ به استحضار هم میهنان عزیز رسید. اینجانب بر حسب وظیفه قانونی نمایندگی و ریاست مجلس شورای ملی برای وصول توافق و پیدا کردن راه حل جهت رفع اختلافات موجود بین افراد و دستجات مختلف پارلمانی و دعوت آقایان نمایندگان محترم به همکاری و اشتراک مساعی و تشکیل جلسات مجلس و حفظ حقوق مجلس آنچه در قوه داشتم بکار بردم متأسفانه زحمات شبانه روزی اینجانب به نتیجه نرسید و آقایان نمایندگان مستعفی حاضر به استرداد استعفای خود نشدند. با این حال در روز ۲۵ تیر ماه پس از وصول استعفا نامه دسته جمعی ۲۶ نفر از آقایان نمایندگان برای تشکیل جلسه خصوصی از عموم آقایان نمایندگان دعوت کردم ولی بیش از عده معدودی حاضر نشدند ، متدرجا تعداد استعفا نامه ها هم زیاد شد و به ۵۶ شماره رسید. این بود که بنا به دستور آئین نامه داخلی مجلس شورای ملی در روز ۲۸ تیر ماه رسما از عموم آقایان نمایندگان حاضر در مرکز برای تشکیل جلسه علنی دعوت کردم که در مجلس حضور بهمرسانند تا طبق ماده ۲۱۴ آئین نامه استعفا نامه ها قرائت و به عرض مجلس برسد باز هم به مناسبت عدم حصول اکثریت و حضور عده کمی در مجلس جلسه تشکیل نگردید و آقایان مستعفی تأیید نمودند که در استعفای خود باقی و مصمم هستند. در خلال این احوال عده زیادی از نمایندگان از تهران خارج و به شهرستان ها مسافرت نمودند و با این ترتیب حد نصاب قانونی برای تشکیل جلسه علنی از بین رفت. بدین سبب وسایل و موجبات انجام وظیفه دیگر با این وضع برای رئیس مجلس باقی نمانده است. در وضع حاضر گرچه از نظر قانونی قطعی شدن استعفا که پس از انقضای ۱۵ روز از تاریخ قرائت آن در جلسه علنی است و از وضعی نظیر آنچه اکنون پیش آمده است در آئین نامه پیش بینی نشده معذالک پس از آنکه با وجود دعوتی که برای تشکیل جلسه خصوصی و جلسه علنی شده بود جلسه تشکیل نگردید و متجاوز از پانزده روز هم از نظر احتیاط و احتمال اینکه شاید نظر آقایان نمایندگان تغییر کند به انتظار گذراند و چون هیچ یک از آقایان استعفا نامه خود را مسترد نکردند لذا انجام تکالیف و وظایف مقرره در قانون اساسی و آئین نامه داخلی مجلس چه از نظر مقام نمایندگی و چه از لحاظ ریاست مجلس شورای ملی با توجه به مشکلات و موانع فوق برای اینجانب غیر ممکن و غیر مقدور میباشد.
دکتر عبدالله معظمی

۱۲ مرداد ۱۳۳۲

رفراندوم برای انحلال یا ابقاء مجلس دوره ۱۷

از ساعت ۸ بامداد امروز رأی گیری برای انحلال و یا ابقاء مجلس شورای ملی در مناطق ده گانه حومه تهران رأی گیری به عمل آمد و بلافاصله پس از پایان رأی گیری در ساعت ۱۱ شمارش آراء شروع گردید. بعد از شمارش کامل آراء در هر محل صورت جلسه نتظیم و به امضای کلیه اعضای نظارت کننده رسید و صورت جلسه ها به فرمانداری تهران تحویل داده شدند.

مصاحبه وزیر امور خارجه امریکا

خبرگزاری فرانسه از واشنگتن - امروز وزیر امور خارجه امریکا در مصاحبه هفتگی خود در پاسخ یکی از خبرنگاران که گفته است اکنون که خبرگزاری ها و روزنامه ها اخباری حاکی از افزایش منظم قدرت و حزب کمونیست توده در ایران انتشار میدهند خواهش میکنم شما نظر دولت امریکا را در این مورد بگوئید. دالس اظهار داشت فعالیت روز افزون حزب کمونیست غیر قانونی توده در ایران و اغماض و چشم پوشی دولت ایران از این فعالیت ها نگرانی بزرگی برای دولت امریکا ایجاد کرده است، شک نیست که این تحولات برای دولت امریکا محظورات بیشتری برای کمک و مساعدت به ایران فراهم میسازد.

۱۳ مرداد ۱۳۳۲

نتیجه رفراندوم تهران و حومه

نتایج شمارش آراء در تهران حومه نشان میدهد که ۱۵۵۵۴۴ رأی موافق با انحلال مجلس دوره ۱۷ و ۱۱۵ رأی مخالف با انحلال میباشد.

پاسخ آقای الهیار صالح به اظهارات دالس وزیر امور خارجه امریکا

آقای الهیار صالح سفیر کبیر دولت شاهنشاهی ایران امروز در پاسخ به اظهارات دالس وزیر امور خارجه امریکا اظهار داشت از اظهارات اخیر وزیر امور خارجه امریکا مبنی بر این که فعالیت های غیر قانونی حزب توده ایران باعث مشکلاتی برای ادامه کمک امریکا به ایران خواهد شد ، اظهار تأسف نمود و به خبرنگاران جراید گفت چون آقای دالس وزیر امور خارجه در مصاحبه مطبوعاتی خود راجع به افزایش فعالیت بعضی از احزاب تند رو در ایران و مدارا کردن دولت با احزاب مزبور اظهاراتی نموده که ممکن است در افکار عمومی ملت امریکا ایجاد سوء تفاهم کند لازم دانستم برای روشن شدن موضوع توضیحاتی در اطراف بیانات ایشان بدهم. اولا حزبی که قانونا منحل شده و دولت موظف است از آن جلوگیری کند حزب توده است و تشکیلات دیگری که ظاهراً مرام اشتراکی داشته باشد و تبلیغ آن را بکند وجود ندارد تا مشمول منع قانونی گردد.

۱۴ مرداد ۱۳۳۲

بیانات شاهنشاه به مناسبت عید مشروطیت

جشن چهل و هشتمین سال مشروطیت را با کمال خرسندی به عموم هم میهنان تبریک میگویم و امیدوارم کلیه افراد ایرانی اهمیت و احترام مشروطیت و قانون اساسی را کاملا درک و اجراء مقررات آنرا با علاقمندی استقبال نمایند. باید متذکر بود که صیانت منافع ملت و حسن جریان امور مطابق اصول مشروطیت موجب مزید حیثیت کشور و سربلندی ملت خواهد بود. آرزومندم اهالی ایران همیشه از نعمت و مزایای اجراء قوانین مشروطیت

برخوردار باشند. متانت اخلاقی عموم افراد نجیب و رشید ایران همواره وسیله حفظ تمامیت کشور و سربلندی ملت کهنسال عزیز ایران بوده است و انشاالله همان طور که مهر قادر لایزال در گذشته پشتیبان و حافظ کلیه شئون ملی ما بوده درآتیه نیز با اتکاء بر پیشگاه منعم توانا برتمام مشکلات فائق خواهیم شد.

بیانات دکتر مصدق

هموطنان عزیزم ، چهل و هشتمین سال مشروطیت را صمیمانه به شما تبریک عرض میکنم. گرچه به عللی که همه از جزئیات آن مطلع هستید اکنون مجلس شورا ی ملی فعالیتی ندارد ولی جای بسی مسرت است که اراده قوی و علاقه مندی مردم شرافتمند تهران که نمومه بارزی ازاداره عمومی ملت ایران بشمار میباشد از راه رفراندوم بنیان حکومت مردم بر مردم را که به معنی حقیقی مشروطیت و دموکراسی است چنان محکم و استوار ساخته که انشاالله پس از این به اتکاء نیروی ملی از هر نوع سستی و فتور و هرگونه خلل و خطا مصون و محفوظ خواهد بود و بر اثر این حسن استقبال عموم در تعیین سرنوشت و تعیین آینده خود مجلسی که مظهر تمایلات و آرزو های ملی باشد شروع به کار خواهد کرد.

هموطنان عزیز ، مجلس شورای ملی موقعی میتواند تکیه گاه واقعی و مظهر حقیقی آمال ملت باشد که نمایندگان آن از جانب مردم انتخاب شوند و خود را موظف به پیروی از اراده ملت بدانند و جز در راه تأمین سعادت و عظمت کشور قدم برندارد. متأسفانه در بیشتر ادوار تقنینیه چون وسایل انتخابات آزاد فراهم نبوده است اکثر نمایندگان برای حفظ مقام خود تکیه گاهی جز نیروی ملت می جستند و مشکل بود که چنین مجالسی بازیچه دست اجانب و وسیله پیشرفت مقاصد آنان نشوند. این مانع بزرگ که در راه پیشرفت ما وجود داشت به حمدالله اکنون پس از ۴۸ سال بدست توانای شما ملت ایران از بین میرود و راه ترقی و تعالی مملکت و رونق مشروطیت و حکومت ملی هموار میشود.

در حکومت مشروطه تنها یک قدرت اصیل و لایزال موجود است و آن نیروی ملت است که اگر به معنای واقعی بروز و ظهور نکند مشروطیت و دموکراسی مفهوم حقیقی خود را از دست میدهد و زمینه برای حکومت های فردی فراهم میشود ، هرچند هم که به ظاهر مجلسی وجود داشته و عده ای به نام نماینده در آن جمع شوند.

برای خدمتگذار که عمر خود را در راه مبارزه با قدرت های ضد ملی گذرانیده هیچ لذتی بالاتر از این نیست که اکنون می بینم قدرت اراده ملت به مفهوم واقعی خود به ظهور رسیده و محکم ترین تکیه گاه و بزرگترین ضامن حفظ و بقاء مشروطیت ما شده است. روزگاری قدرت طلبان امید داشتند که با حبس و بند آزادی خواهان بتوانند نهال مشروطیت را از بیخ و بن برکنند و شاید بازاین خیال خام را درمغزهای خود پرورش میدهند ولی یقین دارم بیداری و هوشیاری شما مردم رشید و شرافتمند بالاخره این امید را به یأس مبدل خواهد کرد و با علاقمندی و ایمانی که در شما هست هیچ قدرتی نخواهد توانست به آمال ملی شما تجاوز کند. امیدوارم مجلسی که مظهر آمال ملت باشد زمام امور را بدست بگیرد و این اساس مقدس که خون پاک فرزندان این کشور ضامن حفظ بقای آن بوده و خواهد بود برای همیشه باقی و پایدار بماند. از خداوند بزرگ مسألت دارم این مملکت را در پناه عنایت خود از بداندیشان و دشمنان این سرزمین بدور بدارد و همه ما را در وصول به هدف مقدسی که در پیش داریم یار و مدد کار باشد.

۱۷ مرداد ۱۳۳۲

نطق رئیس جمهور امریکا در مورد رفراندوم ایران و کشورهای خاور دور

آیزنهاور رئیس جمهور امریکا در گزارش سالیانه خود در مجمع عمومی فرمانداران و نمایندگان سراسر امریکا در مورد ایران اظهار داشت دولت امریکا تصمیم دارد راه پیشرفت کمونیست ها را در ایران و کشورهای دیگر مسدود کند ، در باره اندونزی و هندوچین گفت که نگرانی امریکا این است که کشور های مزبور مورد تهدید کمونیست ها قرار گیرند این عمل تهدیدی نسبت به سایر کشورهای آسیا است و برای امریکا بسیار خطرناک است. ایران نیز از این لحاظ با سایر کشورهای آسیا در یک ردیف و دارای همان وضعیت میباشد. اگر جبهه دموکراسی، کشورهای آسیا و منابع خام کشور هایی نظیر هندوچین و بیرمانی و غیره را از دست بدهد چطور ممکن است سرزمین پر ثروت اندونزی و مواد خام هنگفت آن کشور را که برای دنیای آزاد کمال اهمیت را دارد نگاهداری نماید؟

در ضمن اگر اخبار ایران را که در جراید صبح چاپ شده خوانده باشید متوجه شده اید که آقای دکتر مصدق توانست بر پارلمان فایق آید و موفق شد خود را از مخالفت های پارلمان خلاص و آسوده سازد. آقای دکتر مصدق البته در این اقدام خود از حزب کمونیست ایران استفاده کرده و کمک گرفته است. بطوری که اشاره کردم تهدید کمونیست ها نسبت به کشورهای آسیا اساسا برای امریکا شوم و خطرناک است و امریکا ناچار بایستی این راه را در هرجا باشد مسدود کند و این کار دیر یا زود بایستی انجام گردد و امریکا جلو توسعه کمونیستی را در قاره آسیا بگیرد و راه پیشرفت آنها را مسدود کند.

رفراندوم از دیدگاه دو روزنامه

روزنامه تایمز نیز درمورد رفراندم ایران نوشته است از وضع کار های دکتر مصدق چنین استنباط میشود که نخست وزیر ایران در راه استقرار یک دیکتاتوری پیش میرود ولی حقیقت این است که دکتر مصدق با رفراندومی که برای اولین بار در ایران عملی گردید میخواست عملا نشان دهد که اراده مردم مافوق همه قوانین است و مردم میتوانند با اراده خود هر اصل و قانونی را تغییر داده و لغو کنند.

روزنامه فرانسوی «لو پاریزین» مینویسد اگر بخواهیم ریشه اصلی رفراندوم را که در ایران صورت گرفته جستجو کنیم باید به سراغ نامه های متبادل میان آیزنهاور و آقای دکتر مصدق مخصوصا آخرین یادداشت جوابیه رئیس جمهور امریکا به نخست وزیر ایران برویم و ریشه اقدامات دولت ایران به رفراندوم را در آن نامه آیزنهاور که با تعجب فراوان ملت ایران مواجه شد جستجو نمائیم

۱۸ مرداد ۱۳۳۲

تلاش اقلیت برای ادامه مبارزه با دولت

با نزدیک شدن اثر عملی رفراندوم و شرکت مردم در رفراندوم اقلیت مجلس آخرین مراحل مبارزه خود را میگذراند تلاش دارد با هر وسیله ممکن که در اختیار دارد در راه تضعیف دولت کوشش کند. پس از نطق آیزنهاور و سخنان رئیس جمهور امریکا در مخالفت با رفراندوم اقلیت جنب و جوش چشم گیری از خود نشان میدهد بطوری که علاوه بر دو فراکسیون آزادی و نجات نهضت چند نفر از منفردین از جمله آقایان مکی و عبدالرحمن فرامرزی نیز با آنها همکاری نزدیکتری را شروع کرده اند.

هرچند این نمایندگان از نتیجه مبارزه خود مطمئن نیستند اما معتقد هستند که تا سرحد امکان باید کوشش خود را دنبال کنند و دولت را نیز تهدید کرده اند که درصورتی که براساس نتایج بدست آمده از رفراندوم اقدام به انحلال مجلس کند به سازمان ملل شکایت خواهند کرد. بر این اساس امروز بعد از جلسه اقلیت با منفردین ، آقای میر اشرافی گفت اقلیت بالاخره تصمیم گرفت به سازمان ملل شکایت کند.

تلگراف فراکسیون آزادی به دبیر کل سازمان ملل

جناب آقای داک هامرشولد دبیر کل سارمان ملل ، چون سازمان ملل متحد به منزله پارلمان دنیای آزاد و متعلق به تمام ملل شیفته آزادی است فراکسیون آزادی مجلس شورا ملی ایران لازم دانست اوضاع تحمل ناپذیر و دردناکی را که بر سر ملت ما میگذرد بدین وسیله به اطلاع ملل شیفته آزادی برساند.

آقای دکتر مصدق که به موجب رأی مجلس ایران به نخست وزیری انتخاب شده بود در تاریخ ۱۰ خرداد ماه ۱۳۳۲ طبق اختیاراتی که در قانون اساسی ایران به مجلس داده شده به اتهام ایراد شکنجه و آزار بدنی زندانیان و پایمال ساختن اعلامیه حقوق بشر مورد استیضاح قرار گرفته و برای جواب گوئی به مجلس خوانده شد ولی نامبرده چون احساس نمود که در مجلس شورای ملی فاقد اکثریت است برخلاف قانون اساسی ایران از حضور در مجلس استنکاف و اعلام داشت که پارلمان را منحل خواهد کرد و برای اجرای مقصود خود و جلوگیری از قیام ملت مخالفان سیاسی خود را دستگیر و زندانی نمود و مطبوعات آزاد را توقیف و مدیران آنها را تبعید ساخت و درحالی که هیچ گونه آزادی عقیده و عمل برای هیچ کس وجود نداشت درسایه قدرت حکومت پلیسی و نظامی با کمک حزب کمونیست (توده) و تمام وسایل دولتی به مفتضح ترین صورتی اقدام به رفراندوم عجیبی نمود و کیسه های رأی را مانند کشورهای دیکتاتوری دیگر به نفع خود پرساخت و اکنون قصد دارد به اتکای این عمل خلاف قانون اساسی ایران یک رژیم دیکتاتوری کمونیستی را بر ملت ایران مسلط کند. ما اعضای فراکسیون نهضت آزادی مجلس شورای ایران درحالی که جان نمایندگان در خطر است به دنیای آزاد اعلام میکنیم که آقای دکتر مصدق رئیس یک حکومت یاغی است زیرا با توسل به زور علیه پارلمان و قانون اساسی ایران و اعلامیه حقوق بشر قیام و طغیان نموده است و هرگونه اقدام او برای ملت ایران الزام آور نیست.

مجلس شورای ملی ایران - لیدر اقلیت ابوالحسن حائری زاده

۲۰ مرداد ۱۳۳۲
مسافرت شاه به رامسر

صبح امروز اعلیحضرت همایونی و علیا حضرت ملکه ثریا بدون اطلاع قبلی برای استراحت با هواپیمای اختصاصی به رامسر عزیمت نمودند. به قرار اطلاع مقامات دربار این مسافرت ممکن است یک هفته تا ده روز طول بکشد و شاهنشاه برای سلام عید قربان به تهران مراجعت میفرمایند. مقامات مسؤل وزارت دربار در مورد علت مسافرت شاه و ملکه اظهار داشتند چون هوای تهران برای کسالت علیاحضرت ملکه مساعد نیست و سبب تشدید آن میگردد بنابراین این مسافرت به منظور تغییر آب و هوا و بهبود ملکه ثریا انجام گرفت.

۲۱ مرداد ۱۳۳۲

اظهار نظر خبرگذاری ها درمورد مسافرت شاهنشاه

خبرگزاری فرانسه به نقل از روزنامه ایوینینگ نیوز که از روزنامه های وابسته به حزب محافظه کار میباشد میگوید که شاهنشاه ایران در صدد ترک کشور خود میباشد و مایل است برای مدتی که طول آن معلوم نیست به کشورهائی که اسم آنها تاکنون افشاء نشده مسافرت نماید. روزنامه مزبور ضمنا اضافه مینماید به موجب گزارشات واصله از بغداد پادشاه ایران قبل از حرکت جانشین خود را معرفی خواهد کرد.

خبرگذاری رویتر نیز از لندن چنین مینویسد: در محافل کشور های باختری بیم اینکه ایران براثر بحران اقتصادی و خرابی اوضاع مالی ممکن است زیر یوغ کمونیسم برود روز بروز رو به فزونی است و خبر این که مذاکراتی بین ایران و شوروی شروع خواهد شد مؤید این نظر میباشد و همچنین انحلال مجلس هفدهم طبق رأی ملت در مراجعه به آرای عمومی این عقیده را راسخ تر میسازد.

از طرف دیگر کمیسیونی تشکیل شده تا اختلاف بین شوروی و ایران فیصله داده شود و این امر هم دلیل بر این است که آقای دکتر مصدق که از طرف کشورهای باختری روی خوش به ایشان داده نشده است میخواهد اکنون از شوروی کمک اقتصادی دریافت دارد. این اظهارات علیرغم این گفته سفیر دولت ایران در امریکا است که مذاکرات اخیرایران شوروی درمورد دعاوی حقه ایران از دولت شوروی مربوطه به بدهی های آن کشور در دوره جنگ و اقامت سربازان روسی در ایران است که هزینه های آنها توسط پرداخت ریال از طرف دولت ایران به عنوان قرض به دولت شوروی داده شده بود.

۲۳ مرداد ۱۳۳۲

اعلامیه وزارت کشور درباره نتیجه انتخابات رفراندم در سراسر کشور

در اجرای تصویب نامه شماره ۱۴۱۶۰ مورخ ۴ مرداد ۱۳۳۲ دولت ایران مربوط به مراجعه به آراء عمومی درباره انحلال یا ابقاء مجلس هفدهم وزارت کشور به اطلاع هم میهنان محترم میرساند که نتیجه اخذ آراء همه پرسی نقاط کشور به استثنای دو بخش دشتیاری و پژمان بلوچستان تاکنون به این وزارت اعلام نگردیده است. چون در نقاط مذکور وسایل مخابرات موجود نیست وصول گزارش اخذ رأی در آن دو جا نسبت به مراکزی که واجد وسایل مخابرات باشند مدتی طول میکشد و آراء دو محل مذکور تأثیری در نتیجه امر ندارد وزارت کشور به استناد تصمیمی که هیأت محترم وزیران در جلسه ۲۱ مرداد ۱۳۳۲ در این باب اتخاذ کرده اند اعلام میدارد:

در مراجعه به آراء عمومی در شهرستان تهران و سایر شهرستان های کشور دو میلیون چهل و چهار هزار و پانصد و نود شش رأی اخذ شده است که دو میلیون چهل و چهار هزار سیصد و هشتاد و نه رأی موافق با انحلال مجلس هفدهم و هزارودویست و هفت رأی مخالف با انحلال مجلس هفدهم میباشد.

پیام دکتر مصدق

هموطنان عزیز ، با شرکت خود در همه پرسی در مورد انحلال یا ابقاء مجلس هفدهم علاقه خویش را به نهضت ملی نشان داده اید سپاس گزاری خود را به شما هموطنان عزیز تقدیم میدارم. این پیش آمد یک بار دیگر ثابت کرد که ملت ایران هرگز از هدف اصلی خود

روی گردان نیست و بهر قیمت که باشد و با هرمشکلی که پیش بیاید از نیمه راه مبارزه برنخواهد گشت. کسانی که تصور میکردند با سخت گیری و فشار میتوان در مقابل اراده ملت ایران ایستادگی کرد و این ملت را از ادامه طریقی که برای نجات خود در پیش گرفته است بازداشت با این رفراندوم و نتیجه ای که از آن بدست آمده به اشتباه خود پی برده اند. در این رفراندوم ملت ایران به انحلال مجلس هفدهم رأی داد و دولت را تأیید و تقویت کرد. البته مجلسی که نتواند وظایف خود را انجام دهد و به جای پیروی از اراده ملت سدی در راه پیشرفت آمال او باشد نماینده ملت نیست و باید با آراء عمومی منحل گردد تا راه برای مجلسی که بتواند با آمال ملی همآهنگی و همکاری کند باز شود.

بیگا نگان هرچه میخواهند بگویند ولی در نظر کسانی که از نزدیک شاهد قضایا بودند و شور و جنبش مشتاقانه شما هموطنان عزیز را در این رفراندوم به چشم دیده اند گفته های اجانب جز سعی باطلی در مبارزه با اراده ملت ایران چیزی تغییر نخواهد شد. عده ای از بیگانگان میکوشند تا هر قدمی که ملت ایران در راه وصول به آمال خویش برمیدارد آن را سوء تعبیر کنند و به صورتی غیر از آنچه هست جلوه دهند زیرا خوب میدانند که اگر بر ملل عالم معلوم شود که مردم ایران عموما دست بدست هم داده یکدل و یک زبان مصمم هستند که دست سیاست اجنبی را از کشور خود قطع و کوتاه نمایند یقینا همگی اهل جهان با ملت ایران در این مبارزه هم آهنگ و همدم خواهند شد و این همان است که عده معینی از آن بیمناک هستند و چون خواه و ناخواه می بینند که افکار عمومی دنیا با ما همراهی میکنند می کوشند تا به هر طریقی که هست این نیروی معنوی را از کمک و پشتیبانی ما باز دارند. رویه ای که اخیرا بعضی از سیاستمداران جهان در پیش گرفته اند تا قیام ملی ما را نتیجه علل و عوامل دیگری غیر از آنچه هست در انظار جهانیان جلوه گر سازند بهترین شاهد این مدعا است.

ملت ایران میگوید سالیان دراز در قید اسارت اجانب گرفتار بودم و حاصل دسترنج ما را غارت گران بیگانه به تاراج میبردند ، پس از تحمل این همه ظلم و تعدی اکنون به نوید آنچه در منشور ملل متحد راجع به حقوق و حدود ملل عنوان شده و به امید وعده هایی که دول بزرگ نسبت به رعایت حقوق ملل ضعیف داده اند درصدد برآمدیم از ثروت طبیعی خود استفاده کرده ریشه فقر و بی عدالتی های اجتماعی را از سرزمین وطن خود براندازیم و با سایر ملل آزاد جهان درراه حفظ صلح همدوش و همقدم وظایف خود را انجام دهیم. ولی بعضی از اجانب که برخلاف انصاف نمیخواهند گوش خود را با این صدای ملت محروم ایران آشنا کنند هنگامی که می بینند نه تنها بدون کمک و مساعدت آنها بلکه در مقابل فشار و تعدی بعضی از آنها باز هم ملت ایران ایستادگی میکند ، چون نمیخواهند باور کنند که اکنون یک حکومت ملی زمام امور کشور را بدست دارد.

همانطور که عرض کردم میکوشند تا دست عوامل دیگری را در این نهضت مقدس دخیل نشان دهند شاید بدین طریق افکار عمومی دنیا راکه همیشه پشتیبان ما بوده است از هدف واقعی نهضت ملی ایران منحرف نمایند. ولی اطمینان دارم که مردم آزاده جهان پس از آن همه مصائب که در جنگ اخیر براثر اشتباهات سیاستمداران خود دیده اند دیگر حاضر نخواهند شد به سهولت نظیر همان گونه اشتباهات را تحمل کنند بلکه با عافیت اندیشی و علاقمندی به حفظ صلح جهان بی شک مساعی ملت ایران را دراین راه از نظردور نخواهند

داشت و از مساعدت معنوی نسبت به این ملت برای خاتمه دادن به محرومیت های اجتماعی خود که نتیجه مستقیم سوء سیاست اجانب است دریغ نخواهند نمود.

در خاتمه امیدوارم اتحاد کلمه و اتفاق عموم افراد ملت مشکلاتی را که در پیش داریم از میان بردارد و مجلسی که بتواند در این قیام مقدس با ملت همراه و همقدم باشد با کمال آزادی از طرف ملت انتخاب گردد و زمام امور را در دست بگیرد و نهال نهضت ملی را به ثمر برساند و آزادی ما در احیای استقلال عظمت دیرین کشور باستانی بدست فرزندان مبارز و مجاهد این آب و خاک به حصول بپیوندد.

قطعنامه کنگره سوسیالیست های آسیا

حیدرآباد - رویتر - کنفرانس سوسیالیست های آسیائی که در حیدرآباد هنوستان تشکیل شده بود در قطعنامه پایان کنفرانس که به اتفاق آراء کلیه احزاب سوسیالیست به تصویب رسید از دول آسیائی درخواست نمودند که از نهضت ملی ایران پشتیبانی کنند و برای پشتیبانی اقتصادی نفت مورد احتیاج خود را از ایران خریداری نمایند

نامه دکتر مصدق به شاه

پیشگاه مبارک اعلیحضرت همایون شاهنشاه

چون در نتیجه مراجعه به آراء عمومی در تاریخ ۱۲ و ۱۹ مرداد ۱۳۳۲ ملت ایران به انحلال دوره هفدهم مجلس شورای ملی رأی داده است از پیشگاه مبارک اعلیحضرت همایون شاهنشاهی استدعا میشود امر و مقرر فرمائید فرمان انتخابات دوره ۱۸ صادر شود تا دولت مقدمات اانتخابات را فراهم نماید. دکتر محمد مصدق

۲۴ مرداد ۱۳۳۲

دیروز آقای حائری زاده که برای تشکیل جبهه واحدی علیه دولت فعالیت میکند و با این هدف بیانیه ای از طرف عده ای از نمایندگان غیر مستعفی تدوین کرده است در ساعت ۷ بعد از ظهر به دیدن آیت الله کاشانی میرود و پس از ارائه مضمون نوشته شده از ایشان درخواست مینماید درصورتی که با آن موافقت دارند آنرا امضا نمایند ولی آیت الله کاشانی در عین اینکه صدور این اعلامیه را از طرف نمایندگان اقلیت مصلحت دانستند از امضای آن خودداری نمودند و گفتند انتشار این اعلامیه از طرف نمایندگان اقلیت مانعی ندارد ولی اگر لازم باشد در تأیید آن به منظور هماهنگی با آقایان از طرف من مطالبی انتشار یابد به صورت اعلامیه یا بیانیه در آینده منتشر خواهد شد.

کودتا

« در اوت ۱۹۵۳ (مرداد ۱۳۳۲) پس از کسب اطمینان نسبت به حمایت بی دریغ امریکا و انگلیس، که سر انجام توانسته بودند سیاست مشترکی در پیش بگیرند و بعد از مطرح کردن قضیه با دوستم کرمیت روزولت (مأمور ویژه سازمان سیا) تصمیم گرفتم رأساً وارد عمل شوم.» پاسخ به تاریخ نوشته محمدرضا پهلوی صفحه ۶۲

۲۵ مرداد ۱۳۳۲

اطلاعیه دولت در ساعت ۷ بامداد امروز آقای بشیر فرهمند سرپرست اداره کل تبلیغات این اعلامیه را شخصاً در رادیو قرائت کرد:

هموطنان عزیز ... از ساعت یازده و نیم دیشب یک کودتای نظامی به وسیله افسران و افراد گارد شاهنشاهی به مرحله اجرا گذارده شد. بدین ترتیب که ابتدا از ساعت مذکور نفرات نظامی مسلح به شصت تیر و تپانچه دستی وزیر امور خارجه ، وزیر راه و مهندس زیرک زاده را در شمیران توقیف کردند و برای توقیف رئیس ستاد ارتش نیز به منزلشان مراجعه نمودند ولی چون تیمسار ریاحی در ستاد ارتش مشغول کار بودند به دستگیری ایشان موفق نشدند.

در ساعت یک بعد از نیمه شب نیز سرهنگ نصیری رئیس گارد شاهنشاهی با چهار کامیون نظامی مسلح و دو جیپ و یک زره پوش به منزل آقای نخست وزیر آمده به عنوان این که میخواهد نامه ای بدهد قصد اشغال خانه را داشته است ولی چون محافظین منزل آقای نخست وزیر مراقب کار خود بودند بلافاصله سرهنگ مزبور را توقیف کردند. توطئه کنندگان قبل از توقیف اشخاص تلفون های منازل آنان را قطع کردند ، همچنین ارتباط تلفنی ستاد ارتش را با پادگان گارد شاهنشاهی باغشاه قطع و تلفن خانه بازار را بوسیله سرهنگ آزموده و همراهان مسلح او اشغال کرده بودند و معاون ستاد ارتش را که برای سرکشی به باغشاه رفته بود همان جا توقیف نمودند.

وزیرخارجه و وزیر راه و مهندس زیرک زاده را از توقیف گاه سعد آباد به وسیله چهار کامیون مسلح به شهر آورده به ستاد ارتش به تصور اینکه همکارانشان قبلا آنجا را اشغال کرده اند بردند ولی چون در آنجا وضع را مساعد ندیدند آنان را مجددا به سعد آباد میبرند و در توقیف گاه گارد شاهنشاهی تا ساعت ۵ صبح نگاه داشتند. دراین ساعت که نقشه کودتا فاش شده بود تیمسار سرتیپ کیانی معاون ستاد ارتش که از توقیف باغشاه رهائی یافته بود به سعد آباد رفته آقایان را به منازلشان برگردانید. مأمورین انتظامی از این ساعت ابتکار عملیات را بدست گرفتند و اکنون چند تن از توطئه کنندگان را دستگیر کرده اند.

توضیحات رئیس ستاد ارتش

ساعت ۹ صبح امروز در یک مصاحبه مطبوعاتی تیمسار ریاحی رئیس ستاد به خبرنگاران داخلی و خارجی اظهار داشت ساعت ۱۰ دیشب بدون قصد و اراده از منزلم که در شمیران

است تصمیم گرفتم به ستاد ارتش بیایم در صد قدمی منزل خود در جاده شمیران یک جیپ ارتش را دیدم که به طرف بالا میرفت ، این همان جیپی بود که برای دستگیری بنده فرستاده شده بود افرادی که در این جیپ سوار بوده اند پس از اینکه به منزل بنده میرسند چون بنده را در منزل نمی بینند آقایان مهندس زیرک زاده و مهندس حقشناس را که با بنده هم منزل هستند دستگیر می کنند و گماشته منزل را هم به سختی کتک میزنند و مقداری از اوراق و نوشته های موجود در منزل را هم با خود میبرند.

مقارن ساعت ده و ربع شب بود که من به ستاد ارتش رسیدم و ساعت ۱۱ آقای سرتیپ کیانی معاون خود را برای سرکشی به باغشاه که پادگان گارد مستقل شاهنشاهی در آن جا است فرستادم. سرتیپ کیانی به محض اینکه وارد باغشاه میشود از طرف سرهنگ نصیری دستگیر میگردد. چون مراجعت سرتیپ کیانی به ستاد ارتش به تأخیرافتاد بنده حدس زدم که باید اتفاقی افتاده باشد لذا با تلفن به سرهنگ ممتاز فرمانده تیپ دوم کوهستانی که دیشب در کلانتری یک مأموریت داشت و سرهنگ شاهرخ فرمانده تیپ زرهی دستور دادم که با نفرات خود به باغشاه بروند و سرهنگ ممتاز هنگامی که از خیابان حشمت الدوله به باغشاه میرفته است با سرهنگ نصیری که به طرف منزل آقای نخست وزیر میرفته برخورد میکند و چون نفرات و تجهیزات سرهنگ ممتاز بیشتر بوده است موفق به تسلیم نمودن و خلع سلاح سرهنگ نصیری و افراد او میشود و اورا دستگیر کرده به ستاد ارتش میآورند.

سرهنگ نصیری درستاد ارتش پس ازبازجوئی مختصری به زندان دژبان منتقل گردید و چهار کامیون سربازان گارد که همراه سرهنگ نصیری بوده اند طبق دستور به سعد آباد منتقل و به وسیله واحد های پادگان مرکزخلع اسلحه شدند و به آن ها ابلاغ گردید چون فرمانده آن ها سرهنگ نصیری عمل خائنانه ای انجام داده است این عمل درباره آن ها صورت گرفته است. آن ها هم بلافاصله اسلحه های خود را تحویل سربازان پادگان مرکز دادند و اکنون نگهبانی کاخ های سلطنتی به عهده افراد پادگان میباشد.

البته این اطلاعاتی که بنده به آقایان دادم مختصری از جریان دیشب است. آقای سرتیپ ریاحی سپس گفت آقای نخست وزیر قبلا اطلاعاتی از اینکه ممکن است عده ای ازافسران کودتا نمایند به وسیله مأمورین مخصوص کسب نموده بو دند. ساعت ۵ بعد از ظهردیروز بنده خدمت ایشان بودم اجمالا موضوع را به بنده فرمودند و روی همین اطلاعات ما تقریبا آماده برای جلوگیری و خنثی نمودن اقدامات کودتا چیان بودیم. سابقا هم چندین مرتبه پیش بینی این عمل شده بود ولی احتمالا به جهاتی اقدام نکردند. سرهنگ دوم آزموده هنگام شب در حال قطع تلفن های ناحیه بازار دستگیر گردید و در ایستگاه رادیو هم زد وخوردی روی نداد. توطئه کنندگان قصد این کار را داشتند ولی نتوانستند.

اظهارات محافظین خانه دکتر مصدق

افسران گارد محافظ منزل دکتر مصدق عبارتند ازسرهنگ دفتری ، سروان ممتاز ، سروان داورپناه و سروان فشارکی. براساس گفته سرهنگ دفتری ایشان پس از تعیین پاس های بعد از نیمه شب میخواستند استراحت کنند ، ساعت حدود ۱۲ دفعتا صدای همهمه ای از نزدیک در خانه نخست وزیر به گوش رسید و مشاهده شد در چهار راه چهارکامیون سرباز ، دوجیپ و یک زره پوش ایستاده است. سرهنگ نصیری فرمانده گارد سلطنتی جلوی منزل نخست وزیر ایستاده اظهارداشتند نامه ای برای نخست وزیرآورده ام که باید الساعه به ایشان بدهم.

سرهنگ نصیری اصرار داشت که خود نامه را به آقای نخست وزیر بدهد ولی این امرمیسر نشد و نامه را دیگری برای آقای نخست وزیر می برد. چند لحظه بعد معلوم شد نامه بهانه بوده است و وجود سربازها با یک زره پوش نزدیک منزل نحست وزیر برای منظور دیگری است. در این وقت مامورین در چهار راه حشمت الدوله ابتدا سرهنگ نصیری سپس سایرین را دستگیر کردند.

سروان داور پناه اظهار داشت علاوه بر سرهنگ نصیری ۷ نفر دیگر افسران همراه او نیز دستگیر شدند. کودتا گران افسر نگهبان و ده نفر از پاسبانان کلانتری یک را نیز پس از خلع سلاح کردن بازداشت و به بازداشتگاه سعد آباد منتقل کردند. طبق نظر یکی از افسران ستاد ارتش اغلب افسران و سربازان گارد شاهنشاهی از موضوع کودتا اطلاعی نداشتند زیرا سرهنگ نصیری برای آنها گفته بود امشب فداکاری کنیم زیرا کاخ سعد آباد در خطراست و عده ای قصد تصرف آنرا دارند و افسران باید از کاخ دفاع کنند.

نوشته روزنامه ها

روزنامه شهباز مینویسد: مقدمات کودتا بطور کامل تهیه شده و قرار بود دیشب انجام گیرد. صبح روز جمعه سرهنگ نصیری به تمام واحد های گارد دستور داده بود که خود را برای انجام یک مأموریت آماده سازند و کامیون ها و وسایل حرکت واحدهای گارد را برای شب آماده نمایند. قراربود که شنبه شب با استفاده از مقررات حکومت نظامی حمله واحد های گارد به فرماندهی سرهنگ نصیری و قسمت هائی از واحد های دیگر ساعت یک بعد از نیمه شب به تهران آغاز شود. اولین هدف کودتا کنندگان اشغال مراکز دولتی و رادیو و توقیف نخست وزیر و عده ای از وزرا و افراد مؤثر سیاسی و اعدام فوری عده ای از آنها بود. ساعت ۵ بعد از ظهر توطئه فاش شد و مقامات دولتی به وسیله عناصر آزادیخواه از جریان توطئه مطلع گردیدند.

قرار بود فرمان حمله به وسیله موشک به کلیه واحد های حمله کننده ابلاغ شود و انصراف از حمله نیز با موشک سفید به اطلاع آن ها رسانیده شود. دیشب چند دقیقه پس از نیمه شب به وسیله موشک سفید رنگی که از مغرب تهران به هوا فرستاده شد اعلام انصراف به واحد های کودتا چی ابلاغ گردید و بدین وسیله توطئه عقیم ماند. ولی عدم اجرای توطئه دیشب به هیچ وجه اصل توطئه را منتفی نساخته و با تمام قوا به قوت خود باقی است.

اطلاعات دقیق تأیید میکند که همزمان با کودتا در تهران قرار بوده است ظرف دیشب و امروز و امشب دراغلب شهرستان ها واحد های ارتشی مراکزاستان ها با برقراری حکومت نظامی در نقاطی که حکومت نظامی نیست با توقیف مخالفین و اعدام مخالفین کار مرکز را تکمیل نمایند.

روزنامه باختر امروز چنین نوشته است در این چند روزه اخبار و شایعاتی در تهران منتشر شده بود که حکایت از این داشت عده ای دست به تحریکات زده و به توطئه چینی علیه حکومت ملی پرداخته اند، رفت و آمد هائی که در خیابان زعفرانیه در این چند روز صورت میگرفته و همچنین اجتماعاتی که در چند نقطه شهر شب و روز تشکیل میگردید که شرکت کنندگان و محرکین شناخته شده و مأمورین انتظامی از محل و نقشه و حرفهائی که به میان آمده اطلاع کامل بهمرسانیده و کشف شده است که باز عوامل بیگانه خوابی برای ملت ایران

دیده اند. دولت محرکین و توطئه کنندگان را شناخته و اینک مأمورین آنها را زیر نظر دارند که درصورت لزوم دستگیر و مطابق مقررات قانونی تحت تعقیب قرار گیرند.

روزنامه شورش نیز در مقاله مفصلی زیر عنوان « بیگانگان و مزدوران داخلی آنها برای نهضت ملی خواب کودتا دیده اند» نوشته که دوباره افسران ضد ملی و دست نشانده دربار به کمک عده ای از ورشکستگان سیاسی و جمعی از اراذل حاکمه به دستور جاسوسان انگلیسی و امریکائی قصد کودتا و درهم شکستن قدرت نهضت ملی ایران را دارند».

جلسه وزرا در خانه نخست وزیر

بعد از گزارش آقای مهندس حقشناس در مورد چگونگی دستگیری و بازداشت شب گذشته این بحث مطرح گردید که شرکت کنندگان در توطئه دیشب چگونه باید به مجازات برسند و عمل آن ها منطبق با کدام قسمت از قوانین جاریه است؟ چند نفر از وزرا عقیده داشتند که باید با تشکیل دادگاه های صحرائی توطئه کنندگان را محاکمه و مجازات کرد زیرا اگر آن ها موفق به انجام نقشه خود شده بودند عملی غیر از این نمیکردند ولی سایرین با این نظر مخالفت کردند و پس از مذاکرات مفصل قرار شد آقای لطفی وزیر دادگستری و دکتر صدیقی وزیر کشور از لحاظ انطباق عمل توطئه کنندگان با قوانین مجازات کشور مطالعاتی بکنند و نتیجه را در جلسه دولت به اطلاع برسانند.

محافظت از ایستگاه رادیو

دیشب به محض اطلاع از جریان توطئه مراکز حساس از جمله ایستگاه فرستنده رادیو مورد مراقبت و محافظت کامل قرار گرفت و آقای سرهنگ امیر غفاری آشتیانی با یک گردان سرباز از هنگ اقدسیه در ساعت یک بعد از نیمه شب در اطراف ایستگاه رادیو مستقر گردیدند. آقای بشیر فرهمند سرپرست رادیو تهران در تمام مدت دیشب مرتباً با آقای نخست وزیر و اداره بی سیم و رادیو تهران با تلفن در تماس بود.

اعلامیه انحلال دوره هفدهم مجلس شورای ملی

بنا به اراده ملت ایران که به وسیله مراجعه به آراء عمومی اظهار شده ، بدین وسیله انحلال دوره هفدهم مجلس شورای ملی اعلام میگردد. انتخابات دوره هیجدهم مجلس شورا ملی پس از اصلاح قانون انتخابات و قانون تقسیمات کشور به زودی انجام خواهد گرفت بر طبق قانون اعلان خواهد شد.   دکتر محمد مصدق

دستگیر شدگان

دستگیر شدگان امروز عبارتند از آقای امینی کفیل وزارت دربار ، ارنست پرون از وابستگان دربار ، بهبودی کاخ دار سلطنتی ، سرهنگ نصیری فرمانده گارد سلطنتی ، سرهنگ آزموده، سرهنگ نوذری فرمانده تیپ ۲ زرهی ، سرهنگ پرورش رئیس باشگاه افسران ، سرهنگ زند کریمی رئیس ستاد تیپ کوهستانی، سرگرد پولاددژ افسرشهربانی، ستوان یکم ریاحی افسرارتش

خبر خبرگزاری آسوشیتد پرس

آقای شان خبرنگار امریکائی خبرگزاری آسوشیتد پرس در تهران طی خبری که از تهران مخابره کرده اطلاع میدهد در ملاقاتی که با آقای سرلشگر زاهدی داشته نامبرده فرمانی را که به امضای اعلیحضرت همایون شاهنشاه در روز ۲۲ مرداد رسیده است به وی نشان داده و

اظهار داشته است که سرهنگ نصیری مأمور ابلاغ فرمان عزل نخست وزیری آقای دکتر مصدق بوده است.

کنت لاو گزارشگر نیویورک تایمز نیز که برای پوشش خبری به ایران اعزام شده بود متن فرمان شاه را برای درج در روزنامه نیویورک تایمز از ایران به امریکا مخابره نمود.

دعوت فراکسیون نهضت ملی از مردم برای شرکت در متینگ

هموطنان عزیز از شما مردم رشید تهران دعوت میشود که برای استماع مطالبی در باب توطئه دیشب و وقایع جاری کشور و شرکت در متینگ ملی در ساعت پنج و نیم بعد از ظهر میدان بهارستان اجتماع فرمائید. در تعقیب این اعلامیه از طرف احزاب ایران ، نیروی سوم ، ملت ایران بر بنیاد پان ایرانیسم ، جمعیت آزادی مردم ایران و کمیته های محلی ، جامعه بازرگانی و اصناف و پیشه وران و کلیه اهالی تهران دعوت میشود که ضمن تعطیل عمومی در ساعت **۵** بعد از ظهر در میدان بهارستان حضور بهمرسانند.

متینگ میدان بهارستان

میدان بهارستان و خیابان های اطراف آن مملو از جمعیت است. امواج انسان های خشمناک در سراسر خیابان ها منتهی به میدان بهارستان موج میزند ، در ساعت پنج و نیم بعد از ظهر آقای جلالی موسوی عضو فراکسیون نهضت ملی متینگ را با سخنرانی خود آغاز مینماید:

.... در نیمه شب گذشته دشمنان ملت ایران میخواستند با یک کودتای نظامی نهضت ملی ما را از مسیر خود برگردانند و چند تن از یاران نهضت ملی را توقیف نمایند. سربازان مسلح به خانه پیشوای ملت ایران رفتند و میخواستند با کمال وقاحت مردی را که **۵۰** سال مبارزات خود را درراه وطن پشت سر گذاشته و پاکدامن و سرفراز بیرون آمده بازداشت کنند و بدست دژخیمان برسانند و بساط چپاول شرکت سابق نفت را دوباره برقرار سازند ولی هوشیاری مردم ستمدیده ایران و بیداری دولت ملی نقشه های آنها را نقش برآب کرد.

بیانات دکتر شایگان

ازدیرزمانی نمایندگان شما و شخص دکترمصدق میدانستند که بیگانگان نقشه هائی کشیده اند به مقاماتی متوسل میشوند و او را وادار به اجرای نقشه های خود میکنند ، آنها سعی کردند دربار را درمقابل نهضت ملی علم کنند دکتر مصدق و نمایندگان آنچه در عهده داشتند به عمل آوردند تا این اشتباه را رفع کنند و از خطری که نزدیک بود متوجه ملت ایران شود جلوگیری کنند. سیاست دکتر مصدق این بودکه شاه مشروطه در چهارچوب قانون اساسی محدود باشد و دخالتی در کارهای مملکت نکند چرا برای اینکه دخالت شاه در امور مملکت وضع مشروطیت را مختل میکرد و نه تنها به مشروطیت لطمه میخورد بلکه وسیله سهلی بود که خارجی ها مطامع خود را دانسته یا ندانسته وسیله دربار به ملت تحمیل کنند.

اگر دکتر مصدق و نمایندگان اصرار داشتند که شاه آلوده به این مطامع نشود و مواد هشتگانه را تنظیم کردند به خیر مملکت و نهضت ملی ایران و بخیر آن کسی که قدر ندانسته بود میخواستند او در مملکت زندگی کند ولی حکومت نکند. اجانب دیدند که اگر نهضت ملی ایران نضج گیرد پیشرفت مقاصد آنها میسر نیست کوشیدند تا دربار را مقابل نهضت قرار دهند ، یک نکته کوچک در همین قضایا یعنی در کشمکشی که بین ملیون و دربار پیش آمد به عرض شما میرسانم پس از وقایعی که به خاطر دارید و پس ازاقدامات ناشایسته ای که از طرف اطرافیان دربارشد خود دربار تصمیم گرفت برای اینکه مردم مطلب را فراموش

کنند شاه مسافرتی به خارج نماید، هموطنان گرامی این عرضی را که میکنم از مسموعات بنده نیست از چیزهائی است که خودم به شخصه دیده ام. نمایندگان نهضت ملی که برای همین قصد به دربار رفته بودند وزیر دربار بطور نجوا به آن ها گفت آقایان شما آیا صلاح میدانید به واسطه اینکه اعلیحضرت مریض هستند مسافرتی به خارج بکنند؟ نمایندگان نهضت ملی با کمال ادب به عرض ایشان رسانیدد ما تکلیف شاه مملکت را نمیخواهیم تعیین کنیم اگر میل دارند خودشان تصمیم خواهند گرفت. این نمونه ای از وضع مماشات نمایندگان نهضت ملی و شخص دکتر مصدق است. شاهی که مکرر بدون مقدمه به جاهای بسیار ناشایسته به خارج از مملکت مسافرت کرده بود این سفر مصلحتی را بهانه کرده و آن غوغای عظیم را برپا کردند.

ازچهار پنج روز پیش خارجی ها و ایادی داخلی آنها درصدد برآمدند دکتر مصدق را توقیف و سران نهضت ملی ایران را بازداشت و سپس اعدام کنند. این بیچاره ها تصور میکنند با از بین برداشتن نمایندگان ، شما ملت ایران دست از مبارزه خود برمیدارید زهی تصورباطل زهی خیال محال ، جان من و امثال من فدای شما بشود تا شما پا برجا باشید (جمعیت ما شاه نمیخواهیم) ازهر قطره خون ما درختی برای نهضت ملی ایران به ثمرخواهد رسید کودتا چیان از گاردی که دولت ملی دکتر مصدق برای حفظ جان سلطان وقت گنارده بود استفاده کردند و خواستند به همین وسیله دولت را ساقط کنند ، نقشه این بود که عده ای به خانه پیشوای ما بروند او را توقیف کنند عده ای دیگر رئیس ستاد را توقیف کنند جمعی دیگر اعضای فراکسیون را دستگیر کنند ولی خداوند نخواست. خداوند چنان هوشیاری به دکتر مصدق داده است که از پنج روز قبل از نقشه خائنانه آنها مطلع بود و همه ما کم و بیش از این توطئه ها اطلاع داشتیم ولی پیشوای شما همه چیز را میدانست و به حمدالله در ظرف **۲۲** دقیقه تمام آن افراد تحت توقیف دولت درآمدند. قرار بر این بود که اگراین ایادی خائن در توطئه خود موفق گردند رادیوی تهران را امروز بکلی ساکت نگهدارند تا خبری علیه نهضت ملی و دکتر مصدق منتشر نشود. ثانیا این علامتی بود برای شاه مملکت که بداند آیا توطئه به نتیجه رسیده است یا نه و این علامتی باشد که اگر کودتا انجام گرفته باشد شاه یکسره به تهران بیاید و ملیون را تارومار کند ولی خدای بزرگ نگذاشت این توطئه انجام گیرد و وقتی که آنها در رامسر و کلاردشت مترصد بودند رادیو تهران ساکت باشد رادیو خبرداد که ملیون برتوطئه کنندگان غلبه کرده اند طبق مثل معروف متاعی که باید به تهران بیاید به بغداد رفت.

هموطنان عزیز ، به حول و قوه الهی دست رد به سینه اجانب زد و بیگانگان دانستند که با احساسات یک ملت بازی نمیتوان کرد. اینک ما نمایندگان نهضت ملی تقاضا میکنیم که دولت مصدق فوراً شورای سلطنتی تشکیل دهد و تکلیف آینده مملکت را تعیین کند.

نطق مهندس زیرک زاده

من و دونفر دیگر یعنی دکتر فاطمی و مهندس حقشناس و سران دولت شما را در قصر پادشاهی شاهنشاه ایران حبس کردند. آفرین بر چنین دشمنی ، هرچه دشمن بیشتر بتازد طالع بلند مردم ایران افتضاح دشمنان را بیشتر ثابت میکند. کودتای مفتضح دیشب به جائی نرسید و یکبار دیگر ملت ایران فاتح گردید. مگر ملت ایران چه میگوید؟ مگر شما مردم چه میخواهید؟ مگر جز احقاق حق خود چیز دیگری خواسته اید؟ انصافا باید گفت آن ها که با حکومت دکتر مصدق سر جنگ دارند کمک به خارجی میکنند ولی اگر توطئه های آن ها ملت ایران را دچارمشکل ساخت و در مقابل عده ای از دشمن ها روز به روز بیشتر خود را

معرفی کردند تا ماسک های خود را برداشتند وعلنا وارد مبارزه با مردم ایران شدند و ازطالع بزرگ ملت و از وجود رهبری مانند مصدق دشمنان خرد شدند (جمعیت مصدق پیروز است) آری مصدق پیروز است و از این احساسات باید حداکثر استفاده را بکنیم. آقایان دولتی را که تاکنون بر سر کار نگهداشته اید امروز بیشتر از همه وقت به کمک شما محتاج است ، به او کمک کنید برای اینکه دولت شما دشمن زیاد دارد. آنها کودتائی کردند و شکست خوردند و به خارج پناه بردند ما کار نداریم که سرنوشت آنها چه خواهد شد ملت ایران علت اصلی پیروزی های ما است. ما راه خود را می پیمائیم و آن ها که در جهت مخالف ما میخواهند قدم بردارند با ما نیستند ما حساب گذشته را خوب داریم و برای فردا رفتار دیروز را در نظر میگیریم دولت فعلی ما باید رفته را معرفی کند یعنی شاه را مستعفی بشناسد و شورای سلطنتی را تشکیل دهد.

نطق دکتر فاطمی

مردم قهرمان تهران ، من به این احساسات پاک شما تعظیم میکنم. وفاداری و ثبات شما مردم قهرمان تهران موجب این پیروزی ها میباشد. هموطنان وضع مزاجی من طوری نیست که بتوانم زیاد صحبت کنم و من در مقابل احساسات سرشار شما چند کلمه به عنوان تشکر عرض میکنم.

هموطنان عزیز « چو تیره شود مرد را روزگار- همه آن کند کش نیاید بکار» دیشب وقتی تفنگ های گارد شاهنشاهی به طرف من نشانه روی میکرد من چون به اراده شما ایمان داشتم میدانستم که نهضت ملی نخواهد مرد.

هموطنان فرزند آن پدری که قرارداد سال ۱۹۳۳ را ۶۰ سال تمدید کرد علیه نهضت ملی قیام نمود. پدرش بیست سال عامل کمپانی جنوب بود و چهل سال دیگر را برای پسرش باقی گذاشت امروز شما باید نشان بدهید که روی پای خود می ایستید و هرکس که با شما مخالفت کند او را ازبین برمیدارید ، به آنها که میگویند نهضت شما رنگ خارجی دارد بگوئید آن کسی که خارج از مرز شما است خارجی است.

برای شما استعمار سیاه ، سفید و سرخ علی السویه است. هموطنان جنایات دربار پهلوی روی جنایات ملک فاروق را سفید کرد. هموطنان از اسلحه ای که با قیمت خون شما تهیه شده بود فرزند عاقد قرارداد ۱۹۳۳ میخواست علیه شما بکار برد. روزی که صدای رادیو تهران بلند شد و گفت نقش کودتاچیان نقش بر آب شده وی راه اولین سفارتی را که انگلستان در خارج از ایران دارد درپیش گرفت ، امروز روزی است که فرد فرد شما مانند سرباز باید بیدار باشید. امروز شما باید دست به دست فرزند رشید وطن دکتر مصدق بدهید و برای ایران نو از تحریکات اجنبی جلوگیری کنید. دربار پهلوی آنچنان منقرض شد که جزاراده خداوند اراده دیگری نمیتوانست بدون اینکه خون از دماغ کسی برود این کابوس مرگ نابود سازد، هموطنان وظیفه سنگین خود را فراموش نکنید ازاین دقیقه به بعد مواظب تر، مراقب ترازهمیشه باشید. خدای ایران بزرگ است. خدای ایران نخواست نهضت شما واژگون شود. فرزند عامل قرارداد ۳۳ میخواست به جنگ خدا برود ، میخواست به جنگ ملت و اجتماع که مظهر اراده خدا است برود ولی شما آن چنان او را بر زمین زدید که هیچ کس در مخیله خود تصور نمیکرد.

نطق مهندس رضوی

هموطنان عزیزمن ، باز هم وقایع و حوادث ما را بر آن داشت که از شما مردم غیور و رشید تهران تقاضای حضور در این میدان تاریخی را بنمائیم. همان طور که میدانید ما هرگز برای خودمان موجودیت و شخصیتی را خارج از اراده و خواست ملت ایران نخواسته ایم و افتخار داریم که همواره سربلندی و سرافرازی شما مردم غیور ایران را هدف خود قرار دهیم. دیشب در پایتخت کشور یکی از نقشه های ارتجاعی به معرض آزمایش گذاشته شد و سعی کردند نظامی و افسر را وادار به عملیات قدرت نمائی و دیکتاتور تراشی بنمایند به حمدالله به منظور خود نائل نشدند.

هموطنان من ، امروز دیگراراده یک نفرهرکسی که باشد سرنوشت مملکت را نمیتواند تغییر دهد. امروز اراده ملت ایران به صورت نهضت ملی ظاهر شده و ارابه سیاست مملکت را در دست دکتر مصدق نخست وزیرسالخورده و با تدبیر ما داده است و هیچ قوه ای نیز از اراده و خواست ملت ایران در سرنوشت مملکت تأثیر ندارد. اکنون ما استقلال حقیقی خود را بدست آورده ایم دیگر تحریکات بیگانگان و عمال آنها نمیتوانند چرخ مملکت ما را از گردش باز دارد. اما تکلیف مملکت اکنون که پادشاه از کشور خارج شده است به وسیله دولت باید تعیین گردد و برای شما مردم رشید در اینجا وظیفه حساس تری است و آن توجه کامل به مصالح کشور است و من فقط به همین مختصر قناعت میکنم و همین قدر مجددا میگویم که کمال مطلوب ما آن است که استقلال سیاسی و اقتصادی کامل ملت ایران تأمین گردد. خلاصه آنکه امروز ما از دولت میخواهیم که اولا انفصا ل پادشاهی که پشت به ملت ایران کرده و با این اقدام خود سعی کرده از منافع خارجی ها حمایت کند به ملت اعلام گردد. ثانیا در بالا بردن وسایل معاش طبقات ایران کوشش عملی و حقیقی بکار برده و بالاخره با نهایت قدرت حکومت کرده مخالفان نهضت ملی را از هردسته و طبقه که باشد سرکوب نماید. اکنون مجلس دوره هفدهم با آراء آزاد مردم منحل شده است بر عهده دولت است که هرچه زودتر اصلاحات لازم را در قانون انتخابات به عمل آورده وسایل انتخابات مجلس ۱۸ را فراهم سازد.

قطعنامه متینگ

ما شرکت کنندگان در متینگ روز یکشنبه ۲۵ مرداد ۱۳۳۲ میدان بهارستان به پیروی از افکار ملت ایران مواد ذیل را تصویب می نمائیم

اول - چون کودتای خیانتکارانه نیمه شب ۲۵ مرداد سال ۱۳۳۲ به دستور بیگانگان برای سقوط دولت ملی دکتر محمد مصدق و از بین بردن نهضت مقدس ملت ایران بوجود آمده از دولت ملی دکتر مصدق میخواهیم تا هرچه زودتر مسببین و محرکین را به شدید ترین مجازات محکوم نمایند.

دوم - از دولت مصراً خواهانیم تا هرچه زود تر به تشکیل محکمه ملی اقدام و خنایتکاران به نهضت ملی ایران را مجازات نماید.

سوم - چون شاه فراری است از دولت ملی دکتر مصدق میخواهیم که به فوریت به تشکیل شورای سلطنت اقدام و با نهایت قوت و قدرت به تکالیف قانونی خود عمل نماید.

در تعقیب سرلشگر زاهدی

آقای سرلشگر زاهدی در این چند روزه متواری شده است و با وجودی که مأمورین فرمانداری نظامی در تعقیب او میباشند معهذا هنوز موفق به دستگیری او نشده اند و به همین جهت صبح امروز فرمانداری نظامی طی اعلامیه سرلشگر زاهدی را احضار نموده است. چون سرلشگر بازنشسته فضل الله زاهدی برای تحقیقات ضروری است علیهذا به نامبرده اخطار میشود برای تحقیقات لازم در ظرف ۲۴ ساعت خود را به فرمانداری نظامی شهرستان تهران معرفی نماید.

افراد زیر نیزامروز بازداشت شده اند : سرلشگر باتمانقلیچ ، سرهنگ دوم حمیدی معاون اداره گذرنامه ، سرتیپ شیبانی رئیس سابق شهربانی کل کشور ، اشتری ، هیراد رئیس دفتر مخصوص شاه ، سرهنگ دوم منصورپور فرمانده گردان سوار.

نام افراد مزبور در لیستی که در بازجوئی از عاملین کودتا از طرف بازپرس نظامی تهیه شده وجود دارند.

۲۶ مرداد ۱۳۳۲
اطلاعاتی از چگونگی طرح و خنثی کردن کودتا

مقارن نیمه شب ۲۵ مرداد به آقای سرهنگ شاهرخ که با افراد خود در حوالی نهر کرج آماده بود دستور رسید که فوراً ارتباط بین سعد آباد و شهر را قطع نماید. آقای سرهنگ شاهرخ بلافاصله با افراد خود ابتدا به کنار نهر کرج در محلی که خیابان پهلوی را قطع میکند حرکت میکنند و درآنجا پس از آنکه دستورهای لازم به واحدهای تیپ زرهی میدهد واحد ها به طرف سعدآباد حرکت مینمایند و آقای سرهنگ شاهرخ در آن محل توقف مینماید.

نیم ساعت بعد یک جیپ ارتشی که حامل یک سرهنگ دوم شهربانی و سرگرد مقدم افسر شهربانی و چند نفراشخاص دیگر بود و از سمت شمیران به طرف شهر حرکت میکرد در ابتدای نهر کرج سرهنگ شاهرخ را می بینند و توقف میکنند ، سرگرد مقدم از داخل جیپ سرهنگ شاهرخ را دعوت میکند که نزد آنها برود ، سرهنگ شاهرخ نیز متقابلا از آنها دعوت میکند که چنانچه کاری با او دارند نزد او بروند تا اینکه بالاخره سرنشینان جیپ مأیوس شده و میروند. این اشخاص مأموریت داشتند سرهنگ شاهرخ را دستگیر کنند ولی چون ترس داشتند خودشان به وسیله افراد تیپ کوهستانی دستگیر شوند از توقیف سرهنگ شاهرخ منصرف میشوند.

پس از یک ربع ساعت به سرهنگ شاهرخ دستور میرسد که برای خلع سلاح افراد گارد شاهنشاهی که در باغشاه متمرکز شده اند به طرف باغشاه حرکت کند. این دستور موقعی به سرهنگ شاهرخ داده میشود که سرهنگ نصیری و افراد همراه او در چهار راه حشمت الدوله به وسیله سرهنگ ممتاز دستگیر و خلع سلاح شده بودند. سرهنگ شاهرخ به محض کسب دستور فوق با افراد خود که در کنار نهر کرج استقرار داشتند به طرف باغشاه حرکت میکنند و در مقابل باغشاه سرهنگ اشرفی فرماندارنظامی نیز به آنها ملحق میشود. دراین موقع که دو ساعت بعد از نیمه شب بود سرهنگ شاهرخ ابتدا تصمیم میگیرد که وارد پادگان شود ولی سربازان گارد که آماده حمله و تیراندازی بودند مانع از ورود او میشوند. سرهنگ شاهرخ ناگزیر دستور میدهد تانک ها باغشاه را محاصره کنند. سربازان وقتی این وضع را

مشاهده میکنند حاضر به تسلیم و تحویل سلاح خود میشوند بدین ترتیب عمل خلع سلاح دو گردان ونیم افراد گارد سلطنتی مستقر در باغشاه بدون خونریزی و تیر اندازی خاتمه می یابد.

به طرف سعدآباد

پس ازخلع سلاح افراد گارد در باغشاه به قصد خلع سلاح نظامیان مستقر در سعدآباد نیرو های تحت فرماندهی سرهنگ شاهرخ به طرف شمیران حرکت میکنند ، به دستور سرهنگ شاهرخ قسمت زرهی از جاده جدید و قسمت موتوری از جاده قدیم به راه می افتند. منظور از این دستور این بود چنانچه افراد گارد خیال فرار از یکی از این دو راه را داشته باشند دستگیرگردند. پس از اینکه این دو دسته در میدان تجریش بهم رسیدند مدتی توقف کردند ابتدا تمام راه های سعد آباد را محاصره و عبور و مرور را بکلی قطع کردند ، در جاده زعفرانیه چند نفراز افراد گارد که به وسیله یک کامیون درحرکت بودند دستگیرشدند و پس از بازجوئی معلوم شد که آن ها همان افرادی هستند که آقایان دکترفاطمی ، مهندس حقشناس و مهندس زیرک زاده را دستگیر کرده بودند.

پس از گزارش امر به تیمسار سرتیپ کیانی معاون ستاد ارتش بلافاصله به افراد تیپ دستور حرکت به طرف پاسدار خانه کاخ سعدآباد داده شد. در مقابل در پاسدار خانه تیمسار کیانی نگهبان را خواست و به او گفت باید تسلیم شوی و مقاومت شما بیهوده است چون سرهنگ نصیری تسلیم شده و توطئه آن ها بهم خورده و شهر اینک در دست قوای ارتش است. افسر نگهبان پس از آگاهی از این جریان به اتفاق آقای سرتیپ کیانی داخل کاخ و در دنبال آن ها افراد تیپ زرهی وارد میشوند و به این ترتیب آقایان دکتر فاطمی و همراهان او آزاد میگردند و آقای سرهنگ شاهرخ آقایان را به خانه هایشان میرسانند.

سرهنگ ممتاز

در شب کودتا نیم ساعت قبل از اینکه سرهنگ نصیری به همراه افراد گارد سلطنتی خود را به خانه آقای نخست وزیر برساند به آقای سرهنگ ممتاز که در آن موقع برای سرکشی افراد تیپ کوهستانی به کلانتری یک رفته بود دستور داده میشود فوراً خیابان های اطراف منزل آقای نخست وزیر را محاصره و سرهنگ نصیری را دستگیر نماید.

سرهنگ ممتاز بلافاصله به اتفاق عده ای از افراد تیپ به چهار راه حشمت الدوله میرود و ارتباط خیابان کاخ را با سایر خیابان ها به وسیله گماردن عده کافی سرباز قطع میکند و خود در آنجا می ایستد و وقتی که سرهنگ نصیری با چهار کامیون حامل افراد گارد به چهارراه میرسد خود را با سربازان تیپ و تانک هایی که در آنجا مستقر بودند مواجه می بیند. وی ابتدا به آقای سرهنگ ممتاز میگوید نامه ای برای آقای نخست وزیر دارم که باید به ایشان برسانم. سرهنگ ممتاز سؤال میکند آیا معقول است که در این وقت نامه برای آقای نخست وزیر ارسال شود؟ ثانیا به فرض اینکه ادعا درست باشد آوردن چهار کامیون سرباز و تانک برای چیست؟

سرهنگ نصیری در پاسخ مطالبی اظهار میکند که قانع کننده نیست ، سرهنگ ممتاز به او تکلیف میکند تسلیم شود ، نصیری اول قصد تسلیم شدن نداشته ولی وقتی افراد تحت نظر خود را با افراد سرهنگ ممتاز مقایسه میکند بدون مقاومت تسلیم میشود و اسلحه خود را تسلیم میکند و سربازان تیپ نیز در همان حال اقدام به خلع سلاح افراد گارد مینمایند سپس آنها را به باغشاه میفرستند.

۲۷ مرداد ۱۳۳۲

مصاحبه دکتر فاطمی با مخبرین جراید ، فکر تغییر رژیم در بین نیست

آقای دکتر فاطمی وزیرامور خارجه و سخنگوی دولت در کنفرانس مطبوعاتی امروز اطلاعات زیر را در اختیار خبرنگاران داخلی و خارجی گذاشت:

شاه و ملکه با هواپیمای اختصاصی در ساعت ۱۰ به وقت بغداد وارد بغداد شدند. آقای کاردار تذکاریه زیر را تسلیم معاون وزارت امور خارجه عراق کرده است.« از قراری که به تحقیق پیوسته است شاه و ملکه ایران با هواپیمای امروز وارد بغداد گردیده اند ، چون این مسافرت غیرمترقبه متعاقب کودتای نظامی دیشب تهران واقع شده به سفارت کبرای ایران مجال هرنوع تفسیری را میدهد. بنابراین از دولت پادشاهی عراق انتظار دارد از هر حیث مراقب اوضاع باشند تا از وقوع هر نوع پیش آمد ناگوار سیاسی احتمالی بین دوکشور دوست و همجوار جلوگیری شود.» چون در پایان تلگراف کسب تکلیف در برابر این جریان شده بود این تلگراف بسفارت کبرای بغداد مخابره گردیده است:

جناب آقای اعلم - بغداد - جواب ۶۳ و ۶۴ تماس سفارت با کسی که بدون اطلاع دولت صبح کودتای نظامی مواجه با شکست فرار کرده است به هیچ وجه مورد ندارد. هر تفسیری هم که از سفارت بخواهند جز این مطلب نخواهد بود.

وزیرامورخارجه - دکترحسین فاطمی

نامه آقای ابوالقاسم امینی کفیل وزارت دربار به نخست وزیر

جناب آقای نخست وزیر ، قادر لایزال شاهد و گواه است که روحم از این جریان مطلع نبوده و متأسفانه هر موقع از جنابعالی کسب تکلیف کردم که از این کار گند کناره جوئی کنم موافقت نفرمودید. بالاخره این جوان آنچه را که نباید بکند کرد و با حیله و مکر همه را از من پنهان داشت. به خدا قسم عملیات دفتر مخصوص و گارد شاهنشاهی هرگز به وزارت دربار گفته نمیشد. خودتان سؤال فرمائید که من بیچاره چه اطلاعاتی از این کار ممکن است داشته باشم؟ من مسؤلیتی درقبال عمل خلاف کسی که خود مسؤل بوده و فراراختیار کرده است نمیتوانم داشته باشم

نامه کفیل دربار به وزیر امور خارجه

با حالت تب و کسالت کبدی از گوشه زندان این چند کلمه را مینویسم. دیروز در مصاحبه مطبوعاتی اشاره به اطلاع دربار از این جریان فرموده بودید ، خداوند متعال شاهد و ناظر است که من روحم ازاین موضوع مطلع نبوده ، این گندکاری و این عمل ناجوانمردانه دستوری است که خود مؤمن از آنجا به رئیس گارد داده است. عجب این است که این جوان همیشه مرا اغفال میکرده است و تظاهراتی به امیدواری در رفع اختلاف و حاضر شدن به مکاری میکرد. خودتان میدانید که دفتر مخصوص و گارد شاهنشاهی تحت نظر دربار یا امر دربار نیست آنها مستقل هستند و مستقیم با شاه رابطه دارند. از دستوراتی که میگیرند یا مطالبی که میگویند وزارت دربار مطلع نیست از قدیم چون رسم این طور بوده است خدا میداند من جز خدمت صادقانه عملی نکرده ام بلکه همیشه سعی داشته ام کردار و رفتاری پیشه سازم که آقای مصدق راضی باشد. کراراً خواستم استعفا کنم و به عرض آقای دکتر مصدق نیز رسانده ام قبول نفرمودند آخرین ضربه بی آبروئی را این جوان بمن زد ، خداوند انشاالله جزای او را بدهد ، به هر حال خواهشمندم به داد من برسید که من ناخوشم و هم

آبروئی برای من باقی نمانده و متهم به خیانت هستم خودتان خدمت جناب آقای نخست وزیر اقدامی بفرمائید که رفع سوء تفاهم بشود و دستور فرمائید من لااقل در منزل خودم تحت نظر باشم.

ابولقاسم امینی

تغییر رژیم در برنامه کار دولت نیست

درباره تشکیل شورای سلطنت و تصمیماتی که باید بعد از جریان پریشب اتخاد گردد دولت مشغول مطالعه است و هنوز نتیجه مطالعات به مرحله تصمیم نیامده است البته هر نظری اتخاذ گردد قبلا به استحضار مردم خواهد رسید در مورد تغییر رژیم و برقراری جمهوری باید عرض کنم که چنین فکری در بین نیست.

شاه و ملکه از بغداد عازم رم شدند

شاه در ملاقات با حسن صدر رئیس مجلس سنا و فاضل جمالی رئیس مجلس نمایندگان عراق و آیت الله شهرستانی اظهار داشت چون مصدق قانون شکنی میکرد او را معزول و سرلشگر زاهدی را به نخست وزیری تعیین کردم. شاه همچنین گفت کودتائی در بین نبوده و از مقام خود نیز استعفا نداده ام.

اظهارات شاه

رهبران سیاسی و مذهبی عراق دیروز پس از ملاقات با شاه اظهار داشتند که شاه ایران به آنها گفته است که پس از عزل دکتر مصدق و انتصاب ژنرال زاهدی به جای او به سمت نخست وزیری ایران بنا به میل و اراده خود ایران را ترک کرده است.

آن ها هم چنین گفتند که شاه از اینکه دکتر مصدق از انجام آرزو ها و امیال وی و مردم ایران مبنی براینکه آقای دکتر مصدق باید کناره گیری کند سرباز زده است اظهار تأسف کرد. شاه اضافه کرد که ژنرال زاهدی کودتای نظامی انجام نداده و فقط سعی کرده که دکتر مصدق را از تصمیم شاه مستحضر نماید. شاه تأکید کرد من هنوز زاهدی ، نه دکتر مصدق را نخست وزیر قانونی ایران میدانم ، من از حق قانونی خود برای حفظ منافع ملی ایرانیان استفاده کرده ام هدف اساسی من همیشه حفظ قانون اساسی است و در مملکت ما این کار را نمیتوان به عنوان پشت پا زدن به قانون اساسی تلقی کرد. شاه گفت نمیتوان به دکتر مصدق اجازه داد که به عنوان یگانه دیکتاتور مطلق العنان در ایران حکومت کند.

شوروی سکوت را می شکند

خبر گزاری تاس که تاکنون در مورد ایران سخنی نگفته بود و در برابر حوادث ایران کاملا سکوت نموده بود برای اولین باراوضاع ایران را مورد تشریح قرارداد و ضمن تفسیر خبر عزیمت شاه به بغداد خاطر نشان کرد که مسافرت اخیر ژنرال نورمن شوارتسکوف به ایران و ملاقات با شاه با موضوع کودتا ارتباط دارد. تاس در این برنامه اضافه کرد که ملاقات شاه با شوارتسکف بطور محرمانه و در ساحل دریای خزر رخ داده است.

سخنان نخست وزیر عراق در مورد شاه ایران

پادشاه ایران که روز یکشنبه وارد بغداد شد به ایران مراجعت نخواهد کرد مگر اینکه آقای دکتر مصدق از فرمان او متابعت کرده و امور کشوررا به سرلشگر فضل الله زاهدی که از طرف شاه به سمت نخست وزیری منصوب شده بدهد. اعلیحضرت مستعفی نشده اند و خیال

هم ندارند استعفا بدهند ولی فعلا به اتفاق ملکه ثریا به عنوان میهمان دولت عراق در بغداد خواهند ماند، بطوری که محافل موثق اضافه میکنند سر لشگر فضل الله زاهدی مورد اعتماد پادشاه میباشد و به هیچ وجه کودتائی نکرده است بلکه فقط فرمان عزل آقای دکتر مصدق که شاه چهار روز قبل صادر کرده بود به آقای دکتر مصدق ابلاغ نموده. نخست وزیر و کفیل وزارت امور خارجه عراق دیروز و امروز چندین بار از پادشاه ایران دیدن کرده اند.

سیاست امریکا در انقیاد انگلستان

روزنامه المصری در گزارشی از واشنگتن مینویسد محافل رسمی امریکا عقیده دارند وضع ایران فوق العاده نگران کننده شده است. در ماه های اخیر دیپلماسی امریکا در ایران کاملا تحت انقیاد سیاست انگلیس درآمده و این سیاستی است که ایران را مجبور به صبر و انتظار میگذارد تا پشتوانه ارزی او به کلی پایان یابد تا براثر وخامت مالی خود ناچار به تسلیم خواسته های انگلستان و امریکا شود و مسأله نفت را به خواست آنها حل و فصل نماید.

۲۸ مرداد ۱۳۳۲

کودتای دوم

از غروب هنگام دیشب شهر تهران بهم ریخت ، از ساعت ۷ بعد از ظهر که هوا به آهستگی تاریک میشد دسته های مختلف با شعارهائی که در دست داشتند در خیابان های مرکزی شهر راه افتاده علیه شاه فراری و برقراری جمهوری شعار میدادند همزمان مغازه های خیابان های مرکزی یکی بعد از دیگری بسته میشدند و چون شعارهای دسته جات مختلف هماهنگ نبودند مشاجراتی بین آنها بروز میکرد.

مقارن ساعت ۸ گروه کثیری از جوانان وابسته به حزب توده در میدان سپه متمرکز شده ناطقین شروع به ایراد نطق نمودند و در همین احوال عده ای با قصد اینکه پارچه سفیدی را که روی آن به خط درشت نوشته شده بود « زنده باد حزب توده ایران» به روی سردر شهرداری نصب نمایند به طرف درهای بسته شهرداری هجوم برده میخواستند در را بشکنند.

طولی نکشید که چند کامیون پاسبان و سرباز وارد میدان سپه شده و به جمعیت اخطار شد که متفرق شوند ولی مردم به حضور مأمورین انتظامی توجهی نکردند و با هجوم میخواستند خود را به بالکن شهرداری برسانند.

سربازان و پاسبان ها از کامیون ها پیاده شده در اطراف میدان مستقر شدند برای متفرق شدن تظاهر کنندگان گاز اشک آور شلیک کردند. در مقابل افراد گروه های چپی شروع به شعار دادن علیه سربازان و پاسبانان نمودند و در برابر آنان صف آرائی کردند. در مقابل مأمورین انتظامی نیز شعارهای زنده باد شاه سر داده و هر کس را که علیه شاه شعار میداد دستگیر و به کامیون ها منتقل میکردند. و به دنبال تظاهر کنندگان میدویدند و هرکه را میگرفتند با باتوم و ته تفنگ میزدند.

در خیابان های نادری ، استانبول و لاله زار افراد وابسته به گروه های چپ روزنامه مردم ارگان حزب توده را میفروختند و مامورین انتظامی روزنامه های توده ای را گرفته پاره میکردند. پاره کردن روزنامه ها آنقدر گسترده شد که مأمورین انتظامی روزنامه های اطلاعات و کیهان را نیز که مطالبی درمورد شاه نوشته بودند از روزنامه فروش ها گرفته پاره میکردند. بعد از پاره کردن روزنامه سربازان و پاسبان ها به دستور فرماندهان خود در حالی که شعار زنده باد شاه و برقرارباد سلطنت میدادند هر کسی که در خیابان بود میزدند و

دامنه این کار به درون سالن سینما ها نیز کشیده شد و تا ساعت ۱۰ شب که کلیه خیابان های مرکزی خالی از جمعیت شد ادامه داشت.

تظاهرات امروز

مقارن ساعت ۹ بامداد گروه های متشکلی از خیابان های جنوب شهر درحالی که شعارهای «زنده باد شاه مرگ بر حزب توده» میدادند به طرف میدان سپه حرکت کردند. درحوالی میدان سپه عده ای دیگر که اکثرا با چوب دستی های بزرگ مجهز بودند به جمعیت قبلی که در میدان سپه مستقر شده بودند پیوسته از طرف خیابان های فردوسی به استانبول و شاه آباد به طرف میدان بهارستان حرکت کردند و شعارهائی بر ضد دولت و زنده باد شاه میگفتند. این گروه تظاهر کنندگان را چهار کامیون حامل سرباز و پاسبان که در جلو هریک از کامیون ها مسلسلی قرار داشت از جلو و عقب تظاهر کنندگان حرکت میکردند و شعارهای آنها را تکرار مینمودند حمایت میکردند.

حمله تظاهر کنندگان به احزاب و روزنامه های طرفدار دولت

درحدود ساعت ۱۰ درحالی که تظاهر کنندگان طرفدار شاه چوبدستی های خود را بلند کرده و فریاد زنده باد پادشاه و مرگ بر جمهوری میدادند به حزب ایران نزدیک شدند و از دیوار بالا رفته و تابلوی حزب مزبور را پائین آورده وارد حیاط حزب شدند و کلیه صندلی ها و در و پنجره و اثاثیه حزب را شکسته اوراق را پاره کرده و آتش زدند و چند نفری را که در حزب بودند به شدت مضروب و مجروح کردند.

تظاهر کنندگان که به نظر میرسید اداره کنندگانی دارند به قصد حمله به حزب ملت ایران بربنیاد پان ایرانیسم در خیابان صفی علیشاه حرکت کردند. پان ایرانیست ها که قبلا خود را آماده کرده بودند در پشت بام حزب رفته و با انداختن پاره آجر به طرف تظاهر کنندگان مانع ورود آنها به داخل حزب شدند ، تظاهر کنندگان که این وضع را دیدند شروع به دادن شعار کردند و آنقدر این وضع را ادامه دادند تا سنگ هائی که روی بام جمع شده بود به پایان رسید سپس چند تن از سردسته های تظاهر کنندگان از تیر چراغ برق بالا رفته و تابلو و پرچم ها را از بالای حزب پائین آوردند عده ای از آن ها نیز به داخل حیاط حزب وارد شدند همه اثاثیه و صندلی ها را شکسته و پس از جنگ تن به تن که با اعضای حزب که بیش از چند نفر نبودند کردند با چند نفر مجروح و زخمی از خود و چند نفر از پان ایرانیست ها از حزب خارج شده به طرف اداره روزنامه باختر امروز که در غرب میدان بهارستان است رهسپار شدند و بعد از به آتش کشیدن دفتر روزنامه به طرف خیابان اکباتان حرکت کرده در مقابل وزارت فرهنگ مجددا شعار و تظاهرات آنها افزایش یافت و به بهانه اینکه کارمندان فرهنگ توده ای و مخالفین شاه و مشروطیت هستند قصد حمله به وزارت فرهنگ را داشتند که با شلیک چند تیرهوائی عقب نشینی کرده به طرف دفتر روزنامه شورش به راه افتادند و ضمن دادن شعارهای زنده باد شاه دفتر روزنامه شورش را نیز به آتش کشیدند.

بعد از به آتش کشیده شدن دفتر روزنامه شورش تظاهر کنندگان که عده ای از پرسنل نیروی هوائی شاهنشاهی نیز به آن ها اضافه شده بودند از خیابان اکباتان وارد خیابان سعدی شده به طرف چهارراه مخبرالدوله به راه افتادند. درچهار راه مخبرالدوله نیزعده ای ازافراد ارتش همراه آن ها شده به طرف سعدی شمالی براه افتادند. این گروه در مسیر خود وارد بازار مهران شده دفتر روزنامه حاجی بابا را بعد از غارت با خاک یکسان کردند سپس به

مسیر خود ادامه داده وارد خیابان شاهرضا و از آنجا به طرف حزب زحمتکشان ملت ایران (نیروی سوم) رفتند و آنجا را نیز به آتش کشیدند و چندین نفر را که در داخل حزب بودند با ضرب چوب و مشت و لگد مضروب و شدیدا مجروح نمودند و سپس از طریق خیابان لاله زار وارد میدان سپه شدند. در تمام طول این مسیربا وجود متمرکز بودن نیروهای انتظامی با هیچ گونه عکس العمل آن ها مواجه نشدند.

حرکت به سوی بازار

تظاهرکنندگان بعد از عبور از گلوبندک به طرف بازار حرکت کردند ، بازاریان و رهگذران به این وضع و تظاهرات غیر عادی با حالت تعجب و نگرانی شدید آنها را تماشا میکردند و تعجب بیشتر برای آنها این بود که مأمورین انتظامی هیچ گونه عکس العملی از خود نشان نمیدادند. تظاهر کنندگان با شعار های زنده باد شاه مجددا به طرف میدان سپه براه افتادند.

حمله به ستاد ارتش و شهربانی ووزارت خارجه

تظاهرکنندگان در حالی که عده ای از افسران بازنشسته در لباس سویل رهبری آنها را به عهده داشتند برای تصرف شهربانی و ستاد ارتش به راه افتادند. در ساعت ۱۲ مجددا در میان سپه اجتماع کردند و چند عکس بزرگ شاه را بالای مجسمه شاه سابق که چند روز پیش سر نگون شده بود قرار دادند. در این وقت مأمورین مستقر در میدان شروع به تیراندازی هوائی کردند و جمعیت تظاهر کننده پا به فرارگذاردند و در خیابان ها و کوچه های مجاور پناهنده شدند. همزمان شلیک تیر درخیابان های ثبت و سوم اسفند نیز شروع شد زیرا با بودن وزارت امور خارجه ، شهربانی و ستاد ارتش و دژبانی مأمورین اتنظامی میخواستند به هر وسیله از کشیده شدن تظاهرات بآن حدود جلوگیری نمایند.

در ساعت ۱۲ و سی دقیقه گروهی از تظاهر کنندگان در حالی که عکس هائی از شاه در دست داشتند با فریادهای زنده باد شاه قصد عبور به داخل شهربانی را داشتند که با مشاهده نیروهای مسلح انتظامی در اطراف شهربانی از تصرف شهربانی منصرف شده به طرف وزارت امور خارجه به راه افتادند ، عده ای از آنها نیز به طرف باشگاه افسران رفتند و جمعی نیز به قصد تصرف ستاد ارتش بدان سو رفتند.

گروه های مسلح وارد عمل میشوند

فرماندار نظامی تهران سرهنگ ستاد حسینقلی اشرفی میباشد و همه سربازانی که برای حفظ نظم در خیابان های تهران هستند ابوابجمعی فرماندار نظامی تهران هستند اما به نظر میرسد که فرماندار نظامی تهران دستور شلیک به تظاهر کنندگان را نداده است و ابوابجمعی او با تظاهر کنندگان همراهی و همکاری میکنند.

ساعت دو بعد از ظهر شهربانی و ستاد ارتش از طرف شش تانک و چند کامیون حامل سرباز محاصره شد و تظاهر کنندگان نیز اطراف آنها را گرفتند و قصد اشغال ستاد ارتش و شهربانی را داشتند ولی بعد از چند دقیقه این محاصره شکسته شد و چهار تانک و چند کامیون حامل سرباز و چهار اتوبوس که تظاهر کنندگان در آنها نشستند به طرف میدان سپه حرکت کردند و در آنجا توقف کرده و مجددا شعارهایی به نفع شاه و علیه دولت دادند. فرماندهی این گروه نظامیان و تانک ها با سرهنگ صمصام بود.

بعد از چند دقیقه نیروی مزبور وارد پست و تلگراف شده و عکس های شاه را بالای در آن وزارتخانه نصب کردند ، بعدا جمعیت در معیت تانک ها و زره پوشها به اداره انتشارات و

تبلیغات رفته و آنجا را نیز متصرف شدند. جمعیت به داخل اداره تبلیغات رفته تمام اوراق و مطبوعات را بیرون ریخته و عکس شاه را در بالای این اداره نصب کردند. جمعیت بعدا سوار تانکها شده و بطرف بی سیم رفتند تا آنجا را اشغال کنند.

اشغال ایستگاه رادیو

مقارن دو بعد از ظهر بعد از اشغال اداره انتشارات و تبلیغات تظاهرکنندگان همراه عده ای از زنان که به آنها ملحق شده بودند سوار بر تانک ها و در معیت سربازان به طرف بی سیم پهلوی حرکت کردند تا ایستگاه رادیو را تصرف کنند. یکی از تانک ها به داخل محوطه ایستگاه رادیو آمد. برق ایستگاه فرستنده قطع شده بود با زحمت برق رادیو وصل شد. در ساعت ۳ آقای میراشرافی اعلام کرد هموطنان عزیز تهران بوسیله مردم تسخیر شده است یک ساعت است که رادیو کار میکند ولی احساسات مردم اجازه نمیدهد از استودیو با شما صحبت کنم مردم پایتحت در انتظار بازگشت شاهنشاه هستند مملکت را حفظ کنید. به همت زنان و مردم شاهدوست و پشتیبانی ارتش شاهنشاهی تهران تصرف شد و حکومت مصدق السلطنه ساقط گردید.

آقایان پیراسته و احمد فرامرزی ضمن اعلام نخست وزیری سرلشگر زاهدی و قرائت فرمان نخست وزیری ایشان به زمامداری مصدق حمله کردند و اعلام کردند که ستاد ارتش به وسیله مردم ، سربازان و افسران تصرف شده است. شاهنشاه به وسیله تلگراف از جریان مطلع شده اند مردم نگذارید مصدق و طرفداران او از دست شما فرار کنند.

گوینده رادیو اعلام داشت که آقای سرلشگر زاهدی نخست وزیر برای ابلاغ پیام اعلیحضرت به مردم به استودیو آمده اند. زاهدی اظهار داشت به نام خداوند قادر متعال ، ملت رشید و هموطنان عزیزم بر حسب امر اعلیحضرت همایون شاهنشاهی سمت نخست وزیری را پذیرفته ام و در قبول این خدمت بعد از امید به خداوندی و به نیروی شما متکی هستم. دولت های گذشته خیلی به شما وعده داده اند ولی امیدوارم این خدمتگزار برخلاف آنها به وعده های خود عمل کنم. برنامه اینجانب به طور اجمال چنین است حکومت قانون ، بالا بردن سطح زندگی مردم، موتوریزه کردن کشاورزی ، پائین آوردن هزینه زندگی ، بالا بردن مزد کارگران ، بهداشت عمومی و مجانی برای همه ، تقویت بنیه مالی کشاورزان ، تعمیم و حفظ امنیت عمومی ، تأمین آزادی های فردی و اجتماعی. درود بی پایان من به شما مردم ایران. هموطنان نخست وزیر قانونی به امر اعلیحضرت تا مجلس روی کار بیاید این جانب هستم.

یورش به خانه دکتر مصدق

از ساعت ۱۲ یورش جمعیت به طرف خانه دکترمصدق شروع شد ولی هرگاه تیری هوائی شلیک میشد مهاجمین برای مدتی عقب نشینی میکردند و در خیابان های اطراف خیابان کاخ پنهان میشدند. در ساعت چهار و نیم بعد از ظهر چند تانک به کمک تظاهر کنندگان آمدند در نتیجه مهاجمین که در سه راه شاه تا خیابان آقا شیخ هادی پراکنده بودند مجددا به طرف خیابان کاخ حرکت کردند. مدافعین خانه دکترمصدق در ساختمانی در مدخل خیابان کاخ سنگر گرفته و از خیابان کاخ دفاع میکردند فرمانده مدافعین سرهنگ ممتاز بود. با ورود تانک به صحنه مدافعین شروع به تیراندازی نمودند و در حالی که مهاجمین مجددا از صحنه نبرد فرار میکردند یکی از تانک ها با شکیک توپ یکی از طبقات ساختمان را ویران کرد

ولی هنوز مدافعین با تفنگ و مسلسل به طرف تانک و مردمی که بر آن سوار شده بودند شلیک میکردند. به تدریج تعداد تانک ها که تعداد آنها به ۲۷ میرسید وارد خیابان کاخ شده به طرف منزل دکتر مصدق سرازیر شدند. مدافعین درساختمان روبروی خانه دکتر مصدق نیز سنگر گرفته بودند و وقتی تانک ها و تظاهر کنندگان قصد شکستن درخانه و حمله به خانه را داشتند بار دیگر صدای شلیک ازخانه مقابل به طرف مهاجمین آغاز شد که تا ساعت هفت و نیم شب ادامه داشت با شلیک آخرین فشنگ خانه به تصرف تانک ها و مهاجمین قرار گرفت. هنگامیکه محافظین خانه با دادن سلاحهای خود تسلیم شدند مهاجمین به بردن اثاثه خانه پرداختند. بعد از چند دقیقه خانه به ویرانه ای تبدیل گردید. دو نفر از خادمین خانه که هنوز در خانه بودند به فرمان افسر فرمانده تانک ها با دو شلیک آنها را از پا درآوردند و خانه را به آتش کشیدند بعد از غارت خانه دکتر مصدق متوجه خانه های اطراف که منزل فرزندان آقای دکترمصدق بود شدند و آنجا را نیز در مدت کوتاهی غارت کرده و آتش زدند. درساعت ۸ شب وقتی مهاجمین شاه دوست از خیابان کاخ خارج شدند، همه جا را سکوت فرا گرفته بود و فقط شعله های آتش از سه خانه آن زبانه می کشید.

اعلامیه سرلشگر زاهدی خطاب به آقای دکتر مصدق

چون ازطرف ذات شاهانه دستور اکید برای حفظ جان جناب آقای دکترمصدق صادر شده است مقتضی است خودشان را درظرف ۲۴ ساعت ساعت به اداره کل شهربانی یا فرمانداری نظامی معرفی سازند و برحسب اراده ملوکانه تا وقتی که تکلیف ایشان از طرف ملت معلوم نشده باشد کاملا در حفظ جان ایشان جدیت به عمل خواهد آمد.

۲۹ مرداد ۱۳۳۲

فرمان دستگیری وزرای سابق

عموم وزرای سابق دستگیر و در شهربانی توقیف شوند و درباره آنها از رئیس شهربانی کسب تکلیف شود.

کلیه زعمای قوم و نزدیکان نخست وزیر سابق از قبیل دکتر شایگان ، مهندس زیرک زاده، مهندس رضوی ، و سایرین که برخلاف قوانین جاریه عملیاتی کرده اند و مخالف منویات ملت ایران قیام نموده اند تحت پیگرد قانونی قرار دهند. همچنین سرتیپ محمد حسین جهانبانی احضار شوند. هر چه زودتر صورت اسامی افسران و درجه داران که دیروز به نفع ملیون کارکرده اند تهیه شود تا ترتیب تشویق و تقدیر آنها داده شود و حتی به بعضی از آنها جایزه نقدی داده شود. رئیس شهربانی کل کشور - سرتیپ دفتری

دستخط شاه به سرلشگر زاهدی

به نام قادر متعال من از پشتیبانی مردم ایران نسبت به من و دفاع از قانون اساسی صمیمانه سپاسگزارم ، من از کلیه افراد ارتش و تمام مأموران غیر نظامی و همه مردم ایران را به متابعت از اوامر جناب آقای فضل الله زاهدی که طبق قانون اساسی به ریاست حکومت ملی و قانونی ایران از طرف من تعیین شده دعوت میکنم. من بی درنگ به ایران و ملتم برمیگردم.
خدا حافظ ایران و مردم ایران محمد رضا پهلوی

تلگراف نخست وزیر

پیشگاه اعلیحضرت همایون شاهنشاه ، مردم شاه دوست و ارتش فداکار در انتظار موکب همایونی با بی صبری دقیقه شماری میکنند. از خاکپای مبارک استدعای تسریع در عزیمت و

ابلاغ ساعت نزول اجلال را دارد تا احساسات پاک مردم مطابق آرزوی خودشان ایثار قدوم مبارک گردد.   چاکر - فضل الله زاهدی

تلگراف شاه به آیت الله بهبهانی

آیت الله بهبهانی تهران - به نام خداوند تبارک و تعالی ، از محبتی که ملت ایران به من و حفظ قانون اساسی انجام داده است صمیمانه سپاس گزارم بدین وسیله از تمام قوای مسلح و تمام مسؤلین کشوری و ملت ایران خواستارم دستورات نخست وزیر جناب فضل الله زاهدی که برطبق اختیارات قانون اساسی از طرف من برای ریاست دولت قانونی و ملی ایران انتخاب شده اند اطاعت کنند. هرچه زود تربه ایران عزیز و ایرانیان برخواهم گشت خداوند بزرگ ایران و ملت ایران را حفظ کند.

پاسخ آیت الله بهبهانی به شاه

پیشگاه بندگان اعلیحضرت همایون شاهنشاهی ، دستخط تلگرافی مبارک زیب وصول یافت از خداوند سلامتی وجود مبارک و بقای سلطنت عظمی اسلامی را خواهانم. انشاالله عین تلگراف مبارک را به عرض عامه رسانیده همه انتظار زیارت پادشاه معظم و محبوب خود را دارند و با امیدواری کامل به عطوفت ملوکانه مستدعی است در این موقع که الحمدالله موکب همایونی به مقر سلطنت معاودت میفرمایند امر عفو عمومی صادر فرمایند موجب مزید تشکر خواهد بود.   محمدالموسوی بهبهانی

اطلاعیه شماره ۲ نخست وزیر

در این موقع خطیر که با عنایت خداوند توانا و امر اعلیحضرت همایون شاهنشاه و نیروی لایزال ملت و فداکاری افراد وطن دوست و ارتش ملی زمام امور کشور را بدست گرفته و در قبول این خدمت هدفی جزحفظ استقلال ایران عزیزو تشیید مبانی دین مقدس اسلام و تأمین آسایش و رفاه واقعی مردم و احترام به اراده آزاد آنها ندارم ، از قاطبه هم میهنان گرامی و استانداران و فرمانداران و کلیه مأمورین دولت انتظار دارم با درایت و متانت مراقب اوضاع بوده و مطمئن باشند تشویق خدمت گذاران و مجازات خیانتکاران برطبق قانون و مقررات مورد نظر و عمل خواهد شد.   نخست وزیر - سرلشگر زاهدی

سرلشگر زاهدی در وزارت امور خارجه

آقای سرلشگر زاهدی نخست وزیر ساعت ۱۱ صبح امروز به وزارت امور خارجه رفته و پس از معرفی شدن اظهار داشتند:

اینجانب که در تحت توجهات اعلیحضرت همایون شاهنشاهی زمام امور را به دست گرفتم امیدوارم با کمک هم میهنان عزیز مخصوصا شما ها روابط دوستانه با کلیه کشور ها مخصوصا دول دوست و همسایه محفوظ و در تشیید آن کوشش وافر نمائیم. به طوری که میدانید حکومت سابق دراثر سوء سیاست اغلب کشور ها را از خود رنجانده بود و اکنون وظیفه دولت و مخصوصا شما ها است که در ایجاد حسن تفاهم و روابط دوستانه بین کشور ایران و همه دول کوشیده تا جبران گذشته بشود.

خانه دکتر مصدق

از اول وقت امروز عده ای برای دیدن خانه دکتر مصدق به طرف خیابان کاخ در حرکت بودند. از خانه دکتر مصدق که در قسمت شمال چهارراه حشمت الدوله واقع شده است جز مقداری خاکستر و تیر و تخته چیز دیگری مشاهده نمیشود. اثاثه منزل بکلی از بین رفته و

تمام در و پیکرها طعمه حریق شده یا تکه تکه شده اند. شایع است که درحدود ساعت ۱۰ بامداد یک ماشین که چند نفر خارجی که انگلیسی صحبت میکردند در جلو خانه توقف کرده به دیدن خانه و گرفتن عکس از آن پرداختند. یکی از آنها که به نظر میرسید نسبت به دیگران ارشدیت دارد سراغ گاو صندوقی را در خانه گرفت و بعد از این که توسط نگهبانی که او را همراهی میکرد صنوق را پیدا کردند متوجه شدند که شکسته شده و محتویات آن سوخته شده است.

در قسمت جنوب خانه دکتر مصدق که یکی از ادارات اصل چهار واقع شده نیز به همین وضع افتاده است. مالکیت این خانه نیز که متعلق به دکتر مصدق است دیروز توسط مردم آتش کشیده شده است و اکنون جز تلی از خاکستر و اتومبیل های نیمه سوخته چیزی به از آن باقی نمانده است.

مجلس و نمایندگان اقلیت

امروزصبح تقریبا تمام نمایندگان اقلیت مجلس هفدهم در مجلس بودند، آقایان دکتر بقائی، حائری زاده ، قنات آبادی ، کریمی ، حمیدیه ، بهادری ، افشار صادقی ، کریمی حمیدیه، هدی ، پور سرتیپ و میراشرافی و همچنین چند نفر از نمایندگان دوره شانزدهم که مخالف دکتر مصدق بودند از جمله آقایان شوشتری و صفائی در سرسرای مجلس اجتماع نموده بودند. نمایندگان با دیدن یکدیگر نسبت به یکدیگر ابراز احساسات کرده و به یکدیگر تبریک می گفتند. آن ها هنوز خود را نماینده میدانند. آقای حایری زاده اظهار داشتند چون دولت از ما درباره وضع موجود و کابینه خود نظر خواسته در منزل آیت الله کاشانی تشکیل جلسه داده و تبادل نظر نموده ایم اما نظر قاطع به جلسه امروز عصر موکول گردید.

۳۱ مرداد ۱۳۳۲

شاهنشاه به وطن بازگشتند

بامداد امروز درحالی که فرودگاه بغداد توسط نیروهای انتظامی محافظت میشد اعلیحضرت و ملکه با هواپیمای اختصاصی به تهران رهسپار شدند. قبل ار ورود شاه به فرودگاه تمام هیأت های سیاسی دول خارجی ، رؤسای مجلسین عراق ، نوری سعید وزیر دفاع به نمایندگی از طرف نخست وزیر و کلیه هیأت وزرا و افسران ارشد عراقی حضور داشتند. هیچ یک از اعضای سفارت ایران در بغداد در فرودگاه مشاهده نشدند. سرگرد خاتم خلبان مخصوص هواپیمای شاهنشاه را هدایت کردند. ساعت یازده و پانزده دقیقه امروز شاهنشاه در میان استقبال و ابراز احساسات شور انگیز مستقبلین و افراد ارتش به تهران تشریف فرما شدند.

دکتر مصدق در شهربانی

براساس گزارش سرهنگ ممتاز فرمانده گارد محافظ دکتر مصدق در مورد محل اختفای دکتر مصدق و همراهان مأمورین انتظامی طبق نشانی که در اختیار داشتند برای بازداشت آنان به منزل مهندس معظمی در خیابان اردیبهشت رهسپار شدند. در آن خانه آقایان دکتر مصدق، دکتر شایگان ، دکتر صدیقی و مهندس معظمی بودند. چهار نفر آقایان مزبور با دیدن مأمورین خود را دراختیار مأمورین قرار دادند. هریک ازآن ها در جیپ جداگانه ای نشسته و با مأمورین محافظ به طرف شهربانی حرکت نمودند. به محض رسیدن به شهربانی ابتدا آقای دکتر صدیقی پیاده شده سپس دکتر مصدق و متعاقباً دکتر شایگان و مهندس

معظمی پیاده شده به اطاق سرتیپ دادستان فرماندار نظامی وارد شدند. پس از اطلاع به آقای نخست وزیر ایشان دستور دادند که آقای دکتر مصدق و همراهان را به باشگاه افسران انتقال دهند. موقعی که آقای دکترمصدق از پله های عمارت باشگاه افسران بالا رفتند آقای سرلشگر زاهدی بالای پله ها ایستاده بودند.

آقای دکتر مصدق وقتی آقای سرلشگر زاهدی را دیدند گفتند قربان تبریک عرض میکنم. آقای سرلشگر زاهدی به آقای دکتر مصدق سلام نظامی داده روی ایشان را بوسید و دست ایشان را فشرد. آقای سرلشگر زاهدی ضمنا به آقای دکتر مصدق گفتند مطمئن باشید که اعلیحضرت دستور داده اند موئی ازسر شما کم نخواهد شد.

ملاقات سرلشگر زاهدی با آیت الله کاشانی

با توجه به احترامی که آیت الله کاشانی در مدت تحصن سرلشگر زاهدی در مجلس نسبت به ایشان نموده بود آقای نخست وزیر به آیت الله اطلاع دادند که قصد ملاقات ایشان را دارند. حضرت آیت الله منزلی را درتجریش معین کردند تا در آنجا ملاقات صورت گیرد. در این جلسه آقایان دکتر بقائی، حائری زاده ، نادعلی کریمی و شمس قنات آبادی حضور داشتند. آیت الله کاشانی در مورد مسأله نفت از نخست وزیر سؤال کردند و اصرار داشتند نظر ایشان را در مورد مسأله غرامت بدانند. آقای سر لشگر زاهدی اظهار مینمایند که من به هیچوجه تسلیم نظرات انگلیس نخواهم شد و غرامت تأسیسات نفت را هم به آنها نخواهم پرداخت.

در مورد تعقیب آقای دکتر مصدق آیت الله سؤال کردند. سرلشگر زاهدی پاسخ دادند که دکتر مصدق از دو نظر قابل تعقیب است. اول از جهت اقدامات خلاف قانون ایشان در زمان نخست وزیری و دیگر براثر اقداماتی که ایشان در زمانی که از نظر قانونی سمتی نداشته اند انجام داده اند و با این که صدور فرمان نخست وزیری من به اطلاع ایشان رسیده بود اقداماتی کردند و از آن جمله مردم را به گلوله بستند.

۱ شهریور ۱۳۳۲
پیام شاهنشاه به ملت ایران

ملت خداپرست میهن دوست شرافتمند ایران ، برادران و خواهران عزیز من ، سیل احساسات بی ریا و صمیمانه شما از هزاران فرسنگ راه چنان در دل من پرتو افکنده و تمام خستگی های روحی و نگرانی هائی که آن هم ناشی از علاقه قلبی من به میهن مقدس و ملت عزیز بود در دم مرتفع شد و مجال یک ساعت تأخیر به عزیمت ایران عزیز و دیدار هم میهنان نداد. ملت عزیز من چطور ازشما تشکر کنم که برایگان و بدون کوچک ترین اعتنا به جان خود برای حفظ شعائر ملی همچنان فداکاری کردید و شهید دادید من همچنان که میدانید در چندین مورد حاضر بودم جان خود را برای شما بی دریغ بدهم و باز هر موقع که لازم شد از این عمل خود داری نخواهم کرد و چرا نکنم هنگامی که یک ملتی برای من جان خودش را میدهد.

در حادثه ۱۵ بهمن ۱۳۲۷ که خائنین قصد جان مرا کردند تنها عنایت خداوند متعال بود که آن روز نخواست حوادثی شوم استقلال و ملت و دین و ناموس کشوری کهن و شرافتمند آن را که مایه مباهات و افتخار تاریخ بوده است نابود سازد. اما این کابوس متأسفانه همه وقت درکمین حیات سیاسی و استقلال ما بوده است و در این مدت اخیر می خواستند مبارزات افتخار آمیز ما را که در مقابل آن هزاران محرومیت متحمل شده بودیم باز هم زندگی ما را

از جریان طبیعی خود منحرف ساخته و به آنجا بکشاند که فرد فرد شما به تفصیل نظائر و مشابه آنرا در زمان حاضر با دیده عبرت می بینید که چه کشورهای بزرگ و ملت های عظیم در عین موجودیت حیات معنوی آنها معدوم شده است. از بدو مبارزات ملی اخیرآن قدر حمایت که ما از آن جنبش ملی نمودیم فراموش شدنی نیست و از آن حملاتی که در زیرعنوان مقدس مبارزات ملی به زبان عوامل مشکوک و فرومایه به زندگی شخصی من شد و همگی با خونسردی تلقی شده است تذکری نمیدهم زیرا نمیخواهم در این موقع موجب تأثر خاطر هم میهنان عزیز بشوم و اکنون هم به شخص خود من هیچ گونه نظر کینه خواهی نداشته و قلب صاف من کانون بغض نبوده و نخواهد بود و نسبت به همه نظر عفو و اغماض دارم اما درباره تجاوزاتی که به مقدسات ملی و قانون اساسی که حفظ آن را فراموش کردند و همچنین با انحلال ارتش که ضامن بقای ما میباشد و تضییع بیت المال و ریختن خون مردم بی گناه آن هم در راه ریا و غرض باید قانون اجرا گردد چنانچه خواسته ملت من در همین است.

در پایان ضمن ابراز اطمینان بی پایان از عواطف و احساسات بی آلایش هم میهنان عمیق ترین تأثر و دورد خود را به روان پاک مردم رشید تهران و افراد و درجه داران و افسرانی که در قیام آزادی بخش ۲۸ مرداد ثابت کرد که این ملت فنا ناپذیر است و هیچ نیروی اهریمنی قادر به گزند بر آن نیست شرکت کرده اند اهداء نموده و این رشد ملی را به بازماندگان آن ها در عین تسلیت تبریک میگویم و به طبقه جوانان و روشنفکر که چراغ امید و نهال آرزوی ما هستند و زندگی آینده ما به بازوی تواند و اندیشه رسای آنها بسته است پدرانه توصیه میکنم و اندرز میدهم که چشم و گوش خود را از وسوسه و فریب بد خواهان بسته و هدف خویش را کسب کمال و شرف برای سعادت وطن عزیز قرار داده خداوند را راهنما و پشتیبان خود بدانند. من هم کوشا خواهم بود پیرو اقدامات قبلی خود که همه آن را عقیم گذاشته اند یک زندگی دمکراسی که خوشبختانه در تعالیم عالیه اسلام آن را به شایستگی دستور فرموده اند برای قاطبه ملت فراهم و مفهوم عدالت اجتماعی را انجام بدهم. مخصوصا با اعتمادی که به لیاقت و شایستگی سرلشگر زاهدی نخست وزیر دارم مطمئن میباشم که در ترمیم خرابی ها و اصلاحات لازمه اقدامات مؤثر خواهند کرد. همگی را به خدا میسپارم و سعادتان را آرزومندم.

پیام سرلشگر زاهدی

هم میهنان عزیز ، امیدوار است فرمایشات ملوکانه خطاب به ملت شرافتمند و شاه دوست ایران مانند آب زلال که تشنگان را سیراب میسازد شفا بخش جراحات سی ماهه اخیر بوده و منشأ تنبه معدودی غافل و غیر متوجه به وظایف خود درمقابل میهن بوده باشد.

اینجانب که مجری اوامر ملوکانه و عهده دار خدمتگذاری به مردم و حفظ مصالح میهن عزیز هستم با توجه به موقع خطیری که در پیش است از قاطبه ملت ایران انتظار بردباری و دور اندیشی و متانت دارم تا به وضعیت اسفناکی که وارث آن شده ام هرچه زودتر سروصورت داده در مقابل شاهنشاه محبوب و ملت نجیب و فداکار ایران با خدمت گذاری واقعی و دور از خدعه و ریا با انجام وظیفه کسب افتخار نمایم. حفظ مصالح کشور مقصد غائی و هدف زندگی برای هر ایرانی با شرف است که باید در راه رضا و ارتقاء آن از جان خود دریغ ندارد. خدمتگذار بر این پیمان استوارم و در عین حال مایلم اهداف و مقاصد خود را از راه عمل و مجاهدت به شما نشان دهم.

سپهبد زاهدی - نخست وزیر

۳ شهریور ۱۳۳۲

تلگراف حضرت آیت الله بروجردی به شاهنشاه

تهران - حضور اعلیحضرت همایونی خلد الله ملکه

تلگراف مبارک که از رم مخابره فرموده بودید و مبشر سلامت اعلیحضرت همایونی بود موجب مسرت گردید. نظر به اینکه تصمیم مسافرت فوری بوده جواب تأخیر شده است. امید است ورود مسعود اعلیحضرت به ایران مبارک و موجب اصلاح مفاسد دینیه و عظمت اسلام و آسایش مسلمین باشد حسین طباطبائی البروجردی.

۲۲ شهریور ۱۳۳۲

فتوای مرگ دکتر مصدق

خبرنگار اخبار الیوم که به دفعات مکرر درطول دوسال گذشته به ایران آمده بود و با آقای دکتر مصدق و آیت الله کاشانی مصاحبه کرده بود این بار که مجددا برای ارسال خبر به ایران آمد مصاحبه ای نیز با آیت الله کاشانی انجام داد.

س - نظر شما در مورد اتفاقات اخیر چیست؟ آیا انگشت بیگانه درآن وجود دارد؟

ج - ما خیلی ساده هستیم ، وضع خوب است و خطر برطرف شده ، این مصدق راه را کم کرده و مستحق این عاقبت بود. تمام هم و کوشش او شده بود که مردم فریاد بزنند «زنده باد مصدق» او برای این کشور کاری نکرد ، نه خیابانی را افتتاح کرد، نه خزانه را نجات داد، نه ملت را. حتی درمورد نفت که او ادعا داشت صاحب فکرملی ساختن نفت میباشد اگر این اتحادی که من درصفوف ملت به جا آوردم نبود نفت هرگز ملی نمیشد. مصدق میکوشید برای تبلیغ خود از اوضاع استفاده کند ، همه امیدش این بود که مردم به تلگراف خانه هجوم آورده و تلگراف های پشتیبانی برای او مخابره نمایند. درمورد انگشت های خارجی تا آن جا که من میدانم چیزی در این قضایا نبوده! مصدق علیه شاه شورید و موقعیت و نفوذ شاه را دربین مردم فراموش کرد. شاه چهار ماه قبل میخواست مصدق را عزل کند ولی من وساطت کردم تا اینکه وارد این نبرد شدیم و پیروز گردیدیم.

س - آیا شما نمیتوانستید درحالی که کشورتان به این مبارزه خونین علیه انگلیس ها مشغول بود با مصدق بسازید؟

ج - من و مصدق یک روح در دو بدن بودیم ولی او خیانت کرد ، به من و کشورش خیانت کرد، سه قدرت کشور را خود به تنهائی در دست گرفت ، خود او میگفت که وکیل نماینده مردم است و اگر پارلمان هر یک از اختیارات خود را به دیگری واگذار کند مرتکب خیانت عظیمی شده است، ولی خود او این کار را کرد... او فریاد میزد که دولت ها نماینده ملت نیستند ولی خودش وقتی به حکومت رسید سخنش را فراموش کرد و سیاست دیگری درپیش گرفت که سر انجامش محصور ساختن ایران درخود ایران بود.

قبل از اینکه من با مصدق مخالفت کنم ، ملت با او بود ولی پس از این که من با او به مخالفت پرداختم ملت از دور او پراکنده شد.

این تنها مصدق نبود که با انگلیس ها می جنگید و در رفراندوم ملت از او حمایت نکرد و این کمونیست ها بودند که از او پشتیبانی کردند. مصدق وقتی پارلمان را منحل کرد با دست خود خانه اش را خراب کرد. اگر پارلمان موجود بود شاه نمیتوانست قبل از جلب موافقت پارلمان حکم عزل او را صادر کند.

س - به نظر شما بزرگ ترین اشتباه مصدق کدام است؟

ج - پایمال کردن قانون اساسی با عدم اطاعت از اوامر شاه

س - چرا با نفوذ ملی که دارید خودتان اقدام نکردید و ارتش بر مصدق غالب شد؟

ج مصدق به سلاح های جدید مجهز بود ، او دورا دور خود را فدائیان مسلح گمارده بود، منزلش مرکز مهمات و اسلحه بود ، من توانستم بر قوام السلطنه شخصا پیروز شوم ولی در مورد مصدق وضع تفاوت داشت.

س - نظر اعلیحضرت درباره آنچه روی داده چیست؟

ج - من هنوز با ایشان ملاقات نکردم که از نظرشان باخبر باشم.

آیت الله کاشانی درباره مجازات مصدق نظر خود را این طور شرح داد:

« طبق شرع شریف اسلامی مجازات کسی که در فرماندهی و نمایندگی کشورش خیانت کند مرگ است».

س - آیا شما از سیاست کناره گیری خواهید کرد؟

ج - علیرغم تمایل کفار من از سیاست کناره گیری نمیکنم ، اگر من خودم هم بخواهم کناره گیری کنم طرفداران و افراد ملتم رضایت نخواهند داد.

در حاشیه

کودتا در کودتا

۴ تیر ۱۳۳۲ (۲۴ جولای ۱۹۵۳)
تهران پایتخت ایران

تقریبا دو سال از اجرای قانون ملی شدن صنایع نفت در ایران میگذرد. در طول این مدت علیرغم توطئه های دولت انگلیس و شرکت سابق نفت درخارج و داخل ایران ، سیاست مدبرانه دولت و دفاع مستدل دکتر مصدق در شورای امنیت و دیوان دادگستری بین المللی، نهضت ملی ایران به پیروزی درخشانی نائل گردیده است.

اما در مجلس شورای ملی ایران که نمایندگان آن می بایست مظهر آمال و تمایلات ملتی باشند که پس از سالیان دراز اسارت زیر سلطه یک شرکت استعماری و با تأیید و همکاری ستمکار ترین دولت های جهان، در فقر مطلق بسر میبرند و تلاش میکنند تا آزادی و استقلال سیاسی و اقتصادی خود را بدست آورند، اقلیتی روی برتافته از ملت با هدف تضعیف دولت ملی که مورد پشتیبانی اکثریت مردم ایران میباشد هر روز بهانه و عنوانی برای در فشار گذاردن و عقیم نمودن فعالیت های آن ابداع میکنند.

با عقیم ماندن توطئه های ۹ اسفند و قتل سرتیپ افشار طوس ، مجلس شورای ملی مرکز توطئه های ضد ملی شده و کاشانی ، بقائی، زهری ، حایری زاده ، مکی ، قنات آبادی و مشار که ریاکارانه در جامه طرفداری از نهضت ملی به نمایندگی مجلس برگزیده شده اند همزبان با عواملی چون میراشرافی با استفاده از تریبون مجلس همان نمایشاتی را اجرا میکنند که جمال امامی و شوشتری در دوره قانون گذاری پیش ایفا میکردند. آقای دکتر بقائی رهبر حزب زحمتکشان ملت ایران و نماینده مجلس شورای ملی ازتهران و کرمان که متهم به همکاری با متهمین قتل سرتیپ افشار طوس رئیس کل شهربانی میباشد ، دلسوزانه از متهمین که همکاران و مجریان اوامر او و دربار هستند به بهانه های واهی و بدون هیچ دلیل دولت دکتر مصدق را به باد انتقاد میگیرد و طوفانی از دشنام ، اهانت و ناسزا نثار نخست وزیری میکند که دولت های امریکا و انگلستان با کمک کارتل های نفتی هرروز طرحی برای سرنگونی او تدوین مینمایند.

آیت الله کاشانی با هدف تحریک احساسات مذهبی مردم مسلمان « شرکت در رفراندوم را مغضوب حضرت ولی عصر و حرام است» اعلام میدارد و در اندیشه شورانیدن مردم برعلیه دولت میباشد، او نسخه ای را که دولت انگلستان و تراست های نفتی برای دولت دکتر مصدق تجویز مینمایند توصیه میکند و درمصاحبه ای با یکی ازاساتید دانشگاه کالیفرنیا میگوید « باید بگویم که روش دولت دکتر مصدق، روش یک دولت دیکتاتوری است که باید کناره گیری کند یا معزول گردد» حایری زاده او را عامل انگیس میخواند و در نامه ای به دبیرکل سازمان ملل او را یاغی و دیکتاتور مینامد، زهری یار بقائی استیضاحش میکند و

مکی تهدید می کند که به مردم اعلام میدارد دولت بدون اجازه مجلس اسکناس چاپ کرده است. میراشرافی همزبان با بقائی مشترکا توطئه « تغییر رژیم » را عنوان مینمایند، حزب توده در شهر ها شورش بپا داشته ، کارگران را به اعتصاب وامیدارد تا خوراک تبلیغاتی برای انگلستان وکارتل های نفتی فراهم سازد.

کرومیت روزولت مسؤل اجرای طرح آجاکس در ایران [۱۱]
۴ تیر ۱۳۳۲ (۲۴ جولای ۱۹۵۳)

واشنگتن دی . سی

ابر سیاهی آسمان واشنگتن ، پایتخت ایالات متحده امریکا را پوشانیده است. هر آن احتمال دارد طوفانی سخت همراه با ریزش باران آغاز گردد. ساعت ۹ بامداد است و واشنگتن کار روزانه خود را آغاز کرده ، مترو ها و اتوبوس ها مسافرین خود را جا بجا میکنند ، همه چیز عادی میگذرد. اما در ساختمان وزارت امور خارجه امریکا که هزاران کیلومتر دورتر از ایران قراردارد کارشناسان نظامی و سیاستمداران اثرگذار بررخداد های بین المللی گرد هم آمده اند تا درباره سرنوشت آینده یکی از کهن سال ترین کشور های جهان بدور از نظر و برخلاف تمایلات ملی مردم آن سرزمین ، تصمیم بگیرند.

قرار است در ساعت یازده بامداد کرمیت روزولت مأمور سازمان مرکزی اطلاعاتی امریکا طرح براندازی دولت دکتر مصدق را در برنامه ای زیر نام رمزی « عملیات آجاکس » که با همکاری دوایت آیزنهاور ، وینستون چرچیل ، محمد رضا پهلوی ، آنتونی ایدن ، جان فاستر دالس و مأمورین سیا و وزارت امور خارجه و اطلاعات انگلیس تدوین شده بررسی و موافقت نهائی آیزنهاور را برای اجرای آن بدست آورند.

شرکت کنندگان در جلسه تصمیم گیری عبارت هستند از:

جان فاستر دالس وزیر امور خارجه ایالات متحده امریکا ، ژنرال والتر بیدل اسمیت معاون وزارت امور خارجه ، بیدل فریمن معاون وزارت امور خارجه ، دکتر ماتیوز و رابرت ریچاردسون باوی (استاد روابط بین المللی دردانشگاه هاروارد و مدیر برنامه ریزی در وزارت امور خارجه در سالهای ۱۹۶۶ تا ۱۹۶۸ و معاون سیا در زمان حکومت کارتر) هنری بایرود سفیر امریکا در کشورهای (مصر ، آفریقای جنوبی ، افغانستان ، برمه ، فیلیپین و پاکستان)، رابرت مورفی معاون وزارت امور خارجه ، چارلز ویلسون وزیر دفاع ، لوئی هندرسن سفیر کبیر امریکا در ایران و کرمیت روزولت رئیس بخش خاورمیانه و افریقا در سازمان اطلاعات امریکا (سیا) که باید همآهنگ کننده و مأمور اجرای طرح در ایران باشد.

دالس بعد از مطالعه گزارش کرمیت روزولت که با همکاری و تأیید دولت انگلستان، شرکت نفت و عمال ایرانی انگلیس که نقشی عوامل اجرائی طرح در ایران را به عهده خواهند داشت تنظیم شده است اظهار میدارد « این گزارش نشان میدهد که چگونه ما از شر مصدق دیوانه خلاص میشویم».

روزولت در پاسخ میگوید « ما بعد از تصویب و تأیید شما میخواهیم اقدام کنیم و همان طوری که میدانید ما تأیید انگلستان را هم گرفته ایم. و به مجرد اینکه تأیید شما را بدست آوریم میتوانیم با شاه تماس بگیریم ، بنابراین امیدواریم که این تصویب را امروز بدست آوریم و زمان بیشتری را از دست ندهیم ».

کرمیت روزولت در ادامه میگوید « بعد از اینکه مصدق انگلیسی ها را از ایران بیرون کرد، انگلیس ها عواملی را که در تهران داشتند در اختیار ما گذاردند از آن جمله برادران نوسی و کامرون و برادران رشیدیان میباشند که دارای عوامل اطلاعاتی و اجرائی خیابانی قابل ملاحظه ای هستند. علاوه بر آن آقای گالاگان یکی از مقامات عالیرتبه شرکت نفت ایران و انگلیس است که به منظور حفظ منافع بریتانیا با ما همکاری خواهد نمود و دیگری گوردن و آقای هنری مونتاگ میباشند که برای ایجاد تماس رادیوئی بین ما در تهران با جهان خارج، در قبرس اقامت خواهند کرد. افسر ایرانی که باید جانشین نخست وزیر فعلی گردد نیز انتخاب شده و هر دو کشور امریکا و انگلیس و همچنین شاه ایران با این انتخاب موافق میباشند.

بعد از اظهار نظر ها و بحث بین اعضای شرکت کننده فاستر دالس به سوی میز کار خود میرود و از همه حاضرین میخواهد که از اطاق بیرون بروند ، به احتمال قوی او با کاخ سفید صحبت خواهد کرد و قرار خواهد گذارد که موافقت رئیس جمهور دوایت آیزنهاور را بدست آورد.

نگاهی به گذشته و روند کار تا تصویب طرح توسط رئیس جمهور امریکا

در پائیز سال ۱۹۵۱ بلافاصله بعد از اخراج انگلیس ها از ایران چرچیل و ایدن تصمیم میگیرند فکری را که حتی قبل از تصویب قانون ملی شدن نفت در ذهن داشتند به موقع اجرا درآورند. در نوامبر ۱۹۵۲ وقتی از تهران به امریکا برمیگشتم برای اولین بار سرجان کوچران از طرف شرکت نفت انگلیس و ایران با من تماس میگیرد و فکر سرنگون کردن حکومت دکتر مصدق را با من درمیان میگذارد ، من به آن ها میگویم این امر باید قبلا به دولت امریکا گزارش داده شود و در حال حاضر با وجود ترومن و آچسن امکان این کار وجود ندارد، اما اگر محافظه کاران وارد کاخ سفید شوند ممکن است موافقت کنند. آن ها میگفتند که این برنامه با همکاری شاه ، نه در جهت خلاف او به کار گرفته خواهد شد.

شاه اعتقاد نداشت که ملی کردن نفت در جهت پیشرفت کشور میباشد. ولی با توجه به شرایط حاکم مخالفت خود را با برنامه دکتر مصدق نمیتوانست اعلام کند. در سپتامبر ۱۹۵۲ ترومن و چرچیل پیشنهاد مشترکی که حاوی راه حل بحران نفت بود برای دکتر مصدق ارسال میدارند که مورد موافقت او قرار نمیگیرد. در ۲۲ اکتبر روابط سیاسی ایران با انگلیس قطع میشود. من یک هفته بعد در تهران بودم و در سر راه خود به امریکا در لندن توقف کردم که به اولین مذاکره برای براندازی دکتر مصدق مبدل گردید.

در اواسط سال ۱۹۵۳ ملت در قضاوت خود نسبت به مصدق یک تغییر کلی داد و عده زیادی از طرفداران مصدق از او روی برگرداندند. درماه ژوئن حوادث پیشرفت بیشتری کرد. آیزنهاور به دکتر مصدق اطلاع داد که اگر بحران نفت حل نشود امریکا نخواهد توانست افزایش کمک مالی به ایران را که دکتر مصدق درخواست کرده بود عملی سازد.

ما و ایرانی های در ارتباط با ما به دنبال فرصت مناسبی بودیم تا با یافتن زمان مناسب مبارزه مشترک را برای براندازی آغاز کنیم. همزمان نمایندگان شرکت نفت به واشنگتن آمدند تا درباره چگونگی اجرای طرح مذاکره کنیم. در جلسه ای که با حضور دالس و نمایندگان انگلیس تشکیل شد من اظهار داشتم چون تاکنون آجاکس تأیید نهائی خود را اعلام نکرده ما در ارتباط مستقیم با شاه نبودیم ولی حالا آنچه مسلم است ما باید تمام پشتیبانی خود را متوجه

کسی کنیم که باید جانشین دکتر مصدق شود و شخص مورد نظر سپهبد فضل الله زاهدی خواهد بود. بعد از مذاکرات نهائی با فاستر دالس توانستم یک پاسپورت جعلی از سفارت امریکا در رم تهیه کنم. در ژوئیه ۱۹۵۳ (مرداد ۱۳۳۲) از مرز خانقین به ایران وارد شدم و در منزل بیل هرمان نماینده جدید و ارشد سیا در یک منطقه کوهستانی در شمال تهران اقامت گزیدم. در این موقع دستور توقیف سپهبد زاهدی صادر شده بود ولی او در جای امنی که نزدیک منزل هرمان بود مخفی بود.

فکر کردم میبایستی به شاه اطمینان دهیم که غرب نه تنها مخالف او نیست بلکه پشتیبان او میباشد. گوردن سامرست انگلیسی به هنگام خدمت در ایران با اشرف خواهر دو قلوی شاه آشنا شده بود. اشرف زیر فشار دکتر مصدق از ایران خارج شده و در سوئیس اقامت داشت. گوردون پیشنهاد کرد که خودش و یک نفر از ما در سوئیس با اشرف تماس بگیریم و به او بگوئیم که امریکا و انگلیس قصد دارند از برادرش حمایت کنند برای اینکه این موضوع به شاه اطلاع داده شود باید او به تهران برگردد و موضوع را با برادرش درمیان بگذارد.

ازطرف ما سرگرد چارلز ماسون برای این مأموریت در نظرگرفته شد. چارلز این پیشنهاد را با خوشحالی پذیرفت. در اولین ملاقات با اشرف گوردون بدون مقدمه گفت « والاحضرتا انگلیس و امریکا مایل هستند به برادر شما کمک کنند تا مصدق یاغی را سر جایش بنشانند»

والاحضرت با هیجان زیاد پیشنهاد را قبول کرد و گفت برای طرح موضوع من هرچه زود تر به تهران خواهم رفت. ورود اشرف به تهران از طرف مطبوعات طرفدار مصدق با مخالفت و انتقاد شدید روبرو شد و شاه اعلام داشت که اشرف بدون اجازه او وارد ایران شده است. و وقتی که به ملاقات شاه رفت هر دونگران بودند که ممکن است به طریقی هر دو نفر تحت نظر باشند. اشرف بعد از چند روز مجبور شد از تهران خارج شود.

پیغام رسان بعدی ژنرال شوارتسکف بود که از سال ۱۹۴۲ تا ۱۹۴۸ فرمانده ژاندارمری ایران بود. او به بهانه مسافرت دور دنیا به تهران وارد شد و اظهار داشت که میخواهد دوستان قدیمی خود را به بیند ولی هیچ یک از روزنامه های طرفدار دولت و حزب توده این دلیل را قبول نداشتند. او تقاضای شرفیابی کرد که مورد موافقت شاه قرارگرفت ولی زمانی که به کاخ شاه میرفت شاه می ترسید که اطاق ها تحت کنترل باشند بدین جهت پیشنهاد کرد در زمین چمن کاخ مذاکره نمایند.

شاهنشاه از شوارتسکف به مناسبت اعتمادی که ایالات متحده به او کرده است تشکر کرد و از پشتیبانی سخاوتمندانه آنها ابراز قدردانی نمود ولی همانطور که شوارتسکف هم قبول داشت موقعیت بسیار سخت و حساس بود.

درمورد شوارتسکف و فعالیت هایش در ایران شایعات زیادی به وجود آمد. لئونارد موسلی بنا به نوشته سپهبد ارفع درکتاب « در حکومت پنج پادشاه » میگوید « ژنرال با یک پاسپورت سیاسی و تعدادی چمدان حاوی میلیون ها دلار وارد ایران شد. شوارتسکف ابتدا با سپهبد حسن ارفع سپس با سپهبد زاهدی و درآخر با شاه ملاقات مینماید. مصدق در برابر ملاقات های شوارتسکف مخصوصا ملاقات با شاه عکس العمل نشان داد. او ناچار در برابر شبکه غارت گران بین المللی و عوامل بی مغز جهانی متوسل به رفراندوم شد و مجلس را منحل نمود تا بتواند قدرت لازم را برای مبارزه در اختیار داشته باشد.

شوارتسکف قبل از ترک ایران به منزل هرمان آمد تا گزارشات لازم را در اختیار من بگذارد. او به من توصیه کرد که من شخصا باید با شاهنشاه ملاقات کنم. من خود میدانستم که ملاقات خصوصی من با شاه میتوانست بسیاری از مشکلات موجود را از میان بردارد.

در دو هفته ورودم به تهران ، آهنگ رویداد ها و حوادث سرعت گرفت. دونالد ویلبر یکی از بهترین تاریخ نویسان جنگ دوم جهانی و طراح اول کودتا در مورد شروع این دوره حیاتی مینویسد «در این برهه از زمان از نظر مخبرین بین المللی مصدق دیگر یک نوحه سرا نبود بلکه درکار سنجش و راهنمائی افکار عمومی آدم نخبه ای بشمار میآمد. طرفداران مؤثرش وی را رها کرده بودند زیرا یا به آنها توهین کرده بود و یا نتوانسته بود پاداشی را که در مقابل حمایت از او انتظار داشتند به آنها بدهد. جبهه ملی به مصدق به عنوان سمبل عاطفی یک ایران تجدید حیات یافته نگاه میکرد. مصدق با بیرون راندن عمال شرکت نفت ایران و انگلیس و سیاستمداران انگلیسی روحیه ملی و اعتماد به نفس را که مدت ها فقدان آن در ایران به چشم میخورد زنده نمود».

تا اواخر ژوئیه عناصر زیادی خود را از جبهه ملی کنار کشیدند. از آن جمله میتوان دکتر مظفر بقائی و مکی را نام برد. عده زیادی از روحانیون از جمله آیت الله کاشانی به مخالفت با مصدق پرداختند. همزمان در مجلس حملات به دولت زیادتر شد. در ۲۵ ژوئیه برای اتخاذ تصمیم در مورد ابقا و یا انحلال مجلس فرمان رفراندوم را صادر نمود. در انتخابات آزاد آینده امکان داشت حزب توده برنده شود و این موضوع میتوانست وضع را از کنترل وی خارج نماید. خوشبختانه برای ما او دیگر مجبور نبود با این مشکل مواجه شود زیرا قبل از شروع انتخابات مقدمات کار ما آماده شده بود.

قبل از ورود ژنرال شوارتسکف و خروج فوری وی از تهران ، هرمن و من با نمایندگان اصلی شرکت نفت انگلیس و ایران و (برادران رشیدیان) تماس گرفتیم. قرار بر این گذارده شد که ما دو نفر طرف آنها باشیم. تنها سه ایرانی از هویت اصلی من در ارتباط با عملیات اطلاع داشتند که عبارت بودند ازشاه و زاهدی و مصطفی ویسی ، آنها کاملا مواظب بودند که من شناخته نشوم.

دراین زمان ملاقات با شاه ضروری شده بود و زمان آن فرا رسیده بود. با برادران رشیدیان مذاکره کردم که چگونه میتوان این ملاقات را انجام داد. آنها گفتند که خواهند توانست مقدمات این ملاقات را فراهم سازند. در نتیجه من و بیل هرمان تشخیص دادیم که شرکت نفت ایران و انگلیس و سیا عوامل مشترکی دارند که با شاه در تماس هستند. هرمان به آنها گفت «اگر نتوانیم ملاقات با شاه را عملی سازیم شاید درهیچ مورد دیگری نیزموفق نشویم».

شنبه اول ماه آگست (۱۰ مرداد ۱۳۳۲) چند دقیقه قبل از نیمه شب ماشینی در مقابل در باغ منزل هرمن توقف کرد و راننده بدون توجه و کنجکاوی و بدون یک کلمه حرف زدن در را باز کرد و من در صندلی عقب نشستم. موقعی که به دروازه قصر رسیدم زیر صندلی رفتم و پتوئی را که قبلا روی صندلی گذارده بودند روی خود کشیدم. گارد اجازه داد ماشین وارد شود ، و وقتی توقف کرد هیکل لاغری از پله های قصر پائین آمد و پهلوی من روی صندلی نشست. من پتو را کنار زدم تا جای کافی برای او باشد. من فورا شاه را شناختم و او نیز مرا شناخت، دستش را به طرف من دراز کرد و گفت « شب به خیر آقای روزولت ، من نمیتوانم بگویم انتظار داشتم شما را به بینم ولی خیلی از این ملاقات خوشبختم » پاسخ دادم

من خوشحالم که مرا شناختید ، این موضوع تقدیم استوار نامه مرا آسان تر میکند. در این ملاقات متوجه شدم که شاه نیز زاهدی را برای جانشینی مصدق انتخاب کرده است ولی موضوعی را که باید روشن میکردم این بود که من در آن جا از طرف رئیس جمهورامریکا و نخست وزیرانگلیس چرچیل حضور یافته بودم.

قرار بود پرزیدنت آیزنهاور این موضوع را طی نطقی که در۲۴ ساعت آینده در سانفرانسیسکو ایراد میکند با بیان جمله خاصی تأیید نماید و چرچیل هم طوری ترتیب داده بود که در اعلام ساعت برنامه (بی . بی . سی) به جای این که بگویند حالا نیمه شب است بگویند حالا « درست » نیمه شب است.

در صحبت با او مثل این بود که دو دوست با یکدیگر صحبت میکنند و هیچ یک پیش بینی مشکلاتی را که ممکن است در این معامله وجود داشته باشند نمیکنند. پس از مدتی مذاکره ، شاه راننده را صدا کرد و بعد از خدا حافظی به همان ترتیب که آمده بودم از قصر خارج شدم. شب بعد نیز به همین ترتیب ملاقات انجام گردید و شاه گفت « من فکر میکنم که رؤسای شما موافقت دارند که فضل الله زاهدی را به جای مصدق نخست وزیر نمایم »

پس از آن درباره مطالب مهم دیگری صحبت کردیم. ما موافقت کردیم زاهدی جانشین مصدق شود و بعد موافقت شد که او خودش کابینه اش را انتخاب کند. شاه گفت ما باید نقشه بکشیم، خطر جدی نباید پیش بیاید و درنقشه خود امکان وجود خطر را هم پیش بینی کنیم. باید جائی را برای رفتن ازتهران درصورت شکست برنامه درنظر داشته باشیم. بعد از بررسی چند محل شاه گفت من فکر میکنم این کاری است که باید انجام دهم ، موقعی که فرمان خلع مصدق و انتخاب زاهدی را امضا کردم باید به سواحل خزر پرواز کنم و اگر از بد شانسی همه چیز مرتب پیش نرفت من و ملکه مستقیما به بغداد پرواز خواهیم کرد. از آن جا میتوانیم وضعیت را بررسی کرده و تصمیم بگیریم که در چه موقعیتی میتوانیم برگردیم.

درآخر صحبت با شاه در تمام موارد اساسی از قبیل طرز عمل ، تدابیر جنگی و کار ها که با هم توافق کردیم قول دادیم که فرمان ها حتما آماده شوند و او روز بعد آن ها را امضا کند و آخرین کاراین بود که شاه بعد از امضا به اتفاق ملکه به سواحل دریای خزر پرواز کند و منتظر نتیجه بماند.

در پایان سعی کردم مضمون پیامی که میبایست آیزنهاور در سانفرانسیسکو به نشانه پشتیبانی از طرح بیان میکرد و به علتی فراموش شده بود را در غالب کلماتی دلفریب درآورده ارائه کنم اعلیحضرتا ، امروز تلگرافی از واشنگتن داشتم ، پرزیدنت آیزنهاور این پیام را برای شما فرستاده است : « آرزو میکنم خدا همراه اعلیحضرت شاهنشاه باشد. اگر پهلوی ها و روزولت ها با همکاری همدیگر نتوانند این مشکل کوچک را حل کنند دیگر در هیچ کجا امیدی وجود نخواهد داشت. من کاملا اعتقاد دارم که شما این کار را انجام خواهید داد».

این آخرین نقشه ما بود و پس از آن من از کاخ خارج شده و به منزل هرمان برگشتم.

ساعت حدود ۵ بامداد بود که با صدای فریاد هرمان از خواب بیدار شدم و متوجه شدم قبل از اینکه فرمان توسط برادران رشیدیان به قصر رسانده شود شاه به طرف سواحل خزر پرواز کرده است. با سرهنگ نصیری فرمانده گارد شاهی تماس گرفتیم و به او گفتیم باید فرمان را

برای امضاء شاه به شمال ببرد. او نیز چنین کرد و فرمان ها را به امضاء شاه رسانید و در شب ۱۲ آگست فرمان ها پس از امضای شاه توسط سرهنگ نصیری پس از عبور از کوه ها به ما رسانیده شد ، حال نوبت ما بود که اقدام کنیم اما متوجه شدیم به علت تعطیلات تا سه شنبه شب نمیتوانیم کاری بکنیم.

پانزده آگست فرا رسید. ما در خانه بیل بودیم و فرمان ها در دست سرهنگ نصیری، لحظات به سختی میگذشت ، هیجان به بی نهایت رسیده بود ، امیدوار بودیم که انتظار ما با یک تلفن از طرف سرهنگ نصیری با اعلام اینکه دادن فرمان ها به مصدق و زاهدی با موفقیت انجام شده پایان یابد. ما میتوانستیم صدای چرخ تانک ها را بشنویم. این صدا ها برای مدتی ادامه یافتند و بعد کاملا متوقف شدند. باید حالا به ما تلفن میشد و اعلام میگردید که همه چیز طبق نقشه پیش رفته است ولی خبری از تلفن نشد. شب از نیمه گذشته بود ، با وجود دیر وقت بیل شروع کرد به تلفن زدن به دوستان مختلف که از خانه هایشان میتوانستند خیابان تخت جمشید را به بینند، آنها خبری نداشتند ولی یکی که خانه اش نزدیک خانه مصدق بود گفت که میتواند تانک ها و ماشین های پر از سرباز را دراطراف خانه مصدق به بیند. البته نمیتوانست تشخیص دهد تانک ها متعلق به کدام دسته هستند.

هنگام سحر رادیو را روشن کردیم تا ساعت۶ صدائی از آن بر نمیخاست ، ساعت ۷ شروع به کار کرد اول مارش نظامی نواخت وسپس پیامی به فارسی فرستاد که ما تنها کلمه « مصدق» را تشخیص دادیم. یکی از افرادی که میتوانست ترجمه کند گفت رادیو اعلام نمود ازطرف شاه و عوامل خارجی کوششی انجام شد که آقای دکتر مصدق را از نخست وزیری بردارند.

چه پیش آمده بود؟ بهرحال متوجه شدیم خیانت یک افسر جوان که ما هرگز نتوانستیم او را شناسائی کنیم مقامات دولت مصدق را از نقشه ما آگاه نموده بود.

واقعه بدین ترتیب اتفاق افتاد ساعت ده و نیم شب سرهنگ نصیری با گروه کوچکی مجهز به تانک از قصر سعد آباد حرکت کرده و با کمی تأخیر ساعت ۱۱ به حوالی خانه دکتر مصدق در خیابان کاخ میرسد. بعد از اینکه سخنگوی رادیو اعلام میدارد که دولت فرمان دستگیری زاهدی را صادر کرده است ما به فکر افتادیم که محل او را تغییر دهیم با عجله به مخفی گاه سپهبد رفته او را در ماشین یکی از افراد سفارت قرار دادیم و در زیر پتو او را مخفی کرده به زیر زمین خانه بیل که نزدیک سفارت بود منتقل کردیم.

صبح روز بعد توده ای ها با پشتیبانی زیاد روسیه به خیابان ها ریختند ، با وجودی که تعداد آن ها از چند هزار نفر تجاوز نمیکرد ، اغراق نیست اگر گفته شود که همه خیابان ها را تصرف کرده بودند و با شادی و هیاهو مجسمه های رضا شاه و اعلیحضرت را پائین آوردند.

(« در کتاب مبارزه برای کنترل ایران» جان سیمپسون درمورد آمدن شوارتسکف و حادثه بعد از شکست کودتای ۲۵ مرداد مینویسد « پولی که به وسیله ژنرال نورمن شوارتسکف به ایران آورده شده بود با کمک برادران رشیدیان بین لمپن ها تقسیم گردید و آنها طبق دستور در حالی که فریاد زنده باد مصدق می کشیدند مجسمه ها را به پائین کشیدند و به مساجد حمله کردند و همان ها چند روز بعد با عنوان اینکه کمونیست ها در حال گرفتن کشور هستند شروع به تظاهرات به نفع شاه کردند »).

در همین احوال لوئی هندرسن بیچاره که الزاما به سوئیس تبعید شده بود کاملا از پیشرفت کارها بی خبر مانده بود و رسما از آمریکا و سیا خبری به او داده نمیشد. پنج روز از روزی که ما قبلا تصمیم گرفته بودیم عملیات انجام بشود گذشته بود بدون اینکه خبری به او داده شده باشد. روز ۱۶ اوت که پیام دکتر مصدق به ملت را شنید و بعد هم خبر رفتن شاه از ایران را دریافت کرد وقت را تلف نکرد و به تهران پرواز نمود. در پاسخ به او که « من چه باید بکنم؟ » گفتم که همه چیز تحت کنترل است و در دو یا سه روز آینده کار ها به نفع ما پیش خواهد رفت ضمنا فرمانده لشگراصفهان نیز با ما همراهی خواهد کرد وبا نیروی کافی بطرف تهران حرکت میکند. به او پیشنهاد کردم « شاید بهتر باشد به ملاقات دکتر مصدق بروید چون حالا که این جا هستید نمیتوانید از این کار امتناع کنید.» سفیر سؤال کرد اگر از من راجع به حمایت آمریکا از شاه پرسید چه بگویم؟ « باید بگوئید از آنجائی که امریکائیان نمیخواهند در مسائل داخلی کشور های دیگر دخالت کنند مجبورند به شخصی که قانونا پادشاه است احترام بگذارند و علاقمند باشند »

روز سه شنبه درحالی که تمام عوامل در جهت کمک به شاه بودند هندرسن نزد مردی رفت که هنوز ادعا میکرد نخست وزیر است. پیر مرد با عصبانیت به او گفت « چرا شما امریکائی ها درباره مملکت من این گونه صحبت میکنید؟ چرا از اینجا انتقاد میکنید؟ چرا سعی میکنید بر ضد این مملکت از مرد ستم گری که نابخردانه و در نهایت پستی به کشورهای بیگانه فرار کرده این طور حمایت کنید؟ این کار بسیار نادرست است و شما حق ندارید در هیچ موردی به ما فشار بیاورید به خصوص درمورد مردی که در حال حاضر یک یاغی است ».

هندرسن گفت « هم میهنان من از اینکه مردی که برای آنها به صورت رهبر یک کشور دوست میباشد به تبعید فرستاده شود بسیار ناراحت هستند ». (طبق گفته نزدیکان نخست وزیر که بعد ها اعلام گردید، دکتر مصدق با پرخاش به لوئی هندرسن میگوید من فردا مداخله امریکا در امور ایران را به ملت ایران اعلام داشته و اگر این رویه تغییر نکند با امریکا قطع رابطه خواهم نمود).

۲۸ مرداد ۱۳۳۲
کودتای دوم

روز چهارشنبه فرا میرسد ، برادران رشیدیان حمایت غول های زورخانه را به همراهان خود اضافه کردند که حالا در شمال بازار جمع شده بودند ، این هیکل های بزرگ به طرف غرب حرکت کردند و مدام فریاد میزدند « زنده باد شاه » اگر ماشین ها بوق نمیزدند و عکس شاه را نداشتند آن ها به رانندگان دستور میدادند یک اسکناس یک تومانی پشت برف پاک کن ها بگذارند. مردان زور خانه در جلو مردم در حرکت بودند و همه فریاد میزدند « زنده باد شاه ». بیل به من گفت فکر نمیکنی وقت آن باشد که سپهبد زاهدی را از مخفی گاه بیرون بیاوریم تا جمعیت را رهبری کند؟

مدتی سکوت برقرار بود و وضع رادیو هم غیر عادی بود اما پس از مدتی باز فریاد زنده باد شاه، زنده باد شاه را از رادیو می شنیدیم و بالاخره شنیدیم که رادیو میگوید «اوامر شاه جهت خلع مصدق از مقام نخست وزیری انجام شد و نخست وزیر جدید فضل الله زاهدی اکنون در دفترش مستقر شده است ، اعلیحضرت همایون شاهنشاه در راه بازگشت به ایران هستند».

با شنیدن این خبر برای آوردن زاهدی روانه شدم تا او را به محلی که برای فرماندهی مناسب تر تشخیص میدادم ببرم قبل از آنکه به زیر زمینی که زاهدی در آن بود برسم ، وقتی از در سفارت خارج شدم عده ای را دیدم که به طرف خانه مصدق روان هستند. در میان آن ها گیلانشاه فرمانده هوائی را نیز دیدم او هم مرا شناخت. ما به سختی در بین جمعیت خود را به یکدیگر رساندیم من به او گفتم یک تانک بردار تا من هم زاهدی را به تو تحویل بدهم. سؤال کرد او الان کجاست؟ بدون تأمل جای زاهدی را به او گفتم و به طرف مخفی گاه سپهبد روانه شدم وقتی زاهدی آماده شد گیلانشاه نیز خود را به آن جا رسانید.

ظاهرا دو سه تانک و تعدادی موتور سوار در آن جا بودند و زاهدی را به طرف اداره رادیو میبردند. در این موقع هنوز مردم فریاد میزدند و به طرف خانه مصدق میرفتند وقتی به آن جا رسیدند مصدق پیر از آنجا فرار کرده بود. در این موقع کار دیگری نداشتم به منزل بیل رفته و همگی در آن جا جمع شده و با نوشیدن ودکا پیروزی خود را جشن گرفتیم.

آقای پیر فرار کرده بود فضل الله زاهدی نخست وزیر قانونی در باشگاه افسران مستقر گردید و اعضای کابینه خود را انتخاب میکرد و پس از انتخاب لیست آنها را به شاهنشاه تلگراف نمود. از اردشیر زاهدی خواستیم ما را همراهی کند و سپس بازو به بازو و رقص کنان به طرف خانه سفیر براه افتادیم. لوئی هندرسون در کنار استخر خانه خود منتظر ما بود او میدانست که ما حامل خبرهای خوبی هستیم زیرا یک بطر شامپاین را در یخ حاضر کرده بود و ما همگی به سلامتی آیزنهاور، وینستون چرچیل و شاه شامپاین را نوشیدیم. موقعی که بطر شامپاین تمام شده اردشیر لوئی را در آغوش گرفت و گفت که مرا برای دیدن اعضای کابینه جدید میبرد ، لوئی لبخندی زد و با خوشحالی ما را بدرقه کرد.

در باشگاه افسران عده زیادی جمع شده بودند همه از غریبه و آشنا مرا در آغوش گرفته و بوسیدند. تمام این صحنه ها برای من یاد آور شبی بود که فرمان های صادره توسط شاه را از سواحل دریای خزر به خانه بیل آوردند.، بعد از یاد آوری این خاطرات شروع به صحبت کردم « دوستان ، ایرانیان ، تقاضا میکنم توجه فرمائید ، من ازمحبت و صمیمیت فراوان شما خیلی متشکرم. یک مسأله باید برای همه شما روشن باشد و آن این است که شما به امریکا و انگلیس هیچ گونه دینی ندارید و ما هیچ چیزی از شما نمیخواهیم و نخواهیم خواست، مگر آنکه خود شما بخواهید و در آن صورت از طرف خود و کشور متحدمان با امتنان و تشکر قبول خواهیم کرد.

بازگشت شاه

روز ۲۲ آگست (۳۱ مرداد) شاه با پیروزی به تهران بازگشت. در هنگام ورود به وسیله نخست وزیر فضل الله زاهدی و تمام اعضای هیأت دولت و دیپلمات ها و طبقات مختلف مردم و ورزشکاران مورد استقبال قرار گرفت. من به سفارت بر گشتم. لوئی هندرسن خبرداد که مصدق شب گذشته خود را به پلیس معرفی کرده است. ما نمیدانستیم با او و ریاحی و بقیه که به پادشاهشان خیانت کرده بودند چه باید میکردیم؟ شب بعد می باید راه حلش را می یافتم.

بار دیگر یک شنبه ۲۳ آگست (اول شهریور) به قصر رفتم. این مرتبه با ماشین سفارت، گارد دم در به من سلام نظامی داد. او در دفعات قبل هیچ گونه عکس العملی نشان نمیداد. وقتی به اطاق شاهنشاه راهنمائی شدم شاه در آنجا منتظر من بود. شاه موقرانه گفت « من تاج

و تختم را از برکت خداوند ، ملتم و ارتشم و شما دارم ». سپس گیلاس را برداشت و به سلامتی من دستش را بلند کرد و منهم همین کار را کردم و هر دو آن را نوشیدیم بعدا خندید و گفت خیلی خوشحالم از اینکه شما را اینجا می بینم ، خیلی بهتر از داخل ماشین و خیابان باغ است ». همان طور که میدانید نخست وزیر جدید دوست بسیار خوب شما است و به زودی خواهد آمد، آیا موضوعی هست که میل داشته باشید قبل از آمدن او راجع به آن صحبت کنیم؟

پاسخ دادم من میل دارم بدانم آیا جنابعالی در مورد مصدق ، ریاحی و دیگران که بر علیه شما توطئه کرده بودند فکر کرده اید؟

اعلیحضرت با قاطعیت جواب داد « من خیلی درباره اش فکر کرده ام همان طوری که میدانید مصدق قبل از ورود من خودش را تسلیم کرده است او را محاکمه خواهند کرد و اگر دادگاه پیشنهاد مرا قبول کند به سه سال حبس در بازداشتگاه و یا در دهکده اش محکوم خواهد شد. بعد از آن مدت هم آزاد خواهد بود از منزل بیرون بیاید ولی از دهکده اش نباید خارج شود. ریاحی هم به سه سال زندان محکوم خواهد شد و بعد هم آزاد میشود تا هر کاری جز خیانت که دلش میخواهد بکند. چند نفر دیگر هم تنبیهات مشابهی خواهند داشت. فقط یک استثنا است و آن هم حسین فاطمی است که هنوز او را پیدا نکرده اند ولی بالاخره پیدا خواهد شد ، رفتار او خیلی توهین آمیز بود او حزب توده را وادار کرد تا مجسمه های من و پدرم را سرنگون کنند، موقعی که پیدایش کنم او را اعدام خواهم کرد.

سپس فضل الله زاهدی آمد و پس از مدتی گفتگو، گفتم دیروز نیز در باشگاه افسران گفته ام که ایران به هیچ وجه به من و یا آمریکائی ها و انگلیس ها که مرا فرستادند بدهکاری ندارد. تشکر مختصر را قبول داریم ولی هیچ نوع بدهکاری ندارید. آنچه که ما انجام دادیم در جهت منافع کلی ما بود و نتیجه آن پاداش ما خواهد بود.

دکتر مصدق در محکمه نظامی

در روز ۱۷ آبان سال ۱۳۳۲ محاکمه دکتر مصدق در یک محکمه نظامی در سلطنت آباد تهران آغاز میگردد. اتهام دکتر مصدق سوء قصد با هدف برهم زدن اساس حکومت مشروطه و تشویق مردم به قیام علیه سلطنت بود. مبنای این اتهام عدم اطاعت دکتر مصدق از پذیرش فرمان شاه به کناره گیری از نخست وزیری بود که در شامگاه ۲۵ مرداد توسط سرهنگ نصیری در معیت گروهی از سربازان مسلح گارد شاهنشاهی و وسایل زرهی شامل تانک به او ابلاغ شده بود. محکمه بدوی و تجدید نظر دکتر مصدق تا روز ۲۸ آذر ۱۳۳۲ ادامه داشت.

متن محاکمات ، سخنان و ادعا های دادستان و توضیحات دکتر مصدق دراین محاکمات گواهان صادقی هستند که آشکارا میگویند دادستان و بازجویان و گواهانی که به محکمه آورده میشدند، کاریکاتورهای ناطقی بودند که نه صلاحیت و نه ازتوانائی لازم و قابل قبول برای محاکمه دکتر مصدق برخوردار بودند ، بلکه دکتر مصدق بود که با استدلالات منطقی و قانونی خویش نظام شاهنشاهی را که در جهت منافع کشورهای مستعمره طلب و به دستور آنها فرمان عزل او از نخست وزیری را امضاء کرده بود زیر سؤال میبرد.

آذر ۱۳۳۲
آخرین دفاع دکتر مصدق [۱۴]
ساعت ۴ بعد از ظهر سال ۱۳۳۲ در سلطنت آباد آخرین جلسه محاکمه دکتر محمد مصدق با آخرین دفاع دکتر مصدق بپایان خواهد رسید. دکتر مصدق در آخرین دفاع خود اعلام میدارد:

آری تنها گناه من و گناه بسیار بزرگ و بزرگ من این است که صنعت نفت ایران را ملی کرده ام و بساط استعمار و اعمال نفوذ سیاسی و اقتصادی عظیم ترین امپراتوری های جهان را از این مملکت برچیده ام و پنجه در پنجه مخوف ترین سازمان های استعماری و جاسوسی بین المللی درافکندم و به قیمت از بین رفتن خود و خانواده ام و به قیمت جان و عرض و مالم خداوند مرا توفیق عطا فرمود تا با همت و اراده مردم آزاده این مملکت بساط این دستگاه وحشت انگیز را درنوردم.

من طی این همه فشار و ناملایمات ، این همه تهدید و تضییقات از علت اساسی و اصلی گرفتاری خود غافل نیستم و به خوبی میدانم که سرنوشت من باید مایه عبرت مردانی شود که ممکن است درآتیه در سراسر خاورمیانه درصدد گسیختن زنجیر بندگی و بردگی استعمار برآیند. روز نهم اسفند سال قبل طنابی را که برای انداختن به گردن من آورده بودند همه دیدند. آن روز هم اگر موفق می شدند می گفتند مردان مسلمان وطن پرست و شاهدوست سزای یک مرد خائن را کف دستش گذاشتند.

من میخواهم از افتخاری که نصیب آن مرد (آزموده دادستان محکمه) شده یعنی توانسته است متهم لجوج و عنود ردیف یک را که برای اولین بار از روی لجاج و خیره سری به جنگ با استعمار برخاسته ، بر کرسی جرم و جنایت نشانیده استفاده کنم و شاید برای آخرین بار در زندگی خود ملت رشید ایران را از حقایق این نبرد وحشت انگیز مطلع سازم و مژده بدهم:

مصطفی را وعده داد الطاف حق   گر بمیری تو نمیرد این ورق

حیات و عرض و مال و موجودیت من و امثال من در برابر حیات و استقلال و عظمت و سر فرازی میلیون ها ایرانی و نسل های متوالی این ملت کوچک ترین ارزشی ندارد و از آن چه برایم پیش آورده اند هیچ تأسف ندارم. وظیفه تاریخی خود را تا سرحد امکان انجام داده ام. من به حس و عیان می بینم که این نهال برومند در خلال تمام مشقت هایی که امروز گریبان همه را گرفته به ثمر رسیده است و خواهد رسید. عمر من و شما و هر کس چند صباحی دیر یا زود به پایان میرسد ولی آنچه می ماند حیات و سرفرازی یک ملت مظلوم و ستمدیده است.

آن مرد گفت که من و اقدامات دولتم سبب شد که آبروی ایران و ایرانیان در انظار خارجیان ریخته شود و لابد الان که من و همفکران و همکاران مرا به نام مجرم و جانی و خائن می نامند و روی کرسی اتهام می نشانند آبروی ریخته شده باز میگردد. آن مرد باید بداند که اقداماتش برای بازگشت حیثیت از دست رفته در انظار جهانیان کافی نیست و باید صبر کند تا پس از افتتاح مجدد سفارت و کنسولگری هایی که بسته شده اند ، و پس از استقرار مجدد کمپانی سابق نفت جنوب به همان لباس یا به لباس یک کمپانی بین المللی، آن وقت ادعا کند که لکه ننگ ملی شدن صنعت نفت ، ملی شدن شیلات و و .... از دامان او و حامیانش زدوده شده است.

چون از مقدمات کار و طرز تعقیب و جریان دادرسی ، معلوم است که در گوشه زندان خواهم مرد و این صدا و حرارت را که همیشه در خیر مردم به کار برده ام خاموش خواهند شد و دیگر جز این لحظه نمی توانم با هموطنان عزیز صحبت کنم.

از مردم رشید و عزیز ایران مرد و زن توديع می کنم و تأکید می نمایم که در راه پرافتخاری که قدم برداشته اند از هیچ حادثه ای نهراسند و یقین بدانند که خدا یار و مددکار آنها خواهد بود.

(همانطور که کرومیت روزولت در آخرین ملاقات خود به اعلیحضرت همایون شاهنشاه آریا مهر توصیه کرده بود محکمه نظامی شاه دکتر مصدق را به سه سال حبس در زندان سلطنت آباد و اقامت اجباری تا آخرین روزهای عمر در دهکده احمد آباد محکوم نمود).

اسرار تاریخ

سازمان اطلاعات امریکا « سیا » در ایران [۱۳]
بریتانیا با ملی شدن نفت مبارزه میکند

ریشه جنبش ملی برای ملی کردن صنایع نفت ایران و کودتا را باید نتیجه سالیان دراز عملکرد استعماری انگلستان در ایران دانست که همواره با دخالت در امور داخلی ایران و سی سال استثمار منابع نفتی جنوب ایران همراه بود.

با تغییر شرایط ژئو پولیتیکی در جهان بعد از جنگ دوم جهانی و استقلال کشورهای هند و اندونزی و نضج گرفتن نهضت های استقلال طلبانه در مستعمرات افریقائی فرانسه و انگلیس، عوامل برای رشد نهضت استقلال طلبی در ایران آماده گردید تا به سالیان دراز نفوذ اقتصادی و سیاسی بریتانیا خاتمه داده شود.

تصویب قانون ملی کردن صنایع نفت توسط پارلمان ایران در ۲۹ اسفند سال ۱۳۲۹ و پشتیبانی عمومی مردم ایران و نخست وزیری دکتر محمد مصدق نخستین قدم برای رسیدن به آزادی سیاسی و برقراری حاکمیت ملی در ایران بود. اما تصویب و اجرای این قانون علاوه براینکه انگلستان را از یک منبع مستمر میلیون ها لیره ای محروم می کرد ، عاملی بود برای رشد نهضت های ضد استعماری درآسیا و خاور میانه که شکار گاه اختصاصی بریتانیا به حساب میآمدند.

برای جلوگیری از این پیآمد ها دولت بریتانیا با توجه به نفوذ ریشه ای در داخل ایران و با اطمینان به پشتیبانی عوامل نفوذی خود که سالیان متمادی عامل استحکام سلطه بریتانیا بودند، از نخستین روز زمامداری دکتر مصدق مؤثر ترین اقدام برای بی اثر کردن قانون ملی شدن صنایع نفت را براندازی دولت دکتر مصدق و جای گزینی آن با دولتی که در راستای منافع بریتانیا اقدام کند میدانست.

طرح اولیه براندازی با عنوان « تی - پی - آژاکس » بلافاصله بعد از اعلام تصویب قانون ملی کردن صنایع نفت توسط دکتر رونالد ویلبر کارشناس مسائل ایران تدوین گردید. دولت بریتانیا در دوران زمامداری هری ترومن کرارا پیشنهاد همکاری در طرح براندازی دکتر مصدق را از امریکا میکند ولی ترومن و آچسن از قبول آن خود داری میورزند.

بنا به نوشتار سایت اینترنتی نیویورک تایمز در متینگی در نوامبر و دسامبر سال ۱۹۵۲مقامات سازمان اطلاعاتی بریتانیا مجددا پیشنهاد همکاری دربراندازی دکتر مصدق را به همتایان امریکائی خود مینمایند. امریکائی ها بجای این گفته همیشگی که « ما هیچ علاقه ای به بحث دراین مورد را نداریم » موافقت میکنند که طرح را مورد بررسی قرار دهند. « اسرار تاریخ در این مورد میگوید طرح توجه آنها را جلب میکند، زیرا همه در واشنگتن دچار هیستری

مبارزه با عوامل توسعه کمونیزم شده بودند » و مقامات از آن نگران بودند که کشور ایران به کشورهای اقمار شوروی بپیوندد

« سیا » کوشش میکند موافقت شاه را به دست آورد

بعد از موفقیت سازمان اطلاعاتی امریکا در براندازی نخست وزیر ملی گرا و منتخب ایران و بازگردانیدن شاه به قدرت ، در سال ۱۹۵۳ بخشی از جزئیات طرح کودتای نظامی که توسط مقامات رسمی ایالات متحده امریکا و بریتانیا طرح شده بود به وسیله کرومیت روزولت رئیس اجرائی طرح مزبور منتشر گردید.

هر چند طرح اجرائی براندازی دکتر مصدق بعد از موافقت آیزنهاور ، از ۱۱ جولای ۱۹۵۳ (۲۰ تیر ۱۳۳۲) توسط سازمان سیا و اداره اطلاعات انگلیس رسما آغاز شده بود اما شاه ایران هنوز در موافقت یا مخالفت با اجرای طرح مردد بود. و این امر ظاهرا مانعی برای عقب افتادن اجرای نهائی طرح شده بود.

در این مرحله سیا با همکاری برادران رشیدیان که به عنوان مأمورین اطلاعاتی انگلیس در ایران با مجری طرح همکاری میکردند ، با راه انداختن بلوا های ساختگی در نقاط حساس کشور ، نا امنی و شورش هائی بوجود میآورند تا با بزرگ نمائی آنها شاه را زیر فشار قرار دهند که فرمان خلع دکتر مصدق از نخست وزیری را امضا نماید. علاوه برآن برای تشویق شاه یکی از نماینده گان سیا همراه یک مأمور اطلاعاتی انگلیس به دیدن اشرف به سوئیس میروند و پس از این ملاقات اشرف به ایران میرود تا کمک امریکا و انگلیس را به شاه اعلام دارد ولی شاه نخست از دیدن خواهرش خودداری میکند ولی در ۲۹ جولای (۷ مرداد) ترتیب این ملاقات به وسیله یکی از برادران رشیدیان که مأمور ایرانی سازمان امنیت انگلیس است انجام میگیرد ولی اسرار تاریخ نمیگوید که آیا اشرف توانست شاه را متعاقد کند یا نه، اما اشرف به برادرش اطلاع میدهد که سیا ژنرال نورمن شوارتسکف را مأمور کرده است که به دیدن او بیاید. ژنرال شوارتسکف مدت ها رئیس میسیون نظامی امریکا در ایران بود ضمنا با شاه نیز روابط دوستانه ای داشت. شوارتسکف به سیا اطمینان میدهد که اوخواهد توانست موافقت شاه را برای همکاری جلب نماید.

همزمان اسدالله رشیدیان نیز به عنوان نماینده انگلستان تلاش میکند به دیدن شاه برود و به او بگوید فعالیت های آنها در جهت تثبیت او میباشد نه علیه او.

از اوایل آگست (مرداد ماه) سیا برای ترسانیدن و جلب کمک روحانیون اعلامیه هائی به نام کمونبست ها منتشر میکند. متن این اعلامیه ها علاوه بر اینکه ضد مذهب و روحانیون بود اعلام میداشت اگر با مصدق مخالفت کنند مجازات سختی در انتظار آنها خواهد بود. علاوه بر آن ۴۵۰۰۰ دلار به عنوان وام به مدیر یک مؤسسه روزنامه نگاری نسبتا معتبر اعطا میکند که نشریات مزبور دیدگاه های سیا را در مورد مسائل روز ایران منتشر کنند.

شاه مردد بود و در ملاقات اول آگست (۱۰ مرداد) پیشنهاد شوارتسکف مبنی بر امضاء فرمان عزل مصدق و انتصاب زاهدی را نمیپذیرد زیرا مطمئن نبود که ارتش از او حمایت بنماید. ادامه مذاکرات با شوارتسکف بعد از عزیمت او از ایران بین روزولت و شاه ، رشیدیان و شاه ادامه پیدا میکند تا بالاخره شاه با درخواست آنها موافقت مینماید.

دراین جریانات مصدق اعلام میدارد که توطئه ای علیه او درجریان است ، نخستین قدم او برای مبارزه انجام رفراندوم و انحلال مجلس است. نتیجه رفراندوم ۹۹/۹ درصد موافق با انحلال مجلس است. رفراندوم ضمنا کمکی برای اجرای طرح براندازی نیز میشود زیرا روزنامه و کسانی که در راستای اجرای طرح همکاری میکردند به بهانه انحلال مجلس دولت را مورد حمله قرار میدهند.

در تاریخ اول آگست اولین ملاقات روزولت با شاه بر اساس طرح براندازی انجام میگرد که مدت نسبتا طولانی و بدون نتیجه برگذار میشود. در این ملاقات روزولت به شاه میگوید اگر با آنها همکاری ننماید « ایران کره » دوم خواهد شد. اما هنوز شاه دچار شک و دو دلی است و نمیتوانست علیه مصدق تصمیمی بگیرد. در نهایت شاه سؤال میکند « آیا ممکن است رئیس جمهور آیزنهاور به او بگوید چه باید بکند؟ »

در تاریخ ۴ آگست (۱۳ مرداد) آیزنهاور در سخنرانی خود در کنوانسیون فرمانداران در سیاتل میگوید « ایالات متحده بطور حتم بی تفاوت و بدون حرکت نخواهد ماند تا شاهد قرار گرفتن ایران در پشت دیوار آهنین کمونیزم باشد ».

در ۱۹ مرداد (۱۰ آگست) شاه موافقت میکند که زاهدی و چند تن ازامراء ارتش را که با طرح براندازی همکاری مینمایند ملاقات کند. اما هنوز در مورد امضاء فرمان مردد میباشد. در این حال سیا از رشیدیان میخواهد به شاه بگوید « اگر فرمان را در همین روز ها امضا ننماید آقای روزولت ایران را ترک خواهد کرد» بعد از این تهدید در ۲۲ مرداد فرامین عزل مصدق و انتصاب زاهدی امضا میشود که نتیجه آن سرعت اجرای طرح کودتا توسط افسرانی است که از زاهدی پشتیبانی میکنند.

فرار شاه بعد از شکست کودتا

تهران ۲۵ مرداد ۱۳۳۲ (۱۶ آگست ۱۹۵۳)

محمد رضا شاه پهلوی و ملکه ثریا بعد از شکست کودتا و عدم موفقیت در عزل دکتر مصدق به بغداد فرار میکنند و به نظر میرسد که اکنون دکتر مصدق دارای قدرت بیشتری در اداره امور کشور است و ارتش نیز از او پشتیبانی مینماید.

کوشش برای عزل دکتر مصدق نیمه شب دیشب انجام گردید و در بامداد امروز بعضی از اعضا و طرفداران دولت که توسط نظامیان دستگیرشده بودند آزاد شدند. این افراد عبارت بودند از دکتر فاطمی وزیر امورخارجه ، حقشناس وزیر راه و زیرک زاده یکی از نمایندگان مجلس طرفدار دولت.

صبح امروز سرهنگ نصیری فرمانده گارد شاهنشاهی ، ابوالقاسم امینی و عده ای ازامرای ارتش متهم به شرکت در کودتا بازداشت شدند. این حمله و ضد حمله هیچ تلفاتی نداشته است. در بعد از ظهر امروز طرفداران دولت در متینگی در میدان بهارستان شرکت کردند. در این متینگ دکتر فاطمی میگوید دولت از طرح توطئه کاملا آگاه بود بدین سبب این امر غیر منتظره نبوده است. روزنامه مردم ارگان حزب توده نیز در هفته گذشته نوشته بود طرحی برای کودتا علیه دولت در شرف تکوین میباشد. تصمیم رؤسای ارتش برای ادامه پشتیبانی از دولت در جلسه ای که در باشگاه افسران تشکیل شده بود اعلام میگردد.

عده ای ازافسرانی که با کودتا کنندگان همکاری میکردند قبل از اینکه فرمان عزل دکتر مصدق را به او اعلام دارند وزیر امور خارجه و دو شخصیت رسمی دولت را از نظر پیش گیری از خانه هایشان بازداشت میکنند و آنها را به قرارگاه گارد شاهنشاهی منتقل مینمایند. ولی سرهنگ نصیری فرمانده گارد به وسیله تیپ کوهستانی که از خانه نخست وزیر حفاظت مینمودند بازداشت میگردد. و با این ترتیب کودتا با عدم موفقیت مواجه میشود.

سپهبد زاهدی که فرمان نخست وزیری از طرف شاه به نام او صادر شده بود از مخفی گاه خود اعلام میدارد که او نخست وزیر قانونی میباشد و توطئه کودتا کوششی از طرف دولت برای نا آگاه نگهداشتن مردم از واقعیات است. او همچنین دکتر مصدق را متهم میکند که عامل کودتا خود او میباشد و کسی را که حامل فرمان شاهنشاه بوده است بدون هیچ دلیلی بازداشت کرده است.

دو فرمان از طرف شاه صادر شده است که یکی از آنها فرمان عزل دکتر مصدق ازنخست وزیری و دیگری انتصاب زاهدی به نخست وزیری میباشد. شاهنشاه بعد از امضای این فرامین به اتفاق ملکه برای یک هفته استراحت به شمال رفته اند.

اسرار تاریخ میگوید : کنت لاو گزارشگر نیویورک تایمز در زمان کودتا در تهران مینویسد که « روز بعد از انتشار فرمان آن را در نیویورک تایمز منتشر میکند بدون اینکه ذکر کند چگونه فرمان را بدست آورده است». بعد ها در یک مصاحبه آقای لاو میگوید « او با مقامات سفارت موافقت کرده بود این موضوع را که آن ها ترتیب مسافرت او را به تهران داده اند ابراز نکند. و همچنین در آن زمان او شخصا نمیدانست که مقامات سیا در کودتا شرکت دارند».

زاهدی همچنین بعد از دریافت فرمان انتصاب از سرهنگ نصیری درخواست میکند ضمن تحویل فرمان به دکتر مصدق به او تذکر دهد که « او میتواند بهر نحوی که صلاح میداند تصمیم خود را جهت برکناری از نخست وزیری اعلام دارد».

در پایان پیام که از مخفی گاه های مختلف ارسال میگردید اعلام میدارد « به هرصورت در حال حاضر نخست وزیر قانونی کشور من میباشم و هر عملی که توسط دکتر مصدق انجام گیرد عملی غیر قانونی است ».

در متینگی که امروز عصر در میدان بهارستان برگذار شد وزیر امور خارجه اعلام میکند «خائنین همیشه ترسو هستند. وقتی که تو خیانتکار شنیدی توطئه ای که با همکاری بیگانگان طرح شده بود مواجه با شکست شده است به اولین کشوری که سفارت خانه انگلیس در آن بود پناه بردی».

در پایان روز ، دکتر مصدق انحلال مجلس شورای ملی را اعلام میارد و بلافاصله بعد از اعلام انحلال مجلس دادستان تهران دستور بازداشت ۱۳ نفر مخالف دولت را که در مجلس شورای ملی پناهنده شده بودند صادر میکند و بدین ترتیب در فضای سیاسی که بوجود آمده است فقط حزب توده است که از مصدق حمایت میکند.

تهران آگست ۱۶ (۲۵ مرداد) محمد رضا شاه پهلوی شاه ایران بطور غیر منتظره امروز با یک هواپیمای شخصی بعد از اینکه توطئه کودتای نظامیان گارد شاهنشاهی علیه دکتر مصدق با شکست مواجه میگردد در فرودگاه بغداد به زمین می نشیند. همراهان شاه ملکه ثریا و

کمک خلبان هواپیمای اختصاصی او هستند. هیچ کدام از آن ها چمدانی همراه خود ندارند. اما پشته ای از لباس های متعلق به زوج سلطنتی همه جای هواپیمای دو موتوره را پوشانیده است. شاه دارای پاسپوت سیاسی و ویزای کشور عراق است که در فوریه سال گذشته اعطا شده بود ولی دو نفر دیگر حتی دارای پاسپورت نیز نیستند. شاه درخواست میکند به آن ها اجازه داده شود قبل از اینکه به اروپا سفر نمایند در آن جا توقف کنند. بعد از مذاکراتی که بین عالی ترین مقامات دولت عراق انجام میگیرد آن ها را با اسکورت به کاخ سفید که از میهمانان دولت در آنجا پذیرائی میشود میبرند. شاه در مصاحبه ای اظهار میدارد او استعفا نداده و خیال استعفا را هم ندارد.

۲۸ مرداد ۱۳۳۲

در روز ۲۵ مرداد تهران شاهد جنگ های خیابانی است که بین نظامیان طرفدار دکتر مصدق و پشتیبانان شاه به مدت دو ساعت جریان دارد و در آن تانک های شرمن با توپ های ۷۰ میلیمتری از دو طرف به سوی یکدیگر شلیک میکنند.

در روز ۲۸ مرداد به ناگاه صحنه جنگ تغییر میکند و نظامیانی که سه روز قبل به نفع دکتر مصدق نبرد میکردند امروز تغییر جهت داده به نفع شاه وارد معرکه میشوند.

ایرانی های طرفدار شاه شامل مردم عادی ، سربازان و روستائیان در انقلابی علیه مصدق نخست وزیر او را از نخست وزیری خلع میکنند. این انقلاب بیش از ۳۰۰ نفر کشته و ۱۰۰ نفر مجروح به جای میگذارد! دویست نفر از کشته شدگان ضمن حمله به خانه نخست وزیر به وسیله گارد محافظ او کشته میشوند! بعد از ۹ ساعت قیام مردم ، سپهبد زاهدی با کمک مردم میتواند مصدق را بعد از ۲۸ ماه زمامداری ساقط نماید.

حمله سربازان و پاسبانان که برای حفاظت در خیابان های شهر پراکنده بودند به مردم عادی از شامگاه ۲۷ مرداد آغاز میگردد. آنها دسته جمعی وارد سینما ها و مجامع عمومی شده و با قصد ایجاد ترس و وحشت هر کس را که می بینند با ته تفنگ مضروب میکنند. ظاهرا فریادهای زنده باد شاه مأمورین انتظامی باعث میشود که طرفداران شاه جرئت لازم را برای مقابله با نیروها و طرفداران دولت پیدا کنند.

روز ۲۸ مرداد زاهدی بعد از تصرف رادیو تهران توسط تظاهر کنندگان طرفدار شاه و بی تفاوتی نیروهای محافظ رادیو، در ساعت ۲ و بیست دقیقه بعد از ظهر پیروزی خود را در رادیو اعلام و اظهار میدارد که با فرمان شاهنشاه تا افتتاح مجلس شورای ملی زمام امور کشور را به عهده خواهد داشت.

نظامیان و پلیس که در براندازی سهیم بوده اند همراه با مردمی که در خیابان ها ریخته بودند با فریاد های خود درخواست بازگشت شاه را میکنند. آن ها به سازمان های کلیدی دولت هجوم برده آن ها را به تصرف در میآورند. به احزاب و روزنامه های طرفدار دولت سابق هجوم برده بعد از غارت آنها را به آتش میکشند. آنها همچنین قصد حمله به ستاد ارتش، وزارت امورخارجه و شهربانی را نیز داشتند که با مأمورین انتظامی که از ساختمان های مزبور محافظت میکنند برخورد کرده ناچار به عقب نشینی میشوند.

هشت کامیون مملو از سرباز و ۵ تانک که در اختیار افسران طرفدار دولت بوده و در خیابان های تهران مأمور حفاظت بودند با مشاهده توده مردم سلاح های خود را در اختیار آن ها

میگذاردند. پلیس ها به اشخاصی که مظنون به طرفداری از دولت هستند حمله کرده آن ها را مضروب و بازداشت میکنند. زاهدی با انتشار بیانیه ای در پادگان های نظامی به آنها هشدار میدهد از دولت غیر قانونی مصدق پشتیبانی ننمایند.

در بعد از ظهر توده مردم بعد از قطع تیراندازی سربازان محافظ خانه دکتر مصدق ، وارد خانه شده ضمن ویران کردن و آتش زدن خانه اثاثیه آن را غارت میکنند و درکنار خیابان به فروش میرسانند. از سرنوشت دکتر مصدق اطلاعی در دست نیست. شایع است که او به اصفهان گریخته و از آن جا به عنوان پناهنده به یکی از کشورهای نزدیک فرارکرده است!

پراوادا ارگان حزب کمونیست شوروی امروز در تفسیری در مورد کودتای ایران اظهار میدارد که فرمان اجرای کودتا توسط ایالات متحده امریکا بوسیله ژنرال نورمن شوارتسکف به شاه ایران دیکته شده است. و بودجه اجرای این طرح در کنگره به عنوان « براندازی حکومت در سایر کشورها » به تصویب رسیده بود. در این مرحله فعالیت این کمیته برای براندازی حکومت ایران که حاضر نبود برده و زیر انقیاد دولت امریکا در آید اجرا شده است. پراودا همچنین ادعا کرده است که آیزنهاور درنامه ۲۹ جون خود از دادن کمک اقتصادی یا وام به دولت ایران خودداری نموده تا دولت ایران را مجبور به قبول شرایط دولت بریتانیا بنماید. « کوتاهی دولت ایران و دولت بریتانیا کبیر برای رسیدن به توافقی منطقی سبب شده است که دولت ایالات متحده امریکا قادر نباشد کمکی به ایران بنماید». و چون دولت ایران از قبول درخواست آیزنهاور خودداری نمود، عمال امریکا طرح براندازی دولت ایران را به مرحله اجرا درآوردند.

روزنامه نیویورک تایمز چنین ادامه میدهد « درمورد مسافرت اخیر ژنرال شوارتسکف به کشورهای لبنان ، سوریه ، پاکستان و ایران (اول آگست ۱۰ مرداد) نظریات زیادی در امریکا شایع گردیده است. مقامات رسمی وزارت امور خارجه میگویند ترتیبات مسافرت ژنرال شوارتسکف به لبنان ، سوریه و پاکستان از طرف آن وزارت خانه داده شده بود ولی تصمیم سفر به ایران توسط خود او گرفته شد و دلیل آن « بازدید دوستان قدیمی بود».

خبرنگار نیویورک تایمز امروز با تلفن به خانه ژنرال شوارتسکف در میدل وود نیو جرسی، نظر ژنرال را در مورد ادعای پراوادا و شرکت او در آشوب های اخیر در ایران را سؤال میکند. ژنرال اظهار میدارد که سفر او به ایران کاملا یک تصمیم شخصی بوده است و اضافه مینماید «من به آنجا رفتم تا با دوستانی که ضمن خدمت درژاندارمری ایران با آنها آشنا شده بودم تجدید دیدارکنم غیر از این من هیچ کار دیگری نداشتم». سپس در مورد تغییرات سیاسی اخیر در ایران سؤال شد و ژنرال پاسخ داد در این مورد هیچ نظری ندارم.

قرار داد نفت ایران و کنسرسیوم ۱۹ مرداد ۱۳۳۳ (۶ آگست ۱۹۵۴)

نوشته ولز هانگن در نیویورک تایمز

ایران و۸ کمپانی نفتی امروز قراردادی را تدوین کردند که به اختلافات طولانی مدت نفت ایران خاتمه خواهد داد. به اظهار مقامات شرکت های نفتی و هیأت نمایندگی ایران با این قرارداد منافع ایران از منابع نفتی در سه سال آینده حداقل به ۴۲۰ میلیون دلار خواهد رسید.

بعد ازامضای قرارداد ، آیزنهاور تبریکات و خوشحالی خود را طی پیامی به اطلاع شاه رسانید « با امضای قرارداد فضای مناسبی برای پیشرفت اقتصادی و ثبات در کشور شما بوجود خواهد آمد » دالاس وزیر امور خارجه موافقت نامه را موفقیتی برای همه جهان آزاد اعلام

داشت و وزیر امور خارجه انگلیس و شرکت نفت انگلیس و ایران نیز آن را به عنوان قرارداد رضایت بخشی ستودند.

کنسرسیوم بین المللی نفت از ۸ شرکت نفتی مشتمل از بزرگترین شرکت های نفتی دنیا میباشد که کلیه عملیات استخراج ، تصفیه و بازاریابی نفت ملی شده ایران را به عهده دارند و تقریبا نصف سود خالص به دولت ایران پرداخت خواهد شد.

همزمان اعلام میگردد که دولت ایران مبلغ ۷۰ میلیون دلار به عنوان غرامت به شرکت نفت انگلیس بابت تأسیساتی که در سال ۱۹۵۱ ملی شده است خواهد پرداخت (دولت ایران همچنین متعهد میشود که از کلیه دعاوی قبلی خود از سال های گذشته که در قانون اجرائی طرز ملی شدن نفت به تصویب رسیده صرفنظر کند).

بندی از قرارداد که مغایر با حاکمیت ملی ایران و قانون اساسی میباشد

« جزء ب - هیچ گونه اقدام قانون گذاری یا اداری اعم از مستقیم یا غیر مستقیم و یا عمل دیگری از هر قبیل از طرف ایران یا مقامات دولتی در ایران (اعم از مرکزی یا محلی) این قرارداد را الغاء نخواهد نمود و در مقررات آن اصلاح یا تغییری به عمل نخواهد آورد و مانع و مخل حسن اجرای مقررات آن نخواهد بود ». این بند در متن اسرار تاریخ مربوط به قرار داد نوشته نشده است.

شرکت های نفتی تشکیل دهنده کنسرسیوم عبارتند از استاندارد اویل کمپانی آو نیوجرسی، استاندار اویل آو کالیفرنیا ، سوکونی واکیوم ، تکزاس کمپانی و گالف اویل کورپوریشن (شرکت های نفتی امریکائی) و شرکت های دیگرعبارتند از آنکلو - ایرانین اویل کمپانی، رویال داچ شل و شرکت نفت فرانسوی فرانسیس دس پترولیوم.

قرارداد نفت ایران و کنسرسیوم که به عنوان یک پیمان قانونی قلمداد میگردد توسط دکتر علی امینی وزیر دارائی ایران که رئیس گروه مذاکره کننده ایرانی نیز میباشد و هاوارد پیج معاون مدیرعامل استاندارد اویل کمپانی و سرپرست نمایندگان کنسرسیوم امضا شده است.

توافق نامه پرداخت غرامت توسط دکتر امینی و سر راجر استیونس سفیر بریتانیا و اچ . ای . اسنو رئیس هیأت مدیره شرکت نفت ایران و انگلیس امضا میگردد.

هریک ازشرکت های نفت امریکائی ٪۸ و مجموعا ٪۴۰ ، شرکت نفت انگلیس ٪۴۰ رویال داچ ٪۱۴ شرکت فرانسوی ٪۶ از سهام را به خود اختصاص داده اند.

شرکت های نفتی غیر از شرکت نفت انگلیس و ایران که ٪۶۰ سهام را به دست آورده اند به عنوان سهیم شدن در منافع نفت ایران مبلغی که با توافق طرفین فاش نشده است به شرکت نفت انگلیس می پردازند.

این پرداخت ها که به عنوان غرامت به شرکت نفت انگلیس پرداخت میگردد بابت تأسیساتی است که از سال ۱۹۰۹ در اختیار آن کمپانی قرار داشته است.

هردو قرارداد کنسرسیوم و غرامت به شرکت نفت انگلیس باید درجلسه ۲ شهریور(۲۴ آگست) به تصویب مجلس شورای ملی ایران برسد و پیمان کنسرسیوم نیز باید به توافق هیأت مدیره هریک ازشرکت های عضو کنسرسیوم رسانیده شود.

انعقاد قرار داد مزبور و حل مسأله نفت ایران که یکی از ناخوشایند ترین رخداد های بعد از جنگ در خاور میانه میباشد موفقیت بزرگی برای دنیای آزاد و پیروزی قابل وصفی برای دیپلماسی مشترک امریکا و انگلیس بوده است.

قرارداد کنسرسیوم و توافق نامه غرامت امروز طی تشریفاتی در کاخ الاهیه در شمال تهران که سابقا محل سکونت نماینده رسمی شرکت نفت ایران و انگلیس بود به امضا خواهد رسید. در بیانیه مشترک توسط پیج و امینی پیش بینی شده است که « مقادیر زیادی ازنفت ایران مجددا در طی دو ماه آینده به طرف بازارهای دنیا روانه خواهد شد.»

کنسرسیوم نفت متعهد میگردد که طی سه سال آینده حداقل ۸۰ میلیون متر مکعب برابر ۵۰۰ میلیون بشکه نفت خام و تصفیه شده برای صادرات و ۵ میلیون متر مکعب نیز برای مصارف داخلی تولید نماید. درصورتی که مجلس شورای ملی قرارداد را تصویب نماید ، قسمت اعظم پرداخت های کنسرسیوم به ایران با لیره استرلینگ خواهد بود و خزانه داری انگلیس امتیازاتی را که ایران قبل از ملی شدن صنایع نفت برخوردار بود مجددا برقرار خواهد کرد. در قرارداد مشترکی که امروز به امضا دکتر امینی و هیأت نمایندگی انگلیس رسید دولت انگلستان همچنین محدودیت هائی را که نسبت به دولت ایران به سبب ملی شدن صنایع نفت ایران درباره ایران اعمال کرده بود لغو خواهد نمود.

اشاره و انتقاد از دکتر مصدق

دکتر امینی در گرد هم آئی امروز الاهیه اظهار میدارد « از سرگیری صدور نفت به مقدار زیاد به معنی پیشرفت قابل ملاحظه در اقتصاد و بنیه مالی کشور است. او همچنین گفت عقد این قرارداد بدون کمک های معنوی و توصیه های قدرت های بزرگ غربی به شرکت های نفتی خود ، امکان پذیر نبوده است».

دکتر امینی از جنبش ملی شدن نفت دفاع کرد اما گفت « اهداف واقعی در یک گردباد سیاسی و مبارزه طلبی که منجربه ویرانی اقتصادی کشورشده ازنظرها دور شده بودند» این نکته انتقاد و اشاره ای بود به نخست وزیر قبلی دکتر مصدق که برای ملی کردن صنایع نفت مبارزه میکرد و اکنون دوره سه ساله زندان خود را میگذراند.

کنسرسیوم دو شرکت عامل تأسیس میکند که اداره مرکزی آن ها در هلند خواهند بود و در ایران نیز به ثبت خواهند رسید.

چگونه توطئه سال ۱۹۵۳ در سال ۱۹۷۹ ایران را دگرگون ساخت

نوشته جمز رایزن در سایت نیویورک تایمز

بعد از پنج دهه ، نقش امریکا درکودتای نظامی که منجر به سقوط یک دولت دموکرات و قانونی و بازگشت شاه به قدرت شد هر چند ظاهرا در روند رخداد های تاریخ گم شده است، اما هنوزدرایران به عنوان مسأله ای زنده و فراموش نشدنی در خاطره ها مانده است و در امریکا مسأله با سکوت بر گذار میشود. شرکت کنندگان در آن حادثه یکی پس از دیگری بازنشسته یا مرده اند بدون اینکه جزئیات کلیدی طرح را فاش کرده باشند. سازمان مرکزی اطلاعات « سیا » نیز میگوید مقداری از اسناد عملیات که نخستین طرح براندازی موفقیت آمیز یک دولت خارجی بود بکلی نابود شده است. ولی یک نسخه از تاریخ سری مجری طرح کودتا حقایق را آشکار میسازد و فاش میکند که چگونه یک طرح توانسته صحنه را

برای شکل گرفتن انقلاب اسلامی آماده سازد و برای یک نسل تفکر ضد امریکائی تبدیل به دشمنی در یکی از نیرومند ترین کشور های خاور میانه گردد.

اسنادی که هنوز به صورت محرمانه مانده اند آشکارا نشان میدهند که چگونه مقامات اطلاعاتی بریتانیا در تدوین و طرح ریزی کودتا نقش اساسی داشته اند و همچنین نشان میدهد که واشنگتن و لندن در حفظ منافع خود برای کنترل نفت ایران با یکدیگر همکاری داشته اند.

اسرارتاریخ (سیا در ایران) نوشته کرومیت روزولت رئیس طرح توطئه کودتا درسازمان مرکزی اطلاعات امریکا که دراختیار روزنامه نیویورک تایمز میباشد میگوید که موفقیت عملیات را بیشتر میتوان یک اتفاق دانست.

اسناد همچنین نشان میدهند مردی که می بایست اختیارات کشور به او واگذار شود کاملا مورد استهزاء مجری طرح بوده است. از نظر او محمد رضا شاه پهلوی ترسوی دو دل و مسخره ای بود. او همچنین برای اولین بار رازی را فاش میکند که برای راضی کردن شاه به شرکت در توطئه کودتائی که در جهت منافع خود او بوده، چه کوشش های زجر آور و تملقات فریب دهنده ای را بکار برده است.

عملیات ، که با رمز« تی . پی . آژاکس» نام گذاری شده بود، الگوئی شد برای اجرای طرح های آینده کودتا و بی ثبات کردن دولت ها در دوران جنگ سرد. از آن جمله موفقیت در کودتای گواتامالا در سال ۱۹۵۴.

اسرار تاریخ میگوید که مأمورین سازمان اطلاعاتی برای اجرای کودتا مستقیما با نظامیان طرفدارشاه همکاری کرده و جانشین نخست وزیر را از بین آنها انتخاب نمودند ، نمایند گانی برای تشویق شاه به همکاری نزد او فرستادند. ترتیبی دادند که گروهی از ایرانی ها به عنوان اعضای عضو حزب توده در خیابان ها ایجاد بلوا کنند ، و روزنامه هائی برای حمله و دشنام دادن به نخست وزیر منتشر سازند.

با همه این ترتیبات شبی را که برای براندازی نخست وزیر دکتر مصدق در نظر گرفته بودند هیچ یک از ترتیباتی که درطرح پیش بینی شده بود نتوانست موفقیتی بدست آورد. در حقیقت فردای آن روز همه مأمورین سیا قصد فرار از کشور را داشتند. اما تعدادی از افسرانی که توسط مأمورین استخدام شده بودند به ابتکار خود وارد عمل شده رهبری تظاهر کنندگان طرفدار شاه را به عهده گرفته و همان روز دولت را در دست گرفتند.

دو روز بعد ازکودتا مبلغ ۵ میلیون دلار در اختیار دولت کودتا قرارداده شد تا بتواند سلطه خود را مستقر سازد.

طرح امریکا برای اجرای کودتا و نقشی که امریکا در کودتا ایفاد نمود برای ایرانی ها آشکار بود ولی بعد به صورت خاطرات و نشریات توسط مأمورین سیا منتشر شد ، اما بسیاری از جزئیات جزو پرونده های محرمانه باقی ماند و وقتی روزنامه نیویورک تایمز توانست بخشی از آن را بدست آورد آن اسناد را در اختیار عموم گذارد.

بعد از انتشار این بخش سیا از انتشار بقیه اسناد خودداری کرد. دو نفر از مدیران سیا رابرت گیت و جمس وسلی تصمیم گرفتند که اسناد محرمانه کودتا را منتشر سازند اما سازمان

اظهار داشت که سه سال پیش در اوایل دهه ۶۰ تمام اوراق پرونده از بین برده شده است. کمی بعد از این اظهارات یکی از افسران سیا اظهار داشت که پیش از نابود کردن اوراق اصلی یک کپی از آن ها تهیه شده که به عنوان « پرونده کاری » در بایگانی نگهداری میشود.

اسرار تاریخ همراه با ارزیابی عملکرد آن که توسط طراح کودتا نوشته شده بود توسط یکی از مسؤلین سیا که یک نسخه از آن را در اختیار داشت برای انتشار به نیویورک تایمز واگذار گردید. این اوراق را دکتر دونالد ویلبر کارشناس مسائل ایران و خاور میانه که یکی از نخستین طراحان طرح کودتا بود معتقد است که انتشار عملیات آژاکس اطلاعات سودمندی از تاریخ در اختیار خواهد گذارد که در آینده میتوان از آنها استفاده کرد.

در خاطرات مختصری که دکتر ویلبر در سال ۱۹۸۶ زیر عنوان « حادثه ای در خاور میانه » منتشر کرد میگوید « کودتای ایران در طرح اولیه با آنچه که سیا انجام داد تفاوت داشت. طراحان امریکائی آن را تغییر داده تبدیل به طرح عدم ثبات در ایران کردند و بدین ترتیب برای ایرانی ها فقط دو انتخاب گذاردند ، عدم ثبات و نا اامنی یا قبول حاکمیت شاه ».

کودتا نقطه عطفی در تاریخ مدرن ایران بود که به عنوان خاطره دردناکی در روابط تهران-واشنگتن باقی خواهد ماند. کودتا قدرت شاه را مستحکم کرد که برای مدت ۲۶ سال به عنوان دیکتاتور مطلق با روابط نزدیکی که با امریکا برقرارکرده بود حکومت کند اما شاه در سال ۱۹۷۹ بوسیله انقلابیون سرنگون گردید. به دنبال آن اشغال سفارت امریکا و گروگان گرفتن دیپلمات ها و اعلام این که سفارت امریکا لانه جاسوسی امریکا در ایران بود دهه های متمادی در خاطره ایرانی ها باقی خواهد ماند.

دولت اسلامی آیت الله خمینی از تروریست ها حمایت کرد تا منافع امریکائی ها را در جهان به خطر اندازند با این بهانه که امریکا سالیان دراز از شاه حمایت میکرده اند. حتی در دولت های به مراتب معتدل تر هنوز اکثر ایرانی ها از نقشی که امریکائی ها در کودتائی که در دفاع از شاه داشت رنجیده خاطر هستند. برای رفع این کدورت مادلین آلبرایت وزیر امور خارجه ایالات متحده امریکا در کابینه کلینتون که توسط کلینتون نیز تکرار گردید در یک سخنرانی که به منزله پوزش ازملت ایران بود برای شرکت زمامداران گذشته امریکا در براندازی حکومت قانونی دکتر مصدق اظهار میدارد : « آیزنهاور و همکاران او معتقد بودند که با توجه به مسائل استراتژیکی حاکم ، براندازی دولت دکتر مصدق توجیه پذیر بوده است اما بدین مسأله توجه نداشته اند که کودتا از خاطره ایرانی ها زدوده نخواهد شد وعکس العمل آن درروابط آینده امریکا و ایران باقی خواهد ماند. آنچه مادلین آلبرایت در سخنرانی خویش اظهار داشت با توجه به روابط فعلی ایران و امریکا کاملا قابل فهم میباشد

دولت بریتانیا برای حفظ منافع خود در سال ۱۹۵۲ طرح کودتا علیه دکتر مصدق را تدوین نمود اما کابینه ترومن پیشنهاد انگلستان را برای اقدام به کودتا رد کرد ولی رئیس جمهور آیزنهاور درسال ۱۹۵۳ ، مدت کوتاهی پس از ورود به کاخ سفید طرح را تصویب نمود زیرا از تسلط کمونیست ها بر منابع نفت ایران نگران بود.»

سیمای دکتر مصدق در تاریخ

نوشته الیان اسکیولینو در اسرار تاریخ

محمد مصدق ، بدون شک یکی از شخصیت های جاوید قرن بیستم میباشد و مردم ایران هرگز فراموش نخواهند کرد که امریکا در برکناری او از نخست وزیری نقش عمده ای را ایفا نموده است. حقوق دانی که تحصیلات خود را در اروپا گذرانید و تا قبل از جلوس رضا شاه به سلطنت به عنوان وزیر و فرماندار به کشورش خدمت میکرد و چون با پادشاهی رضا شاه موافق نبود به زندان و تبعید محکوم گردید و بعد از آزادی نیز در ملک خود در احمد آباد در حبس خانگی بسربرد.

در سال ۱۹۴۱ و اشغال ایران توسط ارتش های روس و انگلیس رضا شاه از سلطنت خلع و سلطنت به پسرش محمد رضا واگذار گردید. مصدق در اولین انتخابات به نمایندگی پارلمان انتخاب و به صورت یک قهرمان ملی با نطق های آتشین خود علیه انگلستان به سبب تسلط آن کشوربه منابع نفت ایران و دخالت در امور ایران به مخالفت برخاست که نهایتا منجر به ملی شدن صنایع نفت ایران در۱۹۵۱ گردید و به علت محبوبیت ملی که داشت شاه او را به نخست وزیری منصوب نمود.

مصدق در این سمت زندانی ملی گرائی خود شد و نتوانست در حل مسأله نفت موفقیتی به دست آورد. در حالی که انگلستان وانمود میکرد با او مذاکره میکند کوشش کرد که همکاری شرکت های جهانی نفت را به منظور تحریم جهانی علیه او درمسأله نفت به دست آورد. در کشورهای توسعه نیافته دکتر مصدق به عنوان شخصیتی بارز و مبارز ضد امپریالیسم مورد احترام قرار گرفت. در سال ۱۹۵۲ از شاه درخواست کرد که وزارت دفاع را نیز خود به عهده بگیرد و چون شاه موافقت نکرد از مقام نخست وزیری استعفا داد ولی به علت قیام عمومی مجددا به نخست وزیری منصوب گردید.

با برگذاری یک همه پرسی عمومی موفق به انحلال پارلمان گردید. در این شرایط گسترش حزب کمونیست در ایران اعلام خطری برای امریکا بود. در ۱۹۵۳ که شاه کوشش کرد او را برکنار کند طرفداران او به خیابان ها ریختند و شاه ناچار مبادرت به فرار از کشورنمود و این هوشداری بود برای آیزنهاور که ممکن است ایران به جرگه کشورهای کمونیست بپیوندد. هر چند دکتر مصدق از پشتیبانی کمونیست ها برخوردار بود اما چون تمایلی به نزدیکی به مسکو نداشت و حزب کمونیست میدید او و هنوز وابستگی زیادی به امریکا دارد از پشتیبانی او دست کشید. در این موقع در حالی که عده زیادی از روحانیون ، مالکین و تجار و اصناف نیز از او جدا شده بودند طرفداران شاه علیه او کودتا کردند و بعد از چند روز پر آشوب از نخست وزیری معزول گردید. بعد از محاکمه و سه سال زندانی شدن در سال ۱۹۶۷ درحالی که در حبس خانگی میزیست به علت سرطان حنجره به دورد حیات گفت.

بعد از انقلاب سال ۱۹۷۹ ملی گرایان ضد شاه تلاش کردند که خاطره او را زنده کنند ، از این رو نام خیابان پهلوی را به نام مصدق نامگذاری کردند اما آیت الله خمینی به دنبال رشد ملی گرایی نبود از این رو نام خیابان مجددا به نام ولی عصر تغییر کرد.

دو دهه بعد از انقلاب به سبب نا امید شدن روشنفکران و توده مردم از حکومت اسلامی بار دیگر خاطره دکتر مصدق اوج گرفت و جوانان که برای رهائی خود به دنبال قهرمانی می گشتند که شاه و روحانیون نتوانسته بودند امید های آنها را جامه عمل بپوشانند دکتر

مصدق مشعلی شد برای زنده شدن ملی گرائی نسل جوانی که فقط نامی از او شنیده بودند. در مبارزات انتخاباتی سال ۱۹۹۹ پارلمان ، اصلاح طلبان برای تبلیغات انتخاباتی خود از تصاویر بزرگ دکتر مصدق بهره گرفتند و انظار مردم را متوجه خود ساختند. همه ساله بعد از درگذشت مصدق طرفداران ملی گرای او در سالروز درگذشتش بر سر مزار او گرد میآیند.

خاطره او هنوز زنده و مورد بجث و گفتگو در بین طبقات مختلف مردم ایران میباشد. در یکی از جلسات پارلمان لایحه ای برای قطع تعطیلی روز ملی شدن نفت توسط عده ای از نمایندگان به پارلمان ارائه گردید که به تصویب اکثریت رسید ولی به سبب اعتراضات شدید مردم و روزنامه ها مجلس مجددا تعطیلی آن روز را ابقا نمود.

نفت و کودتا از دیدگاه استیفن کینزر

همه مردان شاه [۱۲]

آغاز استخراج نفت توسط شرکت نوبنیاد انگلیس و ایران

پائیز۱۲۹۶- چرچیل : « این موهبتی است از سرزمین پریان ، که ماوراء تصور ما است» با پی بردن به ارزش عظیم این ماده ، انگلیس ها در سال ۱۹۱۹ قرارداد یک جانبه ایران و انگلیس را بر احمد شاه تحمیل کردند. براساس این قرارداد انگلیس ها برارتش ، خزانه داری، شبکه حمل و نقل و شبکه ارتباطی ایران تسلط یافتند. آن ها برای تقویت قدرت جدیدشان حکومتی نظامی را بر ایران تحمیل کردند و با قلدری به حکومت پرداختند. لرد کرزن که یکی از طراحان این قرارداد بود اعلام داشت که عقد این قرارداد ضروری بوده تا سیاست صد ساله انگلیس را نسبت به ایران روشن سازد.

«اگر سؤال شود که چرا ما این مسؤلیت ها را به عهده گرفته ایم و چرا ایرانیان به حال خود گذاشته نمی شوند تا بپوسند ، پاسخ این است که موقعیت جغرافیائی ایران و گستردگی منافع ما در آن کشور و امنیت آینده امپراتوری شرقی ما این امر را غیر ممکن میسازد. همان گونه که در ۵۰ سال گذشته برای ما غیرممکن بود که وضع ایران را نادیده بگیریم. به علاوه اکنون که در آستانه تحت قیمومیت درآوردن بین النهرین هستیم که باعث میشود با غرب آسیا مرزهای مشترک داشته باشیم نمیتوانیم اجازه دهیم که مستعمرات جدیدمان در نکبت و بدبختی و فقر و آشوب سیاسی بسر ببرند و اگر ایران تنها میماند به یقین بلشویک ها آن را نابود میکردند. حرف آخر این که ما در گوشه جنوب غربی ایران دارائی های عظیمی به شکل چاه های نفت داریم که مورد مصرف نیروی دریائی انگلیس قرار میگیرد و منافع ما را در آن بخش از جهان تأمین میکند».

عملکرد شرکت نفت در ایران

در اواخر سال ۱۳۲۹ شرکت نفت بدون هیچ دلیل مبادرت به کاهش حقوق کارگران مناطق نفت خیز میکند این امر ساکنین مناطق نفت خیزرا به خیابان ها میکشاند و آنان به طرفداری از کارگران میپردازند. بخشی از این عمل به دلیل همدردی مردم با کارگران و بخشی دیگر به خاطر نابرابری چشم گیر قرارداد شرکت نفت ایران و انگلیس بود. مثلا در سال ۱۳۲۶ این شرکت گزارش داد که پس از کاهش مالیات سودی معادل ۴۰ میلیون لیره داشته است، درحالی که سهم ایران از این سود عظیم تنها ۷ میلیون لیره بود. بدتر از همه این بود که شرکت هرگز به توافقنامه سال ۱۳۱۲ با رضا شاه مبنی بر بهبود وضع کارگران وقعی ننهاد و مدرسه و بیمارستان، جاده و خطوط تلفنی که وعده داده بودند ساخته نشده بودند.

منوچهر فرمانفرمائیان که در سال ۱۳۲۸ رئیس اداره نفت در وزارت دارائی بود در مورد کارگران ایرانی صنعت نفت چنین میگوید:

حقوق کارگران روزانه ۵۰ سنت بود. آن ها در زمان بیماری و یا تعطیلات حقوق دریافت نمیکردند. کارگران در شهر مخروبه ای به نام حلبی آباد زندگی میکردند که فاقد آب و برق بود. در زمستان سیل جاری میشد و شهر را دربر میگرفت. مردم تا زانو در گل و لای فرو میرفتند و با قایق رفت و آمد میکردند. پس از توقف باران هجوم مگس ها که از مرداب های درون شهر برمیخواستند اهالی را به تنگ می آوردند. دسته های مگس بر لبه ظروف پخت و پز می نشستند، انگار با چسبی محکم به آنها چسبیده بودند.

تابستان بدتر از سایر فصول بود زیرا ناگهان به جهنمی تبدیل میشد ، گرما کشنده بود، بدترین گرمائی که در عمرم دیده ام ، مرطوب و وحشتناک ، درحالی که باد و توفان شن دربیابان به چشم میخورد ساکنین حلبی آباد بشکه های نفت زنگ زده را با چکش صاف میکردند و از آنها به عنوان سر پناه استفاده مینمودند ، در همه جا بوی نامطبوع گوگرد ناشی از سوختن نفت به مشام میرسید. مدیران شرکت نفت ایران و انگلیس با پیراهن های اتو کشیده و دفاتر مجهز به دستگاه های تهویه مطبوع کارگران را به صورت زنبورهایی نامرئی میدیدند که تنها صدای وزوزشان را می شنیدند.

در بخش انگلیسی آبادان چمن های سبز ، باغچه های پر گل ، زمین تنیس و باشگاه های متعدد به چشم میخورد. در حلبی آباد چیزی دیده نمیشد. نه قهوه خانه ، نه حمام نه حتی درختی ، حوض های کاشیکاری شده و سایبان هائی که به گونه سنتی در همه شهرهای ایران حتی شهر های فقیر و خشک به چشم میخورد در آبادان دیده نمیشد. کوچه های خاکی مراکز موش ها بودند. فروشندگان دکان ها هنگام فروش کال اها در تشتی ازآب می نشستند تا گرما را احساس نکنند. تنها مسجد گلی و نیمه ویران محله قدیمی شهربود که به اهالی امید رهایی و رستگاری میداد.

کارمندان دون پایه که دارای دیپلم دبیرستان و یا فارغ التحصیل از آموزشگاه شرکت نفت بودند در خانه هایی زندگی میکردند که تنها وسیله خنک کردن آنها در تابستان یک پنکه سقفی بود. از داشتن یخچال محروم بودند. شرکت نفت در روزهای تابستان یک بار در روز با ماشین مقداری یخ به منازل این کارکنان تحویل میداد.

بعد از ملی شدن نفت ، وزیر مختار انگلیس در تل آویو گزارشی از روزنامه جروسالم پست به لندن ارسال میدارد « شرکت نفت مستحق این مکافات است» در این گزارش یک اسرائیلی که سالیان زیاد درآبادان بسر میبرد مینویسد : « مردم آبادان فقیرترین مخلوقات روی زمین هستند. آن ها هفت ماه تابستان سوزان سال را در زیر درخت ها زندگی می کنند. در زمستان این توده جمعیت به سالن های بزرگی که شرکت نفت ساخته بود انتقال می یافتند و درحدود ۳۰۰ یا ۴۰۰ نفر در هر یک از این سالن های بهم پیوسته زندگی میکردند. هر خانواده فضائی به اندازه یک پتو اشغال میکرد. دستشوئی و توالت وجود نداشت. ما درگفتگو با همکاران انگلیسی خود تلاش میکردیم که اشتباهاتشان را به آن ها نشان بدهیم و معمولا پاسخ آنها این بود « ما انگلیسی ها تجربه صد ساله در رفتار با ملت ها را به دست آورده ایم، در کشور ما سوسیالیزم قابل قبول است ، اما این جا شما باید ارباب باشید».

ایران بعد از ملی کردن صنایع نفت

در خانه سدان رئیس شرکت نفت در تهران پرونده های مهمی به دست آمد که نشان میداد شرکت نفت ایران و انگلیس در همه زمینه های زندگی سیاسی ایران دخالت میکند. این

مدارک نشان داد که این شرکت بر سناتور ها ، نمایندگان مجلس و وزرای کابینه سابق نفوذ داشته و مخالفان خود را از کار برکنار میکرده است. همچنین به جراید رشوه میداد تا مقالاتی درمورد فساد رهبران جبهه ملی و رشوه گیری آن ها از شرکت نفت انگلیس و ایران چاپ کنند. یکی از مدارک حاکی بود که علی منصور نخست وزیر اسبق به شرکت نفت ایران و انگلیس التماس کرده بود که او را از نخست وزیری برکنار نکنند ، درعوض او قول میدهد وزیر دارائی دیگری را که طرفدار انگلیس ها است در کابینه اش وارد کند. همچنین مؤید این است که بهرام شاهرخ رئیس تبلیغات و رادیو سابق در استخدام شرکت نفت بوده است.

اوضاع هر روز بدتر میشد ، رئیس جمهور ترومن که هنوز امیدوار بود راه حلی برای بحران بیابد کمیته امنیت ملی را در اوایل تیر ماه فرا خواند. واقعیات هشدار دهنده بودند. تلاش های جرج مک گی برای تغییر سیاست شرکت نفت و وزارت امور خارجه انگلیس کاملا بی اثر مانده بود. شرکت نفت شروع به خارج کردن کارمندانش از ایران نموده بود و احتمال بسیار میرفت که پالایشگاه نفت آبادان نعطیل شود. متخصصان خاور میانه در وزارت امور خارجه امریکا گزارش دادند که اگر مسأله نفت ایران حل نشود احتمال میرود که جهان آزاد ایران را از دست بدهد. مصدق در پیامی که برای ترومن ارسال داشت متذکر گردید که انگلیس ها قصد خراب کاری در جریان ملی شدن نفت را دارند و افزوده بود که در ایران هیچ خطری خارجی ها را تهدید نمیکند.

مک گی در بازگشت از لندن در گزارش خود به دین آچسن گفت « موریسون درمورد عکس العمل های ما نسبت به وضع ایران اعتراض کرد و از پیشنهاد امریکا در مورد ارائه قطعنامه ای ملایم به شورای امنیت عصبانی بود و چندین بار تکرار کرد « من با مصدق دیوانه پشت یک میز محاکمه نمی نشینم » او وقتی یادداشت آچسن را خواند گفت نا امید کننده است موریسون اطمینان داشت که سر گلادوین جپ شورای امنیت سازمان ملل متحد را تحت تأثیر قرار خواهد داد و ایران محکوم خواهد شد.

اما آن ها اشتباه میکردند. مصدق این مباحثات را دوست داشت تا اندازه ای که حاضر شد شخصا به نیویورک سفر کند و از کشورش دفاع نماید. این حمله جانانه ای علیه انگلیس ها بود. محبوب ترین شخصیت ایران در طول قرن ها اکنون در صحنه بین المللی ظاهرشده بود و نه تنها مظلومیت کشوری ضعیف در قبال حکومتی قوی ، بلکه ظلم و ستمی را که اغنیا بر فقرا در سراسر جهان اعمال مینمودند به نمایش در میآورد ، مصدق می خواست سخنگوی فصیح حرکت های ملی کشورهای عقب مانده شود که زیر یوغ استعمار قرار داشتند. او به خوبی و فصاحت از حقوق ملی کشورش دفاع کرد و برخلاف اطمینان موریسون به موفقیت نماینده اش در سازمان ملل، در آخرین جلسه شورای امنیت سر گلادوین جپ ضمن ستایش از شخصیت دکتر مصدق به شکست سیاسی انگلیس در شورای امنیت اعتراف نمود.

نوشته ای از مجله تایمز در کتاب مردان شاه

روزی، روزگاری در سرزمینی کوهستانی که میان بغداد و دریاچه خاویار واقع شده است نجیب زاده ای زندگی میکرد که پس از یک عمر شکوه و شکایت از حکومت سلطنتی کشورش رئیس دولت شد. او در عرض چند ماه همه دنیا را متوجه کلمات و رفتار و لطیفه ها و خنده ها و کج خلقی های خود کرد. در پشت دلقک بازی های مضحک او نکات متعددی در مورد جنگ یا صلح وجود داشت که بسیاری از سرزمین های ماورای این

سرزمین کوهستانی را تحت تأثیر قرار داد. او محمد مصدق ، نخست وزیر ایران در سال ۱۳۳۰ بود. او مرد سال بود. او تجارت نفت را به آشوب کشید. اشک های او ستون های باقیمانده یک امپراتوری بزرگ را ویران کرد. او با صدای بریده بریده و محزون ، مبارزه ای جسورانه را که مملو از حسرت و نفرت و برای غرب تقریبا غیر قابل درک بود منعکس ساخت.

موفقیت بریتانیا در سراسر خاور میانه ناامید کننده است. آن ها همه جا مورد نفرت و بی اعتمادی اند. رابطه استعماری گذشته به آخر رسیده است و هیچ قدرت دیگری نمیتواند جانشین بریتانیا شود. ایالات متحده امریکا چه بخواهد و چه نخواهد ناچار به اتخاذ سیاستی برای خاور میانه است ، هنوز مردد است و تصمیمی اتخاذ نکرده است... امریکا درنقش رهبرکشورهای غیر کمونیست ، مسؤلیت خطیری برشانه هایش احساس میکند ، یکی از آنها رویا روئی با مبارزات اخلاقی است که جادوگری پیر و عجیب که در این سرزمین کوهستانی زندگی میکند و مرد سال است آغاز نموده است.

آغاز کودتا توسط طرح آژاکس

.... در این زمان تبلیغات منفی علیه مصدق به اوج رسیده بود. مطبوعات بر ضد او حرف میزدند و مقالاتی که مرکز عملیات دیکته میکرد در روزنامه ها منعکس میشد. سازمان سیا با یادداشت های جعلی از جانب حزب توده به رهبران مذهبی هشدار میداد که اگر با مصدق مخالفت کنند به مجازات سنگینی محکوم میشوند و تلفن های تهدید کننده به خانه های آنها زده میشد و در خانه یکی از رهبران مذهبی بطور ساختگی بمب گذاری شد. به زودی خبر رسید که شاه مستقیما در عملیات ضد مصدق دخالت دارد. این خبر از طریق مرکز عملیات روزولت بر سر زبان ها افتاد.

در ۲۳ مرداد، مرکز عملیات تلگرافی به واشنگتن فرستاد و اعلام داشت که پس از پایان عملیات آژاکس حکومت زاهدی با خزانه خالی روبرو خواهد بود و نیاز به کمک مالی دارد و پنج میلیون دلار پول تقاضا شد که سازمان سیا باید چند ساعت پس از پایان عملیات این مبلغ را تهیه میکرد.

شامگاه ۲۴ مرداد روزولت و سایر عوامل کودتا کاری نداشتند جز این که منتظر خبر اعلام پیروزی باشند اما خبری که دریافت داشتند نا امید کننده بود. زیرا آنچه روزولت ازآن وحشت داشت اتفاق افتاد و نه تنها سرتیپ ریاحی بازداشت نشد بلکه نصیری که فرمان عزل مصدق را داشت خلع سلاح و بازداشت شد. ولی ۳ روز بعد کودتا با موفقیت انجام و شاه دوباره جایگاهش را بدست آورد اما....

دیدگاه هایی درمورد کودتا

بعد از آنکه نسل انقلابی ایران به سن بلوغ رسید ، روشنفکران ایران شروع به ارزیابی تأثیرات دراز مدت کودتای سال ۱۳۳۲ نمودند.

در یک مجله سیاست خارجی امریکا

حقیقت این است که اگرآن کودتا نبود ، ایران میتوانست از دموکراسی بالغی بهره مند شود. یادآوری آن کودتا آن قدر دردناک بود که در سال ۱۳۵۷ ، زمانی که شاه ایران را ترک میکرد بسیاری ترس از آن داشتند که تاریخ تکرار شود و این یکی از انگیزه های دانشجویان

برای اشغال سفارت امریکا بود. بحران گروگان گیری در مقابل موجب تهاجم عراق به خاک ایران گردید و ازطرفی انقلاب اسلامی در ایران موجب شد که روسیه به افغانستان حمله کند. حاصل کلام آنکه ، بخش وسیعی از تاریخ تنها به دلیل عملیاتی که فقط یک هفته به طول انجامید شکل گرفت.

کودتای سال ۱۳۳۲ و پیآمد های آن ، نقطه آغازین صف بندی های سیاسی امروز خاور میانه و درون قاره آسیا بود. آیا کسی میتواند با اندیشیدن به گذشته بگوید که انقلاب اسلامی سال ۱۳۵۷ ایران اجتناب ناپذیر بود؟ یا اینکه انقلاب به وقوع پیوست زیرا امید های ملت ایران در سال ۱۳۳۲ برای همیشه به باد رفته بود؟

با دید تاریخی آسان است که تأثیرات فاجعه آمیز عملیات آژاکس را به عیان دید. این تأثیرات سال های طولانی دنیا را به ستوه خواهد آورد. اما اگر کودتا در ایران اجرا نمیشد چه اتفاقی میافتاد؟ رئیس جمهور ترومن تا آخرین لحظه حضورش در کاخ سفید اصرار داشت که امریکا نباید در امور داخلی ایران دخالت کند. راستی اگر رئیس جمهور آیزنهاور نیز با ترومن اتفاق نظر داشت ، چه اتفاقی میافتاد؟

ریچارد کاتم: « تصمیم بر براندازی مصدق راستی تصمیمی تاریخی بود. ایران در نقطه عطفی قرار گرفته بود که در آن درصد افرادی که وارد جریانات سیاسی میشدند و یا از شرکت در این جریانات منع می گشتند ، با رشدی سریع افزایش می یافت. این افراد بیدار شده رهبران خود را به الگوی ارزش ها و سنت های خود می پذیرفتند و از آنها حمایت میکردند. اگر مصدق، جبهه ملی و رهبران مذهبی که گفته های قرآن را به نحو ملایم تری بیان میکردند حکومت را در دست خود حفظ مینمودند ، می توانستند در نقش ناجیان اجتماعی به این ملت بیدار خدمت کنند. اما در عوض پادشاهی دیکتاتور حکومت را بدست گرفت و از مردم جدا ایستاد. سیاست امریکا شالوده تاریخ ایران را دگرگون ساخت ، این سیاست کمک کرد تا افراد فرهیخته ملی گرا ، همان هائی که امریکا را دوست خود می پنداشتند و آن را حامی خارجی قابل اعتماد خود تلقی میکردند از میدان خارج شوند ».

مارک گازیوفسکی: « با نگاهی به گذشته ، کودتای امریکائی که در ۲۸ مرداد سال ۱۳۳۲ در ایران روی داد به صورت حادثه ای بحرانی در تاریخ پس از جنگ دوم جهانی به ثبت رسیده است. اگر این کودتا اجرا نشده بود ، آینده ایران به یقین متفاوت بود. نقش امریکا در تقویت قدرت دیکتاتوری شاه پس از کودتا نیز در ارتباطات آتی ایران با امریکا بسیار سرنوشت ساز بود. دخالت امریکا در این حوادث به وضوح در حملات تروریستی به امریکا و رویداد هائی که در اوایل دهه ۱۳۵۰ در ایران رخ داد ، در طبیعت انقلاب ضد امریکائی سال ۱۳۵۷ و همچنین در سایر عملیات ضد امریکائی که در ایران پس از انقلاب رخ داد و مهم تر از همه در ماجرای گروگان گیری در سفارت امریکا در تهران منعکس شده است. امروز طرفداران این کودتا ادعا میکنند که حداقل بیست و پنج سال ثبات و آرامش کشور ایران تحت رهبری حکومتی طرفدار امریکا مدیون همین کودتا بوده است ، درحالی که مضرات انقلاب ایران برای منافع امریکا هر روز آشکارتر میشود، این سؤال پیش میآید که « آیا کودتا ارزش چنین بهای سنگین و طولانی مدتی را داشته است؟»

مری آن هایس :«شاید در دراز مدت بپذیریم که ناتوانی بریتانیا در معامله با مصدق، که دارای سیاست معتدلی بود ، راه را نه تنها برای شاه و عواملش در طول چند دهه بعدی، بلکه

برای حکومت افراطی ضد غربی که پس از سال ۱۳۵۷ روی کار آمد هموار ساخت. دخالت امریکا در کودتای سال ۱۳۳۲ و قرارداد کنسرسیوم در سال ۱۳۳۳ ، ملت ایران را متعاقد ساخت که امریکا کوچکترین توجهی به منافع آنها ندارد و بیشتر نگران تثبیت نظام امپریالیستی بریتانیا است تا خواسته های ملی و استقلال طلبی ایرانیان. این امر موجب گشت که ملی گرایان ایران امریکا را شیطان بزرگ بخوانند و آن را مسبب همه بدبختی های ملت ایران بدانند.

منازعات نفتی دهه ۱۳۳۰ با سرکوبی ایرانیان ملی گرا هسته اصلی انقلاب اسلامی را در دل ایرانیان کاشت که ۲۵ سال بعد منجر به روی کار آمدن حکومتی شد که حتی بیش از مصدق احساسات ضد غربی داشت. نتیجه آنکه این پیآمد ها حتی اکنون بر خلیج فارس و ماورای آن سایه ای سنگین افکنده است».

نیکی اورکدی : « کودتای سال ۱۳۳۲ که نتایجش در قرارداد نفت سال بعد ظاهر گشت و محصولات نفتی و بازاریابی و ۵۰ درصد منافع نفت را در اختیار کارتل های نفتی خارجی گذاشت ، تأثیرات دردناکی بر افکار عمومی ایرانیان نهاده که تا به امروزادامه یافته است. احساس خشم ملت پس ازآگاهی ازدخالت مستقیم امریکا در کودتای ایران به اوج رسید. حمایت امریکا از دیکتاتوری شاه به مدت ۲۵ سال به آتش این خشم دامن زد. اما در هرحال اتهامات گاه مبالغه آمیز و افراطی ایرانیان، هم درمورد امریکا و هم انگلیس میتواند ریشه در رویداد های مهم و حقیقی داشته باشد ، به ویژه شرکت در سرکوب حرکت های انقلابی مردمی و حمایت از حکومت های غیر مردمی».

ویلیام راجرز لوئیس : « ملت ها نیز چون افراد نمیتوانند استثمار شوند ، مگر آنکه سرانجام استثمار کننده باید روزی تصفیه شود... در کوتاه مدت ، دخالت امریکا در کودتای سال ۱۳۳۲ مفید واقع شد ، اما در طولانی مدت ، شاید درایت سیاسی حکم میکرد که امریکا دستان خود را از ایران کوتاه کند ».

***

این نگرش ها هم جهت با آرای عمومی است ، و کسانی را که مخالف براندازی مصدق بودند، بطور قابل ملاحظه ای تبرئه میکند. رئیس جمهور ترومن پیش بینی میکرد که روش نادرست مقابله با بحران ایران موجب ایجاد « فاجعه ای برای جهان آزاد» میشود. هنری گریدی ، سفیر ترومن در تهران هشدار داده بود که اجرای کودتا در ایران « کاملا احمقانه است و موجب تجزیه ایران و عواقب آن میشود ». اگر کسی در طی ربع قرن پس از کودتا در ایران این کلمات را میخواند آنها را اشتباه میدانست ، اما اکنون تاریخ درستی آنها را نشان میدهد. نتایج عملیات آژاکس همان طور که آن ها پیش بینی میکردند وحشتناک بود. اگر چه ضربات نهائی آن را ، بیش از آنچه مردم انتظار داشتند به طول انجامید.

اگر عوامل انگلیس و امریکا آن چنان بی شرمانه در امور داخلی ایران دخالت نکرده بودند، سرانجام صلح آرامش ورفاه به ایران باز میگشت. نمیتوان تصور کرد که هیچ حادثه دیگری چون عملیات آژاکس میتوانست این همه درد و وحشت در طول ۲۵ سال بعد بر ملت ایران نازل کند.

کودتا ایرانی قابل اعتماد را به مدت ۲۵ سال به ایالات متحده امریکا ، انگلیس و غرب اهدا کرد و این یک پیروزی کامل بود ، اما با توجه به آنچه بعد ها رخ داد و با پذیرش فرهنگ عملیات پنهانی به صورت بخشی از سیاست خارجی امریکا ، پیروزی ای خدشه دار بود. از خیابان های پرهرج و مرج تهران و سایر پایتخت های کشورهای اسلامی تا صحنه های حملات تروریستی در سراسر جهان ، اسطوره دردناک و وحشت آفرین عملیات « آژاکس » به چشم میخورد.

درخششی در تاریکی

تقریبا یک سال از کودتای ۲۸ مرداد میگذرد. به دنبال قتل دانشجویان احمد قندچی ، مهدی شریعت رضوی و مصطفی بزرگ نیا در دانشکده فنی دانشگاه تهران ، محاکمه و زندانی کردن دکتر مصدق در جهت منافع دولت انگلیس و تراست های نفتی ، تجدید رابطه با دولت انگلیس و افتتاح مجدد سفارت و کنسول گری های انگلیس در شهر های مختلف ایران ، بازداشت میهن دوستان آزادی خواه ، سانسور و توقیف روزنامه های ملی و حاکمیت اختناق و فشار کشور را به گورستان خاموشی تبدیل کرده است.

انتخابات دوره هیجدهم مجلس شورای ملی با سبک انتخابات رضا خانی ، جیره خواران قدرت و تمکین کنندگان دیکتاتور را به نام وکلای ملت در مجلس نشانده تا بار دیگر خیانت سال ۱۳۱۲ تجدید و آمال ملتی را که سه سال در سخت ترین شرایط به امید بهروزی و نجات کشور از سلطه استعمار و رسیدن به آزادی و حکومت ملی تلاش کردند به باد دهند. امروز قرار است قرارداد تحمیلی کنسرسیوم در یک نشست فرمایشی به تصویب برسد.

در لژ تماشاچیان نمایندگان کنسرسیوم و دیپلمات ها و خبرنگارانی که کشور های آن ها سهمی از منابع نفت ایران را به دست می آورند نشسته اند تا شاهد بزرگترین پیروزی های دیپلماسی دنیای آزاد در دوران جنگ سَرد باشند.

وزیر دارائی آقای علی امینی که در جلسه امضای قرارداد در الهیه از دولت های معظم جهان به خاطر لطفی که به مردم ایران کرده اند و شرکت های بزرگ نفتی را وادار ساخته اند تا برای نجات مردم ایران از فقر و کمونیسم، صنایع نفت ایران را بکار اندازند ، بار دیگر در مجلس شورای ملی وابستگی خویش را با مدح و ثنا گوئی از تراست های نفتی و دولت های پشتیبان آنان اعلام میدارد.

در فضای خاموش و سکوت مرگ باری که بر سراسر کشور و مجلس شورای ملی سایه گستر شده است سپهبد زاهدی نخست وزیر منتخب کودتا و مورد تأیید شاه هنگام تقدیم لایحه به مجلس میگوید « امتیازی به کسی داده نشده و عهد نامه ای نیز تنظیم نگردیده است و ملت ایران مالک بلا منازع تأسیسات عظیم و پر قیمت نفت میباشد» پس از او وزیر دارائی که افتخار دفاع از قرارداد را به عهده گرفته ضمن تقدیم قرارداد موسوم به قرارداد «امینی - پیج » به ریاست مجلس، انتظار دارد که مشابه قرارداد سال ۱۳۱۲ بدون مخالفت در مجلس شورای ملی به تصویب برسد تا نمایندگان خبرگذاری های خارجی خبر این موفقیت بزرگ دنیای آزاد را هرچه زود تر به روزنامه های خود مخابره نمایند.

اما برخلاف انتظار شاه و دست نشاندگان او ، محمد درخشش نماینده مجلس و رئیس کانون معلمان کشور که به عنوان مخالف با قرارداد ثبت نام کرده است با اوراق خود در پشت

تریبونی قرار میگیرد که سه سال قبل از همان مکان دکتر مصدق به عنوان هدیه نوروزی به مردم ایران و همه ملت های زیر سلطه جهان تصویب قانون ملی کردن صنایع نفت را اعلام میدارد، درخشش با قراردادی به مخالفت می پردازد که قرار است بار دیگر سرنوشت ملت ایران را به دست سلطه گرانی بسپارد که نه تنها حقوق حقه ملت ایران را نادیده خواهند گرفت و میدان فعالیت غارت گران نفت را گسترده تر خواهند کرد بلکه خط بطلان برکلیه حقوق از دست رفته ملت ایران در ۵۰ سال گذشته نیز می کشند.

ماده ۱ - جزء الف - « شرکت نفت انگلیس و ایران مبالغ اضافی را که به ایران خواهد پرداخت و موافقت میشود این مبالغ اضافی که جمع کل آن ۵۱ میلیون لیره انگلیسی است به نوبه خود تهاتراً در مقابل وجهی که ایران باید به شرکت سهامی بپردازد و عبارت از تفاوتی است که پس از رسیدگی به دعاوی و مطالبات متقابل دیگر موجود مانده احتساب شود و بنابراین بین ایران و شرکت سهامی نفت انگلیس و ایران موافقت شد که مبلغ خالص ۲۵ میلیون لیره انگلیسی بدون بهره که دین ایران به شرکت سهامی نفت انگلیس و ایران است باید پرداخت شود و ایران قبول میکند که مبلغ ۲۵ میلیون لیره انگلیسی به اقساط و در مواعدی که درجزء ج این ماده تعیین شده است در وجه شرکت سهامی نفت انگلیس و ایران بپردازد ».

ماده ۲ - ایران موافقت دارد و شرکت سهامی نفت انگلیس و ایران قبول میکند که پرداخت ۲۵ میلیون لیره انگلیسی که به طرز مقرر در ماده ۱ از طرف ایران به عمل خواهد آمد به کلیه دعاوی و مطالبات متقابله ایران و شرکت ملی نفت ایران از یک طرف و شرکت سهامی نفت انگلیس و ایران بابت هر مسأله ای مربوط به قبل از تاریخ اجراء از طرف دیگر کاملا و قطعا خاتمه خواهد داد.

سخنرانی درخشش در مخالفت با قرارداد کنسرسیوم هرچند با توجه به شرایط حاکم اجبارا همراه با بیان پاره ای نکات منفی نسبت به عمل کرد دولت مصدق نیز بوده است که می باید از نو بازگوئی و مورد بررسی قرار گیرد ، اما فریاد محمد درخشش در جلسات علنی مجلس در آن دوران خفقان علیرغم خواست دیکتاتور که تاج و تختش را از تراست های نفتی و حامیان آن ها میدانست ندای ملت ایران بود که با شهامت و از خود گذشتگی ابراز میشد و باید همواره در خاطره ملت ایران باقی بماند همچنان که در صفحات تاریخ این کشور کهن سال نیز به یادگار خواهد ماند.

قسمتی از سخنرانی محمد درخشش در مخالفت با قرارداد کنسرسیوم[۱۵][۱۶]
نقل قسمت هائی از فصلنامه های مهرگان و سخنرانی محمد درخشش در مجلس هیجدهم

آقای وزیر دارائی در سخنرانی خودشان نگرانی مردم را از « مداخله تاجری که بتواند با حیله بر مقدرات او مسلط شود » بی مورد دانسته و این نگرانی را ناشی از حس زبونی دانسته اند. واضح است که منظور ایشان از تاجر ، شرکت سابق نفت است که در نتیجه این قرارداد رسما « شرکت لاحق» نفت میشود و همچنین سایر شرکت های بزرگ نفت. باعث تعجب است اگر آقای امینی درک نفرموده باشند در قرون ۱۹ و ۲۰ بدست همین تاجرهای بی خطر و بی آزار کشور هائی مانند هندوستان ، اندونزی ، تونس ، مراکش و الجزایر دچار شرکت هائی از نوع هند و اروپا اعم از انگلیسی و هلندی و فرانسوی ... شده بودند نیز تاجرهای بی آزاری بودند که جناب آقای امینی از آنها نگرانی ندارند.

تاجرهای بی ضرر آقای امینی مطابق اصول بازرگانی کاملا مشروع ، مواد خام را در زمین های مفت و مجانی و با دستمزد نزدیک به صفر به کالاهای تجارتی تبدیل میکنند. این تاجرهای بی آزار عوض اینکه نفت را در امریکا با حق الارضی که کمتر از ۳۷۰ دلار نمیباشد و با مزد ۷۵ دلار در برابر ۴۰ ساعت کار در هفته ، و در ایران با حق الارضی مساوی صفر و دستمزد ۳۵ ریال در ازاء همان مقدار کار، از مصرف کننده آسیائی و افریقائی مطابق همان دستمزد و حق الارضی امریکائی به اضافه سایر مخارج حمل و نقل با واحدهای اروپائی و امریکائی دریافت میدارند.

برای توجه آقایان به این نکته که بدون داشتن حس زبونی آیا ملت ما حق دارد نسبت به این کنسرسیوم که اژدهائی نیرومند تر از شرکت سابق نفت است نگرانی داشته باشد یا نه؟

جناب آقای امینی این روزها زیاد از زبونی بحث فرمودند. اگر ما میگوئیم برای چهل سال دیگر سرنوشت چند نسل دیگر را مطالق یک قراردادی که به آن جنبه بین المللی میدهند در ید قدرت نیرومند ترین واحد های صنعتی جهان نگذاریم گویا این ناشی از زبونی است ولی آقای امینی برای ملت ایران لیاقت اداره یک مؤسسه تجارتی را قائل نیستند. ایشان نه تنها برای نسل حاضر لیاقت اداره کردن صنعت نفت را مطابق عقیده کنسرسیوم قائل نیستند بلکه از نسل هائی که تا چهل سال دیگر میآیند نیز سلب لیاقت میکنند. آقای امینی که برای خود لیاقت وزارت دارائی کشور شاهنشاهی ایران را قائل است آیا درعین حال لیاقت اداره یک مؤسسه تجارتی و صنعتی را نیز قائل میباشند یا نه؟ آیا ایشان بقدرآن تاجری که ما را تشویق به نترساندن ازاو میکند لیاقت دارند یا نه؟ اگر لیاقت دارند عوض آن تاجر خودشان مدیر عامل شرکت نفت باشند و با یک عده دیگر از افراد لایق ایرانی که هم اکنون و در گذشته در رأس ادارات اقتصادی مهمی مانند بانک بین المللی و غیره بودند شرکت ملی نفت را به عنوان هیأت مدیره اداره کنند. اگرآقای امینی برای خود و هموطنان معاصر خود لیاقت اداره صنعت خود را قائل نیستند حق ندارند برای پسر خود و پسر پسر خود و نسل های معاصر آنان نیز لیاقت قائل نباشند و از هم اکنون سرنوشت نسل ها را با این قرارداد چند میخه برای چهل سال تسجیل نکنند. اگر این زبونی نیست پس چه معنی دارد؟

چندی است که اداره کل تبلیغات ما شب و روز به گوش مردم میخواند که نفت ایران بازار خود را از دست داده و دنیا احتیاج به نفت ما ندارد و این علاقه شرکت های نفتی به استقلال ایران است که نفت ما را استخراج میکنند و به خصوص احتیاج به نفت تصفیه شده ایران اصلا وجود ندارد و به همین مناسبت و برای تشویق شرکت ها به بالا بردن مقداراستخراج، حتی همان اصل پنجاه پنجاه را درباره تصفیه خانه قبول نکرده اند.

من به آقایان با اسناد و ارقام نشان خواهم داد که هم بازار نفت ایران از بین نرفته و هم احتیاج مبرم به نفت ما وجود دارد و هم نوع نفت و بنزین ایران برای هواپیما های سریع السیر یک عامل اساسی و صرفنظر نکردنی است.

ارقام منتشره از طرف شرکت سابق نفت که به موجب قرارداد آقای امینی شرکت لاحق میگردد هزینه اکتشاف و بهره برداری در سال ۱۹۵۱ در ایران برای هر بارل یک سنت بوده که یک دهم سنت هزینه اکتشاف است ، این هزینه در سال ۱۹۴۹ برای ونزوئلا و کشورهای مشابه ۱۰سنت و برای امریکا ۵۰ سنت بوده است. اداره کل تبلیغات ما خوب است این اعداد را برای مردم ایران بخواند تا آنها بدانند که هزینه اکتشاف یک دهم یا دو

دهم سنت در مقابل ۵۰ سنت نیروی جاذبه ای پیدا میکند که شرکت های نفت را به ایران بکشاند و اعداد و ارقامی که از طرف رادیو ایران گفته میشود سزاوارتراست که از فرستنده های تراست های نفتی فرستاده شود.

در بیلان سال ۴۹ شرکت سابق هزینه سرمایه گذاری برای تولید و تصفیه نفت در ایران ۶۰ سنت است ولی در همان سال در ونزوئلا این هزینه ۳/۵ دلار و در امریکا ۹ دلار بوده است. علاوه برآن قیمت حق الارض هر مایل مربع برای اکتشاف منابع نفتی در امریکا حدود ۳۷۰ دلار ولی در ایران یک شرکت ملی نفت وجود دارد که اراضی را مجانی در اختیار شرکت های نفتی میگذارد. همه این عرایض زبان ارقام و اعداد است و تبلیغات گمراه کننده نمیباشد.

آقای دکتر امینی و حتی خود کنسرسیوم میگویند صنعت نفت ملی شده است ، مثل اینکه بچه را گول میزنند. من از این دولت تقاضا میکنم که یک مورد در تمام دنیا پیدا کند که گفته باشند صنعتی را دولتی ملی کرده است ولی مجددا آن صنعت ملی شده را شبیه این وضع حاضر به سرمایه داران خصوصی واگذار کرده باشد؟ این منافی شأن مجلس شورای ملی و سنای ملت ایران است که ما را بخواهند با کلمات فریب دهند و بگویند اینها ملک طلق دولت ایران است و پلاکی به نام شرکت ملی نفت ایران به آن بچسبانند ولی مطابق تعریف صریح آقای پیج بگویند مالک اصلی این تأسیسات مادامی که این تأسیسات قابل استفاده است حق استفاده ازآن را ندارد؟

آقای امینی با تاجر بیگانه ای قراردادی می بندد ولی قرارداد به زبان ملتی که دولت آن عاقد قرارداد است، در موقع بروز اختلاف زبان رسمی نمی باشد ولی قرارداد به زبان ملی آن تاجر رسمی است و آن وقت ما را مانند بچه گول میزنند که هر دو زبان رسمی است ولی موقع بروز اختلاف متن انگلیسی معتبر است! شما چگونه میتوانید در مجلس قراردادی را تأیید کنید که متن فارسی آن را در موقع بروز اختلاف معتبر نمی شناسند. من خجالت میکشم که این گونه قرار داد را امضا کنم، ایشان را نمیدانم؟

دولت و آقای امینی پیوسته افتخار میکنند که گویا مشکل نفت را حل کرده اند. من نمیدانم که چگونه حل شده زیرا در این قرار داد تمام خواسته های شرکت های نفتی برآورده شده است. اگر دولت ایران هیأت نمایندگی نداشت و شش ماه زحمت نمی کشید و وکالت تام الاختیار به کنسرسیوم میدادیم آیا تصور میکنید که قرارداد نامساعد تر از این به ما پیشنهاد میشد؟

این قرارداد با تمام لوایحی که مجلس شورای ملی طی ده سال گذشته درباره نفت تصویب نموده است مغایر و متضاد میباشد و خط بطلان بر روی همه آنها کشیده شده است. اگر آقای نخست وزیر به این ادعای خودشان که امتیازی به کسی داده نشده و عهد نامه ای تنظیم نگردیده است معتقدند چرا در ماده واحده سعی شده است که قوانین ملی شدن را که متناقض با این قرارداد است ملغی سازند؟ چرا در ماده واحده بطور مثبت به قوانین ملی شدن اشاره نشده است؟

آقای دکتر امینی برای توجیه پرداخت غرامت به شرکت سابق نفت بار ها گفته اند« شرکت سابق نفت مجبور شد که از خارج نفت بخرد و در لندن تصفیه کند و ببرد در بازارهای استرالیا و سایر کشور ها توزیع کند ، بدین ترتیب مبالغ زیادی خسارت دیده است»! وزیردارائی ایران و رئیس هیأت نمایندگی ایران می فرمایند شکی نیست که از ملی شدن

نفت خساراتی به کمپانی سابق وارد آمد و باید آنرا جبران کنیم!! جمله ای که ایشان در پاسخ این حقیقت فرمودند این است « که من مرد منصفی هستم آقا! »

آقایان شرکت سابق طوری با ما حرف میزند و معامله میکند مثل این که در محله کوران است، میگویند نفت را از عراق بردیم در لندن تصفیه کردیم به استرالیا فروختیم و ضرر کردیم و دولت ایران باید این را جبران کند. از طرف دیگر میگوید ما نفت ایران را جبران کردیم و دیگر به آن احتیاجی نداریم و محض رضای خدا و دنیای آزاد برای نجات ایران از شر کمونیزم مجددا در جنوب ایران مستقر خواهیم شد! آقای وزیر دارائی از آنها نمی پرسد چرا ایران را محاصره اقتصادی کردید ، اعتبارات ایران را راکد ساختید ، اموال و اجناس خریداری شده دولت ایران و بازرگانان را ضبط کردید و خسارات هنگفت به دولت ایران وارد کردید؟ صنعت نفت ایران به تعطیلی کشانیدید؟ آقای وزیر دارائی ایران مجموع این خسارات را ۳۰ میلیون تخمین زده اند.

آقایان در ماده ۴۱ قرارداد میخواهند حق قانون گذاری را از مجالس مقننه آینده سلب کنند. هرچند این ماده و مواد مشابه عملا این قانونی را که جزو حاکمیت ملت ایران است از ملت ایران سلب نمیکند ، ولی منافی شأن این مجلس است که این گونه قرار داد ها را تصویب کند. تاریخ نشان داده است و دیروز نیز با چشم خود دیدیم و شاید در مدت عمر من و شما بار دیگر خواهیم دید که این گونه تعهدات که با شرایط زمان وفق ندارد دیری نمی پاید و غیراز خشم و نفرت نسبت به عاقدین آن ثمری به بار نمی آورد. تاریخ تکرار خواهد شد. ماده ۲۰ قرارداد تحمیلی ۱۳۱۲ نیز حق حاکمیت ملی و قانون گذاری قوه مقننه را محدود کرده بود که دچار آن سرنوشت شد. چگونه ممکن است بدون استقرار کاپیتالاسیون باز هم این گونه مواد را در قرار داد را تصویب کرد؟

دنیائی که آن را دنیای آزاد می نامیم به قول آقای دکتر امینی تاجری بیاید و دولت و مجلس را وادارسازد که حق قانون گذاری را تا چهل سال از ملتی و دولت و مجالس مقننه اش سلب کند؟

چرا دولت انگلستان از ثروتی که از خاک ایران و به دست زحمتکشان ایران به وجود آمده میتواند ۹۰ در صد مالیات بگیرد ولی دولت ایران در قلمرو حاکمیت ملی خود از ثروتی که به دست صد ها هزار زحمت کش ایرانی از اعماق زمین بیرون میآورند حق گرفتن مالیات نداشته باشد؟ و حتی تا ۴۰ سال هم این حق را از نسل های آینده از مجالس مقننه سلب کند؟

آقای امینی قرارداد نفت را بعنوان کمک جهان آزاد به ملت ایران تلقی میکنند و اداره تبلیغات نیز این مطالب ساخت کارخانه کنسرسیوم را به مردم تحویل میدهند ، اگر این طور است پس چرا حل مسأله نفت ایران را دنیای غرب یک موفقیت بزرگ تلقی میکنند و آن را جبران شکست در هندوچین میدانند؟ و آقای آیزنهاور نیز آن را پیروزی بزرگی در جریان های جهان توصیف میکند؟

آقای نخست وزیر در سخنرانی خود هنگام تقدیم لایحه اظهار میدارد امتیازی به کسی داده نشده و عهد نامه ای تنظیم نگردیده است. از ایشان می پرسم آیا امتیاز و قراردادی که امتیاز اکتشاف و استخراج و تصفیه و بهره برداری برای یک شرکت نیرومند خارجی میدهد شاخ و دم دارد. مجله تهران مصور زیر عنوان قرار داد جدید نفت و اوناسیس به نقل از تایمز مالی مینویسد: « در ماده ۳۵ قرارداد نفت ایران مطالب بسیار خوبی گنجانیده شده است که برای

شرکت های عضو کنسرسیوم اثر خوبی خواهد داشت. براساس این ماده کنسرسیوم میتواند نفت ایران را به هرجا و به هروسیله که بخواهد حمل کند و بهر قیمت که میخواهد بفروشد مفهوم این ماده این است که ایران نمیتواند مانند دول عربی با کسانی نظیراوناسیس قرارداد منعقد کند و حمل و نقل محصول ایران را به آنها واگذار نماید.

جناب آقای سپهبد در جلسه کمیسیون نفت فرمایشاتی فرمودند که اگر من ۳ در صد احتمال موفقیت و فرار از خطری که ما را تهدید میکند میدادم به این قرارداد تن در نمیدادم. ایشان که خود را سرباز میدانند باید توجه فرمایند که از ترس خطرآینده تسلیم خطری حتمی و قطعی میشوند که تا ۴۰ سال سرنوشت فرزندان و فرزندان فرزندان ایران را مسجل میسازد.

شما که سرباز هستید و در میدان جنگ شجاعت دارید بیائید و این لایحه را مسترد کنید و اعلام نمائید که ما حاضریم یک قرار داد واقعی فروش نفت با شما ببندیم و فرماندهی صنعت نفت را خود نگاه داریم. اگر این اقدام سیاسی را به عمل آورید بی شک در عین حال بزرگترین ضربه را به حزب توده میزنید و فردای روزی که این اقدام را کردید بدون حکومت نظامی و بدون فلک الافلاک و قزل قلعه و خارک میتوانید با تکیه به اکثریت بزرگ ملت ایران حکومت را ادامه دهید.

من از آقای سپهبد زاهدی این سؤال ساده را میکنم که اگر شما حق امتیاز ۳۸ ساله شرکت سابق را که به موجب قوانین ملی شدن سلب شده بود دوباره به او باز نگردانیده اید، اگر شرکت سابق درست مانند امتیاز گذشته تا مدت ۴۰ سال حق استفاده از آنچه امتیاز نفت به او داده بود ندارد، پس این ۶۰۰ میلیون دلار که شرکت های نفت در ازاء بدست آوردن ۶۰ درصد آن حقوق را از شرکت سابق میگیرند برای چیست؟

اگر آقای زاهدی جواب سؤال را نمیتوانند بدهند، اگر آقای امینی از همان حرف های کنسرسیوم مآبانه از سر قفلی کسب و کار و غیره بحث کنند و از دادن جواب سرباز میزنند تاریخ ایران که خیلی دیر نخواهد پائید اطمینان میدهم که به چهل سال نخواهد رسید، همانطور که قرار داد ۱۳۱۲ نیز نرسید جواب این سؤال را خواهد داد.

آقایان باید وسعت نظر تاریخی داشت، باید کاری کرد که در پیشگاه ملت ایران، آری به قول آقای دکتر امینی در پیشگاه ملت بزرگ ایران در آن روز روی سیاه نباشیم.

منابع مورد استفاده

[۱] روزنامه های خبری اطلاعات، باختر امروز و کیهان، ۱۳۳۰-۱۳۳۲
[۲] "تاریخ ایران"، حسین پیرنیا، عباس اقبال آشتیانی و ب . عاقلی، چاپ تهران
[۳] "تاریخ روابط خارجی ایران"، عبدالرضا هوشنگ مهدوی، ۱۳۶۴
[۴] "درباره ایران چه میدانیم؟ گستره فرهنگی و مرزهای تاریخی ایران زمین"، ناصر تکمیل همایون، ۱۳۷۴
[۵] "مقاوله نامه ۱۹۰۷" ، مرتضی راوندی
[٦] The Great Game: The Struggle for Empire in Centeral Asia, ISBN 1568360223
[٧] World War in Iran, Sir Clemont Skrine
[۸] "گذشته چراغ راه آینده" ، نشر جامی
[۹] "قیام ملی سی ام تیر به روایت اسناد"، انتشارات دهخدا
[۱۰] "رویداد ها و داوری"، خاطرات دکتر مسعود حجازی
[۱۱] "کودتا در کودتا"، کرومیت روزولت ، انتشارات جاما
[۱۲] "همه مردان شاه"، استیفن کینزر، ۲۰۰۳
[۱۳] "اسرار تاریخ"، سایت اینترنتی روزنامه نیویورک تایمز
[۱۴] "مصدق در محکمه نظامی"، جلیل بزرگمهر (وکیل مدافع دکتر محمد مصدق)
[۱۵] "قرارداد استعماری نفت"، نطق محمد درخشش نماینده دوره هیجدهم مجلس شورای ملی در مخالفت با قرارداد امینی- پیج، انتشارات (www.ketab.com) شرکت کتاب
[۱۶] فصل نامه مهرگان ، مدیر و صاحب امتیاز محمد درخشش
[۱۷] "مدافعات مصدق و رولن در دیوان بین المللی لاهه"، انتشارات زبرجد
[۱۸] "خاطرات و تألمات مصدق"، دکتر محمد مصدق، ۱۳۶۴